Os Bin Laden

Steve Coll

Os Bin Laden

Uma família árabe no século norte-americano

tradução:
Helena Londres
e Renato Marques

EDITORA GLOBO

Título original: The Bin Ladens: an arabian family in the american century

Preparação: Beatriz de Freitas Moreira
Revisão: Claudia Abeling
Índice onomástico: Luciano Marchiori
Capa: Estúdio Darshan/Eduardo Campos
Fotos de capa: Dalmas/© copyright Scanpix Sweden
© epa/Corbis

Dados Internacionais de Catalogação na Publicação (CIP)
(Câmara Brasileira do Livro, SP, Brasil)

Coll, Steve
Os Bin Laden : uma família árabe no século norte-americano / Steve Coll ; tradução Helena Londres e Renato Marques. -- São Paulo : Globo, 2008.

Título original: The Bin Ladens: an arabian family in the american century

ISBN 978-85-250-4513-3

1. Arábia Saudita - História - Século 20 2. Família Bin Laden I. Título.

08-02752 CDD-953.805

Índices para catálogo sistemático:

1. 1. Bin Laden : Família : Genealogia 953.805
2. 2. Família Bin Laden : Genealogia 953.805

Direitos de edição em língua portuguesa
adquiridos por Editora Globo S. A.
Av. Jaguaré, 1485 – 05346-902 – São Paulo, SP
www.globolivros.com.br

SUMÁRIO

Nota do autor

Duas jornalistas hoje trabalhando na equipe do *The Washington Post* deram extraordinárias contribuições para o trabalho de pesquisa deste livro. Robin Shulman realizou entrevistas e escavou documentos no Egito, no Líbano, em Israel, na Espanha, na França e nos Estados Unidos. Sua persistência, empatia e olho clínico para os detalhes tornaram o livro incomensuravelmente mais poderoso. Depois que preparei a primeira versão do manuscrito, Julie Tate entrou em contato novamente com meus entrevistados, para aprofundar a pesquisa e reverificar fatos e interpretações. Sua atenção para detalhes e nuanças, sua paixão pelo tema e sua espantosa ética de trabalho fizeram enorme diferença.

ÁRVORE GENEALÓGICA
Os Bin Laden

Ahmed — Ali — Mansour — Zaid (irmãos em Gharn Bashirieh, Hadhramawt, *circa* 1820)

Ali
- Aboud
  - Awadh (n. *circa* 1875, filho único de Aboud)
    - Mohamed (n. *circa* 1905)
    - Omar (morto na infância)
    - Abdullah
      - Mais de 25 filhos
    - Três irmãs (nomes desconhecidos)

Os 54 filhos de Mohamed bin Laden:

Nascidos de meados da década de 1940 a 1950:
Filhos: Salem, Ali, Thabit, Mahrouz, Hassan, Omar, Bakr, Khaled, Yeslam, Ghalib, Yahya, Abdulaziz, Issa, Tareq
Filhas: Aysha, Fatima, Sheikha, Su'aad, Tayyeba, Wafa, Nour

Nascidos entre 1951 e 1959:
Filhos: Ahmed, Ibrahim, Shafiq, Osama, Khalil, Saleh, Haider
Filhas: Salma, Zeenat, Ruqqeiya, Randa, Zubaida, Najiah, Samiah, Mona, Saleha, Mariam, Fowziyah, Rajaa, Huda, Seema

Nascidos de 1959 a 1967:
Filhos: Saad, Abdullah, Yasir, Mohamed
Filhas: Raedah, Eman, Aetedal, Sahar, Ilham, Sanaa, Malak, Muneera

Nota sobre a transliteração

Não existe um sistema uniforme de transliteração entre o inglês e o árabe. Nas páginas deste livro, a grafia dos nomes próprios e dos topônimos é em certa medida arbitrária, via de regra baseada no critério de opção pelas formas mais comuns e mais simples. Ocasionalmente, para evitar alterações no texto quando se tratava da citação de um documento, alguns nomes podem ter sido grafados de maneira inconsistente. O próprio nome da família Bin Laden é um bom exemplo. Não é incomum que membros da família grafem o sobrenome de duas maneiras diferentes em um mesmo documento em inglês, mesmo em ajuizamentos oficiais submetidos aos tribunais. A forma "Binladin" tem sido comum; é a grafia preferida em inglês para fazer referência à empresa carro-chefe da família, o Saudi Binladin Group. Contudo, as grafias "Binladen", "Bin Ladin", "Bin Laden" e mesmo "Benladin" são por vezes usadas em documentos oficiais. Escolhi "Bin Laden" como forma principal porque é mais familiar entre os leitores norte-americanos e também porque, quando o nome da família é escrito em árabe, aparece com duas palavras. Para os prenomes dos filhos de Mohamed, fiei-me nas grafias dos acionistas que constam de documentos submetidos pela família a uma corte federal dos Estados Unidos.

[O padrão de transliteração adotado nesta tradução é o mesmo da edição em inglês.]

Os valores do Oriente e do Ocidente
são continuamente justapostos [...]
Cada sociedade pode olhar para si
mesma no espelho da outra.
SAUD AL-FAISAL, 2005

Todo lugar era agora parte de um outro lugar [...]
Nossas vidas, nossas histórias, derramadas para
dentro das vidas e histórias de outrem,
já não eram mais nossas, individuais, discretas.
SALMAN RUSHDIE, 2005

Prólogo: "Todos nós adoramos o mesmo Deus"

outubro de 1984 a fevereiro de 1985

Quase toda manhã, Lynn Peghiny tocava piano no Hotel Hyatt Regency Grand Express, em Orlando, Flórida. Lynn era uma mulher de 24 anos, cabelos pretos, magra e espirituosa, que crescera em Melbourne, no litoral do Atlântico, e estudara música na Universidade da Flórida Central. Apaixonou-se pelo piano e ganhava a vida — mal-e-mal — como pianista. O turno do café-da-manhã no cavernoso átrio do Hyatt era geralmente tranqüilo e parado: turistas sonolentos ganhando forças para passar o dia na Disney e homens de negócios cochichando sobre compra e venda de imóveis. Entretanto, em uma manhã de outubro de 1984, um homem de meia-idade com olhos brilhantes e uma cabeleira preta se aproximou e, com sotaque pouco familiar, pediu que ela tocasse *Für Elise*, de Beethoven. Ele a ouviu, com ar apreciativo, depois entregou a ela uma cédula de vinte dólares como gorjeta. "Você toca em festas particulares?", perguntou.

Trocaram cartões de visita. O nome dele era Salem bin Laden. Tinha uma casa logo a oeste de Orlando, não muito longe da Disney World, e estava hospedando visitantes de sua Arábia Saudita natal, membros da família real daquele país abençoado com o petróleo. Ele tinha um piano e esperava que ela pudesse tocar para eles em uma festa que daria. Poucos dias depois, ela pegou o carro e seguiu pela Rodovia Estadual 50, que seguia em meio a quilômetros de laranjais, na direção de Lake County. A casa de Salem, junto à decadente cidade ferroviária de Winter Garden, era uma propriedade de 20 mil metros quadrados e muros e paredes ocreados, com estábulos, uma piscina de ladrilhos, salgueiros-chorões e palmeiras. O casarão principal, em um outeiro acima de um lago cintilante, era uma imponente construção em estilo mediterrâneo redivivo, erguida na década de 1920; tinha teto de ladrilhos avermelhados em estilo espanhol, cúpulas, arcadas e aléias abrigadas da luz.

"Leeen! Leeen!", gritou Salem quando ela chegou, acenando da sala de jantar, onde os seus convidados estavam tomando o café-da-manhã às quatro da tarde. "Venha, venha, entre aqui, sente-se com a gente",[1] pediu ele, e colocou-a do lado de seu convidado de honra. Abdul Aziz al-Ibrahim era irmão da princesa Jawhara al-Ibrahim, a quarta esposa — e supostamente a favorita — do rei da Arábia Saudita, Fahd. Depois que o rei se apaixonou por Jawhara, os Ibrahim emergiram da obscuridade; ela havia abandonado o marido para ficar com Fahd e dera à luz um menino, Abdulaziz, por quem Fahd caía de amores. O lugar da princesa Jawhara junto ao rei criara oportunidades para os irmãos dela, que se tornaram influentes homens de negócios, suscitando a inveja e a fofoca nos círculos reais; recentemente eles haviam começado a investir em imóveis e propriedades em Orlando.[2] Salem bin Laden, cuja construtora da família dependia do acesso à corte do rei, cultivava a amizade dos Ibrahim.

Lynn tagarelou sem parar, enquanto Ibrahim continuou comendo vigorosamente, mas em silêncio. Salem recostou-se a ela e cochichou: "Você não tem permissão para falar diretamente com ele". Mortificada, ela calou-se; e, em seu íntimo, perguntou-se em que tipo de encrenca havia se metido.

Salem levou-a para fora e mostrou o terreno em volta da casa. Era um homem pequeno, de compleição débil, quase entrado na casa dos quarenta anos; tinha cerca de 1,70 metro de altura, era magro mas fraco e flácido, em função de uma vida sem muito exercício físico. Fumaça cigarros sem parar, e abaixo dos seus olhos haviam se formado bolsas pretas. Ainda assim, exalava uma energia magnética que parecia, junto com o seu dinheiro, imediatamente atrair as pessoas a mantê-las sob sua órbita. Era um piloto hábil e experimentado, que falava de maneira apaixonada sobre vôos e aeronaves; chegou a mencionar que um de seus irmãos havia recentemente se ferido em uma queda de avião perto do lago. Salem parecia uma pessoa desassossegada, em perpétuo e inquieto movimento, embora fosse doce e inspirasse confiança. Naquela tarde, aos poucos Lynn começou a entender que tinha sido convidada para uma espécie de retumbante festa intercontinental presidida por Salem, festa que não tinha hora exata nem para começar nem para acabar. Ele informou a ela que em breve iria com seu jatinho particular para a

Califórnia, onde tinha uma reunião sobre um possível projeto de filme com a atriz Brooke Shields.[3]

A noite foi caindo e a mansão foi se enchendo de gente, em sua maioria homens sauditas que pareciam estar de férias. Havia também algumas mulheres norte-americanas de meia-idade, amigas de Salem ou envolvidas em negócios com ele. Lynn encontrou um aprumado piano Yamaha na sala de estar e começou a tocar. No fim da noite Salem disse a ela que voltasse no dia seguinte; a festa iria continuar. "Traga suas irmãs! Traga suas amigas!", ele insistiu. "Precisamos de garotas!"

Quando Lynn voltou com uma amiga e duas irmãs, topou com uma banda na sala de estar. De fanfarrice, Salem decidiu organizar um show de calouros, prometeu 5 mil dólares em dinheiro para o talento que ficasse em primeiro lugar, e autonomeou-se o único jurado do concurso. Uma das convidadas norte-americanas tocou piano e cantou, a banda executou algumas músicas, Lynn assumiu o Yamaha e tentou a sorte. A amiga de Lynn, porém, não tinha nenhum talento musical especial. Por isso, em vez de cantar ou tocar, resolveu fazer um relato confessional para a platéia saudita, expondo suas recentes experiências: o nascimento de um filho e seu divórcio.

Monólogos íntimos sobre as dores do parto e o milagre da vida não eram temas comuns nas machistas salas de estar dos palácios e casas de negócios sauditas, e o silêncio que se seguiu à apresentação pareceu a Lynn um tanto constrangedor.

"Estou me sentindo péssimo", disse depois Salem a Lynn. Ele gostou da moça e se sentia muito mal sobre o divórcio dela. Meteu a mão no bolso e sacou 5 mil dólares em dinheiro vivo. "Por favor, entregue isto aqui a ela."

A certa altura, uma das norte-americanas que aparentemente trabalhava com Salem em Orlando puxou Lynn de lado. "Sabe, o Salem realmente gosta de você", ela disse.

"Romanticamente?"

Anos mais tarde, Lynn Peghiny ainda se lembrava do episódio. "Ela disse — e eu nunca vou esquecer —, ela disse, 'Lynn, esta é uma grande oportunidade para você. Você é jovem, solteira e desimpedida. Sabe, ele vai mostrar a você uma porção de lugares, levar você a muitos lugares; se eu fosse você, topava na hora'."[4]

SALEM BIN LADEN era cliente preferencial da AlamoArrow, varejista de ultraleves esportivos em San Antonio, Texas. No Natal do ano anterior, apareceu inesperadamente na loja em uma noite de sexta-feira e comprou quase todo o estoque de aviões e acessórios da loja; pediu que toda a mercadoria fosse entregue no aeroporto e carregada em seu jato bimotor BAC-111 particular. Poucas semanas depois voltou para comprar mais ultraleves, incluindo um antigo protótipo militar camuflado, outrora equipado para o disparo de mísseis. O armamento havia sido removido, mas "ele achou que era muito legal", segundo a lembrança de George Harrington, um dos sócios da loja.

Ultraleves são pequenos aviões de concepção simplificada, geralmente usados para vôos a poucas centenas de pés de altitude e velocidade de mais ou menos 64 quilômetros por hora, alimentados por um único motor cujo tamanho equivale aproximadamente ao de uma motocicleta. Salem os adorava; assim como os planadores, outra de suas paixões, os ultraleves proporcionavam a sensação de voar como falcões, livres e ao sabor do toque dos ventos. Haviam sido banidos da Arábia Saudita, por isso Salem estocava os aviões em locais seguros, em seus vários refúgios fora do reino.

Nos últimos meses de 1984 Salem comprou os modelos mais recentes e avançados, chamados Quicksilvers, porque estava se equipando para uma expedição de caça no Paquistão organizada para a família real saudita e prevista para o começo do ano — na imaginação de Salem, a jornada tinha ares de uma mistura de *Mil e uma noites* e Dr. Seuss.[5] Salem explicou aos donos da AlamoArrow que ele e seus convidados sauditas, príncipes da família real, acampariam no deserto e caçariam com falcões adestrados, à moda tradicional, mas também se aparelhariam com brinquedinhos de voar. Ele pediu a George Harrington e seus colegas que comprassem e aprontassem um trailer de seis metros Wells Cargo, capaz de transportar os ultraleves pelas acidentadas e sacolejantes estradas e trilhas do deserto do Paquistão. Salem também encomendara de um consagrado balonista da Flórida um balão de ar quente, que chegou com uma plaquinha em que se lia "Feito sob encomenda para Salem bin Laden". Comprou uma motocicleta Honda Mini-Trail e uma picape Chevy Blazer equipada para viagens no deserto, com pneus enormes e faróis poderosos que mais pareciam canhões de luz. Instalou na picape um rádio de alta freqüência, para que pudesse pedir ajuda à cidade paquistanesa mais próxima caso se perdesse ou ficasse atolado na areia. Na Alemanha, comprou um trailer com tração nas quatro rodas, ar-condicionado, chuveiro e quitinete, que foi "abarrotado com todos os apetrechos e dispositivos eletrônicos que ele pôde encontrar", segundo a lembrança de Harrington. Os equipamentos fabricados nos Estados Unidos foram rebocados até a Carolina do Sul, onde a família Bin Laden era dona de uma empresa de transportes de carga que podia despachar as mercadorias para os Emirados Árabes Unidos, pequeno reino situado no Golfo Pérsico, e de lá para o Paquistão, via a cidade portuária de Karachi.[6]

Salem gostava de ter músicos na sua comitiva. Como Harrington tocava guitarra, Salem tomou providências para contratá-lo e levá-lo na expedição ao Paquistão, onde ele poderia ajudar a supervisionar os vôos recreativos dos convidados reais nos ultraleves. Poucos dias antes do Natal, Harrington, um texano genial e desajeitado que jamais tinha ido ao exterior, viu-se viajando em um avião a jato para Londres, em companhia de um piloto norte-americano, Don Kessler, que além de trabalhar para Salem também tocava bateria.

Primeiro todos fizeram uma parada na casa de Salem, nos arredores de Londres, e depois, na véspera de Natal, voaram para o Sul da França, e de lá para Salzburgo, Áustria. Descarregaram as bagagens e foram de carro até um *resort* de esqui em Kitzbühel. Como não tinham equipamentos de esqui, já que a decisão de ir à Áustria fora tomada poucas horas antes, Salem e seu grupo entraram em uma loja e compraram esquis, botas, parcas e calças para todo mundo. Chegaram aos Alpes e lá aceitaram o convite para uma festa na propriedade de Adnan Khashoggi, o famoso traficantes de armas saudita.

A casa de Khashoggi tinha uma sala com palco, que naquela noite se transformou em uma boate escura e barulhenta, fervilhando de sauditas e europeus. Salem agarrou o microfone e anunciou que sua intenção de dar um show. Ele e George Harrington pegaram violões, subiram ao palco e começaram a tocar um clássico folclórico, velho conhecido das bandas de bar: "House of the Rising Sun".

Existe uma casa em New Orleans
Eles a chamam Sol Nascente
Ela tem sido a ruína de muitos rapazes
E Deus, agora sei que sou um deles [...]

"Ele não era nada bom como guitarrista, e menos qualificado ainda como cantor, mas eu não podia desapontá-lo de jeito nenhum", recorda Harrington. "Por isso, naquela noite tocamos para uma casa lotada."[7]

Depois foram para Marbella, na Espanha, e de lá para o Cairo, no Egito, onde passaram a véspera de Ano-Novo. Fizeram uma breve parada em Jedá, na Arábia Saudita, e depois viajaram para Dubai, nos Emirados Árabes Unidos.

No Hotel Hyatt de lá, Harrington conheceu a nova namorada de Salem: Lynn Peghiny, de Orlando. No mesmo instante os dois se tornaram amigos, dois norte-americanos enredados em uma inesperada aventura, saltando de um país a outro, pouco familiarizados com seu ambiente e suas circunstâncias. Lynn viera de Nova York para acompanhar a expedição ao Paquistão ("Quando olho para trás, fico pasma com as coisas que fiz aos 24 anos de idade", disse ela em retrospecto). Salem a colocou em um quarto enorme, com piano. Eles a ouviram tocar Chopin.

POUCOS DIAS DEPOIS, Salem pôs Lynn e George a bordo de seu turboélice Mitsubishi MU-2, um avião de pequeno porte ideal para distâncias curtas. Um idoso assistente beduíno carregou para bordo um falcão de caça com os olhos vendados por um capuz. George tinha nas mãos uma valise contendo pelo menos 250 mil dólares em dinheiro e cheques de viagem; ele acabaria entendendo que uma de suas tarefas era a de cuidar do dinheiro que Salem usava nas viagens. Também junto com eles estava Bengt Johansson, mecânico de aviões sueco de cabeleira espessa que fumava cigarros incessantemente, um dos mais antigos membros europeus da comitiva de Salem. Os motores roncaram pela pista, rumo a Karachi. "O avião estava tão carregado que todo mundo aplaudiu quando ele levantou vôo", lembra-se Lynn, "e eu pensei algo como 'Por que estamos todos arriscando a sorte?'."[8]

Em Karachi, Salem visitou um diplomata saudita; sempre que viajava pelo mundo ele dava uma passada para ver os embaixadores de seu país. Sua comitiva hospedou-se no Sheraton, fortaleza de concreto e vidro que fazia as vezes de hotel mais chique da cidade.

No porto de Karachi Salem ficou sabendo que o exército paquistanês não permitiria nem ultraleves nem balões de ar quente no espaço aéreo do país. Na fronteira a leste, o exército do Paquistão enfrentava forças militares indianas, em contínuo estado de alerta; a oeste, estava enredada em uma guerra de guerrilha secreta no Afeganistão contra as tropas soviéticas, que ocasionalmente invadiam o território paquistanês. A idéia de príncipes sauditas voando em aviõezinhos e balões fora de controle pareceu aos oficiais do exército do Paquistão uma receita de tragédia. Salem argumentou, ficou furioso, tentou puxar alguns cordões da engrenagem, mas as autoridades paquistanesas estavam irredutíveis e disseram a ele que podia mandar seus brinquedinhos aéreos de volta a Dubai.

Em meio a toda essa frustração, uma manhã Salem convocou George Harrington e Bengt Johansson e anunciou que iriam todos com o Mitsubishi até Peshawar, cidade paquistanesa que servia como palco de operações de guerra no Afeganistão. De início Salem explicou apenas que tinha um serviço a fazer. Depois se verificou que o assunto estava relacionado a seu meio-irmão Osama.

"Perguntei 'Por quê?'", conta Harrington. Por fim, "ele explicou que aparentemente Peshawar era uma base de rebeldes [...] Eu nunca tinha ouvido falar de Peshawar. A política mundial não fazia parte do meu horizonte, estava fora do alcance do meu radar. Ele disse que Osama estava lá e era o homem de ligação com os Estados Unidos, o governo saudita e os rebeldes afegãos", segundo a lembrança de Harrington. Salem precisava se certificar de que Osama estava recebendo tudo de que necessitava. "O governo saudita estava encaminhando coisas para Osama; Salem disse que precisava ir até lá e conferir com seu irmão para ter certeza [...] de que as coisas estavam indo bem."

O trio levantou vôo naquela mesma tarde e aterrissou em uma faixa de terra suja — Harrington nem sequer sabia se era uma estrada ou uma pista de pouso. Osama e alguns assistentes estavam lá para recebê-los. "Lembro-me de que fiquei espantado de ver como ele era bem mais alto que Salem."[9]

À época, Osama estava com mais ou menos 27 anos de idade. Além de sua altura, sua barba escura também impressionava; ela se esparramava pelas bochechas e se concentrava em um chumaço abaixo do queixo, alongando seu rosto magro. Seus olhos castanhos eram brilhantes e comunicativos, mas suas maneiras eram reservadas. Osama visitava o Paquistão com regularidade, vindo sua casa em Jedá, na Arábia Saudita, mas ainda não tinha se estabelecido de vez no *front*; era um filantropo itinerante, encorajado por seus professores de religião a financiar obras de caridade e também voluntários árabes, que começavam a chegar para participar da guerra.

Salem fez as apresentações formais; Osama estava usando uma túnica e um boné afegão; era reticente com estrangeiros, mas trocou um aperto de mãos respeitoso com Johansson. Ao longo dos anos, Bengt aprendera que todos os irmãos e irmãs de Salem — o irmão mais velho — o tratavam com respeito cego e incondicional, respeito que se estendia aos amigos de Salem, por mais indecoroso que isso parecesse aos olhos sauditas.[10]

Eles seguiram de carro até o escritório de Osama e sentaram-se em círculo. Os dois meios-irmãos conversaram em árabe durante duas horas. Um almoço modesto foi servido. Era típico de Salem trazer seus amigos ocidentais para ambientes em que, de outra maneira, poderiam não ser bem-vindos, mas ninguém questionava abertamente a presença deles, e, em todo caso, nem Johansson nem Harrington conseguiam entender muita coisa do que estava sendo dito.

Depois do almoço Osama levou-os para conhecer as obras humanitárias e de caridade que ele mantinha na região de Peshawar para ajudar os afegãos. Visitaram campos de refugiados onde civis e combatentes desalojados pelos bombardeios soviéticos viviam em abrigos primitivos e tendas precárias. Visitaram um hospital "com pessoas com braços e pernas amputados", e Harrington ficou muito surpreso ao ouvir relatos das terríveis atrocidades cometidas pelos soviéticos e como, apesar disso, os rebeldes feridos "queriam voltar e lutar pelo Afeganistão". Visitaram um orfanato em que, segundo a lembrança de Johansson, as crianças viviam em "pequenos blocos, blocos de concreto, e dormiam no chão". As crianças se juntaram e cantaram músicas para os visitantes de Osama.[11]

Salem registrava essas cenas com uma câmera de vídeo pessoal, uma geringonça portátil enorme e desajeitada que ele havia levado. Parecia estar trabalhando em um filme caseiro para fazer propaganda do trabalho de Osama e arrecadar recursos. Era uma missão de "investigação de fatos", definiu Harrington. "A câmera estava lá para mostrar o que estava acontecendo. Nada militar [...] Tinha mais a ver com dinheiro."

DEPOIS DE ALGUMAS AVENTURAS ADICIONAIS no Paquistão, a comitiva de Salem voou de volta a Dubai; Salem anunciou que precisava fazer uma inesperada viagem de negócios e que ficaria fora por cerca de uma semana.

O campeão de balonismo que fazia parte do grupo levou George e Lynn em um arrojado vôo acima das dunas de areia do emirado. Brisas do golfo e ventos do deserto fizeram com que sobrevoassem acidentalmente o palácio de um emir local. Irritados, os guardas do emir apontaram suas armas automáticas para o dirigível amarelo e vermelho, que se aproximava cada vez mais. "É isso aí", Harrington se recorda de ter pensado. Ele chegaria ao fim de sua vida "simplesmente como uma mancha de sangue no gramado do soberano". Por sorte, os guardas não dispararam.[12]

Todos ficaram bastante tempo sem ter notícias de Salem, mas Harrington sabia para onde ele tinha ido porque o próprio Salem havia comunicado a ele seu destino: Washington, DC.

No início do inverno de 1985, o rei Fahd da Arábia estava se preparando para uma reunião de cúpula e um jantar de Estado com o presidente Ronald Reagan. "Por alguma razão", lembrou Harrington, "o rei quis a presença de Salem" em Washington. O que estava longe de ser incomum. Como disse Mohamed Ashmawi, um milionário executivo saudita do petróleo amigo de Salem: "Ele costumava visitar o rei onde quer que ele estivesse".[13]

A relação entre o rei Fahd e Ronald Reagan era dominada pelo sigilo e a complexidade. Naquele inverno de 1985, exceto pela Grã-Bretanha, talvez não tenha havido outro governo com o qual a administração Reagan compartilhasse mais segredos do que com a Arábia Saudita. Sem o conhecimento da opinião pública, Reagan tinha autorizado uma tentativa de libertação de reféns norte-americanos mantidos em cativeiro no Líbano, por meio da venda de armas aos patrocinadores dos seqüestradores no Irã; Adnan Khashoggi, que trabalhava bem de perto com a família real saudita, teve papel central nessas transações secretas. Além disso, no mês de junho anterior, depois de uma solicitação do consultor de segurança nacional de Reagan, Robert McFarlane, o rei Fahd havia concordado em depositar 1 milhão de dólares mensais em uma conta bancária nas Ilhas Cayman, dinheiro que seria usado para apoiar os rebeldes anticomunistas na Nicarágua, conhecidos como Contras. Essa contribuição permitiu ao presidente Reagan esquivar-se de restrições impostas pelo Congresso a tal auxílio. A Arábia Saudita não tinha nenhum interesse particular na causa nicaragüense, de acordo com Bandar bin Sultan, que por muitos anos atuou como embaixador saudita em Washington ("Eu não estava nem aí para os Contras — nem sabia onde ficava a Nicarágua", disse ele mais tarde). Entretanto, segundo Bandar, McFarlane alegou que a ajuda financeira garantiria a reeleição de Reagan em novembro, porque evitaria problemas na América Central. Os sauditas contribuíram com o dinheiro e, de fato, Reagan ganhou com maioria esmagadora.[14]

No início de 1985, o rei Fahd notificou os norte-americanos de que iria duplicar suas remessas extra-oficiais de dinheiro para a conta nas Ilhas Cayman. Durante os últimos anos da Guerra Fria, favor gerava favor entre esses dois governos, e segredo gerava segredo, padrão de conduta que exigia uma extraordinária dose de confiança pessoal e compreensão mútua, em níveis altíssimos. Portanto, a visita de Fahd a Washington estava revestida de oportuna importância. Reagan era um mestre nos aspectos oficiais e cerimoniais de seu cargo, e se preparou para dar um show.

Assim, na fria noite de 11 de fevereiro adentraram os portões da Casa Branca Yogi Berra, gerente do time de beisebol New York Yankees; o vice-presidente George Bush; Linda Gray, estrela de *Dallas*, a série televisiva sobre barões do petróleo; Oscar Wyatt, o genuíno barão do petróleo texano; a atriz Sigourney Weaver; e Donald e Ivana Trump. "É empolgante, é a cultura norte-americana, é Ronald Reagan", fez piada Joe Piscopo, comediante do programa *Saturday Night Live*, também presente na lista de convidados do jantar de Estado. "Acho que o rei da Arábia Saudita veio aqui para ver como vive um rei de verdade."[15]

Os membros da família real saudita não levam suas esposas em viagens oficiais, por isso o rei estava acompanhado de Abdulaziz, seu filho de onze anos com a princesa Jawhara al-Ibrahim. Os dois chegaram à Casa Branca usando túnicas tradicionais e *shemaghs* em padrão xadrez. Fahd tinha agora sessenta e poucos anos e se tornara um homem obeso, cujas pernas mal agüentavam o peso do corpo, mas seu rosto redondo e o queixo ainda conservavam um ar suave e o aspecto pueril. Em sua terra natal Fahd era tão devotado a Abdulaziz, provavelmente seu último filho, que gastava vastas somas em dinheiro para garantir que em cada um de seus luxuosos palácios o quarto de dormir do menino fosse decorado e equipado exatamente com os mesmos brinquedos, o mesmo papel de parede e as mesmas sedas na cama, para que ele jamais se sentisse longe de casa. Reagan também caiu de amores pelo menino: posou para uma fotografia com ele, ofereceu-lhe um passeio particular pelo Salão Oval, presenteou-o com um modelo em miniatura do ônibus espacial *Space Shuttle*, e no jantar colocou-o sentado ao lado de Sigourney Weaver. Abdulaziz confidenciou à atriz que, assim que o pai concluísse seus negócios em Washington, esperava ir à Disney World.[16]

É difícil identificar com precisão as atividades de Salem bin Laden em Washington quando dessa reunião de cúpula. Um repórter da inteligência francesa mais tarde especulou que nesse período Salem estava envolvido em "operações dos Estados Unidos" na América Central. O governo dos Estados Unidos nunca tornou públicos muitos dos relatórios descrevendo a ajuda secreta da Arábia Saudita aos Contras da Nicarágua, mas os documentos disponíveis não fornecem evidências da participação de Salem (assim como Bandar, o embaixador saudita, Salem "não tinha idéia de onde ficava a Nicarágua", disse um amigo europeu que participava com ele de negócios de compra de armas em outras partes do mundo). Um advogado que anos depois representou a família Bin Laden em uma ação judicial civil no Texas lembrou que possuía uma fotografia de Salem de pé ao lado de Ronald Reagan, mas que essa evidência fora destruída em uma limpeza de arquivos de rotina e que as fotos tiradas pelo *staff* da Casa Branca durante o encontro não mostram nem sequer sinal dele. Salem era o mais velho de 54 filhos, o líder da família Bin Laden, presidente de diversas corporações multinacionais, e amigo genuíno do rei Fahd, mas também definitivamente era um subordinado do rei; pode muito bem ter sido chamado a Washington para organizar uma noitada na cidade, bem como para participar de exercícios de diplomacia clandestina.[17]

Entretanto, naquele inverno havia um portfólio de segredos ligando o rei Fahd e o presidente Reagan que inquestionavelmente envolviam Salem bin Laden, mistérios relacionados à ajuda sigilosa fornecida pela Arábia Saudita e pelos Estados Unidos aos rebeldes anticomunistas em luta contra as forças soviéticas no Afeganistão. Os Estados Unidos e a Arábia Saudita já tinham enviado centenas de milhões de dólares em dinheiro e armamento para os rebeldes afegãos desde a invasão soviética em 1979. Parece provável que, quando Salem chegou a Washington naquele inverno, tenha mostrado ao rei Fahd, se não diretamente à Casa Branca, a prova em vídeo que tinha acabado de providenciar, documentando o trabalho humanitário de Osama na fronteira afegã. Ao mesmo tempo em que acolhia Fahd na Casa Branca,

Reagan se esforçava por reconhecer os esforços particulares da Arábia Saudita no apoio aos refugiados afegãos na fronteira do Paquistão: "As muitas contribuições humanitárias do seu povo nos tocam profundamente", disse Reagan. "O auxílio saudita aos refugiados expulsos de seus lares no Afeganistão não passou despercebido aqui, Vossa Majestade."

Naquele fevereiro de 1985, no Paquistão, o saudita mais atuante e principal responsável por esse tipo de assistência humanitária era o meio-irmão de Salem, Osama. O modo de falar de Reagan sugeria que ele já tinha sido informado, pelo menos com um resumo geral, do trabalho de Osama.

"Todos nós adoramos o mesmo Deus", disse Reagan. "O povo do Afeganistão, com seu sangue, sua coragem e sua fé, são uma inspiração à causa da liberdade, onde quer que seja."[18]

ANOS DEPOIS, já entrando na meia-idade, Osama bin Laden aos poucos abandonou as fontes de identidade que eram seu direito inato e que tão intensamente haviam influenciado sua infância e mocidade — o fato de pertencer à milionária família Bin Laden e seus privilégios como súdito do reino da Arábia Saudita. Por fim, ele acabou declarando guerra à família real saudita, e assim fazendo colocou-se em violenta oposição aos interesses de sua própria família, postura aparentemente tão pesarosa e carregada de significado que ele raramente falou sobre o assunto em público. Nas ocasiões em que o fez, culpou a realeza saudita de tentar "criar um problema entre mim e minha família". Osama jamais acusou ou repudiou abertamente a sua própria família, e explicou as declarações ocasionais de alguns Bin Laden rechaçando-o como simples produto das fortes pressões impostas a eles pelo governo saudita.[19]

Depois dos atentados do 11 de Setembro, passou a ser lugar-comum localizar e atribuir as fontes do radicalismo de Osama ao renascimento político islâmico que varreu o Oriente Médio depois de 1979, e também a suas experiências de soldado e organizador da *jihad* durante a guerra afegã contra os soviéticos. De fato, foram influências cruciais, mas concentrar-se ou limitar-se exclusivamente a elas é arriscar ignorar a complexidade do relacionamento entre Osama e sua família e seu país, omitindo as fontes de atração e repulsa que esses laços criaram em sua vida e a influência que exerceram na formação de seu caráter e de suas idéias. Esses são assuntos que Osama e a família real saudita vêm tentando manter no maior sigilo possível.

A extraordinária história da ascensão da família Bin Laden durante o século XX é instigante mesmo nos momentos em que nem sequer faz menção a Osama. Para muitos Bin Laden da geração de Osama, os laços de família se mostraram instáveis e, acima de tudo, complicados. A história dos Bin Laden é a história da modernização e do poder na Arábia Saudita, jovem e insegura nação onde a família é, de longe, a unidade política mais importante. O nome Arábia Saudita significa "A Arábia dos Saud", que transmite exatamente a concepção que os Al-Saud, a família dominante, têm do poder. Em seu país, os partidos políticos foram banidos, os clubes sociais são vistos com desagrado e as tribos são relativamente fracas; a família e a fé religiosa proporcionam de longe as fontes mais legítimas de identidade pública. No âmbito da comunidade de negócios a que pertenciam, de maneira alguma os Bin Laden eram a família mais importante do reino, mas ao longo das décadas construíram uma parceria única e significativa com os Al-Saud, ancorada no papel que a família passou a desempenhar como empreiteira oficial do reino a partir da década de 1950, responsável pelos contratos de construção e renovação das cidades sagradas do islã, Meca e Medina, e durante certo período também Jerusalém.

A geração da família a que Osama pertencia — 25 irmãos e 29 irmãs — herdou considerável riqueza, mas teve de lidar com intensas mudanças sociais e culturais. A maioria deles nasceu em uma sociedade pobre, em que não havia escolas públicas nem universidades, onde os papéis sociais eram rígidos e predeterminados, onde os textos religiosos e rituais dominavam a vida pública e intelectual, onde a escravidão não apenas era legal como praticada abertamente pelo rei e seus filhos. Contudo, em um intervalo de duas décadas, quando essa geração chegou à idade adulta, viu-se bombardeada por idéias ocidentais sobre escolha individual, pela influência de novos e reluzentes shopping centers e marcas internacionais de moda, pelos filmes de Hollywood, o álcool e a revolução dos costumes sexuais — um mundo vertiginoso e estonteante que estava ao alcance de suas mãos, uma vez que cada um recebia dividendos anuais que começavam na casa das centenas de milhares de dólares. Esses Bin Laden, como muito outros sauditas privilegiados que atingiram a maioridade durante a década do choque do petróleo nos anos 1970, tornaram-se pioneiros árabes da era da globalização. Exceto pela família real, os Bin Laden foram os primeiros sauditas a comprar aviões particulares, e tanto nos negócios como na vida familiar desde cedo devoravam com avidez as tecnologias da integração global. Não é por acaso que a primeira grande inovação tática de Osama como terrorista tenha envolvido o uso criativo do telefone via satélite. Também está longe de ser irrelevante que acidentes de avião envolvendo norte-americanos sejam um motivo recorrente da experiência familiar muito antes do 11 de Setembro.

A saga da família também ilumina um fio particularmente importante da aliança — problemática, turbulenta, compulsiva, assolada pela cobiça, sobrecarregada de segredos e, em última instância, inconvincente para ambos os lados — entre Estados Unidos e Arábia Saudita durante a era do petróleo. Até o momento em que Osama se anunciou como terrorista internacional, sua família tinha muito mais investimentos nos Estados Unidos do que era de conhecimento geral — seus irmãos e irmãs eram donos de shopping centers, complexos de apartamentos, condomínios, imóveis e propriedades de luxo, prisões privatizadas em Massachusetts, ações, um aeroporto, e muito mais. Os Bin Laden freqüentavam suas universidades, mantinham parcerias comerciais e laços de amizade com cidadãos norte-americanos e buscavam obter passaportes para seus filhos. Financiavam filmes de Hollywood, negociavam cavalos puros-sangues com o cantor de música country Kenny Rogers, e faziam grandes negócios com Donald Trump. Consideravam George H. W. Bush, Jimmy Carter e o príncipe Charles amigos da família. Tanto em sentido cultural quanto literal, a família Bin Laden possuía uma impressionante porção dos Estados Unidos à qual Osama declarou guerra, e, assim como as relações entre os governos saudita e norte-americano, o envolvimento dos Bin Laden com os Estados Unidos também acabou se revelando estreito, tenso e frágil. Isso só contribuiu para tornar ainda mais complexas tanto a ideologia antiamericanista de Osama quanto a resposta de sua família.

O caráter global da família Bin Laden deve muito ao formato mundial do mercado de petróleo e à riqueza por ele gerada depois de 1973, mas também tem raízes em uma era anterior aos motores de combustão. A geração dos Bin Laden de que Osama fazia parte foi a primeira a nascer em solo saudita. Seu patriarca, Mohamed, o talentoso arquiteto da fortuna original da família, emigrou de uma cidade-fortaleza de tijolos de barro em um estreito desfiladeiro na remota região de Hadhramawt, no Iêmen. Pertencia a um povo autoconfiante, pioneiro da globalização, ainda que em uma era de ritmo mais lento, de navios a vela e poder colonial. Mohamed bin Laden transmitiu aos filhos um legado não apenas de riqueza, mas uma visão transformadora de ambição e fé religiosa em um mundo sem fronteiras.

PARTE UM

PATRIARCAS

1900 a setembro de 1967

1

NO EXÍLIO

O PROBLEMA COMEÇOU quando morreu um boi.

O boi pertencia a Awadh Aboud bin Laden. Na virada do século XX, ele vivia em Gharn Bashireih, aldeia deserta em um vale profundo chamado Wadi Rakiyah. O desfiladeiro rasgava uma trilha de oitenta quilômetros em uma região do Sul da Arábia, no moderno Iêmen, chamada Hadhramawt, que significa "a morte está entre nós". Era um nome bastante preciso; a paisagem da garganta era formada quase que exclusivamente de areia e pedras, endurecidas pelos cíclicos períodos de estiagem. Dos dois lados do precipício de Rakiyah, erguiam-se escarpas de terra argilosa, seca e estéril. Camelos, burros e bodes perambulavam em meio a moitas espinhosas e arbustos secos. Espalhados pelas profundezas do cânion, havia cerca de quarenta aldeias; a população total não passava de 10 mil pessoas.[1]

A casa de Awadh e o pequeno pedaço de terra por ele cultivado ficavam junto a uma pequena torre retangular de quatro andares, construída com tijolos de barro por dois irmãos Bin Laden, Ali e Ahmed, que provavelmente viveram em meados do século XIX, a julgar pelas árvores genealógicas mantidas por seus descendentes. O forte da família Bin Laden erguia-se no ponto mais alto em Gharn Bashireih, à sombra do paredão oeste do cânion. No tempo de Awadh, a torre, que outrora havia sido usada como moradia pelos dois irmãos, estava em ruínas; seu aspecto carcomido era o de um castelo de areia fustigado pela maré. Grupos de casas mais recentes, também feitas de tijolos de barro, rodeavam a encosta abaixo da torre, formando um escudo de defesa. Ao redor da aldeia estendiam-se de quatro a oito hectares de terra cultivada, dividida em minúsculas glebas de cerca de nove metros por 45 metros, de propriedade de vários membros da família Bin Laden. A agricultura era uma vocação precária, totalmente dependente das breves chuvas sazonais. Depois de cada temporal, os aldeões lançavam-se rapidamente à tarefa de armazenar e canalizar a água para os campos de lavoura. Se fossem bem-sucedidos, podiam cultivar trigo ou outros alimentos básicos e de primeira necessidade. Se fracassassem, talvez tivessem de enfrentar a fome e a penúria.[2]

Depois de uma dessas chuvas cíclicas, Awadh bin Laden tomou a fatídica decisão de pedir emprestado, de um membro da tribo dos *obeidis*, um boi para puxar seu arado. Os *obeidis* eram um clã poderoso que rondava as planícies vazias acima do cânion de Rakiyah e que também cultivava as terras do vale. Obviamente não existia nenhum sistema de seguro, garantia ou caução associado ao empréstimo de um boi. Quando subitamente o animal morreu, sob a responsabilidade de Awadh, seu credor, cujo nome era Bilawal, fez o que a tradição oral da família Bin Laden ainda considera uma exigência ultrajante: o pagamento de quarenta rials de prata, o que passou por extorsão. Embora houvesse várias centenas de Bin Laden morando na aldeia, "eram todos tão pobres que não podiam ajudar", disse Syed bin Laden, que ainda vive em Gharn Bashireih.[3]

Os Bin Laden pertenciam à tribo *kenda*, cujas origens remontavam à Arábia islâmica e que por volta do século XVII havia se tornado uma poderosa federação no sul de Hadhramawt. O grupo chegou a ser famoso como uma tribo de soberanos e xeiques, mas as perpétuas campanhas de guerra foram gradualmente dissipando seu poder e dispersando seus membros. Na época de Awadh, os *kenda* já não atuavam mais como grupo organizado com líderes reconhecidos e milícias armadas. Os Bin Laden haviam se tornando um simples clã familiar que somava talvez quarenta ou cinqüenta pessoas, que agora viviam apinhadas e na defensiva em um aldeia-fortaleza ancestral, lutando pela sobrevivência. Não estavam em posição de bancar uma guerra contra grupos rivais.

Os Bin Laden se dividiram em quatro ramificações ou troncos familiares, e todas remontavam à geração dos construtores da torre, Ahmed e Ali, dois de quatro irmãos — os nomes dos outros dois eram Mansour e Zaid. Cada irmão gerou uma linhagem de descendentes que, na época em que viveu Awadh, atuavam em conjunto, como se fossem uma família ampliada no interior do clã Bin Laden mais abrangente.

Awadh pertencia à linhagem de Ali. De acordo com a genealogia oral da família, Ali era trisavô de Awadh. Sabe-se muito pouco sobre as gerações intervenientes, exceto que Awadh era filho único de seu pai, Aboud. Portanto, herdou toda a terra que Aboud possuía em Gharn Bashireih. Contudo, tratava-se de uma propriedade escassa, que acabou se mostrando de pouca valia para ajudar Awadh a evitar a dívida com o dono do boi.[4]

De início, em lugar dos quarenta rials de prata, dinheiro que não tinha, Awadh entrou em negociação para penhorar parte da produção dos seus poucos hectares de terra. Bilawal concordou em aceitar metade dos lucros das colheitas de Awadh até o pagamento do total da dívida. Se as chuvas tivessem retornado, Awadh poderia ter se livrado da dificuldade, e talvez a história subseqüente da família Bin Laden tivesse sido totalmente diferente. Entretanto, o vale de Rakiyah foi assolado por uma seca. Awadh não teve condições de oferecer paga alguma nos meses que se seguiram, o que deixou Bilawal enfurecido. Segundo um relato da família Bin Laden, Bilawal ameaçou matar Awadh, a menos que ele ou providenciasse a quantia em dinheiro ou lhe cedesse a posse de todas as suas terras como pagamento.[5]

Awadh decidiu abandonar sua aldeia ancestral. Era um homem solteiro, tinha liberdade para viajar. Desde a morte do boi a seca havia piorado drasticamente. A emigração era uma estratégia de sobrevivência comum em Hadhramawt, mesmo sem o estímulo de uma ameaça tribal de morte Awadh reuniu seus pertences e iniciou a travessia do alto platô rumo ao cânion mais próximo, chamado Wadi Doan, a cerca de um dia e meio de viagem de camelo. Ali, ele começaria de novo.

NO DESFILADEIRO DE WADI DOAN, a 112 quilômetros da costa do mar da Arábia, rochedos íngremes de 270 metros ou mais mergulham abruptamente em direção ao solo. Tamareiras de frondes verde-escuras e alimentadas por um leito de rio cobrem o chão do cânion. Conta uma lenda local que uma raça de gigantes desbastava as rochas do precipício, até que Deus ofendeu-se com sua arrogância e os destruiu com uma tempestade de areia. Isso talvez explique a espantosa arquitetura: empilhados contra os paredões de pedra, erguem-se os arranha-céus de proporções descomunais das aldeias-castelos fortificados; cada povoado é um reduto vertical protegido contra os seus vizinhos. A preocupação com a defesa é tamanha que não há janelas nos pisos inferiores da casas, e o propósito das aberturas estreitas e compridas mais acima é servir de ponto de disparo de armas.

Para os europeus do período, os desfiladeiros pareciam remotos e repletos de gente perigosa e avessa a estrangeiros; era um "mundo interior e paralelo [...] um vazio no mapa". Na verdade, Hadhramawt não era uma província totalmente isolada, mas seus habitantes, pessoas profundamente religiosas, embora fossem capazes dos mais calorosos gestos de hospitalidade, nem sempre recebiam com gentileza a visita inesperada de cristãos. Por milhares de anos os *hadhramis* haviam sido migrantes, viajantes e comerciantes diligentes e infatigáveis, velejando em *dhows* de madeira do porto de Mukalla até as Índias Orientais, Zanzibar, Abissínia (atual Etiópia), e mar Vermelho acima até Meca e Cairo. Houve época em que eles e seus reis sabeítas desfrutaram de enorme riqueza por deterem o monopólio das caravanas responsáveis pelo comércio global de mirra e olíbano, extraídos da resina de árvores da Arábia. No Egito dos faraós e durante o Império Romano, o incenso que queimava do caro olíbano e da ainda mais cara mirra transformaram esses dois óleos em duas das mercadorias mais preciosas da Terra. Em Roma, nenhum deus poderia ser adorado de maneira adequada, nenhum funeral era celebrado e nenhum casamento poderia ser consumado sem o aroma do olíbano insinuando-se em espirais pelo quarto. Porém, quando o Império Romano se dissolveu e os austeros pregadores cristãos denunciaram que o incenso era o perfume dos blasfemadores, o comércio do produto declinou e Hadhramawt voltou novamente a conhecer a pobreza. Com a chegada do islã no século VII, os homens dos cânions mais uma vez deitaram velas ao mar, agora como soldados atraídos pelos exércitos muçulmanos. E foram se fixando nas terras conquistadas como guarda-costas, comerciantes e, por fim, políticos eminentes. Mas conservaram a devoção à sua terra natal e, na virada do século XX, muitos *hadhramis* prósperos levaram sua riqueza pós-colonial de volta aos cânions, financiando a construção de casas de repouso e familiares condomínios fechados. Voltaram tantos que, na década de 1930, quando um oficial britânico realizou o primeiro recenseamento formal dos desfiladeiros, descobriu entre as línguas locais o suaíli e o malaio.[6]

O retorno de Awadh bin Laden coincidiu com o momento em que a Inglaterra reivindicou Doan como parte de seu Protetorado de Áden, entidade política que era mais um desejo que um fato, apenas mais um em uma série de territórios costeiros governados vaga e desleixadamente que os estrategistas do império britânico haviam costurado na Arábia para proteger das intrigas turcas e maquinações alemãs as rotas de navegação. O instrumento local do controle britânico era o sultão de Mukalla, que governava sediado em um conjunto de palácios encravados em um afloramento de rocha junto ao mar da Arábia, protegido por uma guarda de escravos africanos. Os familiares do sultão haviam feito fortuna atuando como mercenários do Nizam de Hyderabad, na Índia; em meados do século XX, preferiram passar seu tempo nas luxuosas cortes de Hyderabad. Em Mukalla, puseram no comando uma sucessão de vizires, ou ministros, da família Al-Mihdhar, originária de Wadi Doan. Um visitante britânico recorda-se de um desses governadores, Sayyid Hamid al-Mihdhar, como "uma figura afável e serena, de palavras e maneiras melífluas, por fora jovial, mas com olhos carrancudos, que jamais sorriam", que usava seu cargo "para assegurar tratamento preferencial a seus colegas de Doan".* O sultanato de Mukalla estava longe de ser um modelo de bom governo; o controle dos cânions do interior era feito por meio de seqüestro — os reféns eram membros de importantes famílias locais.[7]

Na época em que Awadh bin Laden chegou, o poder de fato no sul de Doan não estava nem com os britânicos nem com os sultões de Mukalla, mas com uma família local de xeiques chamada Ba Surra, que dominava a região a partir de um castelo de tijolos de barro chamado Masna'a. O governador Ba Surra, por ocasião do retorno de Awadh, tinha tido dez esposas e sofria de cegueira. Ele governava o cânion com mãos de ferro. "Casos de assassinato são quase inexistentes agora", reportou um agente britânico, com satisfação, para seus superiores em Londres. "Os assassinos são executados com um golpe de adaga, enterrada no entalhe no esterno."[8]

Doan tinha cerca de 20 mil habitantes, pelas contas dos Ba Surra. O alívio e a ajuda ficavam por conta das quase duzentas mesquitas — mas apenas duas pequenas escolas, nas quais o currículo se resumia ao Alcorão. Nenhuma mulher que a viajante inglesa Freya Stark encontrou no início da década de 1930 sabia ler. As palmeiras junto ao rio eram cortadas e vendidas, e uns poucos comerciantes mais abastados criavam abelhas em terraços, extraindo, para exportação, um mel aromático famoso por seus poderes afrodisíacos, especialmente se ingerido com carne, "coisa que apenas os homens

* Décadas depois, Osama bin Laden recrutou Khalid al-Mihdhar, membro da conhecida família de *sayyids*, ou descendentes do profeta Maomé, como um dos seqüestradores nos atentados do 11 de Setembro. Al-Mihdhar pilotava o avião que se chocou contra o Pentágono.

podem fazer, porque se considera pouco aconselhável excitar demais as mulheres", observou o viajante Doreen Ingrams.[9]

Awadh bin Laden escolheu Doan como refúgio dos *obeidis* porque, sob o domínio dos Ba Surra, o lugar desfrutava da reputação de tranqüilidade e ordem, o que na época era raro em Hadhramawt, de acordo com alguns descendentes de Awadh. Ele se estabeleceu a poucos quilômetros da fortaleza Ba Surra, em Rabat Basahn, aldeia encravada junto à muralha mais ao sul de Doan, em uma área do vale cercada de palmeiras. Ali viviam oitocentos homens, munidos de cem rifles, segundo dados do recenseamento britânico realizado em meados da década de 1930. Quando chegou, Awadh parece ter feito poucas ligações em Doan; se por um lado conhecia pouca gente, por outro lado fiava-se na fama de hospitalidade da região e em sua própria vontade de trabalhar. Os indícios das circunstâncias que cercam o período imediatamente posterior à chegada de Awadh são incompletos e podem ser apenas inferidos, uma vez que agora ele está separado do grupo familiar responsável por decidir qual das histórias orais sobrevive. Há relatos de que teria trabalhado como assalariado em pequenas fazendas locais. Sabe-se que ganhou dinheiro suficiente para desposar uma mulher da aldeia — ela era da família Al-Madudi.[10]

Awadh e a esposa tiveram três filhas e três filhos. Os meninos se chamavam Mohamed, Abdullah e Omar, este último falecido ainda na infância, o que era um destino comum na região (os nomes das meninas se perderam; na Arábia de então, como na de agora, raramente são contadas as histórias das meninas das famílias). Mohamed teria nascido por volta de 1908, na melhor das aproximações; a celebração de aniversários não é uma tradição na Arábia, e se mal havia um governo estabelecido em Doan, muito menos haveria um cartório ou o registro dos nascimentos.[11]

Uma vez enraizado em seu exílio em Rabat, Awadh bin Laden trabalhou duro e morreu cedo. De fato, parece que morreu antes mesmo que seus filhos homens chegassem à adolescência.[12]

O que valia para todas as partes de Hadhramawt valia também para Doan: as bases de sustentação da economia regional eram a boa vontade e a persistência dos rapazes e moças que se dispunham a viajar para outros países em busca de emprego; trabalhavam durante anos, por vezes sob condições terríveis e inúmeras dificuldades, e mandavam dinheiro para casa. Muitos saíam de casa muito cedo, com seis ou sete anos de idade. Também era comum que os homens da região se cassassem ainda na adolescência e depois emigrassem para Etiópia, Somália ou Egito, onde ficavam por até duas décadas, período em que se casavam com outras mulheres. Para a maioria dos rapazes em Doan a questão não era ir ou não embora, mas para onde ir. Dependiam de redes de acesso a empregos informais, patrocinadas por comerciantes que mantinham interesses comerciais em portos estrangeiros específicos. A lealdade entre os *hadhramis*, mesmo que não se conhecessem, era extraordinária, e em meados do século XX essa ética havia criado uma próspera diáspora do Levante para o Sudeste Asiático. Em uma carta do início do século, um pai prescreve instruções a dois de seus meninos sobre como ir de Hadhramawt até Cingapura — fornece listas de contatos de confiança em quatro cidades portuárias diferentes e insiste em que os filhos mandem muitos cartões-postais para casa. Em geral os rapazes do norte de Hadhramawt emigravam nessas redes de aparentados para o Sudeste Asiático; partindo de Doan, seguiam primeiro para a África ou pela costa do mar Vermelho acima.

A emigração teria parecido uma escolha natural para Mohamed e Abdullah bin Laden, dois meninos sem pai. Agora que Awadh se fora, na hora de decidir que rumo seguir os dois provavelmente foram aconselhados pelos familiares da mãe e por outros habitantes da aldeia, preocupados com seu bem-estar. O homem mais rico em Rabat era Sayyid Muhammed Ibn Iasin, descendente do profeta Maomé e negociante de algodão no mar Vermelho, com "um rosto largo e uma boca grande e agradável", em cuja casa havia criação de abelhas e escravos etíopes.[13] Os Iasin tinham conexões em Massawa, principal porto de Eritréia. Outra família importante no cânion, que morava a dois ou três quilômetros, tinha parentes em Adis Abeba, na Etiópia, e lá fizera uma pequena fortuna vendendo peles. Foi provavelmente por meio de um desses contatos que Mohamed bin Laden, filho mais velho de Awadh, embora um menino de apenas doze anos de idade, subiu os paredões do cânion e se juntou às caravanas de camelos para seguir até o porto de Mukalla.

De barco, foi para a África, sobreviveu à viagem, e arranjou trabalho em algum lugar da Etiópia. Mas sua jornada terminou em desastre. A tradição oral da família Bin Laden contém ao menos duas versões para o que teria acontecido a ele. Em uma delas, Mohamed estava trabalhando como varredor em uma loja ou pequena venda. De acordo com o que o seu irmão

Abdullah mais tarde contou à família, o patrão de Mohamed era um homem desagradável e irritadiço, de temperamento violento, que mantinha um molho de chaves preso ao cinto; um dia, furioso com Mohamed, arremessou contra ele o molho de chaves, ferindo o menino no rosto. O machucado foi tão grave que Mohamed perdeu o olho. Em uma segunda versão, contada por alguns dos Bin Laden que permaneceram no Iêmen, Mohamed estava trabalhando em um canteiro de obras na Etiópia quando uma barra de ferro despencou acidentalmente de um edifício e, depois de atingir o chão, ricocheteou e atingiu seu olho. De qualquer modo, Mohamed bin Laden chegou à vida adulta usando um olho de vidro.[14]

Depois do ferimento, Mohamed voltou para Doan. Em 1921 um terremoto destruiu o porto abissínio de Massawa, devastando a economia da região, evento que também pode ter sido um fator que contribuiu na sua decisão de voltar. Moradores de Rabat dizem que Mohamed foi embora novamente em 1925; dessa vez viajou com o irmão caçula, Abdullah, e só voltariam cerca de 25 anos depois. Pouco depois da partida a mãe deles morreu, em Doan, segundo informação de membros da família Bin Laden que ficaram no Iêmen; parece improvável que tenham voltado a vê-la.

Agora seu objetivo era rumar para o Leste e chegar à costa oriental do mar Vermelho. No porto de Jedá, rota de passagem favorecida pelo fluxo de peregrinos muçulmanos em viagem até a cidade sagrada de Meca, havia uma considerável comunidade de mercadores e trabalhadores *hadhramis*, incluindo alguns nascidos e provenientes de Doan; outros *hadhramis* viviam na própria Meca.

Quando os meninos Bin Laden embarcaram em sua jornada, Abdullah tinha apenas oito ou nove anos de idade; Mohamed talvez tivesse catorze ou quinze, segundo o relato que Abdullah mais tarde fez à família. A viagem da qual Abdullah se lembrava foi repleta de magia, milagres e prodígios religiosos. Seguiram viagem a bordo de *dhows* de madeira abarrotados de gente, navegaram ao redor da Península Arábica, depois mar Vermelho acima, até o porto de Jizan, a quase 640 quilômetros de Jedá. Dali iniciaram um longo percurso a pé. Ficaram perdidos no deserto, passaram fome e acharam que iriam morrer. Quase à beira da exaustão, uma tempestade impiedosa se abateu sobre eles, e, quando o céu ficou limpo, encontraram uma fazenda. Nos campos irrigados acharam uma melancia. Eles a comeram e reviveram.[15]

Recobradas as forças, seguiram a caminhada até chegarem aos muros de pedra e coral de Jedá, cidade fétida junto ao mar Vermelho cuja população beirava os 25 mil habitantes.[16] Talvez só mesmo um adolescente que já tinha conhecido todas as privações e guerras perpétuas de Hadhramawt pudesse ver um lugar de oportunidade naquele porto claustrofóbico, assolado por doenças, sem uma única rua pavimentada. Contudo, Mohamed tinha visto em Doan os altivos arranha-céus feitos de barro, com suas portas pintadas e escravos, construídos por *hadhramis* que haviam feito fortuna em todo tipo de lugar improvável, por meio da sorte, da fé e do trabalho árduo. Ele possuía a compulsão de sair à cata da própria fortuna.

NO INTERIOR DOS MUROS que protegiam Jedá, o ar "retinha uma umidade e uma sensação de velhice e de exaustão, como não se poderia encontrar em nenhum outro lugar", escreveu T. E. Lawrence, mais conhecido como Lawrence da Arábia. Havia "uma sensação de longo uso das exalações das muitas pessoas, de contínuo banho a vapor e suor". No verão as temperaturas chegavam bem acima de 38 °C e os ventos salgados do mar Vermelho sufocavam a respiração. "Os jornais viram pedaços de trapo, os fósforos se recusam a acender e as chaves enferrujam nos bolsos", queixou-se um visitante britânico. Dia após dia, cerca de 5 mil camelos perambulavam pela cidade, despejando nas ruas o que o prefeito de Jedá calculava em mais de 130 toneladas de esterco. "As mercadorias expostas no mercado estão cobertas com tantas moscas que é impossível dizer a cor do produto à venda sem antes afugentá-las", escreveu o peregrino persa Hossein Kazemzadeh. "À noite, quando as lojas fecham, as moscas vão embora, assim como os mercadores, para caçar suas presas de casa em casa."[17]

Por mais de mil anos Jedá serviu de porta de entrada para Meca. Através da cidade despejavam-se multidões de *hadjis*, os peregrinos que rumavam para o festival anual do Hajj — 100 mil a cada ano até meados do século XX. Eram muçulmanos de todo tipo, condição social, estirpe e matiz, vindos da África, do Sudeste Asiático, da Índia e da Europa. Muitos vinham também ao longo do ano todo, em peregrinações menores; dos navios ancorados nas águas profundas do porto os recém-chegados eram postos em barcos a remo chamados *sambuks*. No píer, guias e carregadores os empurravam para toscos barracões, onde eram segregados por nacionalidade. Muitos desses peregrinos permaneciam em Jedá depois de oferecer as devoções, e seus descendentes transformaram a região, conhecida como Hejaz, em um caos poliglota, uma "miscelânea de humanidade de todos os cantos do mundo que o islã reúne", nas palavras escritas por Amin Rihani em 1922. Em Jedá conviviam lado a lado extremos de riqueza e pobreza, observou Kazemzadeh: "Você vê pessoas ricas que pagam várias libras por um frasco de perfume, entornam tudo sobre a cabeça e saem andando [...] por outro lado, há miseráveis infelizes em estado de total privação, deitados seminus pelas ruas, procurando algum alívio na sombra dos arbustos". As famílias mais abastadas viviam em casas altas de dois andares em estilo turco, adornadas com corais escavados dos recifes na praia e protegidas por venezianas de madeira ripada que refrescavam os ambientes interiores e mantinham as mulheres invisíveis aos olhares dos passantes. Os pobres se enrolavam em trapos e dormiam ao relento nas vielas arenosas da cidade.[18]

Epidemias de cólera varriam Jedá. As autoridades da incipiente saúde pública da Europa reconheciam a migração global do e para o Hajj como fonte potencial de pandemias. Os poderes coloniais se esforçavam para criar um sistema viável de quarentena. Um médico otomano convocado para trabalhar no tratamento de um flagelo de cólera na virada do século encontrou em Jedá "um vasto cemitério", repleto de "cadáveres que enchiam mesquitas, estalagens de caravanas, cafés, casas e espaços públicos"; o médico vivia atormentado pelos "gritos de homens, mulheres e crianças, mesclados ao blaterar dos camelos".[19]

Harry St. John Bridger Philby, aventureiro britânico que logo desempenharia papel importante no desenvolvimento da cidade, chegou a Jedá na mesma época que Mohamed bin Laden, em meados da década de 1920. Ele ali encontrou

> uma mixórdia de riqueza e pobreza, prosperidade e miséria; grandes mansões dos capitães do comércio e dos negócios, com seus sólidos muros de coral e amplos espaços abarrotados de ornatos de madeira trabalhada, lado a lado com choupanas deterioradas pelo tempo e cabanas arruinadas pelo uso; mesquitas grandes e pequenas, com minaretes pontiagudos afilando rumo ao céu [...] Por toda parte um contraste de luz e sombra, esplendor e esqualidez, opulência e sordidez, pó e sujeira; e acima de tudo tremulavam as bandeiras de muitas nações, Grã-Bretanha, França, Itália e Holanda, em meio a incontáveis emblemas de uma Arábia unida.[20]

A economia da cidade girava em torno dos peregrinos, que pagavam impostos cujo montante chegava a mais ou menos 3 milhões de libras por ano nesse período, gerando outros 4 a 5 milhões de libras de lucros para mercadores, proprietários de camelos, guias turísticos e donos e gerentes de hotéis, que competiam avidamente por suas bolsas. Eram lendárias a ganância e a avareza locais, ao lado do estilo folião e espalhafatoso da hospitalidade de Jedá. O viajante medieval Ibn Jubayr observou ceticamente que, antes mesmo da chegada do islã, os fundadores da cidade haviam erguido "um velho e grandioso templo abobadado" para atrair turistas; "diz-se que é o local de repouso de Eva, mãe da raça humana [...] Deus é que pode saber melhor dessas coisas".[21] A abertura do canal de Suez, no século XIX, transformou o mar Vermelho em um bazar colonial em que capitães de navios a vapor europeus, comerciantes africanos e atravessadores e revendedores árabes competiam por lucros e poder. Quando Mohamed bin Laden chegou a Jedá, o lugar era uma cidadela de vigaristas.

Ele começou como carregador no desembarque de peregrinos; mais tarde, em um de seus escritórios, fez questão de pendurar um embornal de couro que usava para guardar sua bagagem e comida. Ele e o irmão mais novo eram tão pobres nos primeiros tempos em Jedá que dormiam em uma vala que cavavam na areia e se cobriam com sacos, segundo conta Nadim Bou Fakhreddine, que anos mais tarde trabalhou para a família. Pouco tempo depois Mohamed abriu uma minúscula barraca de venda de comida no mercado de Nadha, à beira-mar, "um negócio bem pequeno, com apenas um ou dois pratos" para cozinhar, recorda-se Hassan al-Aesa, que trabalhou com Bin Laden em Jedá na década de 1930. De acordo com o relato que, décadas mais tarde, um diplomata britânico fez das origens de Bin Laden, em seus primeiros anos ele tinha vendido "frutas saídas de um burro", afirmação que pode ter sido mais metafórica que factual.

Bin Laden percebeu que o ramo da construção civil era promissor. E começou a procurar empregos ocasionais nessa área. A massa de coral usada nos muros das casas de vários andares de Jedá esfarinhava e se desintegrava com muita facilidade, o que exigia remendos e consertos constantes. Particularmente durante o final da década de 1920, quando a economia da cidade desfrutou de um breve período de relativa prosperidade, surgiram oportunidades de trabalho para rapazes nas minas e nas pedreiras de coral, ou aprendizes de pedreiros e empreiteiros iniciantes. Em 1931, Bin Laden abriu sua própria pequena empresa.[22]

Ele era um homem atraente, com traços serenos e pele cor de café. Seu olho de vidro chamava a atenção e distraía algumas das pessoas que falavam com ele pela primeira vez, mas havia nele leveza, alegria e graciosidade naturais. Não era um homem imponente — tinha apenas 1,65 metro de altura —, mas era organizador, um piadista afável e prosperava na companhia de outros. Ele e o irmão acharam seu lugar na unidíssima comunidade *hadhrami* e tomaram parte dos tradicionais divertimentos e passatempos, em especial das danças e cantorias em grupo, chamadas *zomals*, que faziam os homens se lembrarem da terra natal. Al-Aesa se lembra de ver Mohamed e Abdullah cantando e dançando na noite de Jedá: "Os dois eram muito humildes". Havia uma *zomal* em especial, tradicionalmente cantada com pistolas empunhadas e tiros festivos para o céu, em que os dois irmãos Bin Laden mostravam muito vigor e gosto:

Hoje minhas aulas acabaram
E meu relógio é de ouro
E minha pistola de seis tiros
Não respondeu meu salam aleikum.[23]

Bin Laden tinha um dom natural para sentir as qualidades das pessoas ao seu redor e para preservar sua lealdade, segundo Gerald Auerbach, piloto norte-americano que mais tarde trabalhou para ele. "Ele sabia como encontrar as pessoas capazes de fazer o trabalho. Sabia reconhecer quando alguém estava dando conta do recado e quando não estava. Não sei se era uma coisa de nascença ou se era acidental, mas ele tinha mais tato para a engenharia do que muitas pessoas que conheci que tinham passado anos estudando." Nas palavras de Al-Aesa: "Pelo fato de ele ser tão bom e tão generoso, todos os melhores artesãos queriam trabalhar com ele".[24]

Abdullah Hashan gerenciava os lucrativos mercados de câmbio em Jedá, em que táleres de prata e moedas de ouro com a efígie da imperatriz austríaca Maria Teresa eram negociados com desvairadas oscilações de preço. Ele ofereceu a Bin Laden seu primeiro emprego na velha cidade, "fazendo manutenção e renovação" em uma majestosa casa de sua propriedade; o casarão fazia as vezes de tribunal de meio período para alguns dos juízes islâmicos, segundo recorda Al-Aesa. Bin Laden "construiu alguns arcos e consertou algumas coisas", em um modesto projeto de renovação. "Foi pura sorte." Mas não era apenas sorte: ele tinha habilidade para construir e para executar rapidamente o trabalho de empreiteiro, de uma maneira que conseguia agradar até as personalidades mais exigentes, caprichosas e excêntricas de Jedá. O emprego de Hashan o colocou no caminho certo. Mohamed e Abdullah se mudaram para uma casa minúscula na zona norte da cidade.[25]

Entretanto, quando a Grande Depressão se abateu, as viagens e o turismo global entraram em colapso, e com isso decaíram também as peregrinações religiosas a Meca. O número de peregrinos caiu vertiginosamente, arruinando ainda outras atividades comerciais do mar Vermelho. Jedá afundou em um período de torpor e miséria. Logo Mohamed bin Laden concluiu que seus negócios na cidade não eram suficientes para garantir o seu sustento. E resolveu pegar a estrada à procura de trabalho assalariado, através das vastas e vazias estepes do deserto que se erguiam a leste, para além dos muros de Jedá. Felizmente para ele, profundas mudanças políticas e econômicas tinham começado a varrer impetuosamente a Península Arábica. No centro dessas transformações estava o petróleo — junto com o extraordinário rei que era dono dele.

2

A GARAGEM REAL

EM 1902, ABDULAZIZ IBN SAUD saiu do Kuwait com uma espada, alguns camelos e um pequeno grupo de seguidores para reivindicar, em nome de sua família, a posse da cidade de Riad, rodeada de muros de barro no planalto da Arábia central, e seus insignificantes domínios. Em séculos recentes, os Al-Saud já haviam governado por duas vezes aquele emirado de pequena população e terra seca, e nas duas ocasiões foram alijados do poder por inimigos egípcios e otomanos. Em sua demanda de restauração, Abdulaziz já havia combatido em mais de 52 batalhas na vastidão de centenas de quilômetros quadrados. As batalhas quase sempre se limitavam a pouco mais que um ataque em massa de um bando de beduínos mal nutridos, montados em camelos ou a pé, berrando muito, ao acampamento de outros beduínos; mas deu certo, e as forças do rei conseguiram cobrar seus direitos e tomar a cidade. Em 1932, quando Abdulaziz por fim anunciou a formação do novo Reino da Arábia Saudita, trazia enormes cicatrizes nos braços e pelo corpo todo, e mancava de uma perna, por causa de uma ferida de guerra.

O rei era um homem alto — por volta de 1,90 metro de altura — e tinha ombros largos — montado em um camelo era possível avistá-lo através de um amplo vale. De pé em meio aos *majlis* da sua corte o rei se destacava, dominando sobranceiro seus súditos e escravos, mas governava tanto pelo charme quanto pela intimidação. Gostava de dizer a seus visitantes que era como o profeta Maomé, no sentido de que havia "três coisas no mundo" que ele amava de verdade: "Mulheres, perfume e oração". Na túnica mantinha sempre um frasco de perfume, com o qual encharcava as mãos ao cumprimentar os visitantes, para que pudesse passar adiante seu aroma. Possuía um sorriso magnético e persistente, e, sentado em seu trono, encetava longos e ziguezagueantes monólogos repletos de provérbios do deserto, recheados de metáforas sobre raposas traiçoeiras e escorpiões venenosos. Contudo, era um político habilidoso, pragmático e impassível, capaz de compreender e lidar com as complexidades tribais e religiosas da península colonial melhor do que qualquer um que o antecedera. "Não sou um homem de imaginação", segredou a um visitante. "Sou um homem de fatos presentes e verdadeiros — isso é tudo que tenho."[1]

A última fase de sua campanha foi a tomada de Hejaz, a região ocidental da Península Arábica, e da cidade de Jedá. Terminada a tarefa de conquista, em 1926, Abdulaziz havia obtido os maiores prêmios que conhecera até então — soberania sobre as cidades mais sagradas do islã, Meca e Medina, bem como o controle de uma formidável renda das taxas e impostos que incidiam sobre os peregrinos em visita; além disso, o acesso ao mar Vermelho pelo porto de Jedá. Contudo, Abdulaziz reconheceu, sabiamente, que seu austero exército de guerreiros analfabetos do planalto e prosélitos do islamismo não seria muito bem-vindo na mundana Jedá, e por isso tentou cooptar os comerciantes e negociantes da cidade, ao invés de enfrentá-los militarmente. Decretou cerco de um ano aos muros da cidade, o que reduziu os residentes a uma situação de pobreza ainda mais desesperadora; a campanha chegou ao fim quando os mercadores mais eminentes lhe entregaram as chaves. Ainda assim, ele se manteve distante; desde que os impostos continuassem a ser pagos, ele preferia o confortável isolamento de Riad, na Arábia central, e ali se sentia mais seguro. Na avaliação de Abdulaziz, Hejaz e a costa do mar Vermelho eram zonas de traiçoeiras intrigas de britânicos e italianos.

O colapso do Império Otomano, depois da Primeira Guerra Mundial, lançou as potências coloniais européias em competição pela Arábia, disputa refreada pelas terríveis perdas da guerra, mas impulsionada pela inexorável lógica imperialista. O interior da Península Arábica jamais havia sido invadido por um exército europeu — parecia um território remoto demais e inóspito demais para causar alguma preocupação. Para contrariar e opor-se aos turcos, os britânicos haviam subsidiado Abdulaziz até 1925, mas jamais chegaram a abraçar sua causa completamente ou a considerá-lo um aliado, nunca confiaram nele; prova disso é que apoiaram e financiaram também seus rivais em Meca, os xarifes hashimitas. Em relação aos ingleses, Abdulaziz se sentia "como um pai que fica zangado com o filho e deseja que ele morra — mas esse mesmo pai mataria imediatamente o primeiro que dissesse 'Amém' para seu sentimento". Ele queria que os norte-americanos o protegessem das maquinações britânicas, e também sentia verdadeiro fascínio pela ascensão da Alemanha nazista. Tinha uma visão grosseira e xenófoba com relação aos cristãos, e sua opinião sobre os judeus era ainda pior. "Louvado seja Deus, por 1.400 anos nunca um judeu pôs os pés no meu território", declarou diante de uma delegação estrangeira; até onde sabia, jamais havia visto um judeu. À medida que ganhava força o debate sobre a criação de Israel, sua posição era apaixonada e sua oposição, firme e inflexível: "Minha honra está envolvida nesta questão", declarou. Partia do pressuposto de que todos os não-muçulmanos eram gente em que não se podia confiar. Uma vez Abdulaziz perguntou, com animada curiosidade, a um visitante cristão: "Você bebe uísque, você joga cartas, você dança com as esposas de seus colegas?".[2]

O sexo parecia ser o maior dos prazeres de sua vida, ou pelo menos a maior das compulsões. Em 1930, ele disse ao inglês Philby que já tinha se casado com 135 virgens e cerca de cem outras mulheres, mas que dali por diante tinha decidido limitar-se a apenas duas novas esposas por ano até o fim de seus dias. Seu expediente para burlar a lei islâmica, que permitia quatro esposas de cada vez, era casar-se e divorciar-se rapidamente, além de manter um séqüito adicional de concubinas e escravas. Sua propensão carnal tinha um aspecto político e até mesmo militar. "O Estado saudita foi consolidado pelo matrimônio", nas palavras do historiador Madwai Al-Rashhed, e Abdulaziz muitas vezes "se casava com as ex-esposas e filhas de seus ex-rivais e inimigos".[3]

As estimativas sobre o número de escravos em seu reino variavam de alguns milhares até dezenas de milhares; centenas serviam abertamente no palácio do monarca em Riad. Quando uma concubina escrava dava à luz um menino, ganhava a liberdade; em alguns poucos casos, seu filho era reconhecido como legítimo. No fim das contas, Abdulaziz reconheceu 45 filhos legítimos, que se tornaram seus herdeiros reais; o número de filhas e de outras crianças é desconhecido.[4]

Apesar de toda a aparente devassidão e voluptuosidade, o rei mantinha um estilo de vida austero e virtuoso. Não bebia, não fumava, nem permitia que seus assistentes usassem seda; orava cinco vezes ao dia, e em sua corte o som que predominava no cotidiano era o tinir de xícaras de café e o cântico ritmado dos leitores do Alcorão. Ele jamais teve dúvida de que Deus o havia convocado a governar o reino no deserto; ele daria o melhor de si para responder à altura ao chamado divino e obedecer às leis islâmicas, mas o resto estava nas mãos de Deus. A forma de ensino do islã era severa e intolerante. Em Hejaz, havia místicos *shias* e sufis, e sábios de todas as escolas históricas da tradição sunita. Mas na corte da Riad de Abdulaziz havia apenas o credo simples e insistente de Mohamed Abdul Wahhab, pregador do deserto e ideólogo do século XVIII, que rejeitava virtualmente todo ornamento e toda forma de arte, música e tecnologia, por ele tidos como blasfêmia. No isolado deserto da Arábia central, segundo afirmou o arquiteto de Jedá Sami Angawi, "O que você tem é dia ou noite, frio ou quente. Não há nuanças. Até a música tem uma só corda [...] Tudo é ou preto ou branco. Ou você está comigo ou está contra mim".[5] Contudo, a paixão religiosa dos seguidores de Wahhab causava contínuos problemas ao rei — particularmente a Ikhwan, ou "Irmandade", milícia de radicais inflexíveis que Abdulaziz criara para derrotar os inimigos reais. Quando a Ikhwan ameaçou rebelar-se contra Abdulaziz, por considerar que o rei não era suficientemente religioso — com base nos exigentes padrões da milícia —, o rei declarou guerra contra eles. Ao mesmo tempo, para se manter no trono, tinha de agradar e sujeitar-se aos sábios islâmicos, os ulemás.

Abdulaziz debatia com os ulemás sobre as atrações e perigos da tecnologia moderna. Por meio de seus contatos com os britânicos, o rei chegou a ter alguma compreensão das linhas gerais da industrialização na Europa e a vertiginosa ostentação de produtos e confortos que ela havia criado. Ele não tinha a menor vontade de adaptar-se à civilização européia, mas as geringonças e os aparelhos o intrigavam. Ele nunca deixou o mundo árabe e zombava do refinamento e da pompa dos ingleses. Durante uma reunião com um oficial britânico em pleno deserto, entrou a passos largos em uma tenda colonial toda adornada e equipada com cadeiras estofadas e anunciou: "Aqui estamos nós, na modernidade! Traga-me chá, menino!". Ele encorajou seu séqüito de beduínos a se sentar com ele nas cadeiras entalhadas. "Sejamos modernos!" Ele zombava, mas também imitava. Na década de 1930 já tinha encomendado sua própria mobília européia para os *majlis* de Riad.

Abdulaziz gostava especialmente de aparelhos de rádio, por meio dos quais podia acompanhar os noticiários europeus sem sair de seu palácio. A rede de telégrafos sem fio de Marconi que começou a construir na Península Arábica durante os anos 1930 também proporcionou a ele um importante e revolucionário recurso para monitorar e controlar os eventos de seu próprio reino. Montou estações de rádio nas principais cidades e uma sala de controle de operações em Riad, de onde podia rastrear potenciais rebeldes na periferia de seus domínios e despachar prontamente ordens ou unidades de seu exército. Lutou para persuadir os desconfiados sábios islâmicos de que aqueles aparelhos de rádio eram permissíveis; entre outras coisas, os sábios se opunham ferozmente à música que acompanhava e anunciava as transmissões dos boletins de notícias da BBC. Uma vez que era impossível antever o momento exato em que a música iria tocar, Abdulaziz convenceu os sábios de que a culpa era de um defeito dos botões dos rádios e não um problema dos aparelhos ou das transmissões. Ele também buscou mostrar aos eruditos religiosos que o telégrafo não era uma forma de feitiçaria.

Os homens de negócios de Jedá assediavam o rei com automóveis Ford e Chevrolet, que ele usava para caçar gazelas no deserto. No carro em disparada, Abdulaziz ia sentado no banco da frente, ao lado do motorista beduíno, perseguindo o vôo de seus falcões adestrados que se lançavam no ataque aos antílopes em fuga, bicando e furando-lhes os olhos antes que os homens arrematassem a morte cerimonial. Em pouco tempo Abdulaziz reduzia os carros a sucata e os abandonava entregues à ferrugem. Em 1927, sua garagem real já tinha 250 automóveis Ford e Chevrolet, e a coleção ficaria cada vez maior.[6]

O homem de negócios diretamente responsável pelo fornecimento de carros Ford e rádios a Abdulaziz era Harry St. John Bridger Philby, que ia se infiltrando cada vez mais na corte do rei e dando a ela um ar de intriga burlesca. Formado pela Universidade de Oxford com distinção e louvor em Línguas Modernas, juntou-se ao Serviço Civil Indiano, depois trabalhou no Iraque, mas desistiu do serviço colonial britânico e passou a ter uma opinião cada vez mais amarga sobre o governo inglês. Contudo, desejava desesperadamente ser reconhecido na Inglaterra como o principal geógrafo e o mais notável viajante britânico em terras árabes de seu tempo. Na década de 1920 Philby ligou-se a Abdulaziz como conselheiro informal e se converteu ao islã; o rei conferiu a ele o novo nome de Abdullah. Era "uma figura corpulenta e barbuda vestida em trajes árabes, ferozmente inclinado a discussões, debatedor destemido, inalteravelmente britânico, e ainda assim mais árabe que os próprios árabes", escreveu um conhecido dele. Apesar disso, apesar de tantos talentos e dos ares de importância, não era "nem soldado nem poeta [...]

o tipo de homem que está sempre fora do compasso". Quando não estava na corte de Riad, Philby vivia em uma casa confortável em Jedá, onde cuidava de sua revendedora de carros Ford e colecionava babuínos.[7]

Talvez porque Philby fosse tão cético com relação ao governo britânico — no fim das contas acabou sendo preso durante a Segunda Guerra Mundial por promover as causas da Alemanha nazista —, Abdulaziz confiava tanto nele a ponto de transformá-lo em seu conselheiro independente sobre os negócios e transações com europeus e norte-americanos. O rei presenteou Philby com uma menina escrava e concedeu a ele permissão para viajar pela península, documentando a flora e a fauna, tema dos livros e palestras que Philby dava a geógrafos ingleses. Na década de 1930, o próprio Philby controlou as cruciais negociações para as concessões de exploração de petróleo e extração de minérios.

Durante a Primeira Guerra Mundial, Winston Churchill tinha convertido toda a Marinha britânica de carvão para petróleo, ajudando assim a inaugurar a era do petróleo. A Inglaterra mantinha a sete chaves os estoques do Irã e do Iraque, mas exploradores norte-americanos tinham começado a escarafunchar no Oriente Médio também. Uma empresa petrolífera norte-americana, a Standard Oil Company of California (SOCAL), teve a perspicácia de incluir Philby em sua folha de pagamentos; o inglês recebia um salário mensal de mil dólares, com a promessa de uma bonificação de 10 mil dólares se a empresa recebesse uma concessão do rei saudita, mais um adicional de 50 mil dólares em *royalties*, caso a empresa conseguisse descobrir e exportar uma quantidade considerável de petróleo. Abdulaziz acumulara dívidas enormes com Philby por conta da compra desenfreada de carros e de rádios, e um acordo de exploração de petróleo com a SOCAL representava não apenas dinheiro no bolso de Philby, mas também uma fonte potencial de renda com a qual o rei poderia pagar suas dívidas. Philby parecia determinado a manter a Inglaterra longe da Arábia Saudita. O negócio que ele intermediou, assinado com a SOCAL em 1933, garantiu a Abdulaziz o equivalente a 50 mil libras em ouro e a promessa de mesma quantia caso viesse a ser descoberto petróleo em quantidades comerciais, além de *royalties* adicionais.[8] Pessoalmente, o rei mostrava pouco interesse no petróleo, estava mais interessado em explorações paralelas de minérios e especialmente água. Porém, para financiar sua enorme família, para acalmar as tribos da península e aplacar outros rivais políticos, precisava desesperadamente de ouro.

Assim que colocou as mãos no dinheiro, Abdulaziz começou a gastar. Como acontece com muitos novos-ricos, ele e os filhos decidiram que gostariam de viver em lugar maior e mais refinado; assim, em Riad e arredores teve início um surto de construção de palácios. Ao mesmo tempo, a leste, ao longo da costa do Golfo Pérsico, os norte-americanos tinham chegado com suas máquinas perfuratrizes para iniciar a busca de petróleo; começaram a construir casas, escolas, escritórios, depósitos e galpões.

Era uma época e um lugar excelentes para ser um jovem empreendedor na área de construção.

UM CONSÓRCIO DE EMPRESAS chamado Arabian American Oil Company, ou Aramco, foi formado para administrar os direitos de exploração que a SOCAL havia adquirido. Geólogos, engenheiros de perfuração e empreiteiros estabeleceram-se em Dhahran, cerca de 480 quilômetros a leste de Riad, perto das colinas arenosas sob as quais havia a expectativa de que estivessem as maiores reservas de petróleo. Os beduínos nômades, que perambulavam pelo deserto em bandos livres, vivendo ao deus-dará e obtendo seu sustento do comércio das caravanas e criação de animais, desprezavam o trabalho manual. Alguns até se empregaram no ramo da exploração do petróleo, mas mantinham distância dos acampamentos da Aramco. Centenas de outros árabes — *shias* locais que sofriam discriminação dos beduínos e imigrantes estrangeiros pobres como Bin Laden — aceitaram avidamente o trabalho assalariado que os norte-americanos estavam oferecendo.

Mohamed bin Laden viajou de Jedá a Dhahran e encontrou trabalho na Aramco como pedreiro e assentador de tijolos. E se sobressaiu. Seu supervisor, um "pedreiro caipira" dos Estados Unidos, concluiu que "este cara é muito bom", de acordo com Tim Barger, cujo pai era executivo da Aramco. Em questão de poucas semanas, a empresa promoveu Bin Laden a capataz de um grupo de pedreiros. Poucos meses depois, de contramestre Bin Laden foi promovido a supervisor de vários grupos. "Ele sabia das coisas, era muito capaz", disse Barger, que havia registrado as lembranças do pai e mais tarde trabalhou na Arábia Saudita. "Ele era cego de um olho, mas sabia supervisionar as pessoas e cuidar para que o trabalho fosse bem-feito e concluído no prazo. Então, depois de um longo período — talvez um ano, um ano e meio —,

Bin Laden foi falar com os chefes da Aramco e disse: 'Quero começar meu próprio negócio'." Era difícil trazer gente dos Estados Unidos para a Arábia Saudita para fazer todo e qualquer tipo de trabalho, do fornecimento de comida ao conserto de cercas, por isso a Aramco apoiava todos os árabes que mostrassem capacidade e iniciativa promissoras como empreiteiros independentes. "Eles disseram: 'Vá em frente, mãos à obra, vamos arranjar alguns trabalhos para você. Pode voltar sempre aqui'. Ele administrava tão bem a sua empreiteira que podia ir a Riad e ficar lá por dias e dias." Um perfil de Bin Laden feito décadas mais tarde pelo governo norte-americano informava que ele se desligou da Aramco e tomou rumo próprio em 1935.[9]

Os contratos de construção em Riad dependiam do favor de rei Abdulaziz. Para um homem como Bin Laden, era tarefa bastante simples estabelecer relação com o soberano: ele poderia comparecer a um dos *majlis*, sessão diária na qual qualquer um poderia sentar-se na sala do trono e aguardar a chance de solicitar a ele autorização de trabalho.

A Riad a qual Bin Laden chegou na década de 1930 ainda era uma cidade-fortaleza rodeada por muros, semelhante àquelas que ele próprio conhecera em menino, em Wadi Doan. Os sauditas erguiam castelos-fortalezas em seus planaltos desertos, cercando as cidades com muralhas de tijolos de barro de quase oito metros. Bosques de palmeiras circundavam a cidade, e durante o dia os moradores entravam e saíam pelos portões para pegar madeira e água. À noite e durante o período de orações os portões eram fechados. A muralha de Riad, escreveu Philby, "é encimada por trechos de borda pontiaguda a intervalos constantes. Sua continuidade é interrompida por baluartes, fortificações e pequenas torres de vigia". Do lado de dentro, casas de muros espessos, amontoadas umas em cima das outras, ao longo de vielas sinuosas, o que ajudava a criar sombra; havia também mercados, uma mixórdia de barracas e estandes de compra e venda, e, obviamente, uma grandiosa mesquita, construída pelo rei.[10]

Visto que tinha conquistado Hejaz e firmado novos contratos com empresas de petróleo dos Estados Unidos, Abdulaziz já não tinha mais receio de que Riad pudesse ser inesperadamente atacada por inimigos; por isso, em 1934, pela primeira vez começou a construir fora dos muros da cidade. Contratou um empreiteiro local para supervisionar um enorme conjunto de palácios, onde o rei poderia realizar suas sessões de *majlis*, instalar seus novos aparelhos de rádio e telégrafo e acomodar ao menos parte de sua numerosa família. À medida que seus filhos iam se casando, Abdulaziz ampliava seus planos de construção, concedendo a eles casas no novo complexo. O rei batizou seu novo palácio de Al-Murabba, ou "O Quadrado", e quando a obra finalmente ficou pronta, em 1939, o prédio principal era um impressionante edifício de dois andares erguido em torno de um pátio gigantesco, onde uma alta tamareira se erguia a céu aberto. Os salões de *majlis* ficavam no segundo andar, flanqueados por uma sucessão de salas e escritórios destinados aos assistentes políticos do rei, escravos, guarda-costas, sábios religiosos, atendentes, criados, guardas e inspetores do tesouro. A execução do projeto todo, incluindo as garagens para a frota cada vez maior de automóveis de Abdulaziz, exigiu a construção de dezenas de prédios em uma região árida que mal tinha madeira suficiente para dar conta das necessidades diárias da população. O rei e seus conselheiros pediram ajuda a seus novos amigos norte-americanos, solicitando materiais de construção e mão-de-obra, mas a Aramco e as empresas por ela convidadas para atuar na Arábia Saudita, encabeçadas pela Bechtel Corporation, de São Francisco, estavam ocupadas demais montando a infra-estrutura para a nova economia do petróleo e não queriam se ver atreladas aos projetos pessoais do rei.[11]

Foi nessa brecha que Mohamed bin Laden viu uma oportunidade. Ele "teve uma visão", recorda Mohamed Ashmawi, amigo da família. "Ele previu que era possível ganhar muito sendo útil aos membros da família real, especialmente os mais importantes [...] Ele começou a construir casas para alguns membros da realeza." Não se sabe exatamente quando e como Bin Laden começou, mas em pouco tempo "muitas ordens reais deram a ele autorização para tocar projetos em Riad", de acordo com um relato saudita sobre os primórdios do trabalho de Bin Laden. O projeto mais importante dessa fase inicial foi o primeiro palácio em Riad construído inteiramente de pedra; a obra levou a muitos outros contratos, na área que veio a se tornar conhecida como Quarteirão Murabba. Assim como seus equivalentes libaneses, mais sofisticados, os *hadhramis* já gozavam de certa reputação de empreendedorismo. Eram conhecidos como pessoas que iam a extremos para conseguir realizar um trabalho, mesmo que de início não tivessem a menor idéia de como fazer o trabalho. O planalto em torno de Riad é chamado de Nejd, e os nativos dali têm um ditado sobre os iemenitas como Bin Laden: "Se você quiser que ele seja um padeiro, ele será um padeiro. Se você quiser que ele seja um construtor de estradas, ele será um construtor de estradas". De acordo com o historiador saudita Fahd al-Semmari, a força de Bin Laden nesses primeiros tempos estava no fato de que "ele estava sempre disponível [...] e conseguia reunir tantas pessoas quantas fossem necessárias para fazer o trabalho. Ele cometeu muitos erros e se atrapalhou bastante, mas aprendeu a realizar rapidamente seu trabalho. Se precisasse de dez pessoas, ele trazia cem".[12]

Durante a Grande Depressão, Abdulaziz mal viu os *royalties* do petróleo. Contudo, com a deflagração da Segunda Guerra Mundial, a navegação internacional foi interrompida no exato momento em que a Arábia Saudita se preparava para despachar para o exterior sua primeira remessa considerável de petróleo. O que não impediu o rei de continuar construindo palácios e importando artigos de luxo; contudo, suas reservas de ouro não eram as mais adequadas, o que o obrigou a contrair dívidas com negociantes particulares. Uma vez que a guerra entre submarinos no Atlântico e em outras partes enfraqueceu e diminuiu as frotas britânicas, o abastecimento de alimentos na Arábia Saudita ficou cada vez mais errático e a fome assombrava o interior do deserto, onde mesmo nos melhores períodos muitas pessoas viviam no limite da miséria.

O governo de Churchill tinha prioridades muito mais urgentes, particularmente durante os primeiros e mais desesperadores anos da guerra, mas Londres retomou o envio de subsídios para Abdulaziz no início de 1940, de modo a dissuadi-lo de explorar uma possível aliança com a Alemanha. No fim das contas, durante a guerra a Inglaterra deu ao rei o equivalente a 38 milhões de dólares para que mantivesse a sua lealdade; por sua vez, o governo dos Estados Unidos, a partir de 1943, contribuiu com 13 milhões de dólares adicionais, na forma de transferência de provisões de guerra, incluindo alimentos, maquinário e serviços. Assim que a derrota alemã parecia assegurada, os estrategistas norte-americanos começaram a encarar o reino saudita como ponto de passagem bastante conveniente para o trânsito de pessoas e equipamentos à frente de batalha asiática. Um memorando ultra-secreto do Departamento de Estado ao presidente Roosevelt, datado de 22 de dezembro de 1944, expôs os planos para encetar uma nova e mais comprometida parceria com Abdulaziz:

> Um governo saudita forte e independente no Oriente Próximo [...] tem muito menos probabilidade de vir a se tornar vítima da agressão fomentadora de guerra do que um Estado fraco e desintegrado, vulnerável à penetração vulnerável e política. As vastas riquezas de petróleo da Arábia Saudita, agora em mãos norte-americanas [...] devem ser salvaguardadas e desenvolvidas [...] As autoridades militares desejam urgentemente certos recursos e instalações na Arábia Saudita, tais como o direito de construir campos de aviação militares [...][13]

Essa linha de pensamento estimulou Roosevelt a encontrar-se com Abdulaziz a bordo do USS *Quincy* nas águas do mar Vermelho em fevereiro de 1945. O rei embarcou no navio de guerra acompanhado de oito ovelhas e um séqüito de 42 cortesãos e bajuladores. No encontro, Roosevelt foi simpático e charmoso; ele e Abdulaziz imediatamente criaram laços de amizade conversando sobre os prodígios da cadeira de rodas, e o presidente presenteou o rei saudita com um modelo de última geração. Mesmo sobre as principais questões — "petróleo, Deus e propriedade de terras e imóveis", nas palavras de Rachel Bronson —, os dois também chegaram a um consenso caloroso e harmonioso.[14]

Depois disso, os norte-americanos que começaram a viajar a Riad para trocar idéias com seu novo aliado viam o rei como uma figura admirável, picaresca e, por vezes, enigmática e surpreendente. Na maior parte dos casos, estavam principalmente atraídos pelas terras do país, uma vez que, conforme informava um cabograma secreto do Departamento de Estado, "a Arábia Saudita pode ser comparada a um imenso porta-aviões postado transversalmente a algumas das principais rotas de tráfego aéreo do mundo".[15]

A rendição do Japão abriu a torneira do petróleo do reino; as exportações saltaram de 30 mil barris/dia para 476 mil barris/dia em 1949. O rei Abdulaziz, agora já envelhecido, estava deitando e rolando em ouro e prata; junto com os filhos e conselheiros, mergulhou em uma farra de ostentação e gastos. Mohamed bin Laden retornou a Jedá convocado pelo conselheiro financeiro mais íntimo do rei, Abdullah Suleiman, que o convidou a trabalhar na construção de um novo palácio real, o Al-Khozam, que o rei tinha decidido erguer fora dos velhos muros da cidade, a cerca de cinco quilômetros do mar. Era um edifício grandioso de dois andares, feito de pedra coral e vigas de madeira, salões de pé-direito de seis metros, vitrais e escadarias duplas que ascendiam aos aposentos de *majlis* no segundo andar. Abdulaziz estava agora com quase setenta anos e dependia cada vez mais de sua cadeira de rodas. No palácio Al-Murabba, seus conselheiros haviam instalado um elevador para levá-lo até o andar dos *majlis* — o problema com que se deparavam seus empreiteiros em Jedá era o fato de que o rei não podia subir com dignidade as imponentes escadarias que eles haviam projetado. Mohamed bin Laden ajudou a inventar uma solução engenhosa: uma rampa de pedra circular que levava da garagem do palácio até o segundo andar. Era ampla e forte o bastante para que Abdulaziz pudesse seguir em um de seus Ford direto para seus *majlis*, descer do carro e sentar-se no trono.[16]

Jedá continuava sendo uma cidade que "vociferava e berrava e urrava e zurrava e rosnava em seu tumulto de vozes animais; de vez em quando um tiro soava à meia-noite, quando um inglês irritado dava cabo de um vira-lata que zanzava pelas ruas", escreveu Wallace Stegner, que visitou a cidade naquela época. Contudo, a cidade passava por "uma fenomenal explosão da construção civil", como relatou um diplomata norte-americano. "Do dia para a noite brotavam do chão pelo menos os alicerces, quando não as estruturas completas." Os empreiteiros reclamavam com amargura de sua incapacidade de obter os materiais de construção de que necessitavam desesperadamente.[17]

Mohamed e o irmão se mudaram para um condomínio de casas geminadas na área norte de Jedá, onde Mohamed se encontrava diariamente com subempreiteiros, barganhava na hora de discutir compras e dívidas e formava suas equipes de trabalho. Se agora estava ficando tão próspero a ponto de comprar seus primeiros automóveis, continuava sendo o mesmo capataz ativo que punha a mão na massa e cantava junto com seus homens nos canteiros de obras, sem hesitar se precisasse trabalhar duro junto com eles. O volume de contratos que ele assumia implicava uma dedicação cada vez maior ao gerenciamento dos seus negócios, o que o obrigou a contratar escreventes e copistas, já que Bin Laden mal sabia ler e não sabia escrever. "Havia dúzias de arquitetos e funcionários entrando e saindo da casa", lembrou Hassan al-Aesa, que trabalhou para ele nesse período. "A coisa ficou corrida, havia muito trabalho." O ramo da construção era dividido em associações ou corporações, cada uma sob a supervisão de um xeique que controlava o fornecimento de materiais e de mão-de-obra de aprendizes. Bin Laden barganhava com todos eles. "Havia trabalho para todo mundo", recorda-se Al-Aesa. "Carpinteiros, aço, reboco, ferreiros — todos os ofícios." Nesse período havia pouco cimento na cidade; o principal material de construção era o coral, extraído de quatro ou cinco minas e pedreiras a céu aberto nos recifes ao longo da costa. Bin Laden comprou uma dessas minas, arrendou-a a um parceiro e a usava para fornecer material de qualidade confiável para seus canteiros de obras.[18]

Pela primeira vez Mohamed bin Laden se sentiu suficientemente seguro para se casar. Estava com trinta e tantos anos quando desposou a primeira mulher, durante a Segunda Guerra Mundial; ela deu à luz uma menina, Aysha, por volta de 1943. Bin Laden casou-se com uma segunda esposa, Fatimah Ahmed Mohsen Bahareth, que tinha dezenove anos e pertencia a uma proeminente família de Meca que migrara para a Arábia Saudita partindo de Hadhramawt, no Iêmen. Quando Fatimah teve um menino em 1944 ou 1945 (não se sabe ao certo), Bin Laden deu ao filho o nome de Salem, em homenagem a seu melhor amigo em Jedá, Salem bin Mahfouz.[19]

Bin Mahfouz era membro da tribo *kenda* do Hadhramawt, nascera em 1906 e vinha de uma família pobre do vilarejo de Khraikher, em Wadi Doan, no lado norte do cânion, a cerca de cinqüenta quilômetros de Rabat Bashan, cidade natal de Mohamed bin Laden. Aos seis anos de idade viajou para Meca a pé, na companhia dos irmãos, em uma jornada que levou seis meses. Mudou-se para Jedá na década de 1930 e entrou em um lucrativo negócio de câmbio. Na época da rápida expansão do setor da construção, Bin Mafhouz trabalhou para Bin Laden como banqueiro — termo bastante vago em um reino em que não existiam bancos formais, onde todas as transações eram realizadas em dinheiro vivo, onde havia diversas moedas em circulação, e onde as economias pessoais tomavam a forma de pequenas reservas escondidas de ouro. Como símbolo da amizade e dos laços comerciais entre eles, Mohamed não apenas deu ao filho o nome de Salem, mas também Bin Mahfouz chamou seu primogênito de Mohamed.

O jovem patriarca Bin Laden começou a viajar, supervisionando simultaneamente diversos canteiros de obras: a construção de vários palácios em Riad e Al-Kharj, uma fazenda comunitária de irrigação experimental fundada por Abdulaziz ao sul de Riad. Seus projetos o colocaram em contato cada vez mais íntimo com o rei. Um dia, em uma obra em Al-Kharj, uma casa de tijolos de barro desabou matando um de seus pedreiros, que deixou esposa, um filho e uma filha. Bin Laden pegou o menino pequeno e o carregou nos ombros até os *majlis* do rei, onde o mostrou a Abdulaziz — de acordo com Al-Aesa, que por muitos anos continuou próximo da família do pedreiro morto — e disse: "Diante de Deus, passo esta criança da minha responsabilidade para a sua". Abdulaziz devolveu o menino e deu a seguinte instrução: "Vá e compre uma casa para eles em Meca". Bin Laden tomou todas as providências; a viúva se mudou e recebeu uma pensão real pelo resto da vida.[20]

Bin Laden não era apenas o empreiteiro do rei, como estava também entre seus credores. Em 1949, cálculos aproximados das dívidas da família real com negociantes, fornecedores e gente envolvida na construção de palácios giravam entre 20 e 40 milhões de dólares. Naquele ano, há o registro de que Saud, o filho mais velho de Abdulaziz, encomendou dos Estados Unidos uma cozinha planejada de 250 mil dólares para seu novo palácio em Riad. Suleiman, ministro das Finanças para quem Bin Laden trabalhava, embarcou para Paris de licença médica com um orçamento de 600 mil dólares. Durante o ano de 1949, a família real estava gastando mais de 400 mil libras britânicas por mês, segundo as estimativas do embaixador britânico, e "projetos de construção mais ambiciosos do que econômicos absorveram a maior parte das receitas [...] Contudo, em geral não é possível dizer que tenham sido adequadamente levadas em consideração as reais necessidades do país no que tange ao desenvolvimento". De fato, os projetos da família real eram "quase sempre de valor duvidoso e gerenciados por pessoas incompetentes". Particularmente questionável era "a construção de palácios de Riad, Meca e outros lugares para a enorme família do rei".[21]

O *boom* do pós-guerra pode não ter beneficiado os súditos empobrecidos da Arábia Saudita, mas presenteou Mohamed bin Laden com uma grande oportunidade e ele iria aproveitá-la.

3

Parceiros silenciosos

ABDULLAH SULEIMAN se tornara o segundo homem mais poderoso da Arábia Saudita, logo depois do rei, e passara a ser dono de uma riqueza além da imaginação. Sua fortuna era acidental. Ainda na juventude, ele tinha viajado de uma cidade-oásis do planalto de Nejd até Bombaim, onde trabalhou para um mercador árabe. Depois que seus negócios fracassaram no Bahrein, ele voltou para casa para ajudar seu tio, um negociante que cuidava das finanças do rei Abdulaziz. Quando seu tio subitamente morreu, Suleiman foi nomeado ministro das Finanças, título nobre e exagerado para um homem cuja principal tarefa naqueles tempos antes da fartura do petróleo era tomar conta de um baú de madeira revestido de folha-de-flandres que guardava todas as moedas de ouro e de prata que o rei possuía. Suleiman acabou supervisionando os recibos e os gastos do palácio; fazia vistas grossas às despesas exageradas, mas seus métodos altamente pessoais de contabilidade nunca mudaram. Ele era "um homenzinho frágil", de acordo com Philby, "mas na alma tinha um quê de inspiração dos profetas". Ele "não sabia o que era o cansaço", escreveu o diplomata e viajante holandês Daniel Van der Meulen, e tinha "o dom genuinamente árabe de se adaptar a todas as circunstâncias da vida, mas não foi forte o bastante para resistir a dois inimigos que inesperadamente cruzaram seu caminho: o dinheiro e o uísque".[1]

No final de 1949 Suleiman já era pelo menos tão importante para os planos de Bin Laden quanto o próprio rei e "tido como um parceiro silencioso da empresa de construção de Bin Laden", de acordo com um relatório posterior do Departamento de Estado dos Estados Unidos. Ele confiou a Bin Laden a incumbência de construir uma obra que se tornaria o palácio de 3 milhões de dólares junto ao mar Vermelho no qual pretendia morar; o ministro também controlava ou influenciava o acesso às cifras de outros projetos de construção, em um orçamento que beirava os 100 milhões de dólares anuais. Negócios com Suleiman à parte, Bin Laden tinha um segundo contato ligado a essa verba: o secretário de Suleiman, Mohamed Bahareth, colega *hadhrami* a quem Bin Laden agora estava ligado pelo casamento. Por meio desses dois laços, Bin Laden se adaptou a um sistema de contratação de empreiteiras ao qual diplomatas britânicos e norte-americanos se referiam com termos como corrupção e suborno, mas que os sauditas que dele tiravam vantagem consideravam uma maneira inteiramente adequada de fazer negócios, em um país em que toda a terra e os recursos naturais e todo o poder de fazer deles o que bem se quisesse estavam nas mãos da família real.[2]

Durante a Segunda Guerra Mundial, Suleiman recrutara como assistente um druso libanês chamado Najib Salha, e os dois conseguiram acumular o que um relatório do governo norte-americano descreveu como "uma considerável fortuna pessoal" por meio da "apropriação indevida" de carregamentos de caminhões e de outros equipamentos do programa de ajuda militar à Arábia Saudita; a dupla vendia a mercadoria desviada a sauditas endinheirados. Quando o governo britânico começou a reclamar, Abdulaziz demitiu Salha, que a essa altura já amealhara, somente no Egito, bens e ativos que chegavam a 2 milhões de libras esterlinas. O rei, porém, não podia se dar ao luxo de se livrar de Suleiman. Embora seu conselheiro efetivamente "facilitasse o suborno e a corrupção", fato de que o rei tinha pleno conhecimento, Abdulaziz era tão dependente dele para se manter informado sobre seus negócios e sua situação financeira que "era extremamente improvável que qualquer coisa pudesse ser feita se prejudicasse minimamente" a posição de Suleiman "enquanto o rei estivesse vivo", na opinião de oficial britânico.[3]

Suleiman era dono de uma empresa de transportes que lucrava bastante com a peregrinação de viajantes a Meca. Tinha terras espalhadas por todo o reino e depois da guerra começou a investir na construção de hotéis. Planejou um para Al-Dammam, próximo aos campos de petróleo norte-americanos, e esperava incrementá-lo com um bar e um cinema, planos que se mostraram muito ambiciosos, já que os sábios islâmicos haviam decretado que filmes e álcool eram ilegais. Ele firmou parcerias comerciais com muitos negociantes sauditas; seu parceiro em uma empresa de Jedá — Ibrahim Shakir, que importava carros e caminhões Dodge — tornou-se "uma das pessoas físicas mais ricas da Arábia Saudita, beneficiária de muitos contratos polpudos com o governo", segundo informou um cabograma do governo dos Estados Unidos. Suleiman adquiria fazendas e as irrigava com o escasso fornecimento de água e protegia suas terras de invasões — quando o governo saudita tentou melhorar as condições de saneamento em Jedá, transportando e bombeando água fresca de uma das propriedades de Suleiman, ele simplesmente mandou cancelar o projeto. O álcool exacerbava os efeitos da idade e de uma vida itinerante e sem cuidados adequados com a saúde. Suleiman desaparecia durante meses; a desculpa típica era a de que tinha ido pescar no mar Vermelho. A embaixada norte-americana temia que o ministro estivesse perdendo o controle e "bebendo cada vez mais".[4]

O rei Abdulaziz nunca deu tanta importância ao dinheiro quanto seus filhos e conselheiros, mas quando ficava sem se aborrecia e se irritava. Em dezembro de 1949, o rei exigiu de Suleiman a quantia de 10 milhões de rials, para comprar presentes de casamento a alguns de seus filhos e filhas que em breve iriam contrair núpcias. Quando Suleiman informou que os estoques do tesouro estavam vazios, Abdulaziz ficou possesso. Furioso, tomou uma atitude; em um suposto gesto de caráter reformista, o ministro das Finanças convocou, do Cairo, Najib Salha, seu camarada dos prósperos tempos da guerra. Escaldado, o governo britânico "não ficou particularmente esperançoso [...] de que a imundície dos estábulos do ministro das Finanças da Arábia Saudita fosse diminuir com a chegada de Salha".[5]

Muito menos os norte-americanos tinham esperança de que as coisas iriam mudar, pois cada vez mais viam a autoridade e o poder de comissionar obras e autorizar contratos de que desfrutava Suleiman como um sério obstáculo aos planos de Washington de assegurar sua aliança com a Arábia Saudita, por meio da promoção do rápido progresso econômico e social do reino. O orçamento do rei alocava cinco vezes mais recursos para a construção e manutenção de palácios e sustento da família real e seus aliados do que para o embrionário Ministério da Saúde.[6] Os excessos reais e a desigualdade social poderiam deixar a população saudita vulnerável aos apelos utópicos do movimento comunista internacional, temiam alguns representantes oficiais norte-americanos.

À medida que o petróleo ia jorrando, em fins da década de 1940 a Bechtel Corporation negociou com o governo saudita um contrato de custo mais comissão para empreender um plano ambicioso sob a influência da política de Washington: ajudar a alçar o reino à era do capitalismo moderno. As escavadeiras importadas da Bechtel demoliram a velha cidade de Jedá e terraplenaram a areia para construir píeres, portos e aeroportos, e uma estrada asfaltada que poderia acelerar o fluxo dos peregrinos de Jedá a Meca. Contudo, os príncipes sauditas criticaram a empreitada pelo fato de que os lucros da Bechtel eram exorbitantes e impossíveis de controlar. De sua parte, a Bechtel descobriu que a expectativa do rei e de seus filhos era de que a empresa estivesse em plantão permanente para consertar geladeiras com defeito, fazer reparos em aparelhos de ar-condicionado e até mesmo a manutenção dos automóveis particulares guardados nas garagens dos palácios. A família real dava ordens para que as escavadeiras, retroescavadeiras e carregadeiras interrompessem o trabalho pesado nas estradas e aeroportos para a realização de tarefas como limpar e dragar os jardins alagados do palácio do príncipe Faisal, segundo filho do rei. Além disso, Suleiman atrasou os pagamentos do governo à Bechtel; no verão de 1950, os sauditas lhes deviam 2 milhões de dólares. Stephen Bechtel afirmou ao Departamento de Estado que "as dores de cabeça" que sua empresa teve trabalhando para os sauditas "superavam de longe as vantagens".[7]

Os filhos e conselheiros de Abdulaziz se dividiam em feudos e facções que a Bechtel acabou descobrindo serem impossíveis de administrar. Em um episódio em que o palácio de Saud, o filho mais velho do rei, ficou sem energia elétrica, o príncipe se enfureceu com a empresa. Ao mesmo tempo, Saud se queixava de que o irmão Faisal estava gastando com excesso de liberalidade, por assim dizer, os fundos reais, o que, vindo de quem vinha, soava como lamúria de um choramingador inveterado. Suleiman lavou as mãos e concluiu que a tarefa de tentar controlar os rapazes estava além de sua capacidade. A essa altura Abdulaziz estava bastante ausente e alheado. Sua lendária energia tinha arrefecido com o tempo e a idade, e ele passava os dias cochilando, cercado por suas muitas esposas, guarda-costas e escravos. Sofria de catarata nos dois olhos, um dos quais definhou até praticamente a cegueira. O simples deslocamento do rei de um palácio a outro era uma produção épica — quando Abdulaziz se mudou de Riad para Taif no verão de 1951, junto com seu séqüito, foram necessários 55 vôos ao longo de três dias, mobilizando todas as aeronaves disponíveis da jovem frota da companhia aérea nacional Saudi Arabian Airlines.[8]

O fracasso da tentativa da Bechtel em alterar a maneira de fazer negócios da família real criou brechas para Mohamed bin Laden. Os norte-americanos eram obcecados com a pontualidade dos pagamentos de altas somas em suas contas bancárias de Nova York; Bin Laden fiava-se em uma rede muito mais flexível de dinheiro, os agiotas *hadhramis* baseados em Jedá. Os norte-americanos torciam as mãos em desespero por causa dos excessos de Suleiman e dos príncipes sauditas; Bin Laden via Abdulaziz e seus herdeiros como muçulmanos devotos que haviam recebido ordens diretas de Deus para governar Meca e adjacências, e, habilidosamente, colocou-se à disposição deles como servo obediente, arrojado e empreendedor.

Nessa época, Bin Laden começou a provar o seu valor e a obter sucesso também com as comissões de sábios islâmicos apontados por Abdulaziz para gerir as obras públicas em Meca e Medina. Os sábios o premiaram concedendo a ele contratos para construir mesquitas em Hejaz; conforme ia ganhando impulso o *boom* de construção civil no pós-guerra, a escala dos contratos de obras religiosas conferidos a Bin Laden ia crescendo exponencialmente. Nos primeiros anos, a maior parte dos trabalhos de manutenção e renovação das cidades sagradas do islã havia ficado a cargo de firmas libanesas e egípcias, que tinham conexões com o regime otomano anterior e empregavam mão-de-obra de engenheiros de formação européia. No entanto, Abdulaziz achava útil ter um empreiteiro favorito próprio. Assim como os guardiões de Meca antes dele, o rei se orgulhava imensamente de patrocinar melhorias que impressionassem os peregrinos vindos de todas as partes do mundo. Sob suas instruções, Mohamed bin Laden viajou a Beirute em 1949 para comprar tendas cujo intuito era o de proteger do sol os fiéis enquanto rezavam na grande mesquita de Meca. Quando Ahmed Fathalla, o negociante libanês que fazia as tendas, viajou até Meca para instalar as mercadorias, o rei Abdulaziz estava chegando para a cerimônia de lavar a Caaba, construção localizada próximo ao centro da grande mesquita que contém o cubo negro sagrado, ponto focal das orações dos muçulmanos. No grupo que acompanhava o rei estava Mohamed bin Laden, recordou Fathalla. Bin Laden e Abdulaziz ficaram o "tempo todo juntos, lado a lado". No ano seguinte, Bin Laden recebeu a incumbência de construir uma série de represas e reservatórios ao custo estimado de 1 milhão de dólares, que poderiam captar e bombear água fresca para Meca a partir de um poço recém-descoberto a

45 quilômetros da cidade. Uma empresa belga colocou à disposição de Bin Laden um engenheiro experiente, bem como forneceu um sistema de bombeamento de primeira linha importado da Alemanha. O pedreiro de Wadi Doan estava construindo uma rede internacional de contatos e parceiros comerciais árabes e europeus.[9]

O rei ratificou a ascensão de Bin Laden emitindo, em 24 de maio de 1950, uma ordem real que nomeava Mohamed "Diretor-Geral de Obras de Edificação do Rei Abdulaziz"; designado a trabalhar sob as ordens de Suleiman, agora Bin Laden tinha nas mãos um título para ostentar e exibir quando precisasse. Para a consternação dos executivos da Bechtel, Bin Laden removeu da estrada Jedá–Meca o pesado equipamento da empresa, para "fazer as marcações e os nivelamentos para a nova residência que estava construindo para Suleiman, junto ao mar Vermelho"; a correspondência entre a Bechtel e o Departamento de Estado dos Estados Unidos registrando o deslocamento do equipamento de construção, datada de 17 de janeiro de 1951, aparentemente marca a primeira vez em que o nome da família Bin Laden apareceu em um documento oficial do governo norte-americano.[10]

O ritmo frenético da construção de palácios, na qual Bin Laden se especializara, agora havia começado a sofrer nitidamente a influência de conceitos ocidentais de luxo, conforme relata um cabograma norte-americano daquele inverno:

> Vários membros da Família Real, dignitários do governo e ricos comerciantes esbanjam vastas quantias na construção de casas que são quase palácios, cada qual tentando sobrepujar o outro em tamanho, gastos e projeto de seus futuros lares. Em muitos casos, "decoradores de interiores" parisienses foram contratados para supervisionar a compra de materiais caros e cuidar de sua instalação.[11]

Cada vez mais os sauditas viajavam ao exterior e viam com os próprios olhos a prosperidade do mundo industrializado; na volta para casa, traziam consigo as aspirações e os gostos do mundo ocidental. No verão de 1952, o jornal de Meca *Al-Bilad Al-Saudiyah* publicou o diário de viagem de um escritor saudita intitulado "Com os norte-americanos em seu país"; na descrição do autor, Times Square era "como uma chama radiante ou um colar de diamantes [...] O luxo está visível por toda parte, em restaurantes exibindo em vitrines todos os tipos de carnes". A maior maravilha de todas eram as condições de saneamento:

> Raramente se encontra um inseto em Nova York, e muitos meses se passam até que se veja uma mosca [...] Lá as pessoas não conversam sobre insetos ou moscas. Os anos passaram, e agora eles falam sobre televisão e a bomba atômica e a nova invenção para a cura da tuberculose [...] Os países civilizados, especialmente as nações ocidentais, respeitam uma nação estrangeira de acordo com sua organização e limpeza. Os norte-americanos vão além, e respeitam um país de acordo com o número de canos que possui. Isso não deveria surpreender o leitor, porque o encanamento desempenha papel importante na limpeza de um país, já que é através deles que a água flui, e conseqüentemente fica livre de insetos e de sujeira.[12]

Não era preciso que viajassem a Nova York para que muitos sauditas vissem que sua família real parecia profundamente envolvida com seus próprios luxos, mas desprovida de qualquer devoção ao bem-estar social ou até mesmo a infra-estrutura nacional básica. "Nossos pobres são de famílias que não são o tipo costumeiro de mendigo", queixou-se um escritor saudita no *Al-Bilad*, em uma rara expressão pública de discordância. "Quase sem forças para andar, perambulam a esmo pelas ruas [...] Estão mortos de fome; chegam a ficar dois ou três dias sem experimentar sequer o gosto de pão. Não há exagero nisso [...] Nosso infortúnio é a criação de nossos ricos, avarentos demais para tentar fazer alguma coisa pelas pessoas."[13]

Nem o rei nem seus filhos pareciam capazes de controlar as finanças do reino. Farta com o atraso nos pagamentos e o mau uso do seu pessoal e seu equipamento, a Bechtel por fim decidiu rescindir os contratos e abandonar o trabalho de construção das obras públicas. Najib Salha, assistente do ministro das Finanças, desviou 400 mil dólares para sua própria conta como parte do acordo final, segundo um executivo da Bechtel.[14]

Para substituir a Bechtel, Suleiman trouxe para o país outra empreiteira norte-americana, a Michael Baker Jr., Inc., de Pittsburgh, que também logo depois foi embora, frustrada pelo atraso nos pagamentos e pela exigência constante de consertos nos palácios. A missão britânica em Jedá notou que

Mohamed bin Laden parecia "estar interessado em expulsar o pessoal da Baker, e, embora haja pouca evidência factual disso, está claro que a empresa de Bin Laden vem abocanhando uma fatia cada vez maior das obras de construção do governo". A seguir chegou ao país uma empresa alemã chamada Govenco, sobre a qual pairavam rumores de que havia pago a Bahareth, secretário de Suleiman, uma propina estimada em 100 mil dólares para ser favorecida na concorrência; porém, a Govenco abandonou a empreitada ainda mais rápido que os norte-americanos, e por razões semelhantes.[15]

As empreiteiras européias e norte-americanas deixaram para trás projetos de infra-estrutura inacabados que envolviam complexos desafios de engenharia. Mohamed bin Laden rapidamente recrutou seus próprios engenheiros — italianos, libaneses, palestinos, iraquianos e egípcios — e convenceu Suleiman de que podia cuidar dessas obras, mesmo sem experiência na área. Mais uma vez foi persuasivo; uma nova ordem real, emitida por Abdulaziz em junho de 1951, outorgava a ele uma lucrativa concessão "para construir uma central de energia elétrica na cidade de Jedá".[16]

Mais um presságio de nova e improvável expansão, uma proeza de autoinvenção que asseguraria a lenda de Bin Laden e garantiria a fortuna de sua família.

NESSA ÉPOCA, as únicas estradas pavimentadas em toda a Arábia Saudita eram alguns poucos quilômetros que a Aramco tinha construído ao redor dos campos de petróleo no leste, além de uma única faixa de asfalto de péssima qualidade entre Jedá e Meca. Os navios continuavam a descarregar centenas de automóveis, caminhões e ônibus no porto de Jedá, mas os veículos tinham de viajar pelos desertos do reino ao longo de estradinhas de terra, trilhas toscas e leitos de rio arruinados por enchentes. Abdulaziz e seu filho mais velho, Saud, pareciam ter pouco interesse em rodovias asfaltadas; viam nas estradas de ferro o epítome do desenvolvimento industrial, e pressionaram o governo dos Estados Unidos para obter empréstimos que financiassem a construção de uma rede ferroviária no reino. Os norte-americanos, contudo, resistiram e convenceram o rei. A era das estradas de ferro estava desaparecendo e tinha chegado de vez a era dos carros e das rodovias pavimentadas.

A movimentação dos peregrinos em Hejaz sofria particularmente com a inexistência de uma rede viária ao menos rudimentar para dar vazão ao fluxo de turistas religiosos. Medina, a segunda cidade do islã, estava situada a uma distância proibitiva de Jedá, a nordeste. Era possível seguir até Medina de carro ou de ônibus, aos trancos, barrancos e solavancos, em uma lenta e difícil jornada em meio a rochas e areia, mas a necessidade de uma estrada asfaltada e suave era tão urgente que beirava o desespero. Harry St. John Bridger Philby, o aventureiro inglês agora de volta ao reino depois do período de detenção por conta de sua oratória pró-nazista, viu nesse problema uma boa oportunidade de negócio. Escreveu a Abdulaziz argumentando que a honra da Arábia Saudita ficaria manchada aos olhos do mundo se o país não começasse a abrir estradas decentes para que seus peregrinos pudessem visitar os lugares sagrados, e obteve o apoio do rei para o plano de pavimentar uma estrada de 560 quilômetros entre Jedá e Medina. Entretanto, por causa do excesso de gastos em palácios e presentes, não seria possível contar com recursos do tesouro real para custear o projeto; e houve, conforme observou a embaixada britânica, "uma notável relutância da parte de todos os envolvidos em empreender a difícil e nada invejável tarefa de explicar ao rei que as extravagâncias dele próprio, de sua família e de seus ministros haviam levado o reino ao acúmulo de dívidas e à bancarrota [...] Os filhos mais velhos do rei alegaram que a saúde do rei poderia sofrer um abalo com o choque da notícia". Philby contratou duas empresas inglesas especializadas na construção de estradas e negociou um seguro com o governo britânico, de modo que as empresas não tivessem de ficar totalmente dependentes da família real para receber os pagamentos.[17]

A estrada Jedá–Medina, via porto de Yanbu, no mar Vermelho, era o mais ambicioso projeto de construção de obra pública da história do reino, e os custos estimados chegavam a 4 milhões de libras esterlinas. O empreendimento foi formalmente lançado em 11 de dezembro de 1950, com um chá organizado pela embaixada britânica junto ao leito da estrada, a doze quilômetros de Jedá; a cerimônia festiva, realizada sob sol escaldante, contou com a presença de dezenas de príncipes e ministros. A principal empreiteira britânica era a Thomas Ward, Ltd., de Sheffield. O superintendente local da empresa, Robert Donald, expôs seus planos. Construiria um grande número de galerias de escoamento, aquedutos e pontes, e protegeria a estrada com uma base de nove metros. A superfície de macadame betuminoso teria seis metros de um lado ao outro. Donald estava cauteloso, mas otimista, sobre o cronograma da obra. Não tinha a menor idéia do desastre que o aguardava.[18]

Mesmo nas melhores circunstâncias, construir uma estrada de asfalto no reino saudita era muito difícil. Em certos trechos o terreno era pedregoso e montanhoso; em outros, arenoso e instável. A composição do solo variava: podia ser uma mistura de areia e argila inconstante e carregada pelo vento, ou uma mistura de cascalho e pedregulhos de granito e areia, ou um brejo de limo de pedras calcárias marrons. O chão era quase sempre macio, o vento, impiedoso, e as tempestades periódicas traziam consigo inundações-relâmpago com imenso poder de destruição. A Aramco fabricava asfalto em seus campos de petróleo, mas os outros materiais eram escassos e as tempestades de areia danificavam os equipamentos mecânicos. Por todas essas razões, nos meses que se seguiram ao chá o trabalho da Thomas Ward na estrada ao norte de Jedá e a oeste de Medina foi bastante lento. Como sempre, o governo saudita atrasava os pagamentos prometidos e o plano de seguro britânico se mostrou inadequado e insuficiente para impedir que os prejuízos fossem se acumulando nos livros de contabilidade da Thomas Ward. Em agosto de 1951, o engenheiro-chefe da empresa no país morreu em um acidente automobilístico. Em janeiro, Robert Donald e sua esposa faleceram em uma segunda colisão de carros. No verão de 1952, "ao final de uma longa seqüência de infortúnios", a Thomas Ward por fim entregou os pontos e seus executivos se reuniram com Suleiman para negociar um acordo que permitisse à empresa deixar o país e abandonar a construção da estrada.[19]

Mais uma vez, Mohamed bin Laden deu um passo à frente quando uma empreiteira ocidental recuou. A família real tinha promovido uma enorme compra de carros; em abril de 1952, oitocentos automóveis foram dados como presente a membros da família real, amigos e funcionários do governo. Os príncipes ficaram felizes e empolgados, mas não havia onde dirigir. Em novembro, o príncipe herdeiro Saud viajou de Jedá a Medina e, enquanto acelerava pela superfície lisa da estrada parcialmente terminada, teve uma revelação sobre as glórias do asfalto. Pouco tempo depois anunciou que era de vital importância que a obra da rodovia de Medina fosse concluída.

"Cuidando com alegria de todas as providências e encarregado de todos os arranjos da estada do herdeiro do trono em Medina estava Mohammed bin Ladin", relatou o embaixador norte-americano a Washington. Bin Laden persuadiu Saud de que era capaz de dar conta do trabalho, e "já tinha até mesmo se informado sobre a nova empreitada com grande demonstração de energia, ainda que um pouco mal orientado".[20]

Bin Laden encomendou 21 mil toneladas de asfalto da Aramco e iniciou as negociações com a Thomas Ward para comprar os equipamentos que a empresa havia abandonado. No fim das contas, descobriu-se que as máquinas britânicas não funcionavam com o tipo de asfalto que a Aramco fabricava, e por isso o consórcio petrolífero enviou um engenheiro para auxiliar Bin Laden. A Thomas Ward se preparava para ir embora "cerca de meio milhão de libras mais pobre e de muito mau humor", nas palavras da embaixada britânica. Os funcionários do governo norte-americano, depois de anos de esforços infrutíferos e fracassados para dar apoio à Bechtel e outras empresas, agora estavam resignados à tentativa de Bin Laden de assumir a obra da estrada de Medina. O embaixador explicou a situação em um despacho para Washington:

> Uma vez que esta é a primeira vez que o governo se aventura em um projeto de construção grandioso sem que seja diretamente supervisionado ou realizado sob os auspícios de uma firma estrangeira, o sucesso ou o fracasso do empreendimento pode ter importância significativa para as futuras operações [...] O fato de que o projeto é sancionado com extremo entusiasmo pelo Príncipe Herdeiro e pelo Ministério das Finanças implica que Bin Ladin não terá contratempos como falta de recursos, nem os empecilhos e restrições de uma obra com orçamento fixo, o que provou ser a causa da ruína de mais de uma empresa estrangeira no país.[21]

Para superar sua completa falta de experiência na construção de estradas, Bin Laden procurou uma companhia italiana que já tinha sido responsável pela abertura de rodovias e represas na Sardenha e ofereceu a ela participação no empreendimento, na posição de subempreiteira. Os italianos, contudo, "ficaram assustados em realizar integralmente o péssimo contrato que fora rateado com a Thomas Ward [...] e o enorme capital que será necessário para realizar o trabalho", informou a embaixada britânica. Bin Laden, ao que tudo indicava, parecia desfrutar de impressionante livre acesso ao tesouro real — pagou à Thomas Ward, em dinheiro e no prazo combinado, a quantia de 328 mil libras pela compra de equipamento —, mas o ritmo lento dos reembolsos sauditas e outros problemas retardavam sua tentativa de fazer progresso na pavimentação da rodovia. Ao longo do ano de 1953, Bin Laden teve nas mãos "a tarefa impossível de construir estradas da noite para o dia sem a menor idéia de onde vinha o pagamento". Mesmo assim, ele conseguiu. No mesmo ano, seu grande amigo *hadhrami*, Salem bin Mahfouz, fundara o National Commercial Bank, e assim Bin Laden teve condições de obter mais facilmente acesso a fontes de financiamento que não fossem o governo saudita.[22]

MOHAMED BIN LADEN agora estava ficando rico, mas o dinheiro não era capaz de mudar sua identidade social na Arábia. A família real Al-Saud e as tribos do planalto do deserto de Nejd eram extraordinariamente preocupadas com a pureza de suas linhagens tribais e familiares. As famílias do Nejd mantinham cuidadosos mapas de suas genealogias, e, mediante um determinado preço, um líder tribal empreendedor poderia ser persuadido a "descobrir" uma estirpe respeitável para uma família cujo passado remontava, digamos, à escravidão. Para os desconfiados moradores do Nejd, um imigrante *hadhrami* afeito ao trabalho pesado como Bin Laden, mesmo cheio de ambição e surpresas como ele era, estaria sempre apenas conformado aos clichês de seu estereótipo racial: todo mundo no Nejd sabia que os *hadhramis* eram frugais, avarentos, ousados, corajosos e ativos, embora também fossem extraordinariamente honestos e confiáveis. Um príncipe da família Al-Saud até poderia admitir essas qualidades em um homem como Mohamed bin Laden, mas certamente jamais permitiria que ele se casasse com uma de suas filhas. No Nejd, área de grande potencial econômico e estratégico onde se concentrava o poder político da Arábia, os Bin Laden seriam sempre estrangeiros que tinham encontrado uma brecha na mestiça região de Hejaz. A atitude que até mesmo uma família pobre mas orgulhosa — para não falar da família real Al-Saud — teria em relação a Bin Laden era semelhante à que um executivo de banco WASP (white, anglo-saxan and protestant; branco, anglo-saxão e protestante) da Nova Inglaterra dos anos 1950 teria com relação ao siciliano de pele escura, empreendedor e de bom nível de escolaridade que trabalhou na construção do seu chalé à beira do lago — um sujeito charmoso, mas é melhor mantê-lo longe das meninas.

Os xeiques e reis muçulmanos que Bin Laden conhecera desde a infância em Wadi Doan inspiraram a ele a visão emergente de sua própria vida familiar. Todos os governantes que ele conhecia não tinham apenas as quatro esposas simultâneas permitidas pela lei islâmica, mas muitas mais. A riqueza pode não ter comprado o acesso de Bin Laden às famílias do Nejd, mas em Jedá e Meca o dinheiro o transformou instantaneamente em xeique — título respeitoso um tanto vago e que ele fizera mais que por merecer por conta de sua associação com o rei em 1953, bem como por suas realizações comerciais. Bin Laden se tornou um bom partido, uma possibilidade de casamento desejável para qualquer família com filhas elegíveis que se sentissem atraídos pelos contatos comerciais e de emprego que ele poderia proporcionar. A partir do final da década de 1940 Bin Laden começou a imitar seu mentor, Abdulaziz, casando-se com uma sucessão de jovens que ou chamavam sua atenção pela beleza ou eram oferecidas por pais que mantinham alguma relação comercial com ele. Entre seu primeiro casamento, por volta de 1943, e o momento em que encampou o contrato da realização da obra da estrada de Medina, no outono de 1953, Mohamed bin Laden se casou pelo menos nove vezes, teve pelo menos quinze filhos e nove filhas, de acordo com os registros fornecidos posteriormente pela família Bin Laden a uma corte dos Estados Unidos. Algumas das mulheres com as quais Bin Laden se casou nesse período ficaram com ele por muitos anos; de outras ele se divorciou rapidamente. Fatimah Bahareth, por exemplo, desfrutava de posição privilegiada por ser mãe de Salem, o filho mais velho de Bin Laden; seu casamento durou bastante e se mostrou fecundo — ela deu à luz dois outros filhos, Bakr e Ghalib, bem como três filhas, Su'aad, Zeenat e Huda. Assim como Bahareth, algumas das primeiras esposas de Bin Laden eram de famílias de imigrantes *hadhramis*, como a dele próprio. Uma das primeiras esposas, de origem iraniana, teria três filhos; o mais velho deles, Yeslam, nasceu em Meca em 19 de outubro de 1950. Depois vieram Khalil e Ibrahim, além de uma filha, Fowziyah. Muitas da esposas de Mohamed eram estrangeiras; uma era egípcia, outra palestina, e uma outra do mesmo período pode ter sido etíope. A família que Mohamed bin Laden estava criando com tamanho vigor se assemelhava muito a Hejaz — era poliglota e unida pela fé islâmica.[23]

À maneira de todos os xeiques e príncipes da Arábia, Bin Laden instalou suas esposas em seu complexo de casas em Jedá, cada uma com uma residência própria, mas segregadas do contato com outros homens que não fossem seus parentes. Às vezes as ex-esposas permaneciam na casa dele após o divórcio. Entre os prósperos magnatas como Bin Laden, era costume garantir que as mulheres de quem se divorciavam tivessem conforto e fartura de dinheiro. Em alguns casos, isso podia ser conseguido por meio de casamentos arranjados, de modo que a divorciada se casasse com um novo marido com emprego fixo. Se uma esposa dava à luz um filho homem, a lei islâmica assegurava ao menino o direito de herdar parte da fortuna do pai, e do menino, por sua vez, se esperava que garantisse o bem-estar da mãe. Em todo caso, no outono de 1953 Bin Laden tinha dinheiro mais que suficiente para sustentar sua família em expansão. Nunca foi um homem extravagante ou de hábitos particularmente consumistas, exceto quando se tratava de mulheres. Embora confortáveis, os condomínios e conjuntos de casas que construiu para si mesmo não tinham a mesma opulência e pompa de muitos dos palácios que edificara para os membros da família real. Ele parecia não ter tempo para prazeres e deleites. Aparentemente Mohamed bin Laden gostava mesmo era de trabalhar, e seu ambicioso apetite estava longe de ser saciado.

PARA AGRADAR AO REI, a embaixada dos Estados Unidos fornecia afrodisíacos a Abdulaziz, mas em seus últimos anos a cegueira e a impotência privaram-no dos prazeres dos seus anos de apogeu físico. Ele se recolheu à sua corte e ao seu harém. Saud, seu herdeiro, já tinha cinqüenta anos de idade, mas Abdul ainda o tratava, bem como a seus outros irmãos mais velhos, como crianças, insistindo, por exemplo, que todos eles ficassem de pé diante da presença dele, a menos que o rei os convidasse a se sentar. Alguns dos filhos adultos desapontaram Abdulaziz; Mishairi, de cerca de vinte anos, desgraçou a família em um episódio em que, bêbado, teve um acesso de fúria e atirou para matar um diplomata britânico, Cyril Ousman, que Abdulaziz conhecia e de quem gostava. Apenas depois, no final de 1952, o rei impôs a proibição formal ao álcool, banindo a bebida da Arábia Saudita.[24]

Entre os beduínos não existia uma tradição de sucessão única, mas a prática comum previa que os novos governantes deviam ser escolhidos por consenso, com base em sua capacidade de liderança, e não estritamente pelo critério da idade. Contudo, Abdulaziz havia muito arrogara a si a decisão sobre seu sucessor, e designara Saud como seu herdeiro político, a despeito da clara e manifesta indisciplina do filho mais velho, o que, no início da década de 1950, incluía o hábito de beber em excesso. O rei sentia que o príncipe precisaria de ajuda, por isso cultivou uma turbulenta relação de parceria entre Saud e Faisal, o segundo filho, de mãe diferente. Faisal era um homem austero e enigmático, que parecia mais adequado que Saud para governar o país. Para consolidar esse arranjo, e para aplacar a tensão palpável entre seus filhos, Abdulaziz declarou que a sucessão passaria lateralmente, de Saud para Faisal, ao invés de Saud para seu próprio primogênito.

Em outubro de 1953 Abdulaziz caiu gravemente doente em seu palácio na cidade montanhosa de Taif, um retiro do úmido ar litorâneo de Jedá. Em 8 de novembro, quando o estado do rei piorou, Saud voou para Jedá, onde um desfile e uma banda militar o receberam com festa. Na manhã seguinte Saud recebeu a notícia de que o pai chegara a seus momentos finais, e ele se dirigiu apressadamente para Taif, mas era tarde demais — Abdulaziz havia morrido naquela manhã, nos braços de Faisal. Quando Saud chegou, um grande número de membros da família estava reunido ao redor do corpo do rei. Para dissipar a incerteza que pairava no ar, Faisal tirou do dedo do pai um anel e entregou-o a Saud, em obediência; Saud devolveu o anel e anunciou que Faisal era seu herdeiro e príncipe herdeiro da coroa.[25]

Faisal acompanhou o corpo do pai em um avião até Riad, onde, segundo a tradição *wahhabi*, que rejeita qualquer tipo de adorno em túmulos e outros memoriais aos mortos, Abdulaziz foi colocado em um caminhão e sepultado em um cemitério no deserto, sem lápide e ou outro sinal de identificação.

Saud permaneceu em Jedá. Sentia que sua vida estava prestes a mudar profundamente e que precisava de alguma maneira tratar do caos financeiro e da injustiça social que seu reino havia herdado. No dia seguinte à morte de seu pai reuniu-se com o agente diplomático norte-americano e pediu para discutir "um assunto particular e secreto".

O novo rei lamentava o baixíssimo nível de vida de seu país. Jurou iniciar "uma guerra contra a pobreza, contra a ignorância e as doenças", e disse que "estava determinado a sair vitorioso desta guerra". Construiria escolas, hospitais, bases militares e rodovias. Afirmou sentir-se "enojado" diante das práticas financeiras "heterodoxas e falaciosas" no reino. Reconhecia que os esforços para erradicar "as práticas corruptas" teriam de "começar por ele mesmo".

Ele tinha apenas um pedido: o reino estava falido, e ele queria saber se os Estados Unidos poderiam emprestar-lhe 300 milhões de dólares.[26]

4

A GLÓRIA DO SEU REINADO

NA ÉPOCA EM QUE SAUD subiu ao trono, as companhias de petróleo norte-americanas pagavam 20 milhões de dólares mensais ao tesouro saudita. Mohamed bin Laden recebia uma percentagem fixa. Aparentemente, nesse período ele era a única pessoa além de Suleiman e da família real a ter acesso direto aos pagamentos da Aramco. Em teoria, a autorização e o subsídio serviam para assegurar o financiamento dos muitos projetos de construção que lhe haviam sido atribuídos, fossem palácios ou rodovias, segundo escreveu o adido comercial britânico J. M. Heath em um despacho confidencial para Londres. Na prática, contudo, o estado de "caos administrativo" do reino implicou que Bin Laden, apesar de ter "conexões influentes", estava agora "obrigado a assumir a execução de todas as obras cujos custos, se plenamente empregados, superariam em muito os recursos a elas destinados (e que, ao que tudo indica, podem estar bastante exagerados)". Todos os projetos de Bin Laden, exceto aqueles que ele podia pagar com as parcelas que recebia da Aramco, foram paralisados. O gasto na construção de palácios e importação de luxos havia mais uma vez deixado os cofres do reino diante de "uma extrema falta de dinheiro".[1]

No final de 1935 Bin Laden decidiu reestruturar sua empresa, conhecida em Jedá pelo mesmo nome que ele dera quando ali chegara duas décadas antes, vindo de Wadi Doan: Mohamed e Abdullah, Filhos de Awadh Bin Laden. A tarefa ficou a cargo de Fuad Zahed, engenheiro iraquiano educado nos Estados Unidos. Zahed decidiu dividir a "organização amorfa" de Bin Laden em departamentos profissionais — um para a administração, outro para os projetos de construção, um terceiro para novas atividades e áreas de atuação. Zahed tinha a esperança de persuadir o novo rei a construir uma fábrica de cimento, uma fábrica de tijolos, telhas e ladrilhos, uma fundição, uma olaria e uma fábrica de alumínio. Queria ainda sair ao encalço de agências para negociar a importação exclusiva de equipamento industrial da Europa e dos Estados Unidos. Assim como seu patrão, Zahed nutria "planos ambiciosos", concluiu Heath.[2]

Conselheiros norte-americanos alertaram ao rei Saud de que ele não poderia contar com nenhum tipo de empréstimo de parte alguma até colocar em ordem as questões financeiras do país. Ao longo de 1954, primeiro ano inteiro que passou no poder, "as despesas reais foram imensas", informou a desanimada embaixada norte-americana:

> O rei, em visita aos países vizinhos e acompanhado de seu séqüito perdulário e afeito ao exagero, exauriu o tesouro do Estado durante a primavera. Enquanto informes da liberalidade do rei no exterior chegavam a Jedá, os salários dos funcionários públicos estavam atrasados em função da insuficiência de recursos. As dívidas do governo para com os negociantes foram ignoradas. Teve início um programa de construção de palácios, a custos elevadíssimos. As estimativas mais conservadoras variam entre 30 e 50 milhões de dólares. Outros gastos foram ainda maiores. Em meio a essa orgia de despesas e esbanjamento, algumas poucas vozes solitárias foram ouvidas exigindo responsabilidade das altas esferas. Mas, em sua maioria, os que puderam trataram de lucrar.[3]

Mohamed bin Laden, é claro, era quase que o primeiro da fila. Conseguiu se manter firme e assegurar sua posição, apesar das súbitas mudanças e do violento rearranjo das coisas. Encorajado por seu meio-irmão Faisal, no verão de 1954 Saud obrigou Suleiman a se aposentar. Mesmo assim Bin Laden continuou sendo o empreiteiro favorito do rei; possuía um extraordinário senso de como manobrar e fazer intrigas entre as facções da família real e seus servos; quando Suleiman caiu em desgraça, Bin Laden já havia se afastado de seu mentor.

Bin Laden ficou preocupado com a desvairada tentativa de incrementar o fornecimento de energia elétrica em Jedá. O problema teve início quando o rei Saud levou seu comboio de esposas, concubinas e escravos para visitar os palácios junto ao mar Vermelho, e as luzes e o sistema de ar-condicionado começaram a vacilar, o que deixou o rei muito aborrecido e irritado. No início de 1954 Bin Laden aliou-se a Mohamed Alireza, patriarca da mais antiga e influente família de mercadores de Jedá, para comprar ações da recém-criada National Company for Electrical Power, Ltd., sob licença concedida por Saud. A companhia nacional responsável pela energia elétrica levantou 2 milhões de libras esterlinas e recebeu do governo algumas turbinas suíças. Mas sua junta de diretores não conseguia chegar a um consenso sobre um plano plausível. Quando Saud e sua família acamparam em Jedá no verão de 1954, consumiam tanto que mais da metade da cidade ficava de doze a dezesseis horas por dia sem energia elétrica. Bin Laden recorreu a uma empresa norte-americana, a Burns and Roe, cuja sede ficava na Broadway, em Nova York; os engenheiros prometeram amenizar a crise instalando o equipamento de geração suíço, até então abandonado às moscas. O engenheiro-chefe da Burns and Roe que viajou a Jedá considerou que Bin Laden "teve papel fundamental na tarefa de convencer os hesitantes acionistas" da companhia elétrica e estava ansioso para ver melhorias no fornecimento de energia elétrica da cidade antes que o rei voltasse, no verão do ano seguinte, e ligasse de uma só vez todos os aparelhos de ar-condicionado dos palácios.[4]

Mohamed foi bem-sucedido. Evidentemente satisfeito e feliz, em 22 de julho de 1955 o rei emitiu um decreto real que nomeava Bin Laden ministro de Estado do governo saudita. Não era um cargo administrativo, já que Saud mal tinha um gabinete em funcionamento, mas a nomeação era símbolo da influência cada vez maior de Bin Laden. Os contratos de obras que ele agora controlava eram grandiosos e variados. No final de 1955, um relatório da embaixada da Alemanha Ocidental divulgava que o lucro anual de sua empresa beirou os 200 milhões de dólares. Podem até ser números superestimados — e bastante; se verdadeiros, significam que Bin Laden teve acesso, naquele ano, ao equivalente a mais da metade dos *royalties* do petróleo pagos pela Aramco. Assim como os príncipes sauditas que o patrocinavam e apadrinhavam, Mohamed bin Laden possuía uma enorme fortuna em bens, mas nem sempre tinha muito dinheiro em espécie; os príncipes exigiam que seus palácios ficassem prontos rapidamente, mas depois se revelavam maus pagadores. Em alguns anos, documentos mostram Bin Laden se esforçando em meio a dificuldades para obter junto a bancos locais empréstimos de alguns poucos milhões de dólares; em outros anos, tinha dinheiro em caixa suficiente parta depositar vultosos pagamentos de moeda forte em contas estrangeiras. No papel, seu departamento de contas a receber parecia ir sempre muito bem, mas suas reservas de dinheiro em espécie eram voláteis. Ainda assim, os 200 milhões de dólares de lucro estimados pela embaixada alemã certamente refletiam a escala da atividade visível de Bin Laden no reino. Além de seus muitos projetos de palácios e da gigantesca empreitada da rodovia Jedá–Medina (que seguia a passos de tartaruga, sob o peso de um fardo duplo: as péssimas condições e o atraso nos pagamentos), Bin Laden construiu um oleoduto em Medina, instalou geradores elétricos naquela cidade sagrada, construiu as novas instalações da sede do Ministério das Relações Exteriores, pavimentou estradas na cidade de Al-Dammam, na província oriental do país, e construiu uma fábrica de mármore. Contratou engenheiros norte-americanos para fazer um laudo de inspeção de um depósito de gipsita onde esperava construir uma fábrica de gesso natural de1,5 milhão de dólares. A essa altura, estava realizando tantos negócios com os Estados Unidos que contratou os serviços de um agente para coordenar seus contratos de compra e venda naquele país: o escritório International Development Services, Inc., na cidade de Nova York.[5]

Bin Laden e seu irmão Abdullah haviam se tornado lendas vivas em sua cidade natal, Rabat, em Wadi Doan; eram os últimos *hadhramis* a ter ido embora — a pé, usando sandálias de dedo — dos cânions daquela região miserável para ganhar a fortuna que os permitiria retornar cobertos de glória. Em 1956, os dois irmãos viajaram juntos, em um avião especial do governo saudita, para visitar Hadhramawt. Porém, cada vez mais os dois tinham visões divergentes sobre o futuro. O ímpeto de Mohamed parecia não ter limites. Mas Abdullah, que se casou pelo menos nove vezes, sentia-se plenamente satisfeito com o que já haviam conseguido. Estava atraído pela idéia de retornar a Rabat e desfrutar da semi-aposentadoria e se dedicar a obras de caridade. Pouco depois os irmãos decidiram seguir por caminhos separados; em 1957 Mohamed comprou a parte que Abdullah tinha da empresa, 26 anos depois que os dois haviam fundado juntos a firma. "Mohamed era muito mais ambicioso que Abdullah, e foi por isso que os dois se separaram", disse Khalid Ameri, um dos netos de Abdullah. "Mohamed queria mais."[6]

Abdullah voltou para casa no Iêmen, não muito tempo depois da separação. Levou consigo suas esposas e filhos. Sua decisão refletia um grau de nostalgia que não era incomum entre os homens de negócios *hadhramis* em Jedá. Por seu próprio mérito e esforço, muitos haviam garantido a cidadania saudita e desfrutavam de enorme riqueza; mesmo assim, sentiam-se estrangeiros no reino, e seus filhos e filhas eram excluídos dos casamentos prestigiosos. Entre eles também era corrente um senso de obrigação religiosa e de caridade com relação aos pobres que haviam deixado para trás, nos secos e ásperos cânions de Hadhramawt.

Nesse período, Salem bin Mahfouz, fundador do National Commercial Bank, abriu uma escola em sua cidade natal *hadhrami*. Poucos anos depois, Mohamed bin Laden financiou a instalação de um projeto de irrigação na região da casa de seu pai, em Rakiyah, embora nunca tenha visitado o lugar, de acordo com os Bin Laden que ainda vivem lá. Logo depois de chegar a Rabat, Abdullah construiu a primeira estação de abastecimento de água potável da cidade. Guiado por beduínos, andou pelas áridas colinas até encontrar uma fonte adequada. Depois convocou um dos engenheiros italianos da firma do irmão. Supervisionou o projeto de canalização da água e também construiu para sua família uma nova casa de sete andares, com uma moderna fachada de gesso. Sua nova e pomposa morada se erguia, vistosa, em uma encosta perto do centro da aldeia em que havia nascido.[7]

Mohamed preferiu a Arábia Saudita, que oferecia a ele renome e certo luxo. Sua garagem em Jedá estava abarrotada com os cintilantes acessórios de seu sucesso: dez automóveis Packard conversíveis 1957, importados dos Estados Unidos. Ele e seus associados de negócios bancários Bin Mahfouz e H. A. Sharbatly, presidente do Banco de Riad, "são conhecidos como os 'Três Grandes Analfabetos' da Arábia Saudita", escreveu o embaixador da Alemanha Ocidental em setembro de 1957. "Graças a seu caráter ativo e determinado, e um misto de astúcia e honestidade, ele tem uma boa reputação." Um segundo informe alemão, no verão seguinte, descreveu a firma de Bin Laden como "a empresa mais rica da Arábia Saudita [...] de cujos bens e ativos diz-se que ultrapassam, em muito, os do próprio Estado", situação mantida por "algum tipo de monopólio das ordens oficiais" facultadas pelo rei Saud.[8]

Quanto mais importante e eminente ficava Bin Laden, maior era o risco de enredar-se na guerra de facções e rivalidades que constituíam a política no seio da família real saudita. Havia mais de quarenta irmãos Al-Saud nominalmente candidatos aptos ao trono, além de um sem-número de mães, esposas e ex-esposas, todas competindo pelo acesso ao tesouro; para um estrangeiro como Bin Laden, era muito grande a possibilidade de se deixar seduzir e cometer um erro; por qualquer deslize ele poderia perder seus contratos, sua empresa — talvez até a própria liberdade. Pouco tempo depois de Saud subir ao trono, ele e o irmão Faisal tentaram envolver o empreiteiro em uma disputa entre eles, segundo conta um amigo libanês de Bin Laden. A resposta de Mohamed foi fingir-se de doente durante um mês inteiro. Ele chamou os médicos para que cuidassem dele em sua própria casa e se escondeu até que as hostilidades tivessem passado. Explicou seus medos ao amigo libanês: "Eles são filhos de Abdulaziz — aconteça o que acontecer, não vão se machucar um ao outro. Mas eu não. Posso ficar sem minha cabeça". A principal tática política de Bin Laden era uma combinação de obediência e deferência, expressa em árabe cheio de floreios — esse era o bálsamo que ele usava para suavizar os egos reais. Como iemenita de status social relativamente baixo, não representava uma ameaça política à família Al-Saud; assim, a riqueza que ele acumulou apenas confirmava mais uma vez o clichê do empreendedorismo atribuído aos *hadhramis*, mas não tinha relevância especial em Riad. Entretanto, Bin Laden era cauteloso o bastante para dar-se o trabalho de continuamente lembrar aos membros da família real que ele estava à mercê deles, como lhes aprouvesse, e que era apenas um executor das vontades e decisões reais. "Ele nos ensinou a não nos envolvermos em política", recordou seu filho Yeslam. "Nós somos uma empresa de construção. Somos homens de negócios. Fazemos o que nos mandam fazer [...] Essa foi a nossa educação."

Quando expressava opiniões políticas, Bin Laden apenas imitava as idéias da família real. Em 1956, quando os Al-Saud se envolveram em uma disputa de fronteira com os britânicos por causa do obscuro oásis de Buraimi, Bin Laden fez chegar aos ouvidos da embaixada dos Estados Unidos que estava ofendido com a política norte-americana, cujo apoio ele interpretava como insuficientemente solidário. Mas, no mais das vezes, ele mantinha a discrição e a cabeça abaixada.[9]

Talvez sentisse que o reinado de Saud se tornara insustentável. Cada vez mais, Faisal emergia como a figura que muitos da família real queriam investir com o poder. À medida que a luta se desenrolava, o desafio de Bin Laden era desdobrar-se para agradar aos dois homens — façanha difícil, porque eram dois líderes totalmente diferentes, com idéias distintas sobre o rumo que a Arábia Saudita deveria tomar.

Saud adorava ser rei — viajar de palácio em palácio, promover banquetes suntuosos, distribuir dinheiro, ir para a cama com suas diversas esposas e concubinas. Herdara do pai a altura imponente e conseguia projetar dignidade real mesmo depois que ficou obeso. Porém, faltava-lhe a inteligência do pai e o talento para compreender a política internacional. Saud havia se tornado herdeiro legítimo do trono depois que o filho mais velho de Abdulaziz morreu na epidemia de gripe de 1919, mas o rei não o preparou adequadamente para isso. Na infância sua educação se limitara à memorização do Alcorão e às típicas artes do deserto: a cavalaria e a falcoaria, nas quais o desempenho de Saud não era exatamente extraordinário; tinha visão fraca e pés chatos e tortos, por isso usava óculos de lentes grossas e andava de modo desengonçado. Chegou analfabeto à idade adulta e só viajou ao Ocidente depois dos quarenta anos de idade. Abdulaziz o incumbiu de servir como principal representante do rei em Riad, mas em vez de absorver do pai as sutilezas da diplomacia e da arte de governar, só seguiu o exemplo da prodigalidade conjugal e de alcova; ao todo, Saud foi pai de pouco mais de cem filhos, de um número desconhecido de esposas.[10]

Exceto por seus automóveis e aparelhos de rádio, Abdulaziz havia praticamente ignorado as idéias ocidentais de modernidade, mas seu filho mais velho apaixonou-se pelos luxos do consumismo e, gradualmente, também foi se tornando viciado em álcool. No início a Aramco e os funcionários do governo norte-americano encorajaram o fascínio de Saud por bugigangas e conveniências modernas. Viam no príncipe uma figura crucial para seu acesso ao petróleo do país. E faziam de tudo para impressioná-lo com os benefícios materiais de uma aliança com os Estados Unidos.

Em 1947, quando Saud viajou aos Estados Unidos pela primeira vez como príncipe herdeiro, chegou a Nova York em um vagão de trem particular. Na torre de observação do Empire State Building disse a seus anfitriões: "Achei que meus irmãos estavam exagerando quando me contaram sobre Nova York, mas agora acho que não me contaram nem a metade. Uma cidade como esta não pode existir de verdade". Mais tarde, olhando pelo vidro da limusine, apontava para os carros e perguntava: "Cadillac? Buick? Chrysler?". No jantar de gala oferecido em sua homenagem no Hotel Waldorf-Astoria, os homens do petróleo prepararam uma farta mesa, decorada com requinte e reproduzindo em miniatura a paisagem de um vilarejo da Nova Inglaterra no inverno; o cenário incluía um posto de gasolina Texaco e um trenzinho que soltava fumaça enquanto passava pela "neve" de algodão; os controles da engenhoca foram posicionados junto ao lugar de Saud à mesa, e ele passou a noite acionando o apito do trem e fazendo a locomotiva soltar nuvenzinhas de fumaça. Depois da sobremesa, seguiram-se oito números de entretenimento, incluindo dançarinas chinesas, mágicos e acrobatas, de que Saud parece ter particularmente gostado. O objetivo dos executivos da Aramco tinha sido estabelecer uma ligação duradoura com o príncipe, e certamente o fizeram, mas também queriam dar asas à imaginação de um homem ingênuo sobre como um rei de verdade, moderno e com uma polpuda conta bancária, poderia exibir a glória de seu reinado.[11]

Com a ajuda de Mohamed bin Laden, Saud construiu um palácio de 200 milhões de dólares chamado Nassiriyah, fora dos velhos muros da cidade de Riad. A mansão suntuosa tornou-se um emblema da vulgaridade de Saud, um vasto conjunto de edifícios cor-de-rosa e verdes, com campos de futebol e vacas importadas dos Estados Unidos. Um dos convidados presentes a um dos muitos banquetes ao ar livre presenciou o momento em que, ao sol se pôr, Saud deu uma ordem e sorriu radiante de satisfação quando "centenas de lâmpadas elétricas coloridas irromperam em uma explosão de luz [...] Subitamente o minarete assomou, inundado de luz, em meio à escuridão [...] em todas as cores: azul, verde e vermelho; as paredes do palácio, alaranjadas".[12]

A saúde do herdeiro deteriorava com a mesma velocidade com que seu alcoolismo se exacerbava, e, quando ele começou a ficar preocupado com sua potência sexual, cercou-se de charlatões e curandeiros europeus que lhe vendiam comprimidos e o espetavam com agulhas. Diplomatas britânicos e norte-americanos reprovavam o mau gosto e a indisciplina de Saud, mas alguns dos seus miseráveis súditos se deleitavam com sua aparente generosidade e apreciavam especialmente o hábito do rei de atirar moedas de ouro pela janela do carro, ao passar por entre a massa de curiosos. Dois terços dos súditos de Saud ainda continuavam na condição de nômades ou seminômades. Menos que uma em cada dez crianças em idade escolar freqüentava uma sala de aula. No reino todo não havia mais que uma dúzia de nativos com diploma de nível superior, a não existia uma única universidade, exceto os centros de educação islâmica nas duas cidades sagradas.[13]

Saud apaziguava as tribos com uma enxurrada de subsídios, mas se mostrou inepto na tarefa de impor sua autoridade no âmbito da família real. Fracassou na tentativa de firmar alianças entre seus meios-irmãos e entregou posições estratégicas de comando militar nas mãos de seus filhos incompetentes e despreparados, estimulando o receio de seus parentes de que talvez quisesse usurpar os planos de sucessão de Faisal.

O reinado de Saud coincidiu com a ascensão de Gamal Abdel Nasser, oficial do exército que tomou o poder no Egito e exigia a revolução e a unidade do mundo árabe, apelos que ganharam aclamação popular. A propaganda de Nasser atacava as antigas potências coloniais européias e seus aliados reacionários. O rei Saud parecia ser um exemplo notável. Em 1955, Saud conseguiu evitar um golpe de inspiração nasserista; a conspiração malograda foi um evento chocante na politicamente tranqüila Arábia. O rei compreendeu que tinha de reagir à popularidade de Nasser, mas faltavam-lhe a habilidade e o discernimento necessários. Oscilante, Saud seguiu Nasser, mas mais tarde participou da conspiração para assassiná-lo.[14]

Em Washington, o presidente Eisenhower e seus estrategistas militares decidiram tentar fazer de Saud um firme e leal aliado anticomunista. Depois que Nasser nacionalizou o canal de Suez, com o franco apoio de Saud, a Inglaterra e a França responderam com uma precipitada invasão; depois da derrota dos países europeus, Eisenhower viu no mundo árabe um vácuo que o poder norte-americano poderia ocupar. Ele cobiçava particularmente o uso de uma base aérea próxima dos campos de petróleo. Em 1957, convidou o rei Saud para mais uma visita aos Estados Unidos; dessa vez, se as dançarinas não saltavam à vista, a pressão da bajulação norte-americana era a mesma. Eisenhower recebeu o regente saudita no aeroporto e escoltou sua comitiva sob uma faixa esticada na Pennsylvania Avenue: "Bem-vindo, rei Saud!".[15]

Entretanto, os gastos estava ficando cada vez mais fora de controle. O iate de Saud foi apreendido na Europa por causa de dívidas com um arquiteto italiano.[16] Os norte-americanos podiam até tolerar esse tipo de constrangimento, em nome do petróleo e do direito de usar bases aéreas, mas era crescente entre os familiares do rei a sensação de que eles já não suportavam mais os embaraços. A impaciência da família real era agravada pela presença em seu meio de uma alternativa óbvia — Faisal, o meio-irmão frugal e taciturno.

Faisal nascera quase que ao mesmo tempo que Saud, em 1905, mas de mãe diferente, filha da família Al-Shaykh, descendente de Abdul Wahhab, o pregador do deserto do século XVIII cuja crença tinha influenciado tanto a península. No século XX os Al-Shaykh haviam se tornado a mais prestigiosa família de eruditos religiosos da província do Nejd. Sob a tutela de seus familiares, conservadores mas cultos, Faisal cresceu estudando doutrina e direito religioso. Adquiriu as mesmas habilidades de manejo de cavalos e falcões do irmão, mas provou ser um líder militar mais convincente e dedicado. Era um homem de baixa estatura, magro, com um nariz proeminente e olhos cobertos, que fulminavam e impressionavam os visitantes como olhos de uma ave de rapina.

Já em 1919 Abdulaziz havia decidido que Faisal era a melhor opção para representar o reino nas distantes capitais européias. Ainda adolescente, e acompanhado por Philby, ele viajou à Inglaterra, onde cumpriu um longo roteiro em meio a um inverno úmido; levou consigo o aprendizado das primeiras lições de diplomacia formal, bem como poderosas lembranças dos leões-marinhos que viu no zoológico de Londres. Representou o pai na Conferência de Versalhes, em que foi assinado o tratado que dava fim à Primeira Guerra Mundial. De volta à Arábia, Abdulaziz colocou-o no governo de Hejaz, mas Faisal parecia muitas vezes indiferente ao poder e se recolheu a seu palácio e sua vida familiar. Porém, durante o período de desafios do *boom* do petróleo no pós-guerra, tomou iniciativa e apresentou-se ao trabalho. Atuou como representante do rei na recém-criada Organização das Nações Unidas (ONU) e viajou pelos Estados Unidos com um estilo consideravelmente mais maduro, bem organizado e eficiente que Saud. Nessa época Faisal ainda não era abstêmio, e podia ser uma companhia animada e agradável; estava sempre pronto para piadas e brincadeiras, mas jamais foi sequer remotamente tão indisciplinado quanto o meio-irmão, e, conforme os anos passavam, foi se tornando uma pessoa cada vez mais austera e religiosa, cujo comportamento foi apaziguado pelas muitas doenças e indisposições intestinais crônicas, que o deixaram dispéptico e esquelético.

Faisal conservava as firmes convicções acerca da fé islâmica e da cultura do deserto que havia aprendido na juventude. Era um anticomunista fervoroso e subscritor devotado das teorias conspiratórias sionistas. E tinha idéias liberais e a mente aberta quanto o assunto era a necessidade de a Arábia Saudita adaptar suas tradições em nome de um programa nacional de desenvolvimento. Faisal era inatamente conservador, no sentido de ser cauteloso, "um indivíduo inacreditavelmente paciente", nas palavras do diplomata saudita Ghazi Algosaibi. "Ele sentia que a resolução de muitos problemas poderia tranqüilamente ser deixada aos cuidados do próprio tempo." Aos funcionários do governo norte-americano, que o pressionavam exigindo que mudasse seu temperamento e sua conduta, ele citava provérbios árabes sobre os perigos da pressa; dizia que "estava ansioso para que o país fosse para a frente, mas que fosse para a frente devagar".[17]

Contudo, aparentemente o reinado de seu irmão Saud demandava atenção urgente. No final de 1957, quando outra crise causada pelo excesso de gastos deixou o reino à beira da falência, a família real se mobilizou para empossar Faisal como primeiro-ministro. Ainda que relutante, Saud concordou. O acordo implícito era de que Saud podia fazer suas vontades, mas dentro dos limites de uma mesada, na qualidade de rei fantoche, mas Faisal dirigiria a economia e a política externa, para restaurar o tesouro e proteger os Al-Saud do nasserismo.

Saud recuou temporariamente, mas ficou furioso com a ascensão do meio-irmão. O confronto entre os dois regentes representou para Mohamed bin Laden um problema de extrema complexidade depois de 1958. Ele devia sua fortuna ao amparo e patrocínio de Saud, além da construção desenfreada de palácios capitaneada pelo príncipe; entretanto, Faisal tinha hábitos de devoção religiosa e de trabalho muito mais próximos aos dele próprio. Bin Laden teria dito a um colega. "Meu livro-caixa está com Saud, mas minha cabeça está com Faisal".[18]

A PARTIR DOS EXEMPLOS de seus soberanos, Mohamed bin Laden percebeu que os múltiplos casamentos poderiam proporcionar não apenas um meio de dar vazão à volúpia de um homem rico, mas também um expediente para estabelecer alianças políticas e econômicas. Cada vez mais os projetos de Bin Laden o levavam aos mais remotos cantos da Arábia, em que ele sempre tinha alguns conhecidos. Lá ele precisava angariar o apoio dos xeiques locais. Para tanto, por vezes Bin Laden se casava com a filha de algum líder tribal ou de um prefeito de povoado, oferecia à esposa dinheiro e uma casa, contratava seus parentes homens para trabalhar no seu projeto, e depois de um ano ou pouco mais, quando a obra estava terminada, ia embora e deixava a mulher em generosa situação financeira, bem como talvez um filho. Em alguns desses casamentos, "ele foi politicamente muito astuto", disse Nadim Bou Fakhredinne, guardião de alguns dos filhos de Bin Laden.[19]

O inventário completo das aproximadamente 22 esposas com as quais Bin Laden teve filhos é desconhecido. Dos casamentos que podem ser ao menos parcialmente identificados, alguns sugerem os tradicionais arranjos entre duas famílias *hadhramis*; outros sugerem exemplos da tática de Bin Laden de firmar alianças úteis para seus projetos de construção; e outros sugerem motivações puramente sexuais.

Os múltiplos divórcios e segundas núpcias não era algo incomum em algumas partes do Nejd, mas os costumes sociais na Arábia estavam mudando durante a década de 1950, especialmente em cidades como Jedá. A prática de desposar quatro mulheres simultaneamente e em seguida se divorciar para adquirir ainda mais parceiras passou, cada vez mais, a ser vista como retrógrada e anacrônica. A monogamia era algo moderno, e a modernidade estava em voga. Contudo, Hejaz facilmente acomodou-se à devassidão de um próspero imigrante *hadhrami* como Bin Laden, em grande parte por causa dos exemplos de Abdulaziz e Saud.

Os versículos do Alcorão sobre casamentos múltiplos podem ser interpretados como regras que desencorajam ou até mesmo proíbem a poligamia. Os versículos enfatizam a eqüidade. Um homem casado deve declarar sua intenção de se divorciar, observar um período de espera, e só depois confirmar a sua decisão: "Quando vos divorciardes das vossas mulheres, divorciai-vos delas em seus períodos prescritos, tomai-as em termos eqüitativos ou separai-vos delas em termos eqüitativos".[20] As evidências disponíveis acerca dos casamentos de Bin Laden sugerem que ele quase sempre seguiu esses princípios, ainda que, inevitavelmente, algumas de suas esposas tenham desfrutado de mais favor e longevidade que outras, e que algumas tenham se saído melhor que outras após o divórcio.

Durante os primeiro anos do reinado de Saud, Bin Laden viajou pela região do Levante para comprar materiais e contratar subempreiteiros; em suas andanças, casou-se com um grande número de meninas árabes. Já tinha desposado uma moça síria quando chegou à cidade litorânea de Latakia, no verão de 1956, ocasião em que foi apresentado à família Al-Ghanem, pobre e sem inclinações religiosas. Ainda não se sabe como Bin Laden conheceu os Al-Ghanem,

nem por que motivo eles lhe ofereceram sua filha de catorze anos, Alia. Bin Laden voltou para a Arábia levando consigo Alia, e um ano depois ela engravidou. Durante o ano islâmico de 1377, correspondente ao período de julho de 1957 a junho de 1958, Alia deu à luz seu filho Osama, em Riad.[21]

Na época desse casamento, Mohamed bin Laden estava em uma fase sexual particularmente ativa, com muitas parceiras e filhos. Continuava casado com uma mulher que desposara havia mais de uma década; ela já era mãe de um filho seu, e deu à luz dois outros meninos, no mesmo ano islâmico de 1377, de acordo com registros fornecidos pela família Bin Laden a uma corte norte-americana. Além dessa esposa e da menina Alia Al-Ghanem, pelo menos duas outras mulheres de Bin Laden tiveram filhos durante aquele ano islâmico. Ao todo, de acordo com os registros da família, Mohamed bin Laden foi pai de sete crianças durante o ano de nascimento de Osama — cinco meninos e duas meninas. Mais tarde Osama disse que achava ter nascido no mês islâmico correspondente a janeiro de 1958. Se estiver certo, aparentemente foi um dos dois filhos de Mohamed nascidos de mães diferentes durante aquele mês — o outro filho, Shafiq, depois informou ao serviço britânico que ele havia nascido em 22 de janeiro de 1958.* Para qualquer filho de Mohamed bin Laden nascido nessa época seria muito difícil ter plena certeza com relação à sua data completa de nascimento ou até mesmo o mês; não era coisa típica dos sauditas manter esse tipo de informação, e muito menos existia qualquer sistema governamental de registros.[22]

A família de Alia vinha de uma cidade em que a população pertencia em sua maioria à seita religiosa dos *alawitas*, cujos membros depois dominariam os altos escalões do governo e do exército sírios. Os *alawitas* são fiéis a um obscuro credo islâmico transmitido por tradição oral que os muçulmanos das correntes mais importantes consideram heresia. Posteriormente os Al-Ghanem negaram sua filiação *alawita* e afirmaram seguir as crenças sunitas, mas essas alegações foram feitas em um período em que teria sido perigoso para a família admitir qualquer herança *alawita*, e por isso a questão parece incerta. Na década de 1950, meninas sírias *alawitas* de famílias pobres às vezes iam trabalhar no exterior como enfermeiras, ou eram vendidas como concubinas, o que mais tarde

* Na manhã de 11 de setembro de 2001, Shafiq bin Laden participava de uma reunião com investidores no Hotel Ritz-Carlton, em Washington, DC, quando o ataque deflagrado por seu meio-irmão atingiu o Pentágono.

alimentou a especulação de que a mãe de Osama pudesse ter sido esse tipo de cônjuge. Parece possível, mas não existem evidências concretas para sustentar tal suposição. Mesmo que Bin Laden tenha de fato adquirido Alia inicialmente como uma espécie de esposa temporária, ele a reconheceu como legítima assim que ela teve um filho, e durante décadas ela manteve seu status no seio da família Bin Laden. Osama desfrutou a vida toda da legitimidade de herdeiro de Mohamed, e em questões legais e comerciais jamais foi tratado como se pertencesse a uma categoria de nascimento inferior a outros filhos de Bin Laden. Contudo, é certo que Alia Al-Ghanem pertencia de fato a um grupo de esposas que deram à luz um único filho ou filha e depois se divorciaram de Mohamed em relativamente pouco tempo. Algumas dessas esposas rapidamente se casaram novamente, e algumas, levadas pelas circunstâncias, se afastaram do círculo familiar mais íntimo. As esposas que eram mães dos filhos homens mais velhos de Mohamed ou que permaneceram mais tempo casadas com ele talvez se sentissem superiores a esposas como Alia, mas as vantagens de que essas esposas mais velhas desfrutavam, pelo menos durante a década de 1950, eram principalmente relacionadas a questões de orgulho e percepção social; elas não eram reconhecidas pela lei islâmica que Bin Laden seguia.

O marido que essas mulheres compartilhavam estava sempre em ação e sempre em viagem, e, no final da década de 1950, diluía o prestígio de cada uma das mães simplesmente casando-se sucessivamente com novas mulheres. Sua família cresceu a ponto de constituir um pequeno povoado. Mais tarde, Osama seria descrito em inúmeros relatos como sendo o sétimo filho homem de Mohamed, o que significaria que foi o primeiro dos cinco meninos Bin Laden nascidos no ano islâmico de 1377, e não há certeza sobre o grau de exatidão com que as mães conseguiam manter essas contas e categorizações. Parece mais seguro concluir que Osama chegou à família ocupando algum lugar entre o filho de número 17 e o de número 21. Certamente teve de competir por atenção. Em julho de 1958, de acordo com registros da família, Mohamed bin Laden já tinha se tornado pai de 41 filhos — 21 meninos e pelo menos vinte meninas. Mas ele ainda não tinha terminado.[23]

QUANDO ASSUMIU O CONTROLE do governo saudita em 1958, Faisal descobriu que seu reino tinha uma dívida total de 500 milhões de dólares. Nos cofres do banco central não havia virtualmente dinheiro algum proveniente dos impostos dos peregrinos. As contas do governo nos bancos comerciais de Jedá estavam a descoberto, e o Estado devia dinheiro para miríades de financiadores. Uma vez que o tesouro real recebia pagamentos e comissões mensais cada vez maiores da Aramco, se Faisal conseguisse amortizar alguns desses débitos e cortar os gastos reais poderia sair da crise em pouco tempo. Para tanto, ele precisaria da ajuda de credores como Mohamed bin Laden e de uma dramática mudança no comportamento do rei Saud.[24]

Saud concordou em vender propriedades reais espalhadas pelo reino. Abriu mão de seu escritório particular em Jedá, renunciou a muitos de seus palácios e casas de hóspedes, e até mesmo permitiu que as luzes de Nassiriyah fossem desligadas durante o dia.

Faisal convocou Bin Laden e deu início a negociações que durariam todo o ano de 1958. O príncipe herdeiro não tinha dinheiro em espécie, por isso ofereceu terras e imóveis. Faisal queria se desembaraçar de alguns empreendimentos do governo que, sentia ele, deviam ser geridos pelo setor privado. Como pagamento das dívidas que o rei Saud havia acumulado com as obras de construção de Nassiriyah, Bin Laden aceitou ações do Hotel Al-Yamamah, em Riad (mais tarde Bin Laden arrendou o hotel para o exército dos Estados Unidos).[25] Durante esse período Bin Laden pode também ter ajudado Faisal a cobrir temporariamente a folha de pagamentos. O auxílio ao rei se tornaria parte da lenda da família na Arábia Saudita, discretamente alardeada por seus filhos. Mas os registros diplomáticos contemporâneos não fazem referência alguma a tal empréstimo de Bin Laden. Se é que ocorreu, como sugerem os dados, foi apenas uma peça em um vasto mosaico de permutas, escambos e acordos de financiamento negociados entre Bin Laden e o príncipe herdeiro. Em todo caso, os funcionários do governo saudita estavam bastante acostumados a contracheques atrasados.

Instado pela insistente solicitação de Faisal, Bin Laden também assumiu uma concessão de 21 anos para administrar uma fazenda real em Al-Kharj, a cerca de cem quilômetros ao sul de Riad, na qual fazendeiros norte-americanos, pagos pelo rei Saud, criavam gado e plantavam trigo, aveia, verduras e legumes, e até melancias. A fazenda havia sido fundada por Abdulaziz em

1941, com a ajuda de companhias de petróleo norte-americanas, e em 1958 o custo de manutenção chegava a quase 1 milhão de dólares anuais. Havia um pequeno lucro teórico com a venda da produção de frutas, verduras, legumes, leite e ovos para a própria família real, mas Faisal queria que Bin Laden assumisse os custos operacionais. O príncipe herdeiro ofereceu a ele condições favoráveis com relação ao maquinário e firmou o compromisso de que a família real continuaria comprando a produção. Bin Laden tinha pouca experiência como fazendeiro — assim como, cinco anos antes, tinha pouca experiência como construtor de estradas quando assumiu o projeto da estrada de Medina —, mas aceitou. Porém, prontamente negligenciou Al-Kharj, cortou a compra de suprimentos para poupar dinheiro e em pouco tempo comunicou aos empregados norte-americanos que teria de mandá-los embora assim que seus contratos de trabalho terminassem. Em seu lugar empregou parentes de algumas de suas esposas estrangeiras. "Os cunhados e parentes por afinidade são uma mistura de sírios, egípcios e palestinos, ao que tudo indica sem a menor experiência com agricultura", relatou Sam Logan, o administrador texano da fazenda que estava sendo mandado de volta para casa — um inventário de nacionalidades que sugere que entre os empregados substitutos havia familiares de Alia Al-Ghanem, mãe de Osama.

Logan sentiu que ele e os outros norte-americanos da fazenda haviam sido demitidos puramente por causa da crise financeira do reino e que "não havia naquela ação nenhum sentimento anti-Estados Unidos. Bin Laden tratava todos os norte-americanos com sinceridade e justiça e cumpria todos os acordos, coisa rara nas transações e negócios com os sauditas". Pelo julgamento de Logan, Bin Laden assumiu as rédeas da fazenda "sabendo que perderia dinheiro com ela, mas sob a condição de que ganharia certos privilégios do governo em alguns outros campos de empreendimento".[26]

De fato, o acordo de Bin Laden para tocar a fazenda Al-Kharj coincidiu com um negócio muito mais lucrativo, firmado com Faisal no final da primavera de 1958. Bin Laden formou uma *joint venture* com dois irmãos italianos de sobrenome Roma, que deram a impressão — falsa, como acabou se revelando depois — de contar com o apoio financeiro de uma das maiores empresas de construção civil da Itália. Faisal ofereceu um plano de permuta de vinte anos, no qual Bin Laden ficaria encarregado da construção de rodovias e de outras obras em troca da exploração do gás natural dos campos de petróleo administrados por companhias norte-americanas. A essa altura, a Aramco queimava o gás de seus campos porque era difícil transportar e comercializar o produto; a prioridade do consórcio era o petróleo. Os irmãos Roma acreditavam que conseguiriam vender o gás saudita na Europa, gerando dinheiro suficiente para financiar lucrativamente os projetos de infra-estrutura de Faisal, que incluíam mais de 1.500 quilômetros de rodovias, ligando Riad a Jedá e Jedá ao porto de Jizan, no sul, bem como a construção de uma nova universidade em Riad.[27]

A sociedade acabou sendo litigiosa. Os executivos da Aramco acreditavam que o gás pertencia à empresa. Faisal argumentava que o gás pertencia ao reino. Os irmãos Roma temiam que a disputa pusesse em risco os contratos para a construção de rodovias de Bin Laden, para os quais haviam empenhado 5 milhões de dólares em financiamentos.

Em setembro, Faisal convocou Bin Laden e os italianos para uma reunião em seu palácio de Taif. Bin Laden e Faisal conversaram longamente em árabe, depois Bin Laden voltou-se para os irmãos e lhes assegurou que o príncipe herdeiro estava convencido de que o gás era dele e que a "Aramco não poderia impedir [a] conclusão [de] obras públicas tão necessárias, que proporcionavam empregos [a] tantos trabalhadores", o que seria possível graças ao acordo com Bin Laden.[28]

Bin Laden e Faisal precisavam um do outro. No reino havia outras famílias de homens de negócios que vinham ganhando experiência no ramo da construção e da indústria leve, mas se o príncipe herdeiro queria dar um pontapé inicial convincente em seu programa nacional de desenvolvimento, precisava do vasto arsenal de equipamento de construção civil de Bin Laden, de seu exército de trabalhadores semiqualificados e desqualificados. E de seu irreprimível hábito de dizer "Sim, Vossa Majestade, é possível fazer". De sua parte, Bin Laden não tinha outra opção a não ser acatar as prioridades e termos de Faisal. Em 1959, a obsessão do príncipe herdeiro por austeridade fiscal dera fim ao *boom* da construção de casas e palácios em Jedá. Em meio à recessão que se abateu, milhares de trabalhadores braçais iemenitas deixaram a cidade em busca de emprego em outros lugares; aqui e ali os homens de negócios rosnavam que as reformas de Faisal podiam ser "boas para o país, mas não para uma classe de negociantes criada, educada, mantida e alimentada pelos lucros suculentos e magníficos dos 'bons e velhos tempos'". Bin Laden, contudo, agüentou firme o golpe desse revés. Como antes, ele tinha se adaptado segundo as exigências para servir à família real; se as prioridades da hora eram as rodovias e a infra-estrutura, essas seriam a sua prioridade.[29]

Ele também era protegido por outro benfeitor. No final dos anos 1950, Mohamed bin Laden não era o empreiteiro favorito apenas de Faisal. Nas três cidades sagradas do islã — Meca, Medina e Jerusalém —, ele também era abençoado, segundo palavras dele próprio, pela graça de Deus.

5

Por Jerusalém

O declínio do Império Romano produziu tanta desordem nos desertos da Arábia quanto nas florestas devastadas por hordas de bárbaros na Europa. Os últimos imperadores romanos elevaram o cristianismo à condição de credo universal, mas seus decretos se mostraram pouco convincentes entre as rotas de caravanas de camelos no Oriente. Pelo final do século V d.C., a fé religiosa na Arábia havia se desenvolvido e expandido em uma vibrante pluralidade. Havia comunidades judaicas e cristãs, mas muitos beduínos adoravam ídolos portáteis, pedras e árvores. A família que vivesse em uma cidade-oásis poderia fiar-se em várias centenas de divindades para abençoar seus esforços; havia deuses da lua, deuses das viagens e intrincadas narrativas de deidades celestiais. Uma força organizadora era o empreendedorismo dos patrocinadores dos festivais religiosos, particularmente nos arredores de Meca, que ficava mais ou menos na metade do caminho de uma das grandes rotas de camelos do comércio de mirra e olíbano. Os empresários pressentiram que a realização anual de uma única feira de uma religião unificada, na qual todos os deuses seriam bem-vindos, poderia atrair mais atenção — e gerar mais renda — do que um sistema vago de eventos sazonais soltos. O ritual anual que viria a tornar-se o Hajj depois do nascimento do islã começou como uma roufenha atração devocional envolvendo centenas de deuses.[1]

Na época do nascimento de profeta Maomé, em 570, a Caaba, então uma estrutura plana sem teto, servia como templo para algumas das divindades mais populares. Continha "figuras de árvores e desenhos de anjos", de acordo com o historiador Al-Azraqi, bem como um desenho de Jesus e sua mãe, Maria, e uma imagem de Abraão, já velho. No festival anual de Meca, peregrinos que adoravam diversos deuses se juntavam em um complexo ritual. Uma das divindades então reconhecidas em Hejaz — um deus dos deuses, sem representação em um ídolo fixo — tinha o nome de Alá. Mesmo antes de receber as revelações alcorânicas, Maomé desenvolvera a convicção de que Alá era o único e verdadeiro Deus, e de que as centenas de outros ídolos adorados em âmbito local eram falsas.[2]

Na tradição alcorânica, cabe a Abraão a criação da Caaba. Nesse relato, em visita ao seu filho Ismael em Meca, Deus ordenou a Abraão que construísse um templo devotado à sua qualidade de Deus único. Quando Maomé recebeu suas revelações, pregou pedindo a restauração do plano de Abraão. Seus sermões enfrentaram a resistência de líderes e anciãos das tribos de Meca, que pareciam ver o Profeta, ele próprio um ativo homem de negócios, como uma espécie de estraga-prazeres anticapitalista, cujas idéias poderiam, em particular, arruinar o lucrativo festival. Essa oposição obrigou Maomé ao exílio, recolhendo-se à cidade mais tarde chamada de Medina, onde encontrou apoio político. Depois de vencer uma série de batalhas, voltou em triunfo para Meca. Entrou na Caaba e, segundo Al-Azraqi, "pediu um pedaço de pano que embebeu em água, e ordenou que todos os desenhos e pinturas de anjos e profetas nas paredes fossem apagados". Com tal gesto, ordenou que todos os ídolos que estavam em volta da Caaba fossem recolhidos, quebrados e queimados; acabando com a idolatria entre os árabes, Maomé criou uma estética islâmica enraizada na erradicação do caráter multicolorido e repleto de matizes das imagens religiosas de sua juventude em Meca. Em seus últimos anos de vida, Maomé anunciou as novas e detalhadas regras do Hajj, um dos cinco pilares que sustentam a religião que Alá havia revelado a ele. O ritual anual, em que multidões de peregrinos vindos do mundo todo se acotovelam em Meca, em pouco tempo iria desmentir o ceticismo dos homens de negócios que patrocinavam o antigo festival na cidade.[3]

O islã se expandiu da Espanha à Indonésia; uma sucessão de dinastias governou Meca. Príncipes egípcios e otomanos tomaram Hejaz e passaram a controlar o Hajj a partir do século XIII. E o fizeram de uma maneira tal que lembrava os festivais pré-islâmicos — havia desfile de bandas e festas opulentas, e uma ênfase visível no lucro, o que fez com que a reputação dos homens de negócios de Meca caísse a um nível tão baixo que os peregrinos, depenados até o último centavo, se referiam a eles como "os cães de Hejaz". Quando o movimento *wahhabi* surgiu no deserto, no século XVIII, seus guerreiros se viam como purificadores que atuavam em nome de Maomé; assim como o Profeta havia feito, eles salvariam Meca dos idólatras. O mundo dos *wahhabis* era deserto, seco, marcado pela privação e por intensos laços de parentesco, e apenas muito raramente penetrado por outras culturas. Os *wahhabis* chocaram os peregrinos cosmopolitas de Meca:

> É preciso imaginar uma multidão de indivíduos, caminhando todos juntos, em bloco, sem nenhum tipo de roupa a não ser um pedaço de pano ao redor da cintura [...] nus sob todos os outros aspectos, com mosquetes sobre os ombros, e seus cânjares ou punhais longos presos à cinta. À simples visão dessa torrente de homens, as pessoas fugiam. [...] Durante sua marcha não empunhavam nenhuma espécie de bandeira, tambor, instrumento ou troféu militar. Alguns davam gritos de júbilo sagrado, outros recitavam orações, num vozerio confuso e barulhento.[4]

Os *wahhabis* destruíram todas as cúpulas e túmulos da cidade; para seus sábios, grande parte da arquitetura islâmica existente era herética, a não ser a Caaba, de teto plano, e mesquitas construídas com desenho similar — as cúpulas eram tidas como sinal de ostentação. Por fim, soldados egípcios expulsaram os *wahhabis* e destruíram sua capital sem traços característicos, Riad; porém, sob a liderança mais firme de Abdulaziz, as milícias islâmicas retornaram a Meca em 1924. Mais uma vez puseram no chão as cúpulas e atacaram os peregrinos estrangeiros que se deixavam ficar tempo demais admirando os santuários históricos decorados, que os *wahhabis* consideravam falsos templos.

Para Abdulaziz, Meca era uma grande operação de prestígio e poder e fonte de tributos. Ele aderiu aos princípios *wahhabis*, mas não tinha interesse particular nos infinitos debates dos anciãos e eruditos em Riad sobre o status de cada teto curvo e local turístico sagrado de seu reino em expansão. Assim como em outros aspectos de sua arte de governar, Abdulaziz buscou uma síntese: apaziguava e se sujeitava aos radicais islâmicos que forneciam a ele soldados e legitimidade, mas tentava não alienar os súditos otomanos que tinha herdado. Por sua vez, as milícias *wahhabis* queriam demolir a Mesquita do Profeta, em Medina, onde Maomé havia pregado durante seu exílio; os ultra-rigoristas viam a construção como um tipo de armadilha herética para turistas. Abdulaziz reconhecia que a destruição seria uma medida profundamente impopular e também atrapalharia os negócios ligados à peregrinação. Ele firmou um acordo pelo qual os *wahhabis* teriam permissão para remover a cúpula da mesquita, mas por outro lado teriam de deixar de pé a construção e acomodar o tropel das multidões. Nas palavras de um viajante contemporâneo, o rei ganhou crédito dos *wahhabis* "por ter permitido a demolição da cúpula, e crédito dos *hadjis* estrangeiros por proteger o lugar da demolição completa".[5] Este seria o fundamento da administração saudita de Meca e de Medina nas décadas seguintes. A estética *wahhabi* predominaria, mas por vezes seria adaptada ou contornada, ainda que com má vontade, para conciliar a diversidade global do islã, particularmente em nome das receitas advindas do fluxo dos peregrinos.

Com a posse de Hejaz veio a responsabilidade pela manutenção da ordem pública, a conservação e as melhorias de Meca e Medina. Em 1928 Abdulaziz acarpetou a Mesquita Sagrada em Meca, e em 1944 pagou por uma porta incrustada de ouro; por outro lado, durante os anos de vacas magras da Grande Depressão e da Segunda Guerra Mundial, só pôde bancar os custos de pequenas renovações. Contudo, em meio ao *boom* do pós-guerra, à medida que crescia o número de peregrinos que chegavam ao reino, o rei alocava quantias mais generosas. Seus objetivos não eram decorativos, mas práticos: as mesquitas, tanto de Meca como de Medina, eram pequenas demais para acomodar os batalhões de peregrinos que agora eram atraídos às cidades sagradas, particularmente durante o pico da temporada do Hajj. Ao redor das mesquitas havia uma mixórdia de casas, barracas e vielas sinuosas, o que impossibilitava obras de expansão. Encorajado por seus filhos Saud e Faisal, Abdulaziz concordou em redesenhar as duas cidades — Medina primeiro, depois Meca.[6]

Em 6 de setembro de 1949, quando Abdulaziz publicou uma carta aberta anunciando seu plano de remodelação para Medina, Mohamed bin Laden já tinha se firmado como o principal empreiteiro do rei. As mesquitas e sítios sagrados de Meca e de Medina eram organizados como trustes islâmicos, ou *waqfs*, supervisionados por juntas e conselhos de sábios e notáveis de Hejaz, mas um contrato de construção daquelas proporções era decisão do rei, instigada por Suleiman. Bin Laden era o homem deles, e foi convidado a assumir a coordenação do projeto de Medina, uma concessão lucrativa que incluía obras de demolição e construção ao redor da própria mesquita, além de uma nova rede elétrica, obras de instalação de sistema hidráulico e rede de tratamento de água, e um aeroporto. Uma história oficial de Bin Laden e a correspondência diplomática do período sugerem que somente o projeto de expansão e renovação da mesquita custou cerca de 19 milhões de dólares, consumidos em meados da década de 1950, sem contar as somas ainda maiores usadas para ressarcir donos de terras e de imóveis que tiveram de ser desapropriados.[7]

O projeto de Medina marcou o início da profunda influência arquitetônica e de design que a família Bin Laden deixaria como legado nas duas cidades sagradas. Mohamed bin Laden contribuiu na renovação das cidades com um "estilo arquitetônico moderno", conforme palavras de sua história oficial, envolvendo o uso maciço de concreto reforçado e de mármore preto decorativo. As lâmpadas de metal podiam ser pomposas, berrantes e espalhafatosas, e o concreto, opressivo, mas ambos eram certificadamente atuais, modernos, e por isso, nos anos 1950, se estavam de acordo com a moda eram dignos de louvor. E não apenas aos olhos sauditas: um visitante libanês contemporâneo qualificou a arquitetura de Bin Laden como "uma impressionante e luxuosa obra de arte". Quando seu projeto de remodelação e redesenho das cidades sagradas foi completado, em 1955, cerca de dois anos após a morte de Abdulaziz, Bin Laden tinha construído mais de setecentos pilares e colunas na Mesquita do Profeta, bem como um número semelhante de arcadas. Acrescentara nove portões, duas praças de cascalho para os fiéis, e 44 vidraças; ao todo, expandira em 60% a área em que os peregrinos poderiam misturar-se, conhecer-se, conviver e orar.[8]

Uma vez que não sabia ler muito bem, Bin Laden não podia proferir seus próprios discursos em público; assim, no final de outubro de 1955, na celebração convocada pelo rei Saud para marcar a conclusão do projeto, Bin Laden pediu que um substituto lesse seu discurso. É o primeiro texto conhecido atribuído a Mohamed bin Laden, uma rebuscada sinfonia de devoção e bajulação. Ele disse ao rei:

> Deus quer que vós e que vosso pai tenham esta honra e Deus deu-vos o sucesso para construir este edifício histórico. E vossos nomes serão lembrados em história gloriosa e luz eterna. Vosso nome brilhará na mesma luz perpétua daqueles que ajudaram a erguer esta mesquita em diferentes épocas, desde o tempo do Profeta. A vós congratulo pela conquista desta honra infinita. Louvado seja Deus, e somente Ele, que esta construção tenha sido completada em vossa era.[9]

Bin Laden não foi tão humilde a ponto de evitar qualquer referência à sua própria atuação ou ao papel que desempenhou. Enumerou meticulosamente todas as melhorias que tinha supervisionado na expansão daquela "construção forte e fascinante". Enfatizou os empregos que a família real ajudara a criar em Hejaz com o financiamento de novas fábricas para a manufatura de tapetes e carpetes. Salientou as pesadas somas gastas na compensação dos donos de terras desapropriadas, e louvou a decisão do rei de aumentar os salários dos trabalhadores das duas mesquitas sagradas, o que proporcionou a eles dinheiro que os permitiu trabalhar honestamente — "vós não deixastes nunca de abrir as portas à reforma". Perto do fim de sua exegese, Bin Laden narrou detalhadamente o trabalho que tivera para fortalecer o transporte, tanto o tradicional quanto o moderno, para Medina:

> Vós nos ordenastes a construir um aeroporto, que é um dos maiores aeroportos. Grandes aeronaves podem utilizar este aeroporto, que está prestes a ser concluído. Vós nos ordenastes também a construir a estrada de Medina a Jedá, obra que está também em fase de conclusão. No mais, construímos uma área para o descanso dos camelos [...] Vós comprastes a terra que fica a leste da Mesquita Sagrada, vós fizestes dali um lugar para o descanso dos camelos, em benefício dos muçulmanos [...] Majestade, a graça de Deus vos protege e toma conta de vós.[10]

A verdade com relação a Saud era bem menos enaltecedora e edificante. Em sua condução da religião pública, assim como em muitas outras áreas, o novo rei se empenhou em manter a engenhosa estratégia de equilíbrio de seu pai. O seu "gosto por filmes, música e *vaudeville*, e seu interesse em promover a educação para meninas, os esportes e outras atividades são um desvio, do ponto de vista do *wahhabi*", apontou a embaixada norte-americana. Para compensar, Saud repudiava em púbico a conduta que abraçava no âmbito privado. Em uma carta aberta denunciou como "demoníacos" aqueles que "ouvem canções e música no rádio; isso causa a corrupção da alma e dos costumes e afasta as pessoas de Deus e da oração [...] Outra coisa maléfica é que as mulheres estejam se vestindo com extravagância, saindo de casa com maquiagem completa, algumas delas sem véu; esse é o maior dos males e uma das principais causas da corrupção e da destruição".[11]

O rei buscava abafar ou impedir os rumores de sua falta de fervor e respeito pela religião com uma fartura de dinheiro para a renovação dos lugares sagrados do reino. Logo que terminaram as obras de Medina, Saud deu ordens para que Bin Laden começasse a trabalhar em um projeto ainda mais caro em Meca, empreendimento que aumentaria a capacidade da Mesquita Sagrada adjacente à Caaba de 50 mil para 400 mil fiéis. Saud declarou em discursos públicos que o orçamento total para as obras em Meca e Medina ultrapassava 130 milhões de dólares. A embaixada da Alemanha Ocidental estimava que as cifras verdadeiras aproximavam-se dos 60 milhões de dólares; porém, seu relatório apontava que "mesmo esta quantia parece tremenda em termos ocidentais". O projeto de Meca seguiu lentamente, dificultado pela limitação de verbas que acompanhou a severa austeridade imposta por Faisal depois de tornar-se primeiro-ministro, mas proporcionou a Bin Laden um suplemento sólido e regular para seu trabalho nos setores rodoviário e industrial.[12]

Entre 1956 e meados dos anos 1960, incluindo os primeiros sete anos de vida de Osama, um dos principais aspectos da renovação empreendida por Bin Laden em Meca envolvia a demolição de edifícios. Bin Laden já tinha realizado algumas obras de demolição e limpeza de terrenos em Medina a partir de 1951; usou explosivos para derrubar casas e mercados na cidade velha, e no ano seguinte começou a carregar e descartar os escombros. O projeto de limpeza de Meca era consideravelmente mais ambicioso. No fim das contas basicamente o governo saudita gastou mais de 375 milhões de dólares em vultosos pagamentos para proprietários e lojistas de Meca. Nessa época, às vezes Mohamed bin Laden levava os filhos pequenos para os canteiros de obras; o que eles viam, além da Caaba e de entulho, era uma sucessão de explosões controladas e edifícios sendo derrubados, cenas que fariam muitos meninos vibrar de emoção. Não se sabe o quanto dessa demolição toda Osama testemunhou; porém, anos mais tarde, ele falou com admiração e exatidão, em termos gerais, sobre o trabalho de seu pai na renovação de Meca e outros sítios religiosos durante esse período. Ao longo de 1962, o último ano sobre o qual há estatísticas disponíveis, Mohamed bin Laden usou explosivos para pulverizar 86 mil metros cúbicos de montanhas e rochas em e nos arredores de Meca. Ele e seus engenheiros também mandaram pelos ares 768 casas na cidade, somadas a 928 lojas, armazéns, depósitos e casas de negócios.[13]

FAISAL ERA DEVOTO. Acreditava ser capaz de derrotar Nasser e excluir o comunismo da Arábia promovendo os valores islâmicos: era esse o pilar de suas políticas, tanto a doméstica quanto a externa. Ele apoiou o trabalho de Bin Laden em Meca em parte porque isso promovia as credenciais da Arábia Saudita como paladino do islã. Em 1958, pouco depois se ser nomeado primeiro-ministro (título retumbante e que soava profissional em um governo completamente não profissional), Faisal encampou outro projeto de renovação que prometia a mesma visibilidade e prestígio, um projeto que, além disso, apelava para suas fervorosas convicções anti-sionistas: renovar o Domo do Rochedo em Jerusalém.

O Haram Al-Sharif, ou "Nobre Santuário", é uma grande área elevada no canto sudeste da Cidade Antiga murada de Jerusalém. A plataforma é tida como o terceiro lugar mais sagrado do islã. Contém duas edificações importantes, a Mesquita Al-Aqsa e o Domo do Rochedo, construído no século VII. A vistosa cúpula toda dourada ergue-se a trinta metros acima da esplanada do Santuário, edificada sobre o que a tradição judaica identifica como uma das paredes do Primeiro Templo, construído pelo rei Salomão mil anos antes de Cristo.

O lugar que o Domo do Rochedo ocupa na tradição islâmica é mais alusivo e místico do que fazem crer as narrativas históricas de guerra, políticas e de direito que aparecem no Alcorão sobre Medina e Meca. Os versículos alcorânicos e as interpolações posteriores de sábios muçulmanos afirmam que o profeta Maomé visitou um afloramento de rocha abaixo do Domo quando saiu em uma "viagem noturna" em um cavalo alado, de Meca a Jerusalém, dali para o céu, e finalmente para Meca, tudo durante uma noite. Depois da morte de Maomé, Jerusalém tornou-se palco de conflitos entre judeus, cristãos e muçulmanos. Com o passar dos séculos, a narrativa da "viagem noturna", bem como o próprio Domo, atraíram o vigoroso devotamento dos muçulmanos do mundo todo. Quanto mais Jerusalém se transformava em cenário de guerra religiosa, mais forte ficava o sentimento de lealdade islamita. Em 1099, os cruzados europeus capturaram a cidade e fizeram do Domo do Rochedo uma igreja, antes que o herói muçulmano Saladino retomasse a cidade e restaurasse ali o islã. Muito mais tarde, projetos judaicos de reconhecimento dos antigos templos do sítio — alguns dos quais remontam aos reinos judeus primitivos — enfrentaram forte resistência dos muçulmanos.[14]

Em meados dos anos 1950, o Domo do Rochedo estava abandonado à deterioração e dilapidação. Havia telhas, ladrilhos e azulejos danificados ou faltando, o telhado estava cedendo, e o interior precisava urgentemente de uma nova pintura, trabalhos de carpintaria e metal. Na época o Reino da Jordânia controlava a Cidade Antiga e Jerusalém Oriental. Em 1952, o jovem rei Hussein, que assumira o trono depois do assassinato de seu pai, anunciou uma campanha pan-islâmica de renovação do Domo, projeto que tinha forte apelo político bem como religioso, em meio ao sentimento anti-sionista dominante no mundo árabe. A Arábia Saudita e o Egito comprometeram-se a dar apoio financeiro, mas o projeto definhou.

Quatro anos depois, Nasser anunciou seu próprio plano para efetuar melhoras e reformas no Domo do Rochedo; pouco depois, enviou especialistas em engenharia e em arquitetura a Jerusalém para cuidar dos preparativos: propostas, licitações, preços. A iniciativa de Nasser parece ter inflamado Faisal, pois assim que o príncipe herdeiro assumiu o poder, em 1958, envidou todos os esforços para assegurar a influência saudita no projeto. Seu governo apoiou Mohamed bin Laden na licitação. Quando Bin Laden preparou sua proposta, na primavera daquele ano, estava ancorado em garantias financeiras de Riad.[15]

Expirado o prazo-limite em maio, sete empresas árabes haviam submetido propostas — duas da Jordânia, quatro do Egito e a de Bin Laden. O lance de Bin Laden bateu o de três concorrentes, mas inicialmente sua oferta não era a de preço mais baixo. Ele encetou correspondência com a comissão julgadora, sinalizando a troca de materiais de modo a reduzir ainda mais sua proposição. "Em primeiro lugar, este é um projeto islâmico sagrado, e estou muito feliz de participar da obra deste local muçulmano sagrado", escreveu em 8 de julho de 1958. Prometeu trabalhar "a qualquer custo e fornecer todo e qualquer tipo de material para realizar este grandioso e honroso serviço à comunidade islâmica". Para assegurar seu sucesso, Bin Laden se valeu de um assistente a quem conferiu poder de procuração e enviou a Jerusalém para a última rodada de negociações. Abaixou ainda mais seu preço para garantir que fosse o lance mais baixo. O valor final que submeteu à apreciação foi de 276.990,2 dinares jordanianos, pouco abaixo dos 278.225,5 dinares propostos pela Ali Abrahim Company, do Egito. A estreita margem sugere que uma decisão favorável a Bin Laden já pudesse ter sido tomada. Mais tarde Bin Laden diria que já tinha deliberadamente aceitado prejuízos no contrato, em um ato pessoal de caridade religiosa, portanto também é provável que estivesse determinado, por conta própria, a vencer. Em todo caso, em 17 de julho de 1958 a comissão anunciou a vitória de Bin Laden.[16]

"Vossa Excelência, Xeique Mohamed Bin Laden, é meu prazer informar que a Comissão Para a Reconstrução do Domo do Rochedo e da Mesquita Al-Aqsa decidiu outorgar a obra de construção [...] à sua empresa", escreveu o juiz supremo da Comissão. "Espero que a obra seja concluída de acordo com as expectativas de Deus, e espero que Deus possa nos ajudar a preservar este tesouro islâmico."[17]

Ao longo dos nove anos seguintes, Mohamed bin Laden supervisionou obras de construção e de renovação no Santuário, primeiro no Domo do Rochedo e arrabaldes, depois na Mesquita Al-Aqsa e em outras áreas da Cidade Antiga de Jerusalém. Fazia questão de salientar que o projeto era um ato de devoção pessoal. "É notório, Vossa Excelência, que tenho enorme estima pelo projeto do Domo do Rochedo", escreveu ao juiz supremo em 1959, ocasião em que submeteu proposta em licitação para a instalação de rede elétrica e sistema de iluminação. "Executarei o plano de obras [...] às minhas próprias custas, sem poupar despesas. Além disso, apresentarei recibos sem incluir nenhum custo de serviço ou mão-de-obra. [...] Não faço por ganho financeiro, mas pela importância religiosa."[18]

A mão-de-obra de Bin Laden em Jerusalém era multinacional e multirreligiosa; incluía italianos especialistas em mármore, cristãos armênios, cristãos palestinos, bem como palestinos muçulmanos. Quando era entoado o chamado para as orações, Bin Laden se juntava aos operários muçulmanos prostrados em adoração, mas os italianos faziam uma pausa para o café. "Aprendemos um pouquinho de italiano", lembrou Nadir Shtaye, encarregado de oficina. "E eles aprenderam um pouquinho de árabe." Bin Laden importava alumínio e mármore da Europa, areia e cimento da Jordânia, madeira do Líbano, e telhas, azulejos e ladrilhos da Turquia; tudo vinha em caminhões que eram carregados no porto jordaniano de Aqaba. Ganhou popularidade entre os trabalhadores porque, às vezes, além do salário, distribuía gorjetas e bonificações — dez dinares para cada um. Uma fotografia mostra Bin Laden de pé, perto de uma plataforma de microfones em uma coletiva de imprensa no final dos anos 1950; está vestindo uma longa túnica saudita branca, no rosto elegantes óculos escuros, e nas mãos tem uma moderna valise. Fotografias tiradas por um piloto norte-americano já quase no final do projeto mostram um gigantesco guindaste acima da esplanada do Santuário; ao redor, em meio a montes de areia branca, operários de turbante trabalham na reforma da praça.[19]

O rei Hussein estipulou uma celebração no Santuário assim que foi concluída a primeira etapa das obras. No dia 5 de agosto de 1964 Bin Laden chegou a Jerusalém no seu próprio avião particular, acompanhado de um ministro de gabinete saudita e alguns notáveis de Medina. O governo jordaniano de Jerusalém e seu comandante militar receberam Bin Laden no aeroporto. Na manhã seguinte, cerca de quinhentos dignitários árabes se aglomeraram na plataforma do Santuário, sob sol escaldante. Um leitor do Alcorão entoou alguns versículos, e o rei Hussein ofereceu a Bin Laden uma medalha de honra por seu trabalho por Jerusalém. Uma vez que a essa altura a cerimônia havia tomado a feição de ritual público de oratória árabe, o rei comprometeu-se a exigir a Palestina de Israel. "Permitam-me enfatizar que a efetiva renovação da Mesquita e da Cúpula da Pedra Sagrada assume um significado que vai muito além do trabalho de reparos e melhorias físicos", disse o rei. O projeto de renovação também impulsionava a causa da "completa restauração de nossos plenos direitos em nossa terra usurpada".[20]

Bin Laden pediu ao ministro que o acompanhava que lesse seu discurso. Seu texto começava com citações do Alcorão e um exame da "viagem noturna" do Profeta. A seguir havia pródigos elogios e louvores ao rei e sua família. Então Bin Laden mudava o foco do discurso e passava a falar de si mesmo:

> Deus honrou-me, pois me permitiu levar a cabo o projeto de construção das duas grandes mesquitas de Meca e Medina, os dois sítios sagrados que Deus concedeu ao governo da Arábia Saudita [...] [Eles] contrataram-me para realizar este projeto e assim recebi a honraria de ajudar a desenvolver e aperfeiçoar as três grandes mesquitas do islã, que atraem peregrinos de perto e de longe. É realmente um enorme privilégio de Deus, conferido a quem Ele próprio escolheu.[21]

Diante da platéia, Bin Laden afirmou que o custo final chegara a cerca de 516 mil dinares, ou, aplicando as taxas câmbio do período, aproximadamente1,5 milhão de dólares. Bin Laden fez uma pausa para "mencionar a enorme e generosa contribuição feita pelo governo da Arábia Saudita", que cobriu quase metade do orçamento. A seguir alardeou, de modo bastante claro, sua própria benevolência:

> Quero que Vossa Majestade saiba que este que vos fala sacrificou uma quantia de nada mais, nada menos que 150 mil dinares, gastos de boa vontade neste projeto, sem nenhuma preocupação com prejuízos materiais. Doei para esta obra sagrada sem sequer pensar nas perdas, mas, pelo contrário, meu propósito era o lucro espiritual, que para mim é mais importante que centenas de milhares de dinares.

Anunciou à audiência que o rei Hussein ainda devia a ele 167 mil dinares, aos quais renunciaria, como um gesto adicional de caridade — "minha contribuição a esta grande empreitada". Afirmou que agora, quando passaria a trabalhar na obra da Mesquita Al-Aqsa, sua intenção era construir no entorno um grandioso jardim de 40 mil metros quadrados, com seus próprios recursos, e pediu a ajuda de Deus.[22]

Por volta de 1963 ou 1964, Bin Laden comprou uma casa na parte oriental de Jerusalém. Era um edifício espaçoso, de pedras brancas e telhado vermelho, do tipo que parecia brotar do chão por toda a cidade durante a década de 1950 e meados dos anos 1960. À distância, oferecia uma vista espetacular da cidade, bem como dos edifícios de pedra branca e terreno arenoso próximos. A linha de cessar-fogo que então vigorava entre Israel e Jordânia ficava a uma pequena caminhada rua abaixo. A leste estava o monte Scopus, zona neutra controlada pelas Nações Unidas, e ao sul os bairros israelenses de Givat Ha-Mivtar e Ramat Eshkol. O velho aeroporto de Qalandia também estava a uma pequena distância de carro, e dali Bin Laden podia voar em seu avião particular direto para Jedá, Meca e Medina.

Bin Laden pode ter se casado com pelo menos uma esposa palestina durante os anos em que trabalhou no projeto de construção, mas só ficava na sua casa de Jerusalém por períodos curtos, em visitas rápidas. Na maior parte do tempo o lugar era ocupado por empregados, assistentes da empresa e um guarda que tomava conta da coleção de carros, de acordo com o proprietário atual da casa, um cristão árabe, cidadão israelense, ex-fazendeiro e oficial aposentado da Marinha israelense.[23]

O Estado de Israel conquistou Jerusalém Oriental da Jordânia em 1967; depois disso, Bin Laden jamais retornou. A casa foi reformada e ampliada. Durante certo tempo, o cônsul espanhol na Palestina alugou o imóvel. Anos depois, a casa ficou sob a administração de um departamento do governo israelense que se tornava responsável pelas terras e propriedades abandonadas por árabes em função da guerra. A casa foi transferida formalmente para o governo de Israel e por fim vendida para o atual dono. Ao longo de todo esse tempo, os Bin Laden permaneceram firmes e prosperamente centrados em Jedá, mas, de maneira prática e material, a família pôde remontar sua história à causa ressonante — e talvez até mesmo às reivindicações legais ainda não solucionadas — dos refugiados palestinos da guerra de 1967.

6

A REAÇÃO

ENTRE 1900 E 1908, engenheiros alemães e operários turcos construíram a Ferrovia de Hejaz, ligando Damasco a Medina. A estrada de ferro levava rapidamente os peregrinos ao longo de mais de 1.200 quilômetros para as duas cidades sagradas, com a capacidade adicional e não incidental de transportar as esmorecidas tropas turcas do Império Otomano. Enquanto a Primeira Guerra Mundial degringolava em carnificina nas trincheiras na França, T. E. Lawrence e seus colegas da inteligência britânica se apoderaram das primeiras centelhas do nacionalismo árabe para organizar uma campanha de guerrilha contra postos turcos, incluindo uma guarnição de 11 mil soldados em Medina. Durante os primeiros meses de 1917, milícias beduínas repetidamente arrancaram os trilhos da Ferrovia de Hejaz. Lawrence da Arábia se regozijava: "Esse show é esplêndido, você nem pode imaginar: grande diversão para nós, grande vexame e raiva para os turcos", escreveu a um colega.[1]

Depois da guerra, a estrada de ferro principal permaneceu inutilizada por décadas e se tornou, aos olhos árabes, um símbolo da interferência da era colonial à peregrinação islâmica. Os recém-independentes governos da Jordânia e da Síria, junto com a Arábia Saudita, prometeram uma reforma. De Riad, Abdulaziz expressou uma visão especialmente romântica das estradas de ferro; elas eram "o único meio, pela vontade de Deus, cujas vantagens plenas prevalecerão", escreveu em um cabograma ao presidente dos Estados Unidos Harry Truman em 1946. Seu filho Saud tinha a mesma opinião passional e veemente sobre a questão, e mais tarde ajudou a organizar os refugos da Ferrovia de Hejaz em um truste religioso formal. Seu gabinete em Damasco gastou muitos milhões de dólares em estudos de engenharia durante o final da década de 1950; os especialistas mostraram que os reparos ao sistema ferroviário custariam dezenas de milhões de dólares.

Funcionários dos governos norte-americano e europeus se recusaram a dar apoio financeiro, argumentando que modernos aeroportos e rodovias seriam um investimento muito melhor. Contudo, a embaixada norte-americana em Jedá reconhecia que o projeto tinha "forte apelo emocional em certos círculos sauditas", e temia sofrer acusações de interferência nas prerrogativas muçulmanas caso sua objeção fosse muito vigorosa. Por fim, em 1960, em meio à campanha do príncipe herdeiro Faisal de promover projetos islâmicos como antídoto contra Nasser, a Arábia Saudita, a Jordânia e a Síria ressuscitaram seu plano de consertar os estragos que Lawrence e sua Revolta Árabe tinham feito.[2]

Assim como ocorrera em Jerusalém, Bin Laden emergiu como um instrumento do projeto saudita de política externa. Associou-se a uma empresa japonesa, a Marubeni, para concorrer na licitação do contrato de reparos na malha ferroviária. Bin Laden ficaria encarregado das obras de engenharia civil, tais como abrir túneis e construir galerias de escoamento, ao passo que seus parceiros japoneses, sob a supervisão de engenheiros alemães, assentariam os trilhos. Um norte-americano que trabalhava para Bin Laden em Jedá relatou que o governo japonês, na esperança de fincar os pés e marcar posição na Arábia, havia prometido assumir todos os custos de Bin Laden. Bin Laden e seus assistentes foram para Damasco. O contrato "ficou com Bin Laden de graça", gabou-se seu empregado norte-americano.[3]

Uma delegação de treze membros da Comissão Executiva da Ferrovia de Hejaz chegou de avião à Arábia no final de outubro de 1961. Bin Laden foi seu anfitrião e os hospedou em Riad e Taif, e os levou em um passeio "para exibir algumas das estradas, mesquitas e outros projetos" que ele havia construído, segundo relatório da embaixada dos Estados Unidos. Bin Laden desfrutava de "conexões extremamente boas com o governo saudita e a família real, e dele se pode dizer que é a figura que possui as melhores propostas e ofertas públicas envolvendo o ramo da construção civil". O contrato da estrada de ferro provavelmente seria concedido sob um sistema saudita que um cabograma em separado descrevia como "abrir a porteira depois que o cavalo foi roubado". Funcionários do governo saudita invariavelmente trocavam informações sobre uma licitação ou concorrência pública, até que "o contrato é então concedido à firma auxiliada e favorecida pelos 'informantes', com belas comissões indo para os devidos bolsos". Um relatório posterior do governo britânico afirmava categoricamente: "Temos boas evidências de que os contratos para esse projeto foram alocados com bases que não podem ser consideradas estritamente comerciais". Entre outras coisas, de acordo com o documento britânico, "o rei Saud aparentemente insistiu que Bin Laden" vencesse a licitação.[4]

Quaisquer que tenham sido os motivos, o fato é que Bin Laden e seus associados japoneses de fato venceram a licitação; em 14 de novembro de 1961 fecharam um acordo de 25 milhões de dólares. No verão seguinte firmaram um compromisso, mas nenhuma obra teve início. Os japoneses se mostraram incapazes de apresentar garantias. Frustrada, a comissão executiva se voltou a uma empresa britânica com comprovada experiência no setor ferroviário, a Thomas Summerson & Sons, para que se unisse a Bin Laden em nova parceria. Dois executivos da Summerson pegaram um vôo e foram à Arábia negociar; na noite de 18 de fevereiro de 1963 juntaram-se ao embaixador britânico J. C. M. Mason em seu apartamento em Damasco. "Passei parte da noite bancando o advogado do diabo", relatou Mason. Entre os problemas por ele mencionados estavam "as idiossincrasias de temperamento de Bin Laden".[5]

O magnata da construção saudita havia deixado aborrecidos os membros da comissão executiva, cujo presidente disse que "Bin Laden agora estava completamente impopular". Os integrantes sírios e jordanianos da comissão pareciam ressentir-se do fato de que Bin Laden usava sua influência e mexia os pauzinhos da família real saudita e depois executava aquém do desejado as obras cujos contratos ele vencia. Contudo, havia se tornado uma figura poderosa demais para ser desafiada. Os executivos britânicos estavam "mais que preparados para livrar-se" de Bin Laden, mas temiam "os efeitos de fazer dele um inimigo nas eventuais obras na Arábia Saudita". De sua parte, segundo contam os relatórios, Bin Laden afirmava que "o apoio saudita ao projeto seria retirado a menos que ele tivesse participação nele".[6]

POUCAS SEMANAS DEPOIS, o projeto da estrada de ferro desmoronou. Ao que parece, o príncipe herdeiro Faisal também estava farto de Mohamed bin Laden; retirou dele a concessão do contrato, "sob severas reprimendas", de acordo com a avaliação da embaixada da Alemanha Ocidental.[7]

A Ferrovia de Hejaz estava longe de ser a única causa da frustração de Faisal com Bin Laden. Havia, ao menos em alguns setores do reino, a sensação crescente de que Bin Laden prometia demais, fazia um trabalho imprestável e quase nunca conseguia terminar no prazo estipulado. Sua riqueza e seus privilégios também saltavam aos olhos. A partir de março de 1961 ele tornou-se dono de três aviões turboélice Beechcraft — mais do que qualquer outro indivíduo no reino fora da família real. Contratava pilotos norte-americanos para levá-lo de um canteiro de obras a outro e pelos acampamentos de trabalhadores sob seu controle, que iam se espalhando através dos desertos do país. Trabalhava com energia, mas seus métodos improvisados cada vez mais suscitavam questionamentos e reclamações dos consultores internacionais que, sob insistência do príncipe Faisal, tentavam injetar nos projetos de construção sauditas melhores e mais modernos padrões de engenharia.

Pela primeira vez em sua longa carreira, Bin Laden havia se tornado uma figura pública controversa no âmbito dos limites da política do reino saudita, severamente silenciosa.

"Lemos sempre, em toda ocasião em que projetos de construção estão abertos à licitação, que o escritório de Bin Laden ofereceu 'uma proposta mais baixa' e ficou com o projeto", escreveu Ahmad Mohamed Jamal em uma coluna de primeira página do jornal *Al-Nadwa*, de Meca, em 15 de novembro de 1961:

> E isso em um momento em que observadores protestam veementemente diante da lentidão daquele escritório em executar os projetos iniciados dois, três ou mais anos antes. Também se queixam da dispersão dos engenheiros, operários e equipamentos [de Bin Laden] entre numerosos projetos em cidades longínquas e estradas afastadas do reino. E reclamam da falta de qualidade do trabalho, das falhas de engenharia e da organização ineficiente da maior parte das obras de asfaltamento.[8]

O maior problema era "a prática de conceder os projetos de abertura de estradas por todo o país a um único empreiteiro". Enfim, o problema não era apenas a qualidade do trabalho de Bin Laden, mas também a qualidade do governo da Arábia Saudita.

> Tenham misericórdia de nós, senhores funcionários responsáveis do Ministério das Comunicações. Tenham piedade de nosso país; tenham piedade de nossos projetos. Poupem nossas estradas do empreiteiro único, aquele que oferece "a proposta mais baixa", aquele cujos compromissos prévios estão paralisados. Tenham misericórdia de nós, para que Deus tenha misericórdia dos senhores.[9]

Acusações com tamanho grau de pungência não costumavam aparecer nos jornais, que eram controlados sob regime de severa censura, sem a sanção do governo. Faisal e seus aliados eram uma provável fonte de apoio a essas críticas; Saud tinha afastado temporariamente Faisal do gabinete, e, na ocasião em que ao artigo foi publicado, o príncipe herdeiro estava lutando para restaurar sua autoridade. Seus aliados o promoviam como uma cura para a ineficiência do governo e a corrupção oficial. Um novo ministro do Comércio, Ahmed Jamjum, de uma família de negociantes que havia competido com Bin Laden, tentou quebrar as amarras que influenciavam opressivamente o sistema de contratos no Ministério das Comunicações, em que todos tentavam tirar vantagem da posição que ocupavam. Entretanto, estava em jogo mais do que uma simples guerra de facções: a crítica pública sinalizou um amplo descontentamento com a qualidade e o ritmo do programa de construção de estradas do reino.

No início dos anos 1960, as rodovias eram um poderoso símbolo de modernidade. A essa altura o sistema viário dos Estados Unidos, recheado de estradas interestaduais, estava muito avançado, e os Cadillacs e conversíveis, enormes e com barbatanas, que corriam pelo país de costa a costa, pareciam o epítome do individualismo e da prosperidade norte-americanos. John F. Kennedy, sem chapéu e lindo, acenava para as multidões de um sedã sem capota; nos filmes e programas de televisão de Hollywood, o conversível era algo "legal" e glamoroso. A noção de que uma rodovia nacional poderia acelerar a modernização tinha apelo especial na Arábia Saudita. Para a população do reino, majoritariamente nômade, havia tanto tempo acostumada com a liberdade de movimento, o automóvel acenava. A população do reino era pequena — de apenas cerca de 4 milhões de habitantes — e dispersa ao longo de um território vasto e deserto. As rodovias não eram apenas empolgantes: eram necessárias.

A austeridade orçamentária de Faisal desaqueceu a economia. Mas as rendas do petróleo continuavam se elevando. Por volta de 1961 o governo tinha condições de financiar um salto na construção de rodovias — se ao menos tivesse idéia de como construir as estradas de maneira eficiente. O reino anunciou planos para uma rede de estradas que totalizavam mais de 3.200 quilômetros, mas os burocratas se engalfinharam ao ponto de impasse sobre como distribuir os contratos. Harold Folk, engenheiro norte-americano especialista em construção de estradas e contratado como consultor-chefe de desenvolvimento do reino, recomendou consultores europeus que pudessem supervisionar o trabalho dos construtores locais para garantir que estavam de acordo com os padrões internacionais. Faisal retomou suas atividades no gabinete na primavera de 1962 e acatou os objetivos de Folk, mas empacou diante dos valores cobrados pelos europeus. Além de sua parcimônia inata, Faisal compartilhava de um receio amplamente difundido e bastante comum no seio da família real saudita, baseado na experiência: o de que os consultores ocidentais sempre aumentavam inescrupulosamente os preços toda vez que faziam negócios no reino. "Um obstáculo após o outro" era o título de um relatório confidencial da embaixada dos Estados Unidos sobre o acúmulo de fiascos. Reservadamente, Faisal pressionava os funcionários do governo norte-americano, pedindo ajuda. Queria que seu governo criasse um departamento de estradas de rodagem propriamente dito, que fosse dono de uma frota de caminhões e máquinas de construção, de modo a não mais ficar exclusivamente tão dependente de empreiteiros particulares com Bin Laden. Ele se sentia muito grato a todos os consultores, dizia, mas "o problema não era descobrir o que precisava ser feito", pois isso ele já sabia, "mas fazer rapidamente o que precisava ser feito".[10]

Faisal também pressionava Bin Laden. No verão de 1962, revogou a concessão de exploração das minas de gipsita no norte de Jedá. O empreiteiro "tinha a obrigação de não atrasar as obras", declarava um decreto real promulgado por Faisal, mas ainda assim Bin Laden tinha "se esquivado" de suas responsabilidades.[11]

O exemplo mais visível do fracasso de Bin Laden em dar conta de suas obrigações foi seu desempenho na estrada montanhosa de 72 quilômetros ligando Meca à cidade *resort* de Taif, residência de verão da família real e verdadeiro ímã para os membros da realeza saudita em férias. A estrada principiava em terras baixas nas planícies arenosas próximas ao mar Vermelho, e ia se insinuando e serpeando entre montanhas íngremes, sem árvores e de solo quebradiço, até elevar-se a quase 1.520 metros. Por décadas a única maneira de percorrer a distância havia sido no lombo de camelos e burros; era assim que Faisal e sua família sempre tinham vencido o trajeto durante o reinado de Abdulaziz. Segundo conta um membro contemporâneo da família real, Faisal foi quem teve a idéia de pavimentar a estrada. Os engenheiros da Alemanha Ocidental afirmaram que era uma tarefa hercúlea — cerca de trinta túneis teriam de ser abertos com explosivos nas montanhas, grandes pilhas de entulho teriam de ser removidas, além dos complicados problemas de nivelamento quer seria preciso superar. Os alemães queriam o trabalho, mas temiam ser derrotados na concorrência pelas "propostas abaixo do custo" feitas por algum empreiteiro local que jocosamente poderia subestimar os custos e o grau de dificuldade da empreitada.[12]

Suas preocupações eram justificadas. Bin Laden, como sempre, insistiu ser capaz de realizar a obra, venceu a concessão e faturou um contrato de mais de 10 milhões de dólares em 1959; prometeu entregar a estrada em meados de 1961. Contudo, descumpriu o prazo final, e quando uma equipe de televisão suíça apareceu no final daquele verão para filmar o seu trabalho, encontrou Bin Laden e seus operários empacados em um trecho particularmente íngreme de uma escarpa, dezenove quilômetros a oeste de Taif. Capatazes e mestres-de-obras alemães e egípcios berravam uns com os outros, urrando mais alto que o ruído ensurdecedor das retroescavadeiras e das máquinas de terraplenagem alemãs e norte-americanas, mas era óbvio que a obra estava longe de ser concluída. Os meses foram se sucedendo e Bin Laden não conseguia terminar a estrada. Grandes quantidades de dinamite foram exauridas para abrir túneis e mandar pelos ares as encostas. A estrada ficava a pouca distância de Jedá; para os filhos pequenos de Bin Laden, era mais um lugar de explosões emocionantes, neste caso para remover montanhas.[13]

Três anos depois, Bin Laden continuava na mesma. Ocasionalmente bancava o anfitrião de Faisal em banquetes à beira da estrada, quando sacava mapas e descrevia o prodígio de engenharia que estava tentando tornar realidade, mas o fato concreto era que estava extremamente atrasado e ninguém podia ter certeza da qualidade da estrada que ele por fim entregaria.

De acordo com um testemunho, Faisal e Bin Laden tiveram uma discussão sobre o projeto, em que Bin Laden insistiu que era uma questão de orgulho pessoal terminar o que havia começado, mesmo que tivesse de pagar do próprio bolso. Essa versão tem um quê de mitologia e fantasia, mas não resta dúvida de que nesse período houve rusgas e tensões entre Faisal e Bin Laden, e de que Bin Laden pode ter tido prejuízos substanciais em função de seus atrasos. De início ele havia se estabelecido com a família real e seus fornecedores distribuindo comissões e dividindo os lucros. Com Faisal, que era o menos corruptível dos príncipes sauditas mais velhos, talvez em uma escala de muitos graus de magnitude, o que importava não era dinheiro, mas a confiança em Bin Laden, nas palavras de Hermann Eilts, que conhecia ambos e serviu como embaixador dos Estados Unidos na Arábia Saudita na década de 1960. Faisal sabia que Bin Laden não era meticuloso e preciso como seus equivalentes alemães ou suíços, mesmo assim já vinha trabalhando havia muitos anos para o reino, com fervor e dedicação, e "a questão era a seguinte, as estradas estavam lá". Assim, Faisal sentia "certa dose de orgulho nacional" com relação ao fato de que, apesar de todos os enormes desafios técnicos impostos por um projeto como o da estrada de Taif, "uma empresa saudita estava realizando a obra". Tanto Faisal quanto Bin Laden eram *workaholics* compulsivos e devotados ao desenvolvimento da Arábia Saudita. A rusga entre os dois passaria, e sua aliança iria apenas se aprofundar, à medida que Faisal consolidava seu poder durante os anos 1960.[14]

A lealdade de Bin Laden à Arábia Saudita esteve particularmente em questão após fins de 1962, quando Nasser inspirou uma revolução nacionalista árabe no Iêmen e depois interveio naquele país com dezenas de milhares de tropas egípcias, inflamando uma guerra por procuração contra a Arábia Saudita. Em seus pronunciamentos de rádio, Nasser destilava sua propaganda com ataques à família Al-Saud; lançou ataques aéreos sobre o território saudita, despejou mais de uma centena de paletes com armas ao longo da costa do mar Vermelho para incitar a rebelião e conspirou com príncipes sauditas simpatizantes para derrubar o governo em Riad. A crise de muitos anos que desabrochou depois da intervenção de Nasser no Iêmen foi a ameaça externa mais séria enfrentada pelo reino saudita moderno. Na hora de elaborar uma estratégia de sobrevivência, Faisal mais uma vez faria uso da empresa de Bin Laden e de sua vasta frota de equipamentos de construção como instrumentos de defesa e política externa — a Halliburton do reino.

INICIALMENTE O PRESIDENTE John F. Kennedy considerou Nasser um modernizador, que poderia tirar o Egito da pobreza sem sucumbir ao comunismo soviético. Kennedy duplicou a ajuda norte-americana ao regime de Nasser, e, mesmo depois que as tropas egípcias se espalharam pelo Iêmen e bombardearam as cidades sauditas, persuadiu Faisal a ser paciente enquanto os Estados Unidos tentavam negociar um acordo. Era uma estratégia arriscada e mesmo míope, uma vez que o governo saudita parecia estar se despedaçando sob a pressão de Nasser. O rei Saud, mais errático que nunca, flertava com Moscou. Relatórios da CIA informavam que negociantes sauditas estavam transferindo dinheiro para o Líbano, com o intuito de se proteger de uma crise. Um grupo de auto-intitulados "príncipes livres", liderados pelo influente Talal bin Abdulaziz, fugiu em surdina para o exílio em Beirute; lá os príncipes convocaram uma coletiva de imprensa para anunciar que estavam libertando os escravos de suas casas; os príncipes tacitamente se promoviam como um progressista "governo no exílio". Um desesperado Faisal empreendeu uma campanha publicitária no reino para melhorar a imagem de seu governo. Baniu a escravidão e libertou seus próprios servos pessoais. Mohamed bin Laden fez o mesmo, permitindo que o governo saudita o compensasse por seu gesto de abrir mão de seus criados. Faisal realizou um comício em Jedá e, em um de seus conversíveis, desfilou a carro aberto pelas ruas principais da cidade. O príncipe herdeiro conduziu um festival de música e dança e lançou mão até mesmo de um slogan com estilo de campanha política: "Somos seus irmãos!".[15]

No início de 1963, Faisal recebeu informes de que aviões egípcios haviam despejado gás venenoso sobre as forças de oposição apoiadas por sauditas no Iêmen e na cidade saudita de Nejran, próxima à fronteira com o Iêmen. A administração Kennedy continuava recomendando paciência. Irritado, Faisal explodiu em um encontro com uma delegação de emissários de Washington. "Ele é diabólico", declarou a respeito de Nasser. "Suas intenções e desejos são diabólicos." A família real saudita "abriu contas nos bancos suíços e de outros países e deu a ele permissão para sacar a quantia que quisesse em dólares e libras esterlinas", disse Faisal, mas mesmo assim Nasser não estava satisfeito:

> O que mais o homem quer? Obviamente não é o nosso petróleo, como dizem alguns; nem nosso dinheiro. Porque quando ele era amigo, tinha livre acesso a ele. Por isso é óbvio que o que ele quer é saciar sua natureza diabólica, seu instinto maligno — nos esmagar [...] Os senhores estão cometendo um erro tremendo ao pensar que com sutileza e gentileza podem guiar Nasser ao caminho da sabedoria e sensatez. A única maneira de fazer com que Nasser os escute ou siga o rumo que quiserem é pela pura força [...] Conheço Nasser melhor do que os senhores. Eu era seu amigo mais íntimo.[16]

No fim das contas, Kennedy pensaria melhor e mudaria de idéia. Mas, enquanto isso, Faisal voltou-se a Bin Laden para resguardar e reforçar a fronteira sul do reino. Naquele outono o príncipe tirou contratos de obras de construção e de infra-estrutura do departamento de estradas de rodagem e os cedeu diretamente a Bin Laden; Faisal disse que "cuidaria pessoalmente" da construção de estradas na zona de guerra com a ajuda de Bin Laden. Quando inspetores sauditas viajaram ao local para supervisionar o trabalho concluíram que deixava muito a desejar, mas ouviram do próprio Bin Laden que "ele e não o departamento de rodovias decidiria" como proceder. O engenheiro-chefe do departamento considerou que o trabalho de Bin Laden na fronteira do Iêmen era uma "réplica em escala menor do fiasco ocorrido na construção das duas modernas rodovias no norte e no sudeste de Medina", mas não havia nada a fazer a respeito da "intervenção real".[17]

A embaixada norte-americana acreditava que Faisal havia recorrido a Bin Laden para "assegurar uma ação rápida no que tange ao que provavelmente considera ser um projeto urgente para a defesa da Arábia Saudita".[18] Além disso, por conta de seus laços pessoais com o Iêmen, Bin Laden seria uma figura de confiança e com credibilidade no recrutamento de mão-de-obra local e na supervisão das obras. Era o início de uma série de contratos particulares nos quais Faisal pediu a Bin Laden para desenvolver uma infra-estrutura de defesa da Arábia Saudita contra a guerra de guerrilha do Iêmen. Às vezes os operários de Bin Laden tinham de trabalhar em áreas sob bombardeio direto. Mais tarde, Bin Laden ganhou o reforço do Corpo de Engenheiros do Exército dos Estados Unidos, que trouxe para a fronteira ao sul do país mísseis norte-americanos e britânicos e infra-estrutura militar. Esse foi um dos papéis que a família Bin Laden desempenharia para a Casa dos Saud, em colaboração com os Estados Unidos, por muitos anos e muitos anos.

7

Um homem moderno

O ATO FINAL DO CONFLITO entre Faisal e seu meio-irmão Saud foi marcado por uma farsa macabra. O álcool havia destroçado o estômago de Saud e ocasionado diversos episódios de sangramento interno, mas ainda assim ele não conseguia parar de beber. Seus assistentes usaram uma empilhadeira para embarcá-lo no avião real, um De Havilland Comet, e o rei e sua comitiva embarcaram em um giro por suítes de hospitais nos Estados Unidos e na Europa — cirurgia de estômago e catarata em Boston, para as quais a Aramco pagou adiantados 3,5 milhões de dólares, depois tratamento em Lausanne, na Suíça, recuperação em Nice e uma longa temporada em um hospital de Viena. Periodicamente, Saud recuperava a lucidez e a coerência o suficiente para arquitetar um retorno ao poder. Faisal estava tão furioso que nem sequer conseguia pronunciar o nome de Saud; Saud decidiu armar-se, e introduziu clandestinamente no palácio Nassiriyah armamentos para equipar seus filhos e guarda-costas, mas Faisal convocou o exército e agrupou a Guarda Nacional contra ele. O restante da família real concordava que, com uma guerra não declarada contra o Egito nas mãos, a decadência e conivência de Saud não podiam mais ser toleradas.[1]

Como sempre, enquanto preparavam seus próximos movimentos, os Al-Saud fiavam-se nos sábios e eruditos islâmicos do reino para fornecer a eles a legitimidade. Em 3 de novembro de 1963, os ulemás lançaram uma *fatwa* na Rádio Meca, depondo Saud e nomeando Faisal seu sucessor. Levou meses até que Saud aceitasse sua sina e fosse para o exílio, primeiramente na Grécia, depois no Egito, onde juntou forças com Nasser contra sua terra natal. Sua decepção com a abdicação forçada foi presumivelmente amenizada por sua conta bancária: a embaixada dos Estados Unidos, citando fontes do banco central saudita, estimava a fortuna de Saud no exílio em 100 milhões de dólares em dinheiro vivo e 300 milhões de dólares em investimentos, apólices e certificados de posse de ações.[2]

Anos depois, alguns membros da família Bin Laden discretamente fizeram circular histórias sugerindo que Mohamed bin Laden havia desempenhado papel importante no processo de persuadir Saud a abrir mão de seu trono. Isso parece ser um claro caso de criação de mitologia pessoal. A idéia de que Bin Laden tenha atuado de alguma maneira na abdicação do trono "nem vem ao caso", disse o filho de Faisal, Turki. "Ele era um homem notável, respeitado [...] Mas sempre foi o homem das construções. Quando havia um trabalho a ser feito, Bin Laden ia lá e fazia, sob as ordens de qualquer um que estivesse no trono, fosse quem fosse". Nas palavras de uma avaliação norte-americana de 1965, a derrubada de Saud "envolveu um número surpreendentemente pequeno de tomadores de decisões". Eles eram "certos príncipes da Casa dos Saud e uns poucos ulemás. Nenhuma outra classe ou esfera de poder ganhou o direito de ser consultado". Quanto a homens de negócios como Bin Laden:

> Muitas das numerosas famílias de negociantes concentradas em Hejaz desfrutam de poder econômico com grau limitado de influência política. Esses negociantes não têm a perspectiva imediata de fazer parte das classes que escolhem reis e no momento sentem uma quase que completa identidade com o interesse de seus monarcas [...] Para assegurar tal identidade de interesses, uma família de negociantes das mais eminentes ou posiciona um de seus membros em Riad para acompanhar de perto os contratos do governo ou destaca alguém para cuidar de seus interesses [...] por meio da associação com aliados e parceiros reais, bem como pelo pagamento de propina, se e quando necessário.[3]

Agora o poder de Faisal era incontestável, mas o reino que ele herdara definhava em pobreza e atraso. Apesar de quase duas décadas de crescentes aumentos nas receitas do petróleo, os Al-Saud pouco haviam feito para melhorar a sorte de seus súditos. Os índices de alfabetização não passavam de 10%, e a grande maioria das crianças em idade escolar não freqüentava salas de aula. As poucas escolas existentes ainda se concentravam na memorização de versículos do Alcorão e de outros textos religiosos até a terceira série; Faisal só abriu a primeira academia vocacional em 1962. O país ainda era dominado por doenças e péssimas condições de saneamento. Beber água limpa era um privilégio de poucos, e acreditava-se que quatro em cada cinco sauditas sofriam de tracoma, a mesma doença de visão que afligia o rei Saud.[4]

A população beduína do reino desdenhava o trabalho manual e técnico e preferia a liberdade de empregos autônomos como caminhoneiros e taxistas; como resultado, o reino sofria de falta de mão-de-obra básica, ainda que em meio a altas taxas de desemprego (lacuna que os enormes acampamentos de trabalhadores de múltiplas nacionalidades que Bin Laden espalhava pelo deserto ajudaram a preencher). Faisal buscou implantar uma versão islâmica do esforço de modernização empreendido por Nasser e por Jawaharlal Nehru na Índia, mas não contava com classes educadas de funcionários públicos, oficiais militares e tecnocratas que o império britânico havia deixado como legado no Egito e na Índia. Em um futuro próximo, estrangeiros como Bin Laden e o empreiteiro libanês Rafik Hariri desempenhariam papéis fundamentais, junto com algumas famílias do Nejd que começavam a atuar no setor de construção.

Depois de seis anos de esforços, Bin Laden por fim terminou a traiçoeira estrada entre Meca e Taif. Nos primeiros dias de junho de 1965, o rei Faisal, os príncipes mais velhos, diplomatas e dignitários de Jedá se reuniram sob tendas em um pitoresco ponto de parada para celebrar a realização de Bin Laden. Repórteres da rádio do governo entrevistaram Bin Laden e o rei "inaugurou formalmente" a estrada na montanha, com "considerável ostentação", conforme descreveu um dos convidados.[5]

As emergências da guerra e sua própria persistência tinham reabilitado a reputação pública de Bin Laden. Assim como seu novo rei, o terceiro a quem ele servia, ele se esforçaria para ser um pilar de sustentação do islã e um homem moderno.

BIN LADEN QUERIA para seus filhos, mas não para suas filhas, a educação formal que ele próprio nunca tivera. Em suas viagens de negócios ao Líbano, à Síria e ao Egito, visitou avançados internatos nessas sociedades árabes pós-coloniais. Em meados dos anos 1950 já tinha decidido que usaria sua riqueza para educar muitos de seus filhos fora da Arábia Saudita. As mães dos meninos também tinham papel importante na hora de decidir o grau de ambição da educação dos filhos, bem como onde eles onde iriam estudar. No início da década de 1960 Mohamed bin Laden tinha mais de vinte filhos espalhados, junto com suas mães, em casas desde o Cairo até seu próprio complexo residencial cercado por muros no centro de Jedá. A mãe egípcia dos filhos Khaled e Abdulaziz matriculou os meninos em escolas no Cairo. Vários meninos — Bakr, Omar e Yahya — freqüentavam escolas na Síria. O grupo maior, porém, estudava em colégios internos no Líbano.[6]

Yeslam, um dos que faziam parte do contingente do Líbano, recorda-se de ter sido colocado, aos seis anos de idade, a bordo de um avião que seguiu de Jedá a Beirute, sem entender o motivo de estar sendo mandado para longe de casa. Durante o vôo berrou de pavor e ficou um ano inteiro sem ver a mãe, separação que o deixou suscetível a ataques de pânico e medo de voar pelo resto da vida.[7] Mohamed arranjou um guardião para os meninos no Líbano, Nur Bayoun, dono de uma pequena agência de viagens. As crianças estudavam em várias escolas diferentes. Inicialmente, muitas acabaram sendo matriculadas em uma escola de nível médio cuja fachada era de pedras quadriculadas em linhas retas, a Upper Metn Secondary School, em um tranqüilo e longínquo vilarejo druso, distante das tentações de Beirute.

O custo da educação era de cerca de 1.500 dólares por menino, por um período de nove meses, mais uma taxa adicional para o período escolar de verão, quantia exorbitante pelos padrões sauditas da época. O diretor da escola viajava várias vezes ao ano até Jedá para receber as mensalidades em dinheiro vivo. Ele se lembra de que Mohamed "queria que alguém ensinasse religião a seus filhos", o que não era uma das características mais notáveis das escolas libanesas, por isso o diretor havia contratado em caráter especial um professor sírio para oferecer instrução alcorânica aos meninos. Bin Laden queria também evitar dar aos filhos "muito dinheiro, senão ficarão mimados". Ele instruiu o diretor para que comprasse apenas as roupas necessárias e distribuísse uma pequena mesada, mas sem fazer todas as vontades deles. Contudo, a escola daria a eles um pequeno gosto dos prazeres do Líbano, incluindo viagens de fins de semana para assistir a corridas de carro em Beirute e excursões de verão para praias e estâncias balneárias.[8]

Os meninos conheciam o pai como uma figura distante, severa, até mesmo régia. Mohamed reunia todos os filhos várias vezes ao ano, quando os meninos voltavam da escola para casa. Ao estilo da família real, e de muitos outros dignitários sauditas, ele recebia os meninos em *diwaniyahs*, reuniões informais em que todos se sentam pelos cantos de uma ampla sala, geralmente recostados sobre almofadas no chão forrado de tapetes. Mohamed ocupava um lugar de destaque e os meninos se sentavam obedientemente à sua volta, servindo café para os convidados adultos e apresentando-se diante do pai para inspeção e instrução. "Quase todos nós tínhamos medo dele, eu diria", recorda-se Yeslam. "Ele nos castigava. De vez em quando trancafiava alguém."[9]

Bin Laden dava muita importância à frugalidade, à devoção religiosa e à autoconfiança. Contudo, queria que os meninos se preparassem para herdar sua empresa e compreendeu que precisariam de muito mais treinamento técnico do que ele mesmo tinha tido. Ele "nos educou de maneira conformista [mas] com muito mais concentração na educação" do que ele próprio havia recebido, lembra seu filho Abdullah.[10]

Mohamed não era rígido nem intransigente ou desprovido de senso de humor. Quando seu filho Shafiq levantou a voz para exigir com franqueza o dinheiro da mesada, o pai elogiou sua audácia. Ele levava os meninos para visitar os acampamentos de operários no deserto e canteiros de obras e os deixava dirigir as extraordinárias máquinas. Também incutiu nos meninos os rituais e a glória do islã. Mohamed orava fervorosamente e esperava que seus filhos fizessem o mesmo. Todo ano, no Hajj, recebia com orgulho um grande número de convidados de prestígio na tenda da família cuidadosamente preparada e fartamente abastecida. A cena era uma versão saudita do que mais tarde seria comum em eventos esportivos ocidentais, em que executivos de grandes corporações recebem clientes e amigos nas luxuosas suítes e camarotes de estádios. Muitas vezes os filhos de Bin Laden se juntavam ao pai em Meca para o Hajj, uma vasta ninhada de belos meninos e moços circulando pela rica e hospitaleira tenda da família — a presença deles ao lado de Mohamed era um jorro de honra sobre o patriarca.

Mohamed dava particular atenção aos filhos mais velhos. Em uma família de negociantes como a de Bin Laden, o sistema de sucessão funcionava de maneira similar ao da família real, no sentido de que havia a suposição implícita de que os meninos mais velhos seriam favorecidos, mas havia também alguma flexibilidade, de modo que os mais capazes podiam ser colocados no comando. Na década de 1960, dois dos filhos de Mohamed, Salem e Ali, pareciam desfrutar da preferência do pai. Ali era o único filho homem de uma das primeiras esposas de Mohamed, e, ao contrário de seus meios-irmãos, não teve o privilégio de estudar em colégios caros e chiques — parece que o pai o havia designado como o filho que tinha mais condições de trabalhar junto com ele nos campos de operações. À medida que foram crescendo os projetos de infra-estrutura relacionados à guerra na fronteira do Iêmen, Ali assumiu o escritório regional da companhia em Taif, uma posição importante. Era um jovem magro, de pele escura, que não passava muito tempo junto com os irmãos. Mas se Ali parecia estar sendo posicionado pelo pai para se tornar uma espécie de chefe de operações e encarregado dos vastos acampamentos de operários e canteiros de obras, não havia a menor dúvida a respeito de quem Mohamed estava treinando para vir a ser o eventual presidente e executivo-chefe da empresa, o herdeiro do papel político e de marketing crucial que Mohamed desempenhava cultivando a predileção e as boas graças junto à família real: Salem, o filho mais velho de Mohamed e Fatimah Bahareth.[11]

Em fins da década de 1950 e meados dos anos 1960, passou a ser moda entre certas alas progressistas da Casa dos Saud enviar os filhos para estudar em escolas secundárias e universidades nos Estados Unidos e na Inglaterra. Faisal despachou seus filhos para Georgetown, Princeton e outros lugares. Bin Laden viu que o futuro da Arábia Saudita estava nas mães de Faisal. Se sua família quisesse conservar seu status, seus filhos teriam de conquistar uma posição confortável em uma corte de Riad influenciada pelos filhos de Faisal, rapazes que falavam inglês e estavam munidos de diplomas universitários. O próprio Bin Laden mal sabia falar algumas poucas palavras em inglês, e, se viajava com freqüência pelo mundo árabe, ao que tudo indica visitou pouquíssimas vezes, se é que visitou alguma vez, a Europa. Preferia manter a maioria dos filhos na Arábia e no Levante, onde havia guardiões, as mães dos meninos e outros parentes leais à mão. Para Salem, contudo, ele abriu uma exceção. E despachou seu herdeiro legítimo para um internato na Inglaterra, a fim de proporcionar a ele uma educação britânica adequada.

Ao fazer isso, Mohamed bin Laden dava início à integração de sua família com o Ocidente.

RASMA ABDULLAH, senhor já idoso de origem subcontinental e residente em Londres, atuou como guardião de Salem na Inglaterra e cuidou de todas as providências para a educação do menino lá. Ao que tudo indica, Salem chegou à Inglaterra no final da década de 1950, quando tinha por volta de doze ou treze anos, e foi matriculado em um colégio interno de elite em Somerset, Millfield School. A principal lembrança que Salem levou de Millfield, segundo descreveu para um amigo e sócio anos mais tarde, era a de uma professora e chefe de coro que ensinou a ele hinos cristãos, a que ele se referia como "canto em grupo". Não é de surpreender que, em virtude de sua pouca preparação, ele não tenha permanecido muito tempo em Millfield. Em algum momento por volta de 1960 Salem foi transferido para o colégio de meninos Copford Glebe, instituição de ensino particular bem menor e bem menos famosa em Essex, perto da cidadezinha de Colchester. Lá ele ficou por muitos anos. E chegou à maioridade em um ambiente completamente diferente do *milieu* de trabalho e religiosidade islâmica que o pai administrava em sua terra natal.[12]

A escola ficava no final de uma estradinha de pedras, em curva, em meio a campos verdes e ondulados. Outrora havia funcionado como casa paroquial de um pastor protestante, e o edifício principal era uma elegante construção branca de três andares em estilo georgiano, cercada por chalés menores e trailers rebocados que faziam as vezes de sala de aula. Durante o período em que Salem esteve ali, a escola tinha apenas cerca de quarenta alunos — metade estrangeiros, a outra metade alunos refugiados de outras escolas inglesas, melhores e mais prestigiadas. Entre os colegas de classe de Salem havia o parente de um dos chefões da polícia secreta iraniana, o filho do fundador da Libéria, um menino milionário de Istambul, e o herdeiro da formidável fortuna de um negociante de armas português. Rupert Armitage, colega de classe que fora transferido do Eton, achou que o lugar era "uma espécie incrível de pastiche de uma escola inglesa [...] com uma nuança ridícula de caos, porque, quero dizer, ali havia aquele bando de gente maluca".[13]

Os meninos viviam em dormitórios pequenos e velhos, em grupos de quatro ou cinco. Salem dividia o quarto com outros meninos milionários de países islâmicos. Tinham um pequeno fogão em que de vez em quando cozinhavam ovos roubados da cesta do diretor da escola. Salem fumava cachimbo — sua marca de tabaco favorita era Flying Dutchman —, e mais tarde começou a fumar cigarros. Os dias começavam de maneira terrível, com prática de educação física — uma lastimável corrida, fizesse chuva ou fizesse sol, em volta dos campos de esportes. Salem estava sempre em um estado de cômico desmazelo, cambaleando confuso com pares de meias que não combinavam e sapatos trocados. Depois os meninos seguiam para as aulas, vestindo paletós azuis, gravatas e calças largas e folgadas; à tarde enfrentavam mais uma rodada de atletismo. O amigo mais próximo de Salem era um corpulento menino turco chamado Mehmet Bergin, a quem Salem apelidou de "Elefantinho" e a quem sempre incitava a brigar com meninos rivais em seu lugar e por sua honra. Era um período embaraçoso e desagradável para muitos deles, particularmente aqueles que, como Salem, não tinham nenhuma experiência ocidental anterior. Salem divertia seus amigos ingleses subindo no vaso sanitário e acocorando-se para defecar, como estava acostumado a fazer em casa. Não era atlético, mas ainda assim era popular — tinha espírito aventureiro e travesso, e era particularmente devotado a sair à caça das residentes do colégio interno para meninas que ficava nas imediações. De vez em quando conseguiam marcar encontros com essas meninas e saíam para jogar boliche e ir ao cinema em Colchester; depois iam comer hambúrgueres na lanchonete Wimpy's.

Parece que o pai de Salem autorizou uma verba maior e mais indulgente para a educação britânica de seu filho mais velho do que para os meninos que estudavam no Líbano, ou de algum modo a mãe de Salem descobriu como ser mais esperta que o marido; em todo caso, Salem tinha sempre o bolso consideravelmente mais cheio que seus colegas de classe de Copford Glebe, e, o que é mais importante, tinha um carro, um velho DKW alemão. Seu automóvel era semiclandestino, um segredo não autorizado oficialmente pela direção da escola, que Salem mantinha escondido em uma viela fora da área do colégio. Nas noites de fim de semana, ele e os amigos se esgueiravam furtivamente e iam de carro até Londres, onde, amparados pelo dinheiro vivo de Salem, por vezes tentavam a sorte nos bairros boêmios de Londres em busca de sexo; porém, de acordo com o relato de um de seus colegas conspiradores, tudo o que acontecia era que os leões-de-chácara e *bartenders* das casas noturnas limpavam a carteira de Salem.

Os Beatles e os Rolling Stones dominavam a Inglaterra, e em Copford Glebe os amigos de Salem formaram a banda "Os Ecos", para perseguir seus próprios sonhos de rock-and-roll. No grupo havia gente de talento musical genuíno — Rupert Armitage mais tarde se tornou um habilidoso violonista clássico, e outro membro, Paul Kennerley, faria grande sucesso como cantor, músico, compositor e produtor, e acabaria se casando com a multitalentosa cantora e compositora Emmylou Harris. Salem nunca foi um membro formal da banda, já que não tinha essa habilidade, mas tocava gaita nas sessões de improviso e implorava por aulas de guitarra. Contudo, não tinha paciência para estudos contínuos. Ele só queria agitar.

8

VENTO CRUZADO

EM MEADOS DA DÉCADA de 1960, Mohamed bin Laden percorria a Arábia Saudita em seu avião turboélice Twin Beech de sete lugares, do mesmo modo que outros homens de negócios viajariam para fechar suas vendas em um reluzente Lincoln. Em uma manhã típica, logo ao raiar do dia um motorista pegava Bin Laden em sua casa em Jedá e o levava ao aeroporto da cidade, não muito longe do velho palácio Khozam de Abdulaziz, com a chamativa rampa para carros que Bin Laden tinha construído muito tempo antes. O aeroporto servia de base para dezenas de pilotos norte-americanos que voavam para a Arábia Saudita a serviço da Saudi Arabia Airlines, sob contrato de responsabilidade da transportadora Trans World Airlines. Bin Laden entrara em acordo com a TWA para que a empresa cuidasse da manutenção de sua frota de aeronaves e fornecesse a ele pilotos. O prefixo de seu Twin Beech principal era HZ-IBN, incorporando o código internacional da Arábia Saudita. O avião era projetado para ser comandado por um único piloto, sem co-piloto, mas tinha um assento de passageiro na frente e era ali que Bin Laden gostava de se sentar, mirando pela janela da cabine com uma caneca de café árabe nas mãos. De vez em quando gostava de fazer uma brincadeira para aterrorizar os assistentes e motoristas que o acompanhavam aos canteiros de obras: em pleno vôo, agarrava e chacoalhava o manche.[1]

Bin Laden dava-se muito bem com seus pilotos norte-americanos, mas trabalhar para ele não era tarefa das mais populares. Em geral ele tomava o avião em Jedá de manhã, rumava para algum de seus canteiros de obras espalhados pelo deserto e lá passava o dia todo, reunido com engenheiros ou caminhando por alguma estrada em construção e conversando com seu pessoal. Os pilotos eram obrigados a passar horas e horas esperando em um trailer ou tenda, depois finalmente levavam Bin Laden de volta para Jedá, ao cair da tarde. "Era um tédio completo", relembra Stanley Guess, que pilotou o Twin Beech em meados dos anos 1960. Às vezes havia pequenos prazeres, como vôos para Jerusalém ou Beirute. De vez em quando Bin Laden levava uma ou duas de suas esposas para os acampamentos no deserto; nessas manhãs, ele conduzia as mulheres, cobertas de preto dos pés à cabeça, até a parte de trás do avião, e cerrava uma cortina preta para proteger o recato delas.[2]

Seus acampamentos e alojamentos de operários se espalhavam pelo deserto feito os oásis dos clãs nômades. Em alguns deles, Bin Laden trabalhava em um trailer-escritório equipado com um pequeno gerador que alimentava o sistema de ar-condicionado. Nas montanhas de Asir, região mais fresca, seus assistentes fincavam estacas na areia e erguiam enormes tendas de lona branca. No chão estendiam almofadas e tapetes coloridos e magníficos, nos quais o patrão podia se sentar e receber visitantes como mandava o figurino de um legítimo xeique do deserto. Do lado de fora dessas tendas, ao lado da ocasional cáfila de camelos, invariavelmente havia alguns exemplares da frota de picapes Ford vermelhas de Bin Laden.

Às vezes Bin Laden organizava *majlis* matinais em sua tenda, ocasiões em que trabalhadores ou tribos locais apresentavam solicitações de ajuda ou pediam que resolvesse pendengas e disputas. "Ele era a lei", disse Guess. "De vez em quando ele distribuía dinheiro ou o que quer que fosse preciso para deixar todo mundo feliz. As pessoas o procuravam em busca de sua opinião e bom senso, pois confiavam em seu julgamento." Depois ele se acomodava para saborear uma caneca de café e fumar um de seus narguilés de 1,20 metro de altura, primorosamente pintados. Em alguns de seus acampamentos ele mantinha cadeiras de jardim de plástico trançado verde, do mesmo tipo que parece brotar do chão nos pátios das casas nos subúrbios dos Estados Unidos; fotografias do período mostram Bin Laden relaxando em seus acampamentos, refestelado em uma dessas cadeiras, com o narguilé na boca, o cabelo coberto pelo tradicional lenço vermelho axadrezado. Seu corpo havia começado a se avolumar e o cavanhaque ganhara salpicos de cinza. O olho de vidro, escuro e irrequieto, dava a seu rosto uma aparência um tanto quanto desatenta. Vestia uma túnica de peça única, feita sob medida, e que chegava aos tornozelos — muitas vezes branca, como mandava a tradição árabe, em outras um modelo levemente mais elegante e na moda, com um toque de cor ou xadrez; a manga deixava à mostra um caro e luxuoso relógio de ouro. Nos pés usava meias brancas e mocassins marrons de couro. Quando não estava fumando, acalmava-se da tensão e das preocupações manuseando e apalpando um colar de contas.[3]

Tinha mesmo muitos motivos para ficar preocupado e ansioso; entre 1966 e meados de 1967, mais uma vez estava com prazos estourados; Faisal havia concedido a ele um lucrativo contrato para construir uma rodovia de cerca de oitocentos quilômetros, de Taif à capital Riad. Em um local chamado Kilo 170, uma planície deserta insípida a 170 quilômetros de Taif, Bin Laden ergueu um enorme campo de operações, com uma frota de niveladoras, retroescavadeiras, caminhões e garagens com equipamentos de pavimentação: transportadores, secadores, misturadores, rolos compactadores, espargidores, cortadores. Havia equipes de motoristas e mecânicos e centenas de operários imigrantes que dormiam em tendas ao redor. Bin Laden tinha de cuidar de seus trabalhadores como se fossem milícias descansando entre batalhas; cozinheiros preparavam as refeições e carros-pipa traziam água de cidades distantes. Não havia aeroporto algum nas imediações; os pilotos de Bin Laden pousavam o Twin Beech em trechos de estrada asfaltada ou em faixas de areia do deserto niveladas e sinalizadas com pedras.[4]

Nesse período Bin Laden também ia de avião com regularidade aos Emirados Árabes Unidos, centenas de quilômetros a leste, junto ao Golfo Pérsico, onde mais uma vez o rei Faisal o contratara para implementar um projeto de política externa — agora para construir uma estrada de noventa quilômetros, ao custo para o governo saudita de 6,7 milhões de dólares, como maneira de aprofundar a influência árabe-saudita nos reinos menores do Golfo, dos quais os britânicos estavam batendo em retirada. Bin Laden travou uma dura batalha com essa estrada do Golfo Pérsico; o lugar era distante demais e dificultava cesso de seu arsenal de maquinário de construção. Assim, para levar a cabo o projeto, ele teve de formar sua primeira subsidiária estrangeira na cidade portuária de Dubai, mas o trabalho avançava a passos lentos; então, após passar em branco prazos anunciados, repassou a obra inteira para um subempreiteiro local.[5]

Contudo, sem dúvida a maior das preocupações de Bin Laden estava na província de Asir, ao sul, junto à fronteira com o Iêmen. No início de 1966, ele foi formalmente agraciado com um contrato de 120 milhões de dólares para construir uma obra difícil — uma rodovia projetada por consultores alemães, que partia de Taif, rasgava as montanhas e ia até Abha, capital provincial de Asir. Dali uma junção seguiria por uma escarpa íngreme, descendo até o porto de Jizan, no mar Vermelho, onde Bin Laden e seu irmão Abdullah haviam pisado pela primeira vez na Arábia Saudita, ainda como meninos imigrantes, muitas décadas antes. Outra estrada seguiria a leste, serpeando através de montanhas acidentadas e abruptas até a cidade fronteiriça de Nejran. O projeto era o mais lucrativo da longa carreira de Bin Laden, e segundo um relato ele prometeu não assumir mais nenhuma obra nova até que a rodovia estivesse concluída. Suas equipes trabalhavam simultaneamente nas duas extremidades da estrada principal. Seu filho Ali supervisionava o trecho que se estendia ao sul de Taif, enquanto outros grupos de trabalho se concentravam na fronteira com o Iêmen e nas áreas costeiras, tentando abrir caminho e demarcar uma trilha por entre os rochedos e íngremes despenhadeiros junto ao mar, o que envolvia proezas de explosões e façanhas de engenharia semelhantes às que, anteriormente, haviam desanimado Bin Laden na construção da estrada de Taif.[6]

As montanhas vulcânicas de Asir, negras e cor de bronze, erguem-se agudamente das praias do mar Vermelho, elevando-se, sobranceiras, a mais de 3 mil metros. Suas encostas e platôs podem ser áridos e insípidos, sem traços distintivos, como uma paisagem lunar, mas alguns dos picos mais altos eram salpicados de pinheiros e havia vales gramados onde tribos organizadas e assentadas cultivavam tâmaras, abóboras, melões e grãos. A população era pobre, geograficamente isolada, habitualmente rebelde e profundamente religiosa. A história política de Asir era complexa e obscura; a província sofrera nas mãos de uma série de pretendentes otomanos até que um homem santo local, influenciado pela seita islâmica xiita, estabeleceu brevemente um reino independente na virada do século XX. Durante a década de 1930, Abdulaziz despachou para lá forças *wahhabis*, lideradas por Faisal e Saud, para conquistar a província e incorporá-la ao seu novo reino. A missão de conquista foi bem-sucedida, mas nem o rei nem seu herdeiro Saud deram muita atenção ao lugar, preferindo gastar seus *royalties* do petróleo em Riad, Medina, Meca e Jedá. Depois que Nasser procurou insuflar uma revolução no Iêmen, Faisal reconheceu a necessidade urgente de assegurar a lealdade das tribos de Asir, integrando-as aos mercados sauditas e promovendo o desenvolvimento local. Também iniciou uma campanha de gastos para a defesa da região. O contrato assumido por Bin Laden para a construção da rodovia era apenas o lado público e manifesto de um esquema multifacetado no qual o construtor também se comprometia a edificar bases aéreas, guarnições e outras instalações secretas de infra-estrutura militar em torno das cidades de Abha, Khamis Mushayt e Nejran.

Nesses projetos confidenciais, Mohamed bin Laden trabalhou lado a lado com oficiais de alta patente, norte-americanos e britânicos. Em 1966, as tentativas do governo dos Estados Unidos de satisfazer e apaziguar Nasser haviam dado lugar a uma política baseada na estratégia de armar a Arábia Saudita contra incursões egípcias a partir do Iêmen. Washington firmou com Faisal um Acordo de Construção Militar, pelo qual o Corpo de Engenheiros do Exército dos Estados Unidos se comprometia a projetar e ajudar a executar um plano de obras cujo orçamento chegava a cerca de 100 milhões de dólares, que seriam gastos na construção de instalações militares junto às fronteiras do reino, incluindo Asir. Registros e diários de bordo documentando viagens particulares de Bin Laden entre 1966 e 1967 mostram que ele ocasionalmente dava carona a funcionários do exército dos Estados Unidos. No mesmo período, a Grã-Bretanha concordou em vender armamentos para a Arábia Saudita: jatos, mísseis, radares e equipamentos bélicos eletrônicos. Londres forneceu 34 aeronaves a jato Lightning, vinte jatos Provost, bem como mísseis Hawk e Thunderbird e radares afins. Os mísseis foram instalados secretamente em Khamis Mushayt, Jizan e Nejran, cidades onde Bin Laden trabalhava em canteiros de obras simultâneos supervisionando a construção de estradas e campos de pouso. De fato, Faisal empregou Bin Laden como braço da engenharia civil de um programa sigiloso, amparado pelo fornecimento de armas inglesas e norte-americanas, para defender o reino em uma guerra de guerrilha contra forças revolucionárias esquerdistas. Era exatamente o mesmo tipo de aliança de que a família Bin Laden participaria, mais tarde, no Afeganistão.[7]

O gigantesco programa de construção em Asir era reflexo do grau de nervosismo que o rei e seus aliados ocidentais sentiam em relação ao contínuo esforço de Nasser de tentar destronar e usurpar o poder dos Al-Saud. Faisal forneceu dinheiro e armamentos para os iemenitas realistas, forças de oposição aos egípcios. Nasser respondeu financiando ataques terroristas na Arábia

Saudita. Em 18 de novembro de 1966, uma célula de agentes iemenitas infiltrados colocou bombas no palácio do príncipe Fahd, então ministro do Interior, em Riad. Oito dias depois mais três bombas explodiram, incluindo uma em um hotel que hospedava soldados norte-americanos. No mês seguinte um grupo infiltrado bombardeou a casa de um líder religioso saudita em Nejran. A polícia pessoal de Faisal fez algumas prisões, interrogou suspeitos e concluiu que os terroristas eram nacionalistas iemenitas que haviam recebido treinamento dos egípcios. O rei baixou sanções severas para evitar que a ação do que um relatório britânico, à época confidencial, chamou de "terroristas e sabotadores infiltrados" perturbasse ou interrompesse a peregrinação anual do Hajj. Os sauditas forçaram vários iemenitas a ler em voz alta confissões em rede nacional de televisão, em um dos primeiros usos políticos do sistema da rede de telecomunicações da Arábia Saudita que havia sido recentemente inaugurado por Faisal.[8]

Por causa dessa onda de ataques terroristas, os milhares de trabalhadores iemenitas na Arábia Saudita passaram a ser vistos como uma classe suspeita. Muitos fugiram ou foram deportados. Como sintoma inequívoco de sua plena incorporação ao reino saudita, Bin Laden, a despeito de suas raízes no Iêmen, não apenas era considerado por Faisal um súdito totalmente leal, mas também um homem de confiança para construir as instalações destinadas a defender seu país de adoção contra sua própria terra natal.

NO FINAL DE 1966, Mohamed bin Laden entrou na era do avião a jato. Para percorrer as distâncias internacionais que seu trabalho agora exigia, comprou um jato bimotor britânico Hawker-Siddeley. A aeronave custou mais de 1 milhão de dólares, mas permitiria que ele se deslocasse com mais facilidade para Dubai ou Jerusalém. Nessa época ele também deu os primeiros passos na construção de um novo complexo residencial na estrada entre Jedá e Meca, rodovia que havia passado por obras de renovação e em que era dono de alguns hectares de terra em uma área de Jedá que então estava valorizada e na moda. Em Kilo 7, a sete quilômetros de Meca a partir do mar Vermelho, Bin Laden projetou o que viria a ser, de fato, uma pequena subdivisão de casas de subúrbio, uma para cada uma de suas esposas, algumas para ex-esposas e seus filhos, além de uma mesquita e um conjunto de escritórios.

Bin Laden ainda trabalhava duro, mas estava gastando parte de sua fortuna para viver e viajar em grande estilo e de maneira mais refinada.[9]

Porém, a compra do jato acabou sendo um negócio complicado. Bin Laden teve de encontrar pilotos que fossem à Inglaterra receber treinamento e certificação na Hawker, e que de resto quisessem trabalhar para ele em Jedá. Além disso, uma vez que o novo jato não podia pousar nas pistas improvisadas e estreitas faixas do deserto que Bin Laden visitava com freqüência, ele teria de expandir sua lista de pilotos de modo que um ficasse disponível para pilotar o Twin Beech, que era capaz de enfrentar o deserto, enquanto outro era escalado para conduzir o jato Hawker.

No verão de 1966, Gerald Auerbach, veterano da Força Aérea dos Estados Unidos que tinha pilotado bombardeiros B-47 para o Comando Aéreo Estratégico, a força norte-americana de reconhecimento e bombardeio nuclear, foi temporariamente incorporado à equipe de Bin Laden. (Um ex-piloto da Marinha norte-americana, chamado Tom Heacock, havia ficado doente e voltara para os Estados Unidos.) Auerbach era um piloto meticuloso que adorava levar Mohamed pelo deserto. Bin Laden pediu a ele que se tornasse um de seus pilotos permanentes. O supervisor de Auerbach na TWA disse a ele não havia problema algum na mudança, mas que perderia seu salário de piloto sênior, porque era política da TWA não pagar aos pilotos de Bin Laden o mesmo que ganhavam os pilotos de vôos comerciais. Auerbach relatou o problema a Bin Laden, mas Mohamed se recusou delicadamente a compensar a diferença salarial. Foi uma decisão que teria conseqüências fatais e funestas.

Em junho de 1967 um novo piloto norte-americano apareceu em Jedá — Jim Harrington, ex-piloto da Força Aérea dos Estados Unidos que tinha cabelos louros cor de areia e cerca de quarenta anos. Auerbach decidira deixar o trabalho com Bin Laden mas concordou em treinar Harrington. "Eu o levei para alguns dos trechos mais horríveis que tínhamos no deserto", recorda-se Auerbach. O que incluía "leitos de rios secos" e outras áreas de pouso e decolagem improvisadas em Asir, com nada mais que um amontoado de areia e fileiras de pedras indicando a pista.[10]

Harrington não pilotava havia muitos anos e "estava enferrujado". Auerbach informou a seu supervisor mútuo: "Estou um pouco preocupado com ele. Isto aqui não é pilotagem de rotina". Mas o supervisor testou o novo piloto e declarou que ele estava pronto para o trabalho. Em julho Harrington assumiu o Twin Beech e começou a fazer viagens freqüentes para Asir. Auerbach retomou sua carreira de piloto comercial.

Bin Laden estava trabalhando na extensão da rodovia de Abha a Nejran, estrada que ascendia a elevadas altitudes antes de deixar-se cair e voltar a ser uma planície desértica, pouco acima da fronteira do Iêmen. Suas equipes de operários já haviam rasgado 64 quilômetros de estrada no sentido de Nejran e agora montaram canteiros de obras e acampamentos em uma cidadezinha chamada Oom. Era ali que Harrington pousava o Twin Beech quando Bin Laden vinha de Jedá.

Naquele verão, Gerald Auerbach encontrou-se com Harrington e perguntou como iam as coisas. Harrington respondeu que estava tudo bem, mas disse que Bin Laden "tinha construído uma pista na tal Oom e que era muito difícil. É um lugar bastante alto, colina acima. Não é nada boa". Com suas escavadeiras e niveladoras, o pessoal de Bin Laden havia limpado uma área de cerca de novecentos metros no deserto — não era uma pista particularmente extensa, e ficava em um cume cujo formato se assemelhava ao bojo de uma meia tigela; por isso, na descida e na decolagem era difícil inclinar o avião lateralmente ou virar totalmente a aeronave para os lados, o que obrigava o piloto a voar continuamente sempre em frente. A elevada altitude também era um problema porque, no ar rarefeito, menos oxigênio entrava nos motores da aeronave, o que podia causar perda de potência.

"Bom, então simplesmente diga a ele", aconselhou Auerbach, segundo recordou mais tarde. "Você está no comando. Escolha um lugar e diga que quer uma pista ali, e ele manda fazer para você. É assim que funciona. Diga a ele que não é seguro."

"Ah, tudo bem, deixe comigo", disse Harrington, querendo dizer que conseguiria lidar com as aterrissagens em Oom. "Eu dou conta."[11]

Em 3 de setembro de 1967, um dos motoristas que trabalhavam havia mais tempo com Bin Laden, Omar, foi de carro esperar a chegada do xeique junto à pista improvisada. Viu o Twin Beech se preparar para a descida em plena luz do dia, com tempo bom. Quando o avião se aproximava da área de pouso, a mais ou menos 150 pés de altitude, foi atingido por uma violenta lufada de vento cruzado. Com a ventania Harrington provavelmente achou que a aeronave havia perdido o alinhamento com a pista malfeita e tentou subir novamente, com toda a potência, para passar acima da meia tigela e fazer a volta, de acordo com Gerald Auerbach, que chefiou uma equipe de investigação para examinar o local e descreveu o que certamente deve ter acontecido naquela manhã depois que Harrington puxou para trás com toda a força o manete do Twin Beech: "O chão está subindo. Na velocidade em que estava, para manter a altitude ele teria de conseguir subir quatrocentos ou quinhentos pés por minuto para escapar. Não podia virar [...] O avião não tinha essa capacidade de subida, e ele acabou perdendo velocidade até paralisar". Por causa do ar rarefeito das montanhas, os motores não conseguiram funcionar com potência máxima e isso aumentou a possibilidade de falha. Rajadas adicionais de vento podem ter piorado ainda mais a situação.

O Twin Beech caiu de lado no deserto, capotou uma vez, espatifou-se no solo e pegou fogo.

A colisão destruiu a cabine onde estavam Harrington e Mohamed bin Laden. A colisão foi tão forte que a parte da frente do avião abriu um buraco de quase um metro de profundidade no chão. Os dois morreram na hora. O fogo tomou conta das ferragens enquanto a Omar, impotente, só restava observar. Dois passageiros na parte de trás podem ter sobrevivido ao impacto inicial, mas ficaram presos dentro do avião porque a porta da cabina estava trancada. Morreram queimados.

Em um instante Mohamed bin Laden se foi. Os investigadores o identificaram pelo reluzente relógio.

PARTE DOIS

FILHOS E FILHAS

setembro de 1967 a maio de 1988

9

Os guardiões

Assim que recebeu a notícia, o diretor da escola no Líbano para a qual Mohamed havia mandado vários de seus filhos chamou nove dos meninos em sua sala. "Vocês devem ser práticos e lógicos", recordou-se de ter dito a eles. "Todo mundo morre." Ele acompanhou os três filhos mais velhos — Hassan, Yeslam e Mahrouz — em um vôo até Jedá. No aeroporto, o meio-irmão dos meninos, Ali, o mais velho dos filhos de Bin Laden que moravam no reino, os esperava em um carro com motorista. Em consonância com a tradição saudita, o corpo do pai havia sido enterrado rapidamente, em uma sepultura sem nenhum tipo de marca ou designação. A família escolheu o terreno mais prestigiado de Jedá, onde outrora peregrinos religiosos adoravam um túmulo que acreditavam ser da Eva bíblica. Seguiram-se dias de luto. Familiares, empregados, negociantes de Jedá e príncipes esconderam os meninos no complexo residencial de Bin Laden, em um verdadeiro cerco. Os rituais fúnebres e memoriais islâmicos e típicos de Hejaz, exigidos com tanta freqüência da rude Arábia, davam ênfase ao conforto das multidões. Toda noite, entre as orações da tarde e a reza final do dia, os homens da família Bin Laden se reuniam para receber as condolências de longas filas de visitantes compadecidos. (As filhas e esposas de Mohamed recebiam as visitas em separado, durante a tarde.) Essas reuniões formais marcadas pelo luto e pela mágoa ofereciam uma rara demonstração pública de unidade familiar. O canto rítmico de versículos do Alcorão ressoava no úmido ar da noite.[1]

Salem levou alguns dias para ir de Jedá a Londres. Depois do internato ele se mudara para um apartamento em Gloucester Place, norte de Marble Arch. Tinha se matriculado em uma faculdade local, mas os amigos que o visitavam achavam que estava muito pouco dedicado aos estudos. Seu apartamento vivia repleto de jovens rapazes com jaquetas pretas de couro, impregnado de fumaça de cigarros e ocasionais acordes de guitarra.[2]

Ele embarcou em um vôo comercial usando calças jeans e camiseta, os cabelos desalinhados na altura dos ombros. Quando desceu do avião, suas madeixas haviam sido aparadas, estava vestindo uma *thobe* branca e um *shemagh* na cabeça. Tinha pouco mais de 21 anos, e de maneira súbita e inesperada havia se tornado o herdeiro de uma das maiores construtoras do reino. Sabia muito pouco de engenharia e só conhecia de passagem o rei Faisal. Nem sequer conhecia todos os seus meios-irmãos e meias-irmãs; alguns foram apresentados a ele pela primeira vez nos funerais do pai.[3]

A morte repentina de Mohamed suscitou temores de que o império de negócios de Bin Laden entraria em colapso. A preocupação imediata e fundamental era a de que os muitos filhos, ainda jovens, e o irmão de Bin Laden pudessem se mostrar incapazes de planejar uma sucessão pacífica e ordeira. Um cabograma despachado pelo embaixador norte-americano Hermann Eilts para Washington no dia seguinte à morte de Mohamed resumiu a situação de apreensão vivida em Jedá.

> A morte de Mohamed bin Laden, único dono da maior empresa de construção da Arábia Saudita, causou preocupação imediata tanto no SAG [Governo Árabe-Saudita] quanto nos círculos de negócios locais. Sob a lei islâmica, é concebível que os bens e ativos possam ser divididos entre os quarenta [sic] filhos de Bin Laden, manobra que poderia destruir a organização. Entretanto, como o empreiteiro saudita que demonstrava energia suficiente para dar conta da maior parte das obras públicas, Bin Laden estava bem estabelecido como o favorito do SAG. Há informações de que o rei, o ministro das Finanças e outros, conscientes da importância da organização para a economia saudita, determinaram que a empresa irá de algum modo continuar.[4]

Eilts pensou ter visto uma oportunidade: uma fusão entre a organização de Bin Laden e uma grande construtora norte-americana:

> Uma sugestão que começa a ganhar fôlego em conversas privadas é a possibilidade de o SAG buscar alguma empresa estrangeira qualificada para fornecer um time de gerenciamento e administrar a organização, que é financeiramente sau-

> dável e sólida, e normalmente emprega entre 4 e 5 mil trabalhadores [...] Uma vez que Bin Laden dirigia sozinho seu empreendimento (a ponto até mesmo de assinar ele próprio todos os cheques), há a necessidade de que o time não apenas tenha experiência em operações de construção, mas também competência para criar e impor uma nova estrutura administrativa. De acordo com o ponto de vista da embaixada, esta pode ser uma excelente oportunidade para firmas norte-americanas.[5]

O embaixador sugeriu que a Morrison-Knudsen, gigante norte-americano e que já vinha trabalhando com Bin Laden em uma licitação para a construção de um quartel junto à fronteira do Iêmen, poderia ser um excelente candidato. Porém, os norte-americanos teriam de se mexer rapidamente, pois, uma vez que o pessoal técnico de Bin Laden era dominado por italianos, isso "podia encorajar a preferência à administração italiana, a menos que outras propostas fossem apresentadas de imediato".[6]

Mohamed bin Laden deixara 25 filhos homens. (O mais jovem, Mohamed bin Mohamed, nasceu depois da morte do pai e foi batizado em sua homenagem.) Era considerável o potencial para a desordem e o conflito.

Abdullah, único irmão ainda vivo de Bin Laden, já não tinha mais nenhuma ação nem participação alguma na empresa, e nem sequer continuava morando na Arábia Saudita — havia voltado para o Hadhramawt com a família sete anos antes. Contudo, acossado por milícias rivais engajadas na cada vez mais grave e profunda guerra civil do Iêmen, retornou à Arábia Saudita não muito tempo depois da morte de Mohamed. O governo do Iêmen do Sul, apoiado por Moscou, mais tarde confiscou sua casa e Abdullah jamais retornou — um final amargo para sua nostálgica volta ao lar após um longo período de ausência. Abdullah agora tinha seus próprios filhos e investimentos para cuidar. E não tinha nenhuma reivindicação formal a fazer no que dizia respeito a liderar a empresa que fundara com Mohamed, 36 anos antes.

Salem e Ali eram os dois únicos filhos homens de Mohamed que haviam atingido a maioridade. Mas, ainda que tivesse ajudado o pai a supervisionar algumas das empreitadas de construção de estradas, Ali estava longe de ter qualificação para administrar a empresa como um todo. Já Salem, se por um lado havia sido pelo preparado pelo pai para o papel de liderança, por outro tinha ainda menos treinamento gerencial ou de negócios.

A lei islâmica de heranças, derivada de passagens do Alcorão, é bastante específica: estabelece classes condicionais de herdeiros e prevê as porcentagens exatas do patrimônio que cada classe deve receber; esses direitos são vistos como ordens de Deus e não podem ser alterados por testamento. Um princípio alcorânico é o de que os filhos devem receber duas vezes mais do que as filhas. Alguns ocidentais podem considerar que o sistema seja injusto ou inflexível, mas durante séculos a prática garantiu a coesão social e a unidade familiar no mundo islâmico, anulando os caprichos, as extravagâncias e as intrigas acerca de heranças que em outras culturas dividem as famílias. Um muçulmano rico não tem meios de deserdar os filhos que não gozem de seu favoritismo; assim, pode estar inclinado a encorajar a cooperação entre seus filhos. Também não há como mudar a distribuição de um patrimônio escrevendo um testamento de última hora. Testamentos por escrito são permitidos, mas apenas para designar até um terço do conjunto de bens do autor para obras de caridade ou outros beneficiários. Há muitas prescrições, disposições e cláusulas detalhadas desse tipo; assim como ocorre com as orações e o calendário anual da fé, essa é uma área do islã rica em regras e nuanças de interpretação.[7]

Antes de morrer, Mohamed bin Laden já tinha posto por escrito seu testamento e última vontade, de acordo com um pesquisador saudita, Adel Toraifi, que afirmou ter lido uma cópia do documento. Segundo o seu relato, o testamento tinha onze ou doze páginas, e tratava basicamente de questões envolvendo a propriedade religiosa, ou *waqf*, de Bin Laden. Também continha instruções sobre como seus herdeiros deveriam dar continuidade ao trabalho caritativo de construção de obras públicas em Meca, Medina e Jerusalém, conforme anunciadas no discurso proferido em 1964 em Jerusalém.[8]

Entretanto, o principal bem do patrimônio de Mohamed era sua empresa propriamente dita, a organização familiar da qual Mohamed era o único acionista. De acordo com a lei islâmica, seus herdeiros receberiam automaticamente porcentagens fixas. Suas quatro esposas à época do falecimento dividiram a oitava parte das ações. (Ex-esposas não tinham direito a herança, pois se esperava que os filhos cuidassem delas.) Praticamente todas as ações remanescentes foram divididas, na base de dois para um, entre os 25 filhos e 29 filhas. Cada filho, incluindo Osama, herdou 2,27 % dos ativos da empresa, e cada filha recebeu apenas 1%, segundo consta em documentos arquivados posteriormente em um caso de divórcio levado a uma corte norte-americana. Portanto, em termos aproximados, os filhos de Bin Laden acabaram dividindo a posse de apenas 50% da firma; suas filhas ficaram com pouco menos que 30%; e as viúvas receberam o restante. Não há evidências de que algum desses herdeiros tenha recebido uma quantia substancial de dinheiro em espécie por ocasião da morte de Bin Laden; é pouco provável que ele mantivesse uma parte considerável de sua riqueza em contas bancárias, e menos provável ainda que investisse em apólices ou ações. Seus herdeiros teriam recebido suas casas, terras e carros, bens que, ao que tudo indica, em grande medida administraram como títulos comunais. Em pouco tempo Salem e Ali entravam na folha de pagamentos da empresa, mas a grande maioria dos outros filhos ainda não tinha chegado à maioridade; assim, recaiu sobre Salem, o filho mais velho e chefe da família, a responsabilidade de determinar quais seriam os estipêndios de cada um — ainda que sob a supervisão da junta de administradores de fundos da empresa.[9]

Não há registros documentados do tamanho do patrimônio de Mohamed nesse período, e não teria sido fácil calcular uma estimativa que estivesse à altura das exigências de contadores ocidentais. Michael Pochna, dono de um banco de investimentos norte-americano que na década de 1970 tornou-se parceiro em negócios com os Bin Laden, relatou que membros da família haviam dito a ele que, quando da morte de Mohamed, o espólio chegava a 150 milhões de dólares. Gerald Auerbach, o piloto que trabalhou com Bin Laden em seus últimos anos, disse ter ouvido que, quando Mohamed faleceu, o governo saudita devia a ele mais de 100 milhões de dólares. Esses parecem ser indicadores confiáveis do volume aproximado do patrimônio de Bin Laden, mas, ao contrário de uma fortuna investida em ações, apólices, debêntures ou bens imóveis ativos, o espólio de Mohamed não era passível de uma avaliação fácil. Ele era dono de uma vasta extensão de terras em território saudita, grande parte das quais havia recebido como pagamento pela execução de contratos passados, mas não teria sido tarefa fácil determinar o valor exato dessas terras. Sua empresa possuía bens físicos (terras, prédios, equipamentos), principalmente tratores, escavadeiras e maquinaria do tipo, mas na ocasião da morte de Mohamed o valor de sua firma era inseparável dos sólidos e gigantescos contratos recentemente concedidos pelo governo, em particular a estrada de Jedá até a fronteira com o Iêmen e as obras de defesa relacionadas. Se a empresa fracassasse na realização dessas obras, suas finanças poderiam entrar em decadência. Em termos mais amplos, a fortuna de Bin Laden dependia quase que totalmente do amparo e patrocínio da família real Al-Saud; se o apoio real desaparecesse, também deixaria de existir a maior parte da fonte de renda de sua empresa.[10]

O rei convocou uma audiência com alguns dos filhos mais velhos de Bin Laden e disse a eles: "De agora em diante eu serei o pai de vocês".[11] A Arábia Saudita estava em meio a uma guerra não declarada, e a Mohamed Bin Laden Organization era peça importante na estratégia e capacidade de defesa do reino. Faisal prometeu indicar diversos curadores e fideicomissos para administrar a empresa da família, o que garantia a continuidade do acesso da firma a contratos do governo e também dava a Faisal a certeza de que teriam seguimento as obras de construção de projetos cruciais de infra-estrutura.

Em meados de setembro Faisal emitiu um decreto real anunciando os novos acordos e planos de ação. A fortuna de Bin Laden "era constituída, na maior parte, de equipamentos e do conhecimento de que era capaz de executar as obras, porque tinha à mão os equipamentos e os engenheiros", afirmou o filho de Faisal, Turki. A estrutura de truste que Faisal estabeleceu garantiria "que as empresas não se dissolveriam nem iriam à falência, ou algo do gênero, até que os filhos crescessem e começassem a assumir o controle". A duração desse interregno não foi fixada com detalhes; a decisão de devolver a empresa à família caberia a Faisal, ou seu sucessor, quando a hora parecesse apropriada.[12]

O governo dos Estados Unidos continuava tentando converter a morte de Bin Laden em oportunidade de negócios para empresas norte-americanas. O Departamento do Comércio dos Estados Unidos, em Washington, entrou em contato com as maiores construtoras do país. Um dos vice-presidentes da Brown and Root agendou um vôo para Jedá, com o intuito de abrir negociações acerca de uma possível fusão com os Bin Laden, mas a embaixada desencorajou a iniciativa e rejeitou a idéia, alegando que "a situação legal ainda não está de todo resolvida". Mesmo assim o Departamento de Estado permaneceu alerta: Bin Laden havia administrado sua empresa "de maneira inteiramente pessoal e centralizadora. O vácuo de gestão criado por sua morte pode obrigar seus herdeiros a recorrer à administração estrangeira, de modo a manter o grupo em funcionamento".[13]

O rei Faisal solicitou ao paquistanês de nascimento Anwar Ali, presidente do banco central saudita, que oferecesse aconselhamento financeiro e gerencial aos fideicomissos de Bin Laden, relação que garantia que a empresa não sofreria abalos por falta de recursos governamentais. O rei também nomeou Mohamed Bahareth, homem de negócios de Jedá que atuava majoritariamente na indústria alimentícia, como o curador-chefe da organização; Bahareth era primo da mãe de Salem, Fatimah Ahmed Bahareth. Sua indicação assegurou a primazia do ramo Bahareth no âmbito do clã familiar, sob a liderança da matriarca Fatimah, uma das viúvas mais velhas de Bin Laden, e seus três filhos, Salem, Bakr e Ghalib.[14]

QUANDO VOLTOU DE LONDRES, Salem, jovem de vinte e poucos anos, fumante de cachimbos e roqueiro, estava longe de ser o protótipo de uma figura saudita de autoridade, mas a ele não faltavam nem confiança nem ambição. Junto com o meio-irmão Ali, foi indicado para integrar o conselho de fideicomissos que passou a gerir os negócios da família, e recebeu um cargo e um título, diretor executivo. Desde o início, porém, entrou em atritos com Ali e se desgastou com os outros membros da comissão de curadores. "Ele queria muito voltar e assumir o controle do grupo", relatou Frances Hunnewell, banqueiro norte-americano que poucos anos mais tarde tornou-se sócio de Salem.[15]

À noite, em sua casa em Jedá, Salem abria as portas da mansão senhorial para os beduínos locais, recebendo visitas, ouvindo lamúrias, acolhendo queixas, atendendo a pedidos e resolvendo disputas, como seu pai fizera antes. Alguns dos que iam apresentar pedidos tinham reclamações envolvendo questões de terra. Mohamed havia demarcado da melhor maneira que podia os limites de suas várias concessões de terra, mas suas decisões por vezes entravam em conflito com direitos a áreas de pasto e outras reivindicações de nômades. Salem se viu cercado por beduínos que o assediavam e importunavam brandindo obscuros pedaços de papel que pretendiam fazer passar por documentos que atestavam seus direitos. Muitos de seus amigos que vinham do Líbano ou de Londres visitá-lo se divertiam, admirados, ao vê-lo em ação, gradualmente se adaptando ao papel de sábio e juiz das questões de terra dos beduínos, ouvindo com paciência em seu traje formal típico do deserto, tentando tomar decisões à maneira idealizada de um xeique íntegro e resoluto, de idéias justas e vontade forte. Um de seus amigos recorda que os requerentes, perplexos, o apelidaram "O Portão da Justiça". Salem tinha poucas pretensões e abraçou os rituais igualitários da Arábia — na hora das refeições em família, juntava-se aos irmãos sentando-se de pernas cruzadas no chão.[16]

Salem tentou avaliar e inteirar-se do ritmo da construção de estradas empreendida pela empresa. A sombra do pai pairava sobre tudo; os destroços do avião em que Mohamed morrera estavam em exibição pública em um dos complexos residenciais da firma em Jedá. Salem nunca foi muito afeito ao trabalho de campo nos desertos e aos discursos motivacionais, esferas de atuação em que o pai se sobressaía. Em suas primeiras tentativas de fechar negócios, titubeou e pisou em falso. A Mohamed Bin Laden Organization fracassara na tentativa de vencer a licitação para a construção de um quartel em Asir, proposta que submeteu em parceria com a Morrison-Knudsen; agora o governo saudita parecia incerto sobre a capacidade da empresa de terminar as obras no prazo. A rodovia que a firma estava tentando concluir nos Emirados Árabes Unidos seguia em ritmo lento. Na primavera de 1968 Salem exigiu o jato Hawker do pai e voou a Dubai para inspecionar de perto a obra.[17]

Ele não fazia segredo do fato de que adorava voar. Faisal, entretanto, talvez sentindo a impetuosidade de Salem, decidiu que não poderia tolerar a perda de outro Bin Laden em um acidente de avião. Nos últimos dias de 1968, o rei deu ordens a Salem para que vendesse o Hawker e os outros aviões turboélice da empresa, com base no argumento de que eram perigosos demais. A família estava confinada ao solo, pelo menos quando estivesse na Arábia Saudita; quando viajava pela Europa, Salem sempre encontrava uma maneira de alugar um avião e treinar pilotagem.[18]

A disputa por poder entre Salem e seu meio-irmão se aprofundava. Ali era alto, sensível e não tinha sido educado em internatos. Mais tarde se dedicaria com paixão à jardinagem e à fotografia. Sentia ter direito a mais autoridade do que Salem ou os fideicomissos do rei permitiriam. Farto, pediu aos curadores autorização para vender suas ações da empresa e seguir o próprio caminho. Os fideicomissos não sabiam que decisão tomar, por isso Ali escreveu uma carta ao rei pedindo permissão para se desligar e tomar um rumo separado. Faisal atendeu à solicitação e os curadores articularam um acordo pelo qual Ali recebeu por seus títulos e ações o montante de 1 milhão de dólares, segundo estimativas posteriores de membros da família. (Se os números são exatos, e se Ali de fato recebeu integralmente a soma pela venda de suas ações, o pagamento sugere que à época julgou-se que o valor de mercado da empresa era inferior a 50 milhões de dólares.) Poucos anos depois Ali se mudou para o Líbano, depois em definitivo para Paris; nunca mais teria nada a ver com os negócios da família Bin Laden; Salem e seus irmãos bilaterais agora estavam com as mãos firmemente agarradas ao poder.[19]

Salem casou-se com Sheikha al-Attas, filha de uma rica e proeminente família *hadhrami* que administrava um banco de capital holandês; o matrimônio sinalizava a ascensão de Salem, que subia vários degraus nas fileiras da classe internacional de homens de negócios de Jedá. Sheikha era quase tão alta quanto Salem, magra e impressionante. Havia sido educada na Indonésia, e além do árabe falava inglês, francês e holandês. A decisão de Salem surpreendeu alguns de seus amigos, que o consideravam jovem e irrequieto demais para ser um marido confiável, mas ela era uma mulher prestigiada e de grande influência, e compartilhava com o marido o gosto por viagens e pela cultura européia.[20]

Salem buscou provar seu valor ao rei Faisal, que decidiria seu futuro. Os dois estavam longe de formar um par natural ou uma boa combinação — um era jovem e irreverente, o outro era um senhor maduro e cerebral. Talvez Faisal duvidasse de Salem e da viabilidade da sucessão na empresa de Bin Laden, ou talvez estivesse impaciente para ver o término de seus projetos em Asir, mas o fato é que, um ano depois da morte de Mohamed, Faisal concluiu que os Bin Laden deveriam vender um bom número de ações minoritárias para uma empresa estrangeira, preferencialmente norte-americana.

Anwar Ali, presidente do banco central saudita, comandou as negociações. Deixou bem claro que a predileção do rei era pela venda. Ali sentia que o "vácuo de gestão" deixado por Mohamed bin Laden tornava imperativa uma fusão, ainda que isso fosse mudar o caráter da empresa. Cada vez mais o reino recorria a empreiteiras estrangeiras para a execução das principais e maiores obras públicas, em parte para garantir uma qualidade mais alta de materiais e de engenharia; nesse quesito, uma fusão seria útil para lançar a empresa de Bin Laden no ímpeto de modernização do reino. Anwar Ali e os fideicomissos entraram em contato e fizeram reuniões com construtoras alemãs, italianas e holandesas, mas seu alvo principal era o consórcio Morrison-Knudsen, para quem os Bin Laden atuavam como agentes na Árábia Saudita.[21]

No início de 1970, Anwar Ali propôs uma *joint venture* na qual os Bin Laden ficariam com 60% e a empresa norte-americana, 40%. A Morrison-Knudsen contribuiria com uma quantia em dinheiro vivo — da qual metade, mais de 2 milhões de dólares, viria de um empréstimo do banco central saudita. Ali foi aos Estados Unidos para uma reunião com executivos da Morrison-Knudsen e aventou a perspectiva de um contrato para a construção de um aeroporto em Jedá, que viria a ser um dos maiores negócios de construção já concedidos a uma firma estrangeira. Mas as partes não chegaram a um consenso sobre a divisão de responsabilidades do novo consórcio.[22]

A proposta da Morrison-Knudsen era assumir o controle majoritário da empresa de Bin Laden, mas Ali informou os altos funcionários do Departamento de Estado de que aquele seria "um arranjo de propriedade difícil de negociar" com Faisal e a família real, uma vez que havia "oposição a associações de sociedades com propriedade majoritariamente estrangeira". A embaixada dos Estados Unidos em Jedá, ansiosa para derrotar as firmas européias, torceu as mãos em desespero diante das reservas da Morrison-Knudsen. Vinte anos antes, a Bechtel tinha recuado diante de solicitações e exigências semelhantes da parte da família real, abrindo caminho para a ascensão de Bin Laden. Agora, outro gigante norte-americano da construção estava ameaçando ir embora e abrir mão da oportunidade de arrematar a posição que Bin Laden havia conquistado como o principal empreiteiro do reino. Apesar do interesse pessoal de Faisal no negócio, os executivos da Morrison-Knudsen sentiam "intranqüilidade sobre a capacidade de realizar empreendimentos comerciais com a heterodoxa Mohamed Bin Laden Organization", conforme definiu um despacho norte-americano.[23]

Hermann Eilts, embaixador dos Estados Unidos em Jedá durante as primeiras etapas dessas negociações, lembra que os executivos norte-americanos ficaram desconcertados e foram dissuadidos, "antes de tudo", pela "confusão que havia na família", e pelo desajeitado e dificultoso sistema de administração implementado pelo conselho de fideicomissos. Além disso, disse Eilts, alguns membros da família Bin Laden exigiram propina para assegurar seu voto favorável à fusão. "Ora, não é que a Morrison-Knudsen não estivesse acostumada a esse tipo de coisa", mas naquelas circunstâncias isso ajudou a empresa a tomar sua decisão.[24]

No fim das contas, as negociações da fusão fracassaram. Os filhos de Bin Laden não teriam parceiros estrangeiros para garantir a viabilidade da empresa que herdaram do pai; estavam sozinhos e teriam de agir por conta própria.

Cada vez mais pareciam determinados a seguir caminhos separados e independentes. Tareq bin Laden, meio-irmão de quem Salem era particularmente próximo, abriu sua própria construtora e em 1970 fez propaganda com anúncios em publicações internacionais especializadas em negócios. Para provar que poderia dar conta de executar contratos de grande porte e concluir as obras no prazo, dois anos depois Salem e seis de seus meios-irmãos formaram uma empresa à parte, a Bin Laden Brothers, empreiteira e indústria. As previsões aflitas que imediatamente se seguiram à morte de Mohamed ainda pareciam plausíveis; o império de negócios do patriarca estava gradualmente se desintegrando, por causa das ambições centrífugas de seus muitos filhos.[25]

EM MEADOS DOS ANOS 1970, a Europa, o Líbano e Jedá eram os três principais lugares em que se concentrava a vida da família Bin Laden. As idades de seus 45 filhos variavam muito, de bebês de colo a jovens adultos; em sua maioria eram adolescentes. Em muitos casos estavam apenas começando a se conhecer uns aos outros. Cada vez mais Salem se afirmava como o novo patriarca da família; era ele quem distribuía mesadas, tomava decisões sobre a educação, organizava as reuniões e as férias familiares.

Em Jedá havia três núcleos de atividade familiar — os escritórios da velha sede da empresa de Mohamed, os novos conjuntos de escritórios da firma Bin Laden Brothers no centro da cidade, e o complexo residencial de casas nos subúrbios, em Kilo 7, na Estrada de Meca, onde moravam as viúvas de Mohamed e outros membros da família. Salem vivia em trânsito permanente entre esses três locais, reunindo-se com empregados, irmãos e irmãs; às sextas-feiras, quando estava na cidade, visitava e fazia corte respeitosa à sua mãe. Como uma aparição, os minaretes de uma mesquita da família, erguida por Mohamed como gesto de caridade religiosa, assomavam acima das casas de teto baixo. Ali perto ficavam os enclaves de muros caiados de outras esposas e algumas ex-esposas de Mohamed; as mulheres dividiam as casas com os filhos e filhas que ainda não tinham ido embora estudar. Em geral era tranqüila a convivência entre as viúvas. "O que me surpreendeu", recorda-se Carmen bin Laden, que fora morar ali em meados da década de 1970, "foi o fato de que todas eram muito próximas [...] Achei que haveria rivalidades, que uma nem sequer falasse com a outra". Pelo contrário, uma tratava a outra como irmã.[26]

Nas cercanias de Jedá se espalhavam as amplas instalações da velha empresa do pai, com enormes pátios abarrotados de equipamentos Caterpillar e escritórios de engenheiros e contadores europeus. Os fideicomissos administravam a firma principalmente com a ajuda de executivos e técnicos que ocupavam cargos adequados quando o pai morreu. Nesses anos os meninos tiveram relativamente pouco a fazer.[27]

Muitos dos meninos Bin Laden, e algumas das meninas, ainda estudavam em internatos fora da Arábia Saudita. Em algum momento após a morte de Mohamed, depois que Faisal começou a supervisionar a educação das crianças, muitos deles foram matriculados na Brummana High School, escola de elite em uma cidade *resort* cristã aninhada nas colinas ao norte de Beirute. O Líbano, à época ainda intocado pela guerra civil, era o país mais moderno e sofisticado do mundo árabe, caracterizado pela diversidade religiosa e pela maciça influência européia. Brummana tinha cerca de setecentos alunos e abrigava desde crianças de ensino fundamental a adolescentes se preparando para ingressar na vida universitária. A escola havia sido fundada por missionários quacres em meados de 1870, e seus edifícios principais, feitos de telhas e tijolos vermelhos e pedras locais, datavam desse período. Desde o início de suas atividades a escola admitiu meninas, e em 1902 tornou-se uma das poucas instituições de ensino do mundo árabe plenamente integrada ao regime de co-educação, em que meninos e meninas são educados juntos. Mais tarde Brummana passou a contar com patronato da família real britânica; em 1967, o duque de Edimburgo inaugurou um novo dormitório. Poucos anos depois foram abertos novos laboratórios de ciências e um centro de saúde. O currículo era predominantemente em inglês; entre os alunos havia membros da família real saudita e jordaniana, mas também adolescentes europeus cujas famílias trabalhavam no Líbano. Havia um programa bastante atuante de atletismo e educação física, com ênfase especial em voleibol e basquete, o que era bastante conveniente para os Bin Laden mais altos, Saleh e Khalil.

O treinador de vôlei dos meninos, Joe Ashkar, um cristão libanês, abriu uma loja de música perto da escola. Os Bin Laden "gostavam do que chamávamos de 'música underground'", ele se recorda. "Beatles, Jimi Hendrix, Mick Jagger." Também ouviam pesarosas canções populares árabes sobre separação e saudade. Às vezes seguiam de carro até Beirute para ir ao cinema — "Elvis, Bruce Lee, nada de filmes árabes". Namoravam meninas européias. Nesse período, um dos irmãos, Khaled, que vivia no Egito, casou-se com uma jovem dinamarquesa. Saleh engatou um longo relacionamento com um jovem inglesa que estudava na Brummana, mas a mãe do rapaz, uma síria conservadora, não permitiu que ele se casasse com ela; só aceitaria uma noiva local.[28]

Os meninos tinham queda por roupas caras e da moda e predileção por carros e aviões. Bakr, irmão bilateral de Salem, mantinha em Beirute um valioso Oldsmobile. Saleh pagava amigos para que fossem à Europa comprar e trazer para o Líbano e a Arábia Saudita mais carros novos. "Ele usavam calças boca-de-sino enormes", recorda a namorada de Saleh, Shirley Bowman. "Eram estranhos, um pouco bizarros. Na verdade faziam isso para provocar burburinho, suscitar comentários. Todos tinham os cabelos crespos e compridos em estilo afro. As camisas sempre abertas até a barriga. Beirute era o lugar da hora." Pela primeira vez alguns deles começaram a gastar dinheiro em excesso, a esbanjar. Saleh comprava presentes caros para a mãe de Bowman, na Inglaterra, o que irritava e melindrava o pai dela, já que ele mesmo não podia proporcionar à esposa aqueles luxos. Saleh "nunca entendeu direito a etiqueta dos europeus", ela disse. Contudo, "ele tinha mesmo um bom coração, e faria qualquer coisa por qualquer pessoa".[29]

Na família Bin Laden a autoridade parecia difusa. "A dinastia familiar não tinha evoluído de verdade", afirmou Bowman. "Os meninos mais velhos estavam dando ordens e impondo tudo, sempre de olho nas irmãs. Algumas tinham permissão para estudar no exterior, outras não." De sua parte, Saleh "tinha muito orgulho das irmãs. Eram todas realmente lindas. Gastavam milhares de dólares em roupas".[30]

Salem organizou uma viagem da família à Inglaterra e à Suécia. Já tinha viajado de carro com amigos do internato para a Suécia, de forma improvisada e despreocupada, e parecia ter uma forte atração pela Escandinávia. Em setembro de 1971 Salem planejou uma excursão familiar para Falun, na Suécia. No jornal local a manchete era "Visita de celebridade árabe":

> Salem bin Laden visitou Falun, como parte de um roteiro de viagem pela Europa que mistura negócios e lazer. Veio acompanhado de 22 membros de sua família [...] Visitou o Clube Ofélia em Falun. O jovem xeique é um grande fã de boates e discotecas e no passado já visitou várias vezes as casas noturnas de Falun.[31]

"Ele se vestiam de modo muito elegante", lembra-se Christina Akerblad, gerente do modesto hotel em que a família ficou hospedada. "Percebemos que eles usavam a cama extra que havia nos quartos para acomodar suas roupas. Tinham diversas camisas de seda branca embrulhadas em celofane."[32]

Um fotógrafo persuadiu 21 dos membros da família a posarem juntos, encostados a um sedã norte-americano com longas barbatanas. Os meninos usavam calças boca-de-sino coloridas de cintura baixa, cintos com alça pendurada e camisas de cores brilhantes. Onze meninas e moças estão na fotografia; parecem adolescentes ou entrando na casa dos vinte anos. Todas estavam usando calças, nenhuma de saia, mas apenas uma das meninas estava com os cabelos cobertos. Todos riam alegremente.

Anos depois, um dos meninos na fotografia, o segundo a partir da direita, seria rotineiramente identificado na imprensa como Osama bin Laden. Certamente há uma semelhança, mas os membros da família afirmaram enfaticamente tratar-se de um caso de confusão de identidade — Osama não viajou com o grupo para a Suécia e não aparece na fotografia. O testemunho parece convincente, uma vez que foi confirmado por várias fontes diferentes, incluindo algumas que eram adversárias da família, como Carmen bin Laden.

Em todo caso, no início de 1970 a educação de Osama começara a tomar um rumo bastante diferente da educação da maior parte de seus irmãos e irmãs. Ficava cada vez mais difícil imaginá-lo usando calças boca-de-sino.

10

O jovem Osama

Quando Osama bin Laden nasceu, sua mãe Alia al-Ghanem tinha por volta de quinze anos. Pouco depois Mohamed bin Laden se divorciou dela, provavelmente antes mesmo que ela completasse dezoito anos. À época o menino era o único filho de Alia; por isso, naturalmente os dois ficaram muito apegados um ao outro nesse período de mudança. Mais tarde, já adolescente, Osama "se deitava aos pés dela e a afagava", disse Khaled Batarfi, vizinho e amigo de Osama. "Se soubesse que ela estava magoada ou preocupada com alguma coisa, ele nem conseguia dormir."[1]

Alia foi passada das mãos de um marido para as de outro. Mohamed tomou as providências necessárias para que ela se casasse novamente com um administrador de escalão intermediário que trabalhava em sua empresa, Mohamed al-Attas, da prestigiada família de *hadhramis* descendentes do profeta Maomé. Segundo o relato de Batarfi, que nos anos posteriores o conheceu muito bem, Al-Attas era um homem gentil e tornou-se um marido leal e um pai fidedigno; ele e Alia acabaram tendo quatro outros filhos e constituíram um típico lar saudita, ao qual incorporaram Osama. As evidências sobre os primeiros anos de Osama são escassas, mas certamente o período inicial do casamento de Alia deve ter sido uma época de incertezas. Alia e Osama se mudaram do complexo residencial da família Bin Laden em Jedá, com suas muitas esposas, facções e criados, para uma casa mais modesta. O lugar que Osama ocupava em sua nova casa suburbana era incomum. Por um lado, era o menino esquisito e desajustado, o filho único de um pai ausente, o meio-irmão conspícuo. Ainda assim, na qualidade de herdeiro varão de Mohamed, era a única fonte de riqueza de sua nova família e a única porta de acesso aos privilégios da família Bin Laden. A complexidade emocional da posição do menino Osama — ao mesmo tempo um excluído e uma figura essencial, um rapaz marginalizado e poderoso — pode ser prontamente imaginada, mas a verdade a esse respeito é inalcançável, impossível de ser obtida, e a questão recai inteiramente no terreno das suposições e conjecturas.

Na lembrança de Alia, Osama era "um menino tímido, muito bonzinho, atencioso e circunspeto. Sempre foi muito prestativo. Tentei instilar nele o temor e o amor a Deus, inspirar nele o respeito e o amor pela família, vizinhos e professores". Todos os testemunhos disponíveis sobre a infância de Osama enfatizam sua timidez e placidez. Todo verão, a partir de finais da década de 1950 e até meados dos anos 1970, Alia e o filho mais velho, mais tarde acompanhados dos três meios-irmãos e a meia-irmã de Osama, viajavam de Jedá até a cidade natal de Alia, Latakia, na costa do Mediterrâneo, onde ficavam com a família dela. Os parentes lembram-se dele como um moço calmo e extremamente calado e reservado, beirando a timidez. Ele preferia ficar sozinho, não era especialmente sociável com seus primos, e às vezes tinha dificuldade de se comunicar. Contudo, nunca causou problemas nem se meteu em encrencas; a recordação geral é a de que gostava particularmente de nadar, caçar e andar a cavalo.[2]

A família Al-Ghanem mal conseguia viver de acordo com sua renda e chegar ao fim do mês; essa pode ter sido a razão pela qual, para início de conversa, a jovem Alia foi oferecida a Mohamed bin Laden. Uma parte da família cultivava árvores frutíferas em um vilarejo das redondezas, sob concessão e subvenção do governo sírio. "Se não tivesse havido reforma agrária", o que proporcionou a eles aquele pomar de subsistência, "não teríamos tido nada", disse anos mais tarde Hosam Aldin al-Ghanem. Em comparação, o padrasto de Osama em Jedá desfrutava de um salário decente, e durante a infância Osama pode ter recebido de Mohamed presentes e mesadas ocasionais. Entretanto, ele não era tão rico a ponto de sua mãe poder distribuir dinheiro aos parentes sírios. Com o passar dos anos a situação financeira do próprio Osama foi melhorando, e ele pode ter parecido cego com relação às diferenças econômicas entre ele e os bem menos prósperos familiares sírios de sua mãe. Havia uma ilhota em um pequeno lago perto de Latakia que Osama costumava visitar com os primos. "Eu adorava aquele lugar", lembra-se um deles, Soliman al-Ghanem. "Um dia ele me perguntou se podia comprar a ilha para morar nela."[3]

Durante a meninice e a juventude de Osama, Mohamed bin Laden foi uma figura distante mas aparentemente inspiradora. A maior parte das evidências confiáveis sobre as relações de Osama com o lado paterno da família remonta ao período posterior à morte de Mohamed, mas as informações disponíveis sugerem que Osama sempre foi um membro plenamente reconhecido da ninhada de filhos que Mohamed periodicamente convocava e reunia para inspeção e instrução religiosa. O próprio Osama falou sobre ter conhecido o pai em menino, da lembrança de recitar poesia para ele, de ir com ele aos canteiros de obras e ficar enaltecido pelo exemplo paterno. "Ele considerava o pai um modelo", disse um amigo do tempo de faculdade de Osama, Jamal Khalifa. "Ele não passava muito tempo com o pai", mas "ouvia muitas coisas" sobre ele. Em particular, Osama absorveu a idéia de que seu pai "não era uma pessoa que se sentava atrás de uma mesa e dava ordens". Pelo contrário, Mohamed bin Laden trabalhava com as próprias mãos no deserto, oferecendo liderança direta a seus empregados de diversas etnias. Esse, obviamente, se tornaria também o estilo de liderança de Osama.[4]

Não há virtualmente nenhuma evidência disponível sobre quais canteiros de obras Osama visitou em menino ou que tipo de coisa viu o pai fazendo lá, a não ser as referências ocasionais, indiretas e evasivas do próprio Osama às cidades sagradas sauditas e o conhecimento detalhado do trabalho do pai em Jerusalém. Osama teria entre seis e dez anos de idade quando Mohamed entregou-se à gigantesca tarefa de demolição e limpeza urbana em Meca, bem perto de Jedá. Parece praticamente certo que Osama tenha visitado a cidade nesse período, durante o Hajj ou em outras ocasiões. Particularmente depois de 1965, a outra grande preocupação de Mohamed passou a ser concentrar forças em Asir, de onde ia e vinha quase toda semana. Sua empresa mantinha lá imensa zona de atividade, ao sul de Taif, a poucas horas de carro de Jedá, bem como outros acampamentos de trabalhadores nas imediações de Abha, estes de difícil acesso, região a que só podia se chegar de avião. Mesmo que Osama jamais tenha visto esses canteiros de obras, com seus seixos, grandes pedras de lava e picos escarpados, e onde novas estradas estavam sendo desbastadas pelos operários iemenitas e africanos de Mohamed, seguramente tomou conhecimento da amplitude e da importância dos projetos do pai ao longo da fronteira sul. E, é claro, assim como toda a família, em 1967, quando tinha cerca de nove anos de idade, Osama ficou sabendo que seu pai morrera em um acidente de avião, aparentemente por causa de um erro de seu piloto norte-americano.*

As evidências disponíveis sobre a educação fundamental de Osama são fragmentárias. Parece claro que, assim como todos os seus meios-irmãos, o pai garantiu sua educação constante desde a escola primária e assegurou que o filho estivesse sempre matriculado. As declarações truncadas da mãe sugerem que ele provavelmente recebeu instrução alcorânica da mesma espécie tipicamente dada a meninos na Arábia Saudita. Contudo, assim como seus irmãos, desde o início Osama aparentemente freqüentou escolas influenciadas pela cultura e programas de ensino ocidentais; por certo não existem indícios de que tenha sido educado integralmente em uma *madrassa* religiosa.

Quando chegou à oitava série, Osama era um aluno sério e inteligente ainda que nem um pouco espetacular. É provável que tenha recebido parte de sua educação fundamental na Síria, o que pode explicar os freqüentes períodos de permanência da mãe em Latakia. Sua mãe lembrava-se dele "não como um aluno excelente. Ele passava nas provas com notas médias. Mas era amado e respeitado pelos colegas de classe e vizinhos".[5]

Por volta dos dez anos — a mesma idade com que muitos de seus meios-irmãos haviam sido mandados para internatos no Líbano e na Síria —, Osama também estudou brevemente na Brummana, a escola de elite fundada por quacres no norte de Beirute. Em entrevistas separadas, cinco ex-alunos e funcionários da administração do internato, incluindo a diretora da escola primária, disseram lembrar-se que Osama freqüentou a instituição em meados dos anos 1960, mas voltou para casa em menos de um ano. Nenhum deles se recordava, ou preferiu não dizer, a razão pela qual essa curta experiência de viver longe de casa fracassou, mas evidentemente não foi por causa de mau comportamento ou notas baixas. Renee Bazz, que fazia parte do quadro de funcionários da secretaria da escola, lembrou que, antes de ser matriculado na Brummana, Osama havia freqüentado outra escola de ensino fundamental no Líbano.

Na lembrança de Emile Sawaya, diretora da escola primária de Brummana na década de 1960, Osama tinha dez anos quando chegou e vários de seus

* Cinco dos seqüestradores que lançaram aviões contra alvos nos Estados Unidos no 11 de Setembro foram recrutados por Osama bin Laden em Asir. Há uma impressionante simetria entre essas colisões aéreas envolvendo norte-americanos e pessoas nascidas em Asir, ocorridas com 34 anos de distância no mesmo mês de setembro.

meios-irmãos já eram alunos. "Ele era quieto, calmo, e muito educado", afirmou Sawaya. "Era obediente, estudava bastante."[6]

Osama pode ter estado no Líbano quando seu pai morreu. Sawaya recorda-se de que Salem foi visitar o irmão não muito tempo depois do falecimento de Mohamed. Sawaya perguntou a outro funcionário da administração da escola se Salem agora passara a ser o guardião dos meninos, e ouviu a seguinte resposta: "Não, é o rei [...] o rei Faisal agora é o guardião oficial deles". Salem se encontrou com os irmãos. "A coisa mais estranha era que ele não os conhecia — tivemos de apresentá-los a ele. Quando ele entrou na recepção, eles beijaram as mãos dele." A diretora da escola "apresentou Osama e seus irmãos".[7]

Ahmed Mohamed, meio-irmão de Osama, lembra-se de ter visitado Beirute com ele quando Osama tinha por volta de doze anos. "Ele nos levava ao cinema. Filmes de caubói, de caratê."[8] Depois que ficou famoso, circularam boatos de que na adolescência Osama tinha desfrutado bastante da sibarítica vida noturna de Beirute, mas não existem indícios que corroborem os rumores de sua propensão para cultivar hábitos de luxo e voluptuosidade excessiva. De resto, os boatos podem ter associado a presença de Osama em Beirute quando menino ao estilo de vida de alguns de seus meios-irmãos durante o início da década de 1970.

Depois que Osama foi tirado da Brummana, parece ter ficado um tempo, imediatamente após a morte do pai, na cidade natal da mãe, Latakia. Um professor de inglês de lá, Suleiman al-Kateb, disse que o menino "foi afetado pela morte do pai; ele era muito solitário". Em setembro do ano seguinte, mudou-se de volta para a casa da mãe em Jedá. Depois do falecimento do pai, "Ela era tudo que ele tinha", recorda-se Khaled Batarfi. "Ele era muito obediente a ela." A sensação de Batarfi era a de que Osama ficou muito próximo da mãe "talvez porque não fosse muito próximo do pai".[9]

Alia matriculou o filho em uma escola particular de elite em Jedá, a Escola-Modelo Al-Thaghr, que se orgulhava de seu moderno currículo; era a única escola da Arábia Saudita que podia ao menos pensar em se comparar um pouco a um lugar como Brummana. Osama lá ingressou em 1968, um ano depois do acidente aéreo de seu pai, quando provavelmente estava na quinta ou na sexta série. Estava na curva da puberdade e presumivelmente perturbado pela perda do pai. Desfrutava de um lar confortável e de um padrasto meigo e confiável, mas, na qualidade de herdeiro de Mohamed, mantinha-se afastado dos meios-irmãos na segunda casa da mãe; tanto em sentido biológico quanto financeiro, Osama era um caso especial. Parece seguro supor que estavam em busca de orientação. Em todo caso, a figura paterna que em breve encontraria em Al-Thaghr mudaria para sempre a sua vida.

AL-THAGHR OCUPAVA uma área árida de centenas de metros quadrados com fileiras de eucaliptos, cujos galhos eram retorcidos pela ação dos ventos do mar Vermelho. O *campus* da escola se situava ao norte da antiga Estrada de Meca, perto do centro de Jedá. O prédio principal da escola era um retângulo de dois andares construído de pedra e concreto, em estilo moderno e algo insípido, sem traços característicos. Dentro, corredores ligavam duas alas de salas de aula, uma para alunos de ensino intermediário, onde Osama começou, e outra para o colegial. Entre os corredores havia um amplo pátio interno, e do segundo andar os alunos podiam se encostar às grades da sacada e berrar com os colegas embaixo, ou atirar neles uma saraivada de bolinhas de papel. Assim como Osama, quase todos os alunos de Al-Thaghr eram externos — não moravam no *campus* —, mas havia também alguns estudantes em regime de internato; estes moravam no segundo andar, bem como alguns dos professores estrangeiros.[10]

O governo saudita fundou a escola e contratou os professores e o corpo de funcionários de Al-Thaghr, e durante as décadas de 1960 e 1970 a instituição tinha a reputação de ser um enclave particular dos filhos dos homens de negócios e da família real. Mohamed bin Laden havia visitado periodicamente o colégio em meados da década de 1960, quando o lugar servia de ponto para reuniões e eventos que angariariam recursos para a criação da primeira universidade de Jedá, que veio a se tornar a Universidade Rei Abdulaziz, onde Osama mais tarde estudaria. Al-Thaghr tinha rigorosos exames de admissão a que qualquer saudita podia se candidatar, e os alunos da classe trabalhadora que conseguiam passar freqüentavam a escola junto com os meninos ricos.[11]

Al-Thaghr — nome que em uma tradução aproximada significa "ancoradouro" — foi fundada no início da década de 1950 por Faisal, mas a escola só ganhou corpo e força de fato quando ele estabeleceu o enorme *campus* em

Jedá, em 1964, e começou a reverter para ela dezenas de milhões de rials anuais tirados do orçamento nacional. O sogro turco de Faisal, Kamal Adham, teve interesse pelo projeto e viajou à Inglaterra, onde se reuniu com oficiais do governo em busca de apoio; disse aos ingleses que achava que a escola devia funcionar tendo como exemplo o Victoria College, instituição escolar de inspiração britânica em Cartum, no Sudão. Quando Osama foi estudar na Escola-Modelo Al-Thaghr, como era formalmente chamada, o colégio já era uma vitrine do ímpeto modernizador de Faisal, particularmente de seu interesse pelas ciências e métodos de educação ocidentais. Nos anos 1960 ela era a única escola de Jedá com sistema de ar-condicionado e uma das primeiras do reino a ter, em anos posteriores, salas de aula equipadas com computadores. Os alunos não vestiam os trajes nacionais tradicionais como *thobes* e *shemaghs*, mas sim um uniforme que emulava o estilo de escolas preparatórias inglesas e norte-americanas: camisas brancas com botões, gravatas, calças largas cinza, sapatos e meias pretas, e, nos meses de verão, casaco ou paletó esporte grafite de dois ou três botões.[12]

Ano após ano, as turmas de formandos chegavam a sessenta alunos. Toda manhã os alunos se reuniam em filas para uma chamada de estilo militar; em um dos lados da fila, sentado em um banquinho sem encosto, o diretor da escola acompanhava com um bastão, pronto para disciplinar com pancadas nas solas dos pés descalços, os meninos malcomportados ou que perturbavam a ordem. O currículo escolar incluía instrução em inglês dada por professores da Irlanda e da Inglaterra, e um programa bastante puxado em matemática. Ao mesmo tempo, como todas as instituições na Arábia Saudita, Al-Thaghr obedecia ao ritual islâmico e incluía a educação religiosa como aspecto essencial da instrução. Às 12 horas os alunos se ajoelhavam juntos para a *zuhr*, a oração do meio-dia.[13]

Quando Osama entrou na escola logo se destacou: era extraordinariamente alto mas tinha uma personalidade reticente. Ficava sentado em um canto do fundo da classe, observando o *playground*. Em um curso de nível intermediário de inglês, relembra o professor britânico Brian Fyfield-Shayler, "eu estava tentando trabalhar com os alunos os aspectos da fala. Para se sair bem e progredir, o aluno precisa estar preparado para cometer erros. Precisam se exibir um pouco, e Osama era extremamente tímido e reservado, talvez um pouco temeroso de cometer erros". Osama também era "excepcionalmente amável [...] mais amável que a média dos estudantes, em parte provavelmente porque era um pouquinho mais tímido que a maioria dos alunos". Seamus O'Brien, irlandês que também dava aulas de inglês em Al-Thaghr, lembra-se de Osama como "um sujeito legal e bom aluno. Nunca houve problemas com ele [...] Era um rapaz quieto. Acho que as águas silenciosas é que são as mais profundas". Outro professor, Ahmed Badeeb, lembra-se dele como aluno academicamente "mediano", avaliação que está de acordo com o relato da mãe de Osama.[14]

Por volta de 1971 ou 1972, quando Osama estava na oitava série ou no primeiro ano do ensino médio, foi convidado a integrar um grupo de estudos islâmicos que se reunia extracurricularmente depois das aulas, liderado pelo professor de educação física sírio de Al-Thaghr que morava no segundo andar, acima do pátio. Nesse período era comum encontrar nas escolas de ensino médio e nas universidades sauditas professores sírios e egípcios, muitos dos quais haviam se envolvido com grupos políticos islâmicos dissidentes em seus países de origem. Alguns desses professores ou eram membros ou sofriam influência da Irmandade Muçulmana, organização islâmica fundada no Egito em 1928 por um professor chamado Hassan al-Banna. Inicialmente a Irmandade era um movimento de inclinação religiosa que fazia oposição ao jugo colonial britânico no Egito; mais tarde, os líderes continuaram sua luta contra Nasser. As relações entre Nasser e a Irmandade eram ambíguas, alternando períodos de aproximação e acomodação com sanções severas e brutais. Alguns dos organizadores do movimento foram forçados ao exílio e começaram a formar novos módulos por todo o mundo muçulmano. O intuito era substituir líderes seculares e nacionalistas por governos islâmicos e seus membros sempre atuavam na clandestinidade. A praxe era recrutar membros entre as famílias bem-educadas da elite. Os objetivos do movimento incluíam a imposição da lei alcorânica a todas as sociedades muçulmanas e o fortalecimento dos sábios e eruditos islâmicos como árbitros culturais e administradores da justiça. Ao longo dos anos, a Irmandade seguiu atuando tanto abertamente quanto em segredo, por meio de campanhas políticas pacíficas ou pelo apoio a ações violentas.

O rei Faisal via a Irmandade com alguma desconfiança; certamente, ele e outros membros da família real encaravam com cautela a propensão do movimento para articular a organização política além das fronteiras nacionais. Contudo, em sua campanha para levar vantagem sobre Nasser por meio de apelos ao islã, Faisal viu nos professores exilados da Irmandade um recurso bastante útil. O rei desejava ver educada a população saudita o mais rapidamente possível, e não tinha professores nativos com que pudesse contar. Os professores influenciados pela Irmandade formavam um grupo significativo, particularmente entre os educadores vindos da Síria e do Egito.[15]

No recrutamento de candidatos para o grupo de estudos islâmicos, o professor sírio de educação física de Al-Thaghr atraiu cinco ou seis meninos, seduzindo-os com promessas de créditos extras e esportes. O professor era "alto, jovem, tinha menos de trinta anos, em plena forma", segundo a lembrança de um colega de escola de Osama que também integrou o grupo de estudos. "Ele usava barba, mas não era uma barba comprida como a de um mulá. Ele não tinha a aparência de um religioso [...] Andava como um atleta, bastante aprumado e confiante. Era muito popular. Carismático. Tinha senso de humor, mas era um humor planejado, bastante reservado. Contava algumas piadas para quebrar o gelo entre nós".[16]

"Alguns de nós eram atletas, outros não", lembra o colega de classe sobre o grupo inicial, que, além de Bin Laden, incluía os filhos de várias famílias proeminentes de Jedá. O sírio "prometeu que se ficássemos no grupo faríamos parte do grêmio atlético e jogaríamos futebol. Eu queria muito jogar futebol. Então começamos a ficar com ele depois das aulas, das duas às cinco da tarde. Quando começou, ele explicou que no início de cada sessão ficaríamos um pouco a portas fechadas, memorizando alguns versículos do Alcorão, e depois iríamos jogar bola. A idéia dele era a de que se memorizássemos alguns versículos por dia antes do futebol, quando chegássemos ao fim do ensino médio já teríamos memorizado o Alcorão inteiro, uma distinção especial".

"Osama era um aluno honrado e decente", recorda o colega de classe. "Ele era um tanto isolado e quieto, mas honesto. Se você levasse um sanduíche para a escola, os outros alunos roubavam e comiam, só para fazer graça. Ninguém podia deixar nada em cima da carteira. Era a brincadeira corriqueira. Então costumávamos deixar nossas coisas de valor com Osama, porque ele nunca roubava nem trapaceava. Era lúcido e sério. Nunca colava nas provas nem copiava nada de ninguém, mas também nunca escondia suas próprias provas, deixando à mostra o que escrevia caso quisessem espiar por cima de seu ombro."

No começo o grupo de estudos funcionou conforme o professor havia prometido. "A gente se sentava, lia alguns versículos do Alcorão, traduzia ou discutia a melhor maneira de interpretá-los, apresentava nossos muitos pontos de vista. Aí ele nos mandava para o campo. Ele tinha a chave do tesouro — os armários onde ficavam guardadas as bolas e o equipamento esportivo. Mas acontece que a parte dos esportes era muito desorganizada e abrangente. Não havia um time regular de futebol [...] Quase sempre eu acabava tendo de jogar um-contra-um, o que não tinha muita graça."

Com o passar dos meses, o grupo foi ficando cada vez mais tempo reunido a portas fechadas. Depois de mais ou menos um ano, o colega de classe de Bin Laden disse que começou a se sentir entediado e preso em uma armadilha, mas a essa altura o grupo já havia desenvolvido a camaradagem e Bin Laden aparecia como um dos integrantes mais compromissados e envolvidos. Gradualmente os adolescentes pararam de memorizar o Alcorão e começaram a ler e discutir *hadiths*, histórias interpretativas da vida do profeta Maomé, de origem diversa, e que normalmente são estudadas para ajudar a iluminar as idéias transmitidas pelo Alcorão. As sessões de estudo eram realizadas na sala do professor de educação física sírio: ele acendia uma vela sobre a mesa no meio da sala, e os meninos, incluindo Osama, sentavam-se no chão e escutavam. As histórias que o sírio contava eram ambíguas com relação a tempo e lugar, segundo a lembrança do colega de classe de Bin Laden, e não aconteciam explicitamente na época do Profeta, como nos *hadiths* tradicionais. Cada vez mais o professor contava a eles "histórias que eram realmente violentas", recorda o colega de classe. "Era hipnótico."

O colega de escola disse se lembrar de uma em particular: uma história "sobre um menino que encontrou Deus — exatamente como nós, da nossa idade. Ele queria agradar a Deus, mas o pai dele ficava no seu caminho. Quando ele se ajoelhava para orar, o pai ficava puxando o tapete". O sírio "contou a história bem lentamente, mas conforme ia se aproximando do clímax, ficava se referindo ao 'menino corajoso' ou ao 'menino virtuoso e reto'. Ele explicou que o pai do menino tinha uma arma. Ele passou vinte minutos descrevendo a preparação do menino, passo a passo — as balas, a arma sendo carregada, ele arquitetando um plano. Por fim, o menino atirou e matou o pai". Depois de contar mais uma vez o final da história, o sírio declarou: 'Deus seja louvado — o islã foi derramado sobre aquela casa'. Olhei para os outros meninos, meninos de catorze anos, as bocas escancaradas. Pela graça de Deus, eu disse a mim mesmo, 'Não' [...] Tive uma sensação de angústia. Comecei imediatamente a pensar nas desculpas que poderia arranjar para nunca mais ter de voltar".

No dia seguinte, ele parou de assistir às reuniões do grupo. Mas, ao longo dos anos seguintes, ficou de olho em Osama e nos outros do seu antigo grupo, que continuaram estudando com o professor de educação física e adotaram abertamente o estilo e as convicções de jovens ativistas islâmicos. Deixaram a barba crescer, encurtaram o comprimento das calças e se recusavam a passar a ferro suas camisas (ostensivamente para imitar o estilo de vestimenta do Profeta), e cada vez mais faziam preleções e argumentavam com os outros estudantes de Al-Thaghr sobre a necessidade urgente de restaurar a lei islâmica pura no mundo árabe.

No período em que Osama freqüentou o ensino médio, Al-Thaghr se tornara viveiro e palco propício para o debate — ainda que no âmbito dos estreitos limites da entorpecedora política cultural da Arábia Saudita —, envolvendo estudantes influenciados pelas idéias de Nasser, que advogavam o nacionalismo pan-árabe, e os estudantes influenciados pela ideologia da Irmandade, que defendiam a restauração do islã na política árabe. Claramente Osama estava no segundo campo; ele "filiou-se a uma comissão religiosa" na escola, segundo Ahmed Badeeb. "Era um dos membros mais importantes", segundo recorda Khaled Batarfi. "O grupo era influenciado pela Irmandade. Ele foi influenciado por essa filosofia." O relato de Batarfi é corroborado por Jamal Khashoggi, que conheceu Bin Laden durante a década de 1980; ele disse que Osama "começou como um 'Irmão Muçulmano'", o que significa que foi formalmente recrutado para o movimento ainda durante a adolescência ou pouco depois.[17]

A Irmandade, à qual o próprio Khashoggi também pertenceu por certo período, "é uma associação com membros ou sócios", afirmou. "Geralmente você precisa ser selecionado." Os novatos "passam por diferentes estágios". A etapa das reuniões semanais e da instrução religiosa pode durar até dois anos, antes que um calouro seja convidado a participar "de reuniões mais exclusivas [...] E aí perguntam: 'Você quer fazer parte da Irmandade Muçulmana?'. Quase sempre o aprendiz responderá 'Sim', porque já terá sentido que sua hora estava chegando [...] E aí vai fazer parte do movimento". O recrutamento para a Irmandade quase sempre é secreto e suas categorias de membros variaram de acordo com a época e de país para país. Não existem evidências específicas sobre quando ou de que maneira Osama associou-se ao grupo, mas a Irmandade normalmente aceita apenas adultos como membros, por isso parece mais provável que o ativismo escolar tenha servido como uma espécie de aprendizado para uma participação mais formal no movimento depois de ingressar na universidade.[18]

As raízes egípcias da Irmandade e sua ênfase na atividade de militância política teriam influência no rumo da vida de Osama assim que chegou à maioridade. Na escola secundária, entretanto, provavelmente seria difícil distinguir o que era preceito do movimento e o que era parte da ênfase geral na devoção islâmica que Faisal promovia na Arábia como antídoto ao nasserismo. Em larga medida por causa da repressão que a família real saudita impunha à iniciativa de organização política no reino, os eruditos e sábios religiosos geralmente procuravam evitar a abordagem direta de temas abertamente políticos; em vez disso, preferiam se concentrar em tópicos teológicos: oração, rituais islâmicos e a conduta privada de Maomé. O grupo de Bin Laden em Al-Thaghr, disse Khaled Batarfi, até certo ponto foi influenciado por essa ênfase na busca de uma vida verdadeiramente islâmica, mas também adotou "uma agenda mais ativista, um programa de ação mais político", sob inspiração da Irmandade. Saud al-Faisal, filho do rei que mais tarde se tornaria ministro das Relações Exteriores da Arábia Saudita, anos depois reclamou que os professores islâmicos do Egito e da Síria "fizeram mau uso" da hospitalidade a eles oferecida, pregando política. "Nós os tratamos com honestidade e eles nos trataram com dissimulação."[19]

Em junho de 1973, quando Osama estava concluindo o primeiro ano do ensino médio, o embaixador britânico no reino elaborou um relatório confidencial para o Ministério das Relações Exteriores do Reino Unido intitulado "Os jovens da Arábia Saudita". Suas descobertas e conclusões sugeriam que a educação de Osama, ainda que talvez um pouco mais ideológica do que a de alguns de seus pares, nada tinha de incomum ou extraordinária. O embaixador escreveu:

> A Família Real está cônscia e bastante sensível com relação aos perigos que a educação poderia representar à sua posição se permitisse que idéias modernas fluíssem livremente nas escolas [...] os costumes e crenças tradicionais estariam suscetíveis a ameaças. Deste modo, o estudo do islã é tido como ponto essencial e é ministrado pesadamente [...] Famílias proeminentes hão de admitir que ao escolher enviar seus filhos para escolas no exterior, como o Líbano, por exemplo, sua decisão não é influenciada por qualquer tipo de falta de qualidade no ensino de nossas melhores escolas particulares, mas pelo fato de que os planos de ensino são tomados pela instrução e estudos religiosos, a ponto de não sobrar tempo suficiente para que as crianças obtenham proficiência normal em outras matérias.

O relatório descrevia a maneira como os adolescentes nessas escolas locais de elite eram ensinados a compreender o papel da Arábia Saudita e das cidades sagradas em relação ao mundo:

> O fato de que Deus dotou Sua Terra Santa com um meio de sustento, pelo acidente do petróleo, é visto como parte natural de Seu Plano para o ressurgimento ou renascimento do mundo islâmico. Os mapas islâmicos dispostos nas salas de aula mostram a Arábia no centro do globo, com dois círculos concêntricos desenhados ao redor de Meca. A Arábia e outros países islâmicos são pintados em cor verde brilhante, e os países de minoria islâmica [...] em tonalidades gradualmente mais fracas de verde. A maioria das outras partes do mundo nem sequer tem o nome grafado.[20]

POUCOS ANOS DEPOIS de ser matriculado em Al-Thaghr, Osama mudou-se com a família para uma nova e confortável casa de subúrbio no bairro de Al-Musharifah, em Jedá, à época uma das áreas residenciais mais novas da cidade. As estradas locais ainda não eram asfaltadas e entre uma casa e outra havia trechos agrestes de deserto, em que os meninos da vizinhança jogavam futebol e se reuniam para brincar. O terreno era levemente elevado, e em alguns dias era possível ver, ao longe, o mar Vermelho. A casa que Osama bin Laden dividia com a mãe e os outros quatro filhos que ela tivera com Mohamed al-Attas era espaçosa, mas não luxuosa: dois andares e quatro quartos, um dos quais, no piso térreo, Osama ocupava sozinho. Como é comum na Arábia Saudita, muros e grades de ferro cercavam a casa, que tinha um jardim mas não tinha piscina.[21]

Osama era fã de um time profissional de futebol de Jedá, o Al-'Alim, e jogava em uma equipe de meninos capitaneada por seu vizinho Khaled Batarfi. "Ele era alto, e por isso eu o colocava para jogar na frente, para que ele usasse a cabeça", lembrou Batarfi. "Às vezes eu o punha para atuar na defesa." Uma vez, quando estavam jogando em outra parte da cidade, um menino do time adversário ficou irritado com Bin Laden e parecia prestes a bater nele. Batarfi se interpôs e empurrou o menino para longe, mas Osama, segundo a lembrança de Batarfi, teria protestado: "Eu ia resolver a situação de maneira pacífica". Batarfi afirmou que, anos depois, ele e Osama riram muito da ironia desse incidente — "Osama, o negociador pacífico", definiu Batarfi.[22]

Depois que mergulhou fundo no movimento estudantil islâmico em Al-Thaghr, Osama passou a defender de maneira tão insistente a causa que podia ser um chato em matéria de conduta religiosa — calmo, em geral, mas persistente. Orava cinco vezes ao dia, chamava os outros meninos a se juntar a ele e insistia que usassem calças compridas no campo de futebol, já que os professores sauditas de religião diziam ser apropriado. "Os meios-irmãos mais jovens dele o respeitavam muito", disse Batarfi. "Ele era mais velho. Era duro com eles quando o assunto era comportamento religioso; instruía severamente que não se misturassem com meninas, que fossem discretos perto das mulheres. Quando uma criada entrava na sala, ele enterrava a cabeça no peito e não olhava para ela."[23]

Batarfi disse que ele e Osama assistiam à televisão juntos — jogos de futebol, tanto do campeonato nacional saudita como de torneios internacionais, mas também séries norte-americanas para a família, como *Bonanza*. Osama era fã em especial de filmes de ação e faroestes, particularmente aqueles em que cavalos tinham papel importante. Batarfi se lembra de que eles assistiam a uma série norte-americana chamada *Fury*, produzida entre 1955 e 1960, e que depois foi exibida no mundo todo geralmente sob o título *Brave Stallion*. O seriado era sobre um menino de doze anos chamado Joey, órfão e problemático, que vai morar em um rancho com Jim Newton, homem que perdera a esposa e o filho em um acidente de carro. O menino aprende a domar cavalos selvagens e se torna particularmente próximo de "Fúria", um garanhão preto até então indomável; graças à amizade com o cavalo, aos poucos as feridas da vida anterior de Joey vão sendo curadas. Não é difícil imaginar o apelo e o fascínio que essa narrativa exercia sobre Osama; em todo caso, quando cresceu, ele tornou-se um apaixonado por cavalos. Mohamed bin Laden havia deixado uma fazenda familiar — que estava mais para um rancho do deserto — nos arredores de Jedá, lugar que, após a sua morte, seus filhos e filhas compartilhavam. Osama passava fins de semana no rancho com seus meios-irmãos do lado paterno da família, e lá aprendeu a cavalgar e tratar de cavalos. Mais tarde comprou seu próprio rancho, no sul de Jedá, onde mantinha mais de vinte cavalos.[24]

Muitos anos depois, alguns membros da família Bin Laden, na tentativa de se distanciar publicamente de Osama, fizeram questão de enfatizar que ele tinha sido criado em uma casa separada e que na adolescência não tivera muito contato com seus meios-irmãos e meias-irmãs. De fato, é verdade que tinha morado longe da residência principal da família, porque cresceu com a família do seu padrasto; mas parece ter tido pelo menos tanto contato com os filhos de seu pai quanto qualquer outro menino "avulso" sem irmãos ou irmãs bilaterais. Batarfi recorda-se de que Osama "ia visitar seus irmãos Bin Laden nos fins de semana e assim por diante". Além disso, alguns desses meios-irmãos estudaram em Al-Thaghr na mesma época que ele; o professor Fyfield-Shayler lembrou que "vários" dos meios-irmãos de Osama foram alunos da escola durante diferentes períodos em que Osama também estava matriculado lá. Parece certo que Osama tinha a clara noção de si mesmo como um dos herdeiros de seu pai, bem como nutria a ambição de trabalhar na construtora da família. Seus primos na Síria e sua mãe relembram o interesse de Osama na empresa, e um dos primos se recorda dele falando de suas aspirações de liderança nela. À medida que Salem ia gradualmente se estabelecendo no controle da família durante meados da década de 1970, Osama estava longe de ficar isolado.[25]

Salem, em seu papel de supervisor da educação de seus meios-irmãos e meias-irmãs, foi o primeiro a colocar a família em contato com o Paquistão e o Afeganistão. No final de 1973 Salem decidiu matricular duas de suas meias-irmãs em um internato em Peshawar, cidade paquistanesa na fronteira afegã. À época, o Paquistão e o Afeganistão desfrutavam de períodos de relativa quietude. O engenheiro-chefe da Mohamed Bin Laden Organization, como a empresa ainda era chamada, era um jordaniano cuja esposa, por acaso, era filha do governador da Província da Fronteira Noroeste do Paquistão, da qual Peshawar é a capital. Salem viajou para Peshawar em um avião particular, acompanhado de sua esposa, Sheikha, de suas duas irmãs em idade escolar, mais o jordaniano e a esposa. As lojas locais eram precárias, e naqueles dias Cabul, a capital afegã, era uma cidade pequena e relativamente próspera, com mercados vicejantes. Salem decidiu ir até lá de avião com suas irmãs, a fim de comprar suprimentos para o ano escolar que teriam pela frente — panelas, potes, canecas, pratos e coisas desse tipo. Chegando a Cabul, Salem se encontrou com o embaixador saudita a serviço no Afeganistão e desapareceu para tratar de negócios; mandou as irmãs aos mercados da cidade, acompanhadas do piloto norte-americano que viajava com eles. Depois voltaram todos para Peshawar e instalaram as meninas na escola. Até onde se sabe, foi a primeira visita de membros da família Bin Laden a Peshawar. Haveria muitas mais.[26]

11

IMPÉRIO DA CONSPIRAÇÃO

OS PRINCÍPIOS E DOUTRINAS BÁSICOS da educação de Osama eram inseparáveis da ideologia nacional promovida pelo rei Faisal nos últimos anos de seu reinado. Al-Thaghr não era chamada de "escola-modelo" em vão; era um visível exemplo do programa de modernização sem secularização, alardeado por Faisal. Os objetivos revolucionários da Irmandade Muçulmana deixaram o rei em posição desconfortável, porque se opunham à autoridade da família Al-Saud, ainda que a visão que o próprio Faisal tinha de um islã politicamente consciente ecoasse o chamado à ação da Irmandade contra os inimigos da fé. Depois da guerra árabe-israelense de 1967, por exemplo, Faisal falou reiteradamente de uma *jihad* para retomar Jerusalém. Seus inflamados discursos, denunciando os israelenses como "gangue impudente" determinada a "profanar" o islã, não tinham em mira apenas alcovitar a opinião popular árabe; eram sinceros e proferidos com convicção, e davam voz a sentimentos profundos que ele expressava com o mesmo vigor tanto na esfera particular quanto em âmbito público. Na condição de súdito jovem e cada vez mais ativo em Al-Thaghr, Osama se identificava com a campanha de Faisal contra Israel — afinal de contas, seu pai havia sido emissário do rei em Jerusalém antes da guerra de 1967. Portanto, a radicalização pela qual Osama passou durante o ensino médio não o colocou em rota de oposição com o governo saudita; pelo contrário, em alguns aspectos chegou a aprofundar seu alinhamento com a política externa de Faisal.[1]

Faisal era um rei popular porque a síntese de islã e modernidade que ele professava era consistente com as escolhas que fazia em sua vida privada. Não existia imprensa livre ou oposição política para investigar e revelar a hipocrisia da auto-indulgência da família real saudita; ainda assim, por meio da observação informal e dos relatórios ocidentais que se infiltravam, os sauditas sabiam muito bem quais príncipes bebiam ou gastavam dinheiro em jogos e apostas ou extorquiam comissões e cobravam propinas em contratos comerciais. Graças a esses canais de informação, sabiam também que Faisal era excepcional. Ele se recusou a mudar-se para um suntuoso palácio que fora construído para ele em Jedá, preferindo morar em um complexo residencial de estilo suburbano, em uma rua movimentada. Tinha largado o álcool havia muito tempo. Por causa de operações no aparelho digestivo a que se submeteu, só tolerava uma dieta branda e insípida de carne grelhada, legumes cozidos e arroz. Toda manhã trabalhava horas seguidas em seu escritório, orava, aproveitava o horário de almoço para despachar, rezava reservadamente e depois voltava ao escritório para um segundo turno. No fim da tarde, dirigia um de seus sedãs norte-americanos até a beira do deserto e lá rezava sozinho na areia; às vezes levava consigo os filhos. E voltava mais uma vez para o escritório, e trabalhava noite adentro.[2]

Por anos e anos Faisal tinha falado em transformar a Arábia Saudita em um país moderno, mas com poucos resultados. Isso começou a mudar no final da década de 1960. Gradualmente, o Estado saudita se tornou uma força universal na vida de seus súditos — um empregador, um emissor de carteiras de identidade e passaportes, um repositório de registros comerciais. Lentamente, o longo e problemático programa de construção de rodovias ia interligando as diferentes regiões do reino. Algumas escolas e universidades foram inauguradas. Os ministérios do governo Faisal estavam longe de ser eficientes, mas agora davam emprego a inúmeros sauditas e, em contraste com as décadas anteriores, sempre liberavam os contracheques na data certa.

O casamento de Faisal com Iffat bint Ahmed al-Thunayan, que se tornou conhecida como rainha Iffat, proporcionou o exemplo mais inspirador — pelo menos para as mulheres — dos impulsos de modernização do rei. Ele nem sempre havia vivido de maneira monogâmica, mas Iffat era sua única esposa desde a década de 1940, e em meados dos anos 1960 ela tornou-se um arquétipo da imagem de qualidade feminina ao estilo saudita. A rainha fora criada em Istambul, de pai saudita e mãe húngara ou circassiana, e ao chegar à idade adulta havia recebido influência do secularismo turco. Ela e Faisal tiveram nove filhos. Iffat seguia os princípios *wahhabis* e nunca acompanhava o marido em visitas de Estado nem aparecia sem véu em público; mesmo assim, lutava em nome de questões femininas. Fundou uma escola para meninas órfãs, ainda em 1955, e defendia abertamente a educação de meninas, mesmo nas regiões mais conservadoras do reino.

Iffat também viajava bastante, comprava roupas modernas em Paris e São Francisco (que apenas o marido e outras mulheres a viam usando na Arábia Saudita), e fomentava os negócios e empreendimentos de seu meio-irmão Kamal Adham, que havia se tornado notavelmente milionário. Adham atuava como um dos emissários reais em quem Faisal mais confiava, e era incumbido da tarefa de repassar subsídios em dinheiro vivo aos líderes árabes favoritos ou que desfrutavam da proteção do rei. No início da década de 1970, Faisal nomeou-o para o cargo de diretor-chefe da inteligência saudita.[3]

O rei precisava de alguém para cuidar de sua retaguarda. Nasser estava enfraquecido pelo malogro da guerra contra Israel em 1967, mas seu movimento nacionalista pan-árabe, bem como suas ramificações, ainda ameaçava os Al-Saud. Em 1969, o governo árabe-saudita prendeu centenas de sauditas, entre eles sessenta ou setenta oficiais das Forças Armadas, suspeitos de conspirar contra o rei e tramar seu assassinato para derrubar o regime. As detenções acalmaram os ânimos e sufocaram a dissidência, relatou o birô de inteligência e pesquisa do Departamento de Estado dos Estados Unidos; ainda assim, "as causas básicas da insatisfação persistem. O processo de modernização está criando uma nova elite de classe média nas esferas militares, burocráticas e comerciais. Muitos dos membros dessa nova elite se opõem à concentração do poder nas mãos da família real saudita [e] ficam encolerizados diante dos estreitos limites impostos à liberdade social e de expressão política".[4]

Nasser morreu em 1970 e foi sucedido por Anwar Sadat, de quem Faisal se tornou amigo e aliado. Ambos eram homens cautelosos, que comungavam do mesmo desejo de se vingar de derrotas passadas sofridas para Israel. Faisal era profundamente anti-semita. Desde a infância aprendera em uma escola de instrução islâmica que os judeus deviam ser considerados traidores ardilosos pela narrativa da guerra que culminava no nascimento da nova religião do profeta Maomé. Como rei, do fundo do coração Faisal assinava embaixo de teorias conspiratórias sobre o poder secreto dos judeus. Em sua opinião o comunismo era um engenhoso complô dos judeus em sua tentativa de dominação do mundo. Durante reuniões e encontros com visitantes estrangeiros, invariavelmente Faisal se dirigia a seu chefe de protocolo e perguntava: "Eles já têm o livro?". O rei se referia ao *Protocolos dos sábios de Sião*, notória farsa que descrevia um projeto de conspiração judia para a dominação do mundo, obra da qual o rei mantinha diversas cópias em uma estante em sua sala de recepção, de modo que pudesse distribuí-las como presente.[5]

Um agudo memorando britânico resumiu as tensões que consumiam o rei saudita durante o período:

> Nas discussões e debates, ele é formidável e altivo, quase arrogante [...] A doença e a idade avançada não tiveram o efeito de torná-lo nem rabugento, nem teimoso, nem impaciente com contradições [...] Em anos recentes, ele passou a demonstrar uma preocupação quase que obsessiva com a visão apocalíptica de que as forças de religião e da moral (convenientemente identificadas com seu regime) estão sendo extirpadas pelo ateísmo, o comunismo e o sionismo. Ele fez sua escolha política entre o Ocidente e o Leste, mas está desencantado com o Ocidente, pela falta de apoio a ele e suas causas.[6]

Richard Nixon, mais qualificado que outros líderes mundiais para reconhecer um homem com tendências paranóicas e anti-semíticas, lembrou que Faisal "chegou a pôr em evidência aquela que deve ser a suprema e definitiva noção conspiratória: a teoria de que os sionistas estavam por trás dos terroristas palestinos". O conselheiro de Segurança Nacional de Richard Nixon, Henry Kissinger, judeu, teve de aturar longas e fastidiosas lengalengas de Faisal sobre "a conspiração dupla de judeus e comunistas", o que era um teste considerável para a paciência do diplomata.[7]

As teorias, intrigas e discursos bombásticos de Faisal podiam até desapontar Londres e Washington, mas, em última análise, de maneira indireta, sua convicção ajudou a enriquecer a Arábia Saudita muito além do que o próprio rei poderia imaginar. Quando no início de outubro de 1973 Sadat disse a ele que o Egito e a Síria tinham preparado um ataque-surpresa contra Israel, Faisal não hesitou em prometer-lhe apoio. A guerra que se seguiu, embora tenha se revelado mais uma decepção para as forças árabes, levou a um prolongado embargo petroleiro imposto pelos produtores árabes, dos quais a Arábia Saudita era o maior. Em parte a intenção do boicote era punir os Estados Unidos pelo transporte aéreo de equipamentos militares para Israel. A administração Nixon ficou tão enfurecida que chegou, durante certo período, a desenvolver um plano de contingência para invadir os campos de petróleo sauditas. Faisal, contudo, sentia até onde poderia ir, e cedia apenas até o ponto de manter o cerco aos norte-americanos — secretamente, permitiu, por exemplo, a venda de provisões de petróleo para apoiar a luta das forças dos Estados Unidos contra os comunistas no Vietnã, e também concordou em despejar bilhões de dólares do dinheiro "caído do céu" com o embargo em títulos do Tesouro norte-americano.

O embargo não foi uma iniciativa saudita, mas a crise do petróleo fez mais para transformar o reino do que qualquer outro evento desde a própria descoberta do petróleo. Pode-se argumentar que Faisal foi o grande vencedor da guerra de 1973.

No início de 1974 o preço do petróleo cru saudita já havia sextuplicado e continuou subindo. O Produto Interno Bruto do reino quadruplicou entre 1973 e 1975. As receitas provenientes do petróleo haviam chegado a cerca de 4,3 bilhões de dólares em 1973. Agora subia em ziguezague a cada ano, até atingir um pico de 102 bilhões de dólares em 1981. Esse jorro de dinheiro estimou um novo surto de construção e importações de artigo de luxo, em uma explosão de consumo tão violenta que entupiu os portos de Jedá; dezenas de navios eram obrigados a esperar semanas na fila para descarregar as mercadorias. Os saguões dos hotéis fervilhavam de agentes de vendas frustrados por não conseguir quartos. Em Jedá foi inaugurada uma nova loja da rede de supermercados Safeway, com gôndolas abarrotadas de gelatinas e pudins da marca Jell-O e latas de sopas Campbell's. Em visita ao país, a rainha Elizabeth comentou: "Nunca vi tantos guindastes na minha vida". Amr, neto de Faisal, recorda que "você ia viajar por vinte dias nas férias de verão, e, quando voltava, ficava perdido [...] Coisas que normalmente demorariam vinte anos para serem feitas eram construídas em poucos meses. E aquilo deixava as pessoas quase doidas".[8]

Aparentemente o *boom* serviu apenas para aprofundar o temperamento sorumbático do sempre frugal rei Faisal. Ele deplorava em particular os hábitos culturais dos novos-ricos. "Em uma geração passamos do lombo de camelos a Cadillacs", comentou. "Do jeito que estamos gastando dinheiro hoje em dia, tenho medo de que em breve voltemos a andar em camelos novamente".[9]

Faisal bin Musaid, sobrinho do rei Faisal, era um aluno insuficiente em ciências políticas que confessara a culpa em uma conspiração para vender

LSD na época em que era aluno na Universidade do Colorado, e que depois fora mandado de volta para casa quando estava na Universidade da Califórnia, em Berkeley. Em 1965, seu irmão havia sido baleado e morto pela polícia durante um protesto contra a instalação do estúdio de televisão do reino em Riad. Os manifestantes temiam que a televisão fosse debilitar o islã. Musaid, que ao que tudo indica vivia em estado crônico de intoxicação, decidiu vingar-se da morte do irmão.[10]

O rei Faisal realizava *majlis* abertos duas vezes por semana, e no dia 25 de março de 1975 Musaid seguiu até o paço atrás de um velho conhecido, o ministro do Petróleo do Kuwait, encobrindo-se com a cilha do ministro. Sacou um revólver calibre .38 e disparou três tiros contra Faisal, atingindo-o na garganta. Os guardas imobilizaram Musaid no chão, enquanto os assistentes reais levavam o rei ao Hospital Central de Riad, um dos monumentos às campanhas desenvolvimentistas de Faisal. Uma transfusão de sangue e uma massagem cardíaca foram em vão, e o rei morreu naquela mesma tarde, aos 69 anos de idade. Os pranteadores içaram o corpo, enrolaram-no em tecido marrom, colocaram-no em uma maca e o carregaram pelas ruas de Riad até o cemitério da família real. Três meses depois, 20 mil sauditas assistiram à decapitação de Musaid em praça pública.

O assassinato de Faisal privou a família Bin Laden de seu benfeitor, patrono e protetor, e marcou o fim de uma longa e extraordinária parceria entre o rei e a família na busca da modernização do país. Se a aliança fosse continuar, seria preciso um novo entendimento entre a geração seguinte de líderes — da parte dos Bin Laden, Salem, agora com quase trinta anos de idade; da parte dos Al-Saud, o príncipe herdeiro Fahd, que tomou as rédeas do poder depois da morte de Faisal.

Faisal e Mohamed bin Laden haviam forjado uma aliança porque tinham valores e hábitos de trabalho compatíveis. Salem e Fahd também se mostrariam igualmente compatíveis. Entretanto, os valores e os hábitos que os dois compartilhavam era notavelmente menos devotos.

FAHD BIN ABDULAZIZ havia acabado de entrar na casa dos cinqüenta anos quando Faisal foi assassinado. Era um homem alto, cujo corpo parecia se expandir e se espalhar ao redor conforme os anos iam passando. Ostentava um finíssimo cavanhaque no rosto redondo e de queixo duplo, que tinha um aspecto plácido. Os olhos escuros e cobertos por vezes podiam parecer tristes e retraídos. Fahd crescera junto com muitos de seus irmãos e meios-irmãos nas escolas informais da corte da Riad pré-moderna. Desde pequeno já se destacava, segundo o julgamento de sua família, pelo interesse em questões de Estado. Observava atentamente a tomada de decisões do pai e parecia naturalmente inteligente. Por essas razões, desde muito cedo foi promovido à condição de candidato a ocupar ministérios e integrar a linha real de sucessão. Serviu primeiro como ministro da Educação e depois atuou como ministro do Interior, importante cargo de segurança, e começou a viajar para o exterior na década de 1960. Sentia atração pelo Ocidente, mas demonstrava pouca capacidade de autodisciplina quando se via diante dos entretenimentos, prazeres e tentações. A partir de meados da década de 1960 começou a passar vários meses do ano na Europa e nos Estados Unidos, vagando com sua comitiva de hotel de luxo em hotel de luxo. Gastava muito em jogos e apostas e trocava de esposa toda vez que lhe dava na veneta, o que parecia ocorrer com bastante freqüência. Uma de suas amantes mais notórias era uma palestina cristã conhecida como "Miss Arábia", assim chamada porque esse era o nome de uma butique de roupas da moda que ela tinha em Jedá.[11]

Fahd era o mais velho de um grupo de sete irmãos bilaterais no seio da família real, cuja influência era incomum por causa do tamanho de seu clã, da sua relativa superioridade em idade e da competência para os negócios oficiais e administrativos que muitos deles demonstravam ter. Às vezes os irmãos eram chamados de "Os Sete Sudayri", porque sua mãe era da família Sudayri. Fahd nomeou ou confirmou vários de seus irmãos em posições estratégicas e cargos de confiança — Sultan como ministro da Defesa; Nayef, ministro do Interior; e Ahmed, vice-ministro do Interior. Além disso, seu irmão Salman foi nomeado governador de Riad. As personalidades e os pontos de vista políticos variavam, mas no cômputo geral os sete irmãos eram um grupo relativamente liberal, com propensão ao luxo e gosto pela riqueza, notáveis até mesmo para os padrões dos Al-Saud. Isso era particularmente verdadeiro para Sultan e Fahd.

Depois que ficou obeso, as temporadas de Fahd no Ocidente se amiudaram, em razão das freqüentes visitas que fazia a hospitais para tratamento de problemas do coração e outras enfermidades, agravadas pelo excesso de peso. Por fim passou a ser difícil subir escadas e andar mais do que curtíssimas distâncias. Ele descobriu que os governos ocidentais estavam ávidos para assegurar que ele recebesse o melhor tratamento disponível. Os Estados Unidos, em particular, viam em Fahd um membro da família real saudita empreendedor, uma figura ambiciosa e inteligente, com boas perspectivas de êxito, e um homem cujos hábitos extravagantes e a personalidade tranqüila e acomodada sinalizavam a promessa de uma parceria mais flexível do que havia sido possível com Faisal.

Em 1969, o governo dos Estados Unidos convidou Fahd para a primeira de uma série de visitas particulares, durante as quais foi bajulado com uma audiência pessoal com o presidente Nixon e depois levado de avião do Pentágono até o Cabo Kennedy, onde a National Aeronautics and Space Administration (NASA) organizou um passeio privativo. Em conversas reservadas com altos funcionários do governo dos Estados Unidos e da Inglaterra, Fahd não hesitava em repudiar o anti-sionismo de Faisal e dava a entender que, assim que chegasse ao poder, estaria disposto a reconhecer Israel, desde que se chegasse a um acordo amplo de paz. Ele sentia que apenas os Estados Unidos poderiam garantir que nenhum poder rival roubaria a riqueza da Arábia Saudita, e por isso tinha a intenção de ir mais longe que alguns de seus irmãos para obter a proteção militar norte-americana. Ao contrário de Faisal, entretanto, Fahd não tinha uma visão particularmente global ou ativista do próprio papel ou do papel do seu reino no mundo. Como regra geral, queria mesmo era ser deixado em paz para que pudesse desfrutar e se divertir, e queria que a Arábia Saudita fosse de alguma forma um pouco mais influenciada pela cultura européia. Fahd anunciou planos para construir uma Opera House em Riad — a acústica era magnífica, e provavelmente teria sido a melhor e mais refinada sala de concertos e espetáculos do Oriente Médio mas jamais foi inaugurada, por conta da objeção de sábios religiosos. O episódio era típico de Fahd — ele era ao mesmo tempo corajoso e tímido, mas, quando sob pressão, geralmente reagia mais como um zelador do que como um líder.[12]

Fahd lutou contra as convenções *wahhabis*. Faisal repreendia Fahd quando seu comportamento excedia os limites do ultraje, como no episódio em que perdeu milhões de dólares em cassinos no Sul da França em 1974. Talvez tenha sido a irritação de Fahd com a postura cheia de si e a atitude superior de devoção e virtude do meio-irmão mais velho que o levou a pensar em uma maneira de abrir na cultura saudita uma brecha para respirar e incluir a variedade. Em uma reunião privada com um alto funcionário do governo dos Estados Unidos no verão de 1972, durante um de seus longos períodos de repouso no exterior, Fahd descreveu o islã como

> um arcabouço estável, mas flexível, no âmbito do qual e sob cuja orientação é possível encontrar as necessidades do futuro. Mas não existe a exigência de que as sociedades islâmicas em crescimento persistam em aceitar e cumprir indefinidamente os princípios e valores básicos mais estritos do islã. Os pontos de vista dominantes de líderes religiosos de mais de oitenta anos não precisam ser meticulosamente observados [...] De alguma maneira, uma visão mais progressista precisa ser comunicada aos juízes, professores e leitores religiosos, que fazem tanto para determinar as características que a hierarquia saudita representa para seu próprio povo.[13]

Fahd não se tornou rei imediatamente após a morte de Faisal. A coroa ficou com Khalid bin Abdulaziz, dez anos mais velho que Fahd e pertencente a um ramo diferente da família. Faisal havia escolhido Khalid como seu herdeiro em 1965; sua retidão de conduta, os modos modestos e despretensiosos faziam dele uma opção natural, depois dos traumas que o rei Saud obrigara a família a suportar. Khalid era um homem gentil e agradável, que recebera educação ligeira e não demonstrava o menor interesse por política, governança ou assuntos externos. De tempos em tempos ele se afastava da vida pública para se dedicar à administração de fazendas e ranchos — gostava da criação de animais, cultivo de lavouras e exploração agrícola. Foi um dos primeiros príncipes a estabelecer propriedades rurais nos desertos adjacentes a Riad, e se orgulhava das vacas leiteiras e outros animais que criava em suas fazendas. Para financiar seu lazer bucólico empreendia uma série de diferentes tipos de negócios. "Ele já foi descrito como alguém que notoriamente define e recebe porcentagens nos contratos do governo", apontou um esboço biográfico, de autoria norte-americana e confidencial.[14] Essa não era uma distinção digna de nota entre os príncipes sauditas, mas indicava em que pé estavam as prioridades de Khalid depois de se tornar rei. Por sua própria inclinação e com o apoio consensual dos irmãos mais velhos da família,

Khalid passou para as mãos de Fahd as rédeas do governo saudita e saiu de cena; aposentou-se para desfrutar dos prazeres de ser um testa-de-ferro, um fantoche, uma figura representativa, mas sem autoridade real — um rei-fazendeiro.

A súbita ascensão de Fahd ao poder no âmbito da família real saudita, no verão de 1975, coincidiu com a inquietação de Salem bin Laden. A principal empresa de sua família ainda estava sendo administrada pelos fideicomissos indicados por Faisal oito anos antes. O *boom* pós-embargo petroleiro havia criado magníficas e suculentas oportunidades para as construtoras sauditas, mas os Bin Laden, agora marcados pela liderança dissipada, corriam o risco de perder grande parte dos contratos mais polpudos. Precisavam do amparo e do favorecimento de Fahd, e, para obtê-los, teriam de articular ligações pessoais mais profundas com o novo príncipe herdeiro e seus seis irmãos. Essa passou a ser a missão de Salem bin Laden. Ele cortejaria Fahd e os Sudayri da mesma maneira que seu pai havia seduzido e persuadido os antecessores da família real.

12

O FILHO EM ASCENSÃO

SALEM BIN LADEN tinha um caráter sincero, uma alegria desajuizada, tonta e infantil que o permitia, mesmo na casa dos trinta anos, fazer sucesso com declarações ultrajantes e brincadeiras e façanhas ofensivas. A família real saudita impunha e seguia à risca uma severa cultura de decoro. Feito o bobo de um drama cortesão shakespeariano, Salem divertia a corte violando a etiqueta sem ofender profundamente ninguém. Ele tinha um hábito em particular de que muitos de seus amigos e empregados se lembraram: falava com franqueza quando expelia gases. Uma vez, na companhia do venerável governador de Riad, Salman bin Abdulaziz, Salem aliviou-se ruidosamente, o que era um tabu tão veemente na cultura beduína quanto em uma sala de estar francesa. Ouvindo o estrépito, o príncipe Salman perguntou a Salem o que tinha acontecido. "Acabei de soltar um pum, príncipe", foi a resposta. "O senhor não costuma soltar puns de vez em quando?" Uma vez ele ofendeu um ministro ao chegar atrasado e malvestido a uma importante reunião. "Pensei que o senhor fosse um homem", disse o ministro enfurecido. "Quem disse que sou um homem?", Salem respondeu. "Sou uma criança!"[1]

O pai dele cultivara a amizade da família real participando de cerimônias religiosas em Meca e Medina ou organizando passeios por seus canteiros de obras, ou seja, dedicando tempo e esforço. Salem optou por outros caminhos, com abordagens diferentes. Muitos dos membros mais jovens da família real eram contemporâneos que viajavam ao exterior e compartilhavam o apetite por aventuras e experiências durante o final da década de 1960 e meados dos anos 1970. Outros príncipes importantes, como Fahd, eram mais velhos, mas mesmo assim se deliciavam e encantavam com o entusiasmo de Salem pela Europa, pelas mulheres, os carros velozes e os jatinhos particulares. O desafio de Salem era desenvolver amizades genuínas com esses tomadores de decisão, inspirar neles confiança, e ao mesmo tempo mostrar a eles com toda a certeza que conhecia seu próprio lugar. Falando de Fahd, Salem certa vez disse a um amigo: "Ele pode acabar comigo ou fazer meu nome — basta uma palavra de sua boca".[2]

Todo ano, no inverno, vários dos príncipes Al-Saud mais velhos partiam em comboio de Riad ou Jedá para passar várias semanas acampados no deserto. O clima era fresco e ocasionalmente chovia. Em meio aos cactos e arbustos espinhentos, brotavam flores e trechos de relva verde. As viagens ofereciam aos príncipes a chance de voltar à sua terra, reafirmar sua identidade beduína e reviver as lembranças da juventude. As expedições também eram uma boa oportunidade de fazer política, equivalente às viagens que políticos ocidentais fazem de ônibus ou trem pelo interior e por áreas de grande potencial econômico e estratégico. Os beduínos se reuniam para banquetes com a realeza acampada e faziam fila para ganhar de presente quantias em dinheiro ou apresentar solicitações de projetos de desenvolvimento local.

Em uma tarde de fevereiro, em meados da década de 1970, um piloto e escritor alemão chamado Wolf Heckmann pousou um planador, que então era novidade, em uma pista improvisada ao norte do deserto saudita, perto dos oleodutos que transportavam petróleo cru saudita do Golfo Pérsico para a Jordânia e a Síria. Heckmann estava tentando estabelecer um recorde mundial informal pilotando seu avião, OSKAR, que tinha um pequeno motor de sessenta cavalos-vapor, por 16 mil quilômetros, de Dachau até a Austrália. Quando estava reabastecendo, "um homem magro, com a aparência de um adolescente, em trajes árabes, com uma adaga e uma pistola no cinturão", se aproximou dele. Era Salem bin Laden. Quando Salem ficou sabendo daquela aventura, mal conseguiu se conter. Arrastou o alemão até seu quarto em uma casa de hóspedes, e "ficamos até as três da manhã conversando sobre aventuras nos céus", recordou-se Heckmann.[3]

Salem disse que na manhã seguinte ia visitar dois príncipes, Nayef e Ahmed, irmãos de Fahd, em seu acampamento invernal de caça no deserto, e convidou Heckmann para acompanhá-lo. Os príncipes haviam assentado suas tendas do outro lado da fronteira com o Iraque, à época governado por Saddam Hussein, mas Salem disse que não haveria problema em cruzar a fronteira daquele repressivo país, uma vez que eram convidados de família real saudita.

Na manhã seguinte, Salem subiu em um jipe de fabricação norte-americana acompanhado de diversos assistentes e seis falcões de caça. Heckmann assumiu o volante de um segundo veículo. "O xeique dirigia a uma velocidade infernal", escreveu mais tarde:

> Às vezes seguíamos a trilha de outros carros, mas em geral o xeique Salem dirigia feito doido através de bosques, campos e trilhas. A área era repleta de bíblicos arbustos de espinhos, com raízes fincadas firmemente no solo arenoso. Em frente a cada moita o vento incessante criara pequenas dunas. O jipe, alto e de molas macias, passava por cima das dunas como um navio acossado pela tempestade [...] Às vezes passávamos voando sobre as ondas de areia, como pára-quedistas — só que a aterrissagem não era nada elegante.[4]

Quando pararam o carro, os passageiros árabes de Heckmann apertaram as mãos do alemão, admirados. "Aparentemente um grande pé-de-chumbo ao volante era considerado o mais habilidoso dos motoristas", ele observou, corretamente. Ele e Salem juntaram-se a Ahmed e Nayef em uma tenda aquecida com uma fogueira escavada no chão e alimentada com madeira fumegante dos arbustos de espinhos. Em meio à fumaça, o príncipe Ahmed tossiu e comentou, acidamente: "Bem que um sistema de aquecimento central não seria nada mal".

Salem libertou seus falcões e saiu para caçar com os príncipes Sudayri, um dos quais, Nayef, estava prestes a ser nomeado o poderoso ministro do Interior, e Ahmed atuaria como seu vice-ministro. Heckmann observou a tranqüilidade com que Salem passava de um mundo para o outro: "Ali estava o xeique Salem, sentado com suas compridas pernas cruzadas, como se tivesse passado a vida toda junto a uma fogueira fixa em um acampamento de caça no deserto, quando na verdade também tinha acabado de completar os estudos em Londres, era líder de uma empresa de construção e capaz de articular idéias inteligentes e até mesmo inventivas sobre temas de política e economia".[5]

Em comparação, nos acampamentos do príncipe herdeiro Fahd não havia o incômodo da fumaça da madeira queimando. Geralmente ele partia em um comboio de cinqüenta ou sessenta caminhões e picapes Mercedes e bem equipados trailers, e viajava até quatro ou cinco horas desde Riad. Seu acampamento no inverno chegava a incluir uma suíte de hospital móvel, em que uma equipe de médicos norte-americanos trabalhava em sistema de rodízio. Fahd parecia gostar de se ausentar de Riad e das pressões do trabalho: às vezes ele permanecia no deserto por cinco ou seis semanas. As temporadas de caça do rei atraíam um enxame de seguidores, que montavam suas tendas nas imediações e tentavam passar o maior tempo possível na presença de Sua Majestade. Salem sempre fazia parte da comitiva de convidados de Fahd, e assentava suas quatro ou cinco tendas a cerca de dezesseis quilômetros de seu benfeitor. Levava consigo um administrador para o acampamento, via de regra um de seus funcionários europeus, mais um mecânico e um cozinheiro. Ficava de duas a três semanas, e todo dia visitava o acampamento de Fahd manobrando um *buggy* ou algum outro veículo radical que tivesse recentemente chamado a sua atenção. À noite se juntava a cem ou mais convidados e tomava parte dos banquetes oferecidos por Fahd. Os festins eram realizados ao eficiente estilo beduíno — a comida era espalhada no chão e consumida o mais rapidamente possível, sem tempo a perder com brindes, discursos, ou, no que diz respeito ao assunto, digestão.[6]

Salem se comportava de maneira insultuosa e excessiva na presença de Fahd. Uma vez voltou para seu próprio acampamento na companhia de guardas de segurança, e ao que parecia estava sendo escoltado para longe da presença do soberano, lembra-se um de seus convidados. Salem disse que estava sentado na tenda real quando Fahd teria reclamado: "*W'allah*, Salem, estou cansado destes beduínos. Eles vêm falar comigo, e eu não ligo de dar dinheiro, mas é que são centenas deles, e aí é um tal de beijar minha mão, dar dinheiro, beijar minha mão, dar dinheiro. Isso me cansa — e eu venho para o deserto para descansar".

"Sei como resolver o problema", respondeu Salem. "Vossa Majestade me avisa um dia antes e vou passar o dia inteiro comendo. Feijão-preto. Então é só me colocar na frente da fila, começar a peidar, e os beduínos vão desaparecer um por um."

Fahd riu tanto, com gargalhadas tão sonoras, que seu médico temeu que o príncipe fosse ter um ataque do coração, por isso Salem foi levado embora. "Todo mundo estava sempre se curvando em reverência" para Fahd, recorda-se o convidado. "Mas Salem era como um amigo. Ficava contando piadas." Por sua vez, Fahd "adorava o jeito casual de Salem. Obviamente, tratava-se de um lunático. Se uma pessoa normal fizesse aquilo, teria as mãos cortadas. Mas uma vez que Salem era um pouco doido, seu comportamento era aceito."[7]

Salem finalmente obteve permissão para comprar um avião particular. Começou a substituir a frota do pai, que havia sido vendida depois da ordem de Faisal proibindo os Bin Laden de voar. Em sua primeira compra, em vez de um jatinho caro e luxuoso, escolheu um bimotor turboélice Mitsubishi MU-2 de seis passageiros, capaz de pousar em pistas curtas. Na década de 1970 Salem começou a voar com MU-2 pelo deserto, para ir aos acampamentos de Fahd. Seus assistentes improvisavam pistas marcadas com luzes estroboscópicas e pneus queimados. Salem não conseguiu resistir à tentação de fazer um rasante sobre a tenda de Fahd. As versões do incidente variam conforme quem conta; em algumas delas, os guarda-costas apontaram as armas para a aeronave em pleno vôo rasteiro e rápido; em outras, Salem pousa o avião em uma estrada perto de onde o rei estava acampado. Em todo caso, Jack Hinson, piloto que trabalhou com Salem durante o período, lembra que Salem fazia questão de repetir sempre o que Fahd disse a ele depois: "Você é maluco, e qualquer dia desses vai acabar se matando".[8]

A agradável vivacidade de Salem era genuína, obviamente, mas ele também usava seu entusiasmo para insinuar-se e procurar amizades com Fahd e os irmãos em assuntos de negócios. Tal qual um gerente de vendas, Salem distribuiu entre seus irmãos e meios-irmãos os príncipes sauditas mais velhos — cada Bin Laden tinha como missão cultivar uma relação pessoal com seu príncipe e ganhar contratos. "A pergunta era, 'Quem é seu príncipe?'", lembra-se Rupert Armitage, que no período dirigia uma divisão comercial para Salem em Jedá. Salem ficou com o próprio Fahd; incumbiu o irmão Bakr de agradar e cultivar a amizade de Abdullah bin Abdulaziz, primeiro na linha de sucessão de Fahd. A estratégia de Salem era sondar futuros contratos, por meio de contatos com funcionários públicos que ocupavam cargos importantes nos ministérios, e depois fechar o negócio com os príncipes. "Alguns dos contratos eram divididos, e você ficava com uma fatia do bolo se conseguisse fazer o trabalho" e caísse nas boas graças da família real, disse Armitage.[9]

As viagens para os acampamentos de caça no deserto também ofereciam uma boa oportunidade de cobrar dívidas antigas. Dia após dia, Salem visitava Fahd e mencionava com gentileza o que lhe era devido, até que por fim um contador real aparecia com um cheque. Bengt Johansson, que trabalhou para Salem como mecânico-chefe de aviões por pelos menos quinze anos, lembra-se de que uma vez o patrão voltou da tenda de Fahd chacoalhando no ar um cheque: "Já fomos pagos, gente! Vamos embora!". Aí sua trupe arrumou as coisas, guardou as tendas e partiu imediatamente.[10]

No final da década de 1970, Salem já tinha obtido contratos suficientes para começar a acrescentar à sua frota jatos Learjet e outros luxuosos aviões comerciais. Ele usava essas aeronaves para suas próprias viagens internacionais de lazer, mas também para cultivar os laços com a família real. Se um príncipe o chamasse e pedisse para "pegar emprestado" um dos jatos Learjet, ele sempre sentia que não tinha outra opção a não ser ceder a aeronave e sua tripulação para a farra de compras reais pela Europa, que chegava a durar semanas. Isso fazia parte do seu trato não escrito com a família real. Johansson lembra-se de conversas ao telefone entre Salem e os príncipes mais afeitos a pedir emprestados os aviões; "Salem tentava se esquivar com evasivas e ardis, mas seus rodeios eram inúteis: se eles entrassem em contato pessoal com ele e fizessem o pedido diretamente, ele era obrigado a dizer 'Sim'".[11]

Esses favores, combinados a um pouco confiável departamento de contabilidade real responsável pelos pagamentos, bem como as demandas costumeiras de compras e folha de pagamentos, exerciam pressão constante e pesada sobre o fluxo de caixa de Salem. O pai de Salem havia conseguido solucionar o problema graças ao apoio de seu grande amigo banqueiro, o *hadhrami* Salem bin Mahfouz, em homenagem a quem Salem fora batizado. Salem bin Laden desenvolveu uma amizade e uma parceria comercial semelhantes com Khalid bin Mahfouz, herdeiro da fortuna paterna que, assim como Salem, havia sido enviado para estudar na Inglaterra e que, em meados da década de 1970, começara a desempenhar um papel cada vez mais importante no National Commercial Bank (NCB) de sua família. Khalid tinha a personalidade bem mais calma e reservada que a de Salem, mas os dois se tornaram amigos e sócios bastante próximos. Nos anos 1970, ambos tentavam se afirmar como jovens executivos, por seus próprios méritos.

Nos primeiros anos do *boom* do petróleo, Salem e Khalid adquiriram uma pequena frota de aviões. Contrataram pilotos norte-americanos, afegãos, paquistaneses, egípcios e de outras nacionalidades, e abriram um departamento de aviação no aeroporto de Jedá. Um das missões do departamento era fazer o dinheiro circular. Os negócios bancários na Arábia Saudita ainda estavam em um estado relativamente primitivo, com sistemas computacionais e eletrônicos pouco confiáveis. O dinheiro vivo ainda dominava. Salem sempre usava seus aviões para transportar sacolas e malotes de dinheiro em espécie entre as agências do NCB. Nos diários de bordo e livros de registro de seus pilotos, esses vôos eram muitas vezes listados simplesmente como "transporte de valores". De maneira típica, o transporte em geral começava na sede do NCB em Jedá, onde funcionários de confiança — iemenitas expatriados — entupiam sacos de estopa de rials e os fechavam com lacres de chumbo; os malotes eram colocados em picapes Honda, que seguiam em comboio para o aeroporto, sem o acompanhamento de guardas ou de homens armados. Lá eram carregados nos jatos Learjet, ocupando todas as poltronas de passageiros. Dois pilotos levavam o dinheiro a Dhahran ou Riad ou Hail, ou alguma outra cidade saudita, onde o montante era descarregado e transferido para a agência do NCB local, que enchia os cofres. Em outras viagens o dinheiro seguia direto para os canteiros de obras de Bin Laden no deserto, e distribuído como pagamento aos operários imigrantes. De vez em quando, sem explicação, os iemenitas carregavam o avião com barras e lingotes de ouro, que então seguiam para o Bahrein, para a Suíça ou para Londres. Com o passar dos anos, os pilotos norte-americanos responsáveis pelo transporte do dinheiro achavam cada vez mais intrigantes a carga e seus destinos.[12]

EM ALGUM PONTO EM MEADOS DA DÉCADA DE 1970, Salem decidiu que queria tornar-se médico. De acordo com seu amigo Mohamed Ashmawi, ele pediu a Fahd permissão para estudar no Cairo; o príncipe herdeiro olhou bem para ele e disse: "Salem, cresça".[13]

Intrépido, Salem não se fez de rogado e pediu ao médico de sua família em Jedá, um norte-americano chamado Terry Bennett, que escrevesse cartas de recomendação. "Era o golpe do mês", lembrou Bennett. "Ele tinha a mesma capacidade de concentração de uma pulga."[14] Contudo, Salem aprendia muito rápido. Havia se tornado um excelente piloto sem treinamento formal rigoroso, mas simplesmente pedindo que pilotos mais experientes o acompanhassem em algumas poucas aulas obrigatórias. Ao que parece ele acreditava ser capaz de aprender medicina pelo mesmo método. Em todo caso, estava absolutamente determinado, à maneira dos patriarcas ao longo do tempo, com relação à idéia de que alguém da sua família se tornasse médico.

Passava cada vez mais tempo no Cairo, cidade que ficava a uma distância relativamente curta de Jedá, próxima o bastante para permitir uma viagem aérea de ida e volta no fim de semana; a cultura do Cairo era muito mais vibrante e aberta que qualquer outra existente na Arábia Saudita. O pai de Salem se casara com pelo menos duas mulheres egípcias, e a prole dessas uniões vivia no Cairo e nos arredores. Mohamed tivera três filhos de um casamento no Egito — dois filhos, Khaled e Abdulaziz, e uma filha, Mona —, bem como uma filha "avulsa" de um segundo casamento, Randa.

Randa tinha doze ou treze anos quando Mohamed bin Laden morreu e conheceu Salem nos funerais. Salem prometeu a ela: "Não se preocupe, não se preocupe. Vou sempre tomar conta de você". Houve uma "ligação imediata" entre eles, recorda-se uma amiga norte-americana, Gail Freeman. Salem descobriu que Randa e a mãe, que tinha se casado novamente, viviam em circunstâncias que estavam longe de ser confortáveis. Ele deu a elas dinheiro e comprou uma casa de três andares perto do Clube de Tiro do Cairo, construído na era colonial. Quando estava na cidade, Salem ficava no andar térreo, Randa ocupava o apartamento acima dele, e a mãe vivia com o novo marido no último andar. Em meados da década de 1970, Randa passou a ser conhecida entre os amigos como a irmã favorita de Salem. Era uma mulher magra, de pele cor de café, cabelos escuros e personalidade franca e expansiva. Conversava freqüentemente ao telefone, Salem viajava com ela para fazer compras na Europa, ia visitá-la com regularidade no Cairo. A ligação entre os dois ficou tão intensa que parecia estar beirando o amor romântico. No grupo de pessoas que conviviam em torno de Salem, ninguém jamais cogitou a possibilidade de que qualquer coisa inapropriada estivesse acontecendo entre ele e a meia-irmã; entretanto, todos ficavam admirados com as manifestações passionais do relacionamento dos dois.[15]

Salem decidiu que Randa também se tornaria médica, e anunciou que estudaria junto com ela na Universidade do Cairo. "Ele a instigou a isso", recorda Sabry Ghoneim, empregada da família no Cairo.[16] Ela estudava muito. Salem pagava professores para dar a ela aulas particulares. Ele também tentava assistir a essas sessões de tutoria individual, indo e voltando de avião de Jedá. Dava ordens aos pilotos para que ajudassem Randa a comprar mantimentos e materiais de estudo, e em pelo menos uma ocasião despachou esqueletos da Arábia Saudita em um de seus aviões particulares para ajudar Randa nas aulas de reforço.[17]

Na Arábia Saudita, já não era mais inédito o fato de haver mulheres na faculdade ou até mesmo freqüentando escolas de medicina; porém, as mulheres que estudavam no reino eram obrigadas a fazê-lo em um ambiente de rígida segregação de gêneros. Salem encorajava a educação de muitas de suas irmãs e meias-irmãs. Matriculou sua irmã Huda em uma escola de belas-artes em Paris ao mesmo tempo em que tomou todas as providências para que Randa ingressasse na escola de medicina no Cairo. Enviou dois meios-irmãos para internatos no Paquistão. Outros foram para universidades e escolas superiores de design nos Estados Unidos; vários demonstraram interesse em decoração de interiores, profissão na qual poderiam lucrar com os projetos de construção de palácios sob o encargo da empresa da família. Muitas meias-irmãs de Salem usavam roupas da moda compradas no Ocidente, e quando estavam fora da Arábia Saudita viajavam sem se cobrir. Ao mesmo tempo, Salem parecia determinado a proteger ferozmente aquilo que imaginava ser a honra das mulheres da família. Desencorajava seus jovens pilotos a dirigir a palavra a suas irmãs e meias-irmãs. E só confiava no paternal Gerald Auerbach para acompanhar as moças.[18]

Quando visitava o Egito, Salem não vivia com extravagância. Na casa que dividia com Randa havia cozinheiros e criados, mas não era um palácio. Ele usava calças jeans e camiseta e dirigia um velho carro espanhol ou uma motocicleta. Abriu um escritório no número 14 da Al-Thawra Street, contratou alguns assistentes egípcios e começou a explorar ambiciosos negócios de vendas de terra e incorporação no Cairo. "Salem sonhava em construir torres residenciais e centros comerciais às margens do Nilo", lembra Ghoneim.[19]

Por volta do final da década de 1970, ele conhecia a paisagem do Cairo melhor que muitos construtores, porque passava muitas horas observando tudo de cima, em suas impetuosas arremetidas de avião. Salem podia ter suas fantasias sobre tornar-se médico, mas já era um piloto. Era uma das paixões de sua vida, algo que aparentemente nunca o deixava entediado.

DURANTE ESSE PERÍODO, Salem comprou nos Estados Unidos um monomotor turboélice Cessna-172 e viajou com o aparelho para o Cairo. Ele mantinha o avião no pequeno aeroporto de Imbaba, bairro nas cercanias da cidade, que havia sido construído em 1947 e era usado principalmente por pilotos amadores para fins recreativos. Entre outras coisas, usava o Cessna para rebocar seu planador de dois lugares, de fabricação alemã, até 5 mil pés ou mais, que então podia ser solto para um sinuoso vôo de volta ao aeroporto — ziguezagueando em volta das pirâmides, serpeando Nilo abaixo, guinando e se contorcendo em meio a ruas cobertas de poeira e parques áridos, ouvindo apenas o som do vento precipitando-se sobre as asas. Ele se deleitava na aventura romanesca desses vôos sobre as pirâmides. Quando cortejava alguma namorada nova (ainda era casado com Sheikha, mas os dois estavam se distanciando), sempre viajava com a moça para o Cairo e a levava às alturas em seu planador ao cair da tarde. Com seus colegas pilotos, treinava manobras e acrobacias sobre o aeroporto de Imbaba — *loops*, *rolls*, vôos de cabeça para baixo. Mais tarde comprou dois ultraleves. Quando havia pilotos em número suficiente, ele organizava expedições noturnas às pirâmides: seus amigos voavam atrás dele, em formação, criando uma falange de aeronaves.[20]

Wayne Fagan, advogado norte-americano que visitou Salem no Cairo, lembra-se de que uma vez foi convidado a ocupar a parte traseira de um desses aviões durante um passeio. Salem ligou o motor e o avião saiu roncando pela pista, enquanto o piloto tentava acender um cachimbo ao mesmo tempo em que ia "puxando os manetes com os cotovelos". Nesse dia, voaram pelo deserto à luz da noite e circundaram as pirâmides. Salem prometera a Fagan um vôo no planador, que naquele dia não estava disponível. Por isso, no caminho de volta, ele desligou os motores do avião e flutuou ao sabor dos ventos. "Aí ele disse: 'Olha só, Wayne, estamos planando'. E eu disse: 'Que ótimo, Salem, muito bom, mas agora pode ligar os motores de novo'."[21]

Em um dos vôos de planador com uma namorada inglesa, Caroline Carey, Salem calculou mal o vento e a altitude e a aeronave parecia fadada a rumar para uma colisão. Enquanto o planador mergulhava verticalmente, Caroline ficou tão apavorada que jurou se converter ao islã caso conseguissem, de alguma forma, sobreviver. Salem manobrou às pressas na direção de um campo do Clube de Tiro, próximo ao apartamento de Randa, enfiou o avião entre árvores altas e conseguiu fazê-lo parar a tempo de evitar o choque contra o muro do clube. "Quando vi o que Salem fez, pensei, 'Meu Deus, se fosse qualquer outro piloto, o avião teria batido'", lembra-se Anwar Khan, piloto paquistanês que trabalhava para ele. Os funcionários da segurança do clube acorreram. Salem desceu, ajudou sua namorada a pôr-se de pé, e fez piada: "Desculpem, não sou sócio do clube — mas meu irmão é". Caroline manteve a promessa e converteu-se ao islamismo.[22]

Salem usava suas acrobacias para arrancar dinheiro de seus devedores. "As pessoas estavam sempre devendo dinheiro a ele, por isso ele oferecia passeios aéreos", recordou-se Rupert Armitage. Uma vez lá em cima, "ele dizia: 'Olha só, você me deve 200 mil dólares. Quero que você preencha um cheque agora'". Se o devedor se recusasse, ele ameaçava manobrar o avião, girar e ficar de cabeça para baixo. Se insistisse na recusa, "ele começava a fazer acrobacias [...] e então, 'Tudo bem, tudo bem, vou assinar o cheque!'".[23]

Sob a entusiástica liderança de Salem, os Bin Laden gradualmente se tornaram uma família de pilotos. Diários de bordo e registros de vôos mostram que nada mais, nada menos que sete irmãos e meios-irmãos Bin Laden tiveram aulas de pilotagem em seus aviões particulares durante a década de 1970. Várias de suas meias-irmãs também aprenderam a pilotar. Osama, entretanto, aparentemente não estava nesse grupo; mais tarde ele compraria os próprios aviões, e pode ser que tenha tido alguma instrução informal, mas ao que tudo indica não andou muito de avião na década de 1970. Sua relativa juventude pode ter sido um dos fatores; os irmãos que tinham aulas de pilotagem eram mais velhos, ao passo que Osama ainda estava no ensino médio, cada vez mais envolvido com questões religiosas.

As aulas de aviação demarcaram ainda com mais força as fronteiras de um círculo mais íntimo dos irmãos Bin Laden ao redor de Salem, círculo liderado pelos irmãos bilaterais Ghalib e Bakr, e que incluía ainda alguns dos outros meios-irmãos mais velhos, tais como Omar, Issa, Yahya, Tareq e Yeslam. Era um grupo eclético — alguns eram devotos, outros mais seculares —, cuja coesão era mantida pela dependência da liderança de Salem. Para desfrutar dos prazeres que Salem mostrava a eles, e para cair nas suas graças e ganhar sua proteção e aprovação, os irmãos o seguiam rumo aos céus.

Os pilotos egípcios, norte-americanos e paquistaneses que voavam com Salem, muitos dos quais eram veteranos das Forças Aéreas de seus respectivos países, admiravam genuinamente as habilidades de Salem. Ele tinha excelentes reflexos, um talento natural para sentir a aeronave em pleno vôo, e uma memória poderosa capaz de se lembrar de diferenças sutis nos painéis de controle dos vários modelos de aeronaves que ia acumulando em sua frota. Seu ponto fraco era o cuidado com questões técnicas, e também não era o mais meticuloso na hora de conferir e verificar todos os itens, mas em geral mantinha sempre a bordo um co-piloto para cuidar desse tipo de detalhe. Em um vôo típico, ele decolava e pousava, mas deixava o co-piloto controlar o longo cruzeiro enquanto tirava um cochilo na parte de trás ou aproveitava para trocar carícias com alguma de suas namoradas. Ele se deleitava com a "sensação de velocidade, do homem dominando a máquina", disse um de seus instrutores, Don Sowell. Suas habilidades eram "excelentes" e "nunca era descuidado"; contudo, "o xeique Salem era uma pessoa que gostava de viver no limite, à beira do limite". Ele parecia nunca se concentrar em nada, porque parecia estar sempre fazendo mais de uma coisa ao mesmo tempo — conversando às pressas com suas namoradas pelo rádio de alta freqüência do avião, fazendo piadas com as torres de controle; mesmo assim, recorda Anwar Khan, sempre fazia "uma aproximação perfeita", usando apenas seus instrumentos.[24]

Salem não tinha muito interesse em regras de aviação ou na habilitação formal de piloto. Quando não havia nenhum co-piloto treinado disponível para um vôo particular que exigia dois pilotos, ele pedia a um de seus colegas de escola ou parceiro de negócios, sem nenhuma instrução de aviação, para assumir a *jump seat* e assinar o plano de vôo, para que assim ele pudesse decolar. Seus amigos aprenderam a se comportar com aparente indiferença nessas situações, porque quando Salem sentia o medo do passageiro ou do suposto co-piloto, não tinha misericórdia, e fazia manobras de giro e rolamento para exacerbar o desconforto de quem o acompanhava, e morria de rir. Em um longo vôo até o Cairo, ele recrutou como co-piloto Robert Freeman, parceiro comercial norte-americano que não tinha sequer uma única hora de treinamento de vôo. Freeman perguntou o que deveria fazer caso Salem se sentisse mal ou desmaiasse. "Seria o fim para nós dois", respondeu, de maneira prática e trivial.[25]

Apesar do acidente fatal de Mohamed bin Laden, Salem garantiu que os riscos da aviação privada se tornassem parte corriqueira da vida familiar e das conversas dos Bin Laden. Seus hábitos nada convencionais levaram a uma sucessão de acidentes e quase-acidentes, a partir de meados dos anos 1970, cada um devidamente comentado, discutido e dissecado pela família. Ghalib, irmão bilateral de Salem, destruiu um Piper girando a aeronave durante a aterrissagem. Em um vôo de retorno de Medina, um jato Learjet da família despencou misteriosamente do céu, matando os dois pilotos expatriados. O próprio Salem patinou de maneira quase trágica. Em uma viagem à Europa, em pleno inverno, ele teve problemas com o equipamento de degelo de um de seus MU-2; quando o sistema era mal manejado, o avião entrava em *stall*. Uma vez, quando começava a ganhar altitude depois da decolagem, os motores apagaram a uma altura perigosamente baixa. "Comecei a falar para Deus: 'Pode ficar com todos os meus aviões, pode ficar com todo o meu dinheiro, só me dê um pouquinho de motor'", contou depois, de acordo com Bengt Johansson. Seu pedido foi atendido.[26]

No final da década de 1970, Salem estava comprando mais aviões do que conseguia destruir. Adquiriu um Fokker-27 turboélice, que usava principalmente para voar para canteiros de obras no deserto. Comprou um Learjet 25-D e passou a se interessar por modelos mais avançados; adorava os aviões Learjet e seu traje favorito eram calças jeans com um pequeno Learjet costurado. Comprou também um Hawker-125, o mesmo modelo que o pai comprara antes de morrer. O amigo e banqueiro Khalid bin Mahfouz acrescentava aeronaves ainda mais extravagantes ao departamento de aviação de Jedá, incluindo um Boeing 707 com interior personalizado. Cada avião tinha um prefixo exclusivo, e Salem sempre escolhia iniciais inspiradas em nomes da família.

Ele tocava gaita no rádio para divertir os controladores de vôo. Em seu Learjet, bastava ele se anunciar na aproximação — "Hotel Zulu Bravo Lima Um" —, e os controladores no Cairo ou em Beirute berravam, dando as boas-vindas: "*Ahlan*, xeique Salem!". Acima de tudo, seus aviões propiciavam a ele liberdade — para viver como bem queria, para ir aonde quisesse. Como resumiu um amigo libanês: "Salem acreditava em seu Learjet e em seus aviões MU-2, em suas calças jeans, em sua guitarra e em sua gaita".[27]

ERA UMA CRENÇA TENTADORA e atraente, mas cara. Para viver do seu jeito, Salem precisava adaptar a estratégia de sua família para lucrar da melhor maneira possível com a nova economia do *boom* do petróleo. Durante a década de 1970, as corporações norte-americanas e européias fervilhavam na Arábia Saudita. Como aves de rapina, as empresas estrangeiras tomaram de assalto o mercado e apregoavam televisões, telefones, carros de luxo, aparelhos de ar-condicionado e lava-louças — vendiam todos os emblemas do consumismo moderno. A lei saudita exigia que essas empresas vendessem por meio de agentes locais. As famílias de negociantes sauditas competiam entre si para fechar acordos de representação das marcas mais desejadas, caminho para o lucro instantâneo. Como seu pai, Salem tinha sentimentos conflitantes sobre essa abordagem comercial; ele preferia atuar como protagonista em vez de simplesmente lucrar com as comissões de intermediação de empresas estrangeiras. Ele fechou contratos para agenciar algumas marcas internacionais, caso das montadoras alemãs Volkswagen e Porsche, mas preferia *joint ventures* envolvendo grandes contratos de construção, concentrando suas forças em ramos de atividade em que sua família pudesse acumular conhecimento e credibilidade. De um jeito ou de outro, durante o *boom* do petróleo dos anos 1970 os Bin Laden precisavam, como nunca tinha acontecido enquanto Mohamed viveu, de um porta-voz e negociador que pudesse representar com sucesso a família na Europa e nos Estados Unidos. Este passou a ser o papel de Salem. Ele era um intermediário ideal — fluente em inglês, divertido, agradável, energético, versátil e sempre em movimento, igualmente em casa, em Jedá, e em Londres.

Salem usava sua personalidade desinibida para desarmar e manipular os executivos durante as negociações. Uma vez marcou um vôo para Estocolmo, no qual se reuniria com funcionários da AVB, uma das maiores construtoras da Suécia; pediu a seu mecânico Johansson, também sueco, para encontrá-lo no aeroporto. Johansson saiu da casa de Salem no litoral norte dirigindo um velho e carcomido Volkswagen Golf, enquanto Salem voava do Cairo. Quando Johansson chegou ao terminal particular, viu os engravatados executivos da AVB esperando o xeique enfileirados em formação rígida junto a um comboio de limusines. Salem aterrissou, desceu de seu jato, trocou um aperto de mãos com o chefe da comitiva, passou pelas limusines e insistiu que o grupo de executivos suecos se amontoasse no banco de trás do Golf e que seguissem todos para a cidade com seu desgrenhado amigo Bengt. Salem estava usando seu uniforme habitual para viagens à Europa — calças jeans, camiseta, uma jaqueta de couro e um relógio Casio de plástico comprado por dez dólares.[28]

Salem fechava a maior parte de seus acordos comerciais com empresas estrangeiras por meio da Bin Laden Brothers, a firma que ele e alguns irmãos haviam fundado para provar seu valor e se afirmar, além de escapar ao controle dos velhos fideicomissos sauditas nomeados por Faisal e que ainda administravam os vastos tentáculos da Mohamed Bin Laden Organization. Salem abriu um escritório capenga em um beco perto do velho *souk* no centro de Jedá. A suíte era abarrotada de escriturários e contadores que labutavam em meio a nuvens azuis de fumaça de cigarro. Ao estilo de um *diwan* palaciano, nos cantos da sala de recepção havia vários sofás e poltronas onde homens de negócios ávidos para fechar contratos ou jovens de sobrenome Bin Laden tentando receber a mesada passavam horas sentados, à espera de uma audiência com Salem ou um dos irmãos mais velhos. Do lado de dentro, os irmãos mais velhos sócios da empresa — Salem, Bakr, Yahya, Hassan, Ghalib, Omar, e talvez dois ou três outros — tinham escritórios privativos. Salem raramente usava sua sala, pois preferia trabalhar em seu quarto de dormir, em casa, mas a maioria dos irmãos dava expediente em horário regular. De tempos em tempos um visitante entrava a passos largos com um punhado de cheques de viagem e um menino na recepção, depois de dar uma boa examinada no calhamaço transbordante, dizia apenas: "Entre, venha aqui para o fundo". "Por toda parte havia gente sem ter o que fazer", lembra-se Armitage, que trabalhou lá. Aparentemente havia sempre uma briga ou confusão em andamento para obter uma assinatura em um documento. "Era um caos constante [...] mas de natureza pequena, coisinhas que amolavam ou enchiam a paciência." Contudo, os problemas maiores eram resolvidos com tranqüilidade e a contento, segundo Armitage, e sua impressão geral era a de que naqueles anos os irmãos Bin Laden estavam aprendendo a trabalhar de maneira bem-sucedida "como uma família, juntos".[29]

Entretanto, não havia dúvida sobre quem estava no comando. Salem dirigia seus irmãos mais novos à maneira de um patriarca árabe. Eles respondiam com obediência. Eles o chamavam de "xeique" e eram "bastante subservientes e respeitosos com o irmão mais velho. Ele era como o rei", relembra o piloto Jack Hinson. Os criados beduínos serviam a ele chá e café. Os irmãos pediam aos amigos europeus e pilotos de Salem que arranjassem audiências com o patrão; relutavam muito em aparecer diante dele sem aviso, inesperadamente. Salem decidia sozinho quanto cada irmão recebia de mesada, em que escolas deveriam estudar, em que projetos poderiam trabalhar e que salário iriam receber. Ele tomava essas decisões com segurança e confiança, e, quando ficava particularmente descontente com alguma coisa, não hesitava em estapear ou bater de leve em um irmão. Ele recompensava os engenheiros e os mais afeitos ao trabalho pesado, como Bakr, Ghalib, Yahya e Omar; entre outras coisas, eles aliviavam Salem das responsabilidades cotidianas relacionadas aos contratos de construção. Não que usufruíssem de muita autonomia, contudo. "Ninguém fazia nada sem a aprovação de Salem", disse David Grey, outro de seus pilotos. Ao telefone ou em reuniões de negócios, Salem anunciava, violentamente: "Eu determino quem recebe o dinheiro, e ninguém vai receber nada até que eu decida", recorda Grey. "Muitas vezes eu o ouvi usando essas palavras."[30]

O novo negócio estava ficando mais complexo. Um perfil da Bin Laden Brothers preparado pelo gabinete político da Aramco em 1979 traz uma relação de mais de uma dezena de empresas ou parcerias que Salem havia firmado com companhias estrangeiras, incluindo *joint ventures* com grandes construtoras norte-americanas e européias, como a Lozinger da Suíça e a Kaiser nos Estados Unidos, bem como empresas fabricantes de janelas, concreto protendido, sistemas de ar-condicionado, cozinhas, portas e acessórios para a construção de estradas. Salem podia escolher ao seu bel-prazer, a partir da enorme quantidade de propostas espontâneas que recebia de norte-americanos e europeus que visitavam o país na tentativa de abocanhar um naco do dinheiro do *boom* saudita. As idéias apresentadas a Salem pelos candidatos a parceiros comerciais eram de uma diversidade cômica — um dia, fabricação de sacos plásticos; no outro, lubrificantes de aviões. Na maior parte dos casos, Salem preferia ficar com ramos de atividade e produtos que já conhecia, e priorizava corporações de renome e prestígio. Nesse período, firmou sociedade anônima com a General Electric, em um acordo que permitia a ele representar e vender na Arábia Saudita toda a linha de produtos GE, de tecnologia médica a geração de energia elétrica. Particularmente com homens de negócios norte-americanos, ele era relativamente informal. "Ele era perfeito com pessoas", disse o banqueiro de investimentos Frances Hunnewell, sócio de Salem nessa época.[31]

A Bin Laden Brothers continuava atuando como subempreiteira para a antiga empresa de Mohamed. No final dos anos 1970, Salem havia se tornado presidente da velha firma do pai e gradualmente arrancou, à força, o controle completo dos fideicomissos — que saíram de cena formalmente em algum momento entre 1978 e 1979. A Mohamed Bin Laden Organization ainda obtinha grande parte de sua receita de grandes projetos de defesa e infra-estrutura. A empresa continuava a construir estradas e outras instalações em Asir, trabalhava em uma guarnição militar em Al-Jouf, no norte do país, em conjunto com Corpo de Engenheiros do Exército dos Estados Unidos; no vasto Quadrante Vazio, deserto ao longo da fronteira ao sul do reino, a empresa abriu estradas e construiu uma pista de pouso. Ocasionalmente Salem ia de avião inspecionar as obras, como seu pai fazia com freqüência, mas com a diferença de que não era um engenheiro que punha a mão na massa ou que caminhava pelas estradas e que discutia sobre túneis e nivelamento. De fato, ele parecia cada vez mais evitar esse tipo de responsabilidade. Deu ordens a seus dois irmãos bilaterais mais novos, Bakr e Ghalib, para se matricularem em cursos de engenharia civil nos Estados Unidos, e determinou que seus dois meios-irmãos, Yahya e Omar, fizessem o mesmo. Sabia que no longo prazo os Bin Laden precisariam de *expertise* em engenharia, mas ele mesmo não tinha interesse em adquirir esse conhecimento.

Salem passava cada vez mais tempo na Grã-Bretanha e na Europa. Em 18 de maio de 1975 sua esposa Sheikha deu à luz Sara, a primeira filha do casal, em Londres. Pouco mais de dois anos depois, também em Londres, tiveram um filho, Salman.[32]

Durante uma de suas temporadas londrinas, Salem conheceu Ian Munro, um escocês alto, elegante e de cabelos grisalhos que havia servido no famoso regimento britânico Black Watch, que lutou para sufocar a rebelião dos Mau Mau no Quênia durante a década de 1950. Mais tarde atuou na unidade aérea das forças de segurança de lá. Depois de abandonar a vida militar, tornou-se um homem de negócios em Londres. Tinha uma voz poderosa e um sotaque que denunciava muito pouco de sua herança escocesa. Era membro do Clube Naval e Militar, fortaleza decorada com bandeiras e repleta de lareiras e poltronas de couro em Picadilly Square, a praça londrina mais conhecida e movimentada. Munro era uma figura paterna e fidedigna em quem Salem decidiu confiar para ajudá-lo a organizar seus negócios fora da Arábia Saudita. Os dois registraram uma sociedade em Londres para aventurar-se em empreendimentos relacionados à aviação — o nome da empresa era Salian International, uma combinação de seus prenomes —, bem como uma divisão britânica da Bin Laden Brothers, que mais tarde evoluiu para formar a Bin Laden Londres. Munro abriu um pequeno escritório na Park Lane.[33]

Salem decidiu comprar uma verdadeira mansão inglesa nas cercanias de Londres. Mas não podia se dar ao luxo de perder tempo nem se incomodar com compra de imóveis. Disse a Munro que tinha certeza de que qualquer coisa de que o escocês gostasse, ele também iria gostar. Munro escolheu um solar construído no início dos anos 1920 em um vilarejo chamado Offley Chase, a uma pequena distância de carro do aeroporto Luton, no norte de Londres, usado com freqüência por pilotos particulares. A propriedade satisfazia algumas das exigências que estrangeiros tinham com relação a casas de campo inglesas — muitos tijolos e o aspecto um tanto pesado e lúgubre. Em uma noite chuvosa, o lugar parecia o cenário ideal para um assassinato. Nos anos vindouros, Offley Chase seria o palco de alguns dos eventos mais dramáticos da excêntrica vida de Salem.[34]

13

Descobrindo a América

A família Sowell tinha uma escola de aviação em Panama City, Flórida, cidadezinha de mais ou menos 35 mil habitantes na faixa estreita de terra que se projeta qual um cabo de caçarola no oeste do estado, e onde a vida em compasso regulado seguia os ritmos leitosos e tímidos do Sul Profundo, muito diferentes da batida de samba da distante Miami. No centro da cidade havia um palácio de justiça de tijolos aparentes e uma cadeia; ao longo das ruas próximas se espalhavam igrejas batistas, lojinhas de iscas e apetrechos para pesca e lojas de armas. Praias brancas se estendiam para o oeste, nos bancos de areia no golfo do México. Nas imediações havia uma base da Força Aérea. Na estrada que margeava a linha d'água, uma sucessão de velhos bares de fachadas carcomidas e algumas lojas de tatuagem. A Sowell Aviação ocupava centenas de metros quadrados no lado norte do centro da cidade. Na década de 1970, Don Sowell estava se preparando para assumir o negócio do pai. A escola oferecia aulas de pilotagem e de manutenção de aeronaves, vôos *charter*, vendas e *leasing* — a gama típica de serviços oferecidos por empresas de aviação particular. Os Sowell chegaram a ter algum contato pessoal com o ex-governador da Califórnia Ronald Reagan, por meio de amigos e freqüentando eventos de arrecadação de recursos. Sua escola atraía estudantes internacionais da Ásia, da Europa e da América do Sul, por isso não foi surpresa alguma quando o piloto Jim Bath, um dos contatos de Don Sowell no Texas, convidou-o para um jantar com um cliente saudita que estava nos Estados Unidos comprando Learjets e que talvez estivesse interessado em aulas de pilotagem, para si próprio e talvez uma de suas irmãs. "Tenho uma irmãzinha", Salem explicou, "e ela gostaria de aprender a voar."[1]

Sem chegar exatamente a ponto de se gabar, durante o jantar Salem fez questão de deixar bem claro que tinha muito dinheiro e que estava à procura de parceiros nos Estados Unidos que pudessem oferecer uma grande variedade de serviços — não apenas aulas de pilotagem, mas também serviços comerciais, particularmente a aquisição de carros e bens de consumo para a família real na Arábia Saudita. Depois do jantar, Don Sowell disse a Jim Bath: "Ou é um negócio tipo 'alice-no-país-das-maravilhas', ou pode ser a maior oportunidade de uma vida inteira".[2]

O embargo do petróleo transformou os Estados Unidos em um shopping center e *resort* de férias para muitos sauditas milionários. A Europa podia ser melhor para praticar esqui, navegar de iate, comprar jóias e artigos de alta-costura, mas para quem queria passear em espaços amplos e encontrar as últimas novidades em brinquedos e produtos eletrônicos não havia substituto para os Estados Unidos. Obviamente, Salem de início não sabia — e com o passar dos anos ele nunca pareceu se importar — que Panama City não era exatamente um destino turístico da moda. De resto, ele parecia atraído pela falta de pretensão do lugar. Depois do jantar com Sowell ele passou a voar com regularidade para a cidade. Alugou casas em Bay Point, à época o único *resort* de luxo da região, localizado em uma península de pinheiros e areia junto ao canal intercostal. Cerca de um ano depois ele trouxe Randa, do Cairo, e a instalou em uma casa de Bay Point. Disse a Sowell que queria que a irmã tivesse aulas de vôo até obter o brevê para pilotar um Cessna. Deu instruções para que ele providenciasse um cozinheiro, um motorista, uma dama de companhia e um carro. Geralmente Sowell mandava um modelo Lincoln.

Todos tiveram de se adaptar às exigências de Salem e seus hábitos noturnos. Ele raramente aparecia nas aulas de pilotagem antes do final da tarde, e quando finalmente resolvia o que queria fazer para se divertir à noite, a maioria dos restaurantes e lojas de Panama City já tinha fechado. Na cidade só havia um shopping center — um lugar modesto, na esquina da Rua 23 com a Rodovia 231, cujas âncoras eram filiais das redes de lojas de departamentos JCPenney, Sears e Dillard's. Sowell pagava os donos das lojas para que ficassem abertos depois do expediente normal. Era, refletia ele, o tipo de coisa "que ouvíamos sobre Elvis Presley". Toda segunda-feira Randa saía para fazer compras. Em uma ocasião, Sowell presenciou o momento em que Salem entregou a ela 22 mil dólares em cheques de viagem para uma excursão até o shopping.[3]

Lá Salem descobriu uma loja de pianos e órgãos que atraiu a sua atenção. O lugar pertencia a Jack Pizza, que tocava o negócio com a esposa, Anita

Pizza, uma talentosa pianista. Uma noite Jack ligou para Don Sowell e relatou, quase sem fôlego, que havia um saudita na sua loja usando o nome de Sowell como referência. O cliente estava se propondo a gastar milhares de dólares em pianos e outros instrumentos musicais, e queria que tudo fosse entregue imediatamente em uma casa em Bay Point. Pizza perguntou se havia um limite de dólares que deveria impor à compra do cliente. "Não, não há", Sowell se lembra de ter respondido. "O que ele quiser, mande entregar."[4]

Era o início de uma longa e improvável amizade entre os Pizza de Panama City e a família Bin Laden de Jedá. Jack Pizza meteu-se no ramo dos computadores e tentava vender os modelos mais avançados para Salem. Anita se mostrou uma graciosa acompanhante ao piano para as incursões de Salem como cantor, além de companheira fiel e constante de Randa.

Eles ofereciam jantares e festas com cantoria em Bay Point, nas quais visitantes da família real saudita às vezes se misturavam a pilotos de Panama City e Houston, acostumados a contar piadas indelicadas. Salem não era de beber muito, mas desenvolveu o gosto de bebericar champanhe Dom Pérignon, que, insistia, devia ser servida fria cerca de dois minutos depois de aberta — "nem muito borbulhante, nem muito choca". Para uma das festas, Don Sowell comprou todo o estoque de Dom Pérignon disponível na região de Panama City, mas mesmo assim a bebida acabou. Salem "mandou que eu saísse para comprar mais, peguei meu Learjet e, junto com meu piloto, voei até Columbus, na Geórgia; carregamos o avião com caixas de Dom Pérignon e voamos de volta", recorda. Em pouco tempo Salem começou a insistir que Sowell e os Pizza viajassem com ele ao redor do mundo, especialmente para que ele e Anita pudessem tocar e cantar juntos em restaurantes e festas.[5]

Nesses anos Salem aprendeu que podia pagar o acesso a praticamente qualquer palco em que quisesse se apresentar. Em Los Angeles, em uma festa do Oscar, Salem pagou centenas de dólares a um *bandleader* para deixá-lo cantar "House of the Rising Sun" em sete idiomas. Em uma Oktoberfest na Alemanha, pagou duzentos marcos a pessoas que ocupavam uma mesa em frente ao palco para que abrissem espaço, comprou uma filmadora de outra pessoa da platéia, e gastou ainda mais para persuadir o *bandleader* a deixá-lo subir ao palco e cantar uma canção folclórica bávara, cujo título, mal traduzido, seria "No prado verde, os coelhos comem grama".

Em todos esses episódios havia, oculto, um desprezo mútuo — o desprezo de Salem pelo protocolo, e sua insistência em pagar e comprar, cuja contraparte era o desprezo crescente, entre muito ocidentais na década de 1970, por sauditas exibicionistas e cheios de ostentação que haviam enriquecido com a alta dos preços do petróleo. Ainda assim, entre Salem e seus amigos europeus e norte-americanos essa mancha, embora fosse uma fonte ocasional de constrangimento e desconforto, quase sempre sumia graças à inocência exuberante de Salem e sua necessidade transparente de ser adorado.

Salem gostava dos Beatles, mas também de músicas tradicionais e cantigas de roda, como "On Top of Old Smokey", ou uma das muitas paródias infantis dessa canção, como "On Top of Spaghetti". Para ele nenhum palco era chique demais, nenhum ambiente era solene ou majestoso demais, nenhuma platéia era prestigiosa demais. No Cairo, ele obrigou seu amigo Rupert Armitage a tocar violão enquanto ele cantava — mal — na cerimônia de casamento da filha do presidente egípcio Anwar Sadat. Por mais mortificados que se sentissem, seus amigos aprenderam a tolerar e a conviver com a cantoria de Salem, porque, assim como no caso das palhaçadas que ele fazia quando pilotava seus aviões, qualquer demonstração de resistência ou medo só servia para encorajá-lo a continuar. Sua voz nunca melhorou, mas depois que ele conheceu Anita Pizza em Panama City, a habilidade dela ao piano elevou os recitais dele a um nível de tolerabilidade bem mais alto.[6]

Os Estados Unidos se tornaram um lugar para cantar, para voar, e, acima de tudo, para comprar. Salem encomendou Cadillacs para a família real saudita e equipou todos com blindagem, de modo que pudessem resistir até a rajadas de metralhadora. Com a ajuda de Sowell, também encomendou cerca de uma dezena de Lincolns e os despachou de navio para o reino, a partir de Nova Orleans. Fez um pedido de 5 mil caixas de molho Tabasco e despachou de avião para a Arábia Saudita — ele dizia que apreciava o sabor. A Coca-Cola estava sujeita ao boicote árabe contra Israel, por isso Salem descobriu um refrigerante alternativo chamado Mello Yello e enviava para casa enormes quantidades da bebida. Descobriu um aviãozinho de brinquedo feito de plástico que o divertia, e comprou milhares de unidades para levar para casa e dar de presente. Para decorar ao estilo do deserto os jardins do palácio que a empresa de sua família estava construindo para o príncipe herdeiro Fahd, despachou de navio contêineres refrigerados cujo conteúdo mais parecia uma porção substancial da vegetação do sudoeste dos Estados Unidos: 481 cactos grandes, 360 cactos pequenos, 485 cactos variados, cem árvores iúca, 625 orquídeas e mais de 5 mil outros espécimes de plantas, arbustos e árvores do deserto.[7]

Salem convidou Fahd em pessoa para ir a Panama City, de acordo com Sowell. O príncipe herdeiro pousou seu Boeing 707 personalizado no aeroporto da cidade; na época, era o maior avião que já tinha tocado o solo ali. Sowell alugou casas extras em Bay Point para os guarda-costas armados de Fahd. "Foi uma provação interessante", ele recorda. A comitiva de Fahd "brincava de bate-bate com os carrinhos de golfe", e muitos dos carrinhos ficaram tão danificados que Sowell foi obrigado a ressarci-los. Robert Freeman, outro dos sócios norte-americanos de Salem, lembra que o custo de reposição dos carrinhos de golfe quebrados chegou a 50 mil dólares. Sowell afirmou ter mandado a conta para Jim Bath, parceiro comercial de Salem em Houston, uma vez que a despesa envolvia a relação de Salem com Fahd e a viagem do príncipe herdeiro aos Estados Unidos. Bath, segundo disse Sowell, "cuidou de tudo".[8]

JIM BATH CRESCERA NA LOUISIANA. Depois de estudar jornalismo, tornou-se piloto da Força Aérea; mais tarde passou a integrar a Guarda Nacional Aérea do Texas, como piloto reserva. Ainda bem jovem, ele e a esposa Sandra puseram suas coisas em um carro e se mudaram para Houston, onde Bath entrou no ramo do comércio de aviões e, por fim, tornou-se um eclético empresário internacional. Era um homem alto e magro, com forte sotaque do sudeste e que parecia determinado a viver de acordo com certo credo masculino texano — pense grande, corra riscos, procure os ricos, viva com liberdade, e no meio do caminho faça pausas para caçar e pescar um pouco. Por volta de 1970 tornou-se amigo de George W. Bush, companheiro de algumas de suas primeiras farras e bebedeiras, quando ambos eram pilotos da Guarda Nacional Aérea do Texas. Isso foi antes de o futuro presidente freqüentar a escola de administração de empresas da Universidade Harvard. Era um período em que Bush era dado a beber e, segundo sua própria admissão indireta, pode ter se envolvido com drogas ilegais. Em todo caso, Bush se lembraria de Bath como "muito divertido", ainda que, no fim das contas, as incansáveis e implacáveis perguntas sobre a relação dos dois tenham deixado em segundo plano o tema da hilaridade da amizade. Em meados da década de 1970, em parte por meio de Bush, Bath travara contato com muitas figuras importantes da política do Texas, tais como o pai do amigo, George H. W. Bush, que se tornou diretor da Agência Central de Inteligência (CIA) em 1976; Lan Bentsen, filho de Lloyd Bentsen, por muitos anos senador do Partido Democrata e mais tarde candidato à vice-presidência do país; e James A. Baker, advogado de Houston que anos depois se tornaria secretário de Estado dos Estados Unidos.[9]

Nesse período, o principal negócio de Bath era a JB&A Associados, sua corretora de aviões. Em 1975 ele estava tentando vender um turboélice Fokker-27, de propriedade de uma empresa de comércio de tabaco sediada na Carolina do Norte; a aeronave estava equipada com um pequeno dormitório na cabine. Salem bin Laden estava à procura de um avião para dar suporte às obras de construção de estradas que sua empresa realizava nos desertos sauditas. Os dois chegaram a um acordo e fecharam o negócio, e Bath acompanhou o avião até Jedá. Assim como qualquer outro empresário norte-americano capaz de localizar o Oriente Médio em um mapa, Bath parecia determinado a capitalizar com o *boom* do petróleo saudita. Ele não queria apenas ganhar algumas comissões intermediando a compra e venda de aviões; queria estabelecer parcerias mais profundas com a jovem e ascendente geração de xeiques sauditas, para ajudá-los a investir de maneira lucrativa seus petrodólares nos Estados Unidos. "Ele falava pelos cotovelos", segundo o relato de Rupert Armitage, que estava trabalhando no escritório da Bin Laden Brothers quando ele apareceu. Mesmo assim, Salem bin Laden achava Bath divertido. Salem adorava "pessoas impressionantes, agressivas, de idéias e comportamentos grandiosos", disse o advogado de Houston Charles Schwartz. Jim Bath era "cheio de conversa, gostava de ostentação, e Salem simplesmente adorava esse tipo de coisa".[10]

Os promotores de vendas, representantes comerciais e homens de negócios norte-americanos cercavam Salem; ele aprendeu a ser cauteloso. Raramente punha aos cuidados de seus parceiros grandes quantias em dinheiro, a menos que fossem para comprar algo concreto, como aviões ou casas. Entretanto, ao mesmo tempo, tanto por motivo de trabalho quanto de lazer, cada vez mais Salem começou a adquirir escritórios, residências e agentes em diversas cidades ao redor do mundo. Em cada lugar ele escolhia um representante ou parceiro principal — alguém em quem pudesse confiar para ajudá-lo a entreter os visitantes da realeza saudita, receber e ciceronear os membros da família real que viajavam para estudar ou aproveitar as férias, e auxiliá-lo e associar-se a ele em seus negócios e transações. Bath tornou-se o agente e parceiro de Salem em Houston. Em certo sentido, Bath abriu um birô de serviços para Salem no Texas, de modo que Salem, por sua vez, podia ampliar seu birô de serviços globais para a família real saudita, particularmente no campo da aviação, em que Salem estava agora se estabelecendo como o *expert* local para os Al-Saud, ajudando-os a tomar decisões inteligentes à medida que gastavam mais e mais dinheiro com jatos particulares.

Bath ganhava dinheiro com comissões de compra e venda de aviões e intermediando a aplicação de recursos de investidores sauditas, como Salem, na compra de imóveis e propriedades, além de outros negócios — por seus esforços e participação, Bath ficava com 5%. Executava seus movimentos a partir de escritórios no edifício do Fannin Bank, em Houston, mesmo endereço em que registrou os novos empreendimentos texanos de Bin Laden. Criou um veículo chamado "MBO Investments, Inc.", nome dado em homenagem à firma da família em Jedá. A autoridade de Bath foi outorgada por um "termo de compromisso" assinado por Salem em 8 de julho de 1976 e arquivado junto à Secretaria de Estado do Texas. Salem deu a Bath "plena e absoluta autoridade para agir em meu nome em todas as questões relacionadas aos negócios e operação dos escritórios Bin Laden-Houston", o que incluía "plena autoridade para despender fundos para a Companhia, ou cobrir despesas da família Bin Laden". Bath mantinha uma linha de crédito rotativa para a família Bin Laden, que a certa altura chegou a cerca de 6 ou 7 milhões de dólares, de acordo com Bill White, que se tornou parceiro comercial de Bath depois de 1978.[11]

À medida que ampliava sua rede de contatos sauditas, Bath passou a atuar no ramo de *leasing* internacional de aeronaves. Era um negócio complexo; à época, as taxas, impostos e leis de exportação nos Estados Unidos tornavam o financiamento de vendas de aeronaves para clientes no exterior um empreendimento particularmente atraente. Para facilitar suas transações, Bath abriu corporações *offshore* em paraísos fiscais no Caribe. Constituiu uma corporação nas Ilhas Cayman chamada Skyway Aircraft Leasing, Ltd., de propriedade saudita, de acordo com White e outros relatos.[12]

Mas também abriu empresas *offshore* para Salem. Em 15 de julho de 1977 incorporou a Binco Investments, nas Antilhas Holandesas, cuja companhia matriz ou sociedade controladora era a SMB Investments, aparentemente em referência às iniciais de Salem, e que também era sediada nas Antilhas Holandesas. Documentos depositados por Bath junto ao estado do Texas informavam que o principal propósito dessas companhias era a compra de imóveis e propriedades. A Binco Investments, por exemplo, nesse período tornou-se o veículo para a compra, em nome de Salem, do Houston Gulf Airport, pequeno campo de pouso na cidade que Bath esperava transformar em um lucrativo aeroporto — esperança que jamais se concretizou.[13]

Aparentemente, os negócios de Bath com os Bin Laden envolviam quantias de dinheiro menores do que as operações comerciais que ele efetivava com outros sauditas, especialmente o amigo e banqueiro de Salem, Khalid bin Mahfouz. Em 1977, por exemplo, Bath investiu no Main Bank em Houston; entre seus sócios estavam Bin Mahfouz, o milionário homem de negócios saudita Gaith Pharaon, e o ex-governador do Texas, John Connally. Salem investiu com Bin Mahfouz no Saudi Bank of Paris, mas ao que tudo indica não tomou parte de suas transações bancárias no Texas.[14]

Os clientes sauditas de Bath, seus amigos com ligações políticas no Texas, suas corporações *offshore*, seu estilo de vida despreocupado e alegremente irresponsável, e suas incursões na aviação internacional contribuíam para um crescente ar de mistério. O próprio Bath parecia ter gosto pelos boatos e apimentava a intriga. Ele entrava e saía com freqüência dos paraísos fiscais do Caribe, às vezes levando a bordo centenas de milhares de dólares em espécie; dizia à sua esposa Sandra que o dinheiro era necessário para pagar combustível e eventualidades. Às vezes os sauditas que viajavam com Bath portavam passaportes diplomáticos, o que lhes permitia passar com suas valises e pastas pela alfândega sem ser inspecionados. Em algumas ocasiões, segundo um piloto que trabalhou com Bath, as malas continham vultosas quantias em dinheiro vivo.[15]

NA DÉCADA DE 1970, Salem comandou uma migração familiar para os Estados Unidos. À medida que seus irmãos iam concluindo o ensino médio em escolas do Líbano, do Egito e de Jedá, Salem encorajava vários deles a se matricular em faculdades norte-americanas. Como muitos sauditas, os Bin Laden gravitavam em torno da Flórida e da Califórnia, onde o clima era mais parecido com o de sua terra natal. Ghalib, o irmão bilateral mais novo de Salem, estudou engenharia civil na Universidade da Califórnia, em Berkeley. Seu meio-irmão Abdulaziz, do Cairo, matriculou-se na USF, Universidade de São Francisco, onde em 1978 obteve o título de mestre em administração de empresas. Dois outros meios-irmãos, Shafiq e Saleh, e uma meia-irmã, Rajaa, também foram estudar na USF. Yeslam, Khalil e Ibrahim, grupo de irmãos bilaterais filhos de uma esposa iraniana de Mohamed bin Laden, estudaram na USC, Universidade do Sul da Califórnia, em Los Angeles. Outros membros da família se matricularam em faculdades e escolas de design em Miami e Houston. Registros escolares e entrevistas revelam que mais de um quarto dos 54 filhos de Bin Laden estudou nos Estados Unidos em algum ponto da vida, essencialmente durante os anos 1970 e início da década de 1980.[16]

Osama, obviamente, fazia parte do grupo mais amplo dos filhos que freqüentaram universidades sauditas ou de outras partes do mundo árabe. Salem viajava com freqüência entre Jedá e os Estados Unidos, pulando de cidade em cidade, organizando as viagens de férias e distribuindo mesadas. Era o líder da família e se mantinha informado sobre todo mundo, não importava aonde tinham ido estudar. Carregava consigo um dos primeiros telefones portáteis, um modelo volumoso e desajeitado do tamanho de um tijolo, de modo que seus irmãos podiam entrar em contato com ele a qualquer hora. Em sua maioria, as crianças Bin Laden agora eram adolescentes ou rapazes e moças entrando na casa dos vinte anos, constantemente às voltas com decisões a tomar sobre escolas, empregos e até mesmo casamentos. E tudo passava pelo crivo de Salem, para consulta e permissão.

O meio-irmão Yeslam e sua deslumbrante esposa iraniana, Carmen, proporcionaram um porto seguro para a família em Los Angeles. Depois de concluir o ensino médio, Yeslam vagara pela Europa. Na Suécia, teve aulas de direção de carros de corrida; na Arábia Saudita, fez planos para a criação de cães da raça *dobermann pinscher*; na Suíça, passou um tempo hospedado no Hotel Royal em Genebra. No verão de 1973, quando passou uma temporada com sua família em um apartamento alugado na capital suíça, conheceu Carmen, filha do proprietário do apartamento. O pai dela era suíço; a mãe, iraniana.

Carmen tinha 22 anos, falava francês e persa, era extraordinariamente bonita e ferozmente ambiciosa. Yeslam, que também tinha 22 anos, viu-se arrebatado por ela. Ele era um jovem brando, de gestos suaves, sensível, reticente e propenso a ataques de ansiedade. Contudo, ela sentia que Yeslam tinha a inteligência necessária para, um dia, tomar as rédeas dos negócios internacionais da família, para trazê-los à era moderna. "Carmen estava muito ansiosa para que Yeslam fizesse tudo certo e se saísse bem", lembrou Mary Martha Barkley, que se tornou amiga do casal por meio de seu marido, que supervisionava os estudantes estrangeiros na Universidade do Sul da Califórnia, onde Yeslam se matriculou para estudar administração no final de 1973. "Ela tinha grandes ambições para ele."[17]

Os dois se casaram no verão do ano seguinte e compraram uma casa em Amalfi Drive, em Pacific Palisades, próspero bairro junto ao mar. Yeslam teve aulas de aviação, comprou um bimotor turboélice para viagens de fim de semana para Santa Barbara e Arizona; sua mulher dirigia um Pontiac Firebird. A grande paixão de Yeslam, além de Carmen, era seu cachorro Khalif, um *dobermann* muito pouco amigável.[18]

Salem voava periodicamente para Los Angeles e organizava viagens da família para Las Vegas, onde os Bin Laden se hospedavam no Caesars Palace. Gastava em apostas do mesmo jeito que bebia — com moderação, e apenas para passar o tempo. Uma vez, enquanto aguardava seu grupo se organizar no saguão do hotel, perambulou pelo cassino até parar em uma mesa de carteado. Em pouco tempo já tinha ganho tanto no vinte-e-um que ergueu uma pilha de fichas que ultrapassavam os mil dólares. Fez piada com a crupiê e, quando chegou a hora de ir embora, simplesmente empurrou tudo que havia ganho na direção dela e foi embora com um encolher de ombros, em sinal de indiferença. Ele se deleitava com a excitação de alegria que norte-americanos e europeus comuns, particularmente as mulheres, demonstravam quando ele inesperadamente entregava a eles grandes quantias em dinheiro; ele parecia gostar muito mais dessas trocas do que de certos luxos que o dinheiro podia comprar.[19]

Aparentemente, Salem nunca teve dúvidas nem questionou sua identidade de saudita que viajava bastante pelos Estados Unidos. Porém, alguns de seus irmãos e meios-irmãos se sentiam um pouco inquietos e perturbados com as aventuras a que ele os obrigava.

Os moços mais velhos, em particular, tinham conhecido o pai no vigor de seus anos. No espírito de todos eles o pai havia incutido progressivamente o orgulho pela conquistas e realizações da família enquanto muçulmanos, árabes, iemenitas e sauditas. Esse orgulho não era apenas uma questão de honra familiar ou uma espécie de vago sentimento de identidade nacional ou religiosa. Era algo inseparável da minuciosa instrução alcorânica que os meninos receberam desde a primeira infância — os versículos memorizados e recitados, a lista de leis observadas. Era também parte das cenas que haviam presenciado e das orações que haviam oferecido nas freqüentes visitas a Meca e Medina. A religião de seu pai não era a de um prosélito ardoroso. Entre outras coisas, em sua longa associação com norte-americanos, italianos e cristãos libaneses ele sempre mostrou certa xenofobia, do mesmo tipo que por vezes escapava da boca dos clérigos sauditas. Contudo, sua devoção se assentava no âmago de sua própria identidade, essência que ele esperava que seus filhos e filhas abraçassem. Sua obediência aos rituais e valores islâmicos, as orações cinco vezes ao dia, as muitas peregrinações do Hajj em sua tenda atapetada, os jejuns que observava durante o Ramadã — para qualquer um dos filhos de Mohamed seria difícil simplesmente deixar tudo isso de lado, ainda que por vezes Salem parecesse oferecer um exemplo de como isso poderia ser feito.

Durante as longas tardes do Ramadã, quando supostamente deveria estar jejuando e se abstendo do tabaco, Salem fumava incessantemente e pedia a seus irmãos que servissem a ele café e comida. Raramente rezava quando estava em viagem pelos Estados Unidos e pela Europa, e comia carne de porco sem a menor hesitação — achava uma delícia. Na Arábia Saudita, freqüentava mesquitas, mas era mais provável vê-lo cutucando a barriga dos amigos durante as orações do que se prostrando em súplicas humildes a Deus. Ele tinha um lado espiritual — falava sobre viagens no tempo, o infinito e a forma do universo, questões que aparentemente o tomavam de assalto durante as muitas horas que passava no céu. O islã não exercia pressão nem se impunha sobre ele, e ele também não se deixava estimular pelo islã. De maneira gentil, seus irmãos mais religiosos o encorajavam a encontrar o caminho da senda bem sinalizada de Deus, mas a cultura da deferência ao líder da família, tão comum no âmbito de um clã árabe como os Bin Laden, era tão forte que nem mesmo o mais devotado dos irmãos e irmãs mais jovens de Salem ousava desafiar ou contestar com severidade seus lapsos e omissões. Mais importante era talvez o fato de que a sua fé, assim como eles a compreendiam, ensinava que julgar os pecadores só cabia a Deus, e não era tarefa nem assunto para os homens mortais, conquanto o pecador em questão não renunciasse completamente ao islã. "A não ser o pecado da descrença, nenhum outro faz com que o fiel se afaste de sua fé, mesmo que seja um pecado grave, como assassinato ou consumo de álcool", diria Osama anos mais tarde. "Mesmo que o culpado tenha morrido sem se arrepender de seus pecados, seu destino está em Deus, e depende da vontade Dele perdoá-lo ou puni-lo."[20]

Na década de 1970, os Estados Unidos, cuja ordem havia sido alterada em meio ao turbilhão das recentes revoluções cultural e sexual — sem mencionar os cortes de cabelo extravagantes e as roupas espalhafatosas —, continuamente exigiam uma resposta de cada Bin Laden para a seguinte pergunta: "Você é muçulmano? E, se é, como você vai praticar a sua fé?". Muitos dos irmãos e irmãs de Salem descobriram que não podiam simplesmente dar de ombros, como ele aparentemente fazia, e viviam oscilando e mudando o tempo todo de rumo e de conduta, à procura de uma resposta confortável. Carmen, que vivia à maneira de uma européia secular, via isso claramente quando os irmãos de Yeslam iam visitá-lo, vindos de São Francisco ou de Jedá. "Ninguém conseguia saber qual dos irmãos se tornaria profundamente religioso", ela lembrou, "mesmo que os tivéssemos visto muitos novos e fossem muito abertos. Os homens, eles costumavam sair. Iam ao cinema, a bares. E pensávamos que estavam todos ocidentalizados. E, de repente, coisinhas pequenas nos faziam perceber: Não." O próprio marido dela, conforme ela gradualmente foi percebendo, "não era tão ocidentalizado como achei que fosse. Eles não conseguem cortar os laços incutidos neles".[21]

Um executivo norte-americano lembra-se de ter visitado Khalil, irmão de Yeslam, em Los Angeles, no exato dia em que Khalil decidira jogar fora todas as bebidas alcoólicas da casa. "É isso aí, chega", Khalil declarou, segundo o depoimento do executivo. "Não vamos mais fazer isso." Mais tarde, no mesmo dia, Khalil acompanhou os irmãos e amigos da universidade a casas noturnas privadas de Beverly Hills, aonde iam com freqüência nas noites de sexta e sábado para dançar e procurar mulheres. Khalil costumava pagar o maître para conseguir uma mesa, mas naquela noite preferiu ficar sóbrio e apenas observar. Alguns de seus irmãos bebiam e farreavam, mas outros deixavam a barba crescer e sempre arrumavam tempo para as orações da noite. Para muitos deles a vida não era uma busca de identidade religiosa e uma viagem de destino fixo; era uma jornada de movimento contínuo, sujeita a mudança a qualquer hora e lugar. Um dos exemplos mais impressionantes envolveu o meio-irmão de Salem, Mahrouz. Inicialmente ele se casara com uma francesa. Em casa, de acordo com o relato de um parceiro comercial da família que costumava visitá-lo, tinha um globo que se abria para servir bebidas alcoólicas. Segundo a lembrança de Rupert Armitage, era "muito festeiro". Mas, subitamente, durante os anos 1970, "ele mudou". Mahrouz passou a se dedicar novamente ao islã. No final das contas, basicamente desposou quatro mulheres, cultivou uma barba comprida, mudou-se para Medina e começou a vestir trajes típicos da época do Profeta. Construiu um enorme complexo residencial, com uma casa para si e outra para sua mãe bem no centro, e residências para cada uma de suas quatro esposas, dispostas a distâncias iguais, nas extremidades de um quadrado.[22]

Questões e conflitos envolvendo o islã e identidade pessoal e religiosa estavam longe de ser exclusividade dos jovens Bin Laden. Quando viajavam ou iam estudar em escolas do Ocidente, os jovens sauditas invariavelmente adquiriam uma percepção bem mais aguçada e uma autoconsciência mais sofisticada de seu próprio dilema. Não que se arrastassem como vítimas desorientadas pelos Estados Unidos, viviam como quem fazia experiências em busca de acomodação. Gradualmente, escreveu Peter Theroux, que nesse período morava em Riad, esse tipo de barganha privada levava muitos sauditas a um movimento de retorno ao islã, incluindo até mesmo aqueles que não estavam necessariamente aptos a viver plenamente de acordo com os preceitos islâmicos.

Na Arábia Saudita, era praxe assumir ares de superioridade e menosprezar os europeus e os norte-americanos por venderem prazeres sacrílegos e depois elaborar leis ilógicas contra as drogas, motoristas que dirigem bêbados e homens que agridem as mulheres. Os sauditas não conseguiam compreender a irritante linha entre o que era lícito e o que não era. Sempre consideraram que a situação maniqueísta, para não dizer hipócrita, imposta pela lei islâmica, e que violavam com tanta freqüência, era mais razoável e sensata do que o compromisso que o Ocidente assumia com os vícios, regulando-os e tolerando-os dentro de certos limites.[23]

As mulheres da família Bin Laden encontraram nos Estados Unidos muito mais contrastes do que aqueles que seus irmãos conheciam. Salem as estimulava a ampliar seus horizontes — literalmente, em alguns casos, já que a muitas delas recomendava com insistência que aprendessem a pilotar aviões —, embora mantivesse uma aguda consciência acerca do decoro árabe. Salem não se incomodava nem um pouco se suas irmãs usassem calças jeans ou deixassem o cabelo crescer livremente solto; na verdade, ele preferia assim. Quando o assunto era namoro ou casamento, porém, Salem impunha um padrão duplo de julgamento, e tinha claramente dois pesos e duas medidas. Salem tinha muitas namoradas, norte-americanas e européias, especialmente após se divorciar de Sheikha, no final dos anos 1970. Um de seus meios-irmãos se casou com uma norte-americana, Mahrouz se casou com uma francesa, e um terceiro se casou com uma dinamarquesa — uniões que terminaram, sem exceção, em divórcio. Entretanto, quando uma de suas meias-irmãs, Salah, se apaixonou por um italiano mais velho, o fato gerou um cataclismo na família; aparentemente o episódio serviu para testar e esticar os limites da tolerância de Salem, embora ele tenha, por fim, dado sua bênção ao casamento, que acabou sendo um duradouro sucesso.[24]

Salem presidia essas questões à maneira de um patriarca árabe — autoritário, mas ávido por manter o equilíbrio e o consenso. "Era uma tarefa realmente difícil, realmente pesada", relembra Gail Freeman, norte-americana que fez amizade e trabalhou com algumas das meias-irmãs de Salem em projetos de design de palácios na Arábia Saudita. "O telefone estava sempre tocando." Salem segurava o aparelho sob o queixo e desfiava uma enxurrada de conselhos sobre o amor e o casamento, lembra-se Peter Blum, alemão que durante muitos anos viajou com Salem atuando como seu criado e camareiro pessoal. "Você tem uma esposa", ele dizia, ou "Você já tem dores de cabeça suficientes", ou "Ouça o que eu digo, espere mais seis meses e aí a gente volta a falar sobre isso". Ele não era severo ou ríspido em seus julgamentos, disse Blum, "mas sempre diplomático". Às vezes Salem parecia gastar mais tempo "com problemas da família", nas palavras de Freeman, do que com assuntos ligados aos negócios.[25]

Temendo a desaprovação das irmãs e meias-irmãs, Salem tinha o hábito de esconder delas as suas namoradas norte-americanas e européias. Quando as mulheres de sua família dirigiam carros velozes nas estradas dos Estados Unidos ou pilotavam aviões nos céus da Califórnia, ele aplaudia e vibrava de alegria, mas não queria vê-las zanzando sem sua supervisão com homens europeus ou norte-americanos. Suas atitudes revelavam o mais puro e simples sexismo, mas também uma ponta de orgulho do machismo saudita. As mulheres ocidentais podiam ser conquistas e troféus, mas jamais as mulheres árabes. Na primavera de 1978, Salem estava em casa na Arábia Saudita e deu um soco em um de seus pilotos norte-americanos por ter ousado dirigir a palavra a uma de suas irmãs sem a permissão do patriarca. O piloto pediu demissão na mesma hora. Naquela noite ele telefonou a Salem, de Riad, para pedir seu contracheque e um visto extra, documento exigido de todo empregado norte-americano que quisesse deixar a Arábia Saudita. Ao que tudo indica, esse alvoroço envolvendo a honra masculina e a virtude das mulheres da família Bin Laden despertou um lado sombrio da personalidade de Salem. Ao telefone, conforme lembra Frances Hunnewell, banqueiro norte-americano que na ocasião estava com Salem, o saudita encetou um longo discurso dizendo que não permitiria que o piloto fosse embora do reino até que se desculpasse publicamente, e arrebatou a fala com uma ameaça: se o piloto se recusasse a trabalhar, Salem prometeu "trancafiá-lo em uma cadeia".[26]

Salem tinha preferência por mulheres inteligentes. Nos últimos anos da década de 1970, sua namorada mais constante e mais importante era uma jovem médica a serviço do Exército dos Estados Unidos, Patty Deckard, que trabalhava em um hospital em San Antonio. Salem visitava os pais dela na Califórnia e conversou com eles seriamente sobre o relacionamento dos dois. "Ele sempre dizia 'só amo a mim mesmo', mas foi com ela que provavelmente chegou mais perto de realmente gostar de verdade de alguém", disse seu piloto Jack Hinson. "Mas ela não se casaria com ele." Ela chegou à conclusão de que não poderia se converter ao islã nem cumprir o papel que se esperava dela na Arábia Saudita, disse um segundo empregado de Salem, que naqueles anos passava bastante tempo com o casal. Durante anos e anos os namorados costumavam viajar periodicamente, tanto pelos Estados Unidos como para o exterior, até que o caso acabou e Patty Deckard se casou com outro homem.[27]

Para qualquer mulher que entrava na vida de Salem, inclusive para sua ex-esposa Sheikha, era difícil competir com a relação que ele mantinha com

Randa. "Era sempre 'Randa, Randa, Randa, Randa'", disse Gail Freeman. No mesmo período em que instalou Randa em Panama City para tomar aulas de pilotagem, ele também a ajudou a se matricular em uma escola de medicina no Canadá, e ia sempre de avião visitá-la e levar compras para a casa dela. "Acho que a maioria das irmãs tinha ciúme de Randa."[28]

Para obter seu brevê, Randa tinha de completar um vôo solo *cross-country*, conduzindo seu Cessna por centenas de quilômetros até um aeroporto determinado, neste caso próximo a Palm Beach. O dia do grande vôo chegou no final de setembro de 1978, mas Salem ficou muito nervoso. Ele ligou para Don Sowell na escola de aviação e disse: "Não quero que ela vá sozinha. Se alguma coisa acontecer, não quero mesmo que ela esteja sozinha". Entretanto, Sowell não tinha meios legais para certificar Randa como piloto se permitisse que um instrutor a acompanhasse na cabine durante o vôo *cross-country*. Mas chegaram a um acordo: Salem pagaria um instrutor para que seguisse Randa em um avião de caça, só para garantir.[29]

O pressentimento de Salem foi extraordinário: em algum lugar da região central da Flórida, a cabine foi invadida por fumaça causada por algum tipo de mau funcionamento do motor ou defeito elétrico. Felizmente, ela tinha um piloto de confiança por perto com quem conversar pelo rádio. Mas havia tanta fumaça que logo os dois concluíram que ela não teria condições de chegar ao aeroporto. O instrutor disse a ela para se preparar para um pouso de emergência em um campo das imediações.

Salem estava esperando Randa no aeroporto de Palm Beach quando seu telefone móvel tocou. "Ela sumiu do radar, não estamos conseguindo encontrá-la", disse a voz do outro do lado da linha, segundo Gail e Robert Freeman, que estavam com ele. Salem "ficou furioso", recordou Gail. "Ele saiu correndo feito doido pelo aeroporto, aos berros." Repetidas vezes Salem gritava que a irmã tinha morrido. "Ela caiu! Ela caiu!" Don Sowell tinha voado até Palm Beach para receber Randa em seu momento de triunfo aéreo, e Gerald Auerbach, o veterano que atuara como piloto da família por tantos anos, também estava presente. Todos tentaram acalmar Salem, mas ele estava enfurecido, quase a ponto de distribuir socos, e exigia severamente que fizessem alguma coisa. Salem e dois pilotos decolaram em seu jato Hawker rumo à área onde Randa presumivelmente tinha caído. Encontraram um aeroporto nas redondezas, mas a pista era pequena demais para o avião de Salem, que insistiu que pousassem mesmo assim. "Por cima do meu cadáver", disse Sowell a Auerbach, porque, segundo palavras de Sowell, "eu senti que havia essa possibilidade". Por fim, ele apelou para o bom senso de Salem; ele argumentou que independentemente do que havia acontecido com Randa, em nada ajudaria Salem se matar tentando resgatá-la.[30]

O avião pousou em segurança em um aeroporto maior e por fim conseguiram falar com Randa por telefone. Ela estava chorando — mas estava bem. Tinha lutado contra a fumaça para conduzir o avião e com a ajuda do instrutor de Sowell encontrara um campo onde conseguiu pousar o Cessna. Foi um pouso difícil, em terreno irregular e acidentado, mas não houve estragos significativos no avião e Randa saiu ilesa. Para uma aspirante a piloto, foi uma façanha impressionante. "Ela teve muita coragem", disse Sowell.

Agora Salem estava tão extasiado quanto tinha ficado demente. Pediu aos Freeman que o ajudassem a organizar uma grandiosa festa no Hotel Breakers, em Palm Beach, para celebrar o heroísmo e a sobrevivência de Randa. "Liguem para todo mundo que vocês conhecem!", ele pediu. "Liguem para todos os seus amigos em um raio de oitenta quilômetros!" No fim, alguns dos convidados vieram de avião de Nova York e Houston. Mais uma vez, a aviação com seus perigos tinha sido fonte de grande intensidade dramática para os Bin Laden. Naquela noite, no hotel, Salem contratou uma banda e seus convidados dançaram e cantaram. No dia seguinte foram todos para a Disney World.[31]

14

O FERVOR DO CONVERTIDO

NA ADOLESCÊNCIA, Osama se deslocava livremente entre dois mundos sobrepostos. Acompanhava a família nas excursões e nos passeios e era uma presença visível nas duas principais empresas, a Bin Laden Brothers e a outra, mais ampla, a Mohamed Bin Laden Organization. Jogava futebol e andava a cavalo com os meninos de seu bairro nos subúrbios de Jedá. Todo verão, até mais ou menos 1976, viajava para a Síria para conviver com a esfera mais secular da família da mãe, no litoral do Mediterrâneo, onde fazia caminhadas entre as montanhas e aparentemente apaixonou-se por uma prima mais jovem, que conhecia desde a infância, ainda como uma menina que andava sem se cobrir. Nessa época, mergulhou fundo nos grupos de estudos islâmicos — em Al-Thaghr, sua escola secundária de elite, e também em uma escola religiosa especial em Meca, a Thafiz Al-Koran Al-Kareem; depois deu continuidade a seus estudos ao se matricular, em 1976, na Universidade Rei Abdulaziz, em Jedá. Entre os dezesseis e os 21 anos de idade, Osama conseguiu integrar sua fé religiosa cada vez mais profunda com seu entusiasmo pela administração dos negócios e a vida ao ar livre, bem como seu desejo por companhia sexual. Após 1973 ele realizou tudo isso em uma postura de ardente devoção islâmica, da qual nunca mais se afastaria.

Salem, com entusiasmos totalmente diferentes, era contudo para Osama "como um pai" nesse período, de acordo com a mãe de Osama.[1] A relação dos dois era típica daquelas que existiam entre Salem e o grupo de seus meios-irmãos mais novos que passaram os primeiros anos da vida adulta no mundo árabe. Quando estava em Jedá, Salem deixava de lado as calças jeans e trajava *thobe* e *shemagh*. Fumava cigarros sem parar e não era particularmente notado por tomar a dianteira na hora das orações, mas mesmo assim se portava como um saudita. Mantinha certa distância dos irmãos e meios-irmãos.

Entre seus meios-irmãos, havia alguns, como Tareq e Shafiq, com quem Salem parecia ter uma amizade genuína. Mas normalmente seus amigos e seu séqüito internacional vinham de fora da família Bin Laden — colegas de escola libaneses, turcos, europeus e norte-americanos, pilotos e músicos que ia conhecendo pelo mundo. Esses estrangeiros eram companheiros de farra ou assistentes pessoais que dependiam financeiramente de Salem ou que simplesmente apreciavam sua companhia. Com eles, Salem estava livre de censura e de complicações. Com sua família, ele tentava ser um regente e administrador judicioso.

Salem não tinha o menor receio ou escrúpulo de introduzir clandestinamente alguns de seus amigos não-muçulmanos nas cidades sagradas de Meca e Medina, prática que irritava e ofendia Osama quando ele ficava sabendo. Por sua vez, alguns dos amigos de Salem aprenderam a ter muita cautela com relação à devoção de Osama. Um amigo árabe, que não era particularmente religioso, lembra-se de ter conhecido Osama em Medina: do alto do minarete, o muezim conclamou os muçulmanos à primeira das duas orações da noite, que em geral ocorrem em lugares diferentes, a cerca de uma hora ou uma hora e meia de distância um do outro, e Osama insistiu em levar os visitantes à Mesquita do Profeta. O amigo de Salem resolveu esperar no carro e acabou ficando preso lá grande parte da noite — Osama insistiu, segundo o relato do amigo, que o grupo ficasse rezando, e rezando, e rezando. Por fim retornaram, chacoalhando a cabeça. "Todos estavam reclamando muito. Eu disse, 'Graças a Deus que não entrei com vocês. Pelo menos fiquei aqui no ar fresco da noite, fumando'."[2]

Nessa época Osama estava "perfeitamente integrado" à família, segundo Carmen bin Laden. A partir de 1974, quando ainda estava no ensino médio, Osama já recebia dinheiro suficiente — das mesadas, bem como do pagamento pelo trabalho que fazia nas empresas da família — para comprar uma sucessão de carros de luxo — um Lincoln ou um Chrysler e, mais tarde, um sedã Mercedes cinza, de acordo com seu vizinho e amigo Khaled Batarfi. Gostava de correr e destruiu pelo menos um carro, pelo que se lembra Batarfi. Também tinha acesso aos jipes 4x4, picapes e caminhões das empresas da família, que usava tanto para ir aos canteiros de obras quanto deserto adentro, a fim de relaxar nos fins de semana com seus amigos e seus amados cavalos. Anos depois, ele diria que andar a cavalo era seu "*hobby* favorito", e se orgulhava da habilidade de cavalgar por sessenta quilômetros ou mais de uma só vez. Dava preferência a roupas simples e discretas, botas de trabalho amarelas e um relógio do exército suíço.[3]

Periodicamente Osama aparecia na recepção do escritório da Bin Laden Brothers; ali, onde se acumulava fumaça de cigarro, ele esperava pacientemente para receber o dinheiro da sua mesada ou um cheque, ou para conseguir a assinatura em algum documento. "Lembro-me dele apenas como algum tipo de suplicante, presumivelmente por algum dinheiro a mais", recorda Rupert Armitage. Bengt Johansson, mecânico e amigo de longa de data de Salem, lembra-se de Osama como "apenas mais um irmão menor". Osama cresceu e tornou-se um jovem alto e magro; quando deixou a barba crescer, de início ela se desenvolveu rapidamente em tufos claros, e depois ficou enorme, bastante espessa e escura. Ele era e continuou sendo comedido e respeitoso. Muitos de seus meios-irmãos possuíam o mesmo comportamento contido e a conduta discreta. As contínuas e turbulentas demonstrações da impetuosa energia de Salem eram exceção. Os filhos mais jovens de Mohamed "iam voando" para o escritório da Bin Laden Brothers durante os recessos escolares, de acordo com a lembrança de Armitage, e lá ficavam sentados, em silêncio, em filas de poltronas e sofás espalhados pelos cantos. Geralmente precisavam de alguma coisa, mas aprenderam a ter paciência. Aparentemente, para dar todo e qualquer passo na vida, precisavam de uma "maldita assinatura", e consegui-la sempre acabava sendo uma tarefa complicada.[4]

Durante o Ramadã, nos fins de semana e outros feriados, os Bin Laden se divertiam em propriedades comunais em Jedá e arredores. Havia a "fazenda" no árido deserto em Al-Bahra, entre Jedá e Meca, onde Osama cercara um pequeno rancho para cerca de vinte cavalos. Em Taif havia uma enorme e agradável casa para férias de verão, construída na década de 1950 ou 1960, na qual os membros da família se recolhiam na estação mais quente. Junto ao litoral do mar Vermelho havia "casas de praia" da família, que eram pouco mais que barracões de concreto em que podiam vestir suas roupas de banho ou encontrar um pouco de sombra. Pelos padrões da época em Jedá, essas propriedades de férias eram símbolo da riqueza e dos privilégios da família, mas não eram particularmente opulentas. Osama parece ter desfrutado de todas elas; porém, à medida que ia se tornando cada vez mais devoto, ele podia ser um tormento, especialmente na praia.

Ele tinha bastante consciência acerca de sua própria experiência de conversão, e de que em algum sentido era especial ou apartado dos demais, porque tinha nascido de novo. Em anos posteriores ele se referiu a 1973 como o ano em que tivera início sua "interação" com os grupos islâmicos, quando ele tinha quinze anos. Ele parecia interpretar — ou foi ensinado a interpretar — sua própria conversão ou recrutamento pela Irmandade Muçulmana naquela idade como o ritual de passagem natural de um verdadeiro muçulmano. "Como é sabido", disse ele uma vez, "do nascimento aos quinze anos de idade as pessoas não cuidam de si mesmas, nem têm consciência dos eventos importantes [...] Se formos realmente honestos, descobrimos que a parte da vida entre os quinze e os 25 anos é quando as pessoas têm condições de empreender a *jihad*".[5]

A intensidade da experiência de conversão de Osama no grupo de estudos que se reunia depois das aulas fora incomum, mas não tão extraordinária a ponto de marcá-lo como alguém obsessivamente devotado à adoração. Nenhum jovem fiel ao islã na Arábia Saudita se sentia assim nem seria visto como tal por sua família e seus pares — e certamente não um jovem como Bin Laden, cujo pai havia sido organizador de eventos religiosos em Meca e Medina e emissário em Jerusalém. Toda semana, durante horas e horas a televisão estatal transmitia cenas de milhares de peregrinos trajando roupas brancas e rezando enquanto, em massa, davam voltas em torno da Caaba em Meca; era como ter toda uma rede de comunicações dedicada às cenas perpétuas de um aquário religioso. Na hora das orações, alto-falantes soavam em todas as cidades, grandes e pequenas, conclamando os fiéis à adoração; as lojas e os supermercados fechavam imediatamente, e a *mutawaa*, ou "polícia religiosa", patrulhava as ruas com bastões para fazer cumprir a obediência e a submissão. As obras de arte penduradas nas paredes dos escritórios em Jedá, os livros expostos nas estantes das salas de estar, os prédios nas esquinas, o calendário da vida pública, os discursos das figuras públicas, os rituais de nascimento, estações e morte — tudo isso dependia, em grande medida, se não exclusivamente, dos idiomas do islã. Na Arábia Saudita a religião era como a gravidade: explicava a ordem dos objetos e a trajetória das vidas. O Alcorão era a constituição do reino e a base de todas as suas leis. O reino havia se transformado na sociedade mais devota do planeta, não apenas em seus sistemas legal e constitucional, mas também nos ritmos de suas casas e famílias, escolas e círculos de amizade. O influxo de homens de negócios e consultores norte-americanos e europeus durante a década de 1970 e a introdução de tecnologias de consumo não alteraram o papel central que o islã desempenhava na vida cotidiana da enorme maioria dos súditos do reino. Nasir al-Bahri, iemenita que cresceu em Jedá e mais tarde trabalhou como guarda-costas de Osama bin Laden, relembra que particularmente para os adolescentes que, como Osama, eram atraídos para o ensino religioso,

> o clima islâmico estava por toda parte na Arábia Saudita, e o espírito islâmico estava em tudo: nas assembléias dos sábios e nas reuniões religiosas [...] A sociedade inteira era uma só estrutura. Era impossível, de qualquer forma, encontrar uma casa sem a fragrância das tendências e direções islâmicas. Assim, se em uma casa não houvesse um jovem rapaz que observasse a fé, havia uma jovem moça que seguia o islã. E se não houvesse uma jovem mulher seguidora da fé, talvez a casa tivesse uma fita ou um livro islâmico.[6]

Osama oferecia à extensa família Bin Laden o papel de pedra de toque da devoção religiosa. Sua família o via — alguns com tolerância cética, outros com inequívoca admiração — como o jovem pregador e líder das orações do clã, extraordinariamente dedicado. Assim como as famílias da aristocracia européia de eras passadas consideravam uma coisa natural e lógica que um ou dois de seus filhos ingressassem na vida clerical, ao passo que outros se tornariam oficiais militares ou conselheiros na corte, para os Bin Laden não era nada notável que alguns de seus filhos e filhas respondessem ao chamado do islã. Por si só, essa opção não bastava para fazer de Osama um filho particularmente prestigiado entre os Bin Laden — certamente não sob a liderança de Salem. Ao longo da década de 1970, os negócios, a aviação, a engenharia, o design de interiores e o desejo de Salem de que alguém na família se formasse em medicina competiam com a educação alcorânica pela primazia nas listas de honra informais da família. E, obviamente, os Bin Laden se consideravam uma família islâmica, por isso o idealismo e a dedicação de Osama eram respeitados, mesmo quando ele rangia os dentes.

Carmen bin Laden via Osama, com toda a sua altura magra e desajeitada e sua religiosidade insistente, como "uma figura menor", inclinada à severidade no julgamento e à crítica rigorosa, pairando na periferia da família. Ele era "mais literal, mais fundamentalista" do que alguns de seus colegas da Irmandade Muçulmana, disse seu amigo e companheiro de fé islâmica Jamal Khashoggi. Osama parecia particularmente arrebatado pelos ensinamentos que prescreviam que um muçulmano honrado e virtuoso deveria imitar os trajes e costumes em vigor na época de vida do Profeta. Osama repreendia seu amigo Khaled Batarfi por usar shorts para jogar futebol, o que violava um obscuro princípio teológico. Ele parecia determinado a encontrar um estado de pureza pessoal, e, para alcançá-lo, insistia em introduzir preceitos islâmicos até mesmo nas questões mais casuais do cotidiano. Como definiu seu cunhado sírio Najim: "Ele sempre nos contava o que havia aprendido sobre religião".[7]

O precoce envolvimento de Osama com a Irmandade Muçulmana implicava que, desde o início, sua compreensão do islã tenha sido moldada por mensagens de dissensão política. O islã da Irmandade não era passivo. Seus membros advogavam uma jornada rumo a um governo islâmico honrado, reto e virtuoso. A essência das palestras e preleções dos membros da Irmandade também era informada por sua recente história de violência anticolonialista no Egito e o exílio, na Arábia Saudita, de muitos de seus ativistas. Eruditos e escritores influenciados pela Irmandade apresentavam idéias variadas sobre como chegar a um governo islâmico virtuoso, e sobre quando, por exemplo, o uso da violência ou da organização política era justificado. Entretanto, havia unidade de pensamento com relação ao ponto de vista de que a pregação e o ensino deveriam ser os baluartes de sua campanha. Um bom muçulmano não devia buscar apenas o próprio estado de graça, mas sim ensinar aos outros. Os preceitos políticos da Irmandade podem até ter deixado a família real nervosa, mas sua veia proselitista estava adequada à escola de pensamento *salafi* que dominava o reino. Esse termo faz referência a Salaf, um dos primeiros companheiros do Profeta, que seus seguidores são instruídos a imitar. Mohamed Abdul Wahhab, fonte influente dessa doutrina na Arábia, enfatizava que um homem deve literalmente modelar sua vida no exemplo da vida do Profeta e seus companheiros. Nessa escola de pensamento, o propósito de estudar o Alcorão e os *hadiths* envolvia a busca de verdades literais — fatos e leis —, que estavam disponíveis a partir do século VII pelas revelações do Profeta; esses pequenos fragmentos de vida reta poderiam, então, ser adotados por qualquer muçulmano que quisesse agradar a Deus no Dia do Juízo Final.

Anos depois, após declarar guerra aos Estados Unidos, Osama afirmou que, ainda na juventude, foi inflamado de ódio contra os norte-americanos e suas conspirações ao lado de judeus e cristãos para destruir o islã. "Todo muçulmano", disse ele, "a partir do momento em que percebe em seu coração a distinção, odeia os norte-americanos, odeia os judeus e odeia os cristãos. Isso é parte da nossa crença e nossa religião. Pois até onde posso me lembrar, sempre me senti atormentado e em conflito, e sempre nutri ódio e animosidade pelos norte-americanos." De fato, antes de 1979 não há muitos indícios de que Osama fosse especialmente político. Ao que tudo indica, nesses anos ele parece ter se concentrado principalmente em aprender como definir e viver uma vida islâmica, conforme concebida e esboçada pelos mentores e sábios que seguira em Jedá e Meca. Certamente ouvia discursos e lia livros que continham pontos de vista anticolonialistas e posições políticas revolucionárias, particularmente as influentes obras do islamita egípcio Sayid Qutb, cujo irmão exilado, Mohamed, lecionara na universidade de Osama em Jedá. De acordo com seu amigo e colega de faculdade Jamal Khalifa, em 1976 ou 1977 Osama leu pela primeira vez dois livros de Qutb, *Marcos do caminho* e *À sombra do Alcorão*, obras que expunham teorias bastante provocadoras preconizando a ação ofensiva, inclusive a violência, para proteger Jedá dos imperialistas e infiéis. Em anos posteriores Osama passou a citar com freqüência obras de Taqi al-Din Ibn Taymiyya, teórico do século XIII e defensor da *jihad* violenta contra "ocupantes" apóstatas, e mencionava um livro em particular de Mohamed Qutb, *Conceitos que devem ser corrigidos*, que o ajudara a compreender que os governantes ímpios das nações islâmicas eram "incapazes e traidores, e não seguiram o caminho correto do islã, mas obedeceram apenas a suas vontades e desejos luxuriosos — [e] essa é a razão dos retrocessos na marcha do país nas décadas passadas". Contudo, quando no final dos anos 1970 ouviu pela primeira vez essas palavras e leu esse tipo de texto, Osama não tinha meios práticos de levar em consideração o chamado à ação política neles embutido, e nenhum desejo evidente de assumir os riscos políticos que aquelas idéias incitavam nele.[8]

Nessa época ele conversava com amigos sobre o problema da Palestina, de acordo com o relato de Batarfi, mas suas opiniões nada tinham de excepcionais. Após o desfecho do conflito árabe-israelense de 1973, na qual o apoio militar dos Estados Unidos a Israel foi proeminente, Osama teria ouvido muitos discursos bombásticos antiamericanos e anti-semitas nas mesquitas, salas de aula e salões de Jedá. Esses temas também teriam sido um dos aspectos de seus estudos religiosos formais. A narrativa alcorânica do nascimento e da expansão do islã é marcada pela conquista de território, hostilidades e guerras, e é uma história em que uma suposta traição de judeus-árabes ocupa papel significativo. Nos anos subseqüentes, Osama relacionaria seu anti-semitismo, que ele atribuía aos ensinamentos do Alcorão, à sua afronta acerca do apoio dos Estados Unidos a Israel:

> A nós parece, a partir dos escritos do Profeta, que teremos de lutar em seu nome contra os judeus e aqui nesta terra [Palestina] [...] E os Estados Unidos e seu povo se envolveram repetidas vezes [...] e enviaram para Tel Aviv um fornecimento de emergência em 1973, nos dias de Nixon, com armas, auxílio e homens, o que afetou o resultado da batalha, portanto como é que podemos não lutar contra eles? [...] Qualquer nação que se junta às trincheiras judias só pode culpar a si própria.[9]

Seria um erro atribuir declarações que Osama fez já com quarenta e tantos anos a seu estado espírito de três décadas antes, embora haja continuidade em suas opiniões. Suas reiteradas referências a 1973 como o ponto crítico e decisivo em sua própria vida e como pedra de toque de seus pontos de vista anti-sionistas e anti-semíticos sugerem a ressonância que aquele ano teve em sua vida. Contudo, em meados da década de 1970, um rapaz de dezoito anos que descrevesse os norte-americanos e judeus como inimigos do islã não fazia mais do que expressar a sabedoria consensual e convencional. O testemunho de contemporâneos sobre Osama enfatiza outros aspectos de sua religiosidade — sua devoção insistente e sua busca por uma vida completa, simétrica e pura.

Uma biografia publicada anos mais tarde por sua assessoria de imprensa, e escrita a partir das observações de um assistente que conhecera Osama na época em que ele ainda interagia com a família Bin Laden, tentou inventariar as fontes de influência em seus pontos de vista e seu caráter. O texto pode ser lido como uma seção de comentários que o professor preenche no boletim do aluno:

> Criado pelo pai, Bin Laden acostumou-se à responsabilidade, à confiança, à generosidade, ao recato e à humildade [...] É sabido que ele também é tímido e taciturno, geralmente tem o semblante sério, mesmo quando tenta se mostrar simpático e amistoso, e que usualmente evita levantar a voz ou rir em excesso [...] Osama é bastante inteligente, seguro de si e observador, mas também um tanto hesitante na hora de tomar decisões e assumir o controle da situação, o que algumas vezes já lhe causou desgostos [...] Uma das contradições da personalidade de Osama é que, de um lado, está sua emoção e ternura, e de outro, sua força e teimosia. Ele adora ler, o que faz com freqüência, e tem uma paixão invulgar por sair à cata de informações, documentos e arquivos, bem como por acompanhar os noticiários.[10]

Um dos aspectos mais obstinados de seu comportamento se manifestava com relação às mulheres. Namorar as adolescentes dos subúrbios de Jedá era um empreendimento difícil, arriscado e frustrante, mesmo entre as famílias relativamente seculares, e, para um rapaz devoto como Osama, estava praticamente fora de questão. Mesmo assim, ele sentia forte atração por meninas, de acordo com Batarfi, que conta que Osama decidiu se casar aos dezessete anos basicamente porque queria ter relações sexuais legítimas. As primas que ele via na Síria nos verões em família não se cobriam nem se segregavam com o mesmo rigor das moças de Jedá. Durante suas temporadas lá ele conhecera Najwa, filha do irmão de sua mãe. Nas famílias árabes os casamentos entre primos de primeiro grau eram lugar-comum. A mãe e a família de Osama podem ter estimulado e até mesmo planejado a união. Porém, o irmão de Najwa sugeriu que a iniciativa partiu de Osama, e que ele pediu formalmente a mão da prima em casamento. Ela tinha catorze anos.[11]

Inicialmente eles foram morar na casa da mãe de Osama em Jedá. Najwa engravidou e deu à luz um menino, Abdullah. O leito conjugal parece apenas ter aguçado a convicção de Bin Laden de que um muçulmano íntegro e reto não deve sequer olhar para uma mulher que não seja sua esposa legal ou sua mãe. Ele não permitia que a esposa falasse com estranhos. Desviava os olhos diante da criada da família. Quando visitava socialmente os irmãos, afastava o olhar ou cobria os olhos se uma mulher sem véu abrisse a porta. Jamais trocava um aperto de mãos com mulher nenhuma.[12]

Osama formou-se no ensino médio em 1976. A fotografia da turma de formandos de Al-Thaghr mostra várias filas de meninos e professores usando paletós e gravatas, mas Osama não aparece na foto. À época, a fotografia estava entre as inovações que ele rejeitava — as fotos exibiam olhos fervorosos para falsos ídolos, um arsenal de imagens humanas que competiam com a natureza única de Deus. Nesse período ele também rejeitava a música secular porque, conforme teriam explicado seus professores, a música não fazia parte da vida do Profeta, além de competir com os sons sagrados do recital e das orações do Alcorão. Osama não fumava. Condenava o jogo. Seus únicos prazeres claramente visíveis eram carros, sexo e a vida ao ar livre. Se alguma vez ele se imaginou vivendo à imagem e semelhança do falecido pai, como sugeriram alguns de seus amigos, ele o fez com considerável fidelidade.[13]

Uma exceção era a visão que tinha da poligamia. Ele conversava com o amigo Jamal Khalifa sobre os casamentos em série dos pais de ambos, aparentemente motivados por razões sexuais. Os dois compartilhavam o sentimento de que aquele "não era, de jeito nenhum, o caminho islâmico". Acreditavam que havia mais mulheres do que homens na sociedade, e que por essa razão os casamentos múltiplos eram desejáveis, uma vez que "resolviam um problema social", nas palavras de Khalifa. Entretanto, de acordo com o ensinamento do Alcorão, "é preciso ser justo, distribuir a justiça igualmente entre todas elas, e dividir o tempo, para dar a cada uma o suficiente". Os dois se comprometeram a levar a vida de casado de maneira mais responsável — podiam até desposar as quatro mulheres permitidas pela lei alcorânicas, mas prometeram não se divorciar frivolamente, e se concentrar na questão da eqüidade.[14]

Com a casa repleta de crianças pequenas (os intervalos entre as gravidezes de Najwa eram pequenos), Osama baniu as fitas de vídeo de desenhos animados da Disney e os de *Vila Sésamo*. Ele repudiava a maior parte dos programas de televisão, pelas mesmas razões por que rejeitava a fotografia e a música: estavam infestados de imagens blasfemas. Ele assistia, sim, a programas de notícias, mas instruíra os filhos a se postarem de pé junto ao aparelho de TV: quando as notícias começavam a ser exibidas, os filhos abaixavam o botão do volume no momento em que tocava a trepidante música que anunciava a introdução da transmissão.

Aparentemente, as primeiras idéias que Osama teve sobre a paternidade provieram em parte das lições sobre autoconfiança, fé e parcimônia nele incutidas por seu próprio pai, homem que venceu na vida por esforço próprio. Osama levava os filhos pequenos para acampar no deserto. Ensinou-os a andar a cavalo, a dormir ao relento e se cobrir de areia caso precisassem de calor. "Ele falava muito sobre o quanto vivíamos no luxo, e sobre o quanto teríamos de endurecer as coisas para nos fortalecer", recordou Batarfi. "Ele queria que seus filhos crescessem fortes — praticariam caça e tiro." Ele não deixava seus filhos beberem com canudos, porque isso não existia na época do Profeta; certa vez, em uma excursão da família em uma estação particularmente quente, Carmen bin Laden assistiu, horrorizada, à esposa de Osama, toda coberta de preto, tentando hidratar seus suarentos filhos com colheradas de água. Os outros Bin Laden presentes, ela sentia, "simplesmente amedrontados pelo fervor de Osama, encolheram-se ao silêncio, intimidados". Contudo, outras pessoas que conheceram Osama pessoalmente disseram que ele podia até ser severo com seus filhos sobre os preceitos islâmicos e a instrução alcorânica, mas também podia ser brincalhão, divertido e afetuoso, especialmente nas viagens que a família fazia para acampar no deserto.[15]

NO MUNDO FÍSICO, líquidos e gases giram em torvelinho ou condensam quando as temperaturas caem ou se elevam. Uma convecção semelhante de culturas moldou o final da adolescência de Osama. Ele ficava a um passo de Meca e a dois passos de Las Vegas. E, contudo, à sua própria maneira, diante da presença dessas densidades conflitantes, parecia sentir-se tão confortável quanto Salem; simplesmente lidava de maneira diferente com as exigências e as tentações de cada uma. Em todo caso, Osama estava longe de ser o único Bin Laden de sua geração a seguir estritamente o ensinamento do Alcorão. Junto com seu meio-irmão Mahrouz e duas de suas irmãs, Sheikha e Rafah, especialmente devotas nesse período, abriu uma escola religiosa em Jedá para os parentes mais novos. Muitos dos outros irmãos estudavam formalmente o islã e circulavam entre os círculos religiosos de Hejaz. Entre outras coisas, a credibilidade religiosa continuava sendo um imperativo dos negócios da família — os sábios islâmicos que integravam as comissões de planejamento urbano nas duas cidades sagradas influenciavam na atribuição de contratos e nas decisões sobre o desenvolvimento imobiliário, como ocorria no tempo de Maomé.

Osama não aparecia no famoso retrato da família na Suécia, mas certamente conhecia a Europa. De acordo com Batarfi, ele visitou Londres aos doze anos de idade, junto com a mãe, para receber tratamento médico por causa de uma doença no olho. Ficou em terras inglesas por pelo menos um mês e visitou alguns pontos turísticos. Em uma segunda viagem internacional, já na adolescência, Bin Laden acompanhou alguns amigos e parentes em um safári para caça de animais de grande porte no Leste da África. Segundo Batarfi, Osama também fez uma viagem aos Estados Unidos. Walid al-Khatib, que trabalhava como supervisor na construtora da família, também disse que Osama "viajou várias vezes para a Europa e para os Estados Unidos". De acordo com o relato de Batarfi, a visita aos Estados Unidos aconteceu porque ele e a esposa foram em busca de tratamento para um problema médico de um de seus filhos.[16]

Apenas um aspecto da viagem aos Estados Unidos deixou impressão particularmente forte, ainda segundo Batarfi. No trajeto de volta para casa, Osama e a esposa estavam sentados no saguão de um aeroporto, à espera do vôo de conexão. Najwa estava usando uma *abaya* preta, a túnica das mulheres, com a cabeça totalmente coberta por um *hijab*, o véu islâmico. Outros passageiros "ficaram encarando com os olhos fixos e tirando fotografias", disse Batarfi. Quando Bin Laden retornou a Jedá, definiu a experiência como "estar em um show". Batarfi contou que Bin Laden não ficou exatamente triste por causa dos olhares arregalados e as fotografias; pelo contrário, ele "fez piada sobre o assunto". A procedência da versão de Batarfi para a viagem de Osama é incerta; geralmente Batarfi é confiável, mas neste caso seu conhecimento de primeira mão é limitado. Parece estar claro que Osama viajou de fato para o Ocidente à procura de tratamento médico para um filho no final da década de 1970, mas pode ser que tenha ido apenas à Inglaterra.[17]

Quaisquer que fossem seus itinerários, persistiam os mesmos temas: Osama não era um completo estranho para o Ocidente, mas não tinha raízes lá. Por meio de sua própria viagem e das viagens da sua família, ele sabia um pouco da Europa e dos Estados Unidos, mas aos quinze anos já tinha erguido um muro contra as seduções ocidentais; ele se sentia enredado pelo Ocidente e envolvido por sua presença na família; ainda assim, conforme demonstraria nos anos vindouros, faltava a ele uma compreensão sofisticada ou sutil da sociedade e da história ocidentais. Ele usou seu passaporte, mas jamais deixou sua casa.

A AMBIÇÃO QUE COM MAIS FIRMEZA prendia Osama aos meios-irmãos era seu interesse nos negócios da família. Assim que sua geração de filhos de Mohamed chegou à universidade, muitos deles se desgarraram e debandaram da perspectiva de uma vida no ramo da construção — alguns meios-irmãos conseguiram a façanha de ficar sem trabalhar um único dia na vida. Osama fazia parte de um grupo maior de rapazes que eram trabalhadores obstinados, que competiam entre si e usavam de todos os meios para conseguir influência, melhores salários e papéis de liderança. As inclinações religiosas de Osama fizeram dele um talento nato para tarefas de gerenciamento envolvendo as obras de renovação que a família empreendia em Meca e Medina. Ao longo dos anos, o critério usado pela família para a alocação de papéis de administração e liderança passou a ser constante, quase uma marca registrada: atribuir aos Bin Laden de orientação religiosa mais ardente o trabalho em projetos nas cidades sagradas.

Walid al-Khatib, palestino que supervisionou Osama no escritório de Meca quando ainda era um adolescente, lembrou-se dele como "um menino sério para sua idade, e, desde o primeiro dia, notei o interesse dele pelos pequenos detalhes. Operávamos equipamento pesado, e em pouco tempo aquele rapazinho alto e magricela já estava manobrando tudo. Sua habilidade técnica era impressionante".[18]

Para os irmãos interessados em fazer carreira na empresa, havia dois atalhos educacionais principais — a engenharia e a administração de empresas. O primeiro era mais exigente do ponto de vista acadêmico e requeria a disposição de freqüentar uma universidade no exterior, uma vez que as universidades sauditas não eram adequadas. Entre seus estudos religiosos e sua jovem família em expansão, a perspectiva de mais quatro ou cinco anos no Cairo ou no Ocidente pode ter soado indesejável para Osama. Qualquer que tenha sido seu raciocínio, depois de Al-Thaghr ele se matriculou no curso de administração da Universidade Rei Abdulaziz, um enorme *campus* de muros brancos erguido menos de uma década antes junto à Estrada de Meca, próximo ao principal complexo residencial da família Bin Laden em Kilo 7. Era uma universidade particular, que havia sido fundada pelos homens de negócios de Jedá que queriam um lugar para treinar e preparar seus filhos para assumir as atividades comerciais e firmas familiares. Abdullah Suleiman, o ex-ministro das Finanças que havia ajudado Mohamed bin Laden a fazer fortuna, doou as terras em que a universidade foi construída e estava entre os magnatas de Jedá que financiaram sua criação durante a década de 1960.[19]

Anos depois, em uma entrevista, Osama contaria vantagem gabando-se de ter equilibrado, com mais êxito do que qualquer um de seus irmãos, seus estudos acadêmicos com as tarefas e atribuições na empresa da família. Isso não era apenas uma demonstração de presunção, mas também factualmente inverídico. Ao que parece, em pouco tempo Osama tentou abandonar a faculdade para assumir um emprego de supervisão em Meca, mas pode ter mudado de idéia por causa dos apelos da mãe. Na entrevista em questão ele sugere ter completado sua educação superior, mas, de acordo com Khalifa, ele jamais obteve um título universitário. Um breve currículo preparado por Bin Laden ou seus assistentes em 1996 afirmava apenas que ele "estudou administração e economia" na universidade. Em todo caso, ele certamente ficou bem aquém das expectativas e fracassou na tentativa de rivalizar com as realizações, tanto acadêmicas como administrativas, de muitos de seus irmãos mais velhos.[20]

Depois da universidade, Osama foi nomeado para o cargo de gerente em Meca, de acordo com Al-Khatib. Nessa época as firmas da família Bin Laden eram responsáveis por um bom número de projetos de renovação na área. Construíram uma nova escadaria no poço Zamzam, a antiga fonte de água de Al-Haram; demoliram prédios para expandir as plataformas e estradas em torno da Mesquita; e restauraram portões e muros. Na lembrança de Al-Khatib, Osama era pão-duro quando se tratava de dar bonificações em dinheiro, mas fastidioso sobre conservação de alimentos e distribuição de sobras aos operários. Como o pai, Osama se orgulhava de sua habilidade de refletir cuidadosamente antes de tomar decisões sobre complexos problemas de demolição ou engenharia, ainda que não tivesse o treinamento formal adequado. Como definiu Al-Khatib: "Ele gostava de resolver por conta própria os problemas".[21]

15

CONECTADO

FRANCES HUNNEWELL cresceu em uma mansão de pedras no cume de um morro, acima de um lago; pertencia a uma família de Massachusetts cuja linhagem e propriedades remontavam à fundação dos Estados Unidos. O pai de Michael Pochna fora conselheiro legal de J. Paul Getty. Ambos eram homens formados em Harvard, turma de 1960. Mais tarde se mudaram para Paris, onde fizeram fortuna na área de finanças privadas. Elaboravam listas de contatos com nomes de pessoas da família, da escola, da faculdade e de clubes sociais, e então começavam a fazer telefonemas, procurando fechar negócios — linha de trabalho atraente, desde que você tivesse nas mãos as listas certas, falasse francês e conseguisse levantar algum dinheiro para investir. Em meados da década de 1970, dirigiam um banco mercantil sediado em Paris mas registrado nas Bahamas, instituição que se dedicava a operações financeiras que mais tarde seriam comumente conhecidas como *venture capital* e *private equity*.[1] As múltiplas convulsões econômicas de 1973 e 1974 — a guerra árabe-israelense, o embargo petroleiro internacional, a inflação, a estagnação do crescimento econômico na Europa e nos Estados Unidos — obrigaram os dois a parar e repensar os negócios. A liquidez, que para um banqueiro é sinônimo de dinheiro na mão, estava rapidamente escoando da Europa rumo às regiões petrolíferas do mundo árabe. Hunnewell, Pochna e um terceiro parceiro, Jan Baily, decidiram deslocar-se para o Oriente Médio. Beirute e Cairo pareciam ser os lugares mais atrativos para um novo quartel-general; a sorte foi tirada na moeda e a escolha foi o Cairo. Pochna se mudou para lá, munido de novas listas de contatos. O cunhado de Hunnewell, um banqueiro influente do Credit Suisse, sugeriu que visitassem um jovem saudita que ele conhecera, o xeique Salem bin Laden.

Hunnewell combinou uma reunião de apresentação e foi de avião até Jedá. Era um homem alto e atlético de trinta e poucos anos, que projetava a lânguida confiança do dinheiro velho. Salem já estava acostumado a banqueiros solícitos, que no fundo queriam um pedaço do que presumiam ser uma fortuna sem tamanho. Salem os julgava não pelos serviços que lhe ofereciam, ao que em geral ele era indiferente, mas por outro critério: se eles gostavam ou não do tipo de coisa que ele achava divertido. Ele ofereceu um almoço e então sugeriu que fossem todos ao deserto ver alguns de seus cavalos. Ele tinha acabado de comprar um novo *buggy*, uma geringonça motorizada com chassis Volkswagen e pneus capaz de roncar pela areia macia. Acomodou Hunnewell e Jan Baily nos bancos de passageiros e começou a acelerar, rasgando o amplo deserto a cem quilômetros por hora e saltando entre as dunas. Em pouco tempo uma das rodas do veículo saiu. Salem parou, arrebanhou alguns beduínos que, por sorte, estavam andando por ali, e os obrigou a procurar a roda desaparecida. Os nômades a encontraram, junto com algumas porcas e parafusos. Mas Salem não tinha macaco. Hunnewell ergueu o *buggy* sozinho, enquanto Salem usou a mão de um beduíno para fazer as vezes de macaco, torcendo-a, o que Hunnewell imaginou ter sido bastante doloroso para o voluntário. Baily tentou recolocar a roda. Deu mais ou menos certo, e Salem ficou impressionado. Durante anos ele continuou repetindo a história sobre como Hunnewell havia conseguido levantar o carro, como um super-herói. Ao que tudo indica foi ali, naquele exato momento, que ele decidiu que faria negócio com os dois. Todos subiram de volta no *buggy* e seguiram sacolejando pelo deserto; Salem dirigiu quase tão depressa quanto antes. Que tipo de negócio fariam, e qual seria o acordo, eram detalhes que ficariam para outro dia.[2]

Semanas depois, Michael Pochna voltou para acertar uma coisa mais específica. Antes de finalmente conseguir uma audiência com Salem, sofreu com as usuais longas esperas, a agenda e os horários caóticos de Bin Laden. Ele expôs a idéia de uma empresa suíça que poderia abrir uma fábrica na Arábia Saudita para manufaturar concreto protendido e casas modulares, o que poderia ser útil nos projetos de construção dos Bin Laden.

"Bem, não estou interessado", disse Salem. "Que mais você tem?"

Houve um momento de silêncio, Pochna recorda, enquanto tentava bolar outra idéia. Então Salem falou.

"Acho que o futuro está nos telefones", ele disse.

De imediato Pochna concordou, embora não tivesse sequer pensado uma única vez no assunto. Conversaram um pouco mais. Pochna fez alguns telefonemas para um contato que tinha na área de telefonia nos Estados Unidos. Ficou claro que Salem estava com idéias bastante ambiciosas. Queria nada mais, nada menos do que ganhar o contrato da família real para instalar a primeira rede de telefonia do reino.

"Meu pai construiu as estradas", Salem disse. "Eu vou construir os telefones."[3]

Sua visão estava enraizada em seu estilo de vida globalizado. Salem e sua geração da família Bin Laden foram inovadores da era do jato. Sem esforço algum, pulavam de Jedá ao Cairo, dali para Corfu e Paris e Nova York, depois faziam o trajeto de volta, às vezes no decorrer de apenas alguns dias. Entretanto, quanto mais se deslocavam, mas desejavam ficar conectados. Salem vivia no centro de uma família que mais parecia uma roda de fiar, eternamente em movimento. Ele não suportava a idéia de ficar sem contato — com Randa, com suas namoradas norte-americanas e européias, com seus amigos pilotos, com sua mãe, com seus irmãos e irmãs, com seus protetores reais, ou, quando era realmente necessário, com seus sócios e parceiros comerciais. Na década de 1970, a necessidade que Salem e seus familiares tinham de telefones com alcance global sobrepujava em muito o desenvolvimento tecnológico disponível. Na Arábia Saudita os serviços telefônicos eram particularmente ruins; havia apenas algumas dezenas de milhares de linhas telefônicas muito pouco confiáveis. Quando ficava preso em Jedá, Salem lançava mão do seguinte expediente: recorria aos aparelhos de telex do escritório da Bin Laden Brothers para ficar flertando com suas namoradas no exterior.

Naquela era dividida do pós-Guerra Fria, a idéia de que a economia mundial poderia ser rapidamente conectada e acelerada por um amplo sistema de comunicação por voz, acessível e sem fronteiras, mal era discutida ou compreendida. A União Soviética e os países do Leste Europeu sob sua influência se fecharam, firmemente isolados atrás da Cortina de Ferro. A China havia rompido relações e estava cambaleante, depois de seu período sombrio da Revolução Cultural. Mesmo no Ocidente o desenvolvimento de satélites e telefones internacionais ainda estava engatinhando. O ensaio pioneiro do autor de ficção científica Arthur C. Clarke, *Extraterrestres*, em que pela primeira vez imaginou-se a possibilidade de satélites de comunicação global, havia sido publicado apenas três décadas antes, em 1945. O lançamento do *Sputnik* inaugurou a era dos satélites militares em 1957, mas a fase inicial da evolução tecnológica foi dominada pela corrida espacial e de mísseis entre os Estados Unidos e a União Soviética. As grandes companhias telefônicas norte-americanas e européias eram controladas pelos governos ou por monopólios esclerosados. Ainda não existiam celulares, e os únicos telefones móveis via satélite eram pesados como tijolos e difíceis de operar. Os poucos telefones globais disponíveis exigiam que o usuário identificasse sua localização e depois fizesse a chamada através de uma rede particular que funcionava com irregularidade. Com o passar dos anos esses dispositivos foram melhorando aos poucos, mas apenas um usuário apaixonado e bastante rico (e Salem era ambos) conseguia achá-los atraentes.

Nesses anos, quase sempre era mais fácil para Salem conversar com seus amigos e sua família quando estava pilotando seus aviões do que quando estava em terra firme. Ele havia instalado rádios de alta freqüência em seus aviões particulares a um preço de mais ou menos 30 mil dólares cada um — esses rádios aumentavam a segurança durante vôos transatlânticos, mas também permitiam a ele conectar-se a várias redes telefônicas quando estava lá em cima. Na Europa, ligava da cabine do piloto para uma empresa chamada Rádio Estocolmo. Por um preço exorbitante, as telefonistas o conectavam ao sistema telefônico sueco, por meio do qual ele podia ligar para qualquer pessoa na Europa. Salem ligava tantas vezes para a Rádio Estocolmo — e para uma empresa similar em Houston, no Texas — que as telefonistas simplesmente perguntavam o nome do amigo ou da irmã com quem ele queria falar, já que tinham à mão todos os números. Quando sobrevoava San Antonio ou Houston, Salem ligava para os amigos cujas casas estavam bem abaixo dele, e dizia para saírem e olharem para o céu. Piscava as luzes do jato e gritava no telefone móvel, "Você está me vendo? Você está me vendo?". Planando pela Europa, ele ligava para sua irmã favorita em Montreal: "Randa! Estou sobrevoando os Alpes, a 12 mil pés! Dá para acreditar nisso?". Voando pelas capitais européias à noite, ele falava por horas e horas com suas namoradas, em conversas que as telefonistas da Estocolmo escutavam com simpatia. Quando ficava entediado e seus amigos estavam como sono, ele ligava do avião e tocava gaita para as telefonistas.[4]

"Há muito dinheiro a ganhar com telefones", disse Salem a seu amigo alemão Thomas Dietrich. Sabia disso porque ele e a família gastavam enormes somas em ligações internacionais. Na hora de fazer o *check-out* nos hotéis europeus, em geral a conta de telefone ficava mais cara que as despesas com a hospedagem e a alimentação. Às vezes ele ligava à noite para conversar e "caía no sono, no meio de uma ligação internacional", recorda Dietrich. "E se você desligava, ele ligava de volta e perguntava, 'Por que você desligou?'." Dietrich descobriu que, mesmo quando estava hospedado no mesmo hotel que Salem, fazia muito mais sentido ligar para ele do que tentar visitá-lo no quarto, "porque quando alguém o visita, ele fica sentado em frente à TV, conversando ao telefone — nem fala com a pessoa [...] Durante o dia, ele ou dormia ou estava falando ao telefone. De noite, ela ficava ao telefone".[5]

SALEM FUNDOU A BIN LADEN TELECOMUNICAÇÕES em 1975 e detinha 51% da empresa. A Lansdowne Ltd. ficou com 15%; o restante ficou com os banqueiros de Salem, a família Bin Mahfouz. Inicialmente a companhia operava desde uma modesta vila residencial em Jedá. Possuía o ar de esquisitice e extravagância que parecia girar em torno de Salem feito pó mágico.

Embora não tivesse nenhuma experiência anterior no ramo, Rupert Armitage, o colega de classe guitarrista de Salem da Copford Glebe, em pouco tempo foi nomeado diretor executivo da empresa. Salem e Rupert tinham perdido o contato depois que saíram da escola, até que um dia encontram-se em uma boate de Roma, onde Rupert estava trabalhando como gerente e Salem estava curtindo a noitada com o filho de Lord Carrington, político britânico que na época era secretário do Exterior da Inglaterra. Naquela noite os dois tocaram guitarra de improviso e seis meses depois Salem pediu que Rupert fosse a Jedá para dar a ela aulas adicionais do instrumento. Hunnewell e Pochna acharam que Rupert era um tanto aventureiro, um improvável executivo de companhia telefônica, mas consideraram que era inteligente e seguro, e ficou patente que era homem de confiança de Salem, por isso o aceitaram.[6]

De início a empresa concentrou esforços na venda de aceleradores de discagem de fabricação norte-americana aos árabes, dispositivos primitivos que permitiam ao usuário programar os números dos amigos e da família e depois discá-los apertando um único botão; custavam mais ou menos cem dólares nos Estados Unidos mas eram vendidos por três vezes mais no reino. A Lansdowne ganhara o direito de representar e vender com exclusividade os discadores na Arábia Saudita, e todo príncipe que tinha um palácio e uma longa lista de irmãos, irmãs, tios e tias queriam um. Logo a empresa diversificou os negócios e ampliou o leque de equipamentos telefônicos, o que permitiu que em um mesmo palácio houvesse dezenas de linhas separadas. O reino ainda não tinha uma rede nacional de telefonia decente, mas a família real queria em suas casas os melhores e mais recentes equipamentos, as últimas novidades, mesmo que as linhas chiassem ou as ligações caíssem quando eles apertavam os malditos botões luminosos.

Hunnewell descobriu que o maior problema estava na hora de receber o pagamento pelos serviços. "Estávamos instalando equipamentos nos palácios dos príncipes e dos amigos de Salem", e isso acabou enredando a empresa na espiral de dívidas e créditos informais que unia os Bin Laden a outras famílias de homens de negócios e à família real. Eles montavam um caríssimo sistema de 250 linhas em um palácio para depois ouvir do proprietário: "Sou amigo de Salem, e ele me deve dinheiro, então depois eu resolvo com ele". Hunnewell então tinha de recorrer a Rupert Armitage e solicitar que ele explicasse a Salem a situação, "Essas pessoas nos devem 2,5 milhões de dólares, todas elas dizem que você deve dinheiro a elas e que por isso não vão nos pagar", até que Salem renegociasse e ajustasse suas próprias dívidas.[7]

Os livros contábeis da empresa eram uma bagunça contínua; havia tantas reclamações de dívida e pedidos de crédito e permuta entre Salem e seus clientes que parecia tarefa impossível chegar a um retrato preciso da situação. "Deve ter havido algum problema de fluxo de caixa entre as empresas interligadas dos Bin Laden, e entre Salem e seus banqueiros", recordou Rupert Armitage. Salem dizia o tempo todo: "Rupert! Onde posso encontrar 100 milhões de dólares? Preciso para amanhã!".[8]

Armitage lidava com quantias bem menores, mas em uma atmosfera de caos. Ele ia até a agência do National Commercial Bank "pegar 600 mil rials para pagar algum funcionário — aliás, vou dizer uma coisa, 600 mil rials pesam bastante, posso garantir". Nos corredores que levavam aos cofres do banco ele se deparava com "iemenitas escavando com pás centenas de milhares de rials de uma vez [...] algo muito grande. De qualquer maneira, é muito dinheiro, e havia pilhas e pilhas a perder de vista pelos corredores afora".[9]

A idéia de Hunnewell e Baily era tentar erguer um negócio sustentável e organizado, do mesmo modo que haviam tentado fazer em seus empreendimentos bancários anteriores. Hunnewell tinha contatos na General Electric e tentou aprofundar a parceria da GE, empresa que se expandia com firmeza e constância, com os Bin Laden. Os dois também tentaram explorar como nova fonte de lucro o papel de Salem como consumidor da Caterpillar, fabricante norte-americana de maquinário de construção. Hunnewell percebera que havia todo tipo de equipamento Caterpillar — escavadeiras para terraplenagem, niveladores, caminhões, e assim por diante — abandonado em antigos canteiros de obras dos Bin Laden. Salem explicou que a prática de seu pai era incluir o preço de uma frota nova de máquinas Caterpillar nos contratos dos projetos que assumia. Ele importava as máquinas, distribuía entre os canteiros de obras, usava-as até a conclusão dos trabalhos, e depois simplesmente deixava tudo lá. A Caterpillar enviou uma equipe para fazer um inventário dos equipamentos espalhados pelo reino: "Encontraram coisas enterradas em crateras na areia, máquinas que nem tinham saído da embalagem", disse Hunnewell. Fizeram uma contagem e informaram aos Bin Laden que a família era dona da maior frota de maquinaria Caterpillar do mundo. Discutiram a idéia de fazer dos Bin Laden seus representantes e agentes na Arábia Saudita, mas Salem não estava interessado. Ele alegou que queria construir coisas, não vender os produtos dos outros.[10]

Salem estava de olho no grande prêmio, um plano anunciado pela família real de instalar 450 mil novas linhas telefônicas no reino, para trazer de um só golpe a Arábia Saudita para a era da comunicação moderna. Para muitos homens de negócios estrangeiros, que haviam acorrido em bandos para o reino em meados dos anos 1970, o contrato — sempre à beira de ser finalizado, mas nunca de fato tangível — era o pote de ouro no fim do arco-íris saudita. Todas as famílias de negociantes sauditas, todos os cortesãos e bajuladores, todos os intermediários em Jedá e Riad, incluindo Adnan Khashoggi, pareciam esquematizar ardis para conseguir um naco do contrato, ou como representantes ou como sócios. Uma vez que sua nova empresa de telecomunicações estava a pleno vapor, Salem decidiu entrar no jogo. Os banqueiros norte-americanos ficaram animados com o potencial lucro, mas Pochna, em particular, que cada vez mais achava Salem arrogante e decepcionante, ficou cético com relação à expectativa de que os Bin Laden os tratassem de fato como parceiros, com justiça e sinceridade. Sua sensação era a de que Salem via seus sócios de negócios bancários como "apenas mais alguns dos muitos ocidentais" que proporcionavam a ele os serviços de que ele necessitava, "e não havia diferença entre nós e um de seus pilotos". Pochna se ressentia especialmente das longas esperas que era obrigado a aturar em enfumaçadas salas de recepção; ele estava tão farto que começou a andar com um baralho para passar o tempo. Não era a maneira de um banqueiro de investimentos formado em Harvard fazer negócios.[11]

Todos reconheciam que o gigantesco contrato dos telefones seria ganho ou perdido com base em arranjos e acordos feitos no âmbito da família real, combinações que os europeus e norte-americanos envolvidos no negócio jamais conseguiriam entender plenamente. Salem incrementava ainda mais o mistério dessas negociatas informais, conversando sobre o contrato com seus parceiros por meio de "comentários délficos, imprecisos, estranhos", mas ao mesmo tempo tinha a expectativa de que seus sócios os interpretassem com exatidão e a partir deles reforçassem sua proposta na concorrência, na visão de Pochna.[12]

A companhia telefônica saudita, controlada pelo governo, anunciara um acordo de exclusividade com a empresa holandesa Philips, cujo representante no reino era, por acaso, Mohammed bin Fahd, um dos filhos do príncipe herdeiro. O valor desse contrato estava estimado em 6,7 bilhões de dólares; segundo cálculos de consultores europeus, essa quantia era tão superior ao custo efetivo do sistema que aparentemente muitos bilhões de dólares estavam envolvidos em misteriosos pagamentos. Em 1976 e início de 1977, Salem e outros do círculo íntimo de Fahd chegaram a um consenso para reabrir as negociações. Registros dos jatos particulares de Salem mostram que nesse período ele deu várias caronas ao ministro e ao vice-ministro das Comunicações, junto com suas famílias; presumivelmente, estava tentando mostrar a eles e convencê-los, entre outras coisas, das vantagens e gratificações que acompanhavam sua amizade.[13]

Salem nunca explicou aos seus parceiros comerciais norte-americanos de que maneira havia conseguido abrir caminho e assegurar sua posição na nova rodada de conversas sobre o contrato, ou como o negócio seria finalmente decidido, mas a certa altura deixou bem claro que aquele "era um dos contratos que ele conseguiria", segundo a lembrança de Pochna. Para ter êxito, entretanto, a Bin Laden Telecomunicações precisava se associar a uma companhia telefônica estrangeira capacitada — uma companhia que pudesse de fato fazer o trabalho todo. A Lansdowne tinha negociado acordos com a Northern Telecom, afiliada da Bell Canada. O presidente da Northern, Walter Light, viajou a Jedá. Salem ofereceu a ele uma festa em sua casa, convidou o embaixador canadense, empunhou sua guitarra e cantou "She'll Be Coming 'Round the Mountain", música folclórica infantil dos Estados Unidos. Depois dividiu a platéia de convidados em homens e mulheres para entoar junto com ele uma entusiástica versão de "Frère Jacques".[14]

Os métodos de Salem deram resultado; apesar de percalços, reviravoltas e complicações, a Bin Laden ficou com a posição de representante e agente da Bell Canada — que abocanhou uma grande porção do contrato —, ganhando uma comissão, em dinheiro vivo, de 1,5% do montante que a companhia receberia em um período de cinco anos, aproximadamente 1,5 bilhão de dólares, para operar e manter o sistema telefônico saudita. Os Bin Laden também ficaram com uma porcentagem semelhante de um subseqüente contrato de cinco anos da Bell Canada com o reino, mais uma polpuda fatia no valor de 400 milhões de dólares referentes a contratos de construção de casas e ministérios que a Bell Canada teve de assumir como parte do negócio. Quase todo mundo saiu feliz — a Philips e a Ericsson ganharam uma parte do contrato envolvendo a venda de equipamentos, e houve boatos de que príncipe Mohammed bin Fahd teria recebido uma comissão de cerca de 500 milhões de dólares. As duas únicas exceções foram Francis Hunnewell e Michael Pochna, que acusaram Salem de alijá-los de parte do dinheiro da Bell Canada e de desviar contratos de construção envolvidos no negócio para outras firmas dos Bin Laden. Eles entraram com um processo na Justiça e durante muitos anos ficaram presos a tribunais canadenses.[15]

Cada vez mais, nos acordos comerciais e negócios entre sauditas e norte-americanos, a cobiça e um senso de competição e de posse de direitos passaram a ser um risco. Cada lado tratava o outro com ar de superioridade. Mesmo com toda a condescendência mútua, no final da década de 1970 havia uma quantidade aparentemente infinita de dinheiro em circulação. Iates, jatinhos particulares, palácios incrementados com as tecnologias mais recentes, garagens abarrotadas de carros de corrida europeus — os príncipes estavam se atualizando, e uma geração mais jovem e mais internacional estava subindo ao poder em torno de Fahd. Contudo, a família real e seus bajuladores também estavam sendo levados de volta ao *ethos* do luxo público e das propinas que havia prevalecido duas décadas antes, sob o rei Saud. A relativa austeridade e a devoção religiosa oficial dos anos intervenientes de Faisal estavam retrocedendo e desaparecendo. Com Fahd firmemente aferrado ao poder, com seus filhos passando a se dedicar impetuosamente aos negócios, com os preços do petróleo subindo como nunca, com os guindastes de construção assomando em todos os horizontes, era difícil para muitos sauditas privilegiados imaginar que alguma coisa pudesse ameaçar a ordem existente.

NOS ÚLTIMOS ANOS DA DÉCADA DE 1920, ao completar sua conquista da Península Arábica, o rei Abdulaziz se viu diante de um problema digno de Frankenstein. Havia empregado sua milícia *jihadi*, a Ikhwan, os "Irmãos", para derrotar seus inimigos e tomar Hejaz, mas não conseguia convencer seus voluntários de que a guerra religiosa por eles empreendida havia chegado ao fim. Os Ikhwan protestaram contra a adesão blasfema de Abdulaziz aos automóveis e ao telégrafo. Em pouco tempo reagiram violentamente. O rei não teve misericórdia; em algumas batalhas, zombou da crença dos adeptos da guerra santa usando automóveis Ford para fazer as vezes de cavalaria motorizada e romper as fileiras adversárias. Ao mesmo tempo, tentou um arranjo político mais amplo com os inimigos. Criou assentamentos em oásis para guerreiros santos desmobilizados e estimulou-os a se dedicar ao trabalho agrícola e o estudo religioso passivo. Qasim, província profundamente conservadora de dunas onduladas e oásis irrigados no noroeste contíguo a Riad, abrigava um bom número desses vilarejos povoados com Ikhwan que haviam retornado à vida civil. Por volta de 1940, época em que as lembranças das queixas e dos ressentimentos dos membros da Irmandade contra Abdulaziz e sua família continuavam recentes e vivas, Juhaiman al-Otaibi nasceu em um dos assentamentos de Qasim chamado Sajir. À medida que ele foi crescendo, aparentemente identificou-se com as causas e a austeridade religiosa dos Ikhwan, e sentiu alguma nostalgia por sua rebelião contra a família real.[16]

Juhaiman alistou os soldados de sua tribo, os *mujaheddin*, na Guarda Nacional do reino, força paramilitar que atuava como reforço às tropas armadas sauditas regulares e também como um tipo de esquema nacional para o emprego de membros de tribos rebelados. Juhaiman passou a cabo, mas abandonou as fileiras militares de sua tribo para ingressar no estudo religioso na Universidade de Medina, em meados da década de 1970. A universidade era conhecida por seu maciço contingente, entre o corpo docente, de exilados que pertenciam à Irmandade Muçulmana. Entre os alunos havia exilados do Egito, do Iêmen, do Kuwait e do Paquistão; havia ainda alguns norte-americanos convertidos ao islã, que vieram a se tornar o grupo de estudos de Juhaiman. Em Medina eles estudavam os princípios e valores básicos da ortodoxia *salafi*, herdada em parte das crenças dos Ikhwan, enfatizando a necessidade de recolhimento a um estado de pureza islâmica. Esses ensinamentos se mesclavam ao ativismo político da Irmandade Muçulmana e às queixas específicas de estudantes expatriados sobre seus governos. Em soma, essa mistura de introspecção alcorânica e dissidência política, que remontava à história saudita e tinha conexões exteriores com movimentos do pan-islamismo internacional, teria parecido bastante familiar a Osama e seu grupo de estudos extracurriculares — influenciado pela Irmandade Muçulmana — de Al-Thaghr, nas imediações de Jedá.[17]

Juhaiman era quase duas décadas mais velho que a geração de Osama, mas muitos de seus seguidores em Medina eram jovens estudantes. Usavam bigode curto, barba comprida e *thobes* que iam apenas até o meio das panturrilhas, marcas de estilo que atribuíam aos companheiros do Profeta. Repudiavam a fotografia, que consideravam uma inovação blasfema, mas suas opiniões eram mais radicais que as Osama e seus colegas de escola de Jedá. Juhaiman ecoava a Ikhwan original, atacando a modernidade como um tipo de grande conspiração contra os verdadeiros fiéis. Depois de 1974, ele e seus seguidores também chegaram à conclusão de que a família real era ilegítima e corrupta. O grupo se retirou de Medina para formar uma explícita conspiração política e desafiar a família Al-Saud. Círculos informais de estudo e estudantes, freqüentemente sobrepondo suas ideologias, destacavam-se pelos debates intensos e quase sempre bastante sutis sobre teologia e o rumo correto da política religiosa. Osama mudou-se para um círculo em Jedá e Meca; Juhaiman e seus seguidores ocuparam um território parcialmente justaposto mas separado em Medina.

Depois de romper com seus professores em Medina, Juhaiman retornou a Qasim, depois se mudou para Riad, onde seu séqüito de adeptos já chegava à casa dos duzentos. Em 1978 seus seguidores começaram a imprimir panfletos anti-realeza em gráficas do Kuwait. Um dos folhetos se chamava "Regras de Lealdade e Obediência: a conduta imprópria dos soberanos". O texto atacava os membros da família real saudita e os religiosos que contavam com a sanção oficial, apoiando o governo como falsos mandatários do islã e de seus lugares sagrados. Alguns príncipes eram "beberrões" que "levavam uma vida dissoluta em palácios luxuosos e luxuriosos". A família real havia "tomado terras" e "dissipado o dinheiro do Estado". Contratos onerados por comissões, como o plano para instalar o sistema nacional de telefonia, eram sintomas de uma podridão política mais ampla. As acusações fulminantes chamaram a atenção do ministro do Interior saudita, que prendeu e interrogou Juhaiman e seus seguidores. Foram todos soltos em Riad, depois de prometer se aquietarem.[18]

Na verdade, começaram a planejar uma violenta revolta.

EM SETEMBRO DE 1979, Salem viajou a Washington, DC, para comprar um novo Learjet. Visitou a namorada norte-americana Patty Deckard. Os dois pegaram Jack e Anita Pizza em Panama City, na Flórida, e foram todos para a Europa. De lá partiram para visitar Cairo, Jedá, Dubai e Abu Dhabi. No início de novembro apanharam duas das irmãs de Salem, Mona e Randa, e seguiram para Atenas. Passaram uma noite na ilha grega de Creta, depois voaram de volta ao Cairo. Era uma temporada especialmente agitada na casa de espetáculos de Salem, a 30 mil pés de altitude.[19]

O cerco à Grande Mesquita em Meca teve início quando soou o chamado às orações do amanhecer do dia 20 de novembro, o primeiro dia do portentoso ano islâmico de 1400. Juhaiman e seus seguidores entraram na mesquita com armas escondidas em caixões normalmente carregados pelos fiéis para abençoar aos mortos. Nos microfones, anunciaram que entre eles estava o Mahdi, o redentor profetizado do islã, cuja chegada à terra sinalizaria o Dia do Juízo Final. O pretenso Mahdi era Mohamed al-Qahtani, um seguidor sem grande destaque de Juhaiman, cujo verdadeiro papel fora pressagiado em um sonho de outro membro do grupo. Quando começaram a disparar suas armas dos minaretes da mesquita, os seguidores de Juhaiman anunciaram o início do que acreditavam ser a última batalha conhecida dos mortais.[20]

Rapidamente o incidente se transformou em uma catástrofe sangrenta. As forças de segurança saudita chegaram e empreenderam um ataque frontal à Al-Haram sagrada. Os holofotes instalados pelos engenheiros de Bin Laden em obras de renovação passadas, e que normalmente iluminavam profusamente os fiéis e peregrinos com um jorro intenso de luz celestial, agora serviram para iluminar um campo de visão mortífero para os atiradores de precisão de Juhaiman. Os alvos sangravam até a morte sobre o mármore. Salem e seu musculoso assistente libanês Mustafa Fathlalla envergaram uniformes militares e foram de carro até Meca, munidos de esboços do *layout* da mesquita, vasculhados às pressas de arquivos do escritório.

Durante duas semanas, Salem, Mustafa e outros irmãos Bin Laden, além de funcionários das empresas da família, lutaram e deliberaram na linha de frente do cerco de Meca. Yahya, meio-irmão de Salem, engenheiro civil com bastante experiência em Meca, esteve entre os que arriscaram a vida para ajudar no cada vez mais violento ataque à família real. Yeslam bin Laden, à época outro executivo sênior, "estava fora de si, correndo freneticamente de casa para o escritório, como um desvairado", lembrou sua esposa. As forças sauditas abriram fogo e despejaram uma chuva de balas nos rebeldes de Juhaiman posicionados nos minaretes. "Todos diziam, 'Que Deus dê descanso à sua alma, Mohamed bin Laden', e ao mesmo tempo amaldiçoavam Bin Laden porque os canhões de 106 milímetros não conseguiam penetrar nos minaretes — por causa de todo o aço que havia", disse um empregado da empresa de Bin Laden que estava lá. Helicópteros com as portas abertas davam rasantes; a bordo, atiradores disparando rajadas de metralhadoras.[21]

Juhaiman e seus seguidores sobreviventes logo se refugiaram no subsolo, manobra que ele evidentemente havia planejado de antemão. Sob a mesquita havia muitas catacumbas e túneis, alguns repletos das instalações elétricas e hidráulicas, e outros que levavam a salas de retiro e contemplação religiosa. Durante semanas de preparação clandestina, Juhaiman havia escondido alimentos e munição no subsolo; em alguns casos, aparentemente ele havia obtido acesso a veículos privilegiados da empresa de Bin Laden. Uma vez que os rebeldes se infiltraram nas catacumbas, o conhecimento arquitetônico e de engenharia dos Bin Laden se tornou particularmente crucial. O funcionário que estava presente lembrou-se de um comandante jordaniano que andava de um lado a outro da mesquita, enfurecido, aos berros, "Onde está Bin Laden?

Onde está Bin Laden?". Salem se apresentou e espalhou os planos arquitetônicos, marcando um xis em toda seção da superfície da mesquita que ficasse acima de uma passagem subterrânea onde os rebeldes poderiam estar escondidos. "Metam a britadeira em tudo", ordenou o jordaniano.[22]

Os Bin Laden trouxeram equipamento de perfuração para abrir buracos no piso da mesquita, de modo que as forças de segurança pudessem despejar granadas pelas escavações improvisadas. "Abriram todos aqueles buracos e o sargento ficou lá sentado com um cesto de granadas, chá e cigarros — e jogava granadas de mão pelos buracos", disse Tim Barger, que morava em Jedá e manteve contato com os participantes do cerco. Jogaram tantas granadas nos túneis durante essa fase do ataque, disse o funcionário dos Bin Laden, que na superfície "estávamos escorregando nos pinos de segurança espalhados pelo chão".[23]

Salem parecia excitado de alegria de estar envolvido, mas também aparentava preocupação. Não era preciso ter doutorado em ciência política para ver que os Al-Saud eram vulneráveis a forças de revolução islâmica semelhantes às que haviam acabado de derrubar o xá do Irã, do outro lado do Golfo Pérsico — e se a família real saudita caísse, o mesmo aconteceria com os Bin Laden. Os irmãos agiram rapidamente — e em segredo — para criar uma empresa *offshore*. Em 27 de novembro de 1979, apenas uma semana depois do início do motim em Meca, advogados do outro lado do mundo, na Cidade do Panamá, encaminharam aos órgãos competentes uma Notaría Primera del Circuito, fundando uma nova empresa sob a lei panamenha, a Binladin International, Inc. Logo depois mudaram o nome para o menos chamativo Binar, Inc. Entre seus diretores estariam os irmãos mais influentes em torno de Salem — Bakr, Omar, Yeslam, Tareq, Hassan e Khaled. O capital inicial foi arrolado em 10 milhões de dólares. A escolha do momento para a formação da empresa sugere uma família em pânico, salvaguardando suas apostas financeiras contra a possibilidade de, em pouco tempo, ver-se diante de um governo saudita pós-revolucionário hostil. Nenhum dos Bin Laden envolvidos com essas empresas panamenhas jamais explicou seu propósito, mas membros da família admitiram ter recorrido ao mesmo expediente de transferências de fundos feitas às pressas para paraísos fiscais durante uma crise saudita posterior.[24]

De fato, Juhaiman e seus seguidores estavam condenados. As Forças Especiais sauditas e francesas convocadas para ajudar a sufocar o movimento rebelde mataram muitos amotinados na Grande Mesquita; Juhaiman e 62 rebelados sobreviventes foram presos e decapitados. Contudo, a revolta criou uma profunda crise de legitimidade para a família real. O governo dos Al-Saud se assentava e dependia das alegações de credibilidade islâmica, particularmente como mandatários e representantes de Meca e Medina. Eles justificaram o ataque à rebelião na mesquita com base no argumento de que era um ato lamentável, mas necessário, de sua condição de procuradores e defensores das cidades sagradas, mas obviamente estavam pisando em solo teológico e político pouco firme. Quando a crise chegou ao desfecho, os porta-vozes da família real enfatizaram as bizarras afirmações dos rebeldes sobre a chegada do Apocalipse, e minimizaram as queixas políticas mais temporais — e mais ameaçadoras.

A rebelião também teve implicações para os Bin Laden. Ainda durante o cerco, circularam muitos boatos de que membros da família deviam estar envolvidos, pois eram seus caminhões e jipes que tinham o privilégio do livre acesso à Mesquita Sagrada; certamente, diziam os rumores, alguns dos Bin Laden devem ter ajudado os conspiradores. Mahrouz e um segundo irmão, provavelmente Osama, foram presos e ficaram encarcerados por um curto período ainda durante o cerco, quando passavam de carro perto de Meca. De acordo com o funcionário de Bin Laden que participou da crise, os irmãos foram confundidos com os conspiradores porque estavam usando rádios da empresa para monitorar a comunicação da polícia — apenas por pura curiosidade.[25]

Uma noite, quando o próprio funcionário saía de carro de Meca, com as roupas salpicadas de sangue por conta de seu envolvimento nos ataques com granadas, um policial o parou na rodovia. Quando o funcionário mostrou seu crachá de identificação da empresa, o policial respondeu esfregando uma arma em seu rosto e anunciando: "Foi Deus que mandou você para mim". O funcionário disse que só conseguiu evitar a sua execução sumária porque convenceu o policial a levar em consideração mais que somente os boatos sobre o envolvimento da família, e verificar com seus superiores antes de atirar nele.[26]

Anos mais tarde, Osama criticou o então príncipe herdeiro Fahd pelo uso de força indiscriminada contra os rebeldes. "Ele poderia ter resolvido aquela crise sem que uma única arma fosse disparada, e na época essa foi a opinião consensual de todas as pessoas sensíveis", disse Osama. "O que aquela situação exigia era um pouco de tempo, especialmente porque os infiltrados dentro da Al-Haram eram apenas poucas dezenas. Tinham somente armas leves, em sua maior parte rifles de caça, poucas provisões, e estavam cercados". Fahd, continuou — sem fazer referência alguma a Salem ou outros membros da família envolvidos — "teimosamente lutou contra eles e colocou escavadeiras e blindados dentro da Al-Haram. Ainda me lembro das marcas e dos sulcos das escavadeiras nas pedras do pavimento da Al-Haram [...] As pessoas ainda se recordam dos minaretes cobertos de preto depois de terem sido triturados por tanques".[27]

Sua atitude acerca da revolta no momento em que ela aconteceu é mais difícil de discernir. Osama tinha 21 anos de idade. A fé islâmica na qual havia mergulhado de maneira tão profunda de súbito começou a se agitar. Além do cerco de Meca, revolucionários no Irã haviam derrubado seu xá corrupto. A Irmandade Muçulmana ganhava força e planejava uma revolta na Síria, conspiração na qual mais tarde Osama admitiu estar envolvido. Juhaiman e seus seguidores podiam até estar mal orientados e desencaminhados, particularmente em sua identificação de um Mahdi, ou salvador divino, mas suas críticas políticas eram estimulantes e o maciço contra-ataque da família real foi no mínimo inquietador.

Contudo, há pouquíssimos indícios de que Osama estivesse disposto a assumir riscos pessoais significativos em nome da rebelião, muito menos há evidências de que à época tenha entrado em desacordo com seus irmãos acerca da cooperação deles com as forças de segurança sauditas. Pelo contrário, ele parece ter se comportado como um homem de família excepcionalmente virtuoso, um empreiteiro manda-chuva em ascensão, um islamita ávido e agressivamente na luta para subir na vida — perfil bastante comum na Arábia Saudita. Longe de conspirar a favor da revolta, nesses anos Osama parecia estar sondando as possibilidades de como poderia ter tudo — múltiplas esposas, filhos, uma ambiciosa vida de dedicação ao trabalho e a proteção de Deus. Seu status de jovem Bin Laden em boa posição era um pré-requisito crucial.

No início de 1980, a renda de Osama, isenta de impostos e proveniente das fontes da família Bin Laden, provavelmente ultrapassava os 150 mil dólares por ano e pode ter chegado ao dobro desse valor — renda maior que a de muitos príncipes mais jovens. Nesses anos, Salem controlava as mesadas dos irmãos mais jovens como Osama, e, segundo diversos relatos de parceiros comerciais e funcionários, o sistema de Salem aparentemente era arbitrário e inconsistente. Em meados da década de 1990, quando os dividendos passaram a ser alocados de maneira mais ordenada, a quantia mínima que um filho poderia esperar receber era de pouco menos de 300 mil dólares anuais, de acordo com documentos apresentados a cortes norte-americanas por contadores contratados para examinar as finanças da família Bin Laden. Parece seguro afirmar que, comparativamente, as mesadas eram inferiores uma década antes. Em ambos os períodos, a quantia que um irmão recebia seria maior se ele possuísse ações em outras empresas da família ou se trabalhasse como executivo assalariado. Yeslam, o irmão mais velho de Osama formado em administração na Universidade do Sul da Califórnia, recebeu, em 1986, um salário de cerca de 800 mil dólares, de acordo com uma declaração juramentada apresentada por sua esposa Carmen. Osama estava entre os irmãos que detinham ações em mais de uma empresa e também ocupava cargos de gerenciamento, embora fosse mais novo que Yeslam e certamente tenha recebido salários mais baixos. A partir desses fragmentos de evidência é possível estimar — ou arriscar um palpite — que nesse período a renda anual total de Osama oriunda de fontes familiares provavelmente beirasse os 200 mil dólares. Por certo ele se comportava como se tivesse dinheiro para gastar. Assim que saiu da universidade, comprou um pequeno prédio de apartamentos em Al-Aziziyah, distrito de Jedá; casou-se pela segunda vez e depois desposou uma terceira mulher, e as instalou em apartamentos do mesmo tamanho. Essas esposas eram mais maduras e haviam recebido melhor educação que a prima adolescente que tinha sido a mãe de seus primeiros filhos — pelo menos uma delas tinha doutorado em estudos religiosos ou árabes, de acordo com um guarda-costas que mais tarde trabalhou para ele. As qualificações das mulheres e sua especialidade religiosa estavam plenamente adequadas à auto-imagem em processo de evolução de Osama.[28]

No escritório dos Bin Laden em Meca, Osama foi promovido e passou a um cargo em que supervisionava Walid al-Khatib, o palestino que anteriormente havia sido seu chefe. Um dos projetos dos dois envolvia a demarcação de uma nova estrada entre a Grande Mesquita e um palácio, o que exigia a demolição de prédios em um bairro densamente populoso — ou seja, sem o uso de dinamite. Osama se debruçou sobre minuciosas questões de engenharia envolvendo as fraquezas estruturais dos edifícios, a fim de verificar como eles poderiam ser derrubados por princípios e sistemas de alavanca. Al-Khatib considerou Osama "especialmente eficiente na hora de estabelecer contatos e travar relações com os vários departamentos governamentais e resolver tranqüilamente os problemas". Ele trabalhava com facilidade em conjunto com os engenheiros europeus e norte-americanos, com quem conversava em inglês. Era reservado, certamente, e bastante religioso, mas em um contexto saudita era um jovem em ascensão do *establishment* em Meca.[29]

Um dia, um motorista entrou tremendo no escritório. Mostrou a Al-Khatib um livreto subversivo que encontrara; era um tratado denunciando a família real saudita. Vasculharam o lugar em que o motorista descobrira o panfleto e encontraram mais de cem livretos como aquele. Al-Khatib ficou aterrorizado. "Eu sabia que aquilo significava uma sentença de morte, e eu não queria ser associado àquele material." Imediatamente chamou Osama. Bin Laden folheou as páginas "e abriu seu famoso sorriso enquanto examinava o livro".

"Você pode, por favor, chamar a polícia?", perguntou Al-Khatib, segundo sua lembrança do episódio.

"Não, você chama a polícia."

Al-Khatib protestou; na condição de não-saudita, estava particularmente vulnerável às investigações que certamente seriam empreendidas. Implorou a Osama que fizesse o contato inicial com a polícia, mas Osama mais uma vez se recusou, entrou no carro e foi embora. Com relutância, Al-Khatib reportou sua descoberta. A polícia chegou e, no fim das contas, Al-Khatib escapou "ileso". O incidente, contudo, mudou seus sentimentos em relação a Osama. "Eu já não gostava mais dele."[30]

O tecido político da Arábia Saudita estava se esticando. Aparentemente o exemplo do Irã provava que o dinheiro do petróleo poderia acelerar a dissidência, em vez de abrandá-la. Temerosos, Fahd e seus irmãos começaram, às pressas, a agradar os islamitas do reino com uma chuva abundante de verbas cada vez maiores e aquiescendo às exigências dos sábios religiosos em nome de uma segregação de gêneros mais estrita e uma censura mais severa à imprensa. A cultura e a vida pública no reino ficaram cada vez mais conservadoras. Mesmo assim, a ala secular da família real não interrompeu o estilo de vida que levava atrás dos muros dos palácios ou nas capitais européias.

Depois da insurreição de Meca, os Bin Laden também permaneceram unidos. A distância cultural entre a ala secular e a ala religiosa da família havia aumentado consideravelmente durante os anos 1970, mas a liderança de Salem e sua estratégia de acomodação e ajustes mútuos, e a distribuição de generosos subsídios financeiros, mantinham a família sob controle. A identidade Bin Laden — e a riqueza dos Bin Laden — continuava firmemente atrelada à mesma estrela que havia guiado Mohamed depois de sua chegada a Jedá, meio século antes. Acima de tudo, os Bin Laden dependiam da família real saudita, à qual serviam com lealdade.

16

O PARQUE DE DIVERSÕES

DEPOIS DA REBELIÃO EM MECA, Salem foi a Nova York para se submeter a uma cirurgia de hemorróidas, procedimento que ele protelou durante muitos anos. Quando não podia mais adiar, tomou providências para a realização da operação, e o fez de maneira digna de um P. T. Barnum.[1] Contratou os serviços de um cirurgião cardiovascular do Hospital Presbiteriano de Nova York; consideravelmente era mais talento cirúrgico do que o necessário para um procedimento menor e rotineiro como aquele, mas Salem disse que pagaria com generosidade. Também anunciou que queria gravar o evento em videoteipe, e escalou o próprio traseiro como a estrela do show. O hospital desaprovou a idéia, mas permitiu que um amigo dele trouxesse uma câmera Polaroid. Depois da cirurgia, Salem criou uma instalação multimídia em que exibia um *medley* de fotografias de suas nádegas e de seu ânus com acompanhamento de trilha sonora. Mais tarde ele passou a mostrar as fotos em festas e para a realeza saudita, incluindo o príncipe herdeiro Fahd.[2]

Durante a sua recuperação, que ele prolongou no mesmo espírito de autodramatização, Salem demonstrou preocupação com a vulnerabilidade de sua família à revolução na Arábia Saudita. Continuou a preparar a infraestrutura financeira que poderia ajudar a família se algum dia os Bin Laden fossem forçados ao exílio. No dia 23 de janeiro de 1980 advogados panamenhos a serviço da família fundaram uma segunda empresa, seguindo os passos da Binar; foi chamada de Saudin Inc., e mais uma vez a relação de seus diretores podia ser lida como uma lista de chamada dos irmãos mais influentes na órbita de Salem: Yeslam, Omar, Tareq, Hassan e Khaled. Nessa época, Salem disse a um de seus parceiros comerciais norte-americanos, Robert Freeman, que estava preocupado com o que poderia ocorrer à família "caso venha a haver alguma espécie de revolução na Arábia Saudita". Salem tinha sua propriedade nos arredores de Londres, mas concluiu que deveria construir um complexo de casas muito maior, onde muitos dos filhos de Mohamed poderiam se recolher, caso um dia houvesse necessidade — um refúgio para onde poderiam bater em retirada e viver ao lado de suas famílias, como faziam em Jedá.[3]

O White, Weld & Co., banco de investimentos de elite baseado em Boston, tinha apresentado a Salem uma propriedade chamada Oaktree Village em Orlando, na Flórida; uma boa extensão de terra fora dividida em 229 lotes para a construção de residências individuais, mas a obra havia sido interrompida. A empresa proprietária de Oaktree "estava tendo alguns problemas de fluxo de caixa", recorda Aaron Dowd, que mais tarde administrou a propriedade e pôs o lugar à venda por 1,9 milhão de dólares, cerca de 8.300 dólares por lote. Salem decidiu comprá-la. Pagou à vista cerca de 380 mil dólares em dinheiro vivo e assumiu uma hipoteca para o restante do valor. Era seu primeiro investimento de peso em imóveis nos Estados Unidos. Reservou cerca de sessenta dos lotes de Oaktree para a família Bin Laden; cada irmão ou irmã participante receberia dois, um para a construção de uma casa, o segundo para um espaçoso pátio ou quintal. Ele decidiu criar corporações separadas, cada uma com o nome de uma flor, para registrar a propriedade de cada membro da família — ele comprou um livro sobre flores e foi folheando e escolhendo suas favoritas. As primeiras flores foram dadas para os parentes mais chegados a ele — sua devotada mãe, seu bilateral "irmão caçula" Ghalib, sua irmã bilateral Mona, seu independente meio-irmão Shafiq, suas meias-irmãs Rajaa e Raedah, e, é claro, Randa. Salem previa que se tudo continuasse bem na Arábia Saudita, os Bin Laden se reuniriam ocasionalmente em Oaktree para férias em torno do *resort* do Walt Disney World, que ficava perto. Se, por alguma razão, o reino desmoronasse, eles teriam um refúgio pronto e à disposição junto ao Reino Mágico.[4]

Salem preferia a expansão e os parques de diversão de Orlando a Palm Beach, que era o lugar favorito de alguns membros da realeza saudita. Ele alugava limusines e marcava massagens para os príncipes que iam visitar Palm Beach, mas abreviava o tempo que ele mesmo passava lá. Ao que parece, tinha aversão à pretensão social do lugar. Salem zombava de todos os esnobes. Uma vez, durante um jantar, um homem de negócios norte-americano provou o vinho e, descontente, devolveu ao maître. Salem pediu licença, enfiou-se despercebido na cozinha e fez com que os garçons colocassem o vinho rejeitado em uma nova garrafa. Dessa vez o homem de negócios deu um show e demonstrou sua enorme satisfação — até Salem anunciar a brincadeira.[5]

Contudo, sabia que seus clientes reais exigiam um estilo mais refinado do que o que ele em geral permitia a si próprio. Em 1980, com o início das obras em Oaktree, Salem pediu a um de seus sócios que localizasse em Orlando uma mansão elegante, digna de ser alugada para um príncipe saudita em férias. No mercado não havia nada, mas, depois de algum esforço, encontraram um milionário empresário local chamado Miller McCarthy, que morava em uma propriedade de múltiplos quilômetros quadrados com vista para o lago Johns, a oeste de Orlando e não muito longe da Disney World. Sua estonteante mansão em estilo mediterrâneo fora construída em meados da década de 1920 por um homem chamado Pratt, químico que supostamente teria feito fortuna graças a patentes de coagulantes usados em gelatinas Jell-O. Pratt tinha bom gosto: comprou materiais refinados e encomendou a construção de aléias e arcadas com caprichados detalhes. Na extremidade do gramado na parte de trás da casa havia uma ladeira que dava na piscina e dali para os salgueiros-chorões junto ao lago. Em anos posteriores a propriedade se deteriorou, mas McCarthy e a esposa a compraram no início dos anos 1970 e gastaram cerca de 600 mil dólares em uma meticulosa restauração.[6]

Por um belo preço, o dono e a esposa concordaram em se mudar temporariamente, enquanto Salem e seus amigos reais ocupavam a casa. Os sauditas cercaram a propriedade com agentes de segurança treinados pela CIA, ou pelo menos foi isso que Salem disse a McCarthy. Segundo o relato de McCarthy, fizeram uma bagunça no lugar e ele cobrou uma conta de 25 mil dólares. Ainda assim, "o príncipe gostou muito de sua estada", lembrou Robert Freeman, e "isso era uma boa notícia" para Salem. Depois, com seu "jeito impulsivo", Salem imediatamente perguntou a McCarthy se podia comprar a propriedade toda. De acordo com Freeman, Salem pensou em usar o lugar "para entretenimento superabundante dos visitantes da Arábia Saudita".[7]

Quando estavam chegando perto de um acordo, Salem ligou de Cingapura para McCarthy, no meio da noite, para pechinchar. Ele queria tudo que havia dentro da casa — lençóis, fronhas, e até mesmo uma perua Chevy de McCarthy, que tinha chamado a sua atenção porque tinha um telefone. Quando chegaram a um acordo final — McCarthy lembrou que o preço total chegou a quase 2,2 milhões de dólares —, Salem enviou um emissário com um cheque administrativo de 250 mil dólares. Fecharam a transação em dezembro de 1980. Os contadores de Salem em Nova York, da Price Waterhouse, instituíram uma corporação na Libéria para comprar e registrar em seu nome o imóvel, aparentemente como parte da estratégia internacional de Salem para evitar impostos. Salem batizou essa companhia *offshore* de Desert Bear Limited. Dali por diante, a propriedade de Orlando passou a ser conhecida simplesmente como Desert Bear.[8]

Perplexos, os vizinhos das mansões em torno do lago Johns assistiram Salem e seus convidados reais transformarem o lugar em um parque de diversões particular. Balões de ar quente subiam dos gramados e flutuavam por Orlando ao sabor dos ventos; helicópteros pousando do lado de dentro dos muros da casa esbofeteavam as palmeiras; deles saltavam homens de terno, com valises algemadas aos antebraços, e entravam correndo na mansão. Salem era amigável e simpático com os vizinhos e sempre muito hospitaleiro; tentava manter suas festas sob controle, mas ocasionalmente casais mais amorosos acabavam rolando nos gramados, segundo o testemunho de um vizinho; de acordo com McCarthy, "eles gostavam de fumar maconha", e "faziam isso abertamente".[9]

Quando os irmãos e as irmãs visitavam Desert Bear com os filhos pequenos, a atmosfera ficava consideravelmente mais calma. Salem transformou um dos anexos da casa em hangar para ultraleves. Contratou um piloto do Texas, Pat Deegan, para montar sua frota. Um dia Deegan entrou na mansão e viu Salem em um sofá da sala de estar, ainda de roupão, com um grupo numeroso de crianças Bin Laden, todas com menos de doze anos, em fila diante dele. Salem estava com uma pilha de notas de cem dólares. "Venham", ele dizia às crianças, distribuindo uma cédula atrás da outra. Depois de ficar parado olhando um pouco, Deegan perguntou: "Ei, posso entrar na fila também?".[10]

A essa altura Salem já tinha comprado um hidroavião, que mantinha nos Estados Unidos e usava para a recreação da família na Flórida e no Texas. Nesses anos ele e Ghalib estavam entre os pilotos mais ativos da família; passavam zunindo acima do lago Johns e dos laranjais dos arredores ou rebocavam o hidroavião para decolagens e amerrissagens. Ghalib, o "irmão caçula", estava se tornando consideravelmente mais religioso que Salem, mas era alegre, divertido e aventureiro, e tinha uma família que não parava de crescer, repleta de filhos pequenos que tinham particular adoração pela Disney World.

A pilotagem dos ultraleves no gramado dos fundos de Desert Bear exigia certa perícia nas manobras durante os pousos e decolagens; havia uma passagem de transição bastante estreita entre as laranjeiras e os fios de alta-tensão; Ghalib já tinha feito muitas vezes a rota, sem incidentes, mas um dia chegou perto demais dos fios. O motor tocou em um dos cabos, a aeronave virou com um movimento brusco e caiu.

Quebrou as costas, mas teve sorte; não sofreu nenhum dano ou paralisia permanente. Ficou algum tempo de cama no hospital, imobilizado, depois foi se recuperar em Desert Bear. Era mais um escapar por pouco nos anais Bin Laden de aviação. Não seria o último.[11]

SALEM MANTINHA UM ESCRITÓRIO na Olympic Tower na Quinta Avenida, centro de Manhattan. Seu sócio local era Robert Freeman, ex-banqueiro de investimentos cujo pai tinha sido amigo do rei Faisal décadas antes. A esposa de Freeman, Gail, conhecera a esposa de Salem, Sheikha, na primeira classe de um vôo comercial de Londres para Jedá. Os casais se davam muito bem e continuaram próximos mesmo depois que Salem se divorciou de Sheikha. Salem convidou Freeman para trabalhar como seu consultor financeiro pessoal; em vez disso, Freeman sugeriu que criassem uma holding em Nova York para investimentos nos Estados Unidos. Chamaram a sua corporação, registrada no estado de Delaware, de Amarco — American Arabian Company. Salem e Khalid bin Mahfouz ficaram com 40% e Freeman, com 20%. Freeman esperava que enriquecessem por meio de empreendimentos ambiciosos, principalmente na área de imóveis comerciais; descobriu que Salem tinha aversão a ações e outros bens intangíveis.[12]

Freeman apresentou Salem a Donald Trump. Os Bin Laden eram donos de uma extensão de terra perto de um dos palácios reais em Riad, e Freeman achava que a propriedade oferecia “uma excelente oportunidade para Donald Trump construir um de seus prédios com marca registrada, como a Trump Tower em Nova York”. Quando se reuniram com Trump em seu escritório, o construtor norte-americano disse a Salem que estava intrigado, mas que precisaria de 25 mil dólares em dinheiro mais duas passagens na primeira classe para Riad, para ele mesmo e um colega. De acordo com Freeman, Trump explicou que, dada a sua reputação, não sentia que devia gastar dinheiro do próprio bolso em "aventuras exploratórias em palácios distantes". Além disso, Trump continuou, se Salem tivesse a boa vontade de ceder os 25 mil dólares, isso significava que estava falando sério sobre o negócio. Salem recusou. As pessoas estavam suplicando para fazer negócios com os Bin Laden, disse ele; eles não precisavam estimular o pagamento. A reunião terminou em um impasse, para o pesar de Freeman. Salem e Trump, observou ele, "tinham, ambos, personalidades muito fortes, e com os dois havia muito pouco espaço para a concessão e a troca de idéias".[13] O porta-voz de Trump negou que tal discussão tivesse acontecido. Ao ser pedido que revisasse o material que descreve essa reunião, o porta-voz não respondeu.

Freeman apresentava aos parceiros sauditas idéias para investimentos atrás de idéias para investimentos, mas Salem raramente demonstrava interesse. Aparentemente, considerava seu centro de operações de Manhattan apenas como plataforma para compras. Quando estava em Nova York, sua primeira prioridade era ir direto para a Rua 47, onde gastava grande energia pechinchando jóias e produtos eletrônicos com os judeus hassídicos que eram donos da maior parte das lojas de varejo do distrito. Comprava sacolas cheias de colares e brincos de diamante para as mães e as irmãs da família Bin Laden na Arábia Saudita. Outros turistas sauditas ficavam zanzando de modo afetado na Tiffany's, orgulhosos de pagar o preço da etiqueta e carregar a sacola da joalheria bem à vista, mas Salem "estava à procura de barganhas", lembrou Freeman. Ele adorava regatear com os lojistas hassídicos, mas tinha medo de sair perdendo ou ser enganado, por isso deu ordens a Freeman para que contratasse um avaliador encarregado de examinar peças específicas de joalheria e dar uma idéia do preço que deveria pagar. Freeman encontrou um avaliador italiano que tinha uma sala no segundo andar de um prédio na Rua 47, para quem mandava jóias confiadas a ele pelos lojistas do térreo. Entretanto, ele nunca tinha plena certeza se o avaliador estava em conluio com os joalheiros. Pouco importava; Salem tinha mais prazer com as negociações do que com os resultados. Ele tinha assimilado os estereótipos anti-semitas de que os judeus são os regateadores mais astutos do mundo; parecia considerar que ir fazer compras nas lojas hassídicas era uma proeza de audácia.[14]

Ele perambulava pelas lojas de eletrônicos dos arredores à cata das últimas novidades em telefones portáteis, calculadoras, câmeras, aparelhos de som e televisores em miniatura, produtos que comprava aos montes. "Ele comprava centenas daquelas coisas para os príncipes", lembrou Gail Freeman. Andava pelos corredores das lojas espiando as vitrines e perguntando: "Agora me diga a verdade, estes aqui são novinhos em folha? Ninguém viu isto aqui ainda, certo?". Como um vendedor que usa ingressos de shows e jogos no Madison Square Garden para cativar os clientes, Salem usava sua mobilidade e o conhecimento do consumismo norte-americano para adquirir geringonças que depois usava na Arábia Saudita para agradar e ganhar a amizade dos príncipes sauditas.[15]

Khalid bin Mahfouz comprou dois apartamentos na Olympic Tower. No entanto, geralmente ele e Salem preferiam o serviço de quarto e a conveniência dos hotéis; quando iam a Nova York, ficavam principalmente no Helmsley Palace ou no Plaza, onde Salem deu uma extravagante festa no aniversário nos 28 anos de Randa. Uma vez que não conhecia muitas pessoas na cidade, pediu aos Freeman que enchessem o salão privativo com amigos de seu bairro na suburbana Long Island. Salem cantou seu usual repertório de canções natalinas e folclóricas. "Éramos os seus brinquedos", disse Freeman. A falta de interesse de Salem em projetos de negócios ambiciosos deixava Freeman frustrado — afinal de contas, ele tinha deixado para trás sua carreira em um grande banco de investimentos.

Ainda assim, ele tentava viver como seu parceiro. Uma vez, em uma viagem a Jedá, Salem deu ordem para que Freeman e um sócio descessem do jipe à noite, em pleno deserto. Salem foi embora. Freeman e o colega tiveram de andar aos tropeções pela areia até alcançar a estrada e pedir carona para chegar a Jedá. Quando chegaram, Salem bancou o palhaço. Aparentemente ele considerava a peça que havia pregado em parte uma brincadeira, em parte um teste de sobrevivência. Freeman esperou pacientemente pela oportunidade de vingança. Uma noite, em Nova York, quando tinham saído para jantar com Randa, descobriram que Salem esquecera a carteira e estava sem dinheiro nenhum. Imediatamente depois disso Freeman foi de carro até o Harlem, obrigou Salem a descer e saiu em disparada. Randa ficou aflita, achando que Salem nunca conseguiria voltar, mas em pouco tempo ele entrou a passos largos no hotel dela, acompanhado de seus dois novos amigos afro-americanos. Estava, é claro, contentíssimo e encantado: "Bob, você tem *mesmo* senso de humor".[16]

Freeman precisava ter. Salem era quase sempre tão pão-duro que Freeman tinha de telefonar para Jedá noite após noite e implorar que o sócio fizesse transferências de dinheiro: "Salem, precisamos de algum dinheiro em espécie — tem gente batendo à nossa porta. Precisamos pagar o aluguel [...] O que estamos fazendo? Para onde estamos indo?". Em geral Salem só aparecia com a quantia mínima para manter o escritório funcionando, "mas sempre no último minuto". Por melhor que Freeman pudesse fazer, as empresas dos Bin Laden em Jedá, que Salem agora controlava com pulso firme, tinham um fluxo de caixa apenas razoavelmente constante, mas o dinheiro já estava tão comprometido — com o pagamento dos empregados, compra de equipamentos, quitação de empréstimos, mesadas para a família —, que Salem não tinha condições de mexer nele para tocar os projetos pessoais. Os atrasos nos pagamentos da família real às companhias de construção drenavam ainda mais a liquidez. Contudo, à medida que os anos iam passando, o apetite de Salem por jatos particulares e imóveis no exterior parecia apenas crescer. Os preços do petróleo tiveram uma queda durante a década de 1980, mas aparentemente isso não afetou o estilo de vida de Salem. Pelo contrário, um novo padrão foi estabelecido, de acordo com Freeman e outros sócios e empregados. Quando Salem precisava de dinheiro, "ele recorreria a Khalid bin Mahfouz".[17]

OS DOIS ERAM CONTEMPORÂNEOS e grandes amigos; ambos eram herdeiros de fortuna gerada por negócios *hadhramis*, cada qual se adaptando aos imperativos internacionais do *boom* do petróleo. Entretanto, quando chegaram à cada dos trinta anos e assumiram as responsabilidades que haviam herdado, começaram a exibir personalidades contrastantes. Quando os dois viajavam juntos em seus jatos particulares, Salem podia ficar contando piadas, bebericando champanhe ou tocando guitarra, mas Khalid ficava sentado em silêncio, tomando chá ou fumando um narguilé árabe. Mantinha distância das festas mais escandalosas que Salem dava para os decadentes príncipes sauditas. Parecia gostar genuinamente de Salem e de suas palhaçadas e da maneira engraçada e fora do comum de comportamento do amigo, mas em geral se limitava a apenas observá-lo impassivelmente, ou lançar um leve sorriso falso ou de menosprezo. Era "um homem bastante reservado, bastante quieto — absorvido em seus próprios pensamentos", disse um funcionário que passava muitas horas com os dois. "Acho que ele gostava de ver que Salem não tinha medo de dizer nem de fazer nada, e acho que vivia um pouco através dele."[18]

Khalid estava "muito feliz em deixar Salem comandar o show", disse um segundo funcionário. Entre outras coisas, isso significava se adaptar às idiossincráticas idéias de Salem sobre quando e como gastar seu dinheiro. Uma vez, em uma viagem à Califórnia, Bin Laden e Bin Mahfouz combinaram se encontrar no terminal privativo do Aeroporto Internacional de Los Angeles. Enquanto esperavam, os assistentes de Khalid viram o cantor de música country Kenny Rogers descer de um jatinho particular e entrar com sua comitiva em compridas limusines. Salem apareceu em um ordinário carro alugado no banco ao lado do motorista — acenou para Khalid e em seguida mandou tocar para a rodovia. "Ninguém sabe quem eles são e eles não se preocupam com isso", recordou o funcionário.[19]

Alguns de seus colegas norte-americanos e europeus consideravam a amizade e as relações de negócios entre Salem e Khalid extraordinariamente complexas. Khalid era claramente o sócio majoritário. Entretanto, Salem era quem desfrutava de acesso fácil e informal a Fahd e a outros membros da realeza; em função de seu charme e de sua energia, a influência de Salem em Riad excedia o tamanho de suas contas bancárias. Um parceiro comercial europeu que conhecia ambos acreditava que Khalid guardava algum ressentimento em relação a esse desequilíbrio. Para alguns dos sócios e funcionários de Bin Mahfouz ele era tido como um enigma, um homem de muitas contradições.

A coisa menos complicada que havia em Mahfouz era sua riqueza; no início dos anos 1980, ela estava bem à vista. Salem tinha feito amizade com Harry Winston, o proeminente joalheiro de Nova York; por meio dele, Khalid e Bin Laden foram convidados ao showroom da Hammerman Brothers, venda por atacado de jóias em Manhattan. Khalid escolheu peças requintadas — e bem caras. Bernie Hammerman chamou Robert Freeman de lado e perguntou se seria constrangedor demais pedir que Khalid desse uma referência de crédito antes de sair dali com as jóias. Khalid sugeriu dois, segundo a lembrança de Freeman: Ben Love, presidente do Texas Commerce Bank em Houston, e Tom Clausen, do Bank of America em São Francisco. O departamento de crédito da Hammerman entrou em contato com Clausen, que disse estar autorizado e cobrir qualquer cheque de até 50 milhões de dólares para Khalid bin Mahfouz. "Aquilo causou um burburinho e tanto no showroom", recorda Freeman.[20]

Quando estava nos Estados Unidos, Bin Mahfouz passava a maior parte do tempo na área de Houston. Tinha conhecido o corretor de aeronaves Jim Bath mais ou menos na mesma época que Salem, e por meio de Bath e outros parceiros norte-americanos comprou jatinhos e imóveis. Adquiriu um enorme rancho nos arredores de Houston e uma mansão em River Oaks, região de barões do petróleo e seus empregados, que despejavam petrodólares em casas senhoriais de estilo anterior à Guerra Civil e propriedades com colunas de estilo georgiano. A propriedade de Bin Mahfouz, situada no número 3800 da Willowick, ficava bem próxima da casa de Jim Bath, relativamente modesta e abrigada da luz pela sombra de pinheiros. O casarão de Khalid era um tanto parecido com Versalhes; nos fundos havia uma piscina com uma ilha no centro, acessível por meio de uma passarela. Bath o chamava de "A Casa Grande", lembra seu sócio Bill White. Khalid abria o casarão e as casas de convidados para os Bin Laden. Quando iam visitá-lo, as irmãs de Salem se divertiam subindo nas árvores e brincando nos jardins que se espalhavam em volta da casa. Khalid e Salem davam festas para os figurões do Texas que promoviam e geriam alguns dos investimentos de Bin Mahfouz nos Estados Unidos. Nesse período, houve uma ocasião em que Khalid notou que ônibus de excursão teimavam em parar na Willowick, diante de sua propriedade. "Por que essas pessoas não param de vir para cá?", perguntou. Um de seus empregados explicou que a casa agora estava incluída no *tour* pelas residências de celebridades de River Oaks. "A próxima vez que vierem", ele disse, e aparentemente estava falando bastante sério, "convide-as para entrar e tomar chá."[21]

John Connally voou em jatos de Bin Mahfouz durante sua campanha presidencial de 1980, de acordo com informações de dois empregados de Khalid. Os magnatas do petróleo Nelson e Bunker Hunt também viajaram com ele, e tentaram arrastar Bin Mahfouz em sua malfadada tentativa de açambarcar o mercado mundial de prata; um dos funcionários se recordava de ter ouvido Khalid reclamando de ter perdido dinheiro no empreendimento de risco. Em contraste com Salem, Khalid rastreava os mercados financeiros mundiais e geria estratégias de investimento em metais preciosos, moedas estrangeiras e outros instrumentos voláteis. Seus consultores eram sofisticados no que tangia a finanças, e alguns desfrutavam de conexões nas esferas mais altas da política internacional — em Houston, entre seus advogados estava a Baker Botts, poderosa firma que também representava a família Bush.[22]

Khalid era um dos vários filhos Bin Mahfouz que participavam da administração do National Commercial Bank, o banco da família; seu pai já idoso, Salem, continuava sendo o presidente da instituição financeira. Khalid cuidava das transações internacionais. O NCB estava se tornando uma formidável corporação global; em 1985, divulgou um balanço em que informava possuir mais de 1 bilhão de dólares em dinheiro ou instrumentos equivalentes e mais de 6 bilhões de dólares em depósitos. Na condição de maior banco da Arábia Saudita, inevitavelmente tinha laços profundos com a família real e o governo. Às vezes os aviões do NCB decolavam levando o dinheiro das folhas de pagamento da Aramco, o consórcio petroleiro; carregavam caixas com cédulas de cem dólares novinhas em folha provenientes do Federal Reserve Bank em Dallas, de acordo com o piloto David Grey. Os aviões do NCB também transportaram documentos para Bagdá em meados dos anos 1980; os pilotos que faziam essa rota acreditavam que as missões sustentavam a silenciosa ligação entre a Arábia Saudita e Saddam Hussein durante os primeiros estágios da guerra entre Irã e Iraque, disse Grey. Qualquer que tenha sido seu papel, os vôos contribuíram com a política saudita de escorar Saddam; mais tarde Fahd reconheceu ter fornecido 25,7 bilhões de dólares em ajuda ao Iraque, e o reino também providenciou a transferência para Saddam de armamentos fornecidos pelos Estados Unidos.[23]

As finanças do NCB eram complexas também porque o banco era obrigado a manter uma quantidade não divulgada de reservas a fim de se proteger de empréstimos na Arábia Saudita que poderiam não ser pagos. Mesmo assim, a lucratividade e a saúde financeira da instituição nunca foram postas à prova, e Khalid bin Mahfouz parecia não ter dificuldade de acesso a grandes quantias de dinheiro. Robert Freeman afirmou que Bin Mahfouz reclamou, alegando que alguns investimentos em imóveis e propriedades por ele propostos, na casa dos 5 milhões de dólares, eram irrisórios demais para merecer a sua atenção. De fato, separadamente de Salem Bin Mahfouz começou a adquirir terras em Orlando em uma escala muito maior do que projeto Oaktree da família Bin Laden. Em um empreendimento que recebeu o codinome "Projeto Debra" — em homenagem a uma garçonete que o serviu enquanto ele discutia a proposta em um restaurante de Orlando —, Bin Mahfouz e seus agentes compraram terrenos que se tornariam parte de uma ambiciosa incorporação comercial de sete quilômetros quadrados conhecida como Metro West. No fim o negócio acabou valendo pouco menos de 1 bilhão de dólares. Khalid viajava rotineiramente com 100 mil dólares ou mais em sua maleta; ao final de uma viagem, segundo contou seu sócio Rick Peterson, ele distribuía o que sobrava do dinheiro — até 30 mil dólares — como gorjeta para os empregados em seu quartel-general em Jedá.[24]

Salem também viajava com uma valise repleta de dezenas de milhares de dólares, mas aparentemente suas contas ocultas estavam um tanto a descoberto. Mais ou menos na época em que comprou Desert Bear, no final de 1980, Salem disse a Miller McCarthy que ele e as empresas dos Bin Laden deviam a Bin Mahfouz e seu banco cerca de 220 milhões de dólares. Grande parte da dívida podia estar envolvida em empréstimos pessoais ou cartas de crédito que seriam reembolsadas rotineiramente; mesmo assim, parece não haver dúvida de que Salem vivia mais perto do precipício financeiro que Khalid. Robert Freeman não era o único parceiro de negócios de Salem que às vezes tinha de enfrentar a dolorosa tarefa de tentar extrair dinheiro dele. Particularmente após a queda dos preços do barril de petróleo, Salem lutava para só fazer pagamentos em dólar que ficassem na casa dos seis dígitos. A certa altura desistiu da compra de um iate de 750 mil dólares, alegando que suas contas estavam exauridas, mesmo que essa desistência pudesse levar à perda de um depósito de 200 mil dólares, de acordo com seu amigo alemão Thomas Dietrich, que o estava ajudando na aquisição da embarcação. Em 1984, por razões ignoradas, contraiu uma dívida de 200 mil dólares hipotecando Desert Bear, segundo registros da propriedade na Flórida.[25]

Em geral esses sinais ocasionais de aperto passavam rapidamente. Ele continuava próximo a Khalid, e em parte por meio de empréstimos conseguia arrumar dinheiro vivo para comprar um Learjet atrás do outro. Em todo caso, era impossível dizer quando Salem estava lidando com seu próprio dinheiro ou quando estava cuidando dos fundos de terceiros. Aparentemente uma parcela do dinheiro em que Salem punha as mãos estava fora da órbita do sistema bancário internacional. Robert Freeman afirmou que certa vez Salem pediu a ele que encontrasse uma maneira de depositar sub-repticiamente — ou seja, lavagem — entre 5 e 10 milhões de dólares em dinheiro vivo em bancos ocidentais. Freeman disse ter se recusado; jamais soube de onde viera o dinheiro que Salem queria lavar.[26]

Essa era a situação das finanças e dos negócios de Salem no início da década de 1980; transnacionais, mas conectados aos Estados Unidos; complexos; e às vezes misteriosos. Essas características também descreviam perfeitamente a guerra secreta no Afeganistão, que estava prestes a alterar o destino da família Bin Laden.

17

A SERVIÇO DO REI

AS CONVICÇÕES POLÍTICAS de Salem eram vagas, se é que se pode dizer que ao menos existiam. O que a família real queria, ele queria. Se seus amigos estavam com problemas, ele ajudava. Quando o Líbano entrou em colapso, na década de 1970, Salem levou famílias de conhecidos para a Arábia Saudita e providenciou empregos. Durante a guerra civil, entregou dinheiro nas mãos de um amigo e disse: "Você sabe o que fazer com isto". O amigo usou o dinheiro para ajudar famílias necessitadas — "sunitas, *shias*, cristãs".[1] Ao que tudo indica, esse tipo de caridade sem amarras exercia atração mais forte ao senso de propósito de Salem do que, digamos, a organização política. Para um saudita, ele não era um anti-sionista particularmente fervoroso. Salem via-se entusiasmadamente como um arquiteto de laços mais estreitos entre o reino e os Estados Unidos — opiniões que coincidiam com os pontos de vista de Fahd, seu protetor real. Salem não devorara os jornais, e durante as muitas horas do dia em que passava recostado à cama, assistindo televisão e simultaneamente conversando ao telefone, era mais provável que visse filmes de ação do que os noticiários. Contudo, adorava o "barato" da adrenalina, e, na Meca de 1979, se tivesse uma oportunidade, entrava na briga.

Os eventos daquele ano — a rebelião na Grande Mesquita, a revolução iraniana, e, em dezembro, a invasão soviética ao Afeganistão — obrigaram todos os Bin Laden a encarar a política global em uma escala até então sem precedentes. Também aí seguiram o rastro dos Al-Saud. As duas famílias eram motivadas mais pelo instinto de autopreservação que pela ideologia. Da revolução no tempo de Nasser em diante, os Bin Laden haviam sido quase sempre instrumentos de projetos clandestinos de política externa saudita, cujo propósito fundamental era a proteção do poder da família real. Depois das crises de 1979, mais uma vez a realeza recorreu a eles.

Os Al-Saud e o governo de Jimmy Carter interpretaram a invasão do Afeganistão como um impulso inicial rumo às reservas de petróleo do Golfo. Era uma concepção errônea dos motivos soviéticos, mas o sigilo do Kremlin tornava impossível qualquer outro juízo. Apesar das compras de armas e dos projetos de construção militar durante as décadas de 1960 e 1970, os sauditas estavam totalmente despreparados para defender o reino de qualquer ataque sério; isso seria tarefa que somente os norte-americanos poderiam realizar. No âmbito dos conselhos em família, Fahd sempre pendia para Washington; sua reação aos eventos de 1979 foi aprofundar a aliança protecionista com os Estados Unidos. Negociou acordos secretos para a construção de gigantescas bases militares na Arábia Saudita que permitiriam aos Estados Unidos posicionar antecipadamente equipamentos para uma crise ou rapidamente colocar em ação forças maciças logo depois de deflagrada a crise — política não declarada que em Washington recebia a definição "excesso de construção, excesso de estocagem".[2] No exterior, Fahd decidiu associar-se de maneira mais ativa à campanha norte-americana de refrear e derrotar o comunismo ao redor do mundo. A eleição de Ronald Reagan, em 1980, tornou essa colaboração mais palatável para os sauditas, que haviam sido alienados pela retórica dos direitos humanos de Jimmy Carter e sua política de acordos de paz firmados em Camp David. Entretanto, Fahd abraçou abertamente demais as prioridades de Reagan, sob o risco de enfurecer os ativistas islâmicos do reino, cujos poder e capacidade de organização clandestina haviam sido revelados de maneira bastante chocante no episódio de Meca. Em parte, o xá do Irã caíra porque passara a ser visto pelos iranianos comuns como um fantoche dos norte-americanos. Tudo isso exigia um sigilo ainda maior nas relações de colaboração entre sauditas e norte-americanos. Aqui, mais uma vez, os Bin Laden tinham um histórico de confiabilidade.

De início, tanto os sauditas como os norte-americanos estavam cautelosos sobre o apoio aos *mujaheddin* afegãos, uma vez que os insurgentes se rebelaram espontaneamente contra o novo governo comunista em Cabul. Os analistas da CIA duvidavam que os rebeldes pudessem fazer mais do que incomodar o mecanizado exército soviético de ocupação. A política dos Estados Unidos com relação aos rebeldes afegãos durante a década de 1980 assentou-se sobre a premissa não de futura vitória, mas na noção de que fornecer armas poderia aumentar o custo da invasão para os soviéticos. Fahd concordou em igualar dólar-por-dólar a verba secreta que os Estados Unidos repassaram como auxílio aos rebeldes, que inicialmente chegava à casa dos 30 milhões anuais.[3] Para Fahd, a guerra ofereceu uma maneira conveniente de redirecionar a atenção dos islamitas para fora das fronteiras do reino. Mesmo em uma era anterior à rede de televisão Al-Jazeera, os sofridos afegãos rapidamente se tornaram uma causa humanitária célebre em todo o mundo muçulmano. Centenas de milhares de refugiados afegãos desamparados afluíam todos os meses para o Paquistão; na rota de fuga, eram bombardeados e alvejados com rajadas de metralhadora pelos aviões soviéticos. Fahd organizava o atendimento de caridade às vítimas de guerra: abençoou as doações como sendo a política oficial saudita. A guerra no Afeganistão uniu, em nome de uma causa estrangeira, facções da sociedade saudita que poderiam entrar em conflito se se concentrassem apenas em questões domésticas.

O efeito foi o mesmo na família Bin Laden. Graças à sua ambição, à força de sua personalidade e ao seu controle do dinheiro, Salem havia mantido a coesão entre as alas seculares e religiosas de sua família. Esse equilíbrio ficou mais difícil depois da revolta em Meca, porque o movimento islâmico do reino adquiriu nova legitimidade e verbas mais avultadas; esse renascimento, referido como *sawa*, ou "despertar", encorajou muitos fiéis sauditas a um movimento de auto-afirmação, inclusive no seio da família Bin Laden. "Não era incomum que em uma mesma família saudita houvesse uma divisão em várias linhas de conduta e pensamento religioso", observou um escritor saudita:

> Um parente podia ser chamado de *mutawwa* se internalizasse a retórica e o discurso dos novos grupos islâmicos. Seria identificado por pregar constantemente aos outros membros da família, ouvir fitas cassete religiosas, denunciar repetidamente a cultura ocidental, condenar a música e os bens de consumo do Ocidente, e impor às mulheres de sua família um rígido código moral. O período testemunhou a emergência de uma nova geração de autonomeados *mutawwa*, cultos e articulados, que coexistiam com parentes menos conservadores [...] No âmbito das famílias, a tolerância e a tensão caminhavam juntas, de mãos dadas.[4]

Nas periódicas reuniões em família, nas quais passava em revista os negócios e as questões financeiras, ouvia pedidos e recebia solicitações dos irmãos e irmãs, Salem tinha de orientar não apenas seus meios-irmãos abertamente religiosos Osama e Mahrouz, mas outros irmãos e irmãs para quem o islã era parte cada vez mais importante de suas vidas de jovens adultos — e até mesmo de seus pontos de vista políticos. A caridade, um dos cinco pilares da fé islâmica, oferecia o caminho menos problemático para a realização das aspirações da religião. A Mohamed Bin Laden Organization, assim como qualquer outra empresa em Jedá, geria um fundo familiar para cumprir as obrigações do *zakat*, o dízimo religioso exigido pela lei islâmica.[5] Na Arábia Saudita as sobras da caridade rotineira iam da construção de mesquitas locais ao envio de alimentos para crianças órfãs em países estrangeiros — uma gama de atividades que pouco diferem daquelas realizadas pelas igrejas das principais cidades dos Estados Unidos. Nos primeiros anos da década de 1980, a tarefa de organizar as doações para os refugiados afegãos proporcionou a Salem, que era um astuto manipulador, uma espécie de jogada três-em-um: a um só tempo, ele cumpria as obrigações de sua família com o pagamento do dízimo religioso, apoiava a política exterior clandestina de Fahd, e distraía as energias da ala religiosa da família Bin Laden.

Salem tinha suas próprias conexões na fronteira afegã. Havia mandado as irmãs para um internato em Peshawar e visitou Cabul. Seu time de pilotos, baseado em Jedá, incluía vários veteranos da Força Aérea paquistanesa, bem como um piloto afegão chamado Mohammed Daoud, que fora forçado ao exílio pelos comunistas de seu país. Registros de vôo e diários de bordo mostram que Salem viajou a Karachi em meados de novembro de 1980. Foi nessa época, de acordo com seu colega da Irmandade Muçulmana Jamal Khashoggi, que Osama fez sua primeira viagem ao Paquistão, anunciando-se como ativista filantrópico iniciante.[6]

Abaixo de uma legenda bilíngüe em que se lê "Escola-Modelo Al-Thaghr", Ahmed Badeeb aparece ao lado de outros professores na segunda fila da fotografia oficial da classe de 1976, ano em que Osama bin Laden se formou na escola secundária particular da elite de Jedá. Badeeb era um homem de rosto redondo com expressão alegre e dissoluta que refletia sua personalidade profana, indomável e divertida. Ele também era extremamente ambicioso — atributo que alguns de seus conhecidos reconheciam como traço de suas raízes iemenitas. Assim como os Bin Laden, os Badeeb haviam emigrado para Jedá vindos do Hadhramawt. No final da década de 1970, Ahmed e seu irmão Saeed, que estava nos Estados Unidos doutorando-se em ciência política, começaram a forjar conexões com o governo saudita. Ahmed lecionava biologia em Al-Thaghr, e entre seus alunos estavam membros da família real. Ele também conhecia Osama da comissão religiosa da escola e se lembrava dele como alguém que "nada tinha de extremista [...] Eu gostava dele porque ele era decente e uma pessoa muito educada".[7]

Depois que Osama saiu de Al-Thaghr, Ahmed Badeeb chamou a atenção de Turki al-Faisal, filho mais novo do falecido rei, que, embora ainda tivesse trinta e poucos anos, havia sido recentemente escolhido para suceder o tio, Kamal Adham, como chefe da inteligência estrangeira da Arábia Saudita. Faisal nomeou Saeed Badeeb seu chefe de análises e contratou Ahmed como chefe de equipe — emprego que envolvia muitas e discretas viagens. Depois de 1979, Badeeb tornou-se, entre outras coisas, o "homem da mala" de Turki para as transferências de dinheiro do governo para o Paquistão. Nesse papel de emissário, em pouco tempo ele reviveu sua condição de preceptor de Osama.

O canal saudita-norte-americano oficial para alimentar de dinheiro os rebeldes afegãos passava pela Inter-Services Intelligence — ISI, principal agência de inteligência paquistanesa. Ao insistir nessa via, o Paquistão assegurava a manutenção do sigilo, bem como maior controle sobre a maneira pela qual os fundos seriam distribuídos. Uma das funções de Badeeb durante esses primeiros anos era comprar armas clandestinamente no mercado internacional e despachá-las para o Paquistão por meio da ISI. Desde o início, disse Badeeb, esse canal dominado pelo Paquistão o deixou desconfortável; ele queria estabelecer contatos independentes entre os insurgentes afegãos. "Não podemos depender apenas 100% do que os paquistaneses nos oferecem", afirmou. "Precisamos saber o número de combatentes, quantos há nesta organização e quanto receberam." Para a inteligência saudita, uma maneira fácil de estabelecer esse tipo de relações unilaterais era convidar comandantes rebeldes afegãos de particular importância para visitar as cidades sagradas de Meca e Medina durante a *umrah*, o festival religioso da primavera em Meca, ou para o tradicional Hajj anual. Era um ambiente ideal para fazer amizades e recrutar clientes — em solo saudita, em meio a banquetes, festejos e reuniões informais nas noites do deserto, à sombra das mesquitas sagradas, no lugar de nascedouro da religião. Os afegãos em visita poderiam, ainda, receber doações em dinheiro vivo de homens de negócios sauditas seus admiradores. E quem melhor para ajudar a cuidar desses convites e participar das festividades religiosas e caritativas do que Osama bin Laden, rebento da família que desempenhava papel tão influente nas cidades sagradas?[8]

Osama estava com vinte e poucos anos, tinha três esposas e uma ninhada de filhos pequenos correndo de um lado para o outro no prédio de apartamentos em que sua família em expansão vivia em Jedá. Em seu escritório de Medina ele era o patrão; saía roncando o motor de um Land Cruiser bege e nos canteiros de obras manobrava escavadoras, como fizera seu pai. Nas visitas ao Paquistão era um xeique, sempre tratado com deferência e subserviência por causa do dinheiro que levava consigo. Nos feriados religiosos em Meca, possuía uma nova aura nas tendas de hospitalidade dos Bin Laden — a de ativista virtuoso, filho em ascensão de uma família respeitada. Nas reuniões clandestinas dos ativistas da Irmandade em Hejaz, pode também ter tomado parte das sessões de planejamento das violentas campanhas na Síria e no Iêmen. Mais tarde ele afirmou seu envolvimento, mas uma vez que essas campanhas se deram fora dos limites da política saudita, parece ter participado apenas de maneira reservada e cautelosa.

As conexões de Osama na fronteira afegã passavam pela Irmandade Muçulmana, que o havia recrutado ainda na adolescência. No Paquistão, o afiliado da Irmandade era um partido político chamado Jamaat Islami. Quando Osama foi ao Paquistão pela primeira vez, levando doações para os rebeldes afegãos, não usou a fronteira afegã mas a cidade de Lahore, no leste, onde muitos dos líderes políticos mais velhos do Jamaat estavam baseados. Osama "não estava confiando na ISI", lembrou Badeeb. "Ele não queria dar o dinheiro para a ISI ou diretamente para os *mujaheddin*, porque achava que o Jamaat Islami de Lahore podia fazer o dinheiro chegar às mãos dos verdadeiros *mujaheddin*", ou aqueles mais leais aos propósitos da Irmandade. Bin Laden conheceu dois comandantes afegãos que falavam árabe, Burhanuddin Rabbani e Abdurrab Rahul Sayyaf; sua viagem durou cerca de um mês.[9]

Essa viagem inicial sinalizou um padrão do relacionamento de Osama com a guerra afegã entre 1980 e 1983: era um viajante que fazia pouco mais que carregar dinheiro e participar de reuniões. Ele estabeleceu seus contatos no Paquistão por meio de várias redes sobrepostas: sua própria rede de ativistas religiosos da Irmandade Muçulmana; os círculos de caridade dos mercadores de Jedá, nos quais se incluía a sua família; e a operação de inteligência saudita, chefiada por Badeeb. "O arranjo" durante os primeiros anos da guerra no Afeganistão, disse Jamal Khashoggi, era que o governo saudita, por meio de seu serviço de inteligência estrangeira, daria "apoio à parte militar", ao passo que os filantropos particulares e os ativistas religiosos "cuidariam do trabalho humanitário e de assistência" junto com os Estados Unidos e a inteligência paquistanesa. Contudo, essas esferas se sobrepunham. Entre aqueles que Osama arregimentou como doadores para a causa afegã estavam "membros do governo", relembrou Khalil A. Khalil, saudita que localizava ativistas islâmicos para a família real. Além disso, Badeeb usava órgãos humanitários na fronteira do Afeganistão como disfarce e infra-estrutura de operações de inteligência. Por causa de Badeeb, Osama travou relações cordiais com o príncipe Turki al-Faisal, que conheceu pessoalmente em uma das visitas periódicas de Faisal ao Paquistão. Osama também era recebido em audiência com os poderosos irmãos bilaterais de Fahd — Nayef e Ahmed, com quem ia caçar no deserto. Nayef e Ahmed dirigiam o Ministério do Interior saudita, responsável pela segurança doméstica do reino.[10]

Em função da sua crescente visibilidade e dos contatos com príncipes importantes, Osama começou pela primeira vez a agregar valor à família Bin Laden, para a qual nada era mais importante que criar e revitalizar as conexões com a realeza. Nessa nova era de despertar islâmico, o papel de Osama como mensageiro e filantropo religioso complementava os serviços de zelador que Salem oferecia a Fahd e outros príncipes de mentalidade secular na Europa e nos Estados Unidos. O trabalho de Osama também proporcionou aos Bin Laden credibilidade renovada entre os líderes religiosos que influenciavam nas decisões de atribuição de contratos em Meca e Medina. Osama era "uma figura muito amável na família", disse Bassim Alim, parente por casamento que o conheceu nesse período e que viajava ocasionalmente para o Paquistão para ajudar os afegãos. "Eles gostavam dele."[11]

Em 1982 Salem nomeou Osama para um cargo executivo, com a incumbência de supervisionar uma nova rodada de obras de reforma e renovação na Mesquita do Profeta em Medina — tarefa de grande visibilidade e mais um passo "no programa de treinamento ou estágio que seu irmão mais velho dava a um mais novo", segundo definiu Khashoggi. Salem também deu ordens a um assistente para que construísse uma caixa-forte em Jedá, em que Osama poderia temporariamente depositar as jóias de ouro e o dinheiro doados aos afegãos por homens de negócios e suas ricas esposas. Esses sauditas ricos chegaram a achar "que os afegãos eram anjos [...] o povo sagrado", relembrou Ahmed Badeeb. "As mulheres costumavam doar suas jóias — em grande quantidade, impossível calcular." A caixa-forte de Bin Laden tinha vinte por vinte metros e era à prova de bombas e de fogo, segundo o assistente que a construiu.[12]

Anos depois Osama admitiu que, nesse período, trabalhou em completo alinhamento com a política clandestina saudita; uma de suas atribuições era não ser pego. "Em função da minha chegada ao Afeganistão", ele disse, "e devido à proximidade entre minha família e o sistema governamental saudita, chegou uma carta dando ordens a Osama (referindo-se a si em terceira pessoa) para não entrar no Afeganistão, mas ficar com os imigrantes em Peshawar, porque se os russos o capturassem ou o prendessem, ele seria apresentado como uma prova do apoio saudita à luta dos *mujaheddin* contra o Império Soviético."[13]

Seu ego e suas ambições estavam inchando, mas ainda assim ele continuava sendo um homem reticente e sua timidez em uma conversa chegava a ser quase dolorosa. Sabry Ghoneim, executivo dos Bin Laden no Cairo, lembra-se da chegada de Osama ao Egito, durante esse período, para uma reunião com engenheiros envolvidos em um projeto de construção que Osama estava supervisionando em Jubail, cidade industrial da costa saudita. Na lembrança de Ghoneim, ele era "um jovem rapaz com a atitude de uma menina tímida. Estava sempre olhando para os próprios pés". E também não era um executivo particularmente eficiente. Falou pouco durante as entrevistas com os engenheiros. No fim das contas, basicamente o projeto sob sua supervisão perdeu mais de 15 milhões de dólares.[14]

Ele era tímido, mas agora tinha importantes mentores que definitivamente nada tinham de tímidos: seu meio-irmão mais velho, seu antigo professor Badeeb — e, cada vez mais, um sábio e arrecadador da Irmandade Muçulmana inflamado pela guerra no Afeganistão, Abdullah Azzam.

Assim como Osama, Azzam fora recrutado para a Irmandade ainda moço. Nascido em um povoado perto de Jenin, na Margem Ocidental, foi para o exílio depois que Israel ocupou a região durante a guerra de 1967. Estudou e deu aulas de política islâmica no Egito e na Jordânia, até que suas opiniões subversivas o levaram ao refúgio na Arábia Saudita, onde ganhou um cargo no corpo docente da Universidade Rei Abdulaziz — dava aulas lá quando Osama foi aluno da instituição. Azzam tornou-se um ancião carismático, uma figura internacional nos círculos da Irmandade em Hejaz, pelos quais Osama também circulava. Autor de um livro sobre a *jihad*, *Sinais do Misericordioso*, estava escrevendo a tese daquele que viria a ser um tratado ainda mais influente, *Defesa das terras muçulmanas*.

Assim como muitos professores subversivos antes dele, Azzam carregava o fardo de muitas dívidas, acumuladas ao longo de uma carreira itinerante e mal remunerada. A Arábia Saudita — e Osama em particular — oferecia a perspectiva de uma libertação financeira. Há mais de um indício de oportunismo na maneira pela qual Azzam bajulou e gradualmente fez amizade com seu ex-aluno do ensino médio Osama nos primeiros anos da década de 1980, promovendo o jovem filantropo à condição de santo padroeiro do islã virtuoso e assertivo. Em Jedá, a esposa de Azzam criou vínculos de amizade com as esposas de Osama. Elas passavam tempo juntas nas fazendas de Bin Laden no deserto. Em 1984, as relações pessoais se transformaram em sociedade. Era "uma reunião de dinheiro, vontade e juventude, representados por Bin Laden, e conhecimento, direção e experiência, representados por Abdullah Azzam", observou Nasir Al-Bahri, que mais tarde trabalhou como guarda-costas de Osama.[15]

Osama bin Laden era "um homem suave, e Abdullah Azzam o estava capacitando para que viesse a se tornar um símbolo do braço saudita da causa", afirmou Khalil A. Khalil. "Azzam via Osama como uma ponte para a Arábia Saudita."[16]

Adolescentes sauditas protegidos e estudantes universitários instruídos na ideologia islâmica, mas vivendo longe de qualquer campo de batalha, abraçaram a guerra afegã como uma causa romântica, um rito de passagem de fins de semana e feriados juvenis à vida adulta. Estudantes religiosos iam de avião em vôos diretos para Peshawar e lá passavam os últimos dez dias do mês sagrado do Ramadã fazendo trabalho voluntário ou disparando armas nas colinas. Seu comprometimento com os afegãos era semelhante ao de estudantes norte-americanos que passam alguns dias do ano construindo ou consertando casas para os pobres. Podiam estar sendo movidos pelo altruísmo, mas também estavam em busca de um toque de aura *cool*. "Quando olhávamos os trajes que os *mujaheddin* que voltavam do Afeganistão usavam enquanto andavam pelas ruas de Jedá, Meca ou Medina, tínhamos a sensação de estar vivendo com a geração dos triunfantes companheiros do Profeta", afirmou Al-Bahri.[17] Para jovens sauditas do início dos anos 1980, a guerra no Afeganistão era uma oportunidade de estar na moda, era uma questão de ideologia, uma oportunidade de arrecadação de dinheiro, a pedra de toque para o renascimento religioso, uma experiência de convivência e amizade — tudo, menos o brutal combate conhecido pelos afegãos que efetivamente lutaram.

O *establishment* religioso saudita via Azzam como sua ponte para o Paquistão, país com uma das maiores populações mundiais de muçulmanos e alvo histórico do proselitismo *wahhabi*. No final de 1981, a Universidade Rei Abdulaziz despachou Azzam para supervisionar o currículo da Universidade Islâmica de Islamabad, a capital paquistanesa, cujo *campus* fora fundado havia pouco tempo, com 35 milhões de dólares doados pelos sauditas.[18] Azzam também era consultor da Liga Muçulmana Mundial, um dos braços da caridade saudita oficial. Peshawar, a cidade fronteiriça que servira de base para os *mujaheddin* afegãos, ficava a menos de duas ou três horas de carro. A ida de Azzam a Islamabad criou uma ala da Irmandade Muçulmana falante do árabe e conectada a Jedá, por meio da qual Osama podia movimentar e intermediar as doações.

O COMANDANTE AFEGÃO com as conexões mais profundas na Arábia Saudita era Sayyaf. De barbas brancas, educado na lei islâmica e falando árabe, personificava o romantismo religioso que muitos sauditas viam na guerra. Sayyaf percorria o circuito das mesquitas sauditas em limusines reais nas excursões de arrecadação de recursos pelo reino; ele recebera do governo saudita a permissão para abrir escritórios permanentes dedicados a angariar dinheiro. Badeeb cultivava a amizade com ele em nome da inteligência saudita. Entretanto, cada vez mais comandantes como Sayyaf se viam obrigados a ponderar e a pôr na balança, de um lado, a sedução do dinheiro saudita, e de outro, a dor de cabeça que era receber os voluntários sauditas adolescentes nos feriados do Ramadã. Era um incômodo fornecer a eles armas, treinamento leve e um passeio pelos campos de batalha, suvenir com o qual se gabariam quando voltassem para casa, mas Sayyaf e alguns outros comandantes acabaram aceitando seu papel de conselheiros de campanha da *jihad* — era um preço a pagar por suas operações de arrecadação de recursos financeiros. Em 1984, com o apoio de Badeeb, Sayyaf abriu o primeiro campo de treinamento militar formal para voluntários árabes chamado Sada, ou "Eco". Era um nome apropriado — uma reverberação da guerra de verdade. O acampamento ficava junto à fronteira com o Paquistão, uma viagem fácil de um dia para sauditas e outros visitantes endinheirados do Golfo Pérsico. "Eles assistiam a algumas peças de inspiração militar, que terminavam com os visitantes doando todo o dinheiro que tinham nos bolsos", de acordo com uma história árabe dos acampamentos. Eles punham por escrito listas de itens que deviam ser comprados com urgência, de modo a permitir que Sayyaf conquistasse Cabul.[19]

Em 1984 Osama entrou no Afeganistão pela primeira vez como turista. Pode ser que tenha visitado Sada. Testemunhou batalhas nos arredores de Jaji, perto do novo acampamento árabe. Era a primeira vez em sua vida que ouvia o baque surdo de bombas ou sentia o coração disparar por causa da exposição direta à guerra. Aparentemente a experiência o deixou impressionado e vibrando de emoção, mas também incutiu nele a culpa por ter demorado tanto tampo em assumir riscos físicos em nome da causa que ele abraçara com orgulho tão explícito. "Sinto muita culpa por dar ouvidos aos meus amigos e àqueles que amo para não vir aqui, e ficar em casa por razões de segurança", disse a um jornalista sírio. "Sinto que esse atraso de quatro anos exige agora meu próprio martírio em nome de Deus."[20]

Era um refrão que ele repetiria por muitos anos, embora, ao mesmo tempo, cuidasse persistentemente de evitar o cumprimento daquilo que dizia ser bem-vindo, ou seja, o seu próprio sacrifício. Certamente Azzam desejava mantê-lo inteiro. As façanhas de Osama na arrecadação de dinheiro tinham chegado a um novo patamar.

Azzam mudou-se para Peshawar em outubro de 1984 para estabelecer o Makhtab Al-Khadamat, ou "Escritório de Serviços", para dar suporte aos rebeldes afegãos e atender aos voluntários árabes que viajavam até lá para lutar. Sua visão para o escritório era uma mistura de caridade islâmica e marketing. Seus projetos incluíam a revista *Al-Jihad*, cuja primeira edição, publicada em dezembro, teve como foco principal a arrecadação de dinheiro. O capital inicial veio de Osama, que ofereceu injeções de recursos entre 200 e 300 mil dólares anuais. Também pela primeira vez a família Bin Laden forneceu pessoal de engenharia e construção para dar suporte ao esforço de guerra — um voluntário árabe que chegou a Peshawar em 1984 lembra-se de ter conhecido um engenheiro a serviço da Mohamed Bin Laden Organization. Durante a peregrinação do Hajj do ano islâmico de 1405, que aconteceu em junho de 1985, Azzam ficou vários dias hospedado na casa de Bin Laden em Meca. "Toda a família Bin Laden estava hospedando pessoas. Eles tinham comida e ônibus para ir buscar os hóspedes", disse Abdullah Anas, futuro genro de Azzam. Um documento do mesmo ano sobre o trabalho de Osama descreve as contribuições oferecidas pela fundação da família Bin Laden.[21]

Osama associou-se à voz radical de Azzam, mas ainda assim continuava sendo uma figura saudita inteiramente ortodoxa, um emissário menor de seu *establishment*. Seu voluntarismo continuava sendo inseparável de sua identidade familiar e de sua estratégia de negócios.

AZZAM FOI O PRIMEIRO a apresentar a Osama o conceito de *jihad* transnacional. "Quando o xeique começou", disse Bin Laden anos mais tarde, "a atmosfera entre os islamitas e os xeiques era limitada, regional e de localização específica, cada um lidando com sua própria localidade, mas ele inspirou o movimento islâmico e motivou os muçulmanos a alargar os horizontes da *jihad*. Naquela altura estávamos no mesmo barco." Em sua condição de exilado palestino, Azzam falava apaixonadamente sobre sua terra natal, mas encorajava seus seguidores a considerarem o conflito com Israel parte de uma guerra mais ampla promovida pelos infiéis contra os muçulmanos — um conflito milenar que inevitavelmente levaria ao Dia do Juízo Final, conforme previsto no Alcorão. Em seus discursos e livros, Azzam discorria longamente sobre o sofrimento dos muçulmanos inocentes. Ele divinizava as vítimas civis afegãs e palestinas e clamava por vingança. As mulheres e crianças morrendo no Afeganistão sob as armas e a agressão soviéticas, e no Líbano, sob a invasão israelense de 1982, eram unidas por sua identidade muçulmana comum. As incursões em terras muçulmanas suscitaram a *fard ayn*, obrigação compulsória individual de todo muçulmano pegar em armas contra os infiéis. As idéias de Azzam remontavam aos escritos do teórico *jihadi* sírio do século XIII, Ibn Taymiyya, que o próprio Bin Laden mais tarde citaria: "Quanto a repelir o inimigo agressor que corrompe a religião e o mundo, não existe maior obrigação de fé do que combatê-lo". Azzam argumentava que o Afeganistão era o palco mais premente para a *jihad*, e que aquilo serviria para fortalecer a *ummah*, ou "comunidade de crentes", para uma guerra seguinte, para libertar a Palestina. Aqui os lados ideológico e oportunista de Azzam se amalgamavam: como questão prática, no Afeganistão ele podia levantar dinheiro e influenciar o curso dos eventos, ao passo que na Palestina, pelo menos por enquanto, era apenas um exilado impotente, sem autoridade e não exatamente influente.[22]

A campanha israelense no Líbano em 1982 incendiou o mundo árabe; foi uma guerra transmitida pela televisão, repleta de imagens e notícias enfurecidas, a que Osama assistiu em uma época em que estava absorvido pelas lições e palestras de Azzam sobre a *jihad* e hipnotizado pela estatura de seu mentor como ativista islâmico inflexível e obstinado e exilado palestino. Em anos posteriores seria comum descrever a exaltada retórica de Osama acerca da causa palestina como sendo pouco mais que hipocrisia manipulada pela mídia, por parte de um saudita satisfazendo aos anseios de sua platéia árabe. Contudo, essa interpretação omite o orgulho constrangido que ele sentia em relação ao trabalho de seu pai em Jerusalém, bem como negligencia sua relação íntima com Azzam, além de ignorar também suas recordações — cuja ênfase pode até ser posta sob suspeição, mas provavelmente não são memórias inventadas. "Os eventos que deixaram sua marca direta e uma impressão mais viva em mim ocorreram durante e depois da guerra de 1982, quando os Estados Unidos deram autorização para que os israelenses invadissem o Líbano", cena da sua juventude. Osama escreveu anos mais tarde:

> Ainda me lembro daquelas cenas: sangue, braços e pernas despedaçados, mulheres e crianças massacradas. Por toda parte casas destruídas e torres desmoronando, esmagando seus moradores [...] Naqueles momentos críticos, muitas idéias violentas brotaram dentro de mim, idéias difíceis de descrever, mas que desencadearam uma ânsia de rejeitar a injustiça e uma forte determinação

> de punir os opressores. Olhando para aquelas torres destruídas no Líbano me ocorreu punir o opressor na mesma moeda, destruindo torres nos Estados Unidos, para que assim eles provassem do próprio remédio [...] Naquele dia ficou claro para mim que a opressão e o assassinato intencional de mulheres e crianças inocentes são uma política norte-americana deliberada.[23]

Essa reminiscência — "idéias violentas" que "brotaram dentro de mim" e eram "difíceis de descrever" — sugerem um pouco da tensão e da confusão que marcavam a vida política e intelectual de Osama, em plena expansão. Inspirado por Azzam, ele começou em Peshawar a sintetizar as tarefas banais de organizar e arrecadar dinheiro — formando comissões burocráticas, discutindo planos de publicações, criando regras e programas para oferecer subsídios financeiros a jovens voluntários sauditas — com uma retórica de martírio mais mística e poética. Em parte, isso era reflexo das crenças milenaristas de Azzam, mas em parte era uma estratégia de marketing arquitetada por um prosélito interessado em dinheiro e o ex-aluno de administração que o financiava. A conduta dos dois sugere que Osama e Azzam estavam menos interessados em se tornar mártires do que em criar um movimento baseado na força emocional do martírio de outras pessoas. Azzam usava atestados, certificados e memoriais para santificar o sacrifício dos primeiros jovens voluntários com treinamento precário que passaram como hóspedes por Peshawar e morreram no Afeganistão. "Sorte daquele que é recompensado com o martírio", escreveu Azzam. "Alá o premiará com 72 virgens e ele pode escolher setenta parentes para juntar-se a ele no Paraíso." Dos quatro primeiros comitês que Osama organizou no Escritório de Serviços, um fomentava as operações de mídia e um segundo promovia educação.[24] Seus instintos estavam longe de ser surpreendentes. Ele passara grande parte de seus primeiros anos de trabalho com os Bin Laden em escritórios repletos de folhetos impressos em papel cuchê e rodeado por especialistas em propaganda e marketing. Em seu trabalho para a família real e as autoridades religiosas em Medina e Meca, Osama aprendera que um projeto só era um sucesso se as pessoas que pagavam por ele achavam que era um sucesso, e para tanto o marketing e a divulgação tinham papel fundamental. Osama levou consigo um pouco desse *ethos* do mundo moderno dos negócios para seus primeiros projetos em Peshawar.

Foi apenas por volta de três meses depois que Osama estabelecera o Escritório de Serviços com Azzam que Salem, então participando de uma viagem de caça com a realeza saudita no Paquistão, voou a Peshawar com sua câmera de vídeo e sua inacreditável comitiva, que consistia de um mecânico sueco e um especialista norte-americano em ultraleves.[25] Ao que parece, Osama entendia instintivamente o ponto exato em que sua própria paixão pela *jihad* se sobrepunha ao potencial interesse de Salem na guerra no Afeganistão — diante da câmera do irmão, Osama preferiu exibir as crianças órfãs e não os soldados voluntários. Estava em jogo um marketing de caridade de primeira linha em que os dois podiam colaborar mutuamente, sem nenhum indício de conflito: "Sede justos para com os órfãos", diz um versículo do Alcorão. "Sabei que de tudo, o bem que fizerdes, Deus estará inteirado."[26]

Mesmo agora que começara a se considerar um combatente, e, talvez, no fim, um mártir em nome da *jihad*, Osama interagia respeitosamente com seu irmão mais velho, fumante incorrigível e evidentemente não religioso. O *sawa*, o despertar religioso, podia manter a unidade da família na Arábia Saudita, mas Osama também precisava se esforçar para perdoar seus irmãos de mentalidade secular, segundo se recorda Jamal Khashoggi. O que Osama temia de fato, mais do que a propensão ao pecado individual, era "um movimento em massa de secularização, escolas de educação mista, mudanças radicais de direção". Além disso, a "Irmandade enfatizava o papel do amor, do carinho e da compaixão para estender a mão e tocar os muçulmanos não praticantes". Ele não tinha problemas com isso, com muçulmanos não praticantes. Seu método era ser compassivo e paciente. Osama considerava as contribuições de sua família ao seu trabalho nada mais, nada menos que uma obrigação: "a *jihad* financeira", ele escreveu anos mais tarde, "é, da mesma forma, uma obrigação [...] particularmente para aqueles que dispõem dos recursos, mais do que para os que não os possuem".[27]

Nesse período Salem visitou Peshawar uma segunda vez, de acordo com Bengt Johansson, que o acompanhou. Os dois se encontraram com Osama em uma vila no subúrbio, "um escritório árabe, com sofás espalhados". Conversaram a sós por cerca de uma ou duas horas. Salem estava com uma substancial quantia em dinheiro na maleta. "Não sei de onde vinha aquele dinheiro — não sei se era de Salem todo aquele dinheiro, porque eles eram patrocinados por pessoas diferentes na Arábia Saudita", disse Johansson.[28]

Em 1985, Salem aprendera a servir tanto a política externa clandestina de Fahd no Afeganistão como o seu gosto auto-indulgente por luxos. À época, essas duas linhas de atividade não pareciam estar sob o peso das contradições.

DEPOIS DA MORTE por insuficiência cardíaca de seu plácido irmão Khalid, o príncipe herdeiro Fahd ascendeu ao trono e tornou-se rei da Arábia Saudita. Agora que o trono lhe pertencia, Fahd disse a Salem que gostaria de viajar em estilo mais régio. O rei queria um Boeing 747 — não qualquer um, mas o maior modelo então existente, conhecido como 747-300, que tinha uma área superior estendida, oferecendo potencial para um dúplex aéreo.

Fahd tornou-se rei aos 62 anos de idade, ainda jovem o bastante para se permitir uma última extravagância de gasto excessivo. Sua saúde continuava fraca e ele às vezes tinha dificuldade de andar. Mas tinha se apaixonado completamente por uma nova esposa, bem mais jovem, Jawhara al-Ibrahim, que deixara o marido para ficar com ele e lhe dera um filho, Abdulaziz, para quem o rei se doava sem restrição. Fahd mandava decorar vários quartos idênticos para o menino em seus vários palácios, e levou Abdulaziz à Casa Branca para conhecer Ronald Reagan no início de 1985. O irmão de Jawhara, também chamado Abdulaziz, tornou-se um dos mais influentes conselheiros da corte de Fahd, e em pouquíssimo tempo amealhou grande fortuna. Tinha um apartamento em Londres nas vizinhanças de Mayfair e comprou seus próprios jatos particulares — um Gulfstream e um DC-8. Salem cultivava uma relação de amizade com Ibrahim e o hospedava em Desert Bear, sua propriedade na Flórida; quando o rei saiu à procura de um 747, seu cunhado recorreu à ajuda de Salem.[29]

Fahd sabia que queria uma coisa grandiosa, mas, como um magnata ao escolher o arquiteto que receberá a incumbência de desenhar sua nova mansão, ele procurou várias propostas imaginárias a que pudesse responder. Entretanto, a tarefa de customizar um único 747 que satisfizesse o gosto de Fahd não seria fácil, e em larga medida seria um trabalho exigente e de improvisação. Não era um projeto naturalmente adequado para uma empresa grande como a Boeing, cujos lucros vinham da construção de modelos padronizados de aeronaves. Contudo, para cair nas graças de Fahd, já que a companhia aérea saudita comprava muitos aviões, a Boeing elaborou uma proposta para desenvolver um modelo de 747 exclusivo e majestoso. A oferta para o interior e a renovação dos sistemas excedia os 100 milhões de dólares, e o design do Boeing não encheu o rei de emoção nem estimulou sua imaginação. Na verdade, o rei estava infeliz, o que deixou seu cunhado infeliz, o que deixou Salem infeliz.

Em suas viagens ao Texas, Salem tinha levado alguns de seus Learjets para San Antonio, para renovações e melhorias nos interiores, e lá conheceu uma lenda da aviação norte-americana, Dee Howard, que embora tenha apenas concluído o ensino fundamental era dono de uma empresa de engenharia e serviços em aeronaves no aeroporto de San Antonio. Howard era um homem robusto, de fala rápida e cabelos brancos, e tinha jeito intuitivo para a engenharia. Morava em uma mansão na orla de um rio e colecionava carros antigos, mas sua empresa vivia passando por ciclos alternados de lucros e prejuízos, euforia e depressão, e ele estava sempre à procura de um grande negócio. Salem disse a ele que o projeto do Boeing de Fahd era uma oportunidade de ouro para inserir sua empresa no negócio global de customização e renovação personalizada de aeronaves para monarcas e chefes de Estado.

"Ele e eu simplesmente nos dávamos muito bem", lembrou Howard. "Gostávamos um do outro, e ele gostava das coisas de que eu gostava [...] Ele insistiu que eu fosse com ele e conhecesse o rei Fahd e falasse com ele sobre o assunto." Howard estava relutante; seus hangares em San Antonio não eram espaçosos o bastante para abrigar um 747; mesmo assim, Salem pagou a ele 60 mil dólares apenas para preparar a apresentação. "Eu estava fazendo um favor a Salem."[30]

Salem acertou ao escolher Howard, que tinha talento natural para o luxo teatral. Em vez de falar com sua equipe em San Antonio para acertar o planejamento do design inicial, Howard contratou Syd Mead, ilustrador de Hollywood que havia pouco chamara a atenção por seu trabalho no filme futurista *Blade Runner*, dirigido por Ridley Scott. Mead acompanhou Howard e Salem a Riad para apresentar suas idéias ao rei Fahd. O ilustrador deixou todos maravilhados e boquiabertos, porque enquanto falava ia desenhando esboços no bloco de papel de cabeça para baixo, para que o rei pudesse ver com mais clareza o seu trabalho. "Vossa Majestade, quero muito fazer este avião", deixou bem claro Dee Howard ao rei. "Tenho

63 anos de idade e nunca mais vou conseguir fazer outro." Fahd apertou sua mão e sorriu, e Howard pensou consigo que o rei estava sentindo alguma coisa semelhante.[31]

A relação de Fahd e Salem era surpreendentemente informal e marcada pelos gracejos e brincadeiras; no almoço, entre as sessões de projeto e planejamento do avião, conversavam sobre um ou outro assunto com vozes animadas e jocosas, e Salem se sentia à vontade para gritar com Fahd do outro lado da mesa, denunciando as opiniões do rei. "Algumas pessoas diziam, 'Ah, você não pode dizer isso ao rei, não pode'", recorda um membro do grupo. "Ele falava e se dava bem, saía ileso — no fim ele se aquietava um pouco, mas sempre saía impune." Passaram horas reunidos com o rei Fahd trabalhando no design do 747; aquele era um aspecto da vida real que Fahd parecia apreciar em especial. No fim das contas, depois de árduas negociações conduzidas por Ibrahim, que incluíram exigências inesperadas, Dee Howard ganhou o contrato, que, ao fim e ao cabo, chegou aos 92 milhões de dólares.[32]

O avião incluiria alguns recursos normalmente não encontrados em aeronaves comerciais. Entre eles, uma sala cirúrgica completamente equipada e conectada por um sistema de comunicações via satélite a um centro médico nos Estados Unidos, a Cleveland Clinic. Em uma situação de emergência, os cirurgiões de Fahd poderiam operá-lo com o avião estacionado em alguma pista, transmitir as imagens por satélite a Cleveland, sedar o paciente, levantar vôo e levá-lo à clínica para seguimento. Para proteger Fahd de seus inimigos, a Raytheon Corporation instalou equipamentos de guerra eletrônica, incluindo um sistema de defesa contra mísseis termoguiados.[33]

Na ausência de crises médicas ou tentativas de assassinato, o rei podia esperar uma viagem confortável. Depois de considerável esforço, Howard projetou um sistema de elevadores que permitira a Fahd, que tinha 1,93 metro de altura, descer de sua limusine em um *tarmac*, acenar para a multidão, e depois dar alguns passos e subir em uma plataforma no nível do chão, sem nenhum gesto indigno de abaixar a cabeça. Dali, já fora do campo de visão, seria içado para a barriga do avião, de onde poderia subir com um segundo elevador ao piso superior. Em seus *majlis* havia um candelabro com 5 mil cristais de policarbonato inquebráveis. Debaixo dele, em cada um dos lados do trono de Fahd, esses cristais também reluziam em duas cascatas artificiais; atrás, estendendo-se pela parede, uma inspirada pintura de Mead

— um campo de estrelas. A suíte real tinha um chuveiro grande o bastante para acomodar confortavelmente a circunferência da cintura do rei, bem como uma sala de estar e uma cama forrada com tantas sedas que se formavam ondas. Para que esse luxo todo não desviasse o rei e seu séqüito de suas devoções, no teto de cada quarto havia uma bússola eletrônica, conectada a um sistema GPS, que apontava continuamente na direção de Meca.

Em 1985 essa obra de fantasia estava a pleno vapor no aeroporto de San Antonio. À medida que os funcionários de Howard iam ultrapassando certos patamares e testes de desempenho, os pagamentos chegavam por transferência bancária do tesouro real; às vezes as remessas individuais chegavam a mais de 10 milhões de dólares. Salem — sem receber nenhum tipo de compensação, até onde seus sócios e funcionários norte-americanos sabiam — viajava com freqüência da Arábia Saudita para vistoriar o progresso do trabalho de Howard e insistir sobre o cumprimento dos prazos. Segundo a lembrança de Howard, Salem "tinha muito interesse em agradar ao rei".[34]

18

Distúrbio de ansiedade

Em meados da década de 1980, entre todos os irmãos Bin Laden, o único rival expressivo de Salem pela liderança da família era Yeslam, que se formara em administração de empresas pela Universidade do Sul da Califórnia em 1976. Yeslam era quatro ou cinco anos mais novo, mas, na condição de filho mais velho do grupo de três irmãos bilaterais nascidos de uma das primeiras esposas de Mohamed, Rabab, mulher de origem iraniana, ele contava com aliados naturais na família. Tinha também relações amistosas com alguns meios-irmãos "avulsos" que conhecera na Califórnia. Yeslam retornou a Jedá com planos que pareciam ter sido atiçados por sua bela e ambiciosa esposa, Carmen, a filha francófona de mãe iraniana e pai suíço. Carmen não se importava de dizer o que pensava, e pensava que Yeslam era o mais inteligente dos filhos de Bin Laden, e que a educação e a experiência que ele havia adquirido na Califórnia, onde se intrometeu na incipiente indústria de computadores pessoais, o qualificava a liderar as empresas dos Bin Laden e inseri-las nos setores mais modernos dos negócios internacionais. Contudo, quando Yeslam retornou, Salem já havia iniciado sua incubadora Bin Laden Brothers, se aliara aos fideicomissos da empresa original, e, mais importante, tinha conseguido se tornar indispensável para Fahd. Também havia assegurado a sociedade de seus irmãos bilaterais mais jovens, Bakr e Ghalib, bem como de meios-irmãos competentes como Yahya, Omar e Tareq, e ganhara o contrato para participar da expansão do sistema de telefonia do reino, uma grande conquista empresarial. Yeslam descobriu que tinha relativamente pouco espaço de manobra.

Entretanto, contava com algumas vantagens: entendia dos mercados ocidentais de títulos, apólices, ações, obrigações e debêntures, dos quais Salem havia se esquivado; falava francês e inglês de maneira impecável; e tinha uma esposa cosmopolita e de mentalidade propensa aos negócios. Carmen firmou-se como anfitriã nos círculos diplomáticos e de negócios em Jedá. Ela e Yeslam construíram uma quadra de tênis em sua elegante casa junto à Estrada de Meca, e nas noites de quinta-feira, o início do fim de semana saudita, os dois organizavam partidas para jovens financistas, *socialites*, executivos e embaixadores estrangeiros. Eram eventos casuais em que o álcool era servido livremente, bifes eram grelhados na churrasqueira e o idioma dominante era o inglês — um refúgio de influência californiana em meio ao despertar do *wahhabi* na Arábia Saudita.[1]

Em comum com Salem, Yeslam compartilhava a obsessão por velocidade. Tinha treinamento como piloto de carros de corrida e piloto de aeronaves, e ao longo dos anos foi colecionando Ferraris, Lamborghinis e Porsches. Seu irmão bilateral Ibrahim tinha queda por Rolls-Royces. Depois que Yeslam voltou a Jedá, seu cunhado — marido de sua irmã bilateral Fowziyah — sofreu dano cerebral fatal em sua garagem, ao bater a cabeça tentando dar ré rápido demais em um carro de Fórmula 1. Cada vez mais, entre os homens da família Bin Laden, os aviões a jato e os carros velozes eram a medida de virilidade e masculinidade.[2]

Nos negócios, por causa das aulas na universidade californiana e seus encontros com banqueiros nos Estados Unidos, Yeslam se sentia mais seguro diante das complexidades dos mercados de ações do que muitos de seus irmãos. Ele importou computadores e começou a pensar de que maneira poderia iniciar um moderno serviço de consultoria de investimentos, gerido por sauditas e voltado para sauditas, a fim de competir com os corretores norte-americanos e europeus que acorriam em bandos para o reino com o intuito de gerir os investimentos dos novos-ricos.[3]

À medida que iam crescendo suas ambições nesse campo, também aumentavam as tensões com Salem, que esperava dos irmãos mais novos a completa deferência e total condescendência respeitosa. Yeslam se ressentia de ser tratado de maneira paternalista. Ainda assim, Salem o recompensava generosamente por sua contribuição da vez maior. Em 1976, Yeslam recebeu o equivalente a mais de 1 milhão de dólares, de acordo com documentos apresentados por Carmen a uma corte suíça. Dois anos depois, ela informou, ele recebeu, somando salário e outras compensações, mais de 1,5 milhão de dólares.[4]

Periodicamente, Yeslam e Carmen fugiam para Genebra, onde os dois se conheceram; em 1978, no subúrbio de Genthod, no número 1 do Chemin de la Petite-Voie, compraram uma casa antiga e mobiliada, propriedade pela qual pagaram pouco mais de 1 milhão de francos suíços. Ele a presenteava com uma profusão de jóias — pelas contas dela, entre 1975 e 1985 ganhou mais de 2 milhões de dólares em diamantes, esmeraldas, rubis e peças em ouro ("Admito que possa ser vaidosa", ela mais tarde reconheceu). Sua rotina de gastos por vezes chegava a 20 mil francos suíços ao mês. Na casa de Jedá, tinham uma caixa de dinheiro que invariavelmente continha 50 mil dólares.[5]

Assim como muitos dos irmãos Bin Laden, exceto Salem, Yeslam falava de maneira suave e projetava maneiras gentis e moderadas. Era um homem magro, de aparência frágil, com seu próprio traço de vaidade — vestia-se com roupas da moda e marcas famosas, e parecia preferir grifes vistosas. Aparentemente sentia-se mais em casa na Suíça ou na Califórnia do que na Arábia Saudita, e meses depois de retornar a Jedá parecia ainda estar se esforçando em busca de uma identidade confortável. Chegado à casa dos trinta anos, era um homem bem-sucedido nos negócios, pai de duas meninas, mas cada vez mais atormentado por ataques de pânico.[6]

Durante certo período ele conseguiu superar esses episódios, mas, em 1979, ano de múltiplos motins e rebeliões, a ansiedade por fim tomou conta de Yeslam. Ele "se escondia pela casa", de acordo com declarações de Carmen documentadas em depoimentos a tribunais. Ela passava "noites em claro tentando acalmá-lo". O comportamento dele ficou cada vez mais errático: ele "queria jogar gamão dia e noite, e insistia em acordar a esposa para acompanhá-lo em sua mania". Durante o cerco à mesquita em Meca, segundo Carmen, ele ficou "fora de si, correndo freneticamente de casa para o escritório, como um desvairado". Como conseqüência daquele episódio violento, ele "passou a ter pesadelos. Tinha pavor de tudo — pavor de morrer, especialmente".[7]

Por sua vez, à medida que se aprofundavam seus conflitos interiores, Yeslam sentia que a esposa já não era mais tão compreensiva. De acordo com declarações de seus advogados nas cortes suíças, "A esposa dele parecia sentir um malicioso prazer em agravar a condição, por meio de cenas e brigas constantes e violentas, episódios durante os quais, aos berros, ameaçava cometer suicídio se suas caprichosas exigências não fossem imediatamente atendidas [...] A frase que mais usava era a de que jogaria o carro contra uma árvore". Carmen negava essas alegações; sentia que havia feito "tudo o que estava ao seu alcance para ajudá-lo a se cuidar e manter o controle de seu destino e de seus negócios". Em todo caso, sem condições de enfrentar nem seus demônios nem sua mulher, Yeslam procurou ajuda profissional em Genebra, mas não encontrou alívio. Foi a Los Angeles, onde passou seis semanas em tratamento médico. De acordo com os depoimentos de Yeslam nos tribunais, isso resultou em alguma melhora de sua condição.[8]

Em meio a todos esses conflitos e confusões, ele decidiu conduzir a família ao mercado internacional de ações. Comprou computadores capazes de realizar operações de compra e venda de ações e abriu, em Jedá, a primeira corretora de ações saudita, cuja proposta era, segundo palavras de sua brochura, "descartar a idéia de que é preciso viver em Wall Street para ganhar dinheiro".[9]

Em meados da década de 1980, Yeslam rapidamente emergiu como o pioneiro da família Bin Laden no mercado global de ações, consórcios para investimentos imobiliários e uso de companhias *offshore* em paraísos fiscais e bancários sigilosos no Caribe, na América Central e na Europa. Os fundos de caridade da família Bin Laden haviam se tornado tão emaranhados com o radicalismo cada vez mais desorientado de Osama a ponto de se confundirem com ele. De maneira similar, parte do dinheiro de investimentos internacionais da família acabaria se enredando com a visão financeira global de Yeslam, seus distúrbios de ansiedade e seu casamento em plena deterioração.

POR VOLTA DE 1980, Yeslam fundou uma empresa suíça que viria a se tornar a SICO — Saudi Investment Company. Uma corporação nas Ilhas Cayman chamada Falken Limited — controlada por Yeslam e seus irmãos bilaterais — era a dona da firma. A Falken também tinha dinheiro investido em outras corporações; a relação completa dos acionistas e das atividades dessas empresas é desconhecida, mas alguns dos nomes sugerem um leve toque de extravagância gaélica: Celta Finance S.A., Galway Inc. Algumas dessas companhias *offshore* foram formadas para administrar investimentos individuais em projetos imobiliários ou residências particulares dos Bin Laden nos Estados

Unidos e na Europa; outras podem ter servido para cuidar de operações de *leasing* ou importação para empresas dos Bin Laden; outras ainda foram estabelecidas para financiar obras de construção em países como o Sudão; já outras permanecem completamente misteriosas. Em 1983 Yeslam fundou a Saudi Investment Company Panama Corporation; ele era o presidente e um banqueiro suíço, Baudouin Dunand, fazia as vezes de diretor. No ano seguinte, também no Panamá, organizou uma filial da Mohamed Binladin Organization Incorporated — Salem ocupou a presidência, Yeslam era o tesoureiro e secretário, e Bakr, irmão bilateral de Salem, atuava como diretor adicional. Em pouco tempo o resíduo de papel dessas e de outras empresas ligadas aos Bin Laden no Panamá, nas Ilhas Cayman, em Curaçao, nas Antilhas Holandesas, em Liechtenstein, em Luxemburgo, na Suíça, nas Ilhas do Canal e outros lugares se estenderia através de oceanos e continentes. As firmas abriam e fechavam, mudavam de nome, compravam-se umas às outras, ou permaneciam inertes durante anos; os registros dos esqueletos das empresas eram pontualmente renovados pelos advogados e contadores da família, baseados em Londres e outras cidades. Ao que parece, Yeslam se envolveu com várias dessas empresas *offshore*, particularmente aquelas vinculadas a projetos imobiliários nos Estados Unidos.[10]

Em Jedá, Yeslam contratou uma dezena de funcionários para a Saudi Investment Company, e agendou "centenas de conferências de marketing para apresentar a empresa ao público", de acordo com o texto de um folheto da companhia. Nessas apresentações, Yeslam e seus colegas enfatizavam a força da globalização financeira: "Uma vez que o reino está provido de redes de comunicação muito melhores, o hiato de informação em relação aos mercados estrangeiros está ficando cada vez menor, o que nos permite competir com os corretores estrangeiros, e é exatamente o que planejamos fazer quando decidimos lançar as bases para cobrir os mercados norte-americanos de ações para os nossos clientes", dizia a brochura. A empresa enviou vários de seus corretores para o exterior com o intuito de estudar as operações de corretagem estrangeiras e criou em Jedá um departamento especializado nos mercados de ações dos Estados Unidos e do Japão. No final de 1983, a firma alegou ter mais de 10 milhões de dólares em ações de seus clientes. Divulgou um balanço de movimento anual de quase 200 milhões de dólares. Operações de compra e venda de ações auxiliadas por computadores, que procuravam explorar as diferenças de preços nos vários mercados espalhados pelo mundo, e que poderiam incrementar o volume e a velocidade do investidor, agora começavam a incomodar os mercados de Tóquio, Londres e Nova York; de fato, Yeslam havia prometido levar um pouquinho da ação para a Arábia Saudita.[11]

Ele também fez contatos com bancos de investimentos em Wall Street. Por intermédio de um deles — Donaldson, Lufkin & Jenrette —, Yeslam conseguiu abrir as portas e fazer bons negócios para clientes sauditas nos mercados dos Estados Unidos, o que facilitou em muito a entrada deles no mundo de compra e venda de ações na Bolsa de Valores de Nova York e nos mercados de balcão.[12]

Banqueiros de investimentos, Donaldson, Lufkin e Jenrette apresentaram Yeslam a Charles Tickle, presidente da Daniel Corporation, incorporadora norte-americana. Tickle estava à procura de parceiros que pudessem financiar projetos imobiliários residenciais e de escritórios nos Estados Unidos; Yeslam disse estar interessado. Fundou outra empresa panamenha chamada Saudi Investors, Incorporated, cujo rol de acionistas foi descrito em um documento da companhia como "Mohamed Binladin Family". Em 1980, os Bin Laden se associaram à Daniel para construir o Imperial Plaza, em Richmond, Virgínia, uma comunidade residencial de 90 mil metros quadrados com restaurante, auditório, barbearia, banco, farmácia, biblioteca, casa de repouso para idosos e quatro altas torres totalizando 891 apartamentos. Três anos depois, os Bin Laden investiram em Woodgate West, empreendimento de 34 prédios de apartamentos dúplex, no sudoeste de Houston. Um dos folhetos de Yeslam descrevia esses projetos como "um conceito exclusivo de investimento em imóveis nos Estados Unidos". A expectativa da companhia era acumular "poder de compra" de 100 milhões de dólares até a primavera de 1984.[13]

Charles Tickle, cuja base de operações ficava em Birmingham, Alabama, definiu Yeslam como "sempre muito profissional [...] bem-educado, cortês". Tratando com ele, a Daniel Corporation "nunca fez um negócio ruim, de nenhum tipo". Ao todo, trabalharam juntos em cerca de meia dúzia de empreendimentos imobiliários nos Estados Unidos; em todos eles, a firma de Yeslam, a Saudi Investment, era o único investidor, além da Daniel Corporation. Juntos os dois formaram corporações *offshore* para servir como veículos de financiamento, e nelas Tickle e Yeslam por vezes figuravam como diretores. Tickle afirmou que o único mistério na verdade era de quem era o dinheiro que Yeslam estava de fato investindo — dele mesmo, de outros membros da família Bin Laden, de outros investidores sauditas, ou de outra fonte. "Isso era sempre uma coisa muito secreta", disse Tickle. À época, enquanto questão de negócios, "podíamos ter nos preocupado menos". Para os propósitos da Daniel Corporation, todos os fundos de investimentos eram iguais; Yeslam tinha acesso a grandes somas de dinheiro, e não havia razão para que Tickle acreditasse que elas viessem de fontes irregulares.[14]

À MEDIDA QUE IA MONTANDO seu portfólio global, Yeslam achava cada vez mais difícil trabalhar com Salem. Yeslam "era agora, de fato, o chefe do setor financeiro" das empresas Bin Laden, de acordo com Carmen, mas "sua ascensão não foi bem acolhida por Salem nem por Bakr", que cada vez mais atuava como o segundo no comando e braço direito de Salem. Os dois refutaram algumas das decisões de Yeslam e o ressentimento dele só aumentou. Além disso, Yeslam e alguns dos outros irmãos "estavam frustrados por causa da sua falta de contato" com a família real saudita, porque "Salem e Bakr evitavam que entrassem em contato direto com os príncipes", segundo Carmen. De qualquer modo, Yeslam sempre foi relutante em confrontar abertamente seus irmãos mais velhos. Mesmo anos depois ele nunca entrou em detalhes sobre esses conflitos, limitando-se a fazer referências enviesadas e indiretas sobre "desentendimentos" e sua exclusão gradual dos principais negócios da família.[15]

Em 1985, Yeslam deixou Jedá e mudou-se para sua propriedade nos subúrbios de Genebra; jamais retornaria novamente à Arábia Saudita. Distanciou-se de seus irmãos, mas não rompeu completamente com eles — por muitos anos Yeslam, Salem e Bakr continuaram sendo co-diretores de uma série de companhias *offshore*, e de tempos em tempos se reuniam socialmente e para discutir negócios. Yeslam seguiu administrando o dinheiro da família, particularmente de seus irmãos bilaterais e da sua irmã. Facilitava também negócios bancários suíços e alguns investimentos de seus meios-irmãos e meias-irmãs. Contudo, ao se afastar do cenário de negócios dominado pela figura de Salem em Jedá, Yeslam esperava cultivar suas próprias relações independentes com os príncipes sauditas e outros investidores milionários que ainda não fossem clientes de Salem ou Bakr — nesse período, dois de seus contatos mais importantes eram os príncipes Majid e Mishal, meios-irmãos de Fahd.[16]

Yeslam decidiu levar adiante o tipo de investimento que deixaria os sauditas boquiabertos, bem como impressionaria também norte-americanos e europeus — e que exalasse a elegância marmórea de um banco suíço. Por pouco mais de 5 milhões de francos suíços comprou e reformou um imponente edifício de pedra em um terreno de esquina na parte antiga de Genebra, à rua François Lefort; lá seria a sede da Saudi Investment Company. Dali Yeslam administrava contas de corretagem e operações de compra e venda de ações internacionais. Uma carta de três páginas enviada a seu irmão bilateral Ibrahim, escrita em papel timbrado da Saudi Investment Company em 11 de março de 1985, e mais tarde apresentada como documento em uma corte norte-americana, oferece um pequeno instantâneo de suas atividades de corretor. A carta faz referência a uma auditoria da Arthur Andersen, de Genebra, e a seguir lista as ações e títulos de Ibrahim bin Laden: pequenas quantidades de ouro e prata; várias centenas de milhares de dólares norte-americanos em depósitos em dinheiro, aparentemente como garantia extra para a negociação de ações; e ações e opções em 85 corporações diferentes, em sua maioria nos Estados Unidos. Incluídas no portfólio de ações de Ibrahim estavam a cervejaria Anheuser-Busch, a Bally Manufacturing, fabricante de fliperamas, e a companhia aérea American Airlines.[17]

Era uma época inebriante para promover o mercado de ações, independentemente da estratégia a ser aplicada. Depois de uma severa recessão nos Estados Unidos em 1982, o índice Dow Jones subiu mais de 50% nos três anos seguintes. Ao longo do verão e do outono de 1985, quando Yeslam estabeleceu sua firma em Genebra, os mercados subiram ainda mais, o Dow Jones subiu até dobrar sua baixa de 1982, e não parou mais de aumentar. Os Estados Unidos foram assolados pela mania do investimento em ações, obsessão que também tomou conta de todo o mundo industrializado; o volume de ações comercializadas diariamente subiu tanto e tão rapidamente que chegou às nuvens, e muitos investidores de classe média, que antes evitavam o mercado de ações, agora mergulharam de cabeça.

Carmen sentia que uma loucura parecida estava se apossando de Yeslam. Em 1985 "ele passou por um período de gasto descomunal, acumulando mais de quinhentos pares de sapatos, centenas de ternos e mais de uma dúzia de carros de luxo", escreveram seus advogados em ajuizamentos apresentados à corte suíça. Enquanto isso, ele "continuava com a saúde fragilizada, sofrendo de fobias e ataques de pânico". Para Carmen, ele estava cada vez mais "intolerante e dogmático". Ela iniciou tratamento para sua própria ansiedade e ataques de pânico. De sua parte, Yeslam passou a achar que Carmen estava cada vez mais histérica e ficou esgotado de tanto ouvir, repetidas à exaustão, as ameaças de suicídio, de acordo com os ajuizamentos dos advogados de Yeslam. Ele acreditava que a esposa estava envolvida com outro homem e que "estava levando o amante para passear de carro e que suas ameaças de se matar eram um pretexto". Por fim, "incapaz de suportar por mais tempo os escândalos da esposa", ele deixou sua propriedade em Genthod e mudou-se para o prédio na parte antiga de Genebra. Foi aí que ela anunciou que estava grávida. Os dois brigaram, deveriam expandir a família juntos; depois de algumas idas e vindas, ela por fim deu à luz a terceira filha do casal em abril de 1987.[18]

Em meio a todo o tumulto, Yeslam decidiu adquirir o controle de uma corretora de ações em Londres. Talvez não fosse o período mais confiante ou otimista de sua vida para levar a cabo um investimento tão complicado, mas ele avançou mesmo assim. A Russell Wood & Company tinha escritórios em Southwark, na margem sul do rio Tâmisa. Fundada em 1972 por George Russell Wood, corretor de valores britânico, junto com diversos sócios, era especializada naquilo que viria a ser conhecido como "negócios para clientes privados", o que significava lidar com o mercado de ações para indivíduos milionários. A firma tinha assento na Bolsa de Valores de Londres na posição de corretora-negociadora, o que lhe assegurava o direito de comprar e vender ações por sua própria conta para seus clientes, sem ter de passar por intermediário algum — era um membro da Bolsa. Isso permitia a ela alardear velocidade, eficiência e *expertise* na hora de recrutar investidores endinheirados. Ao assumir o controle da companhia, Yeslam poderia trazer pela primeira vez sua empresa e a família Bin Laden diretamente aos mercados internacionais. "Eles queriam se estabelecer como corretores em Londres porque eram corretores em seu próprio país", lembrou Auguste Sauter, então um dos sócios da firma. Yeslam queria "aconselhar a todas as pessoas na Arábia Saudita com dinheiro no bolso a investir globalmente".[19]

Yeslam levara com ele para a Suíça um homem de passaporte tanzaniano chamado Akbar Moawalla, que anteriormente havia trabalhado em um banco norte-americano na Arábia Saudita. Moawalla era o chefe do setor financeiro e administrativo de Yeslam, e tornou-se o principal contato da Russel Wood em Genebra ao longo das conversas e negociações sobre a aquisição durante 1986 e início de 1987.

Enquanto isso, os preços das ações subiam e subiam. O volume de negócios nas principais Bolsas inchou. Na primavera de 1987 chegaram a um acordo. O preço de compra não foi revelado, mas aparentemente totalizou pelo menos a casa dos vários milhões de libras esterlinas. Yeslam usou a Falken Limited, sua entidade das Ilhas Cayman, para assumir o controle da Russel Wood. Moawalla tornou-se um dos diretores. Yeslam levou consigo um de seus computadores de corretagem para manter-se informado sobre todos os negócios de compra e venda de ações dos clientes atuais de Londres e dos novos clientes da Arábia Saudita e de outros países. O sistema computacional estava programado para assumir toda a corretagem da firma em fins de agosto de 1987.[20]

No dia 1° de agosto, às duas da manhã, Carmen foi ao prédio de Yeslam na parte antiga de Genebra e lá o encontrou com outra mulher. "A descoberta do caso amoroso foi um golpe devastador para Carmen", escreveram seus advogados. Ela disse que queria o divórcio. Yeslam pôs-se a redigir um contrato de separação.

No dia 17 de agosto o índice Dow Jones atingiu seu maior pico de todos os tempos, e depois do recorde começou a cair.

Carmen entregou-se a um estado terrivelmente emotivo; uma semana depois, um médico em Genebra, supostamente antecipando as negociações de divórcio entre ela e Yeslam, emitiu um atestado indicando que "recentemente sua ansiedade e seus ataques de pânico recrudesceram" e que "qualquer decisão ou assinatura" de sua parte devem ser consideradas "nulas e sem força ou efeito legal". Pouco tempo depois ela foi hospitalizada, diagnosticada com esgotamento nervoso.[21]

Em Londres, um pico de energia acidental de cerca de mil volts, originado na rede elétrica da cidade, "queimou todos os discos rígidos" do computador da Russell Wood, conforme a lembrança de Sauter. A oscilação de corrente destruiu todos os registros de compra e venda de ações dos clientes da firma. Não havia cópias de segurança, de acordo com Sauter. O que de fato aconteceu a seguir não está totalmente claro. Sauter se lembra de que alguns corretores da firma tinham convencido clientes a tomar parte de um esquema de compra e venda de opções de risco envolvendo as ações de um fabricante de bombas de cerveja em Croydon, Inglaterra, e que, repentinamente, em meio à confusão causada pelo colapso do sistema de computadores, alguns corretores rivais se lançaram avidamente sobre as tais ações, o que desmantelou as posições da Russell Wood. Em todo caso, naquele outono as finanças da corretagem enfrentaram um declínio rápido e violento. Em outubro, o mercado de ações sofreu o maior *crash* desde a Grande Depressão de 1929. No final do ano a Russell Wood havia perdido 3,5 milhões de libras esterlinas, ou cerca de 6 milhões de dólares. Em ajuizamentos apresentados a órgãos reguladores britânicos, a firma atribuiu seus problemas à falha do computador, culpada por "um colapso no controle das contas".[22]

Em suma, foi um encontro desalentador entre a família Bin Laden e as forças de globalização. Mas em breve haveria piores.

19

O TRITURADOR

EM MEADOS DA DÉCADA DE 1990, os 24 irmãos Bin Laden que possuíam ações na principal empresa da família se assemelhavam a uma coligação de legisladores do mesmo partido político — eram unidos por interesses profissionais e agiam quase sempre com um propósito comum, mas estavam claramente divididos em duas alas distintas, a dos conservadoras e a dos liberais. À esquerda ficava o líder inquestionável da família, Salem, bem como Yeslam e vários outros, que preferiam a Europa e Beirute. Osama e Mahrouz mantinham sob controle a ala familiar do ardente ativismo religioso. Entre as duas, no meio-termo, acomodando-se a vidas árabes mais tradicionais e moderadas, ficavam os quatro irmãos em ascensão, todos com formação em engenharia civil: Bakr, Ghalib, Omar e Yahya. Nenhum deles tinha propensão para colecionar quinhentos pares de sapatos nem estava disposto a alistar-se como soldado voluntário da *jihad* em guerras estrangeiras. Eram muçulmanos praticantes, mas mais notáveis por seu conhecimento técnico e sua disposição para o trabalho — como os dentes molares, eram os trituradores entre os filhos de Mohamed, e passavam longas horas no escritório ou nos canteiros de obras.

Dos quatro, Bakr, irmão bilateral de Salem, e que havia nascido apenas um ou dois anos depois dele em Meca, galgara a posição de uma espécie de executivo-chefe de operações da família e de suas empresas. Oficialmente, seu cargo era "Gerente de Projetos de Campo" na divisão de construções da Mohamed Bin Laden Organization; tinha lugar à mesa do conselho diretor da empresa, bem como junto ao conselho administrativo de muitas outras *joint ventures* oriundas do empreendimento separado de Salem, a Bin Laden Brothers. Salem era aquele "que conseguia todos os negócios para os Bin Laden", definiu Mohamed Ashmawi, executivo saudita do petróleo. "Bakr tomava conta e gerenciava."[1]

Ele tinha o ar de eficiência de um burocrata nato; no quesito vestuário, dava preferência a túnicas brancas sem pregas, a *thobe* tradicional, talvez com uma caneta ou papéis de negócios dobrados no bolso da frente. "Onde Salem fazia tudo por impulso, visceralmente", nas palavras de Frances Hunnewell, o banqueiro de investimentos que trabalhou no projeto de instalação da rede de telefonia, "Bakr era muito mais conservador e mais voltado ao processo." Na lembrança de Michael Pochna, Bakr era "uma pessoa muito inteligente", mas Pochna nunca ouviu Bakr dizer outra coisa na frente de seu irmão mais velho a não ser "Sim, Salem".[2]

Enquanto seu irmão mais velho aprendera canções dos Beatles em seu internato de Essex, Bakr estudou na Síria e no Líbano. Falava um pouco de francês, mas seu inglês era bem menos fluente. Depois da morte de seu pai, Salem decidiu que seus dois irmãos bilaterais mais novos, Bakr e Ghalib, deveriam cursar faculdades de engenharia civil nos Estados Unidos, para que pudessem fazer carreira tocando os projetos de construção para a família. Bakr terminou primeiro o ensino médio, e à época, final dos anos 1960, Salem tinha apenas poucos conhecidos nos Estados Unidos. Entretanto, seu grande amigo turco Mehmet Bergin, companheiro de farras e bebedeiras dos tempos de internato e conhecido entre os amigos de Salem como "Elefantinho", tinha se mudado para Miami. Era um jovem bonito e tagarela, com uma espessa cabeleira preta. Nesse período ele estava morando com um piloto norte-americano, fazia alguns cursos na universidade e dedicava grande parte de sua considerável energia atrás de rabos-de-saia. Salem telefonou e anunciou que estava despachando Bakr para estudar na universidade em Miami, e pediu a Elefantinho que atuasse como guardião do irmão mais novo.

Não era uma combinação natural; assim como Salem, Elefantinho estava longe de se dedicar plenamente aos preceitos tradicionais do islã, ao passo que Bakr, embora jovem, era um devoto que tinha estudado formalmente o Alcorão. De início, Elefantinho o matriculou na Faculdade Comunitária de Miami-Dade, vários quilômetros ao norte do centro da cidade, na Rua 119, a três quadras da Rodovia Interestadual 95. Comprou para Bakr uma motoneta Vespa, ajudou-o a encontrar um apartamento e descreveu longamente os muitos encantos e seduções da vida social de Miami. Descobriu que era difícil tentar o garoto, com uma exceção. Convidou Bakr para ir comer no

Shorty's Bar-B-Q, na Rodovia South Dixie, um salão acre em que os fregueses se sentavam lado a lado em mesas de madeira e ensopavam as porções de costela em um molho quente servido em potes de plástico. Elefantinho pediu uma travessa de costelas fumegantes; Bakr, apreensivo, perguntou se aquilo era carne de porco e seu guardião assegurou que não, que era carne bovina. Bark devorou tudo, e durante vários meses voltou lá muitas e muitas vezes. Por fim, um primo saudita que fora visitá-lo informou-o de que ele estivera comendo carne de porco o tempo todo, violando a lei islâmica. Chocado, Bakr perguntou a uma garçonete, em busca de confirmação, depois foi furioso ao apartamento de Elefantinho e o confrontou: "Que tipo de guardião você é? Você sabia! Você mentiu para mim!". Ligou para Salem e reclamou, mas do outro lado da linha o irmão limitou-se a responder que "Bom, pelo menos você teve a chance de descobrir que as costelas são realmente muito gostosas". Entretanto, o Shorty's perdeu um freguês.[3]

Bakr aperfeiçoou seu inglês, adaptou-se às salas de aula norte-americanas e transferiu-se para a faculdade de engenharia da Universidade de Miami, então uma vasta área de palmeiras espalhadas e edifícios baixos de concreto em Coral Gables. Bakr ingressou na turma de 1973. Na universidade havia mais de 4 mil alunos judeus, e pouco mais de 1.500 estudantes internacionais — de Taiwan, da Venezuela, da Argélia e de outros países. O *campus* era assolado por protestos contra a Guerra do Vietnã. Em 1972, o Partido Republicano realizou em Miami a sua convenção, e os alunos da universidade se juntaram a outros manifestantes em violentos confrontos com a polícia. Três quartos da Universidade de Miami fumavam maconha, de acordo com uma pesquisa dos professores. "Três coisas são essenciais para uma festa da maconha", observava a edição de 1972 do anuário da universidade, "a saber, gente, um lugar e maconha."[4]

Bakr passou a fazer parte de uma panelinha da faculdade de engenharia que parecia indiferente a tudo isso. "Nunca conversávamos sobre raça ou sobre a guerra", recorda Joaquin Avino, um colega de classe cubano-norte-americano. "No nosso grupo os únicos assuntos eram terminar a graduação, arrumar um emprego, seguir a carreira de engenheiro e ganhar algum dinheiro." Muitos dos alunos da engenharia civil eram da segunda geração de cubanos exilados; pertenciam a uma "cultura relativamente conservadora no âmbito da universidade", disse John Hall, outro colega de classe de Bakr. A maior parte deles ia da faculdade direto para a casa dos pais. O pai de Hall era bombeiro. Avino tinha um emprego de meio período como carregador de bagagens no aeroporto; Bakr se encaixou bem — era reservado, sério, agradável, lia muito e não tinha nenhum interesse pela turbulenta vida de estudante. Era particularmente simpático com os cubanos, com quem fez amizade e trabalhou em projetos de laboratório que envolviam análise de composição de solo e cálculos de estabilidade e tensão de estruturas de prédios. Nas provas, seus resultados eram consistentes, mas no geral seu desempenho era apenas mediano. Ele só se destacava entre os vinte ou trinta alunos do curso de engenharia civil porque usava camisas de seda e dirigia um Cadillac Seville.[5]

Bakr vivia fora do *campus* em uma casa suburbana com uma pequena piscina no bairro de Kendall/Pinecrest, ao sul de Coral Gables. Entre seus vizinhos havia uma escola primária e uma filial da "Mocidade para Cristo". Por fim a família juntou-se a ele. Seu meio-irmão Omar também se matriculou na faculdade de engenharia da Universidade de Miami, turma de 1974, e alugou um apartamento a oitocentos metros da casa de Bakr. A certa altura Bakr retornou para sua terra natal para se casar, e voltou a Miami trazendo a esposa, Haifa Nabulsi, uma bela loura síria que ele havia visto pela primeira vez em Damasco quando ela tinha por volta de dezesseis anos; Haifa era de uma família de exilados palestinos originária de Nazaré. Enquanto Bakr terminava os estudos, Haifa deu à luz dois filhos, Nawaf e Firas; os Bin Laden obtiveram passaportes norte-americanos para os dois meninos. Bakr não permitia que seus colegas da universidade convivessem com sua esposa, e ao descrever sua família deixou em um deles uma impressão duradoura, ao mencionar que na Arábia Saudita nenhum homem sequer se dava o trabalho de contar o número de irmãs. Mesmo assim, idiossincrasias culturais à parte, com seu belo carro com barbatanas, seus filhos pequenos, sua casa em um bem cuidado terreno de esquina e seu firme senso de propósito, Bakr dava a alguns de seus colegas de classe a impressão de ser como eles — um jovem chefe de família imigrante em busca do "sonho americano". Entretanto, quando se aproximavam mais e o conheciam melhor, descobriam que depois de formado ele voltaria para cuidar dos negócios da família na Arábia Saudita. Bakr ofereceu a Jorge Rodriguez, outro dos colegas de classe cubanos-norte-americanos, um emprego em Jedá pelo dobro do salário inicial que ele conseguiria nos Estados Unidos, mas a esposa de Jorge anunciou: "De jeito nenhum — vou ficar nos Estados Unidos". Bakr partiu e eles gradualmente foram perdendo o contato com ele.[6]

Em Jedá, ele e a família se mudaram para uma das vilas suburbanas do complexo residencial da família em Kilo 7. Carmen bin Laden fez amizade com Haifa, que em sua opinião era "alegre e liberal, de mente aberta". As duas tomavam sol juntas à beira da piscina de Haifa e "morriam de dar risada imaginando que as sogras iriam achá-las totalmente depravadas se as vissem em trajes de banho". Carmen achava Bark formal mas gentil, e, ao contrário de alguns homens sauditas, ele não criticava nem se afastava de Haifa quando ela dava à luz uma menina. Bakr era religioso, mas sem se ser estridente ou insistente. Quando estava na Arábia, orava pontualmente, mas quando viajava à França não saía à procura de mesquitas, nem carregava tapetinhos de oração para reuniões de negócios. "Ele é o tipo de pessoa que não chama a atenção dos outros para coisas que não são necessárias", disse um parceiro comercial de longa data.[7]

No escritório, Bakr tentava dar conta das exigências de Salem e adaptar-se a seu estilo peripatético de fazer negócios. Aos poucos, outros irmãos foram retornando ao reino com diplomas de engenharia para aliviar um pouco o seu fardo. Ghalib cuidava da frota de equipamentos de construção, ajudava a gerenciar as compras da Caterpillar e supervisionava projetos de campo. Omar inspecionava complexos projetos de construção por sua conta.

Yahya acabou se revelando um verdadeiro burro de carga; era excepcionalmente bem organizado e parecia orgulhar-se de trabalhar o maior número de horas possível. Deixou impressionados os banqueiros e homens de negócios que o conheceram. Sempre fora um homem religioso e profundamente pensativo; quando alguém lhe perguntava alguma coisa, fazia uma pausa e podia ficar em silêncio durante vários minutos antes de responder. Fumava cigarros com uma comprida piteira de plástico e tinha os olhos levemente salientes, o que criava um efeito exagerado quando ele desviava o olhar durante suas longas e contemplativas pausas. Com uma cartola, ficaria parecido com o vilão Pingüim dos filmes do Batman.

Esse círculo de engenheiros e jovens executivos do ramo da construção passava a maior parte de seus dias concentrada no trabalho; porém, quando começaram a se aproximar da meia-idade, e à medida que o despertar islâmico se alastrava pela Arábia Saudita, o estilo de vida deles mudou e em alguns casos tornou-se mais devoto. Os amigos e colegas de trabalho não-muçulmanos notaram essa religiosidade mais explícita, mas viram também que era uma tendência geral do reino todo, que estava ficando mais conservador. A esposa de Yahya, que antes não se cobria, adotou o véu. A mulher de Ghalib também. A caridade e o Hajj passaram a ser ainda mais importantes na rotina familiar. Em meados dos anos 1980, pelo menos um dos parceiros comerciais dos Bin Laden sentiu que o círculo mais tradicional de engenheiros — Yahya, em particular — havia começado a pressionar Salem de modo a assegurar que Osama recebesse todo o apoio de que precisasse à medida que ia se envolvendo com a guerra no Afeganistão. Na análise desse parceiro, embora os irmãos não compartilhassem do radicalismo de Osama, tinham ficado bastante orgulhosos do seu trabalho de caridade em prol dos sofridos afegãos, e admiravam seu ardente compromisso com uma causa islâmica definida e decisiva. De acordo com um graduado funcionário do governo saudita, Bakr acompanhou Osama em uma de suas primeiras visitas ao país.[8]

Havia também os irmãos que assumiram o comando dos trabalhos de construção e renovação em Meca e Medina. Depois de assumir o trono, Fahd deu alguns passos para realçar suas credenciais de regente e guardião do berço sagrado do islamismo. Em 1985 inaugurou um projeto multibilionário de oito anos para expandir, mais uma vez, a Mesquita do Profeta em Medina, de modo que o templo pudesse acomodar quase meio milhão de fiéis a mais. Os gastos descomunais em Medina ajudaram Fahd a cair nas graças das autoridades religiosas sauditas, que viam com desconfiança seu estilo de vida secular, e aumentou sua visibilidade ao redor do mundo islâmico. Assim como os reis saudistas haviam feito por quatro décadas, Fahd entregou o trabalho nas mãos dos Bin Laden — sem licitação nem concorrência. A decisão do rei era consistente com seu método de alocar esferas de comissões em contratos do governo, ainda de acordo com o funcionário do governo. Fahd identificava agentes e famílias de negociantes confiáveis — algumas sauditas, outras não, caso do empreiteiro libanês Rafik Hariri — e dava a elas o controle exclusivo de um setor particular, tais como vendas de armas, abertura de estradas ou construção de palácios. Dessa maneira Fahd conseguia determinar como os contratos e as comissões seriam distribuídos e quem mereceria ser beneficiado com pagamentos adicionais. O sistema reforçava a lealdade e o sigilo. Os Bin Laden outrora haviam dominado sozinhos a construção de estradas, mas depois de 1985 seus melhores negócios vieram graças aos contratos monumentais e exclusivos concedidos por Fahd para obras nas cidades sagradas — primeiro, a renovação da Mesquita do Profeta, em Medina, depois um projeto similar em Meca.

A escala da expansão da Mesquita do Profeta contemplada por Fahd era de cair o queixo — um novo edifício de 82 mil metros quadrados, uma nova praça e espaços para pedestres de mais de 200 mil metros quadrados, novos minaretes, mais altos, dezoito novas escadarias, seis novas escadas rolantes, 64 portas e portões novos. Da parte dos Bin Laden, Bakr desempenhou papel fundamental na hora de criar detalhadamente os planos e executá-los depois da aprovação de Fahd.

O trabalho falava ao sentimento de Bakr, enquanto engenheiro, homem de negócios, um Bin Laden, saudita e muçulmano: os projetos se tornaram a principal fonte de sua identidade profissional e seu orgulho. O trabalho oferecia a ele uma oportunidade rara e privilegiada de deixar uma marca autoral nos locais mais sagrados de sua fé. Ao longo do tempo, o projeto contou com a contribuição de arquitetos, designers e fornecedores árabes e europeus, mas desde o início Bakr teve papel decisivo. Ele chamou para si a tarefa de mostrar a Fahd os detalhados esquemas, desenhos e esboços, respondia às perguntas do rei, dirigia o carrinho de golfe quando Fahd ia a Medina para visitas de inspeção. "Muitas vezes ele nos pedia para repetir os planos e reformular os desenhos, para melhorar aqui, aperfeiçoar acolá", escreveu Bakr sobre Fahd mais tarde. "Ele costumava visitar os dois projetos em diferentes fases de execução, e escolhia os melhores materiais, os mais adequados, não importava o custo." O rei chegou até mesmo a "emitir uma ordem de validade permanente para abrir uma conta ilimitada" para financiar a obra.[9]

No período em que esse enorme empreendimento era realizado, Osama trabalhava como executivo do escritório dos Bin Laden em Medina. Continuava indo e vindo da Arábia Saudita à guerra no Afeganistão. Tinha aprofundado seu relacionamento depois de sua breve visita ao *front* em 1984, mas não tinha levado a família para viver no Paquistão. Tipicamente, ficava em território paquistanês apenas três ou quatro meses de cada vez.

O projeto de Fahd em Medina levou a conflitos no seio da família Bin Laden que podem ter influenciado as prioridades de Osama, de acordo com um ex-alto funcionário do governo dos Estados Unidos que discutiu o episódio com Bakr. Os detalhes são obscuros, mas, de acordo com o depoimento do funcionário, o contrato de Medina e suas muitas pressões geraram "uma espécie de realinhamento na família", o que deixou Osama infeliz com seu próprio papel nessa reorganização. As questões essenciais eram controle e autoridade. "Ele basicamente se transformou em uma gigante peste e todo mundo queria que ele fosse embora", segundo o ex-funcionário. Em seu relato, Bakr e Salem ficaram de um lado da rixa, e Osama e algumas das meias-irmãs mais religiosas tentaram se opor a eles. "Salem me disse, 'Esse meu irmão no Afeganistão vai se tornar o maior problema da nossa família'", contou um segundo parceiro comercial que trabalhou muito de perto com os Bin Laden nesse período. Osama "não incomodava Salem, ele incomodava toda a família". Entretanto, qualquer que tenha sido a natureza e a extensão dessa contenda, ela não resultou em uma ruptura definitiva entre Osama e seus meios-irmãos. De fato, em pouco tempo Salem passaria a correr ainda mais riscos em nome de Osama. Mas o episódio deve ter levado tanto Osama quanto seus meios-irmãos a ver o Paquistão, e não Medina, como o melhor meio de dar vazão às energias de Osama.[10]

NO INÍCIO DE 1986 Abdullah Azzam escreveu de Peshawar a Osama insistindo que ele se mudasse para lá. Ele disse a seu protegido que problemas administrativos e financeiros haviam se acumulado no Escritório de Serviços, o serviço de apoio que eles fundaram mais de um ano antes para os voluntários árabes no Afeganistão. Azzam solicitava insistentemente que Osama ajudasse a pôr a casa em ordem. Aqui, pelo menos, estava um empreendimento em que Osama era plenamente necessário e estimado.

Mais tarde, no mesmo ano, Osama se mudou com sua família para uma casa à sombra de pinheiros na seção Hyatabad de Peshawar. Nos meses seguintes agiria como um jovem ambicioso que sentia a necessidade de provar o seu valor. Lançou-se ainda mais ativamente à guerra, e, pela primeira vez, buscou de maneira independente publicidade para o seu trabalho, a fim de ampliar a sua reputação na Arábia Saudita e no mundo muçulmano. Terá sido a competição não declarada com Bakr e Salem, agora celebrados pela imprensa saudita como os renovadores de Medina, um dos fios da teia de motivações de Osama depois de se mudar com sua família para o Paquistão? Mesmo que tenha sido, uma constante permaneceu: para atingir os seus objetivos na fronteira do Afeganistão ele precisava dos Bin Laden.[11]

20

O MERCADO DE ARMAS

QUANDO SE MUDOU COM A FAMÍLIA para Peshawar, Osama tinha um novo pedido a fazer a Salem. Dessa vez não era dinheiro; ele disse ao irmão que precisava de armas, e pediu especificamente baterias portáteis de mísseis antiaéreos.[1]

Osama entrou no mercado internacional de armas porque tinha decidido, pela primeira vez, criar sua própria milícia *jihadi*. No início de 1986, encontrou o movimento de árabes voluntários em certa desordem. O Escritório de Serviços de Azzam, para o qual Osama já tinha doado até aquele momento cerca de meio milhão de dólares, estava abalado por disputas banais, rixas e demonstrações de menosprezo, arrogância e orgulho. À medida que mais e mais árabes iam chegando, o sistema inclusivo de governo de Azzam, estruturado em comissões e conselhos consultivos, já não estava agüentando. O assistente de Bin Laden, Abu Haji al-Iraqi, lembrou-se de "um aumento das reclamações", o que levou à decisão de "trocar o *staff* administrativo". Cada vez mais, as figuras mais importantes e de liderança no grupo irritavam-se umas às outras e travavam tediosos debates acerca de dinheiro e teologia. Ayman al-Zawahiri, médico egípcio que fora torturado nas prisões do Cairo por causa de seu envolvimento em conspirações violentas, chegou a Peshawar acompanhado de outros exilados egípcios radicais. Al-Zawahiri cultivou uma relação de amizade com Osama, movido pelas mesmas motivações de Azzam — o médico era ambicioso, mas pobre, e precisava do patrocínio financeiro de Osama. Nos salões de Peshawar, ele instigou disputas ferozes sobre as estratégias para a *jihad*. Viu nos aliados árabes um grupo maduro em suas queixas. Azzam promovera a guerra no Afeganistão como uma província de milagres e sacrifício altruísta. Os voluntários convocados para sua escadaria para o Paraíso descobriram que a realidade da guerra era fria, brutal, cheia de disputas e precariamente organizada.

Em abril, alguns voluntários árabes participaram de uma batalha brutal que se estendeu por quatro semanas, em Jawr, base fortificada localizada nos arenosos espinhaços contíguos à fronteira do Paquistão, em uma área controlada por um feroz comandante afegão chamado Jalaladin Haqqani. A batalha foi desastrosa. Bin Laden decidiu que os árabes precisavam reforçar sua posição naquelas áreas fronteiriças. Ele se afastou da debilitada cultura do escritório e começou a estruturar sua própria brigada *jihadi* nas montanhas ao longo da fronteira afegã-paquistanesa. Seu propósito era participar diretamente da guerra, e foi para isso que pediu seus próprios mísseis portáteis, para fazer frente aos batalhões de helicópteros de ataque soviéticos.[2]

"Sabe-se muito bem que há dois elementos de guerra", disse Osama mais tarde. "Existe a batalha propriamente dita e existe o elemento financeiro, como a compra de armas. Isso é enfatizado em muitos versículos do Alcorão, como o seguinte: 'Deus cobrará dos fiéis o sacrifício de seus bens e pessoas em troca do Paraíso'".[3]

Salem recorreu a um amigo alemão com um contato no Afeganistão: Thomas Dietrich. Os dois se conheceram no Cairo; Dietrich era um piloto amador em férias, e surgiu entre eles uma amizade que girava em torno da aviação. Em menino, Dietrich havia morado em Cabul; seu pai era um adido da embaixada da Alemanha Ocidental. Ele passou a ter lugar permanente no séqüito europeu de Salem. Em meados da década de 1980 matriculou-se em uma universidade em Stuttgart, mas encontrava tempo para praticar esqui e voar com Salem e alguns de seus irmãos e irmãs, particularmente em *resorts* nos Alpes.

Em Offley Chase, sua propriedade nos arredores de Londres, Salem convocou Dietrich para uma conversa. "Precisamos que você ajude meu irmão", disse ao amigo, segundo a lembrança de Dietrich.

"Você tem muitos irmãos."

Salem falou de Osama; Dietrich já tinha ouvido falar dele, mas não muito. "Agora ele é muito religioso", disse Salem. "Ele agora está no Afeganistão, e os russos estão lá. Tem gente morrendo. E sei que você morou lá — você precisa ajudá-lo." Osama identificara duas prioridades: mísseis que pudessem derrubar helicópteros e equipamentos que permitissem aos voluntários árabes fabricar munição para fuzis de assalto AK-47, recarregando os cartuchos deflagrados com novas cápsulas.[4]

A guerra estava se intensificando. Depois de uma revisão de sua política na primavera de 1985, os Estados Unidos decidiram secretamente incrementar seu apoio aos *mujaheddin* afegãos; pela primeira vez os norte-americanos identificaram como objetivo a vitória contra o exército de ocupação soviético. Rapidamente a CIA aumentou a quantidade e a qualidade das armas enviadas via Paquistão. Os soviéticos também introduziram táticas mais agressivas e deram ordens para que comandos de elite do destacamento de unidades aerotransportadas das Forças Especiais, chamados Spetsnaz, fossem ao Afeganistão; os helicópteros dessas tropas de assalto atacavam a linha de suprimentos e promoveram a devastação ao longo da fronteira do Paquistão. Para opor-se aos Spetsnaz, em 1986 a CIA concordou em enviar aos afegãos carregamentos de mísseis termoguiados Stinger, de fabricação norte-americana, particularmente letais contra helicópteros. As remessas iniciais ocorreram durante a primeira metade do ano, justamente quando Osama estava se mudando com a família para Peshawar. Um comandante afegão disparou os primeiros Stingers em um campo de batalha em setembro, em Jalalabad. Nesse dia os mísseis destruíram vários helicópteros soviéticos, e rapidamente adquiriram reputação quase mística de poder, tanto entre os *mujaheddin* como entre os soviéticos.[5]

Separadamente, em certo momento desse período (não se sabe exatamente quando), a equipe da administração Ronald Reagan encarregada do envolvimento dos Estados Unidos com a guerra no Afeganistão discutia se eram melhor oferecer auxílio diretamente aos voluntários árabes baseados em Peshawar. A CIA defendia a postura de um dia após o outro nas operações de guerra secreta, mas um grupo de interagências na Casa Branca, chefiado pelo subsecretário de Defesa Michael Pillsbury, decidiu a favor de políticas de guerra mais amplas. Por duas vezes Pillsbury foi de helicóptero à fronteira afegã para inspecionar as instalações de treinamento militar e reunir-se com Gulbuddin Hekmatyar e Abdul Rasul Sayyaf, dois líderes rebeldes particularmente próximos dos árabes. Durante esses encontros Pillsbury indagava sobre a eficiência militar dos voluntários árabes. Ele concluiu que os comandantes afegãos não queriam que os suprimentos ou a ajuda fossem desviados para os árabes; os afegãos viam esses pequenos bandos de *sha-*

heeds, ou "mártires", como guerreiros virtuosos mas também como sacrificáveis peões de valor militar insignificante. Os afegãos queriam as armas para eles mesmos.[6]

Depois de receber os pedidos de Osama, Salem fez diversas tentativas de contato com o Pentágono para ver se conseguia abastecer o irmão com as baterias de mísseis, de acordo com um parceiro de negócios que participou dessas pesquisas. Salem tentou localizar a pessoa certa na burocracia da defesa nos Estados Unidos, mas não teve sucesso, disse seu parceiro. Não se sabe ao certo se a administração Reagan chegou a formalizar sua recusa à solicitação de fornecimento de armas para os voluntários árabes — nenhum documento ou relato a respeito jamais vieram a púbico —, mas conclusões como as de Pillsbury após suas sondagens no Paquistão claramente influenciaram a opinião e o pensamento norte-americanos sobre a questão. Pillsbury afirmou desconhecer qualquer decisão explícita de recusa no que tange a ajuda aos voluntários árabes, e que, caso tal decisão tivesse sido tomada, ele teria sabido; naquele momento, eles não eram prioridade.

Salem sentiu que não tinha outro recurso senão recorrer ao mercado privado de armas, de acordo com entrevistas com Dietrich e dois outros indivíduos do setor privado que encetaram discussões com Salem sobre o fornecimento de armas a Osama. Salem de fato recebeu algum apoio financeiro do governo saudita, de acordo com esses indivíduos, mas ao que se sabe não recebeu nenhum tipo de auxílio dos Estados Unidos. Nas palavras de Dietrich: "O problema é que não houve, da parte de nenhum governo do Ocidente, autorização" para fornecer aos voluntários "mísseis antiaéreos".[7]

Dietrich tinha contatos na Heckler & Koch, fabricante alemã de armas. Por meio deles, Dietrich asseverou, ele marcou várias reuniões entre Salem e vendedores da empresa especializada em munição e fabricação de fuzis. Um segundo parceiro de Salem confirmou essas negociações; o sócio afirmou ter alertado Salem para não se envolver, porque era uma transação particular de legalidade duvidosa; mesmo assim, Salem foi em frente.[8]

Ainda não estava totalmente clara para Dietrich a razão pela qual Osama queria fabricar suas próprias balas. Como muitos dos *mujahedàin*, seus voluntários usavam principalmente fuzis de assalto chineses, baseados em design soviético. Os mercados paquistaneses estavam abarrotados de munição para esse tipo de arma. Em parte, Osama parecia considerar a remanufatura de cartuchos deflagrados como algum tipo de indústria virtuosa e eficiente; era também o tipo de tecnologia que às vezes aparecia em anúncios nas páginas de revistas mercenárias como a *Soldier of Fortune*. Dietrich encontrou um vendedor de armas que entendia do processo e o acompanhou em um vôo a Dubai para reunir-se com Salem e Osama. "Nós nos sentamos e dissemos: 'Não faz muito sentido recarregar as balas lá'", lembra-se Dietrich. Havia muitos problemas técnicos. O vendedor de armas sugeriu que Osama simplesmente comprasse toda a munição de que precisasse de fornecedores que poderiam achar na América do Sul.

Para discutir a compra de mísseis, Osama voou até Londres e se reuniu com Salem, Dietrich e os contatos em uma suíte do Hotel Dorchester, em Park Lane, de acordo com Dietrich. Reuniram-se duas ou três vezes no hotel, ao longo de um período de seis a oito semanas de 1986, disse ele. Um dia, antes de uma das reuniões, Salem e Dietrich estavam fazendo brincadeiras estúpidas um com o outro, como era seu costume. No caminho entre um quarto e outro da suíte, quarto em que Osama estava esperando, Salem advertiu: "Não faça nenhuma piada com meu irmão. Ele é muito religioso".

No fim das contas, Dietrich ficou sabendo que seus contatos haviam ajudado a providenciar a compra, de fornecedores na América do Sul, tanto de mísseis SA-7 disparados dos ombros, de fabricação russa, quanto de munição para os fuzis AK-47 de fabricação chinesa; os mísseis e as balas foram despachados para Karachi. Só houve um empecilho: os patrocinadores de Osama na transação queriam pagar pela munição não com dinheiro, mas com petróleo cru. De acordo com Dietrich, a expectativa dos compradores era a de que os vendedores aceitassem "apenas um navio-tanque atracado, o que não foi fácil porque uma empresa como a Heckler & Koch não quer petróleo, quer dinheiro".[9]

Dietrich não tinha "a menor idéia" acerca da origem do dinheiro ou do petróleo para a compra dessas armas. As melhores evidências disponíveis sugerem que os recursos provavelmente vinham, ao menos em parte, do governo saudita. Certamente, nesse período Salem e Osama estavam trabalhando em sintonia com a política saudita oficial. De resto, as compras de armas feitas por Osama, segundo a descrição de Dietrich, parecem se encaixar em um padrão mais amplo. No final de 1985, o governo saudita fechou com o governo britânico um acordo multibilionário para a aquisição de armas, chamado Al-Yamamah. A transação teve alguns aspectos pouco convencionais. O governo saudita alocava entre 400 e 600 mil barris de petróleo diariamente como moeda de troca para financiar a compra de armas de grande porte de empresas inglesas. Ao usar petróleo em vez de dinheiro, os sauditas tinham condições de esquivar-se dos limites máximos de produção impostos pela Organização dos Países Exportadores de Petróleo (OPEP), de acordo com uma biografia autorizada calcada em extensas entrevistas com o príncipe Bandar bin Sultan, por muitos anos embaixador saudita em Washington. De acordo com esse relato, o anteparo financeiro arquitetado para a negociação Al-Yamamah deu suporte a vários programas anticomunistas secretos, incluindo "a compra de armas no Egito e outros países, enviadas para os *mujaheddin* no Afeganistão".[10]

As outras evidências acerca de uma possível participação do governo saudita nos estoques de armas de Osama durante esse período são mais fragmentárias. Ahmed Badeeb, o oficial da inteligência saudita que trabalhou de perto com Osama, reconheceu em uma entrevista ter comprado e fornecido mísseis SA-7 aos combatentes afegãos, embora não tenha especificado Osama como um dos receptores. Nesse período Salem também negociou a compra de armamentos de traficantes de armas sul-africanos, de acordo com dois indivíduos com conhecimento íntimo dessas transações. Segundo o depoimento de um deles, que chegou a participar das negociações feitas separadamente das tratativas envolvendo Dietrich, parte do dinheiro vinha da família real saudita.[11]

Em 1986, em Peshawar, Osama fez seu primeiro discurso conhecido denunciando os Estados Unidos em função do apoio a Israel; mais tarde Osama relembraria suas próprias palavras, afirmando que pregara que "os norte-americanos tomam nosso dinheiro e o entregam aos judeus, para que eles matem nossas crianças na Palestina". É possível que essa hostilidade com relação aos Estados Unidos, inculcada por Abdullah Azzam, tenha ficado ainda mais inflamada quando Salem o informou de que a tentativa de comprar os Stingers havia sido refutada pelo Pentágono. Em todo caso, por comparação, durante esse mesmo período Osama protegia ferozmente a família real saudita. Um jornalista palestino que trabalhava na revista *Al-Jihad* lembra-se de que Osama fez censuras severas a colegas que sugeriam em 1986 que o rei Fahd não era um muçulmano legítimo porque a rainha Elizabeth o agraciara com uma medalha parecida com uma cruz cristã: "Pelo amor de Deus, não discutam esse assunto — concentrem-se em sua missão", disse Osama, segundo a recordação do jornalista. "Não permito que ninguém discuta este assunto aqui." Ele estava em guerra contra os inimigos da Arábia Saudita, não contra o trono do país.[12]

A PARTIR DO VERÃO DE 1986, Osama começou a passar mais tempo nos arredores de Jaji, na província afegã de Khost, próxima a uma protuberância do território paquistanês chamada Bico do Papagaio. Era uma área de importância estratégica cada vez maior no âmbito da guerra no Afeganistão. Muitas unidades importantes de rebeldes afegãos com fortes credenciais islâmicas — aquelas lideradas por Haqqani, Sayyaf, Gulbuddin Hekmatyar e Younus Khalis — operavam nesses arrabaldes, tentavam pressionar Cabul e imediações. Sayyaf, em particular, comandava uma unidade de treinamento nas cercanias de Jaji. Era o local que ele usava para hospedar os doadores árabes, mas cada vez mais seu acampamento se situava em uma movimentada zona de batalha.

Oficiais da inteligência paquistanesa que controlavam o encaminhamento dos suprimentos e tentavam gerir a estratégia de guerra nas linhas de frente decidiram fortalecer a área fronteiriça ao redor de Jaji para preservar suas linhas de abastecimento e proteger os combatentes afegãos dos ataques soviéticos. Osama se juntou a esse esforço. Construiu infra-estrutura para os comandantes afegãos islâmicos e, para si mesmo, levantou um novo acampamento junto às instalações de Sayyaf em Jaji, que batizou de Toca do Leão. O número de voluntários que lá se apresentou no outono de 1986 foi bastante insignificante — cerca de uma dúzia, a maioria ainda de adolescentes. Abdullah Azzam não estava tranqüilo com relação à aventura solo de Osama. Ele ainda dependia financeiramente de seu protegido. Entre outras coisas, temia que as tropas soviéticas pudessem seqüestrar Bin Laden e levá-lo a Cabul como presa e troféu de propaganda. Azzam enviou árabes de seu próprio acampamento para proteger Bin Laden; no final do ano, a milícia na Toca do Leão havia chegado a cerca de cinqüenta combatentes.[13]

Osama formou sua brigada — que inicialmente era pouco imponente e, a bem da verdade, mal chegava a ser um pelotão — com o apoio ativo e irrestrito da família. Além de ajudá-lo a comprar armas, ao longo do ano de 1986 os Bin Laden despacharam equipamentos de construção para dar suporte aos projetos de Osama na fronteira. Os engenheiros das empresas dos Bin Laden já tinham se apresentado como voluntários em Peshawar anteriormente, e é provável que parte dos equipamentos de construção tenha chegado também nesse período anterior. Um lote abundante chegou ao Paquistão entre outubro e dezembro de 1986.[14] Depois, Osama expandiu a atividade de construção nos arredores de Jaji e abriu estradas ao norte, na direção do reduto montanhoso de Tora Bora, que oficias da inteligência paquistanesa haviam identificado como área onde cavernas e depósitos podiam ser fortificados e defendidos. Em nada esse apoio dos Bin Laden teria parecido excepcional — a não ser pelos mísseis e a munição; em caráter, diferia um pouco das obras de construção de defesa que a família havia feito durante tantos para o governo saudita na fronteira do Iêmen, entre outros lugares. Mais tarde Osama descreveu o escopo de suas importações:

> Apesar do poderio soviético, nos movíamos com confiança e Deus nos concedeu suas boas graças, de modo que transportamos toneladas de equipamentos pesados da Arábia Saudita, incluindo escavadeiras, caminhões basculantes e equipamento para cavar trincheiras. Quando vimos a brutalidade dos russos bombardeando as posições *mujaheddin*, cavamos um bom número de enormes túneis e neles construímos espaços para estocagem, e em outro erguemos um hospital. Também abrimos algumas estradas.[15]

Ahmed Badeeb afirmou que Osama atuou de maneira "muito profissional" na construção dessas fortificações subterrâneas. De fato, por vezes Bin Laden estava atuando literalmente como um empreiteiro profissional, a serviço da inteligência paquistanesa e provavelmente também a saudita. Ele escolheu para trabalhar com ele um grupo de jovens voluntários sauditas de Medina, cidade em que até muito recentemente fizera o papel de executivo da família Bin Laden. O escritório dos Bin Laden no Cairo, em cooperação com o Ministério do Interior saudita, obtinha vistos para jovens islamitas egípcios que queriam servir voluntariamente no Afeganistão. Há informações de que as empresas dos Bin Laden também assumiram contratos para a construção de hospitais e outras instalações de caridade islâmicas em Peshawar, projetos estes que teriam gerado centenas de empregos para trabalhadores árabes do Egito e de outros países; os operários entornavam concreto de nove às cinco, e alguns excursionavam pela *jihad* nos fins de semana.[16]

Porém, Osama já não era mais um turista a passeio na guerra; agora ele estava moldando o campo de batalha em uma região estrategicamente importante, em uma época de intensificação da atividade militar. Sua desorganizada tropa de voluntários podia ter pouca importância, mas seu trabalho de construção era significativo, pelo menos na avaliação dos oficiais das inteligências norte-americana e paquistanesa que monitoravam de ponta a ponta o esforço de guerra. Milton Bearden, à época chefe da unidade da CIA no Paquistão, falou de Osama nos seguintes termos: "Ele investiu muito dinheiro em um punhado de lugares certos no Afeganistão". Com seu dinheiro e suas escavadeiras, ele angariou a lealdade e a obediência dos combatentes árabes, que o viam como "mais prático" que Azzam, por sua vez mais inclinado a fazer exortações morais.[17]

"A HISTÓRIA CONTA QUE OS ESTADOS UNIDOS apoiaram todo mundo que promovia a *jihad* e lutava contra a Rússia", Osama observou uma vez, de passagem. É a única ocasião documentada em que ele falou de maneira positiva sobre o papel norte-americano na guerra dos afegãos contra os soviéticos. Em sua ampla maioria, os outros comentários enfatizaram a hipocrisia dos Estados Unidos durante o conflito e a sua própria independência inabalável com relação à CIA. Mesmo nos círculos islâmicos mais radicais, ocasionalmente circulava o boato falso de que Bin Laden fora um cliente ou agente pago da CIA durante a década de 1980. Certa vez um repórter da Al-Jazeera chegou a formular a pergunta diretamente a Osama, que se saiu com uma resposta longa e defensiva, combinando *realpolitik* e justificativas teológicas para explicar a proximidade entre suas próprias atividades e as da central de inteligência norte-americana.

> É uma tentativa de distorção da parte dos norte-americanos, e louvado seja Deus por ter impedido a conspiração deles [...] Quanto à alegação deles de que apoiaram a *jihad* e a luta contra os soviéticos, bem, o apoio veio dos países árabes, especialmente do Golfo [...] Os norte-americanos estão mentindo quando afir-

mam que nos ajudaram em algum momento que seja, e nós os desafiamos a apresentar um único fiapo de evidência que prove isso. Na verdade, eles eram um fardo para nós [...] Estávamos cumprindo nossa obrigação, que é apoiar o islã no Afeganistão, mesmo que isso tenha coincidido com os interesses norte-americanos. Quando os muçulmanos lutaram contra os bizantinos, durante a violenta guerra entre bizantinos e persas, ninguém em seu juízo perfeito poderia dizer que os muçulmanos estavam lutando em nome dos persas contra os bizantinos. Era somente um interesse comum [...] A confluência não intencional de interesses não significa que haja qualquer tipo de ligação ou acordo tácito.[18]

Não existe nenhum tipo de evidência, de nenhuma fonte — nenhum documento, nenhuma entrevista — que sugira que Osama ao menos tenha conhecido ou se reunido com algum oficial da inteligência dos Estados Unidos. Pelo que se sabe, o único norte-americano com quem chegou a ter contato pessoal — além, talvez, dos membros da família Bin Laden e outros conhecidos árabes que portavam passaportes norte-americanos — é George Harrington, o vendedor de ultraleves e aventureiro acidental de San Antonio que acompanhou Salem a Peshawar em meados de 1985. Estivesse Osama consciente disso ou não, a logística de suas obras ao longo da fronteira do Paquistão, iniciadas em 1986, apresentaram pontos de interseção com os programas e o financiamento da CIA. A logística e as unidades das obras da agência, operando por intermédio da inteligência paquistanesa, forneciam cimento e outros materiais para as cavernas e instalações de armazenamento que comandantes afegãos como Haqqani e Hekmatyar construíram junto à fronteira durante esse período. Certamente os equipamentos que Osama recebia da família Bin Laden complementaram esses projetos, dos quais é bem provável que ele tenha participado. Além disso, depois de 1986 Haqqani tornou-se o que os oficiais da inteligência passaram a chamar de posse "unilateral" da CIA, o que significa que ele recebia dezenas de milhares de dólares em dinheiro diretamente de altos funcionários da CIA trabalhando secretamente no Paquistão, sem mediação alguma da inteligência paquistanesa, que normalmente recebia e repassava a maior parte dos recursos que a inteligência dos Estados Unidos destinava aos afegãos. Haqqani tinha múltiplas fontes de dinheiro vivo, mas os pagamentos da CIA eram de volume considerável. Por sua vez, Haqqani ajudava e protegia Osama e os voluntários árabes, que se esforçavam para organizar sua iniciante milícia. (Mais tarde Osama se referiu a Haqqani como "xeique *mujaheddin* heróico" e "um dos mais notáveis líderes da *jihad* contra os soviéticos".) Haqqani viajava com freqüência para Peshawar, onde se encontrava, separadamente, com oficias das inteligências paquistanesa e norte-americana, além de pegar suprimentos. Osama não teria tido razão alguma para ter conhecimento das atividades oportunistas de Haqqani junto à CIA, mas ele e seus voluntários árabes se beneficiaram delas. Mantinham distância das operações clandestinas sobrecarregadas de dinheiro realizadas pela CIA — mas só um pouco.[19]

Por comparação, os contatos de Osama no governo saudita eram abertos e rotineiros. Badeeb mantinha gabinetes e quadros para a inteligência saudita na embaixada da Arábia em Islamabad e alojamentos nas casas e instituições de caridade custeadas pelos sauditas em Peshawar. Por sua vez, essas instituições beneficentes afunilavam as contribuições para o Escritório de Serviços. Em sua edição de dezembro de 1986, a revista *Al-Jihad* de Azzam glorificava o apoio de sete fundos de caridade, incluindo o Crescente Vermelho da Arábia Saudita e a Liga Islâmica Mundial, baseada em Meca. Badeeb visitava o Paquistão quase que mensalmente. O príncipe Turki al-Faisal, chefe da inteligência saudita, também viajava para lá com regularidade. Em Islamabad seu anfitrião era Yousef Mottakbani, o embaixador saudita no Paquistão, profissional de rosto sempre escanhoado que mantinha na parede de sua sala de estar uma fotografia de Gulbuddin Hekmatyar. Mottakbani distribuía recursos tanto da inteligência saudita como de fundos privados de caridade para os clientes afegãos preferidos, e entre os favorecidos estava Haqqani, de acordo com um ex-enviado norte-americano que participou do programa sigiloso. Mottakbani oferecia jantares dos quais Osama era convidado freqüente. Turki se encontrava com ele nessas *soirées* e em Peshawar. Em sua opinião, Osama era um homem "tímido, amigável, quase gentil. Sempre falava em voz baixa. Era um homem de declarações vigorosas".[20]

Turki e outros altos funcionários mais antigos, tais como o príncipe Bandar, mais tarde alegaram que seu governo teve pouco envolvimento direto com Osama nesse período. Turki caracterizou Osama como um voluntário de uma família respeitável, uma "figura interessante", mas não um instrumento de operações clandestinas patrocinadas pelos sauditas. Pelo relato de Turki, a inteligência saudita, conhecida pelo acrônimo GID, ao contrário da CIA, jamais se desviou de seu juramento para fornecer dinheiro aos afegãos apenas por intermédio do serviço de inteligência paquistanês, conhecido como ISI. "Abdullah Azzam nunca foi apoiado por mim ou pelo GID", escreveu Turki anos mais tarde. "O GID se manteve fiel ao acordo [...] segundo o qual a ajuda aos *mujaheddin* seria distribuída de acordo com a eficiência dos combatentes, que era medida pelo ISI e depois avaliada tanto pela CIA quanto pelo GID. De forma coerente, Sayyaf estava em quinto ou sexto lugar."[21]

O depoimento de Turki deixa uma ambígua questão em aberto, a saber, se a inteligência saudita, separadamente de Azzam, ofereceu financiamento direto a Bin Laden, particularmente depois que ele se afastou de Azzam e começou a construir infra-estrutura junto à fronteira do Paquistão. Alguns dos próprios seguidores de Osama afirmaram que ele recebia ajuda direta da inteligência saudita. Abu Musab al-Suri, colega de longa data de Osama e mais tarde importante ideólogo da Al Qaeda, escreveu: "É uma grande mentira que os árabes afegãos tenham sido formados com o apoio da CIA [...] a verdade é que as agências de inteligência sauditas tiveram envolvimento com Bin Laden, e que elementos do seu aparato enviaram assistência da Arábia Saudita".[22]

Ahmed Badeeb, ex-professor de biologia em Al-Thaghr e chefe do *staff* de Turki, é responsável pelo ponto de vista abalizado mais completo e minucioso acerca dos contatos de Osama com o governo saudita no período:

> Ele tinha relações firmes e duradouras com a inteligência saudita e com nossa embaixada no Paquistão. A natureza dessa relação com a inteligência se explicava pelo fato de que a embaixada saudita no Paquistão tinha um papel bastante poderoso e ativo [...] Quando as pessoas vinham do reino oferecer ajuda, o embaixador organizava jantares e convidava as pessoas, e graças aos contatos familiares e pessoais de Osama bin Laden, ele também era convidado. Ele tinha um relacionamento muito bom e alto grau de comunhão de pensamento e interesses com o embaixador e com todos os embaixadores sauditas a serviço no país. Às vezes a embaixada pedia algumas coisas a Osama, e ele respondia sempre de maneira positiva. [...] [Além disso,] os paquistaneses viam nele alguém que os estava ajudando a fazer o que eles queriam que fosse feito lá.[23]

Em sentido amplo, portanto, Osama chegou a desfrutar de relações com a família real saudita e o serviço de inteligência do reino bastante semelhantes às que seus meios-irmãos cultivavam com outros setores do governo. As conexões de Osama eram sociais, mas envolvidas e limitadas por seu papel de empreiteiro; eram respeitosas e solícitas, e o honroso lugar que Osama ocupava na corte era periodicamente reafirmado por parâmetros formais de um salão de embaixada. Ao contrário de seus meios-irmãos, contudo, ele não retornava dessas reuniões árabes bastante ortodoxas para um lar saudita tradicional onde assistiria à televisão e se sentaria no pátio para fumar narguilé. Em vez disso Osama entrava em seu veículo de tração nas quatro rodas, voltava para a Grand Trunk Road e seguia para Peshawar, e de lá enfrentava estradas pedregosas rumo a acampamentos enlameados já dentro do Afeganistão, onde liderava seu pequeno e iniciante culto de martírio.

21

Caixa dois

Em meados de 1980, Jim Bath, sócio de Salem em Houston — que chegara na cidade três décadas antes, mal tendo um dólar de seu — comprara muitos dos acessórios característicos de um aventureiro texano bem-sucedido: dois revólveres Smith&Wesson calibre .38, um rifle com telescópio Westchester de alta potência, um rifle de repetição Winchester, um automóvel BMW e um avião Rallye Minerva. Ele possuía participações em diversas propriedades residenciais e empresas de investimentos nos arredores de Houston; entre elas havia imóveis na planta, hotéis, apartamentos, um estacionamento em aeroporto, um restaurante Denny e um rancho em Liberty County. Do escritório que ocupava diversos andares no Fannin Bank Building, no centro da cidade, ele supervisionava sua companhia de corretagem de aviões, entidades comerciais da família Bin Laden, seus próprios investimentos dispersos (que incluíam 50 mil dólares que aplicara em um fundo de perfuração de petróleo dirigido por George W. Bush, seu amigo da Texas Air National Guard) e uma companhia de aluguel de aviões chamada Skyways Aircraft, com sede nas Ilhas Cayman e controlada por Khalid bin Mahfouz. Bath e sua mulher, Sandra, ainda moravam imediatamente atrás da enorme propriedade de Khalid, no bairro de River Oaks, em Houston. Ao todo, Bath possuía uma enorme fachada. Mas era pouco mais do que isso; na realidade, sua vida era desestruturada.[1]

Bath viajava de jato pelo mundo todo com seus clientes árabes e outros amigos da indústria do petróleo — ia a paraísos fiscais no Caribe, à Europa, à Arábia Saudita e ao Oriente Médio inteiro. Um dos jatos alugados pela companhia de petróleo, em que ele voava de vez em quando, tinha uma cama com uma coberta de vison, e foi lá que ele encontrou pela primeira vez Mary Ellen Lewis, uma aeromoça casada, de acordo com Sheryl Johnson Todd, advogada que representou posteriormente duas das esposas de Bath em processos de divórcio. Durante o longo e tumultuoso caso que tiveram, Bath deu a Mary Ellen um Cadillac, transferiu dinheiro para ela e para seu marido, e teve com ela um filho fora do casamento. Depois que Sandra descobriu o relacionamento, como ela testemunhou mais tarde, começaram a chegar cartões-postais anônimos à casa dela em River Oaks; os cartões a acusavam de se agarrar por oportunismo a uma relação semelhante ao casamento fictício entre J.R. e Sue Ellen da novela de televisão que ocupava o horário nobre, *Dallas*. Por fim, Sandra ficou sabendo do filho de Bath com Mary Ellen quando seu marido chegou em casa um dia em um conversível com uma garotinha adormecida no assento do passageiro; de acordo com Sandra, Jim Bath pediu a ela que, por favor, criasse a menina. Em vez disso, Sandra entrou com uma ação de divórcio. Alegou em registros nos tribunais que Bath abusava de drogas; ele negou suas acusações. De acordo com depoimento juramentado de Bath, Mary Ellen Lewis não estava mais feliz com ele e "fez ameaças de estourar minha cabeça e me matar".[2]

O caso de Bath com Mary Ellen Lewis pode não ter sido o único segredo que ele guardou durante seus últimos anos trabalhando com a família Bin Laden. De acordo com um depoimento ao tribunal em 1990, o ex-sócio comercial de Bath, Bill White, Jim "disse que estava trabalhando como detetive da CIA" durante uma conversa que tiveram em 1982. Segundo a declaração de White, Bath dissera que fora apresentado à CIA quando George H. W. Bush era o diretor, durante o final dos anos 1970, e que tinha sido convidado a conduzir "coletas disfarçadas de informações sobre seus sócios comerciais da Arábia Saudita". De acordo com ele, Bath dissera que lhe haviam pedido para incumbir-se de determinadas operações de transporte aéreo delicadas. Depois de uma série de escândalos durante a década de 1970, a CIA presumivelmente teria resolvido privatizar algumas de suas operações de transporte aéreo secretas, e estava procurando norte-americanos de confiança detentores de certificados de segurança que pudessem encarregar-se de parte desse trabalho sob contrato. Como ex-piloto da Força Aérea e amigo do jovem Bush, Bath era um candidato natural a desempenhar esse papel, de acordo com White, que era ele próprio formado na Academia Naval em Annapolis e ex-piloto da Marinha. White começou a acreditar que Bath tinha usado algumas de suas companhias *offshore* de aluguel de aeronaves para ajudar o transporte de equipamento de construção e possivelmente armas para Osama bin Laden na fronteira do Afeganistão, durante o final dos anos 1980.[3]

Jim Bath falava pouco e raramente sobre seus negócios e empreendimentos de aluguel de aeronaves durante os anos 1980. (Ele se recusou a ser entrevistado para este livro.) Em um registro judicial desse período, ele parecia zombar de todas as alegações de White a respeito de suas discussões de negócios, argumentando que seu ex-sócio comercial sofria de "paranóia" e "demonstrava freqüentes mudanças de humor". De acordo com Bath, White acreditava que "aqueles que conspiravam contra eles estavam envolvidos 'em comunicações ocultas' e tinham 'agendas secretas' contra ele". Em 1991, Bath contou à *Time* que o relato de White a respeito de seu suposto trabalho com informações era "fantasia", e que ele "não era membro da CIA nem de qualquer outra agência de informações". Cerca de uma década mais tarde, no entanto, em uma entrevista com o jornalista Craig Unger, Bath pareceu ter sugerido que poderia haver alguma verdade no retrato traçado por White. Ao falar da CIA, Bath disse: "Há todo tipo de níveis de participação civil". Ele parecia estar se referindo à cooperação voluntária algumas vezes oferecida à agência por empresários norte-americanos com contatos estrangeiros delicados. De fato, a CIA tinha um posto em Houston para facilitar entrevistas informais com norte-americanos que trabalhavam na indústria internacional de petróleo. Se Bath teve conexões com a CIA, é possível que ele não tenha feito nada além de relatar ocasionalmente o que soubera durante seu consórcio com os Bin Laden, Bin Mahfouz e outros sauditas.[4]

White perdeu os processos judiciais contra Bath e sofreu pesados baques financeiros. Ele tivera uma carreira militar respeitável antes dos problemas com Bath, mas é difícil julgar sua credibilidade. Não há provas, fora suas declarações, de que Bath executara operações sob contrato para a CIA. Entretanto, por motivos que não estão inteiramente claros, Bath realmente viajou com freqüência para paraísos fiscais no Caribe durante esse período, de acordo com os advogados de Sandra no divórcio, e atravessou as fronteiras carregando grandes quantias de dinheiro, disse ela.[5] Ele certamente tinha meios para sustentar operações aéreas internacionais discretas, se quisesse, se não pelos Estados Unidos, talvez em nome de seus clientes comerciais sauditas. Salem freqüentemente usava seu maior avião particular como transportador de carga improvisado durante esse período, e é concebível, por exemplo, que Salem ou Bath tenham usado um desses aviões, ou um dos jatos maiores de algum dos associados sauditas de Salem, para levar armas da América do Sul ou da África do Sul para ajudar Osama no Paquistão. Isso é mera conjectura, no entanto; nenhuma das pessoas entrevistadas a respeito do envolvimento de Salem em transações privadas de armas em nome de Osama sabia como as armas eram transportadas.

Salem passou rápida e evasivamente por essas esferas de intriga, mas seu estilo estava mais para Austin Powers que para James Bond. Fora os registros judiciais e as declarações de White, há outros fragmentos de provas a respeito das possíveis conexões de Salem com os círculos de políticos conservadores nos Estados Unidos, atuantes em operações secretas anticomunistas durante os anos 1980. Por exemplo, de acordo com os diários de vôo, Larry McDonald, congressista pela Geórgia e presidente da John Birch Society, voou em um dos jatos particulares de Salem na Arábia Saudita poucos meses antes de morrer a bordo do vôo 007 da Korean Air Lines, derrubado em 1° de setembro de 1983 depois de ter-se desviado para o espaço aéreo soviético. As ligações de Jim Bath com a família Bush e outros personagens principais no Partido Republicano no Texas na era Reagan continuaram a levantar perguntas sobre a extensão das relações de Salem com esses políticos. White, por exemplo, alegou que Bush usou o dinheiro de Bin Laden ao investir no fundo de perfuração Arbusto, de Bush, acusação que Bath e Bush negaram com veemência. No mínimo — por intermédio de Jim Bath, Khalid bin Mahfouz e o governo saudita —, Salem poderia ser encarado, e com razão, como um membro *ex-oficio* do estabelecimento político e de petróleo de Houston; ele estava envolvido tanto no refinamento quanto no permanente desenvolvimento de negócios misteriosos. Vinson and Elkins, uma da firmas de advocacia de maior prestígio na cidade, representou Salem. Ele era dono de um aeroporto particular na cidade. Jantava nas mansões de River Oaks e jogava com a realeza saudita em visita.[6]

Depois de um certo tempo, porém, a acumulação de problemas pessoais e financeiros de Bath pareceu afastá-lo de Salem. Havia limites para a quantidade de loucura que mesmo Salem estava disposto a tolerar. Em 1986 Bath caiu em um litígio financeiro com White, envolvendo alegações de que o primeiro usara de modo impróprio um Certificado de Depósito que pertencia à

Skyways Aircraft como garantia em um banco de Houston para um empréstimo pessoal de 550 mil dólares. Mais para o final do mesmo ano, de acordo com os registros judiciais de White, o Departamento de Polícia de Houston entrou em contato com White e disse-lhe que estava investigando o envolvimento de Bath em um caso internacional de drogas; no entanto, jamais houve acusações contra ele. De acordo com Gail Freeman, amiga da família Bin Laden e ocasional parceira de negócios, a meia-irmã querida de Salem, Randa, também ficou afastada dos Bath durante esse período. Ela achou que os Bath haviam sido indelicados com ela, de acordo com Freeman; e Randa na época parecia influenciar a atitude de Salem em relação a seu parceiro de longa data em Houston.[7]

Uma era estava terminando, e os problemas de Bath refletiam seu eclipse. Em 1986, o preço do petróleo caiu a um patamar recorde de nove dólares o barril. As economias da Arábia Saudita e do Texas estremeceram simultaneamente. Os negócios favoráveis de imóveis em Houston aos poucos implodiram. Naquele outono, enquanto Osama organizava seu primeiro campo de treinamento de milícia na fronteira do Afeganistão, estourou o escândalo Irã-Contras, e as investigações subseqüentes arrastaram a desconfortável história dos negócios desconhecidos entre Reagan e o rei Fahd para as manchetes. Os adesivos que mantinham colados os múltiplos mundos de Salem durante uma década — abundância de dinheiro do petróleo, uma aliança confiante e muitas vezes secreta entre Washington e Riad, um espírito de mobilidade e jogo cultural — começaram a desmoronar.

O PEQUENO GRUPO DE COMBATENTES ligados a Osama sofreu um inverno cortante nas altas montanhas em torno de Jaji. Em geral a guerra dava uma parada durante a estação da neve. Quando o degelo chegou, também chegaram os soldados soviéticos. As barulhentas escavadeiras de Osama tinham sido uma provocação em importante zona de batalha que os soviéticos não estavam a fim de deixar de lado. O amigo e cunhado de Osama, Jamal Khalifa, visitara a Toca do Leão e achou que ela era uma armadilha mortal. Como lhe disseram alguns dos colegas de Osama, a questão era esta: "Temos muitos *shaheeds*", ou "mártires", cujo sacrifício agradaria a Deus. Khalifa disse que discutiu com Osama que esse desperdício de vidas violava os preceitos islâmicos e que "Deus iria pedir contas delas no além". Osama desprezou os seus avisos.[8]

A luta começou em abril de 1987. Os voluntários de Osama embateram-se durante uma semana com as forças soviéticas; essa luta inicial foi seguida de uma batalha mais longa no mês seguinte. As posições de Bin Laden passaram a sofrer bombardeio aéreo ininterrupto; os soviéticos podem ter usado armas incendiárias semelhantes ao napalm. Tropas Spetsnaz invadiram os acampamentos fortificados de Bin Laden; os voluntários árabes, embora com pouco treino e parca experiência, batalharam ferozmente em lutas corpo-a-corpo. O que aconteceu de fato durante aquelas batalhas ficaria obscurecido ao longo dos anos por relatos em retrospectiva de *jihadis* que queriam se auto-enaltecer; suas versões algumas vezes são contraditórias. A descrição mais recentemente publicada que se conhece, na revista *Al-Jihad* de Azzam, não enfatiza o papel de Osama nas batalhas, mas, em vez disso, se concentra dos feitos heróicos de seus ajudantes militares egípcios; Osama nem sequer foi mencionado. Ele logo entrou para o quadro, no entanto, dando entrevistas efusivas a respeito de suas experiências a jornalistas árabes simpatizantes de sua causa. Não há dúvidas quanto aos fatos básicos. As batalhas de Jaji em 1987 foram intensas, com baixas significativas dos dois lados, mas nada fizeram para alterar o curso da guerra mais ampla. Osama estava presente e seu desempenho foi respeitável, sob forte pressão. As batalhas pareceram tê-lo deixado com duas reações principais: conferiram uma emoção nova e mais profunda à crença dele de que fora chamado para a guerra em nome de Deus, e fizeram com que ele as percebesse como uma extraordinária oportunidade de marketing.[9]

"Do jeito como ele contava as histórias, ficava evidente que tentava criar um incentivo para trazer mais gente, para usar a mídia para atrair mais árabes, recrutar mais árabes para virem ao Afeganistão", lembrou Jamal Khashoggi, um jornalista saudita que foi um dos primeiros a entrevistar Osama depois da campanha de Jaji. "Gostei do entusiasmo dele." O estilo da oratória de Osama na época era "como o de um professor universitário [...] como se ele estivesse à cabeceira da mesa do comitê político deste ou daquele partido". No entanto, suas lembranças do perigo que sentiu em Jaji eram floreadas, infundidas de um sentimento de fatalidade e sujeição à vontade de Deus.[10]

"Algumas vezes passávamos o dia inteiro nas trincheiras ou nas grutas, até que nossos ouvidos não conseguiam mais suportar o som das explosões ao nosso redor", disse Osama a Khashoggi:

> Os aviões passavam por nós rebombando sem parar, e suas loucas canções de morte ecoavam interminavelmente. Passávamos os dias rezando a Deus Todo-Poderoso. Apesar das maciças matanças russas, um de nós tinha de sair regularmente de nosso abrigo para ver os movimentos do inimigo [...] A cada vez conseguíamos, pela graça de Deus, infligir uma derrota esmagadora aos russos [...] foi Deus sozinho quem nos protegeu dos russos [...] a fé em Deus é a principal fonte da nossa força, e essas trincheiras e esses túneis não passam de instalações militares que Deus nos pediu que fizéssemos. Dependemos inteiramente de Deus em todas as questões.[11]

Por volta dessa época, Osama permitiu que um cineasta egípcio, Essam Deraz, o seguisse e documentasse o movimento que ele estava criando. Deraz ajudou a cristalizar os temas que mais tarde viriam dar forma à lenda de Osama — um homem rico que vivia como pobre, um homem privilegiado socialmente que estava preparado para sacrificar tudo por sua religião, um lutador que não vacilava à frente da morte. "Eu o vi com meus próprios olhos no campo de batalha", disse Deraz mais tarde. "Ele estava no meio da luta. Sendo um homem rico, não importa como ele fosse, é claro que as pessoas o encaravam como um financiador, apenas um homem com dinheiro. Depois da batalha de Jaji, ele era visto como um militar que merecia ser o líder."[12]

Essa, pelo menos, foi a visão inicial de Bin Laden promovida pelo cineasta e outros jornalistas; combinada ao carisma calmo de Bin Laden e à sua habilidade — comum nos círculos da corte saudita dos quais ele emergira — de evitar ofender até seus adversários, isso provaria ser o bastante.

Ele estava emergindo agora das sombras de seu mentor, Abdullah Azzam. Eles discutiram a respeito dos planos de Osama de agrupar todos os árabes em seus próprios acampamentos militares separados; Azzam acreditava firmemente que deveriam se inserir em milícias mistas, junto com afegãos, nas quais poderiam partilhar dos encargos da guerra e fazer proselitismo junto aos combatentes afegãos cujos próprios estudiosos religiosos tinham sido mortos pelos comunistas. "Bin Laden procurou mimar os combatentes árabes", queixou-se mais tarde a mulher de Azzam. "Até a comida deles era diferente da dos *mujaheddin* afegãos. Bin Laden costumava trazer comidas especiais para eles em contêineres da Arábia Saudita."[13]

Essas tensões complicaram a posição de Osama, mas ele era cuidadoso; ele e Azzam mantiveram a cordialidade. Lá pelo final de 1987, a rede global de arrecadação de fundos e recrutamento incluía escritórios no Brooklyn e em Tucson, nos Estados Unidos, além de bases no Egito, na Arábia Saudita e em outros lugares. À medida que essa rede de varejo mundial se espalhava, não era do interesse do Osama precipitar uma ruptura debilitadora.

O acesso do próprio Osama ao dinheiro permaneceu sem concorrentes. Seus contribuintes incluíam o amigo de Salem, Khalid bin Mahfouz. Em alguma época antes de maio de 1988, Bin Mahfouz "foi abordado por Salem bin Laden para dar uma contribuição à resistência do Afeganistão", de acordo com uma declaração de seus advogados. "Consistente com muitos outros proeminentes sauditas, e de acordo com a política externa do governo dos Estados Unidos na época, o xeique Khalid bin Mahfouz se lembra de ter feito uma doação de aproximadamente 270 mil dólares. Essa doação era para ajudar a resistência, patrocinada pelos Estados Unidos, à ocupação soviética do Afeganistão, e nunca teve a intenção, nem — pelo menos que o xeique Khalid bin Mahfouz sinceramente saiba — [foi ela] jamais usada para financiar qualquer extensão desse movimento de resistência para outros países." Bin Mahfouz não doou o dinheiro "com a intenção" de que ele fosse usado para comprar armas, dizem seus advogados. O levantamento de recursos por parte de Osama na Arábia Saudita "enfatizara a necessidade de apoio humanitário (ou seja, alimentos, abrigo, suprimentos médicos) para a resistência afegã e a população afegã sob seu controle, sujeita aos ataques soviéticos [...] As necessidades financeiras da resistência afegã eram, na verdade, maiores para esses objetivos do que para armas, que estavam sendo supridas livremente pelo governo dos Estados Unidos".[14]

Osama distribuiu seu dinheiro e seus préstimos, parte para Azzam, parte para a facção rival egípcia em Peshawar. Pelo seu método típico de liderança beduína de conciliação, ele aos poucos amarrou uma coalizão frouxa de voluntários árabes multinacionais sob sua liderança não declarada. Como diz o genro de Azzam: "Acho que Osama começou a acreditar nele mesmo".[15]

22

A PROPOSTA

SALEM TAMBÉM SONHAVA com um idílio. Sua visão não focalizava guerra ou martírio, no entanto; envolvia as mulheres de sua vida. Em 1985, Salem tinha aproximadamente cinco namoradas regulares — uma norte-americana, uma alemã, uma francesa, uma dinamarquesa e uma inglesa. Ele usava seu dinheiro e os pilotos para entremeá-las para dentro e para fora de seus itinerários. Elas giravam em torno de Salem e umas em torno das outras como aviões em um modelo complicado de controle de tráfego aéreo; de vez em quando se esbarravam, mas raramente entravam em colisão. Vez por outra ele instalava namoradas em andares diferentes do mesmo hotel, uma sem saber da presença da outra. Uma ou duas acreditavam ser seu único amor; as outras tinham mais experiência.

Salem desenvolveu um plano ousado para resolver esse estado de coisas. Começou com uma aposta amistosa entre ele e o rei Fahd, lembrou Bengt Johansson. Salem disse a Fahd que conseguiria persuadir quatro jovens européias e norte-americanas — "meninas normais de família" — a casarem-se simultaneamente com ele, como é permitido pela lei islâmica. Fahd disse que Salem estava maluco, que jamais conseguiria fazer isso. Talvez o rei acreditasse; talvez também ele soubesse, como declarou Johansson, que se você dissesse a Salem que não conseguiria fazer alguma coisa, "então podia ter a certeza de que ele o faria".[1]

Lynn Peghiny, a pianista norte-americana de Orlando, voltara à Flórida depois de uma aventura com Salem no Paquistão quando ele ligou e convidou-a para ir a Londres. A moça voou até lá, mas ninguém foi encontrá-la no aeroporto, de modo que, depois de alguma confusão, Lynn pegou um táxi para o Carlton Tower Hotel, em Belgravia. Ela saiu para fazer compras e quando voltou encontrou uma mensagem escrita à mão, endereçada a "Lin".

Dizia: "Passei aqui para vê-la. Senti-me um pouco culpado, e cheguei a ir procurar você nas lojas. Ligo outra hora". Estava assinada "S".[2]

Salem realmente ligou e arranjou para que a buscassem, mas, quando ela chegou à propriedade murada em tijolos em Offley Chase, já encontrou mais outras duas jovens. Lynn sabia que Salem namorava outras, mas nunca se incomodara especialmente com isso. Mesmo assim, não estava entendendo muito bem. As outras duas mulheres se chamavam Caroline; uma era francesa ("Caro*leen*"), a outra, inglesa ("Caro*line*").

A Caroline da França tinha olhos escuros e cabelo grosso, encaracolado, que lhe envolvia o rosto. Ficaram sabendo que ela morava perto de Cannes, em uma casa que Salem comprara para ela e para a mãe. Namorava Salem há mais de um ano.

A Caroline da Inglaterra era Caroline Carey, na época com 26 anos de idade. Tinha um rosto fino, anguloso, com maçãs altas, cabelo castanho e uma postura um tanto régia. Crescera em Kensington, Londres, com seu meio-irmão, Ambrose, e a mãe deles, Anne Carey. Sua linhagem familiar chegava à aristocracia inglesa, mesmo que de leve. O pai de Caroline, Simon Henry Carey, não se casara com a mãe dela. Ambrose também nascera fora do casamento, filho de Anne e David Queensberry, o marquês de Queensberry. Salem conhecera Caroline no Hyde Park, no início dos anos 1960, quando ela mal começava a andar. Ele viera a Londres durante as férias escolares e vira a babá da família Carey no parque; achou a babá bonitinha e tentou agradá-la brincando com as crianças. Logo já era um convidado constante para o chá na residência dos Carey. À medida que os anos se passaram, ele foi perdendo o contato com a família, que ressurgiu durante meados dos anos 1980; quando ele e Caroline se reviram, começaram a se encontrar. Do mesmo modo que as outras namoradas de Salem, ela era cerca de quinze anos mais nova que ele.[3]

Lynn cumprimentou as duas Carolines que estavam em Offley Chase. Ela concluiu que Salem tinha feito uma espécie de reunião de cúpula de namoradas, mas que ainda não tinha *quorum*. Anna, da Alemanha, não chegara, e Salem pedira a um amigo piloto para pegar um de seus jatos, ir até lá e trazê-la. Lynn resolveu ir junto, para passar o tempo — "Era como pegar um táxi para ir a algum lugar."[4]

Anna era uma mulher loura, muito magra, ainda mais nova que as outras. Salem a conhecera em um bar, em uma estação de esqui na Áustria.

Ela tinha um trabalho assalariado perto de Colônia, mas viajava freqüentemente com Salem; uma vez ele a levara a Medina, uma cidade normalmente proibida para não-muçulmanos. Ela estava longe de ter uma aparência imponente, mas, quando estava com seus amigos homens, Salem se referia a Anna como seu "tanque alemão".

Quando Anna e Lynn chegaram, Salem instalou-se em um sofá em sua sala de estar com as quatro mulheres. Ele fez seu ar mais sincero. Explicou que desde menino fora criado em uma cultura em que era comum os homens casarem-se com várias esposas árabes e depois morarem todos juntos em um complexo familiar de residências.

"Mas esse não é o meu sonho", disse Salem, como mais tarde lembrou Lynn. "Meu sonho é ter quatro esposas ocidentalizadas — esse sempre foi o meu sonho e a minha fantasia. Então eu escolhi vocês quatro. Vocês fariam meu sonho se realizar."[5]

Ele delineou o plano que aprimorara ao longo de vários meses. Não era coincidência que cada moça escolhida fosse de um país diferente. Na verdade, sua idéia era construir em Jedá uma nova propriedade da família Bin Laden que se parecesse com as Nações Unidas.

O complexo teria quatro casas. Sobre uma delas se desfraldaria a bandeira norte-americana; sobre uma segunda, a alemã; na terceira, a tricolor francesa; e sobre a quarta, a bandeira do Reino Unido. Cada esposa teria um carro estacionado à porta, um modelo de seu país natal — um Mercedes para Anna, um Rolls-Royce para Caroline, da Inglaterra, e daí por diante. Cada uma teria uma casa em seu país de origem também — Salem já possuía propriedades luxuosas nos Estados Unidos, na Inglaterra e na França.

Enquanto Salem falava, Lynn sorriu para si mesma e pensou: "Eu saio roubada — não quero um Corvette ou um Cadillac".

Salem continuou a falar, tentando vender a idéia. Sabia que elas poderiam se sentir presas pela perspectiva da vida na Arábia Saudita, de modo que tinha apresentado uma cláusula de escape. Disse que, se houvesse filhos de qualquer um dos quatro casamentos, essas crianças teriam de permanecer no reino e ser criadas na tradição saudita. Entretanto, se não houvesse crianças, se qualquer uma das mulheres se sentisse infeliz depois de um ano, ele lhe daria 100 mil dólares, e ela poderia voltar para casa. Ele esperava, no entanto, que fossem todos felizes juntos durante muito tempo.

"Eu faria um revezamento na visita a cada casa, e seríamos todos amigos", disse ele, como lembrou Lynn.

Ela se viu pensando: "Hummm... não parece tão ruim assim". Mas então ralhou consigo mesma em silêncio, preocupada com o fato de que, caso se afastasse durante um ano, nenhum homem norte-americano se casaria com ela; e também, de algum modo, talvez "eu estivesse vendendo minha alma". Mas, por outro lado: "E daí?". Ela era jovem, de mentalidade aberta, e gostava muito de Salem, que sempre fora muito bom com ela.[6]

A conversa continuou durante algum tempo. Eles mantiveram um tom educado. Lynn achou que a Caroline francesa parecia se sentir atraída pela idéia. A Caroline inglesa — Salem a chamava de "Carrie" — estava calma, mas enigmática. Anna, no entanto, ficou profundamente infeliz. Seus olhos giravam nas órbitas. Parecia ser a mais afetada com a revelação de que Salem queria mais do que apenas ela. Quanto mais perturbada ficava, mais Lynn começava a achar que, afinal, a coisa não iria funcionar. Por fim, Anna foi embora.

"Estou frito", contou Salem quando ligou para um amigo nos Estados Unidos, depois da reunião. "Ficaram todas zangadas."[7]

Isso era um exagero. Lynn ficou naquela noite e tocou Chopin. A Caroline francesa voltou para casa, mas Carrie continuou, e, poucos dias depois, Lynn voou com ela e Salem para o Cairo, em férias. De lá foram para a Arábia Saudita e depois para uma ilha grega, onde foram apresentadas a dois filhos de Salem, de seu casamento anterior, e partiram para velejar. Aos poucos, nessa viagem, Lynn começou a concluir que Salem "preferia Carrie [...] Eles eram mais ligados".

Lynn voltou para casa. Alguns meses mais tarde Salem convidou-a para ir a Jedá. Eles passaram algum tempo juntos, e então Salem disse o que os dois pensaram: "Acho que isso não vai funcionar".

"Tudo bem", falou Lynn. "Tive um ano maravilhoso."

"Seremos sempre amigos", disse Salem a ela. "Vou sempre me manter em contato com você. Pode sempre ficar segura disso — se você alguma vez precisar de alguma coisa."[8]

Lynn admirou a generosidade dele, mas não quis se aproveitar. As pessoas que trabalhavam para Salem a encorajaram a pedir-lhe uma casa na Flórida — afinal, a Caroline francesa ganhara uma casa —, porém ela recusou.

Cada um seguiu seu caminho. Caroline Carey, como Lynn percebeu, seria a última namorada constante.

ALGUNS DOS IRMÃOS E IRMÃS de Salem buscaram, como ele, formas de casamento que sintetizassem a modernidade e a tradição, mas mantiveram-se próximos às convenções. As crenças e práticas das filhas de Mohamed bin Laden contrastavam entre si quase tanto como as dos filhos homens. Apenas estavam muito mais bem escondidas. Em Jedá, Sheikha e Rafah se cobriam com *abayas* pretas, dedicavam-se com afinco ao estudo do islamismo e renunciavam a dar festas de aniversários para seus filhos, na crença de que tais festas eram proibidas pelos princípios de sua fé — aniversários eram um ritual cristão e, desse modo, eram *haram*, ou "proibidos". Outro grupo de filhas — Huda, Randa e Mona — ainda iam freqüentemente de um lado para outro na Europa, para fazer compras, ou através do Atlântico, para esquiar em Aspen com Salem. Se pensavam em namorar, tinham de atuar clandestinamente e estar dispostas a enfrentar um risco considerável; de outro modo, era de esperar que Salem lhes arranjasse ou abençoasse um casamento tradicional com um respeitável profissional árabe. Do mesmo modo que os filhos de Mohamed quando chegaram aos trinta anos de idade, algumas dessas mulheres se tornaram mais abertamente religiosas e visitavam a Europa com menor freqüência.[9]

Poucas delas seguiram Randa em busca de carreiras independentes. Salem matriculou suas meias-irmãs Raedah e Saleha em escolas norte-americanas especializadas em design de interiores; depois de concluírem sua formação, disse ele, elas poderiam trabalhar em projetos nos palácios da família real saudita. Nenhuma dessas mulheres, no entanto, mesmo a mais ambiciosa, conseguia se livrar com tanta facilidade do patriarcado saudita quanto seus irmãos.

Diversas das filhas de Mohamed passaram por duros processos de divórcio sob as inflexíveis leis sauditas, que as privavam do direito de morar com seus filhos. Najiah, mãe de quatro filhos, perdeu a custódia das crianças em Jedá quando o marido divorciou-se dela. Carmen bin Laden uma vez perguntou a Najiah por que ela não reagiu; Najiah encarou-a como se ela fosse a "idiota da aldeia", lembrou Carmen. Najiah acabou fugindo para Los Angeles, onde teve aulas de aviação, tornou-se piloto de talento e era notada por alguns de seus amigos norte-americanas pela altíssima velocidade com que dirigia rotineiramente pelas ruas e rodovias.[10]

Randa era a menos tradicional das filhas de Mohamed ? agora médica licenciada e piloto de avião, tão à vontade na estação de esqui austríaca de Zell am See como no Cairo ou em Jedá. No entanto, sua vida relativamente ousada e pública tinha proteção e supervisão plenas de Salem, de modo que oferecia pouco risco de censura por parte da ala conservadora da família.

Ela estava com quase trinta anos. Embora isso significasse um fim do relacionamento especial que os dois mantinham, Salem resolveu que era tempo de Randa casar-se, e deu sua bênção a um noivo egípcio adequado, que mais tarde viria a trabalhar para as empresas dos Bin Laden em Jedá. Salem alugou o salão de bailes de um hotel de luxo no Cairo, pagou para que os amigos norte-americanos de Randa voassem até o Egito na primeira classe e comandou uma celebração de gala. Ele trouxe dos Estados Unidos até os médicos norte-americanos que o haviam operado de hemorróidas. Antes do evento, um grupo de irmãos e irmãs vestiram calças jeans e reuniram-se aos amigos norte-americanos de Randa, em uma visita às fazendas de cavalos puros-sangues de seu meio-irmão Khaled, na região campestre no Egito.

No dia do casamento, toalhas brancas rendadas cobriam as mesas e o casal sentava-se em cadeiras brancas de espaldar alto canelado. Diversas das meias-irmãs de Randa serviram de damas de honra. Algumas usavam véus, outras não; elas trajavam vestidos de *chiffon* cor de pêssego e faixas douradas no cabelo. Os homens vestiam smokings pretos; Osama não estava entre eles. Em um momento agridoce, Salem conduziu a noiva. Poucas horas mais tarde, no palco, ele cantou e assumiu o controle, exuberante como sempre.[11]

ENTRE AS MEIAS-IRMÃS de Salem, foi Saleha, a aprendiz de design de interiores, quem testou os limites do decoro familiar com maior gravidade.

Paul Piccirillo era um designer de interior e artista plástico de cerca de cinqüenta anos de idade. Ele conheceu os Bin Laden por intermédio do sócio de Salem em Nova York, Robert Freeman. Na época em que Saleha, que tinha uns vinte anos menos que ele, terminou seus estudos em uma escola de desenho industrial em Houston, os Bin Laden estavam ocupados com as exigências de diversos projetos de palácios na Arábia Saudita; Piccirillo trabalhava em um deles, além de decorar a casa da ex-mulher de Salem, Sheikha, em Jedá. Vários desses projetos envolviam trabalho nas residências do próprio rei Fahd e exigiam viagens sistemáticas para inspecionar e revisar as sedas raras das roupas de cama e o tratamento das janelas em Scalamandre, Nova York; mobília sob medida em Valência, Espanha; e candelabros feitos à mão em Veneza, Itália. Salem não permitia que suas irmãs, mesmo aquelas que eram designers profissionais, viajassem para o exterior sem uma acompanhante mulher ou a companhia de um dos diversos sócios mais velhos de sua confiança. Uma noite, em Paris, no entanto, o acompanhante em serviço de Saleha, Bob Freeman, foi para a cama cedo. Ele não notou que Paul e Saleha prestavam atenção especial um ao outro. Enquanto ele dormia, os dois "conversaram a noite inteira e apaixonaram-se", como lembrou a mulher de Bob, Gail Freeman.

Nos meses seguintes, Paul e Saleha continuaram a se ver. Salem acabou descobrindo; naturalmente, pôs a culpa em Freeman. "Temos de fazer alguma coisa a esse respeito", avisou ele. "Isso é uma tragédia." Houve rumores, lembrou Gail Freeman, de que alguns "dos irmãos iam matar" Saleha por desonrar a família apaixonando-se por um europeu mais velho.[12]

Salem afligiu-se, enfureceu-se — e acabou por ceder. Ele discretamente arranjou para que o par se casasse; eles mudaram-se para uma pequena cidade no litoral do Mediterrâneo. Passaram-se anos antes de Paul ser inteiramente aceito pela família, de acordo com os Freeman, que acharam que Paul foi claramente marginalizado no casamento de Randa. O casal se manteve unido, no entanto, e aos poucos Bakr e outros irmãos influentes passaram a aceitá-los.

RIQUEZA, MOBILIDADE e o secularismo de Salem levaram os Bin Laden a fronteiras culturais longínquas, mas eles permaneceram, no fundo, um clã conservador e árabe. Entre outras coisas, a honra era fundamental para o negócio; a fortuna deles dependia do patrocínio da família real Al-Saud, de modo que não tinham liberdade política para viver como queriam, como pensavam muitas das famílias sauditas muito maiores que eles. De fato, um comportamento que muitos Bin Laden poderiam julgar estimulante ou desafiador, como o casamento de Saleha com Paul, poderia parecer tímido ou até quadrado em comparação com as desenfreadas cambalhotas de alguns príncipes Al-Saud, libertinagem que Salem — em seu papel de guardião real — e seus amigos algumas vezes facilitavam.

Salem se orgulhava de jamais dormir com prostitutas. Isso exigia alguma força de vontade, porque ele periodicamente arranjava um suprimento de mulheres profissionais para entreter os convidados sauditas em festas que dava ou arranjava na Inglaterra e outros lugares, de comum acordo com os diversos amigos e empregados europeus envolvidos. As mulheres eram tão numerosas que às vezes chegavam juntas em um ônibus. Como co-anfitriãs, uma das tarefas das pessoas pertencentes ao seu séqüito era promover o comportamento alegre das mulheres ("Você foi paga para sorrir!"). Mas, fora a substancial remuneração, as garotas tinham poucos motivos para ficar alegres. Os convidados podiam ser grossos, bêbados ou pouco atraentes. Thomas Dietrich lembrou de um evento promovido para sauditas visitantes em Offley Chase, quando ficou ouvindo a conversa de algumas jovens prostitutas alemãs que não sabiam que ele entendia o que elas estavam falando. "Reclamavam como o diabo" dos convidados, recordou ele. "'Olha aquele cara — espero que ele não me escolha.' Quer dizer, elas apenas falavam o que você imagina que diriam."[13]

Para um número muito grande de sauditas, a depravação ocidental confirmava os preceitos de misoginia árabe, e para um número muito grande de norte-americanos e europeus, a depravação árabe confirmava os preceitos de racismo ocidental. "A reverência imposta pela América do Norte, com seus arranha-céus, rodovias, magnífico sistema de telefones e riqueza de matérias-primas, estava diminuindo à medida que a Arábia Saudita, despreocupadamente, comprava todas essas coisas com grande velocidade", escreveu Peter Theroux, um norte-americano que morou em Riad durante esse período. "Os sauditas se viam como nossos superiores absolutos. O caos secular das eleições norte-americanas, a imprensa impetuosa e, acima de tudo, a cultura sexual pública pareciam, a não ser em doses pequenas, causar-lhes repugnância."[14] Nesse contexto, era mais fácil e certamente mais aceitável para os sauditas ricos comprarem sexo enquanto visitavam o Ocidente do que fazer casamentos mistos e desenvolver uma vida familiar bicultural que poderiam, ao longo do tempo, produzir integração e até assimilação — como ocorria com certa freqüência, por exemplo, entre os emigrados paquistaneses, iranianos, egípcios e palestinos no Ocidente. A obsessão racista com relação à linhagem, entre muitos sauditas, em especial aqueles da região dominante de Nejd, junto com sua riqueza e o profundo conservadorismo, mantinha-os apartados. A fantasia de Salem de algo como as Nações Unidas (ou pelo menos de um Conselho de Segurança) de casamentos interculturais era excepcional e até supunha a primazia da inflexível e patriarcal lei familiar saudita.

Fosse o assunto sexo ou sapatos, era quase impossível para um príncipe ou negociante saudita viajar para o Ocidente sem se dar conta, a cada hora, da centralidade do dinheiro nas interações com norte-americanos e europeus. Salem lidava com isso rodeando-se de amigos ocidentais sinceros, que tinham ganho sua confiança ao longo do tempo; ele lhes oferecia bastante dinheiro e férias com todas as despesas pagas para garantirem sua fidelidade, mas não dinheiro suficiente para que eles pensassem em abandoná-lo. Alguns dos que se ligaram a Salem, como o mecânico sueco Bengt Johansson, ou o piloto norte-americano Gerald Auerbach, não tinham grande fome de riqueza ou do que ela pudesse comprar, e permaneceram leais a Salem durante muito tempo. Outros de sua roda, como Jim Bath, pareciam muito mais ávidos por ganhar dinheiro e desapareceram rapidamente do círculo mais íntimo. Parecia que qualquer norte-americano que ganhasse um contrato com Salem logo o lançava em algum negócio paralelo. As idéias lhe vinham aleatoriamente, imagens subliminares em lampejos na tela cinematográfica de um psiquiatra experimental demente — um centro comercial em San Antonio, uma mineração promovida pelo parente de um senador poderoso da Louisiana, um filme de caubói filmado nas Filipinas. Se uma proposta especial encantasse a extravagância de Salem, ele poderia dizer sim, mesmo que aquilo não se encaixasse nas áreas de negócios da família. Salem disse ao seu instrutor de vôo, Don Sowell, por exemplo, que ele compartilhava a propriedade de um apartamento de luxo em Londres com o boxeador Muhammad Ali. Se a idéia aborrecesse Salem (como foi o caso do roteiro do filme de caubói), ele a descartava com um aceno.[15]

"Essas pessoas não são grande coisa", Johansson lembra ter dito a Salem, falando dos promotores de negócios como Jim Bath que rodopiavam em torno dele.

"Eu sei, Bengt", respondia Salem. "Estou roubando mais deles do que eles de mim."[16]

Uma vez, voando a mais de 12 mil metros de altura em um Learjet por cima do Norte da África, Salem ficou preocupado, pensando se suas namoradas só gostavam dele porque ele tinha dinheiro, lembrou o seu piloto Jack Hinson. Salem fez uma pausa, e depois descartou a questão: "Desde que eu esteja feliz".[17]

AO CHEGAR À MEIA-IDADE ele não suportava ficar sozinho. Fez quarenta anos em 1985 ou 1986 — ele não sabia o ano nem a data de seu nascimento e muitas vezes usava o Valentine's Day como um substituto sentimental. Sua necessidade de companhia constante ficou cada vez mais embaraçosa. Ao usar o banheiro, por exemplo, deixava a porta aberta e exigia que seus amigos se sentassem por perto e conversassem com ele enquanto ali permanecesse. Se não houvesse membros de sua roda ao alcance, ele chamava a portaria e oferecia-se para pagar uma empregada ou alguém da manutenção para vir a seu quarto, sentar-se do lado de fora do banheiro e lhe fazer companhia enquanto ele defecava.[18]

Seus hábitos de sono não eram menos estranhos. Quando compartilhava uma casa com seu amigo Mohamed Ashmawi em Riad, não conseguia dormir sozinho, então deitava na cama com Mohamed — não havia nenhuma indicação de cunho sexual, apenas necessidade de companhia. Quando Mohamed estava com alguma namorada morando com ele, Salem se introduzia no quarto à noite e anunciava: "Vou dormir com vocês", lembrou Ashmawi.

"Eu disse: 'Você devia ter vergonha — estou com a minha namorada'. Ele falou: 'Deixe ela dormir ao seu lado e eu durmo ao seu lado do outro lado — você fica no meio.'"

"Não, Salem."

"Vamos tentar. Pode funcionar."

"Vá dormir no seu quarto."[19]

Ele acabava saindo, segundo disse Ashmawi, mas aí Salem dormia um sono intermitente, de olhos abertos. Passava longos dias e tardes deitado na cama, mas muitas vezes só dormia durante intervalos de quinze minutos ou meia hora. Usava todos os quartos como uma combinação de escritório, sala de estar e teatro. Rotineiramente, tinha reuniões com executivos estrangeiros de companhias como a Firestone deitado na cama; no meio de uma negociação, podia enfiar a cabeça no travesseiro e cochilar, e aí, do mesmo modo inesperado, acordar de supetão.

Esses hábitos irrequietos cobraram um preço pesado de sua saúde. O corpo ficou mole, as pernas, atrofiadas pela falta de exercício, e os olhos afundaram e escureceram tanto que às vezes ele parecia um guaxinim. Raramente caminhava — carros o levavam de casa para o terminal do aeroporto, depois, através da pista, até seu avião, e do avião para o terminal seguinte, e assim por diante, até que ele chegasse à cama seguinte. Bengt tinha medo de que as pernas de Salem logo fossem falhar de vez, e tentou implementar um regime que suspendia as idas de carro entre terminais de aeroportos e aviões — se eles pelo menos caminhassem pela pista, disse Bengt, talvez Salem conseguisse recuperar alguma força na musculatura na perna.

A falta de sono exacerbava o humor de Salem, que podia ser vulcânico. Suas explosões em geral passavam rápido e faziam-no se sentir culpado e encabulado, mas, especialmente, à medida que a fadiga se acumulava, ele podia sucumbir a breves fúrias. Sem uma palavra, podia voltar da cabine de um de seus aviões e dar um soco em um de seus irmãos, depois voltar e sentar sem dar explicações. Também acontecia de gritar e repreender um piloto ou até um amigo, embora raramente chegasse às vias de fato. Em duas ou três ocasiões, de acordo com seus amigos, ele se permitiu beber além da conta e perdeu todo o controle. Durante uma noite particularmente memorável e assustadora em Dubai, no final dos anos 1980, Salem arrebentou o palanque de uma banda no Hotel Sheraton, quebrou um tambor na cabeça de um dos integrantes da banda, ameaçou os amigos com violência e criou cenas tão feias no saguão do hotel que seu amigo do colégio interno, Mehmet "Elefantinho" Bergin, finalmente chamou um médico para sedá-lo. No dia seguinte, Salem não se lembrava de nada.[20]

Ele especulava livremente a respeito de sua própria morte. Em Cannes, mais ou menos na época em que estava desenvolvendo sua proposta de casar-se com as quatro namoradas, sentou-se com seu advogado do Texas, Wayne Fagan, e Elefantinho. Salem matutou sobre como reagiria se descobrisse ter câncer ou outra doença séria.

"Sabe o que eu faria?", perguntou, como lembra Fagan. "Eu entraria no meu MU-2, sairia e procuraria a nuvem mais alta no céu. E subiria até o topo dessa nuvem. E desligaria o motor. Eu não me submeteria à quimioterapia."

A sala estava em silêncio. Salem olhou para Elefantinho.

"Você é meu amigo mais íntimo, de modo que o levaria comigo — não vou sozinho!"[21]

23

Campo de Sonhos Kitty Hawk

NOS ANOS SEGUINTES ao seu serviço como segurança em um bar em Miami, Elefantinho sedutoramente abriu caminho pela sociedade debutante em Dallas e a vida noturna movida a Moët Chandon em Genebra. Ele passou para o comércio de jóias, conheceu o ator Sean Connery e abriu uma loja em Londres, em parceria com ele; os dois a chamaram de Bond Street Jewelry. Mehmet corria atrás de mulheres com maior energia que Salem, e, por causa de seus ombros largos e dos pensativos olhos escuros, muitas vezes tinha sucesso. Ele e Salem fizeram o pacto de que, se algum deles resolvesse sossegar e se casar, o outro faria o mesmo, mas parece que o acordo nunca veio a acontecer. Durante uma fase, Mehmet pensou em se retirar para sua Turquia natal, a fim de escrever um livro sobre a arte de amar as mulheres. Em vez disso, depois de diversas mágoas e reveses financeiros, mudou-se para a Arábia Saudita. Seu trabalho era muitas vezes uma extensão dos serviços de babá de Salem. Havia uma variedade atraente. Mehmet podia regalar seus amigos com histórias surreais sobre os caprichos e pecadilhos dos ricos empresários do golfo dos quais ele cuidara durante as viagens à Europa e aos Estados Unidos.

No final de junho de 1987, ele estava em Miami jantando com a família de sua namorada venezuelana, Margarita, quando Salem telefonou. Do jeito que Mehmet descreveu a conversa a seus amigos, ela foi assim:

"Neste sábado vou me casar com Carrie", anunciou Salem.

"Ah, *mabruk*. Finalmente, você vai se casar — ela o encurralou."

"É, Margarita o encurralou também."

"Não, ninguém me encurralou."

"Estou dizendo, ela o encurralou — porque você vai se casar com ela."

"Vamos, Salem."

"Não, não, Elefantinho — você me prometeu. Você vai fazer exatamente o que eu mandar. Se você não quiser se casar com Margarita, tenho aqui duas moças egípcias, venha e dê uma olhada nelas. Não são más. Case-se com uma delas."

Mehmet desligou o telefone. "Margarita, neste sábado vamos nos casar", disse ele.

No dia seguinte eles voaram para Londres. Salem mandou um carro buscá-los no aeroporto. Quando Mehmet apressadamente convidou sua única irmã para o casamento, ela perguntou: "Se Salem disser para você se matar, você vai se matar?".[1]

A família Bin Laden e os amigos convergiram para Londres vindos de diversos continentes. Salem instalou seus convidados em suítes no Grosvenor House, hotel em Park Lane, e tomou providências para que limusines os levassem e trouxessem de Offley Chase. Ele escolhera o dia 4 de julho de 1987, e, como sempre, teve sorte — o céu estava claro e o sol brilhava magnificamente durante a tarde inteira. O ambiente na propriedade misturava a elegância de uma casa de campo dos anos 1930 com a festividade do Ringling Brothers. Uma fila de carros antigos passava pela entrada, transportando os convidados do casamento. Em um campo além da mansão tremulava um balão de ar quente com listras verdes, vermelhas, amarelas e roxas, com a cesta aberta para que os 250 convidados pudessem passear. Um helicóptero estava estacionado na grama, por perto, também disponível para passeios. Palhaços, encantadores de serpentes e acrobatas perambulavam entre enormes tendas montadas nos gramados.[2]

Salem envergou uma *thobe* saudita para uma breve cerimônia tradicional, mas, durante grande parte da tarde, ele e Elefantinho usavam ternos pretos, camisas brancas e lisas gravatas marrons. Carrie trajava um vestido de noiva branco, de mangas compridas, e exibia uma tiara feita de margaridas brancas. No jantar, servido sob uma tenda branca, Salem e Carrie sentaram-se com Elefantinho, Margarita e os dois filhos de Salem, Sara e Salman.

A ex-mulher de Salem, Sheikha, compareceu com seu segundo marido, um diplomata austríaco que conhecera em Jedá, demonstração de sua visão moderna, independente. Randa também chegou com seu novo marido. No todo, cerca de vinte das irmãs e irmãos de Salem compareceram, um grupo auto-selecionado que ficava bastante à vontade para circular na Inglaterra usando ternos e vestidos, em um ambiente sem segregação por gênero, reunindo-se a europeus e norte-americanos. O comparecimento a um evento tão importante — o casamento do líder da família com uma inglesa — indicava o tamanho do grupo da família Bin Laden que pendia para o Ocidente, metade dos 54 filhos de Mohamed.

Salem fez um discurso sentimental a respeito de sua amizade com Elefantinho, e como eles tinham prometido fazer juntos essa passagem para a condição de casados. Naquela noite, quando a música se calou, os dois casais de noivos subiram nos carros e rodaram alguns minutos até o aeroporto de Luton, onde embarcaram em um dos jatos de Salem para voar até Bristol, a fim de passar a lua-de-mel conjunta em um hotel nas proximidades, e depois irem de lá até o Sul da França e para a Alemanha.

Seus amigos entenderam, é claro, que Salem jamais cresceria inteiramente, mas, depois de tantos anos de instabilidade, pelo menos parecia que tentava se acalmar e se recuperar um pouco. Entre outras coisas, queria mais filhos. Três meses depois do casamento Carrie estava grávida.

SALEM ACAMPOU NO DESERTO SAUDITA com Fahd no inverno seguinte. Os meados da década de 1980 foram um período difícil para o setor de construções de propriedade dos Bin Laden na Arábia Saudita, já que a queda no preço do petróleo atrapalhava os cronogramas de pagamentos e o lançamento de novos projetos. Planejamentos de reformas em Medina forneceram algum lastro, mas, de acordo com Bengt Johansson, a estada no deserto no início de 1988 produziu uma grande reviravolta, quando o rei se comprometeu com diversos projetos lucrativos, inclusive uma reforma maciça em Meca, para depois do trabalho em Medina. Outra pessoa próxima a Salem lembra que ele estava animado com esses contratos; instruiu esse amigo a abrir novas contas na Suíça de modo a garantir que Salem e sua família recolhessem uma parcela mais confiável dos lucros do que ele conseguira no passado.[3]

Ao mesmo tempo, duas pessoas que trabalharam próximas a Salem lembram-se, separadamente, que naquele mesmo inverno ele estava obcecado por uma grande transação comercial internacional, envolvendo permutas de vendas de petróleo no mercado à vista, que tinha ido muito mal e causara uma perda substancial para Salem. Uma das pessoas lembrou-se de que o negócio envolvia a aquisição, pelo governo saudita, de aviões comerciais da Boeing Corporation; o outro achava que poderia ter relação com o envio de armamentos para o Afeganistão, a partir da China e da Europa Oriental. De qualquer modo, segundo esses dois relatos, Salem achou que tinha sido passado para trás financeiramente por seus sócios no negócio, e ficou singularmente zangado e sombrio a respeito do que acontecera.[4]

Em meados de abril, Salem tirou umas férias na Grécia com Carrie e os dois filhos. Uma semana mais tarde ele voou para os Estados Unidos com seus dois meios-irmãos, Tareq e Shafiq. Salem comprara um jato Hawker-Siddeley, o mesmo modelo que seu pai possuíra na época de sua morte, duas décadas antes. Entre outros projetos, Salem supervisionou a reforma do interior da aeronave, feita por uma companhia norte-americana. Em maio, ele ficou para lá e para cá por cima do Atlântico.[5] Mais para o final do mês, ligou para sua ex-namorada, Lynn Peghiny, em Orlando; não falava com ela há quase um ano.

"Vou para Orlando e adoraria vê-la e levá-la para jantar — e a sua família está convidada", disse ele, como lembrou Lynn.[6]

Ela ligou para várias de suas irmãs que moravam por perto, e elas se encontraram com Salem em um pequeno restaurante italiano poucas noites depois. Lynn ficou sabendo do casamento dele, e também que Carrie estava grávida, a essa altura com uma gravidez tão avançada que já não podia mais viajar. Salem e seu grupo todo ia para o Texas, para o casamento de Anthony Auerbach, o único filho de Gerald.

Salem trouxe seu violão para o restaurante. Ele passou pelas suas favoritas e cantou ruidosamente. Permanecia enamorado dos padrões norte-americanos mais conhecidos. "You Are My Sunshine" era uma de suas preferidas, e ele soltou isso na voz naquela noite.

Ele parecia, como lembrou Lynn Peghiny, "estar muito feliz".[7]

NO SÁBADO, 28 DE MAIO DE 1988, Salem reuniu-se a cerca de 250 convidados no casamento do Auerbach, que teve lugar no Clube dos Oficiais da Força Aérea de Lackland, na periferia de San Antonio. As Cone Sisters, três louras platinadas que cantavam no padrão das grandes bandas, propiciavam a diversão, mas, é claro, durante o intervalo Salem e o seu amigo piloto, Don

Kessler, apoderavam-se dos instrumentos e tocavam. Durante a recepção, Salem levantou-se à frente de todo mundo e percorreu uma rotina cômica que a essa altura já era conhecida dos convidados regulares dos casamentos Bin Laden. Ele anunciou que tinha escrito um poema comemorativo para a ocasião. Aí puxou um rolo de papel higiênico rabiscado do bolso explicando que, no banheiro, "eu faço o meu melhor trabalho".[8]

No final da manhã seguinte, domingo, Salem ligou para seu amigo Jack Hinson de seu hotel no complexo de empresas, ao longo da Interestadual 410. Queria planejar como passar o dia.

"Os Thunderbirds estão voando", Hinson lembra de ter contado a ele, referindo-se à equipe de demonstração de vôo de precisão da Força Aérea.

"Eu vi os Thunderbirds", disse Salem.

Hinson disse que iria ao campo onde eles guardavam alguns ultraleves, tomar um café-da-manhã e talvez voar um pouco.

"O que eles têm para o café-da-manhã?", perguntou Salem.

"Têm presunto com ovos, presunto fresco e ovos, e tomates frescos", disse Hinson. Brincando, acrescentou: "Você não come presunto".

Salem conhecia o lugar; ele voara lá diversas vezes. "Vamos sair", disse ele, segundo Hinson. Quanto ao café-da-manhã, brincou Salem: "Você diga a todo mundo que vá comigo que é carne de boi [...] Eu sei que vou para o inferno, de qualquer maneira".[9]

O Campo de Sonhos Kitty Hawk ficava a cerca de trinta quilômetros a nordeste de San Antonio, nos limites de Schertz, uma cidadezinha insignificante com alguns milhares de pessoas que estava sendo lentamente consumida pelos subúrbios mais afastados de San Antonio. Um ex-fusileiro naval cheio de tatuagens, chamado Earl Mayfield, tinha construído o campo de vôo cerca de sete anos antes. Ele era proprietário de um pequeno restaurante perto de San Antonio e adotou o vôo em ultraleve como *hobby*, resolvendo que precisava de um pouco de terra para voar adequadamente. Comprou um lote de cerca de 240 mil metros quadrados ao lado da Old Nacogdoches Road. Retirou ele mesmo os cedros com um trator e construiu alguns hangares leves de metal. Um de seus clientes era a AlamoArrow Ultralights, o varejista local cujo vendedor, George Harrington, acompanhara Salem até Peshawar, no Paquistão, no início de 1985. A AlamoArrow mantinha algumas aeronaves de aluguel no campo. Era um local descontraído, à vontade. Na grama aberta, Mayfield construíra uma pequena pista de asfalto que tinha uns dezessete metros de largura. Nas imediações, ele erigira um bar para lanches, com mesas de piquenique e churrasco. O campo era rodeado de cerrado — capim alto e algarobeiras espinhentas curvadas pelo vento. Ao sul, além de uma fila de arbustos e árvores, torres de alta-tensão com o formato de gigantescos espantalhos de metal atravessavam um espaço vazio que ia no sentido oeste-leste; essas torres tinham mais de trinta metros de altura.[10]

Salem chegou por volta das duas da tarde naquele domingo, acompanhado de pelo menos quatro ou cinco pessoas de seu grupo de viagem. Ian Munro, seu aristocrático sócio britânico, era um deles. Seu meio-irmão Tareq também estava junto. Eles comeram um copioso café-da-manhã. Hinson levou Salem de carro até sua casa, para que ele pudesse se lavar e usar o banheiro. Salem perambulou pela garagem de Hinson e viu uma motocicleta Yamaha de 1.500 cc. Implorou para voltar de moto. Hinson subiu na motocicleta e fez sinal para que Salem montasse atrás.

"Não, quero ir na frente", disse Salem, segundo a lembrança de Hinson. "Você vai me matar! [...] Acha que sou maluco?"

"Eu tinha motocicletas — tive Harleys, sei dirigir uma motocicleta [...] não vou me exibir nem fazer nada."[11]

Ele manteve a palavra, pelo menos até Hinson descer da moto em Kitty Hawk. Depois disso Salem imediatamente saiu rugindo e empinando a moto pelo campo. Finalmente largou a motocicleta, encontrou na areia um *buggy* com seus grandes pneus de borracha e saiu correndo nele. Durante todo o tempo, um dos aviadores da AlamoArrow zumbia no céu em um modelo novo, de um só assento, chamado Sprint, que tinha apenas algumas poucas horas de vôo.

O Sprint desceu para pousar e Salem resolveu dar uma volta. A chuva leve tinha sumido e o dia ficara claro e ensolarado, com boa visibilidade. O vento estava soprando com uma velocidade de trinta a quarenta quilômetros por hora, veloz, mas não violento. Salem esvaziou os bolsos de moedas, chaves e cigarros e subiu ao avião.

Ele usava calças jeans e uma camisa de manga curta listada de azul e branco. Tinha um par de óculos escuros pendurado no pescoço por uma corrente, mas não trazia capacete ou visor. Os olhos de Salem tendiam a lacrimejar muito com o vento; de acordo com seu amigo Thomas Dietrich, ele algumas vezes, quando esquiava, topava com as árvores porque as lágrimas lhe turvavam a vista. Usava óculos escuros para proteger os olhos, mas eles não tinham a mesma eficácia de um visor. Alguém perguntou a Salem se queria um capacete, mas ele recusou; naquela época, os capacetes não eram obrigatórios.[12]

Salem acelerou pela pista, inclinou-se para trás e subiu à cerca de quinze metros. Aí nivelou o avião e virou-se na direção das linhas de alta-tensão. A rota de vôo em Kitty Hawk, especialmente para pilotos novos ou inexperientes, é exatamente no sentido oposto — uma virada para oeste e finalmente um anel de volta para aterrissar. Não era raro um piloto veterano virar para o sudoeste, no entanto, e Salem já tinha feito isso antes, de acordo com Hinson; a rota alternativa simplesmente exigia um pouco mais de cuidado porque era preciso subir rapidamente para a altura adequada.

Os amigos de Salem o observavam da lanchonete e das mesas de piquenique. Uma pessoa subira ao telhado da cantina, de onde acompanhava o vôo de Salem em uma câmera manual de vídeo. O motor do ultraleve gemia regularmente. Não havia sinais de fadiga mecânica — nenhum sacudir de asas, nenhuma mudança de potência audível, nenhuma guinada ou luta para manter a altitude. Salem voou reto e nivelado — direto para cima das linhas de alta-tensão.[13]

Não houve qualquer som, nenhum ruído ou estalo, nenhuma chuva de faíscas. O avião emaranhado inclinou-se para a frente, de nariz para baixo, como se estivesse em câmara lenta, e depois despencou para o solo.

Em meio a gritos e arfares pasmos, alguém ligou para o serviço de emergência. Faltavam poucos minutos para as três da tarde. Earl Mayfield pulou em um carrinho de golfe e correu na direção da fila de árvores. Hinson e outros correram atrás dele.

Quando encontraram Salem, ele estava preso ao assento, virado para o chão. Os olhos estavam abertos. Escorria sangue de seus ouvidos. O motor tinha batido na cabeça dele, por trás. As duas pernas estavam visivelmente quebradas.

Eles o soltaram, protegendo sua cabeça. Puseram-no no chão e tentaram uma ressuscitação cardiopulmonar enquanto esperavam a ambulância da Instalação para Serviços de Emergência da Área de Schertz. Ela chegou em cerca de quinze minutos. Dois paramédicos administraram oxigênio e continuaram a RCP. Puseram Salem na cabine e foram embora, com as luzes piscando e a sirene a mil. Um dos paramédicos rabiscou nas notas: "Não conseguiu encontrar uma boa rota aérea [...] Não houve mudança no monitor". O encarregado preencheu o relatório da ambulância, indicando as condições do paciente: "Em convulsões [...] sem reação [...] crítico".[14]

O centro de traumatologia mais próximo era o Brooke Army Medical Center em Fort Sam, Houston, o quartel-general do comando do Quinto Exército dos Estados Unidos. Era uma viagem de menos de quinze minutos.

Foi lá, cerca de uma hora mais tarde, que os médicos militares norte-americanos formalmente declararam que Salem bin Laden estava morto.

PARTE TRÊS

A FAMÍLIA GLOBAL

junho de 1988 a setembro de 2001

24

ESCRITOR-DIRETOR-PRODUTOR

AS NOTÍCIAS CHEGARAM À NOITE na Arábia Saudita. O rei Fahd ligou para Bakr a fim de oferecer suas condolências formais. Alguns dos amigos e parentes de Salem tinham previsto sua morte em um desastre de avião, mas, como disse Mohamed Ashmawi, poucos deles imaginavam que ele iria morrer em um "avião Mickey Mouse". Os Bin Laden, observou uma pessoa próxima a eles, tinham um jeito de vivenciar esses eventos com uma intensidade especial, como se tivessem sucumbido a uma doença coletiva. Eles acharam que a morte de Salem fora uma avassaladora "tragédia familiar", lembrou Abdullah, um dos meios-irmãos mais jovens. Havia também uma confusão generalizada a respeito de como um acidente desses podia ter acontecido. Seria o suicídio uma possibilidade? Teria ele sofrido um ataque cardíaco ou um derrame incapacitante enquanto estava no ar? Será que alguém o teria drogado e matado? Teorias conspiratórias eram comuns na Arábia Saudita, onde a livre discussão de idéias era proibida, e a história, uma narrativa pontuada por conspirações ocultas reais. Mesmo que se supusesse um motivo acidental, a morte de Salem marcava a segunda vez, em duas décadas, que a família Bin Laden era ceifada por um desastre aéreo com uma conexão norte-americana.[1]

Após telefonemas entre Texas, Jedá, Riad e a embaixada saudita em Washington, Khalil bin Mahfouz despachou seu 707 particular a San Antonio para colher o corpo do amigo. O Bexar County Medical Examiner apossara-se do corpo de Salem depois da morte; o departamento tinha a obrigação de fazer uma autópsia em um caso desse tipo. Tareq e outros membros da família pediram a seus amigos em San Antonio que mexessem os pauzinhos no sentido de que os efeitos visíveis da autópsia fossem minimizados. Uma vez devolvido o corpo de Salem à Arábia Saudita, ele seria lavado, na tradição islâmica, à presença dos irmãos e amigos homens de Bin Laden. Gerald Auerbach e Jack Hinson contrataram um agente funerário que conheciam em San Antonio; ele concordou em apanhar o corpo de Salem no Instituto Médico-Legal e prepará-lo cosmeticamente para a viagem de volta.

Membros da família ligaram para amigos e parentes de Salem na Europa a fim de dizer que, se eles quisessem comparecer aos serviços de sepultamento e luto, poderiam convergir para Genebra, onde o avião de Bin Mahfouz faria uma parada. Quando o 707 chegou pesadamente ao terminal para aviação privada do aeroporto, acima do lago Genebra, Yeslam estava esperando, junto com Shafiq, outro meio-irmão que passara a maior parte da vida na Europa. Elefantinho e diversos outros amigos e parentes de Salem também estavam ali.[2]

Yeslam se viu tomado de uma ansiedade paralisante; ele ficou tão perturbado com ter de voar com o caixão de Salem que não conseguiu subir as escadas do jato. Seus irmãos tentaram confortá-lo, mas ele estava em choque. Quando o avião finalmente foi embora, Yeslam ficou para trás.[3]

Ali, o ex-rival afastado de Salem na liderança da família, e que fora o favorito do pai, voou para a Arábia Saudita em seu jato particular para prestar seus respeitos. De Jedá, um grupo de parentes e amigos foi de carro para Medina, esperar a chegada do corpo de Salem. A permissão para o sepultamento em Medina, onde o profeta Maomé também foi sepultado, exigia a aprovação real, o que o escritório de Fahd prontamente forneceu. O grupo que estava esperando no terminal VIP de Medina entrou em contato com a torre de controle de tráfego aéreo pedindo que eles dissessem a hora da chegada do 707, exatamente como sempre fizeram quando os vôos particulares de Salem estavam para chegar. Foram para o lado de fora observar a aterrissagem. Salem muitas vezes deixara seus amigos esperando horas, e, quando seu jato finalmente aparecia no horizonte, muitas vezes implicava com eles fazendo uma manobra arriscada — descia até as rodas tocarem o chão, depois arremetia, subia outra vez, fazia um círculo e aterrissava. Nessa noite, seus amigos observaram, atônitos, o avião de Bin Mahfouz ultrapassar a pista; o piloto não teve outra saída senão arremeter, dar uma volta e aterrissar outra vez. O piloto mais tarde disse que tinha sido um erro genuíno, embora raro, de sua parte; o séqüito de Salem concordou que o espírito do amigo tinha despertado o suficiente para pregar uma última peça neles.

Embarcaram o caixão em uma ambulância da General Motors Corporation. Mahrouz, com uma barba cheia, estava entre os irmãos que o acompanharam; ele entoava uma prece para o morto. Um dos amigos de Salem lembrou ter sido erguido para dentro da ambulância pelos irmãos de Bin Laden, para que ele pudesse sentar-se ao lado do caixão. "Você não o deixou durante a vida dele", um dos irmãos disse. "Você não vai deixá-lo agora."[4]

Lavaram o corpo na antiga casa de Mohamed bin Laden em Medina. Em um gesto de respeito, um dos irmãos entregou a chave do caixão de Salem a Khalil bin Mahfouz, para que ele pudesse iniciar a lavagem. Depois, envolveram o corpo em uma mortalha de pano verde, a cor das vestimentas no Paraíso. Os únicos sons eram os de dor e de orações.[5]

No cemitério, na escuridão, os pranteadores em esvoaçantes túnicas brancas e turbantes avolumavam-se e acotovelavam-se. Os braços estendidos de seus irmãos e amigos levaram Salem acima da altura dos ombros até uma vala arenosa. Quando ele foi posto ali, um homem gritou e se aproximou com o corpo amortalhado de uma menina muito nova; não ficou claro quem ele era, ou como ela morrera, mas a menina tinha sido escolhida para ficar aos pés de Salem no túmulo, para fazer-lhe companhia — a alma dela era pura e inocente, e seria um consolo e uma proteção para a passagem dele para a outra vida.[6]

Osama estava entre os irmãos presentes ao funeral de Salem. Não está claro quando ele chegou. Ele continuava a viajar para lá e para cá no Afeganistão, e é possível que estivesse no reino na hora da morte de Salem; o feriado de Ramadã, época em que os Bin Laden muitas vezes se reuniam na Arábia Saudita, acabara de terminar. Se ele estava presente ao enterro, teria se unido a Mahrouz nas preces rigorosas que os crentes *wahhabis* oferecem ao morto. Certamente estava presente durante as recepções de luto, durante os três dias seguintes. Ele se sentia mais próximo a Salem do que de qualquer outro de seus irmãos, de acordo com a mãe de Osama, embora vivessem segundo credos diferentes. Ele considerava Salem "como um pai", disse ela mais tarde. "A morte de Salem entristeceu muito o Osama."[7]

Nos anos subseqüentes, ao falar incessantemente sobre os supostos crimes dos Estados Unidos contra o islã, Osama nunca mencionou a morte de Salem em solo norte-americano, do mesmo modo como nunca se referiu à queda do avião, causada por um piloto norte-americano, que custara a vida de seu pai. Será que ele considerava a possibilidade de conspiração? Na Arábia, seria muito mais excepcional se ele não considerasse. As provas disponíveis a respeito da reação específica de Osama em relação ao acidente de Salem são, no entanto, praticamente inexistentes. Seu meio-irmão Ghalib, que visitara Osama pelo menos uma vez na fronteira afegã, considerara a possibilidade de uma conspiração oculta estar por trás da morte de Salem. Mais tarde, naquele verão, Ghalib voou para o Texas a fim de inspecionar o Campo de Sonhos Kitty Hawk. Ele obteve uma cópia do relatório da autópsia no Bexar County Medical Examiner, de acordo com um sócio comercial da família. O relatório dizia que, na época, Salem não tinha qualquer doença cardíaca nem havia qualquer traço de drogas, álcool ou outras substâncias estupefacientes em sua corrente sanguínea. Segundo o relato do sócio, Ghalib ficou aliviado com essas descobertas, e pareceu disposto a aceitar a conclusão formal da autópsia, que dizia: "Causa da morte: acidente". Jamal Khashoggi, que falava regularmente com Osama durante esse período, e que partilhava na época de seu ponto de vista influenciado pela Irmandade Muçulmana, disse que, embora ele tivesse certeza de que a morte repentina de Salem "tinha sido um grande evento na vida dele", Osama nunca a discutiu. Nem, de acordo com os registros públicos disponíveis, ele a discutiu com outros amigos ou jornalistas.[8]

Em Jedá, do mesmo modo como tinham feito duas décadas antes depois da morte do pai, os filhos de Mohamed bin Laden reuniram-se no complexo de prédios da família entre as preces da noite, *mahgrib* e *isha*, para as cerimônias formais de condolências. Milhares de pranteadores dirigiram-se em bandos para a casa que Mohamed construíra para a mãe de Salem em Kilo 7, na Estrada de Meca, perto da sede da principal companhia de construções da família.

Dessa vez, no entanto, as recepções tinham um objetivo secundário — muitos daqueles que tinham sido próximos a Salem agora se reorganizavam para jurar *bayah*, ou fidelidade, a Bakr bin Laden como novo chefe da família Bin Laden. Esse ritual era um eco direto e constrangedor das cerimônias em Riad que se seguiam à morte de um rei saudita. (Na corte dos Al-Saud, o rei em ascensão senta-se em luto e recebe uma fila de visitantes que demonstram sua lealdade e respeito beijando-lhe o ombro, a mão, ou a face.) O fato de ser Bakr, e nenhum outro irmão, a receber esses gestos de obediência era uma decisão que tinha sido gradualmente reafirmada dentro da família Bin Laden ao longo de anos. Salem tinha passado cada vez mais a indicar Bakr como chefe de operações comerciais, e o papel central deste nas reformas em Meca e Medina o punha na liderança dos contratos de construção mais lucrativos e politicamente sensíveis da família. Ele não era o irmão mais velho vivo depois de Salem, mas estava entre os mais velhos, e, por virtude de sua formação em engenharia civil, também entre os mais qualificados. Além disso, ele era irmão bilateral de Salem, o guardião de seu espólio e de seu legado, o filho sobrevivente mais velho de uma das mais antigas e respeitadas viúvas de Mohamed. Tudo isso fazia com que ele fosse uma escolha natural. Não há provas de que a sagração de Bakr exigisse qualquer debate ou deliberação no interior da família; parece, ao contrário, ter sido mais ou menos tida como certa.

Carrie, a viúva de Salem, pesadamente grávida, lastimou-se na companhia de centenas de mulheres sauditas nas recepções femininas, paralelas mas separadas. Ela arrastou-se ao longo dos dias, e, em 15 de junho, menos de três semanas depois do acidente de Salem, deu à luz, em Jedá, uma menina, Sama.[9] Fazia mais de cinco anos que Carrie tinha se convertido ao islã, cumprindo uma promessa que fizera a Salem quando viajava em seu planador e achou que o avião estava prestes a cair. Ao longo dos anos essa decisão garantiu sua aceitação pela família Bin Laden mais ampla. Ela levava a sério sua nova fé. Depois do nascimento de sua filha, Carrie, em vez de recuar de sua inesperada posição como viúva de um Bin Laden, concordou em aceitar as tradições árabes e islâmicas que essa posição implicava.

SALEM FORA RESPONSÁVEL, em muitos aspectos importantes, pela ascensão de Osama na fronteira afegã. Ele divulgou o trabalho humanitário de Osama, contribuiu para o tesouro dele em Peshawar, supriu-o com equipamento de construção, conseguiu armamento e cimentou suas fortes relações com a família real saudita, que promoveu a influência e credibilidade de Osama para arrecadar recursos. Com o desaparecimento repentino de Salem, Osama perdeu um patrocinador importante. Ao mesmo tempo, ele também perdia parte de sua noção de propósito. A causa que o atraíra para a fronteira do Afeganistão estava desaparecendo. A União Soviética assinara o Acordo de Genebra, em abril de 1988, e anunciara que todas as suas forças já teriam sido retiradas no início do ano seguinte. A guerra e a *jihad* continuariam, já que Moscou deixaria para trás um governo afegão comunista, encarado como apóstata pelos *mujaheddin*, mas sem louros russos penhorados em servir uma força de ocupação inimiga. A guerra no Afeganistão já descambara da rebelião moralmente correta em direção a um turvo conflito civil. Essa evolução tinha um paralelo dentro dos campos dos voluntários árabes: durante os primeiros meses de 1988, a variedade e a intensidade das disputas entre os árabes aumentaram.

A personalidade de Osama e o modo como ele pensava levaram-no a considerar-se acima dessa rixa. Ele seguiu o exemplo do pai. Adaptou seu trabalho e seu comportamento para agradar a seus mentores, mesmo quando eles competiam entre si; ao mesmo tempo, como um líder por méritos próprios, atraiu um séqüito assombrosamente heterogêneo.

Quando Osama voltou à fronteira do Afeganistão, depois do funeral de Salem, ele circulou entre diversas casas, escritórios e acampamentos. Suas mulheres e filhos moravam em Peshawar, e ele organizou reuniões ali com seguidores e camaradas. Ocasionalmente se reunia a Abdallah Azzam em suas instalações de ensino e caridade em Peshawar, que ainda se beneficiava do apoio financeiro e retórico, embora tivessem surgidos diferenças entre eles a respeito de táticas de guerra. Osama discutia com Azzam, mas os dois nunca romperam; no início de 1988, o par instalou um acampamento ao longo da fronteira afegã para treinar e abrigar combatentes árabes. Os rivais de Azzam, os exilados radicais, militares e policiais egípcios liderados por Ayman al-Zawahiri, controlavam os demais acampamentos de Osama. Este deu à sua facção egípcia 100 mil dólares.[10] Ele distribuía seu dinheiro. Isso era uma tática instintiva de equilíbrio, tirado de exemplos de liderança de seu pai e dos regentes árabes, mas também refletia a embrionária filosofia da *jihad* de Osama — um credo que não era especialmente sofisticado, mas que tinha um apelo popular inerente. Todos são bem-vindos. A compulsão da *jihad* era uma questão de consciência individual, não uma conseqüência da iniciação de grupo. Ele se via como um inspirador da *jihad*, não um líder de culto ou um ditador.

Nessa etapa de controvérsias, por exemplo, uma das discussões entre Osama e Azzam envolvia decidir se eles deveriam fazer uma triagem e selecionar entre os candidatos a aderir à causa deles. "Abdallah Azzam queria escolher — ele não acolhia qualquer pessoa", lembrou Jamal Khashoggi, que entrava e saía de Peshawar durante aquele período. Como adepto da tradição da Irmandade, Azzam buscava recrutar seguidores de elite talentosos e treiná-los na tradição da confraria. Achava que esse método produzia voluntários mais confiáveis e racionais. Osama, ao contrário, acreditava em abrir para todo mundo — "quem adotasse o estandarte da *jihad* seria bem-vindo". Esse desacordo marcou o início de sua ruptura formal com a Irmandade Muçulmana, que tinha sido seu ponto ideológico de entrada para o islã politicamente consciente, como jovem adolescente na Escola-Modelo Al-Thaghar, em Jedá. Como Osama explicou mais tarde, ele passou a achar que a verdadeira comunidade dos crentes se origina "de muitos lugares e regiões diferentes, representando um amplo espectro da unidade do islã, que não conhece raça nem cor; nem dá a menor atenção a fronteiras ou muros". Aqui também Osama emergia não como ele mesmo, mas como filho de seu pai; seus acampamentos de voluntários heterogêneos, do ponto de vista racial e nacional, ao longo da fronteira do Afeganistão, cada vez mais se pareciam com a heterogeneidade dos acampamentos no deserto, com trabalhadores de pele cor de azeitona e africanos, que ele vira na Arábia quando era menino.[11]

Seu ponto de vista inclusivo também compensava em parte a falta de prestígio como estudioso. Durante muito tempo Osama fora altivo e teimoso, e, à medida que ganhava confiança, provavelmente passou a sentir o ferrão da condescendência de Azzam. A viúva de Azzam, refletindo o sentimento de superioridade de sua família, mais tarde falou enfaticamente que Osama "não era um homem muito instruído. Ele tem um diploma de segundo grau [...] É verdade que deu aulas a ulemás e xeiques, mas era fácil de convencer".[12] Esse tipo de atitude pairava logo abaixo da superfície do patronato de Azzam. Com igual sutileza, Osama agora começava a afirmar-se, em resposta, por meio de seus pronunciamentos sobre diversidade e igualdade, e também por sua decisão de espalhar contribuições financeiras à sua volta, para incluir os rivais de Azzam entre os egípcios. Esses egípcios já tinham rompido com a Irmandade, que eles consideravam cautelosa demais. Ao criticar Azzam e a filosofia deste, eles enfatizavam a doutrina do *takfir*, pela qual mulçumanos considerados apóstatas poderiam ser excomungados ou até mortos.

A morte de Salem coincidira com essas mudanças no mundo de Osama, na fronteira afegã, e tornava maior o vazio criado pelo declínio de Azzam como mentor. Em Peshawar, naquele verão, os egípcios, em particular, viram uma oportunidade para agradá-lo, agindo como seus divulgadores. Osama "gostava dos refletores da mídia", lembrou um seguidor saudita desse período, Hasan al-Surayhi. "As finanças de Bin Laden não eram segredo para ninguém, e eu acho que os egípcios queriam explorar esse ângulo", declarou Al-Surayhi. Eles conectaram Osama com jornalistas em Peshawar. O chefe militar egípcio em um dos acampamentos de Osama, Abu Ubaida al-Banjshiri, que lutou com ele em Jaji, explicou o pensamento dos egípcios: Osama, disse ele, "gastou muito dinheiro para comprar armas para os jovens *mujaheddin*, além de treiná-los e pagar as passagens para eles viajarem. Agora que a *jihad* terminara, não deveríamos desperdiçar isso. Deveríamos investir nesses rapazes e mobilizá-los sob o guarda-chuva dele".[13]

As reuniões que deram origem à Al Qaeda ocorreram em Peshawar, em agosto de 1988, três meses depois do funeral de Salem. Notas feitas durante as sessões descrevem parte da tensão a que Osama estava sendo submetido naquele verão. Ele queria se desligar de Azzam, mas não desejava se expor demais, adotando um papel de liderança. "Sou uma pessoa", disse ele. "Não iniciamos uma organização ou um grupo islâmico." As experiências em treinamento e guerra que até agora ele apoiara tinham constituído "um período de instrução, acumulação de energia e teste dos irmãos que chegaram". As realizações mais importantes, reconheceu Osama, tinham vindo da divulgação da *jihad*: "Tivemos ganhos enormes das pessoas na Arábia Saudita. Conseguimos dar poder político aos *mujaheddin*, juntando doações em quantidades muito grandes".[14]

Em uma segunda reunião, que teve lugar na casa de Osama, uma pessoa que tomava notas registrou que, ao levar em consideração uma nova abordagem, Osama estava motivado pelas "queixas" com respeito à organização de Azzam, que ele fizera tanto para financiar e dar forma, especialmente "má gestão e mau tratamento". A ênfase agora estaria no treinamento de uma milícia árabe separatista, do tipo a que Azzam se opunha, inicialmente com cerca de trezentos homens. Como Al-Banjshiri encorajara, Osama usaria as armas que adquirira com a ajuda de Salem antes que elas se perdessem. Os acampamentos onde se dariam os treinamento seriam chamados de Al Qaeda

Al-Askariya, ou "A Base Militar". A Al Qaeda seria "basicamente uma facção islâmica organizada", e criaria "estatutos e instruções", mas seria também um veículo para uma participação mais aberta, não hierárquica, na *jihad*. "Seu objetivo seria elevar a palavra de Deus, tornar Sua religião vitoriosa." Os recrutas jurariam sobre uma promessa que não fazia referência a Osama bin Laden. Eles recitariam:

> O penhor de Deus, e sua aliança, está em mim, para ouvir e obedecer os superiores, que estão fazendo esse trabalho, em energia, acordar cedo, dificuldade e facilidade, e, para sua superioridade em nós, de modo que a palavra de Deus será a mais elevada, e Sua religião, vitoriosa.[15]

Essa ambigüidade presente no nascimento da Al Qaeda — o sentimento de que era uma organização, mas que seus limites se dissolviam em um movimento mais amplo — persistiria durante anos, porque era fundamental para o próprio ponto de vista de Osama. Na cabeça dele, a Al Qaeda era simplesmente um meio incidental para incitar e organizar a *ummah*, a comunidade de crentes islâmicos. Ao longo dos anos, Osama lutaria às vezes para se manter fiel a essa aspiração, à medida que a burocracia, o sectarismo e a ambição mesquinha roíam seus ideais. No entanto, ele nunca abandonou seu modelo original. "A situação não é a que o Ocidente retrata", viria Osama a dizer a um entrevistador, muitos anos mais tarde, "de que existe uma 'organização' com um nome específico, como 'Al Qaeda', e daí por diante. Esse nome em especial é muito antigo, e apareceu muito independentemente de mim. O irmão Abu Ubaida al-Banjshiri criou uma base militar para treinar os rapazes a fim de que eles lutassem contra o império soviético [...] Então esse lugar foi chamado 'A Base', como em uma base de treinamento, e o nome cresceu daí. Não somos separados da *ummah*. Somos filhos de uma *ummah* e parte inseparável dela."[16]

Osama explorou uma rica herança de ideologia saudita influenciada pela Irmandade, mas sintetizou essas idéias com lições tiradas de sua família. Nos anos seguintes, faria três contribuições indispensáveis para a Al Qaeda, todas elas derivadas de suas experiências como Bin Laden: a ênfase na heterogeneidade e na inclusão, sua confiança a respeito de dinheiro e administração, e sua atração pelas tecnologias de integração global. De fato, esses pontos fortes vindos da família de Osama se tornariam mais importantes para a potência da Al Qaeda que sua ideologia islâmica subjacente, que era corriqueira entre os grupos militantes.

Ambição, energia, talento natural e dom para lidar com as pessoas tinham feito Mohamed bin Laden ficar rico. Reinterpretadas por Salem, essas características tinham envolvido uma vida secular de singular criatividade e sucesso financeiro. Reinterpretadas por um prisma de radicalismo islâmico, por Osama, elas logo se mostrariam igualmente transformadoras.

EM ABRIL DE 1989, Ghalib bin Laden voou para os Estados Unidos com um dos pilotos paquistaneses da família para providenciar a entrega final de um jato particular Hawker-Siddeley que Salem comprara antes de morrer. Era um jato executivo de dois motores, elegante e espaçoso, que podia carregar doze ou mais passageiros. Ghalib tinha as habilidades de piloto necessárias para avaliar a presteza do avião, e como irmão bilateral de Bakr, ele tinha a sua confiança. Amadurecera como administrador inteligente, esperto, que não suportava tolos e podia agir de modo decisivo, segundo o julgamento de um sócio comercial que trabalhara bastante com ele. Tinha dois filhos, e sua mulher cada vez mais se apegava ao véu.[17]

Em 22 de abril Ghalib voou a San Diego, onde um de seus meios-irmãos mais novos, Abdullah, estava matriculado na universidade. Ele seguiu para Honolulu, então Guam, e alcançou Hong Kong no dia 24. Gerald Auerbach, o piloto da família, unira-se ao vôo, do mesmo modo que um segundo piloto paquistanês e o mecânico Bengt Johansson. Eles voaram para Kuala Lumpur, depois para Bombaim. Na noite de 27 de abril de 1989 seguiram para Peshawar. Registraram-se em um hotel na cidade e Ghalib bin Laden e um dos pilotos paquistaneses viajaram por estrada até a fronteira do Afeganistão.[18]

De acordo com duas pessoas que estavam na cidade, mas que não saíram do hotel em Peshawar, Ghalib levava cerca de 50 mil dólares em dinheiro. Uma dessas pessoas, Auerbach, lembrou que a quantia era destinada a Osama, porque ele estava "precisando de algum dinheiro". O segundo passageiro, Johansson, falou que o piloto paquistanês que saíra do hotel disse-lhe que estavam procurando distribuir o dinheiro, como um presente de Ramadã, para as pessoas pobres que moravam em um acampamento de refugiados. Segundo o relato de Johansson, esse ato de caridade acabou sendo perigoso. "Eles quase foram mortos lá" e "tiveram de pular algumas cercas", porque uma multidão de refugiados, vendo o saco de dinheiro de Ghalib, resolveu apressá-lo, em vez de esperar uma distribuição ordenada da caridade. Um procurador da família disse que Ghalib se lembrou "de que o dinheiro que ele [Ghalib] levara de Peshawar tinha sido distribuído para os pobres nos campos de refugiados" e que não fora entregue a Osama; o procurador enfatizou que Ghalib jamais dera qualquer apoio financeiro ou de outro tipo ao terrorismo de Osama.[19]

Na época da visita, Osama estava passando pelo episódio mais difícil de sua aventura no Afeganistão. Em março, por orientação da inteligência paquistanesa, uma grande força de rebeldes afegãos abrira um ataque na cidade a leste do Afeganistão, Jalalabad, a cerca de quatro horas de carro de Peshawar, sobre o Khyber Pass. A cidade foi defendida por uma força constituída pelo rebotalho dos soldados afegãos comunistas que temiam ser executados se cedessem sua posição, e que portanto lutaram ferozmente, apoiados por oficiais soviéticos clandestinos que operavam baterias de mísseis Scud. Osama juntou-se à campanha do sítio, liderando uma força do tamanho de uma companhia formada de voluntários árabes que tinham sido treinados durante o inverno nos acampamentos inaugurais da Al Qaeda. Ele assegurou-se mais uma vez de que seus seguidores estivessem adequadamente equipados — entre outras coisas, comprara equipamento de visão noturna. No campo de batalha em Jalalabad, no entanto, ele e sua milícia falharam desastrosamente. As táticas de guerrilha e emboscada que tinham aprimorado nas montanhas se mostraram inúteis durante assaltos a posições fortificadas fixas. O terreno favorecia os defensores. Cerca de uma centena de jovens árabes havia morrido sob a liderança de Osama quando a campanha foi encerrada, em junho.[20]

Tantas perdas em um esforço tão evidentemente fracassado só serviu para exacerbar o sectarismo e a briga que cercavam Osama. Em julho, uma facção afegã liderada por Gulbuddin Hekmatyar, que era favorecido por Osama, massacrou os líderes de uma facção rival liderada por Ahmed Shah Massoud, que era favorecido por Azzam. Essas duas poderosas milícias afegãs iniciaram uma guerra civil aberta. Por trás das linhas, Peshawar "se tornou um lugar horrível", lembrou Jamal Khashoggi. "Os árabes não gostam uns dos outros. *Takfiris*. Tensões. [...] Fragmentação, grupos fanáticos."[21]

Em 24 de novembro de 1989, Abdullah Azzam morreu em um ataque de carro-bomba. O crime não foi solucionado. Rivais egípcios de Azzam, Hekmatyar, Bin Laden, ou alguma outra combinação, parecem ser os suspeitos mais prováveis. Mais tarde, Osama negou qualquer envolvimento. "Naquele ponto, estávamos os dois no mesmo barco, e estávamos todos atentos às inúmeras conspirações que havia para assassinar-nos a todos", disse ele. Osama lembrou de dizer a Azzam para ficar fora de Peshawar. Por fim, como disse, ele concluiu que Israel, "em conluio com alguns de seus agentes árabes", tinha levado adiante o ataque. Sua declaração de inocência é de difícil avaliação, mas provavelmente verdadeira. Ele não tinha qualquer necessidade particular de matar Azzam, e não há qualquer prova convincente de que ele já tivesse participado em qualquer plano de assassinato.[22]

Poucas semanas antes da morte de Azzam, Osama se mudou para sua casa, com a família. Em rápida sucessão, ele perdera os dois mais importantes mentores de sua vida. Seu patrocinador na inteligência saudita, Ahmed Badeeb, seu ex-professor no ginásio, insistiu para que ele saísse do Paquistão. Badeeb estava tentando "diluir" o número de agentes e aliados que apoiava em Peshawar, agora que os soviéticos tinham se retirado. Ele ofereceu conselhos comerciais a Osama. Desenvolvimentos financeiros dentro da família Bin Laden também podem ter apressado sua partida. Bakr estava prestes a supervisionar uma importante reorganização corporativa e a distribuição de herança a todos os Bin Laden da geração de Osama; conviria a este estar presente na Arábia Saudita quando isso ocorresse. Era, em um sentido mais amplo, hora de ele encontrar seu sentido de orientação.[23]

Ao deixar Peshawar, Osama foi levado, de início, por um sentimento de exaustão e até de medo a respeito do curso desagregador da guerra no Afeganistão. Ele não tinha nenhum plano coerente para a fase seguinte de sua vida. Deixara para trás algum dinheiro e tecnologia para manter a continuidade de seus seguidores da Al Qaeda. Nos acampamentos perto de Kandahar, eles logo instalaram alguns computadores Apple.[24]

ACIMA: *Mohamed bin Laden em um acampamento de construções no deserto em meados da década de 1960.*

À ESQUERDA: *Os escritórios e locais de trabalho dos Bin Laden eram operados por engenheiros e operários de dezenas de países diferentes.*

À DIREITA: *O forte ancestral dos Bin Laden no Iêmen.*

FOTO: ROBIN SHULMAN

A casa de Mohamed bin Laden a leste de Jerusalém, comprada durante os anos 1960 e mais tarde posse de israelenses depois da guerra de 1967.

Membros da família Bin Laden em férias na Suécia em 1971. Osama não estava nessa viagem e não foi fotografado, de acordo com diversas fontes próximas à família.

Salem bin Laden, filho mais velho de Mohamed, em uma escola preparatória inglesa com seu amigo de infância, Mehmet Birgen, conhecido como Elefantinho.

FOTO: DALMAS/SCANPIX

ACIMA: *Saleh bin Laden e sua então namorada, Shirley Cottam, no colégio interno quacre no Líbano, durante os anos 1970.*

À ESQUERDA: *Salem e sua primeira filha, uma menina, Sara, em 1975.*

FOTO: COLEÇÃO DO AUTOR

FOTOS: COLEÇÃO DO AUTOR

Saleh bin Laden e algumas de suas meias-irmãs em férias em uma pista de kart na Inglaterra durante os anos 1970.

À DIREITA: *Salem e Elefantinho a bordo do iate de Salem.*

Salem esquiando em Snowmass em meados dos anos 1980.

ABAIXO: *Osama bin Laden no Afeganistão, em uma foto sem data, antes de sua barba ficar grisalha com o estresse do exílio.*

DA ESQUERDA PARA A
IREITA: *Sara bin Laden, filha de Salem; sua segunda mulher, Caroline Carey; seu filho, Salman; Salem; a rmã de Mehmet Birgen; Mehmet; a noiva de Mehmet, Margarita.*

BAIXO: *A lua-de-mel em grupo; bem à direita, o piloto de longa data da mília, Gerald Auerbach.*

ACIMA, DA ESQUERDA PARA A DIREITA: *Yahya bin Laden, Salem, Bakr bin Laden, e um irmão não identificado, no final dos anos 1980.*

Ayman Zawahiri, Mohamed, filho de Osama, e Osama bin Laden juntos no casamento de Mohamed no início de 2001, no Afeganistão.

FOTO: GETTY IMAGES

Salem Khalid bin Laden, membro da terceira geração da família, em uma competição eqüestre no Egito em 2005.

ABAIXO: *Yeslam bin Laden, que se mudou para Genebra e se tornou cidadão suíço, abriu uma butique e lançou uma linha de perfumes e artigos de caro design.*

NO ÂMBITO DE SUA EXISTÊNCIA FORMAL, a Al Qaeda, nesse estágio, era tanto uma rede de arrecadação de fundos quanto uma milícia. Esse era o aspecto da liderança de Osama que mais facilmente atravessou fronteiras. Era também algo que poderia ser perseguido mais de imediato em Jedá do que em Peshawar. A prova do alcance específico da rede de financiamento de Osama em 1989 é fragmentária, mas sugere, previsivelmente, que os Bin Laden e outros comerciantes sauditas ricos talvez estivessem entre os contribuintes mais generosos. Como disse Azzam antes de sua morte, em uma conferência em 1989, "a Arábia Saudita é o único país que apoiou a *jihad* do Afeganistão como governo e povo [...] os comerciantes sauditas compareceram e estabeleceram organizações que doaram quantias enormes — possa Deus recompensá-los". Documentos confiscados de uma obra de caridade islâmica na Bósnia, com o propósito de descrever uma "Corrente de Ouro" de doadores desse período, enumera mais de uma dúzia de comerciantes e banqueiros sauditas, incluindo os "irmãos Bin Laden". Investigadores e promotores norte-americanos declararam que os documentos são autênticos e verossímeis, e foram confirmados por depoimentos de testemunhas. O juiz federal Richard Casey, no entanto, concluiu mais tarde que a "Corrente de Ouro" "não passava de uma lista de nomes encontrados em um escritório de uma obra de caridade [...] O tribunal não tem como dar o salto lógico para afirmar que o documento é uma lista dos apoiadores iniciais da Al Qaeda". De sua parte, em uma afirmação submetida a Casey, Bakr bin Laden não negou especificamente ter feito contribuições às obras de caridade ou às causas em que Osama estava envolvido durante aquele período, mas afirmou: "Nunca fiz nenhuma contribuição de caridade a qualquer organização que eu soubesse estar associada à Al Qaeda ou a qualquer tipo de terrorismo". Bakr também disse que não sabia, até algum tempo depois de 1991, "de qualquer envolvimento de Osama em atividades terroristas de qualquer tipo".[25]

Essas afirmativas, é claro, acendem a ambigüidade, no contexto da fronteira afegã do final de 1989, de termos como "Al Qaeda" e "terrorismo". De qualquer modo, Osama voltou a Jedá como membro da família Bin Laden em uma situação de boa reputação. Jamal Khashoggi viu Osama "diversas vezes" com Bakr depois da morte de Salem. Em uma dessas ocasiões ele ficou com Osama, na propriedade dos Bin Laden em Riad. Bakr uniu-se a eles uma noite. "Tivemos conversas informais a respeito do Afeganistão e outros assuntos", lembrou Khashoggi. "Bakr parecia distraído. Ele não entrou em uma discussão profunda conosco [...] Eles se trataram com grande respeito, como convinha a um irmão mais moço em relação ao mais velho."[26]

Osama continuou a adotar projetos de mídia que o promovessem, e a seus seguidores, junto a públicos árabes; imaginava-se como um escritor-diretor-produtor da *jihad*. Continuou a financiar o cineasta egípcio Essam Deraz, que o seguira ao campo de batalha em Jalalabad. Como operação militar, Jalalabad tinha sido uma calamidade; com propaganda, poderia ser recuperada. Durante a batalha Osama tinha se atribuído o papel não apenas de um guerreiro islâmico, mas também de ator em um filme sobre guerreiros islâmicos. De volta à Arábia Saudita ele fez uma experiência como produtor, projetando a versão do diretor para amigos que pudessem ajudá-lo a avaliar o progresso do filme. Fez um convite a Khashoggi para que fosse a uma instalação para conferências na empresa dos Bin Laden em Jedá, e providenciou para que os empregados projetassem uma impressão do filme em 16 mm; a platéia era constituída apenas por Osama, Khashoggi e mais uma ou duas pessoas. "Ele queria a minha crítica do filme, como seu amigo jornalista", lembrou Khashoggi. Osama deixara seu grupo de adeptos em Peshawar, mas permanecera um astro de sua própria narrativa e sua volta ao reino não o deixara isolado. Entre outras coisas, disse Khashoggi, "ele tinha acesso a qualquer coisa que a companhia tivesse".[27]

25

Somas irregulares

Bakr bin Laden chegara aos quarenta anos. Ele se desenvolvera como homem de negócios sério, trabalhador. Tinha mais ou menos a mesma altura que Salem, e partilhava de muitas de suas características, em especial os olhos castanhos suaves e o rosto liso, de menino. O timbre de sua voz e a cadência do seu sotaque lembravam tanto os de Salem que podiam assustar, sobretudo ao telefone; era como se a voz de Bakr pudesse chamar o espírito de Salem de volta para o meio dos vivos. Em pessoa, no entanto, ele não emitia o mesmo charme irresistível. Bakr tinha um bigode que não era especialmente grosso e acentuava o leve ar de servilismo que ele às vezes emanava. Era sério, inteligente, responsável e educado, mas também podia ser rígido.

Sua época de estudante na Universidade de Miami tinha exercido influência sobre ele, mas não o moldara; ele se tornou um homem muito mais inteiramente árabe do que Salem jamais o fora. Bakr recebeu seus cinco filhos em um ambiente *diwan*, ou sala de estar tradicional, em sua casa em Jedá; eles se inclinaram para beijar sua mão ou a testa. Ao falar com os meninos, ele poderia mencionar uma citação edificante do Alcorão ou fazer alguma referência de passagem a uma história da época do Profeta. Bakr decorara uma parte substancial do Alcorão durante seus próprios estudos religiosos e, quando estava na Arábia Saudita, mantinha um rigoroso horário de orações. Não bebia, de acordo com seus amigos, e, depois de algum tempo, abriu mão dos cigarros. No Hajj, ele chamava professores religiosos para aprimorar a experiência da família e sua educação islâmica. Mesmo assim, ao longo do espectro cultural e religioso da família Bin Laden, e no contexto da puritana Arábia Saudita, Bakr seria mais bem descrito como centrista que como conservador. Em sua dedicação à engenharia civil, e no tempo que dedicou a projetos de construção em Meca e Medina, ele moldou sua vida na de seu pai. Até contratou, como seu motorista na Arábia Saudita, um filho do motorista que estava esperando Mohamed na pista de pouso no deserto quando o avião caiu e pegou fogo. Bakr criou os filhos, como seu pai tinha feito, com ênfase na disciplina e na autoconfiança — ele não deixava seus filhos voarem em jatos particulares e insistia para que tomassem conta de seus próprios documentos de viagem, passagens e bagagem. E assim como Mohamed, Bakr estava à vontade em um clima de negócios de pluralidade étnica e religiosa. Ele trabalhava em estreita parceria com cristãos do Oriente Médio, como a família Sarkissian, com a qual formou uma *joint venture* para grandes projetos de construção na Arábia Saudita. Também se apoiava em Fuad Rihani, um cidadão norte-americano de origem jordaniana, protestante ativamente envolvido com igrejas jordanianas que serviu como importante conselheiro dos Bin Laden depois que Bakr assumiu o controle.[1]

Bakr permaneceu um tanto viciado em trabalho. Em visita ao Cairo, ele se registrava na suíte real do Marriott e trabalhava praticamente 24 horas, cochilando pouco tempo no sofá. "Sua vida toda era dura", de acordo com seu empregado egípcio Sabry Ghoneim. "Ele não comia muito, porque tinha medo de ficar gordo e desenvolver problemas de saúde. Trabalhava o tempo todo, mas não comia nem dormia bem [...] Acredite, ele pagou seu trabalho com sua felicidade." Pouco tempo depois da morte de Salem, Bakr divorciou-se da primeira mulher, Haifa, e mesmo isso Ghoneim atribuiu a seus hábitos de trabalho. "Até quando voltava para casa ele estava trabalhando — dormia na área de recepção de sua casa [...] Uma mulher precisa que seu marido relaxe e brinque com ela, que saia para comer com ela. Mas ele ficou mal, depois da morte do irmão."[2]

O desaparecimento de Salem sobrecarregou Bakr com responsabilidades de liderança com as quais ele nunca imaginara, mas também liberou sua considerável ambição. Ele vicejava em reuniões de negócios e tinha uma visão distintamente internacional. À medida que ganhava o controle da família, durante 1988 e 1989, visualizou a diversificação de seus negócios para novos países e novas indústrias; deu início a novas divisões em dragagens e suprimentos médicos, e fez planos para explorar novas oportunidades do Sudeste Asiático até a Europa.

A formação acadêmica de Salem tornou-o um tanto anglófilo, e seu espírito livre e inquieto o atraiu para os Estados Unidos. Bakr foi mais influenciado pela França. Sua educação nas antigas esferas coloniais francesas de

Damasco e do Líbano e as raízes sírias de sua primeira mulher o atraíram em direção a Paris, onde comprou um apartamento enorme, no Quai d'Orsay — embora, como muitos de seus meios-irmãos, ele muitas vezes preferisse a conveniência fácil de hotéis de luxo, e em geral trocasse o apartamento pelo Ritz. Bakr falava um pouco de francês, mas conduzia a grande parte de seus negócios em inglês ou árabe, e mantinha secretárias particulares para ajudá-lo em cada idioma; ao longo de um dia típico, ele movia-se freqüente e facilmente entre as duas línguas. Nisso ele se parecia com muitos sauditas mais jovens e privilegiados que se adaptaram rapidamente aos idiomas comerciais globais na esteira do choque do petróleo.

Em determinados aspectos ele não estava preparado para a posição de liderança que agora ocupava. Como engenheiro e homem de operações, como o leal número dois de Salem, aprendera a trabalhar muito e a concentrar-se nos resultados, mas faltava-lhe um toque natural para a rica diversidade das fraquezas e os dilemas humanos que os membros de sua família continuamente lhe apresentavam. Como aconteceria com quase qualquer pessoa, Bakr sofria com a comparação feita com Salem. Ele poderia parecer um pouco *nerd*, ávido por imitar as fontes do carisma e da popularidade de seu irmão mais velho, mas às vezes inutilmente. Alguns dos amigos de Salem achavam que Bakr tinha uma certa tendência a pôr a culpa em Salem por suas falhas. No entanto, ele parece ter admirado genuinamente Salem, e, à medida que explorava suas novas condições como chefe de tudo o que ele supervisionava, Bakr tentou viver, sob alguns aspectos, como Salem vivera.

Ele se recusava, por exemplo, a abrir mão da paixão da família por voar, apesar do custo imenso que a aviação tinha cobrado. No início, Bakr fora um piloto relutante. Ele "detestava voar, talvez pelo fato de seu pai ter morrido em um avião", lembrou um de seus instrutores egípcios, Yahia El Agaty. "E aí, no Cairo, um dia, no aeroporto de Imbaba, eu estava voando o [Cessna] 172 que comprara para Salem. E Bakr chegou ao aeroporto e disse: 'Está bom, quero voar'. Eu ri: 'Você quer voar, xeique Bakr!'. Ele disse: 'Quero'."

"Mentira!", exclamou Salem quando Agaty ligou para contar o que acontecera, mas o instrutor tinha razão: aos poucos Bakr tomou aulas e dominou o medo.[3] Ele acabou se qualificando em jatos e era considerado por seus pilotos particulares como um piloto bastante competente e entusiasmado. Não voava com o talento descuidado, vistoso, de Salem — piruetas não eram seu estilo —, mas gostava de algumas poucas demonstrações modestas nos controles de vez em quando, e de decolar em um Learjet ou Gulfstream, nivelar a baixa altitude e de repente inclinar-se para trás e arremeter para o alto. Chegou a falar a respeito de aviões e aviação privada com a mesma paixão consumada pelo *hobby* que tivera Salem; fofocas a respeito de novos modelos e detalhes de alcance e desempenho passaram a ser para Bakr o que as listas de beisebol ou futebol eram para outros homens. A pilotagem realmente parecia, para alguns dos velhos amigos de Salem, uma metáfora do relacionamento de Bakr com o espírito de seu irmão — ele quis voar onde Salem estivera, mas não adotava o mesmo grau de risco.

À MEDIDA QUE SE ESTABELECEU como novo líder, Bakr resolveu tirar a limpo algumas questões na herança da família. Ao mesmo tempo, estabeleceu novas parcerias de negócios para o futuro. Documentos judiciais que descrevem esse período, embora longe de serem muito transparentes, fornecem os instantâneos mais detalhados disponíveis acerca do tamanho da principal companhia dos Bin Laden e de como sua riqueza estava distribuída pelos herdeiros da geração de Bakr depois da morte de Salem. A volta de Osama para a Arábia Saudita em 1989 coincidiu com a reorganização dessa família, supervisionada por Bakr; isso pode ter sido um fator de peso em sua decisão de voltar para casa.

De todos os mitos que passaram a girar em torno da Al Qaeda, nenhum era maior que a fábula da riqueza de Osama bin Laden. Seus seguidores (e mais tarde seus adversários) romantizaram todos os aspectos de sua liderança, mas em especial exageraram sua fortuna pessoal. A linguagem incontida, poética, empregada pelos divulgadores islamitas para comemorar as façanhas de Osama no campo de batalha no Afeganistão logo se estendeu à sua conta bancária. Até certo ponto, o exagero deles é explicado pelas realizações de Osama na arrecadação de recursos; sua habilidade em atrair doações de fora e o apoio do governo fizeram-no parecer mais rico que seus camaradas no Paquistão, o que não era uma realidade. Mesmo assim, a verdade prosaica a respeito de suas finanças pessoais tinha grande importância — por causa das informações errôneas a respeito da fortuna de Osama, seus adversários, especialmente aqueles nos Estados Unidos, iriam repetidamente interpretá-lo mal.

Nenhum dos filhos de Mohamed bin Laden poderia adivinhar facilmente quanto tinha. As empresas da família não transacionavam em bolsas de valores e sua teia de emaranhados financeiros com os Al-Saud complicava qualquer tentativa de avaliação financeira. No centro do império ficava a Mohamed Bin Laden Organization, a firma construtora inicial fundada em 1931. Cada um dos filhos de Mohamed — com exceção de Ali, que vendeu sua parte quando rompeu com Salem depois da morte do pai — possuía 2,27% da companhia principal, e cada uma das filhas possuía a metade dessa quantia, ou cerca de 1,14%.[4] Depois que Bakr se tornou o emir de Bin Laden, ou líder, ele aprovou o pagamento de dividendos para os detentores de ações da família todos os anos, baseado pelo menos em parte dos lucros reais naquele período. Esses dividendos eram independentes dos salários que irmãos em particular poderiam receber, e também diferentes dos lucros, que poderiam ser distribuídos de outros negócios, como a Bin Laden Brothers. Alguns dos herdeiros Bin Laden reinvestiram seus dividendos em mercados de ações globais, especialmente depois de Yeslam estabelecer-se como corretor com a sua Saudi and Swiss. O irmão bilateral de Yeslam, Ibrahim, por exemplo, atestou em um depoimento judicial que, em 1983, com o objetivo de levantar cerca de 1 milhão de dólares em dinheiro para a compra de uma mansão em Los Angeles, ele vendeu "ações que herdara de meu pai". Fez um empréstimo para o restante do preço da compra de cerca de 600 mil dólares. Parece mais provável que Ibrahim tenha de fato herdado dinheiro do espólio de Mohamed, sob a forma de dividendos, que ele então transformou em ações sob a orientação de Yeslam; seu testemunho sobre esse aspecto não é preciso, mas, de modo geral, sugere a escala de fluidez da herança.

O retrato mais confiável do sistema de dividendos da família vem de uma contadora pública juramentada norte-americana, Linda Pergament Swift, que se autodescreve especialista em "contabilidade jurídica", e que examinou as finanças da família Bin Laden durante o início dos anos 1990 como parte de um processo de divórcio norte-americano envolvendo Ibrahim. Em 1989 Swift relatou a um tribunal norte-americano que Ibrahim recebera dois pagamentos de dividendos da Mohamed Bin Laden Organization em um total de pouco mais de 325 mil dólares. Isso parece ser aproximadamente a quantia destinada a todos os acionistas homens naquele ano, inclusive Osama. Swift escreveu, no entanto, que sua investigação revelara um sistema familiar impressionantemente flexível, e informa: "Cada beneficiário recebe parcelas, em geral dos lucros dos negócios, em uma base anual ou semestral. O negócio da família não distribui simplesmente um montante fixo [...] [mas] funciona como um gerente financeiro ou uma câmara de compensação". Cada filho e cada filha tem creditada sua parcela dos lucros anuais, continuou ela, e então a companhia distribui o dinheiro conforme a orientação do herdeiro.[5]

A retirada de Ibrahim em 1989 implica que Bakr distribuiu um total de cerca de 15 milhões de dólares em dividendos para os membros da família naquele ano. Isso é consistente com os números na edição de 1990 da *Top 1000 Saudi Companies*, um catálogo de negócios publicado em cooperação com o governo saudita. A revista dizia que a Mohamed Bin Laden Organization era a 27ª maior companhia no reino e tinha uma receita bruta de cerca de 340 milhões de dólares. Supondo uma margem de lucros de 5% ou 10%, como seria normal em uma grande firma construtora, o lucro anual total da companhia por volta de 1989 teria sido na faixa de 20 a 30 milhões de dólares — uma quantia impressionante, mas abaixo do nível de negócios dos maiores barões globais.[6]

Também em 1989, Bakr supervisionou uma distribuição isolada para os herdeiros de Mohamed bin Laden do espólio mais amplo do patriarca, de acordo com o que a família contou mais tarde aos investigadores do governo norte-americano. Os filhos de Mohamed e as quatro esposas com quem ele estava casado quando morreu herdaram não apenas ações de sua companhia, mas também suas terras, casas e propriedades pessoais. Inicialmente, os curadores nomeados pelo rei Faisal distribuíam mesadas e conservavam o principal do espólio. Quando Salem acabou por assumir o controle, de acordo com o contador de um dos sócios nos negócios da família, ele discutiu com alguns de seus irmãos se deveriam ou não distribuir o patrimônio subjacente do espólio, que não era fácil de repartir, já que incluía muitas terras e propriedades reais. Por causa disso, Salem resistia à aplicação direta da lei islâmica, sob a qual cada irmão receberia uma parte igual, e cada irmã uma meia parte igual, depois das cláusulas para obras de caridade e para as mulheres de Mohamed. Entre outras coisas, Salem achava que os irmãos que trabalhavam na companhia mereciam um quinhão maior que o daqueles que não faziam nada.[7] A lei de herança islâmica, no entanto, não fazia essa distinção, e teria sido difícil a Salem sustentar essa posição ante um tribunal saudita, se qualquer um de seus irmãos a ele se contrapusesse formalmente.

Bakr resolveu a questão poucos meses depois da morte de Salem, endossando uma grande distribuição sob a lei islâmica. Representantes da família Bin Laden mais tarde contaram ao Federal Bureau of Investigation (FBI) que os herdeiros podiam escolher se queriam receber em dinheiro ou reinvestir nas companhias da família. Por sua parte, Osama parece ter seguido os dois caminhos. Ele pegou cerca de 8 milhões de dólares em dinheiro, de acordo com o que os representantes da família contaram ao FBI. Além disso, também se tornou acionista nas novas parcerias que Bakr organizara ao reestruturar os negócios da família. Uma delas foi a Mohamed Bin Laden Company — MBC, sucessora da firma original da família. A outra parceria era o novo Saudi Bin Laden Group — SBG, presidido por Bakr e estabelecido no início de 1989. Essas duas empresas eram inteiramente independentes, disse Bakr mais tarde em depoimento juramentado. Depois da reorganização e das retiradas de dinheiro, Osama possuía cerca de 2% de cada firma, e suas ações valiam, combinadas, cerca de 10 milhões de dólares, de acordo com uma avaliação feita vários anos depois.[8]

De acordo com Sabry Ghoneim, diretor de comunicações dos Bin Laden no Egito, Bakr empenhou-se a favor de Osama durante esse período. Bakr "respeitava todas as mães de seus irmãos como sua própria mãe", lembrou Ghoneim. "Ele sempre achou que a mãe de Osama era fraca, de modo que, como uma forma de dignificá-la, quis dar a Osama um de seus maiores projetos. Foi isso que fez com todas as mães — oferecer projetos a seus filhos [...] Bakr achava que, enquanto todos os seus irmãos eram instruídos, Osama não recebera uma boa educação acadêmica. Osama sempre achou que sua mãe não estava em pé de igualdade com relação às outras mães, porque ela vinha de uma classe social mais baixa [...] Osama sempre se sentiu falido e achava que não recebera o que lhe era devido — os irmãos tiveram uma educação no exterior, e ele não. Ele se isolava. Bakr foi muito esperto em tentar incluir o irmão."[9]

A distribuição estimada em cerca de 18 milhões de dólares para cada um em 1989, a Osama e ao resto dos filhos de Mohamed — parte em dinheiro, parte em renovação de investimentos, dependendo da escolha feita por eles —, está amplamente consistente com diversos relatos verossímeis sobre a herança. Yeslam bin Laden mais tarde contou à televisão suíça, por exemplo, que "a quantia recebida por um membro da família não passou de 20 milhões de dólares". Além disso, as declarações de imposto de renda do próprio Yeslam na Suíça, entre 1989 e 1993, indicam que ele pode ter retirado dinheiro de modo parecido com Osama, por volta da mesma época — seus ativos financeiros declarados repentinamente pularam em cerca de 8 milhões de francos suíços depois de 1989. Em uma entrevista, um sócio nos negócios, informado pela família Bin Laden, e que pediu para não ser identificado, calculou uma cota fixa para cada filho de Mohamed, por volta de 1989, como 26 milhões de dólares, em uma estimativa mais alta que as outras, mas ainda na mesma faixa geral. Investigadores da Comissão 11/9 baseados em documentos confidenciais fornecidos mais tarde ao Departamento do Tesouro pela família Bin Laden e seus advogados, calcularam que Osama recebera um total de cerca de 24 milhões de dólares entre 1970 e 1993 ou 1994; esse número teria incluído suas mesadas e dividendos anuais, e os 8 milhões de dólares da distribuição de 1989, mas provavelmente não o valor de suas ações. (Não ficou claro se o número inclui também os salários que ele recebeu enquanto trabalhava na firma da família como executivo júnior.) O relatório da Comissão 11/9 deu a entender que Osama recebera parcelas anuais de cerca de 1 milhão de dólares, mas isso não parece ser exato. Seus dividendos anuais provavelmente chegavam em média a menos que a metade dessa quantia, suplementados por salários, bônus de trabalho e a grande distribuição isolada de 1989. Apesar das variações nos detalhes, todas essas estimativas bem fundamentadas da herança dos Bin Laden estão em amplo acordo. Elas sublinham diversos aspectos: Osama era rico, mas não grotescamente rico; depois da morte de Salem, ele recebeu uma soma especialmente grande de dinheiro, exatamente quando a Al Qaeda nasceu; e, segundo recibos de sua distribuição de dinheiro sob a liderança de Bakr, ele permaneceu um sócio em boa situação nos negócios mais importantes dos Bin Laden.[10]

A reorganizada Mohamed Bin Laden Company tinha sessenta acionistas — todos os filhos de Mohamed, com exceção do falecido Salem e do afastado Ali; todas as 29 filhas de Mohamed; suas viúvas; e os três filhos de Salem. O novo Saudi Bin Laden Group, destinado a se tornar um importante veículo para a criação de riqueza sob a liderança de Bakr, tinha apenas vinte acionistas, todos filhos de Mohamed. As ações do SBG não eram distribuídas igualmente — Bakr, como presidente, possuía a maior parte, um pouco menos de 25%. Apenas quatro dos filhos vivos não se tornaram inicialmente acionistas do SBG: Ali, Yeslam, Ibrahim e Shafiq.[11]

Durante o mesmo período em que reorganizou o espólio do pai e os negócios dos Bin Laden, Bakr também tentou arrumar o espólio pessoal de Salem. Este não tinha testamento escrito. Isso em si não apresentava uma grande complicação, no entanto, porque sob a lei de herança islâmica a identidade de seus herdeiros pessoais estava clara: sua mãe, sua viúva Carrie e seus três filhos. Mas Salem deixara resíduos financeiros espalhados pelo mundo.[12]

Em 4 de junho de 1988, Bakr fez uma petição em um tribunal islâmico em Jedá para se tornar o executor legal do espólio de Salem; cerca de dois meses mais tarde um juiz saudita aprovou sua solicitação. O juiz descobriu, depois de audiências comprobatórias, que Salem "tinha, durante a vida, feito um testamento verbal designando e instituindo seu irmão Bakr [...] como guardião de seus filhos menores [...] e ele manteve esse testamento até sua morte". O tribunal emitiu uma série de instruções para Bakr, inclusive que ele "fosse temente a Deus [...] em particular, além de publicamente".[13]

Sob a lei islâmica, nenhum dos irmãos ou meios-irmãos de Salem poderia herdar de seu espólio particular. Isso apresentava uma questão potencialmente complicada para a família, já que as linhas entre a fortuna individual de Salem e as dos negócios da família que eles possuíam coletivamente nunca foram inteiramente claras. Os jatos particulares de Salem pertenciam às companhias, e Bakr os manteve para uso nos negócios. Os imóveis de Salem na Flórida e em Offley Chase foram considerados propriedades particulares, no entanto, e Bakr colocou-os logo à venda. Ele contratou advogados na Flórida, no Texas e na Alemanha para irem ao encalço de bens financeiros importantes que pudessem beneficiar os herdeiros de Salem.

Durante essas investigações, de acordo com Thomas Dietrich, Ghalib bin Laden, em nome de Bakr, acusou Dietrich de manipular mal uma conta bancária que ele mantinha na Alemanha para financiar as diversas aventuras de Salem na Europa. Dietrich argumentou que o dinheiro que recebera da conta o reembolsara de gastos legítimos — mesmo que às vezes pouco ortodoxos — autorizados diretamente por Salem. Disse também que Salem lhe tinha dado direitos sobre um planador em que eles voavam juntos, mas que o acordo não tinha sido firmado por escrito, como um contrato. Perseguido por um advogado alemão, disse Dietrich, ele acabou resolvendo a disputa vendendo o planador e entregando o apurado para os Bin Laden; o episódio deixou-o com alguns sentimentos amargos em relação a Bakr. Separadamente, Bakr também concordou em resolver, fazendo um pagamento de cerca de 1 milhão de dólares, o longo processo judicial no Canadá, oriundo de uma disputa sobre pagamentos com sócios norte-americanos com relação a concorrências de telefonia saudita que Salem tinha vencido. Bakr também contratou advogados no Texas para examinar um investimento fracassado em um shopping center que Salem fizera com seu procurador, Wayne Fagan, mas eles não adotaram qualquer ação nesse caso.[14]

Um dos maiores sucessos advindos dessas investigações deu-se graças a Dee Howard, o pioneiro da aviação em San Antonio que reformara o luxuoso 747 do rei Fahd sob contrato obtido por intermédio de Salem. Em um acordo separado do projeto do avião, Salem investira pouco menos de 1 milhão de libras esterlinas e tinha garantido um empréstimo com o National Commercial Bank de mais 1 milhão de dólares para desenvolver com Dee Howard alguma tecnologia de motores de aviões inovadora, que poderia aumentar a autonomia de vôo de determinados jatos. Ian Munro, que estivera envolvido nesse projeto, acreditava que Howard tinha lucrado com a tecnologia que Salem financiara, sem compensar adequadamente seus parceiros. Howard negou isso. Bakr contratou advogados na Flórida para examinarem a reivindicação, e eles acabaram contratando Charles Schwartz, sócio de uma grande firma em Houston, Vinson and Elkins, para processar Dee Howard e sua companhia. O caso foi a julgamento em júri popular em Bexar County, Texas. Apelando para o suposto ceticismo dos jurados texanos com relação a milionários sauditas, o advogado de Dee Howard não perdeu a oportunidade de falar no julgamento sobre as riquezas de Salem e de se referir a ele como xeique. Schwartz objetou a todos esses "xeiques" e tentou reagir enfatizando a reputação de Salem como amigo de Ronald Reagan e seu sucesso em negócios internacionais. Finalmente, depois de um julgamento de seis semanas, realçado pelos testemunhos de Ian Munro e Dee Howard (o primeiro falando com pose, em seu sotaque britânico, o segundo brigando impetuosamente na fala arrastada texana), o lado Bin Laden venceu. O júri voltou com um veredicto de 6 milhões de dólares em favor do espólio de Salem; o caso foi mais tarde resolvido por um acordo de pouco mais da metade dessa quantia.[15]

Para continuar a queixa contra Howard, Bakr teve de submeter determinados depoimentos legais ao sistema judicial do Texas, e, em um deles, ele se referiu à existência, nos tribunais de Jedá, de um documento intrigante intitulado "Posição financeira da herança do falecido Salem Binladin de 10 de fevereiro de 1990", que era "o único documento financeiro arquivado em tribunal no reino da Arábia Saudita com relação a questões financeiras" de Salem e seu espólio, de acordo com Bakr. Esse documento não chegou ao arquivo público do tribunal do Texas, no entanto. Seu escopo não é claro, mas um advogado que o leu na época lembrou que ele estimava o valor do espólio pessoal de Salem em cerca de diversas centenas de milhões de dólares, e certamente menos de 1 bilhão de dólares. Mesmo essa estimativa parece alta, dadas as perpétuas lutas com o fluxo de caixa de Salem durante os últimos dias de sua vida, embora a avaliação possa refletir o valor relativo de suas propriedades imobiliárias líquidas na Arábia Saudita, no Egito, nos Emirados Árabes Unidos e em outros lugares.[16]

A questão da fortuna pessoal de Salem era, além disso, complicada pelas dívidas. Ele fizera empréstimos de grandes somas junto ao National Commercial Bank, mas nem sempre ficava evidente, pelo menos para seus sócios estrangeiros, quando ele estava fazendo empréstimos para uma transação pessoal e quando o fazia para as companhias dos Bin Laden. De acordo com pessoas próximas a Salem e ao NCB, o banco apresentou a Bakr um pedido de reembolso depois da morte de Salem, e Bakr negociou um acordo; as quantias envolvidas são desconhecidas, mas, de acordo com essas pessoas, podem ter sido muito grandes. "Ele nem sempre falava sobre isso", lembrou Ghoneim, "mas eu vi que estava exausto. Ele tinha de lidar com problemas de herança. Estava fazendo o melhor que podia para pagar todas as dívidas."[17]

Os acordos de Bakr para pagamento e sua metodologia de reivindicações para o espólio de Salem na Europa e na América do Norte assinalam a nova direção da família — mais metódica, bem organizada, mais árabe. Na ausência de uma crise familiar, talvez essa fosse uma boa mudança para alguns depois da instabilidade e da peculiaridade do controle de Salem. Mas os Bin

Laden não estavam destinados a viver placidamente. Muito em breve, à medida que os problemas da família se aprofundavam, Bakr viria a se confrontar com problemas e escolhas de extraordinária importância e complexidade. Será que ele estaria à altura do desafio? Apesar de toda a sua admirável dedicação e do trabalho árduo, a cautela inata enquadrava uma questão da qual ele nunca conseguiu se livrar inteiramente: o que Salem teria feito?

26

America in Motion

A revolução de 1979 no Irã jogou milhares de persas privilegiados no exílio; muitos deles se reuniram em Los Angeles, onde propagaram a agitação pelos negócios. Empresários libaneses e armênios de primeira e de segunda geração manobravam entre eles — empreiteiros, *restaurateurs*, varejistas, construtores e cavadores *sui generis*. Alguns quarteirões no West Side de Los Angeles já pareciam um bazar de estuque e azulejos espanhóis quando os sauditas apareceram aos montes, com os bolsos repletos, depois do segundo choque do petróleo. Jovens rebentos comerciantes vindos de Jedá, Riad e Dhahran rodavam por Beverly Hills em Porsches e Mercedes-Benz, com óculos escuros um pouquinho na moda demais, a loção de barba um pouquinho penetrante demais — uma população de marcas tão ostensivas como jamais se viu nadando nos mares do capitalismo. Os contadores olhavam para eles e viam honorários; os advogados viam horas pagas; os corretores viam comissões; os joalheiros viam ouro. Havia muitos negociantes sauditas que se mantinham sozinhos nos Estados Unidos, mas muitos sofriam com a falta de manha e brutalidade. Eles eram recém-chegados, tinha o mesmo nível, mas faltavam-lhes confiança e conhecimento a respeito dos macetes, e não dispunham de um grupo de conterrâneos dispersos enraizados localmente para protegê-los, como os armênios e os libaneses. Seus instintos e tradições nem sempre lhes eram favoráveis. As elites árabes apreciavam a dignidade, o decoro e a reticência. Os norte-americanos gritavam, empurravam e brigavam por dinheiro. Os árabes resolviam suas disputas discretamente. Os norte-americanos processavam em tribunal aberto.

Salem vicejara nessa fronteira, mas sua morte cortou a principal artéria que ligava os Estados Unidos à família Bin Laden. Bakr certamente estava interessado em sociedades comerciais com corporações norte-americanas multinacionais, mas raramente viajava para os Estados Unidos. Em 1989, o investidor da família mais ativo em solo norte-americano era Khalil bin Laden, que morava vários meses do ano em Los Angeles, em geral no verão, quando o calor em Jedá era especialmente intolerável. Ele era o irmão bilateral mais jovem de Yeslam, um meio-irmão de Bakr e de Osama. Viera para a América do Norte trazendo uma considerável ambição comercial. Aos poucos, no entanto, Los Angeles e seus advogados ameaçavam despi-lo de seu dinheiro e de sua serenidade.

Khalil bin Laden estudara administração na Universidade do Sul da Califórnia durante os anos 1970, mas nunca se formou. Era um homem magro, tímido, extremamente educado, curioso a respeito dos costumes norte-americanos, mas conservador em seus hábitos espirituais. Vestia-se bem, mas não de modo extravagante — usava ternos de flanela cinza Greg Chapman, feitos à mão em Beverly Hills, e sapatos Bally. Durante certa época, dirigia um Rolls-Royce conversível; mais tarde, quando se estabeleceu na América do Norte, transportava sua família em uma caminhonete Ford verde, com assentos de tecido, consideravelmente menos ostensiva. Ele rezava pontualmente cinco vezes ao dia e abandonou o álcool depois de algumas poucas experiências superficiais, de acordo com amigos. Podia ser implacável nos jogos de cartas — "Nas cartas, não conheço minha própria mãe" —, mas, fora isso, era gentil e reservado. Quando foram apresentados à sua futura mulher em uma boate, em Beverly Hills, alguns de seus conhecidos acharam que ela provavelmente era a primeira mulher que ele namorara seriamente.[1]

Ela era uma personagem formidável — Isabel Bayma, brasileira que crescera na pobreza em seu país natal, emigrara para os Estados Unidos e acabara chegando a Beverly Hills. Quando eles se conheceram ela já tinha um filho de um casamento anterior, e conquistou Khalil. Ele a adorava, de acordo com as pessoas que os conheceram, e a cumulava de luxos que ela jamais vira. Alguns conhecidos a descreviam como forte e vigorosa; outros, como difícil e exigente. Eles se casaram no Riviera Country Club, em Bel Air. Iniciaram uma família e, à medida que sua residência se enchia de crianças sauditas-brasileiras-norte-americanas, eles compraram uma casa na elegante Brentwood, em Jonesboro Drive, e fizeram um contrato para uma reforma luxuosa de 600 mil dólares.[2]

Na USC, por intermédio de seu irmão, Khalil conheceu um joalheiro de Beverly Hills, Michael Kazanjian, que vendia pontas de estoque para membros da família Bin Laden. Kazanjian era cliente de Alexander Cappello, um jovem formado em administração pela USC que aspirava por construir um banco de produtos e serviços limitados com alcance global. Cappello era um rapaz bem-apessoado, um Gatsby vindo de Bakersfield, Califórnia, que se tornaria assíduo colecionador de arte e estatuária da Renascença italiana. Ele conheceu Khalil através do departamento de estudantes estrangeiros na USC. Operava em escritórios bem equipados, instalados em um arranha-céu de prestígio em Century City. No início, ele ajudou Khalil com investimentos em propriedades imobiliárias.[3]

Os objetivos comerciais de Khalil eram vagos. "Se eu não souber o que está rolando, simplesmente digo não", explicava ele ao recusar um empreendedor norte-americano depois do outro. Ele parecia sobretudo proteger sua aposta contra problemas políticos na Arábia Saudita, tentando acumular atividades imobiliárias e comerciais norte-americanas suficientes para gerar uma renda anual garantida de 200 ou 300 mil dólares fora do reino, por precaução. Reformulava e continuamente gerava novas idéias. Sentia-se atraído, como muitos em sua família, por investimentos tangíveis, como propriedades imobiliárias e aluguel de aeronaves, mas, além disso, estava disposto também a pensar em algumas especulações pouco comuns.[4]

Inicialmente, Khalil registrara uma companhia em Delaware chamada Kabeltan Corporation, na qual Alex Cappello servira durante algum tempo como presidente, de acordo com documentos da empresa. A Kabeltan comprara um prédio de escritórios de um andar, de tijolos claros, em Carrollton, Texas, ao lado de Dallas, a cerca de oito quilômetros ao norte da Rodovia Lyndon B. Johnson. Em Garland, nas imediações, no 3737 Dividend Drive, a companhia comprou um depósito leve, alugado a inquilinos industriais. Outros investimentos eram mais exóticos. Por intermédio da firma de Cappello, Khalil comprou uma participação em um empréstimo feito ao cantor country Kenny Rogers para a compra de um cavalo árabe chamado Nujad, que foi avaliado entre 10 e 20 milhões de dólares. O criador que vendeu o cavalo mantinha um rancho em Northern California e concordara em emprestar a Rogers uma parte do preço da compra. Mais tarde, como ele precisava levantar dinheiro às pressas, o criador ofereceu-se para vender o empréstimo à firma de Cappello com um desconto considerável. Cappello assegurou-se de que o cavalo tinha um seguro de vida adequado, e Khalil concordou em participar da transação; seu único risco envolvia a credibilidade de Kenny Rogers, que mostrou ser sólida. Bin Laden lucrou mais de 30% em menos de um ano com o empréstimo ao cantor country.[5]

Durante uma de suas estadas anuais na Arábia Saudita, ocorreu a Khalil e Isabel que faltava no reino uma loja de brinquedos adequada, do tipo das que eles e seus filhos freqüentavam em Los Angeles — um supermercado para crianças, como a Toys "R" Us. Resolveram lançar a primeira grande loja de brinquedos da Arábia Saudita, uma aventura bastante ousada em um reino no qual muitos líderes religiosos encaravam bonecas como ídolos blasfemos. Khalil explorou a possibilidade de comprar uma franquia no Oriente Médio da própria Toys "R" Us, mas o preço era alto demais. (Companhias que emitem franquias de uma marca famosa podem também ser insistentes em exigir que o dono de uma franquia tenha uma participação ativa no negócio para garantir seu sucesso. Os Bin Laden pensaram em comprar uma franquia da McDonald's para o Oriente Médio, de acordo com um membro da família, mas souberam que a sede exigia que os donos gastassem longas horas fritando hambúrgueres e batatas; havia uma brincadeira dentro da família com respeito a qual dos irmãos Bin Laden poderia ser despachado para uma escola de frituras nos Estados Unidos, mas, por fim, eles resolveram desistir.) No final, Khalil resolveu lançar seu próprio negócio, Toyland, em Jedá. Para estocar as prateleiras, contratou em Los Angeles um experiente *marchandiser* de brinquedos norte-americano, Mark Love, e eles usaram uma nova empresa, a BIN Corporation, para lidar com as compras e o transporte entre a América do Norte e Jedá.[6]

À medida que esses empreendimentos prosperavam, Khalil aos poucos viu-se emaranhado com os procedimentos jurídicos norte-americanos. Ele parecia alérgico a impostos sobre imóveis e, ao longo dos anos, permitiu que diversas de suas propriedades imobiliárias ficassem em atraso nos pagamentos, o que levou advogados do governo do estado da Califórnia, e Dallas County, em Dallas, a entrarem com processos civis contra ele. O projeto de reforma de sua casa em Brentwood produziu processos civis litigiosos entre Khalil e seu empreiteiro iraniano em Los Angeles, disputa que trazia ironia especial para um descendente de uma família de empreiteiros tão famosa.[7]

Mas seu problema mais sério começou, em seguida à morte de Salem, quando Khalil passou para o novo negócio de arrendamento de prisões particulares norte-americanas, por meio dos auspícios de uma nova companhia que formou, chamada America in Motion Corporation.

A America in Motion compartilhava um conjunto de escritórios com a BIN Corporation no 15.260 Ventura Boulevard, um prédio de escritórios de granito e vidro com mais de vinte andares em Sherman Oaks, Califórnia, no San Fernando Valley, logo acima das colinas de chaparral de Hollywood. Quando estava em Los Angeles, Khalil trabalhava no escritório em Sherman Oaks de tempos em tempos, mas sobretudo delegava o gerenciamento do dia-a-dia a seus executivos e empregados norte-americanos. No final dos anos 1980, Alex Cappello tinha sumido de cena. Ele foi substituído por Franklin Frisaura, um corretor de imóveis que era cunhado de Khalil — Frisaura se casara com a irmã da brasileira Isabel Bayma, Regina, que ele também conhecera em uma boate em Los Angeles. Frisaura trouxe um toque de classe da indústria do entretenimento à empresa de Bin Laden. Ele crescera em Southern California; seu pai era um comediante, e a mãe, depois de ter se apresentado como jovem adulta no Ringling Bros. and Barnum & Bailey Circus, também ganhava a vida como apresentadora. Frisaura freqüentara o ginásio com os filhos de Mo Austin, o ex-presidente da Warner Brothers Records. Os Bin Laden tinham dado emprego, em seus diversos empreendimentos, a parentes por afinidade há quase meio século, e Frisaura seguiu essa tradição; ele serviu como conselheiro e administrador de Khalil em propriedades imobiliárias e outros projetos comerciais.[8]

A America in Motion fez uma incursão inicial em arrendamento de aviões baseado em taxas, mas isso não deu muito certo. Um cliente inicial foi Steven McKim, o presidente de uma pequena companhia em Northern California, Magnum Aircraft International, que tinha entre seus investidores Clint Eastwood, o ator então famoso por seu filme *Magnum Force* e outros. A Magnum Aircraft, cuja sede ficava perto da casa de Eastwood, em Carmel, foi envolvida em pesquisa sobre trem de pouso retrátil para helicópteros. Por razões que se mantêm obscuras, McKim convenceu Khalil a comprar e arrendar de volta à Magnum um antigo jato de caça espanhol, de 1958, com dois motores, de acordo com documentos judiciais. O sucessor de McKim na companhia, Darius Keaton, mas tarde disse que a Magnum era uma "firma pequena, localizada em Monterey, sem negócios fora do estado. Nenhum dos empregados da Magnum viajava de modo significativo [...] A última coisa de que precisavam era de um jato de 225 mil dólares".

De qualquer modo, logo depois da compra, a Magnum parou de pagar o aluguel. A America in Motion entrou com um processo. Os advogados de Khalil bin Laden nomearam como réus não apenas McKim, mas também Clint Eastwood. O processo por fim foi recusado sem julgamento contra o ator-diretor ou o pagamento de qualquer acordo. A America in Motion acabou possuindo um velho jato, adequado para quem tinha a aviação como *hobby*.[9]

Além de seu cunhado Frisaura, Khalil se aconselhava com Musarrat Ali-Khan, figura um tanto misteriosa, com um bigode da era colonial, que foi descrito em um tribunal como "contador diplomado no Paquistão", que mais tarde estabeleceu-se em Jedá como empregado da família Bin Laden. Logo que Khalil abriu sua loja Toyland na Arábia Saudita, Ali-Khan trabalhou com ele. Mais tarde, ele se mudou para Los Angeles, a fim de ajudar a tocar a America in Motion. Khalil pagava a ele um salário mensal de mais de 5 mil dólares. Ali-Khan pesquisava negócios comerciais que pudessem interessar a seu empregador. Durante o verão de 1988 — o mesmo em que Osama bin Laden estava secretamente formando a Al Qaeda no país natal de Ali-Khan, o Paquistão —, ele arranjou um investimento pouco comum para Khalil, envolvendo algumas instalações de prisões em Massachusetts.[10]

O negócio girava em torno de uma companhia chamada Resun Leasing, com sede na Virgínia, nos subúrbios de Washington, DC. Fundada em 1986, a Resun especializou-se em construções modulares pré-fabricadas para uso de governos, escolas, hospitais e empresas; seus projetos iam de pequenas cabines para guardas de segurança a enormes armazéns. Para evitar amarrar uma parte grande demais de seu dinheiro, a empresa procurava investidores privados dispostos a participar de seus contratos de arrendamento. A America in Motion comprou o que um documento judicial descreveu como "metade indivisa de participação em determinadas instalações de prisões arrendadas para o Commonwealth de Massachusetts" nos condados de Hampden e Hampshire.[11]

O preço era pouco mais de 500 mil dólares. Khalil levantou o dinheiro pegando emprestados 770 mil dólares do Banque Indosuez. Resun então devolveu a diferença a Khalil — mais de 200 mil dólares — em uma transação a que Khalil bin Laden se referiu como um "desconto", mas que Ali-Khan chamou de "kick back" (um tipo de propina), embora não ficasse claro o que ele queria dizer com isso. Khalil aparentemente usou o dinheiro extra para pagar outras dívidas com o Banque Indosuez. Seus compromissos em Los Angeles começavam a se amontoar; por exemplo, sua dívida total com o Banque Indosuez passava de 3 milhões de dólares, de acordo com uma carta escrita por Ali-Khan a Khalil em 1989. Khalil tecnicamente acabou não pagando algumas de suas dívidas; procurou vender algumas de suas propriedades de investimentos em Los Angeles para pagar os empréstimos.[12]

Em maio de 1989, a America in Motion renegociou seu acordo de arrendamento da prisão com a Resun. Como parte das transferências financeiras geradas por esse refinanciamento, um dos advogados de Khalil em Beverly Hills, Ron Goldie, aceitou o depósito de 227.500 dólares em uma conta fiduciária, de acordo com arquivos judiciais. Goldie então concordou em pagar 130 mil dólares desse dinheiro a Musarrat Ali-Khan, que alegou que isso lhe era devido como parte de acordos verbais que fizera com Khalil. A confusão ficou ainda complicada pelo fato de que Khalil tentava monitorar as transações da prisão, por fax e telefone, de Jedá, para onde voltara para passar o inverno e a primavera.

Ali-Khan escreveu diversas vezes para Khalil em Jedá usando o papel timbrado da BIN Corporation e da America in Motion, propiciando uma história de transferências financeiras tortuosas que culminaram com seu recibo de 130 mil dólares, que ele descreveu como um "empréstimo" que tinha feito com a BIN Corporation com a "minha garantia pessoal". Khalil respondeu por fax com uma série de perguntas céticas. "Favor fornecer os seguintes detalhes do mencionado empréstimo", escreveu ele, incluindo "o objetivo do empréstimo [...] utilização verdadeira desse empréstimo [...] quando recebemos o empréstimo [...] quem é o credor [...] se há um acordo de empréstimo, mande-me uma cópia por fax". Ali-Khan tentou satisfazer-lhe, mas não conseguiu. No início de junho Khalil escreveu a ele, de Jedá: "Os fax que você nos mandou [...] ainda são vagos, e eu discordo de grande parte de seu conteúdo. Favor providenciar detalhes completos das informações, especialmente sobre o empréstimo de 130 mil dólares que você disse garantir pessoalmente".[13]

Khalil voou para Los Angeles, falou com os advogados e executivos envolvidos e concluiu que "os 130 mil dólares tinham sido tomados por Khan de modo fraudulento", como ele apresentou mais tarde em uma declaração escrita arquivada judicialmente. Ali-Khan parou de comparecer ao trabalho. Em 22 de setembro de 1989, Khalil bin Laden dirigiu-se à delegacia de polícia de Van Nuys, em San Fernando Valley, abordou um guarda que estava trabalhando no balcão e pediu para registrar uma queixa-crime. Com esse ato, deu ainda mais um passo para dentro da mira do sistema judicial norte-americano. No início Khalil tivera dúvidas "se isso poderia ser uma ação criminal ou apenas civil", ou seja, uma situação em que ele apenas processaria Ali-Khan para tentar recuperar o dinheiro, em vez de ir à polícia. Resolveu, no entanto, que era vítima de um crime sob a lei norte-americana. A polícia "me mandou subir e depois me mandou descer de volta", lembrou Khalil. Finalmente, "um dos policiais me disse: 'Está bom, preencha esse formulário'".[14]

Depois de uma investigação, o promotor de justiça de Van Nuys realmente indiciou Ali-Khan sob acusação de desfalque criminoso, e a polícia emitiu um mandado de prisão. Os promotores argumentaram em um arquivo judicial que o paquistanês era um "possível ladrão internacional [...] procurado por desfalque em banco em Paris".[15]

Khalil também o processou em um tribunal civil. Ali-Khan contratara advogados que convocaram Khalil para uma sala de conferências em um arranha-céu, no centro da cidade, em Los Angeles, para cinco cansativos dias de depoimentos em julho de 1990. Os advogados de Ali-Khan interrogaram Khalil bin Laden a respeito da história da America in Motion, seus empréstimos pendentes junto ao Banque Indosuez e outros bancos, sua decisão de insistir em acusações criminais na delegacia de polícia — eles chegaram até a perguntar se Khalil tinha alguma vendeta contra seu ex-empregado, por terem eles ficado interessados na mesma mulher no escritório de Sherman Oaks. ("Não", respondeu ele.) Um dos advogados envolvidos no exame mais tarde descreveu, em uma declaração escrita, a cena que se desenrolou na sala de conferências do arranha-céu à medida que o interrogatório prosseguia:

> Em um determinado momento, o senhor Binladin alegou que eu estava fazendo a mesma pergunta repetidamente [...] e ele pareceu ficar agitado. Eu então fiz uma pergunta, e, enquanto pensava na resposta, o senhor Binladin levantou-

se da cadeira e caminhou em torno da sala de depoimento para algum ponto perto e atrás de mim, e depois de volta às proximidades de onde o senhor Finkel [seu advogado] estava sentado [...] O senhor Grimwade fez um comentário oficial em relação ao fato de que o relatório deveria ponderar que a testemunha estava andando de um lado para outro [...] Com isso, houve uma discussão acalorada [...] o senhor Binladin (por volta da 1h40 da tarde) desmanchou-se em lágrimas, soluçando, segurando a cabeça nas mãos, com o senhor Finkel alegando no relatório que eu "fizera" seu cliente chorar [...][16]

"As lágrimas nos meus olhos eram reais", lembrou Khalil. Os advogados contrários foram "desrespeitosos tanto comigo como com o meu advogado"; eles fizeram "comentários maldosos" e "perguntas cheias de insinuações":

> O questionamento e a importunação repetidos finalmente me atingiram [...] O estresse não está relacionado [...] a "propinas" ou à minha conduta, mas, ao contrário, ao bombardeio de questionamentos [...] invadindo minha vida pessoal [...][17]

Era o suficiente para fazer com que um homem sentisse saudade de tribunais *sharia*. E Khalil ainda nem sequer descobrira os limites de seus contratempos.

Cerca de seis semanas depois da provação de Khalil com os depoimentos, dois policiais do Departamento de Polícia de Los Angeles, acompanhados por uma brasileira, Elizabeth Borges, apareceram à porta da casa de Bin Laden em Brentwood. Os policiais pediram para falar com Marta Silva e com Auria da Silva, duas brasileiras que trabalhavam como empregadas e babás para a família Bin Laden. Quando as duas mulheres apareceram, os policiais fizeram perguntas sobre as circunstância do emprego delas; Elizabeth Borges fazia a tradução. O tema principal das perguntas dos policiais, como Borges disse mais tarde, era saber se as empregadas "poderiam ou não sair da residência [Bin Laden] e se estavam sendo impedidas de sair por ameaças e exigências de que teriam de dar dinheiro" a seus empregadores.[18]

Elizabeth Borges mais tarde explicou a origem de sua visita, em documentos judiciais. Ela tinha recebido um telefonema, em junho, e disseram-lhe que Marta Silva "estava sendo obrigada a trabalhar" para os Bin Laden "durante longas horas por dia, sem folga ou ajuda, e não era paga pelo trabalho que fazia". Elizabeth Borges concordou em entrar em contato com o consulado brasileiro em Los Angeles, mas, ao fazê-lo, descobriu que eles "não fariam nada". (Em Jedá, Khalil tinha sido nomeado cônsul honorário do Brasil, posto criado para facilitar os negócios entre o país natal de sua mulher e a Arábia Saudita.) O consulado disse a Elizabeth Borges que entrasse em contato com a polícia de Los Angeles, se achava que havia algum problema sério, e ela assim o fez. Elizabeth entrou em ação, escreveu em uma declaração judicial, porque acreditava que os Bin Laden "tinham violado os direitos constitucionais" das empregadas "mantendo-as no emprego contra a vontade delas". Ela alegou que as empregadas disseram-lhe que:

> As duas tinham de trabalhar dezoito horas por dia sem intervalos para café-da-manhã, almoço ou jantar [...] Elas nunca tinham dias de folga e trabalhavam sete dias por semana. Nunca foram pagas diretamente pelo trabalho, nem com dinheiro nem com cheque. A conduta de Isabel Binladin era em geral muito grosseira e desrespeitosa para com elas [...] A movimentação delas e a possibilidade de sair do complexo residencial da família, em Jedá ou em Los Angeles, era muito limitada e restrita [...] [Os Bin Laden], além disso, declararam à senhora Silva que empregados anteriores tentaram fugir e largar o emprego, que foram apanhados e obrigados a pagar por isso por meios outros que não só com dinheiro [...][19]

Depois de entrevistarem as duas brasileiras, no entanto, o Departamento de Polícia de Los Angeles não fez nada. As duas empregadas saíram da casa de Bin Laden no dia seguinte; de acordo com os Bin Laden, Elizabeth Borges concordou em providenciar a partida imediata delas, de avião, para o Brasil. Em vez disso, elas permaneceram em Los Angeles.

Os Bin Laden disseram estar revoltados com as alegações feitas contra eles. Logo entraram com um processo contra Elizabeth Borges, acusando-a de ajudar as empregadas a fugir de suas obrigações contratuais de emprego e de falar palavras "caluniosas" na presença dos dois policiais. Na petição deles, explicaram que, como Khalil e Isabel

> viajavam muito, e como o senhor Binladin tinha intensos compromissos de negócios, era necessário ter empregados domésticos que viajassem com eles para cuidarem de seus cinco filhos [...] a senhora Silva e a senhora da Silva concordaram em acompanhar [os Bin Laden] à Arábia Saudita para cuidar dos cinco filhos dos Binladin e executar trabalhos domésticos leves, e cozinhar, respectivamente, nas [...] diversas casas e locais de férias, com a condição de que, se elas quisessem deixar o emprego, a senhora Silva e a senhora da Silva imediatamente voltariam para o Brasil. Fiando-se nessas promessas, [os Bin Laden] obtiveram valiosos vistos da Arábia Saudita [...][20]

Sob as leis norte-americanas de imigração, continuava a queixa, os Bin Laden eram responsáveis por controlar suas empregadas "todo o tempo". Agora que as mulheres tinham desaparecido, sua família sofreria, porque "poderia não conseguir mais vistos norte-americanos para auxílio doméstico no futuro". Eles tiveram "severo sofrimento emocional" por causa do incidente com a polícia, escreveram, e só tinham concordado em deixar que as empregadas saíssem e voassem de volta para casa "apenas para neutralizar a situação embaraçosa (que poderia afetar adversamente as crianças Binladin, caso continuasse)".[21]

Elizabeth Borges replicou que "qualquer declaração dada por ela ao Departamento de Polícia de Los Angeles [...] fora dada para proteger os direitos constitucionais" das duas mulheres, e, desse modo, estava judicialmente protegida.[22]

Elizabeth Borges acabou voltando para o Brasil; as alegações e contra-alegações do processo nunca foram resolvidas, de acordo com os arquivos judiciais disponíveis. Os Bin Laden acabaram concluindo que haviam se cansado de Los Angeles. Khalil concordou em comprar a corporação liberiana do espólio de Salem, estabelecida para abranger Desert Bear, a propriedade imobiliária de revitalização espanhola perto de Orlando; ele pagou quase 1 milhão de dólares, de acordo com uma pessoa familiarizada com a transação.[23] Os Bin Laden venderam a casa em Brentwood. No futuro, a família passaria os meses de verão na Flórida.

A América do Norte era às vezes desconcertante e irritante, às vezes intrometida e ofensiva, mas agora fazia parte inexorável da família hifenizada de Khalil, saudita-brasileira-norte-americana. Eles eram Bin Laden, mas seus filhos eram cada vez mais influenciados pela cultura norte-americana. A administração desse equilíbrio se mostraria cada vez mais difícil.

Durante aquele verão de 1990, na fase de depoimentos, empregadas que surgiam do nada e a polícia de Los Angeles que batia à porta, os governos aliados dos Estados Unidos e da Arábia Saudita, sacudidos por crises, descobriam alguma coisa semelhante, em um plano paralelo de política exterior, petróleo, economia e guerra. Aqui também a integridade e a fortuna da família Bin Laden estariam envolvidas — e ameaçadas.

27

As contas na Suíça

Na noite de 6 de agosto de 1990, o secretário de Defesa Dick Cheney liderou uma delegação norte-americana ao palácio à beira-mar do rei Fahd, em Jedá. Fahd preferia o porto no mar Negro a Riad; entre outros motivos, um dos astrólogos em que se fiava tinha previsto que ele poderia ser esfaqueado na capital. Nessa noite em particular, Jedá tinha a vantagem adicional de colocar o rei o mais longe possível de qualquer perigo, em posição de fugir rapidamente da Arábia. Quatro dias antes, o exército de Saddam Hussein invadira e ocupara o Kuwait; o pequeno exército do emirado sucumbira, e a família real tinha fugido para o exílio. As unidades do Iraque pareciam agora estar se reagrupando para um possível ataque aos campos petrolíferos a leste da Arábia Saudita, sendo que o maior deles ficava abaixo da fronteira com o Kuwait, no lado oposto do reino em relação a Jedá.

O general Norman Schwarzkopf, o mais graduado comandante militar norte-americano para o Oriente Médio, e Paul Wolfowitz, subsecretário de Defesa, seguiam Cheney na sala de recepções do rei. Fahd sentou-se no lugar de honra. Ao lado dele estava seu meio-irmão Abdullah, agora príncipe herdeiro, um homem de idéias independentes que se orgulhava de suas calorosas relações com as tribos do deserto ao norte da Arábia Saudita. Diversos outros príncipes e generais sauditas formavam uma fileira de um lado da sala. O príncipe Bandar bin Sultan, embaixador nos Estados Unidos, pairava próximo ao rei, preparado para servir de intérprete entre o inglês e o árabe. Quando a discussão começou, Schwarzkopf ajoelhou-se no chão para revisar fotos de satélites que mostravam a disposição das tropas iraquianas próximas da Arábia Saudita; algumas das unidades de Saddam, disse o general, estavam patrulhando a já 25 quilômetros dentro do território soberano do reino.[1]

O governo de Fahd havia coberto Saddam de subsídios durante a guerra entre o Irã e o Iraque nos anos 1980 — o montante chegou a 26 bilhões de dólares, pelas contas de Fahd —, ajuda encorajada pelos Estados Unidos em sua tentativa de conter o Irã revolucionário. Todo esse dinheiro agora se mostrava uma defesa diáfana. Do mesmo modo, os bilhões gastos pela família real saudita em caças britânicos e sistemas de armamentos no acordo Al-Yamamah (que canalizou centenas de milhões de dólares em taxas, todos os anos, para as contas no banco de Bandar em Washington) provaram-se sem qualquer valor; a Arábia Saudita não tinha o efetivo (um exército de 70 mil homens, em comparação com as forças iraquianas, de cerca de 2 milhões) nem a capacidade de ao menos neutralizar, quanto mais derrotar, uma invasão iraquiana. A incursão de Saddam no Kuwait havia exposto inteiramente os Al-Saud como governantes de um país que não tinha população treinada, força industrial e rigor militar para proteger seu tesouro de hidrocarbonetos. Cheney disse que os Estados Unidos poderiam assumir a tarefa, mas suas tropas teriam de se dispor em posição de combate rapidamente e em grande número. Ele prometeu que as forças norte-americanas sairiam da Arábia Saudita assim que a crise passasse, ou a qualquer momento que Fahd ordenasse. Por sua parte, Fahd disse que, se os norte-americanos tivessem de dispor tropas no reino, ele queria que fossem muitas, e em uma operação séria. A barganha de segurança que há muito jazia sob a superfície do relacionamento entre Estados Unidos e Arábia Saudita, administrada o mais discretamente possível para não constranger os Al-Saud ante seu povo xenófobo, agora ficara às claras, em plena força, para quem quisesse ver. Os Estados Unidos garantiam a existência independente da Arábia Saudita; sem essa garantia, a península estava vulnerável a qualquer invasor ousado ou tolo o suficiente para tomá-la — como foi o caso, durante séculos, antes da Segunda Guerra Mundial, quando a Arábia não era lá grande prêmio, mas, de todo modo, via-se periodicamente conquistada.

Fahd falou com Abdullah em árabe. Bandar parou de interpretar, mas Chas Freeman, o embaixador norte-americano na Arábia Saudita, que falava árabe, seguiu o diálogo entre eles.

"Você não acha que deveria haver alguma consulta?", perguntou Abdullah, referindo-se aos sábios religiosos e líderes tribais que certamente iriam se ressentir da chegada de centenas de milhares de soldados cristãos e judeus para defender o reino.

"Não há tempo", disse Fahd, como lembrou Freeman. "Se demorarmos, poderemos acabar como o Kuwait. Não existe mais Kuwait."

"Sim, existe um Kuwait", falou Abdullah. "Existe um Kuwait."

"É, e seu território é formado por quartos de hotel no Cairo, em Paris e em Londres", respondeu Fahd.

"Concordo com você", disse Abdullah.

Terminada a conversa com o meio-irmão, Fahd virou-se e encarou Cheney. "Está bem", falou ele simplesmente.[2]

Caças e aviões de transporte militar norte-americanos zuniram para os campos aéreos de Dhahran em 24 horas, mas, durante todo o mês de agosto, reconheceu mais tarde o comandante norte-americano, as intervenções deles foram quase um blefe; se Saddam tivesse despejado todas as suas forças no Sul do Kuwait, ele certamente conseguiria ocupar alguns dos campos petrolíferos sauditas, pelo menos temporariamente. Durante várias semanas o destino do reino pareceu incerto.

Sem jeito, Fahd tentou consultar os sábios islâmicos e os líderes tribais, embora estivesse claro que sua decisão de se fiar em Washington como salvação era irreversível. Em 14 de agosto, o grande mufti cego do reino, o xeique Bin Baz, emitiu uma *fatwa* abençoando oficialmente a chegada de tropas não-muçulmanas como necessárias e permitidas sob a lei islâmica. Foi um documento não mais convincente que os pronunciamentos do xeique, anos antes, a respeito da localização da Terra no centro do sistema solar. Até os sauditas que apoiavam a decisão de Fahd podiam ver, como disse mais tarde Osama bin Laden, que a família real estava manipulando seus líderes religiosos assalariados "para aumentar sua legitimidade" em um momento de crise. O decreto de Bin Baz foi particularmente ofensivo, no mínimo porque "insultou a inteligência dos muçulmanos".[3]

Osama certamente estava entre os ultrajados, mas sua posterior ridicularização de Fahd e Bin Baz desmentiu a complexidade de suas ações e de seus pensamentos na época. Ele era um Bin Laden e ainda se caracterizava como uma criatura do governo saudita. Naquele verão, não apresentou nenhuma dissidência pública. Ao contrário, movimentou-se rapidamente com o resto da família para proteger sua fortuna pessoal contra a possibilidade de que o regime Al-Saud desabasse. Do mesmo modo que os norte-americanos há anos se protegiam contra uma crise desse tipo, os Bin Laden também o faziam.

Para eles, também, aquele era um momento de ação decisiva, e Osama era um participante pleno do programa de autogarantia da família.

Omar e Haider bin Laden voaram para Genebra para conferenciar com Yeslam a respeito de como passar maior quantidade do dinheiro da família para a segurança do sistema bancário suíço. Os Bin Laden já tinham antes aberto contas em um banco suíço para uma fundação da família; o objetivo dessa fundação, estabelecida por Mohamed bin Laden, permanece obscuro, mas sua conta suíça pode ter sido um veículo de moeda forte para obras de caridade no estrangeiro ou transferência de heranças. Com a ajuda de Yeslam, os irmãos agora resolveram fechar e liquidar essa fundação e abrir uma conta principal em um novo banco, o Swiss Bank Corporation. Em 17 de agosto, Omar, Haider e Yeslam assinaram documentos no escritório do banco em Genebra, criando contas secundárias para praticamente todos os filhos de Mohamed bin Laden. Como Omar explicou mais tarde: "As contas secundárias foram abertas para o benefício de cada um dos mais de cinqüenta herdeiros de Mohamed bin Laden, incluindo uma conta secundária em nome de Osama, e essas contas secundárias eram financiadas [...] com uma parte da herança legal de cada herdeiro". As contas foram criadas, Omar reconheceu, "como reação à invasão do Kuwait por Saddam Hussein".[4]

Em nome de Osama, Omar e Haider assinaram uma "Declaração de abertura de conta ou conta de valores" em que "o possuidor beneficiário dos bens a serem depositados no banco" era "Mr. Osama M. Binladin"; alguém escreveu o nome de Osama à mão no espaço apropriado. Na segunda página, eles escolheram a moeda estrangeira a ser usada na conta de Osama: "dólares".

Um segundo formulário, assinado no mesmo dia, dava "plenos poderes de procurador" a Yeslam sobre a conta; aqui, o beneficiário estava escrito à mão como "Sheikh Osama Mohamed BINLADIN". O formulário da conta bancária oferecia uma escolha entre um tipo de autoridade que exigia que Osama e Yeslam assinassem todos os documentos conjuntamente, ou outro em que ou Yeslam ou Osama seriam autorizados "a agir separadamente e por sua única assinatura". Foi escolhida a segunda opção — Yeslam teria o poder de controlar o dinheiro na conta com sua própria assinatura, sem a aprovação por escrito de Osama. Era um sinal de coerência e confiança que persistia dentro da família, mesmo em meio às tensões ocasionalmente produzidas pela retirada de Yeslam para Genebra.

No dia 20 de agosto a conta de Osama foi agraciada com um depósito de 450 mil dólares — uma porção modesta de sua herança, mas uma garantia confortável contra um desastre repentino no reino. Essa soma imediatamente começou a render juros em uma taxa de cerca de 2.500 dólares por mês; a importância dos juros mensais variaria de acordo com as taxas do mercado.[5]

Em sermões posteriores, Osama igualou as práticas bancárias de pagamento de juros à usura, que denunciou como sendo uma completa violação da lei islâmica. A usura, observou ele certa vez, "foi proibida em todas as religiões", e, no entanto, nos Estados Unidos, "você podia construir sua economia e seus investimentos com a usura. Como resultado disso, sob todas as diferentes formas e disfarces, os judeus tomaram o controle da sua economia".[6] Naquele verão, no entanto, em meio ao pânico de sua família, Osama não mostrou qualquer relutância em ganhar juros — de fato, na sua conta no Swiss Bank Corporation, ele logo viria a receber mais juros em um ano do que muitos norte-americanos ganhavam como salários anuais. Era um exemplo impressionante de sua capacidade de hipocrisia — e da lenda envolvendo dinheiro.

HÁ RELATOS CONFIÁVEIS DE QUE OSAMA predisse a invasão de Saddam ao Kuwait antes que ela ocorresse. Seu amigo da época de ginásio, Khaled Batarfi, lembrou de tê-lo ouvido dizer isso em uma reunião informal, para um *diwaniyah*, no almoço na casa de um negociante rico em Meca, no início de 1990, quando a mídia árabe de notícias estava cheia de histórias a respeito do acúmulo de tropas de Saddam nas fronteiras do Kuwait e de suas reivindicações belicosas àquele território. Osama insistiu em que os sauditas deveriam começar a treinar para lutar contra Saddam, como ele e seus seguidores tinham feito no Afeganistão. Contou uma história ilustrativa, cuja essência era, como Batarfi parafraseou:

> Você é sofisticado, você é um engenheiro, você é um médico, e suponhamos que você mande [seus filhos] para uma boa escola. Mas é uma vizinhança difícil, e há outras crianças que são escoladas na rua e muito brigonas. Então seu vizinho vem a você e diz: "Empreste-me dinheiro, ou então vou mandar minhas crianças atrás das suas". Você sabe que ele nunca vai pagar o empréstimo. Há um limite de quanto você pode dar a ele. Então é hora de você treinar seus

filhos, porque você vai ter de se rebelar em algum momento. Saddam tem todos esses filhos valentões. Ele tem esses soldados que são pobres, desempregados, estão motivados e são fortes. Estou dizendo, vamos aproveitar o nosso treinamento no Afeganistão. Nós ficamos fortes. Mas temos de estar prontos. Temos de ir para os acampamentos agora. Devemos ser fortes agora. Do contrário, o rei Fahd não estará pronto.[7]

Isso certamente era o que Osama achava dele mesmo em 1990: um líder guerrilheiro islâmico internacional que trabalhara a serviço de seu rei — alguém tão leal aos Al-Saud que ele até tentou planejar as coisas em nome deles. Nem eram o Iraque e o Afeganistão as únicas fronteiras onde Osama imaginava que iria desempenhar seu papel.

Mesmo antes de sua volta à Arábia Saudita, no final de 1989, Osama já dera dinheiro para apoiar os rebeldes islamitas na luta contra o governo comunista, cada vez mais fraco, no Iêmen do Sul, a metade do Iêmen dividido que controlava a terra natal da família Bin Laden no Hadhramawt. A equação política e religiosa no Iêmen, com o término da Guerra Fria, era muito complexa. Ali Abdullah Saleh, um oficial do exército e membro da tribo *sanhan* que subira ao poder com um golpe, liderava o Iêmen do Norte; ele recebia algum apoio da Arábia Saudita — principalmente porque não era comunista —, mas seu relacionamento com os Al-Saud não era tranqüila. Ele compartilhava, no entanto, a antipatia da Arábia Saudita com relação ao regime do Iêmen do Sul, que tinha por trás os soviéticos. À medida que o comunismo global oscilava, durante 1989, confrontado pelas rebeliões democráticas da China até a Europa, o governo do Iêmen do Sul parecia vulnerável. Do Afeganistão, onde ele se aproximara de diversos voluntários iemenitas na guerra, Osama viu uma oportunidade de estender suas façanhas na *jihad*. O governo esquerdista do Iêmen do Sul tinha privado diversas antigas famílias da elite de suas terras e privilégios, especialmente na administração Abyan, e, durante os anos 1980, alguns membros jovens dessas famílias se voltaram para o islã internacional radicalizado como ideologia de resistência. Um dos líderes da administração Abyan, Tariq Hasan Al-Fadli, fundou um grupo chamado Al-Jihad. Al-Fadli disse mais tarde que seu grupo do Iêmen do Sul "realmente teve apoio externo [...] por intermédio da graça do Deus Todo-Poderoso e do nosso venerável xeique Osama bin

Laden, possa Deus protegê-lo [...] Ele financiou tudo". Bin Laden apoiara também outros islamitas do Iêmen.[8]

Como acontecera na guerra anti-soviética no Afeganistão, a violência islamita no Iêmen do Sul promoveu tanto os interesses políticos do governo saudita como a ideologia mais suave de Bin Laden e seus aliados. De fato, Osama pode ter iniciado o projeto da *jihad* no Iêmen do Sul com o encorajamento, ou até mesmo o apoio direto, da inteligência saudita, do mesmo modo como fizera no Afeganistão. Richard Clarke, que mais tarde dirigiu programas de contraterrorismo na Casa Branca de Clinton, escrevera que o príncipe Turki al-Faisal, "ao que consta, tinha pedido" a Osama "que organizasse uma resistência, com base na religião fundamentalista, ao regime de estilo comunista" no Iêmen do Sul. No contexto de 1989, esse pedido teria sido inteiramente consistente com a polícia externa saudita e com o longo uso da família Bin Laden para projetos de defesa dissimulados envolvendo o Iêmen. Turki descrevera a questão de um modo um tanto diferente do de Clarke, no entanto; ele disse que Osama "veio a mim com uma proposta" de fomentar a rebelião no Iêmen do Sul, e que "eu o aconselhei na época que essa não era uma idéia aceitável".[9]

Seja lá qual for a verdade, a equação geopolítica mudou durante os primeiros seis meses de 1990 de um modo que levou Riad a renunciar seu apoio à rebelião violenta no Iêmen. A queda do Muro de Berlim levou à reunificação pacífica do Iêmen e ao término formal do estado do Iêmen do Sul. No dia 22 de maio de 1990, Ali Abdullah Saleh tornou-se presidente de um Iêmen unido; como parte da barganha, ele tentou cooptar e acalmar grupos islamitas que tinham previamente travado *jihad*. Osama e outros radicais, no entanto, não viam nada de bom nessa barganha, ou em um governo nacional que incorporava ex-comunistas, e persistiram em sua pregação e organização. De acordo com Ahmed Badeeb, chefe do *staff* de Turki, Saleh acabou telefonando ao rei Fahd para reclamar. O governo saudita respondeu pressionando Osama para que ele sossegasse, e, segundo uma narrativa, durante o final da primavera ou o início do verão de 1990, o governo deu uma batida em uma fazenda da família Bin Laden que Osama estava usando para apoiar seu projeto no Iêmen. Depois disso, conforme se informa, Osama escreveu uma carta revoltada de protesto ao príncipe herdeiro Abdullah.[10]

Essa fratura no alinhamento de Osama com a política externa saudita coincidiu com sua crescente irritação, durante o outono de 1990, a respeito do plano de Fahd de empregar tropas lideradas por norte-americanos em uma guerra para expulsar as forças de Saddam do Kuwait. Cada vez mais, Osama transmitia uma posição arrogante em relação aos oficiais sauditas que encontrava. Ele contratou guarda-costas. Escreveu um artigo de sessenta páginas expondo sua idéia de recrutar e liderar seus *mujaheddin* treinados no Afeganistão em uma campanha para expulsar Saddam do Kuwait e salvar o rei Fahd das sombrias conspirações das tropas de ocupação norte-americanas. Disse que seria perigoso para a Arábia Saudita permitir que tropas cristãs lutassem suas guerras. Buscou fazer uma reunião com Fahd, mas foi desviado para outros oficiais sauditas, inclusive um príncipe de alta posição no Ministério da Defesa — essa pessoa nunca foi claramente identificada, mas parece ter sido ou Abdul-Rahman bin Abdulaziz, um irmão bilateral do rei, ou Khalib bin Sultan, o influente filho do ministro da Defesa.[11] Osama encontrou-se também com Ahmed bin Abdulaziz, contato há muito tempo de Salem, número dois no Ministério do Interior. Osama mais tarde descreveu o que aconteceu:

> Eu dirigi meus conselhos diretamente ao vice-ministro da Defesa, informando-o dos grandes pecados dos quais o Estado deveria abrir mão, e do perigo de persistir com eles, mas em vão. Então encontrei-me com o diretor adjunto do ministro para Assuntos de Segurança, que me repreendeu severamente por dar conselhos ao vice-ministro da Defesa e começou a me repreender a respeito exatamente dos mesmo pecados que eu mencionara ao ministro. Aí ele disse: "Isso já se sabe — não precisamos que ninguém nos diga".[12]

Suas propostas a respeito da futura guerra no Kuwait aborreceram o governo saudita, mas elas eram irrelevantes. Parece, ao contrário, ter sido sua pregação persistente e o contato com os *jihadis* no Iêmen que acabaram por levar o ministro do Interior a confiscar seu passaporte durante o inverno de 1990-1991. Como diz o príncipe Turki, falando de suas conversas com Osama a respeito da *jihad* no Iêmen: "Essa pessoa tímida, retraída e aparentemente muito reticente tinha mudado".[13]

Osama acreditava — e dizia repetidamente — que estava trabalhando pelos verdadeiros interesses da família real saudita, não contra eles. Seus meios-irmãos mais velhos, no entanto, especialmente Omar e Bakr, interpretaram seu antigo mandato de lealdade familiar de modo bem diferente depois da invasão do Kuwait por Saddam.

Por volta dessa época, Bakr travou conhecimento com Chas Freeman, o embaixador norte-americano na Arábia Saudita; Freeman de vez em quando escutava pareceres privados de homens de negócios proeminentes em Jedá. Animados por esses contatos, no outono de 1990 Bakr e Omar levaram o Saudi Bin Laden Group (no qual Osama era acionista) a assinar contratos com o Exército dos Estados Unidos, para a construção de instalações que dessem apoio à presença das tropas norte-americanas e na futura guerra com o Iraque. Entre 30 de setembro e 7 de novembro, o Saudi Bin Laden Group construiu um heliporto na Base Aérea King Abdulaziz, "em apoio ao Exército dos Estados Unidos posicionado na Operação 'Desert Shield'", de acordo com um "Certificado de Empreendimento" emitido mais tarde pelo general-de-divisão William G. Pagonis, do Central Support Command do Exército dos Estados Unidos. Pagonis reconheceu os executivos dos Bin Laden pela "contribuição pessoal" à "mais bem-sucedida disposição logística em apoio à vitória de um combate na história militar [...] Estamos orgulhosos de suas façanhas e nos sentimos humildes ante os seus sacrifícios. Saudamo-los e os agradecemos". A Bin Laden Telecomunicações instalara sistemas para o Central Command dos Estados Unidos e para a 35ª Signal Brigade norte-americana; seus executivos foram premiados com certificados de agradecimento assinados pelo general Norman Schwarzkopf. Eles tinham propiciado, afirmou Schwarzkopf, "importante apoio" ao esforço de guerra norte-americano. Os Bin Laden, além disso, empreenderam um projeto para melhorar uma estrada de 1.200 quilômetros no deserto, "para que as tropas norte-americanas pudessem se deslocar com facilidade e segurança na ida e na volta para a região norte da Arábia Saudita", como disse mais tarde Omar bin Laden; ele supervisionou pessoalmente o trabalho. Osama certamente sabia desses projetos de construção, dos quais lucrou como acionista e recebedor de dividendos; ele estava no reino durante esse período, embora aparentemente também viajasse de um lado para outro no Iêmen.[14]

Assim como acontecia com os juros que se acumulavam em sua conta na Suíça, não há evidências de que ele estivesse preocupado e com dores de consciência quanto aos ganhos que recebeu do trabalho para os norte-americanos realizado por sua família durante a guerra, mesmo quando fazia conferências na mesquita Bin Laden, perto de Kilo 7, e denunciava a política externa norte-americana. Flertava com a rebelião, mas ainda não estava capacitado a abraçá-la na totalidade. Ele se posicionava como dissidente, mas evitava os riscos mais sérios. Suas opiniões possuíam nuanças e eram mutáveis e cheias de contradições.

A CHEGADA DE SOLDADOS NORTE-AMERICANOS no reino no final de 1990, em uma época em que as revoluções democráticas estavam irrompendo pelo mundo todo, provocou o debate mais vigoroso e aberto a respeito da liberdade política e da identidade na Arábia Saudita desde o período Nasser. Liberais urbanos, especialmente as mulheres, aproveitaram essa aparente Primavera de Riad para protestar contra a presença de arrogantes e antiquadas leis islâmicas na vida nacional. Em novembro, 47 mulheres atraíram a atenção mundial — e chocaram muitos sauditas — montando um protesto no qual entraram em automóveis, em Riad, e guiaram pela cidade em aberta violação da proibição de as mulheres dirigirem no reino. No início de 1991, 43 homens de negócios de inclinação liberal, jornalistas, professores universitários e ex-funcionários do governo assinaram uma petição ao rei Fahd pedindo dez reformas políticas. Era uma lista relativamente tímida, e parava antes de exigir uma ordem democrática, mas, em termos sauditas, era ousada: a petição buscava novos conselhos para ampliar a participação política, reformas na polícia religiosa e "participação maior das mulheres na vida pública, no âmbito da *sharia*".[15]

Esse modesto levante liberal confirmou os temores profundamente sedimentados dos islamitas sauditas de que a aliança da família real com os Estados Unidos, e particularmente sua decisão de convidar as tropas norte-americanas para o reino, seria uma alavanca no movimento ascendente dos Al-Saud na direção de uma sociedade mais secular. Circulavam amplamente fitas subversivas com sermões e conferências, dando voz a esses avisos histéricos, durante o outono e o inverno. Dois professores universitários conservadores, Safar Al-Hawali e Salman Al-Awda, divulgaram discursos inflamados, argumentando que o inimigo verdadeiro do reino não era o Iraque, mas o Ocidente. Outra voz influente pertencia a Awad Al-Qarni, autor de um livro publicado em 1987, intitulado *Modernidade na escala do islã*, que insistia em que a família real e seus aliados seculares estavam promovendo formas alternativas de identidade nacional que minavam o Alcorão. O fermento conservador se intensificou depois da carreata de protesto das mulheres; folhetos islamitas enumeravam nominalmente as mulheres motoristas, além de dar o nome dos maridos, e denunciavam as manifestantes como "putas comunistas".[16]

Além disso, os islamitas reuniram assinaturas para dirigir sua própria petição ao rei Fahd exigindo reformas políticas. Eles compartilhavam do desejo dos liberais de uma maior participação, mas compuseram uma agenda para orientar as reformas rumo a uma adesão ainda maior à lei islâmica.

Abdulaziz Al-Gasim, juiz conservador nos tribunais *sharia* e líder da mobilização para a assinatura da petição, que mais tarde seria preso, procurou Osama bin Laden em Jedá, no início de 1991, para convencê-lo a acrescentar sua assinatura em favor da causa. Como filho de um imigrante *hadhrami* sem educação formal em islã, Osama não era um personagem de importância no mundo saudita de erudição islamita dissidente, mas sua fama marcial como líder *mujaheddin* no Afeganistão e sua posição como membro de uma família importante de homens de negócios faziam dele um simpatizante potencialmente atraente. "Ele se desculpou e recusou-se a assinar", lembrou Al-Gasim. "Ele disse que estava muito ocupado com o Afeganistão e o Iêmen. Apoiava as idéias [nas minutas da petição], mas não queria qualquer conflito com o governo saudita nem a perda do apoio para suas atividades. Não queria iniciar outra guerra. Ele não estava convencido de que essas metas poderiam ser alcançadas por meios pacíficos."[17] Alguns islamitas na Arábia Saudita, ao justificar sua resistência fraca ao governo corrupto da família real, há muito tempo citavam o desejo de evitar fomentar uma *fitna*, ou uma indesejável divisão interna, segundo o Alcorão, no interior da comunidade islâmica; Osama baseou-se no mesmo raciocínio naquele inverno.

Uma noite, Osama compareceu a um jantar em Jedá no qual convidados exilados do Kuwait falaram de sua labuta e pediram apoio, lembrou Jamal Khashoggi, que estava presente. Quando chegou a vez de falar, Osama expressou o medo de que os Estados Unidos tivessem um plano para usar sua presença de modo a "secularizar a Arábia Saudita e fazer uma mudança dramática em seu regime, ou a forma como ela era governada, impondo um presidente e ministros seculares", como lembrou Khashoggi. Osama citou especificamente Ghazi Al-Ghosaibi, o embaixador saudita de terno e gravata na Grã-Bretanha, como um candidato para essa liderança imposta. Al-Ghosaibi, predisse Osama, reformaria os currículos nas escolas para espalhar idéias seculares, "encorajaria as mulheres a tirarem o *hejab*" e "espalharia corrupção por meio das artes e da abertura da sociedade". Segundo o relato de Khashoggi, Osama concluíra suas observações com uma advertência:

> Estejam atentos. Tenham cuidado. Temos de estar unidos e nos agrupar em torno da liderança saudita para não ficarmos fracos nessa campanha secular determinada, que sem dúvida está vindo com o apoio norte-americano, que já possui algumas pessoas e alguns agentes — uma quinta-coluna na Arábia Saudita. Há muitos sauditas prontos a servir ao projeto de mistificação norte-americano, que irá alienar os sauditas de sua religião.[18]

Em determinado sentido, as opiniões de Osama continuaram iguais às que ele tinha desde os catorze anos de idade: onde habitam muçulmanos, eles deveriam aspirar a uma sociedade pura, baseada nos princípios islâmicos. Osama continuava profundamente confuso, no entanto, a respeito de como perseguir esse ideal dentro da Arábia Saudita. A presença de tropas norte-americanas e supostas conspirações seculares o preocupavam, mas sua fé nos Al-Saud e em sua própria família o refreavam. Em terras de influência comunista, como a Síria, o Iêmen do Sul e o Afeganistão, a *jihad* violenta poderia ser adotada, porque parecia ser a única alternativa. Na Arábia Saudita a situação parecia mais complicada. Entre outras coisas, Osama continuava a aceitar a alegação essencial dos Al-Saud de que eles eram os justos e legítimos guardiões do berço do islamismo — argumentação da qual derivava a fortuna Bin Laden.

A DERROTA RÁPIDA E AVASSALADORA das forças iraquianas no Kuwait por tropas de coalizão lideradas pelos norte-americanos encheu o rei Fahd e a família real de orgulho, alívio e autoconfiança. Fahd cobrou vingança imediata contra os governos e entidades árabes que tinham apoiado Saddam — especialmente a Jordânia, a Autoridade Palestina e o Iêmen. Dezenas de milhares de trabalhadores palestinos e iemenitas foram expulsos do reino. No *front* doméstico, entre o sentimento geral de alívio que acompanhou o fim da guerra, Fahd parecia ter opiniões conflitantes; ele achava que algumas leves reformas políticas poderiam aplacar seus súditos, mas ele e seus irmãos também buscavam garantir que o fermento do tempo de guerra não levasse a uma revolução pós-conflito. À medida que as semanas se passavam depois do rendimento do Iraque, indivíduos tanto da esquerda como da direita foram demitidos de seus trabalhos, e alguns foram presos. Para todos aqueles que duvidavam ou aguilhoaram a Arábia Saudita em seu período de crise, a família real enviava uma mensagem inequívoca: estamos de volta com uma vingança.

Osama bin Laden saiu do reino em 1º de maio de 1991, por vontade própria, menos de dois meses depois do fim da guerra. As circunstâncias que cercaram a partida dele permanecem um tanto obscuras. Não foi obrigado a sair, de acordo com Bakr bin Laden. Por intermédio de um de seus meios-irmãos — aparentemente não Bakr — Osama alegou — para o ministro do Interior —, que precisava de um visto de validade única para uma viagem ao Paquistão, a fim de liquidar investimentos ali. A melhor evidência sugere que ele estava genuinamente incerto de seus planos — que queria se reunir com os seguidores da Al Qaeda que deixara no Afeganistão, mas que era ambivalente a respeito de voltar à guerra civil afegã. Enquanto estava em Jedá durante a guerra, Bin Laden tinha despachado seguidores seus do Afeganistão ao Sudão, para alugar fazendas e casas de hóspedes. Mais tarde, usando a doação de um advogado egípcio, ele comprou uma fazenda ao norte de Cartum por 250 mil dólares, de acordo com um ajudante sudanês. Durante o mesmo período, de acordo com Khalil A. Khalil, que monitorava os islamitas para o governo saudita, Osama "passou algum tempo tentando encontrar uma tribo" no Iêmen "com cuja filha pudesse se casar e assim ganhar a fidelidade da tribo. Ele trabalhou durante cerca de dezoito meses para estabelecer-se — primeiro, em um contexto social, depois, para trazer seus combatentes para o Sul do Iêmen. [...] Especulava-se se ele tinha armas nos Emirados Árabes Unidos e também investimentos e negócios lá. O esquema que estava explorando era o Iêmen, primeiro, para o exército da *jihad*, e os Estados Unidos, como uma base para atividades de mídia e econômicas".[19]

As motivações de Osama são mais fáceis de documentar que seus planos logísticos particulares. A importunação que ele enfrentara por parte de oficiais sauditas por causa de sua organização no Iêmen e a humilhação que sentiu pela rejeição aos seus conselhos durante a guerra deixaram-no ansioso para se livrar da repressão sufocante do reino, criar a independência e o prestígio de que ele gozara durante seus últimos anos no Afeganistão — de preferência sem a exposição constante aos tiroteios, no entanto. Ele estava, a seu jeito, tão exaurido pela estreiteza da cultura política saudita quanto os membros mais seculares de sua família que escapavam periodicamente para Los Angeles, Orlando ou Paris, a fim de obter algum espaço para respirar. Como Osama mais tarde descreveu sua passagem para o exílio durante aquela primavera de 1991:

> O regime saudita impôs sobre o povo uma vida que não agrada ao fiel livre. Eles queriam que o povo comesse, bebesse e cantasse louvores a Deus, mas se o povo quisesse encorajar o que é certo e proibir o que é errado, não podia. Ao contrário, o regime os demite de seus empregos e, se por acaso as pessoas continuam a fazer isso, são encarceradas em prisões. Eu me recuso a viver essa vida submissa, que não é adequada a um homem e muito menos a um fiel. Então esperei pela oportunidade que Deus me possibilitou de sair da Arábia Saudita.[20]

Como Bakr e seus meios-irmãos interpretaram sua partida? As provas são tênues; não obstante, elas tornam claro que, quando Osama deixou o reino, sua família não fez qualquer esforço para excluí-lo do acesso ao seu próprio dinheiro ou da participação em novos investimentos da família. Em julho de 1991, por exemplo, Yves Bruderlein, um advogado suíço com escritórios em Genebra, formou uma companhia nas Ilhas Cayman chamada Cambridge Engineering, "para fazer e manter investimentos", especialmente em "produtos de fundos de ações compensatórias oferecidos por grandes instituições financeiras, inclusive o Deutsche Bank". De acordo com Bruderlein, a Cambridge tinha como "proprietário indireto" o Saudi Bin Laden Group, e Bakr bin Laden tinha poder de assinatura na firma. O Saudi Bin Laden Group escolhera as Ilhas Cayman como seu local de organização "baseado em conselhos de seus procuradores", disse ele mais tarde. Seus diretores suíços receberam "nossas instruções unicamente do Saudi Bin Laden Group". No período inicial depois da formação da Cambridge Engineering, Bruderlein e outros diretores suíços nunca tiveram contato com Osama, mas, mesmo assim, Bruderlein disse que sabia que Osama fazia "parte do Saudi Bin Laden

Group", e que portanto era participante nos investimentos dos fundos de ações compensatórias.[21]

Bakr mais tarde disse que ele "jamais interviera" junto a qualquer pessoa no governo saudita para ajudar Osama a sair do reino, "nem eu sabia na época de qualquer envolvimento de Osama em atividades terroristas de qualquer tipo".[22] Ele deu a entender que era passivo e aceitava as decisões de Osama. A credibilidade mais ampla de sua afirmativa pode depender, em parte, é claro, da definição de "atividades terroristas". A Al Qaeda tinha sido fundada três anos antes. Seus voluntários ainda participavam na guerra civil afegã; outros combateram no Iêmen ou evadiram-se da captura por parte dos serviços de segurança egípcios dos quais fugiram. Se parte ou toda essa violência constituíam terrorismo, isso em alguma medida depende dos olhos do observador. Tampouco se sabe muito bem quanto Bakr sabia a respeito dessas milícias ou sobre o envolvimento de Osama com elas.

Os Bin Laden continuaram a facilitar transferências financeiras para Osama. Em 28 de outubro de 1991, a soma de 482.034,37 dólares — o depósito original acrescido de juros, menos as taxas bancárias — foi transferida para a conta secundária de Osama no Swiss Bank Corporation, em Genebra, sob a custódia de seu meio-irmão Haider. A transferência ocorreu durante um período em que outros detentores de contas secundárias entre os filhos de Mohamed estavam adotando o controle integral de suas próprias contas suíças, agora que havia passado a crise da guerra. Osama aparentemente resolveu reorganizar seus negócios bancários dentro do mundo islâmico. O que aconteceu com esse depósito em dólares depois de ele ter chegado a seu meio-irmão Haider permanece desconhecido, mas não há indicações de que tenha sido negado a Osama. A transferência marca o último uso, que se saiba, do sistema bancário ocidental por parte de Osama.[23] Com uma atitude obstinada, mas sem um plano coerente, ele adotou uma vida de exílio voluntário. Sua situação era mais complicada que a de seu avô, Awadh, cuja fuga das dívidas, quase um século antes, tinha acabado por dar origem à fortuna da família, mas o instinto de Osama era o mesmo: achava que não tinha escolha senão começar de novo.

28

Um Rolls-Royce na chuva

Ibrahim e Christine bin Laden separaram-se formalmente em 22 de novembro de 1991, depois de quase cinco anos de casamento. Eles tinham uma filha de dois anos, Sibba; Christine mudou-se com ela para um apartamento dúplex na área de Los Angeles. Ela contratou advogados para o divórcio. Em fevereiro, registraram-se documentos no Tribunal Superior de Los Angeles pedindo uma ordem de prisão temporária contra Ibrahim; Christine temia, escreveu ela em uma declaração, que seu marido "ficasse colérico comigo" por causa da decisão de desfazer o casamento "e pudesse retaliar, levando minha filha com ele para a Arábia Saudita".

Christine na época tinha 31 anos de idade, cerca de cinco anos menos que o marido. Ela falou ao tribunal sobre sua "situação financeira desesperada". Era um tipo de desespero, no entanto, peculiar ao West Side de Los Angeles. "Durante muitos anos ao longo do casamento, Ibrahim me dava uma mesada de aproximadamente 15 mil dólares", relatou ela. No entanto, para janeiro e fevereiro de 1992, em seguida à separação, ele lhe dera apenas 5 mil dólares, o que era "espantosamente inadequado". Ela não tinha outra renda fora o sustento de Ibrahim. Pela repentina parcimônia do marido, escreveu ela, "nosso estilo de vida mudou, e nossas condições estão piores do que as que tínhamos durante o casamento". Ela explicou ao tribunal:

> Ibrahim, minha filha e eu morávamos na nossa mansão de Bel Air, no 634 da Stone Canyon Road. Era uma casa de 650 metros quadrados, em uma propriedade de quase 3 mil hectares e uma garagem para sete carros. A casa atualmente vale entre 8 e 10 milhões de dólares. Empregávamos jardineiros, domésticos, motoristas e segurança privada em tempo integral. Tínhamos muitos carros, dois dos quais eram Rolls-Royce. Com freqüência Ibrahim levava minha filha e

a mim em viagens de férias. Voávamos sempre na primeira classe ou em um dos jatos particulares da família. Passávamos um mês, a cada vez, viajando pela Europa, esquiando na Suíça ou em passeios curtos no Havaí. Esse estilo de vida também sustentava minhas viagens a Nova York, para fazer compras, ir à ópera e ao teatro. No ano passado Ibrahim me deixou comprar um casaco de peles de 16 mil dólares em uma viagem de compras.

Christine descreveu os consideráveis investimentos que ela fizera em instrução e outras formas de auto-aperfeiçoamento, como os 3.250 dólares que gastara recentemente com uma cirurgia plástica, além das somas adicionais com manicure, pedicure, depilação, tintura e cortes de cabelo. Ela tinha se matriculado em aulas de tapeçaria e recebia aulas particulares de montaria inglesa, pintura, aquarela, escultura e árabe. Não era "incomum" para ela gastar 3.500 dólares em um vestido. Ibrahim comprava para ela "peles, jóias, um relógio de 30 mil dólares" e um anel de diamante de 90 mil dólares no casamento. Ela comprara um piano Steinway para a casa deles em Bel Air, e eles "sempre comiam nos melhores restaurantes", como Spago e Mortons.

Não que os rendimentos todos girassem em torno dela: Christine relatou que ela em geral também gastava 3 mil dólares por mês com Sibba e suas roupas. Gastava setecentos dólares por mês só para comprar presentes de aniversário adequados para Sibba dar às suas amiguinhas de Bel Air nas festas. Os Bin Laden, acrescentou ela, não poupavam quando se tratava de suas próprias festas para as crianças. Em Jedá, no setembro anterior, ela gastara 7 mil dólares em uma festa para Sibba que incluíra "um macaco, o aluguel de cinco cavalos, um balão de ar quente, um *disc jockey* particular, um fotógrafo, bufê, decoração e presentes para nossos convidados".

Christine não queria criar a impressão de que ela construíra sozinha esse estilo de vida. Ibrahim, contou ela, também vivia bem. Por exemplo:

> Ele nos levou à Suíça só para o fim de semana, para ver uma exposição de carros. Tinha numerosos carros: dois Rolls-Royce, um Honda, um Lexus, um Mercedes 500 sel e um jipe Lamborghini. Às vezes Ibrahim alugava um Mercedes a 350 dólares por dia, de modo a não ter de dirigir seu Rolls-Royce sob a chuva.

A paixão dele por carros a deixou um tanto ressentida. Em particular, quando ela engravidou da Sibba, Ibrahim tinha prometido "comprar um Rolls-Royce só para mim; no entanto, eu apenas recebi um Limited Edition Jeep Cherokee". Ela esperava outra coisa da parte dele. Afinal, ele estava envolvido na construção, na Arábia Saudita, de duas mesquitas santas, aeroportos, rodovias, bases militares, palácios reais e outros grandes projetos de desenvolvimento urbano.

> A família Bin Laden possui mais de 2 bilhões de dólares. Essa organização emprega 17 mil pessoas e possui substanciais propriedades imobiliárias. A organização dessa família é proprietária, além disso, de uma frota de oito a nove aviões, com uma equipe completa de pilotos e comissários de bordo. A família acabara de comprar um g-4 Aircraft que custou aproximadamente 25 milhões de dólares e um novo Learjet.

A declaração de Christine deu uma indicação de como ela poderia ser aplacada, agora que ela e Ibrahim estavam fadados ao divórcio. Ela achava que sua mesada pessoal anterior de 15 mil dólares por mês, como observou em seu processo judicial, seria "adequada".[1]

ELES TINHAM SE CONHECIDO EM BEVERLY HILLS em meados dos anos 1980, de acordo com Jack Kayajanian, um dos advogados de Christine. Ibrahim estava na companhia de Dodi Fayed, que mais tarde morreu em Paris em um acidente de carro com a princesa Diana de Gales. (Fayed era o filho de um rico homem de negócios egípcio, Mohamed Fayed, que comprara o controle da loja de departamentos Harrods, em Londres, e o Hotel Ritz, em Paris, onde membros da família Bin Laden se hospedavam freqüentemente.) Christine Hartunian, como era chamada então, era filha de um homem de negócios cristão armênio que morava em Orange County, Califórnia. Aos 25 anos, Christine contava com o pai para seu sustento financeiro e nunca recebera dinheiro suficiente em um emprego para preencher uma declaração de imposto de renda. Ela era alta, delgada, morena e bonita — "uma moça muito atraente, muito vistosa", lembrou outro de seus advogados, Michael Balaban. Um de seus locais preferidos à noite era o bar Denim and Diamonds em

Santa Monica, na época um bar do tipo caubói urbano da moda, com um globo reluzente acima da pista de dança e cabeças de alces e veados empalhadas penduradas nas paredes.[2]

À medida que Balaban conheceu melhor Christine, achou que ela citava nomes de diversas celebridades, sugerindo que eram seus amigos. Balaban julgava que ela era "cheia de merda", como ele disse mais tarde. Um dia, no entanto, ele estava em uma reunião com sua cliente, em seu escritório em Los Angeles. Um sócio de Balaban representava Paul McCartney, o ex-Beatle, em uma questão de direitos autorais, e por acaso McCartney estava na sala de espera da firma. Christine saiu para o corredor; McCartney a viu e exclamou: "Christine! Diabos, como vai você?". Como disse Balaban mais tarde: "Você não esquece coisas desse tipo. Ela sabia que diabos estava fazendo".[3]

Ibrahim bin Laden não estava jogando no mesmo time. Ele era o irmão bilateral mais novo de Yeslam e Khalil. Tinha ido para Los Angeles depois dos irmãos e freqüentara a Universidade do Sul da Califórnia durante um ano, mas não compartilhava do interesse dos outros dois por negócios. Parecia satisfeito em ser sustentado por seus próprios dividendos. Um dos norte-americanos que ocasionalmente se reunia a ele no circuito de boates em Los Angeles lembrou de uma noite, em um restaurante em Beverly Hills, em que diversos dos irmãos Bin Laden chegaram à cidade e se reuniram para jantar. Foi mais ou menos na época em que Ibrahim se apaixonou por Christine. Os irmãos Bin Laden tinham um ritual, lembrou o norte-americano: quando chegava a conta do restaurante, eles lutavam por ela, cada qual mais determinado que o outro para desempenhar o papel de anfitrião e patrocinador. Ibrahim era o único irmão presente que não parecia interessado nessa representação. "No final, meu pai vai pagar", explicava ele. Em outra ocasião, essa mesma pessoa lembrou, Ibrahim disse que não via sentido em trabalhar como executivo nos negócios da família. Eles jamais conseguiriam ultrapassar as façanhas financeiras do pai. Já tinham dinheiro mais que suficiente. Qual era o sentido de dar tanto duro?[4]

Ibrahim era devoto. Christine se considerava cristã, sem fidelidade a qualquer credo particular, mas quando Ibrahim e ela falaram em casar, ela concordou em se converter ao islã. Não haveria outra maneira de viver confortavelmente como membro da família Bin Laden. À medida que o casamento se aproximava, no entanto, o casal negociou a respeito de como sintetizar — sob a forma de um contrato pré-nupcial escrito — as imposições da educação dele na Arábia Saudita com as da criação dela em Southern California.

Um advogado de Los Angeles, Robert Shahin, rascunhou um acordo intitulado "Acordo pré-nupcial submetendo o casamento à lei islâmica". Era um documento formidável, que tentava garantir a Ibrahim a proteção das leis sauditas que regulavam a custódia dos filhos e questões de herança, em troca de sua promessa a Christine de abrir mão de seu direito, sob a lei islâmica, de ter mais de uma esposa. Uma cópia da minuta foi mais tarde arquivada no tribunal.

Começava assim:

"Considerando que noivo e noiva prevêem se mudarem de tempos em tempos de diversas partes do mundo para outras [...] as partes concordam com o seguinte:

Fé islâmica. Tanto o noivo como a noiva serão muçulmanos praticantes durante o casamento, e os filhos deste casamento serão criados como muçulmanos [...]

Controles da lei islâmica. Todos os incidentes do casamento serão governados pela lei islâmica, exceto como modificado no anexo [...]

Só uma esposa. O noivo, por meio deste, abre mão de seu direito durante este casamento de ter mais do que uma esposa legal.

Mahr (dote à noiva). O noivo, por meio deste, promete um dote de US$_____ à noiva, como propriedade exclusiva e separada [...] No evento de divórcio, o noivo pagará à noiva outros US$_____ [...]

O documento exigia que Christine abrisse mão de seus direitos sob a lei da Califórnia que regulamenta a propriedade social; Ibrahim prometeu "sob a lei islâmica" sustentar qualquer filho deles. Uma cláusula intitulada "Igualdade dos motivos para divórcio" observava que, sob a lei islâmica, Ibrahim poderia dar início a um processo de divórcio praticamente quando quisesse, enquanto os motivos para o divórcio, quanto a Christine, eram mais circunscritos. Portanto, "o noivo, por meio deste, concorda que tomará medidas para terminar o casamento a pedido da noiva se diferenças irreconciliáveis surgirem entre eles". No caso de divórcio, Ibrahim "terá a custódia dos filhos depois da infância destes, como definido pela lei islâmica".[5]

Christine mais tarde disse que ela e Ibrahim "nunca conseguiram concordar" com todos os pontos na minuta do contrato pré-nupcial. Resolveram casar-se mesmo assim. "Deveríamos assiná-lo depois do casamento, e nunca concordamos", disse ela. "De modo que nunca foi assinado."[6]

O casamento deles teve lugar no Beverly Hills Hotel. A cerimônia de noivado consagrou a união sob a lei islâmica. Membros da família Bin Laden de visita e outros convidados alojaram-se nos bangalôs de estuque cor-de-rosa do hotel, "e vinho e champanhe correram a noite toda", lembrou Robert Freeman, um dos presentes. Meios-irmãos e irmãs, como Shafiq e Huda, estavam entre os que compareceram. Salem ainda estava vivo — o casamento foi em janeiro de 1987 —, e ele presidiu o jantar de recepção com suas costumeiras cantigas e monólogos divertidos. Christine foi "uma noiva linda", escreveu Freeman mais tarde. O vestido dela se amoldava perfeitamente à sua silhueta de ampulheta e se espalhava em ondulações circulares em volta dos tornozelos. "Suas lindas e longas tranças vermelhas, fluidas, hipnotizaram os convidados [...] Os melhores floristas devem ter trabalhado noite adentro preparando os estupendos arranjos de flores maravilhosas pelo hotel inteiro. Era uma visão inacreditável!"[7]

Depois da lua-de-mel, o casal mudou-se para a mansão em Stone Canyon, em frente ao Riviera Country Club. Sibba nasceu em janeiro de 1989. Como tinham planejado, eles dividiam o tempo entre Bel Air e Jedá. Christine achava difícil ficar longe da mãe, que morava na Califórnia, e dividir espaço com a família Bin Laden mais ampla, em Kilo 7, como disse Ibrahim mais tarde. Para agradá-la, ele comprou um terreno em frente à praia no mar Vermelho e iniciou o que viria a ser uma propriedade à beira-mar que valia cerca de 3 milhões de dólares.

Não demorou muito, no entanto, para o casamento deles deslizar em dificuldades. A briga entre os dois persistiu, e finalmente, no final de 1991, Christine resolver sair da casa de Bel Air e levar Sibba consigo. Ibrahim contratou seus próprios advogados depois de ela entrar com o processo de divórcio. Do mesmo modo como seu irmão Khalil aprendeu, em 1990, quando a America in Motion teve problemas, Ibrahim estava prestes a descobrir que os advogados norte-americanos, quando livres, conseguiam balançar a serenidade até de um homem tranqüilo.

"O SENHOR SABE quanto tem em ativos?"

"Não."

"O senhor tem idéia de quanto tem em ativos?"

"Não."

Ibrahim sentou-se na sala de conferências em Los Angeles, no verão de 1992, respondendo a questões em depoimentos para os procuradores de Christine. O casal parecia estar agora no curso de um processo de divórcio litigioso em Los Angeles; entre outras questões, os advogados dos dois lados discutiam sobre quanto de renda Ibrahim recebia, como sua fortuna poderia ser avaliada, e que parte Christine e Sibba poderiam extrair como sustento e pensão alimentícia. Os advogados de Christine achavam Ibrahim esquivo sobre a questão de dinheiro. Ele disse que não era uma coisa com que ele se preocupasse ou conhecesse em detalhes.

"O senhor fez qualquer tentativa para descobrir quanto tem em ativos?"

"Sim... Falei com os meus irmãos que dirigem a empresa. Ninguém, ninguém sabe."

"Com que irmãos o senhor falou?"

"Falei com Yahya... Y-a-h-y-a..."

"Onde Yahya está?"

"Na Arábia Saudita."

"O que o senhor perguntou a ele?"

"Quanto cada um tinha. Quanto cada um... cada um de nós tinha."

"E o que foi que ele disse?"

"É difícil dizer. Ele não sabe."

"O senhor disse a ele que precisava ter a informação para registrar em um tribunal nos Estados Unidos?"

"Não. Eu disse isso ao meu irmão Khalil, e ele disse ao outro."

"E o que aconteceu?"

"Ninguém sabe. Eles não sabem."

"[...] senhor Bin Laden, fora o que o senhor já declarou, que tentativas o senhor fez para determinar seu patrimônio líquido?"

"Só peguei o telefone e falei com o meu irmão, e, que eu saiba, veja só, não conheço o trabalho. Não trabalho com eles. Não sei o que eles têm, de modo que o que eles me mandam, presumo que é o que eles... é o que eles mandam. Eu não sei..."

"O senhor sabe qual é o seu rendimento, em bases anuais?"

"Sobe e desce. É... depende dos trabalhos que conseguimos. Não é assim como um salário, de modo que não sei."

"O que o senhor quer dizer, por 'depende dos trabalhos que conseguem'?"

"Assim, se a organização neste ano tem contratos do governo, temos mais estradas. Se formos bem, o lucro sobe. Se não formos bem ou se não tivermos contratos, não há lucros."

"Quais foram seus rendimentos em 1991?"

"Não sei."

"Quais têm sido seus rendimentos até agora, em 1992?"

"O quê?"

"Quais foram seus rendimentos até agora, em 1992?"

"Não tenho idéia."

Michael Balaban e os outros advogados de Christine tinham uma dificuldade especial em acreditar que Ibrahim não trabalhava, como ele afirmava, que nunca trabalhara um dia em sua vida. Sob a lei do divórcio na Califórnia, era do interesse de Ibrahim sustentar, durante a ação no tribunal, que ele não recebera qualquer salário durante o período do casamento deles; se seus rendimentos fossem derivados de patrimônio que ele possuísse antes de conhecer Christine, poderia ser mais difícil para ela conseguir uma boa indenização.

"O senhor sabe de algum de seus irmãos que não trabalhe em algum emprego?", perguntou Balaban a Ibrahim, em um momento do depoimento.

"Tempo... — que não trabalhe de todo, você quer dizer?", perguntou Ibrahim.

"Exatamente."

"Sei."

"Quais?"

"Eu..."

"Bem, dê-me um número, e então vamos identificá-los."

"Eu. Abdullah. Mohamed. Shafiq... Abdulaziz e alguns com os quais eu não me mantenho em contato. Não sei se trabalham ou não."

Balaban perguntou a respeito da compra da mansão em Bel Air durante o início da década de 1980, ante de conhecer Christine; o preço do imóvel fora pouco mais de 2 milhões de dólares.

"Quanto o senhor pagou em dinheiro?"

"Não me lembro, mas uns... por volta de um milhão em dinheiro... Não. Mais que isso. Paguei, talvez, um milhão e seiscentos."

"Mil?"

"É, dólares."

"Está bem, então um milhão e seiscentos mil dólares?"

"Foi."

"Onde você conseguiu o dinheiro?"

"Da Arábia Saudita, do meu irmão, Yeslam."

"Foi um empréstimo?"

"Não. Ele vendeu algumas de minhas ações."

"[...] E a casa foi posta no nome de quem?"

"Meu irmão... no nome do meu irmão."

"Que irmão?"

"Yeslam."

"Por quê?"

"Porque me disseram que se eu pusesse a casa no meu nome, e depois aqui, eu teria de pagar imposto de renda se fosse proprietário de alguma coisa."

"Quem disse isso?"

"Uns amigos meus."[8]

O depoimento continuou assim, com os advogados sondando, Ibrahim respondendo em tom de indolência cordial. Depois dos depoimentos, à medida que se aproximava a época do julgamento, o casal separado registrou um duelo de declarações sobre a falência da relação entre os dois, cada qual defendendo os interesses da filha.

Christine escreveu que se sentia aprisionada cada vez que visitava a Arábia Saudita com Sibba. Ibrahim desaparecia "e ficava na praia ou na casa de um de seus irmãos [...] se voltava para casa [...] comia e tirava uma soneca ou comia e saía rapidamente de casa". Durante a estada dela em Jedá, durante 1991, Christine queria voltar para a Califórnia, mas Ibrahim "não quis permitir que Sibba e eu voltássemos aos Estados Unidos". Ibrahim tomou o passaporte dela e disse "que ele estava retido no escritório da Bin Laden". Ela precisava da assinatura de Ibrahim para obter um visto de saída, e ele se recusou. Escreveu a ela: "Se você quiser voltar para casa, pode voltar, mas Sibba fica". Agora ela temia, como disse no tribunal, que, se Ibrahim tivesse permissão para levar Sibba para a Arábia Saudita como parte do seu acordo pós-divórcio, a filha poderia jamais voltar. Durante as brigas, Ibrahim dissera-lhe que Sibba iria para a Arábia Saudita "numerosas" vezes, "sem importar o que acontecesse, sem importar quais fossem as sentenças dos tribunais". Outros membros da família Bin Laden também disseram a ela que, se Ibrahim levasse Sibba para a Arábia Saudita, "ela não voltaria para mim".[9]

"Vejo claramente que a intenção de Chris é me punir, impedindo que Sibba vá à Arábia Saudita", escreveu Ibrahim em resposta. Ele "nunca tentara impedi-la de sair" do reino; na verdade, "eu a ajudei a sair [...] Uma vez houve uma discussão, e ela queria ir embora, e eu lhe disse, 'você pode fazer o que quiser', ela sabe muito bem que podia ir embora se quisesse. A lei segundo a qual uma esposa não pode ir embora sem a permissão do marido só se aplica aos sauditas. A única vez em que tomei o passaporte dela foi para obter um visto de saída. [...] Ela não precisava de nenhuma assinatura minha para ir embora".

Ele achava que Christine deliberadamente tentava afastá-lo de sua filha. Como exemplo, relatou que recentemente ele estava rindo com Sibba no carro quando perguntou a ela se era feliz, e ela disse que sim, e então ela perguntou a ele: "Você é feliz, *Baba*?".

"Sou", respondeu ele.

"Mas minha mamãe disse que você era um homem infeliz."[10]

Em um depoimento pedido pelos advogados de Ibrahim, Christine descreveu os acordos que ela e o marido tinham feito em relação à educação de Sibba.

"Então é correto que a senhora e o senhor Bin Laden concordaram que ela seria criada na fé mulçumana?"

"Sim."

"E a criança seria exposta, se possível aprenderia a falar, ler e escrever em árabe?"

"Sim."[11]

Ibrahim queria criar a filha como saudita e como uma Bin Laden, disse ele ao tribunal. Era do melhor interesse de Sibba saber quem ela era, tornar-se um membro pleno da extensa família na qual ela poderia confiar durante muito tempo:

> É melhor para ela agora saber dessas coisas e crescer exposta a essa cultura, porque eu acho que crescer com um "modo de vida" diferente faz com que você o aceite, e então seria mais difícil se ela não fosse exposta a ele senão mais tarde — depois de ela estar crescida. O outro motivo pelo qual eu quero que ela vá para a Arábia Saudita é para ela conhecer a outra parte da família, para sentir o amor deles por ela, para poder falar a língua e sentir-se confortável ao pegar o telefone e apelar para qualquer pessoa na família dela, se ela precisar de alguma coisa ou tiver algum problema.[12]

Ibrahim estava convencido de que Christine usava a filha como instrumento para extrair dinheiro dele. "Ela só começou a me dar esse tipo de problema quando descobriu que o tribunal não lhe daria o que ela quer de mim", ou seja, uma pensão de 21.648 dólares por mês e uma pensão alimentícia adicional de 6.188 dólares. Ele estava preparado para oferecer 3.250 dólares como pensão alimentícia, mas quanto à Christine, e segundo seus advogados, ela "permanecera com Ibrahim menos de cinco anos, durante os quais desfrutou dos benefícios da generosidade da família do marido. Ela certamente não fazia jus a uma existência vitalícia igual a essa". Ela deveria procurar um emprego; "fora sustentada por tempo suficiente."[13]

O julgamento estava marcado para junho de 1993. À medida que a data se aproximava, os dois finalmente começaram a negociar. Em 6 de julho de 1993 chegaram a um "Julgamento final de divórcio" que terminou a luta entre os dois — ou assim pensavam eles.

Ibrahim concordou em pagar 5 mil dólares por mês como pensão alimentícia e uma indenização única de 335 mil dólares a Christine, sem pensão adicional ou honorários advocatícios. Ele poderia ficar com o Rolls-Royce Silver Shadow 1977; com o Rolls-Royce Corniche 1983; o veículo Hummer 1992; o Lexus 1991; o Honda Civic 1984; o jipe Lamborghini 1987; o Mercedes-Benz 500 SEL 1986; e o jipe Mercedes, além do título exclusivo dos imóveis em Los Angeles e Jedá, as contas bancárias e as participações na Mohamed Bin Laden Company. Ibrahim concordou em passar seis meses do ano nos Estados Unidos, para partilhar a custódia de Sibba durante esse período.

Christine concordou em matricular a filha em uma escola islâmica e garantir que ela recebesse aulas de árabe. Até os sete anos, Ibrahim poderia levá-la para a Arábia Saudita, em visitas de até um mês; mais tarde, ela poderia ficar mais tempo.

Parecia um meio-termo razoável, embora caro, e de fato a sentença de divórcio entre Ibrahim e Christine bin Laden se manteve estável pelo resto da década — até que os eventos do 11 de Setembro espatifaram a civilidade bicultural em que ele se baseava.

29

A CONSTRUÇÃO DO EXÍLIO

IMPERIALISTAS BRITÂNICOS traçaram a grade geométrica de ruas em Port Sudan em 1905. O porto fica enfiado atrás de barreiras de recifes de coral, na costa ocidental do mar Vermelho, do outro lado de Jedá. Na visão britânica sobre o século que se iniciava, a cidade iria prosperar na extremidade de uma linha ferroviária que ligava o rio Nilo à Europa, através do canal de Suez, mas o local ainda esperava sua Renascença quando o século XX se aproximou do término. O último líder vitalício pós-colonial do Sudão, o general Omar Bashir, um veterano de violentas guerras contra os cristãos africanos no Sul do país, depôs um primeiro-ministro eleito em 1989. Enquanto consolidava o poder, Bashir aliou-se a uma coalizão islamita liderada por um convencido teórico sudanês da religião e da política, educado na Sorbonne, Hassan al-Turabi. Como é comum em líderes de golpes, eles prometeram revitalizar o país com investimentos em projetos de infra-estrutura que beneficiassem "O Povo". No mesmo ano em que Bashir subiu ao poder, uma companhia *offshore* controlada pelos irmãos Bin Laden mais velhos assinou um contrato para construir um novo aeroporto em Port Sudan, do qual as exportações de petróleo, modestas, mas economicamente vitais no país, fluíam para o mercado. O governo da Arábia Saudita, que buscava influência com seu vizinho no mar Vermelho, prometeu arcar com a maior parte do custo de 35 milhões de dólares.[1]

O projeto foi alocado na Divisão de Edifícios Públicos e Aeroportos do Saudi Bin Laden Group. Omar bin Laden, formado na Universidade de Miami, foi designado para se encarregar da obra. Em 1992, a construção estava bem avançada.

Omar não era o único Bin Laden que teve a oportunidade de visitar Port Sudan. Mais ou menos na mesma época em que seus irmãos ganharam o contrato do aeroporto, Osama forneceu 180 mil dólares a um auxiliar nascido no Sudão, Jamal Al-Fadl, para comprar uma salina perto de Port Sudan.[2] Era um entre diversos investimentos em terras e negócios que Osama resolvera fazer no Sudão. Ele visitava o país de vez em quando, à medida que diminuía o ritmo de seu envolvimento no Afeganistão. Era uma nação indisciplinada, animada, amigável e profundamente empobrecida, em que um xeique saudita poderia se sentir muito importante, e onde suas contas em dinheiro forte poderiam render muito. Depois de se sentir sob pressão em sua terra, na Arábia Saudita, Osama passou a ver o Sudão como preferível tanto ao Paquistão como ao Iêmen, como base para um exílio voluntário. O governo do país, de influência islamita, e sua sociedade pobre e exuberante acomodavam duas tendências na ambição que ele então desenvolvia — o compromisso com a guerra de guerrilha internacional e o desejo de se estabelecer como chefe de seu próprio complexo comercial, de maneira comparável a outros irmãos Bin Laden semi-independentes que moravam no exterior, como Yeslam, na Suíça, e Khaled, no Egito.

Depois de sair da Arábia Saudita em 1991, embora ele retivesse o controle de suas ações nas duas principais firmas da família, Osama parece ter considerado a liderança dos Bin Laden por Bakr com crescente desdém. Com respeito a algumas questões de política externa na época — o conflito Israel-Palestina, o sofrimento dos civis muçulmanos na Bósnia e na Tchetchênia —, a opinião de Osama permanecia em amplo alinhamento com a voz corrente da classe dominante saudita, que seu irmão mais velho fez tanto esforço para internalizar e representar. As abordagens táticas de Osama desses conflitos eram cada vez mais independentes, no entanto. Em 1992, a guerra na Bósnia deu a medida da nova equação entre Osama e Bakr. A violência explodira em torno de Sarajevo no início do ano, e canais de notícias por satélites mostravam para o Oriente Médio terríveis imagens do sofrimento de civis muçulmanos. Em julho, Bakr compareceu a um resplandecente jantar para levantamento de recursos no Laylaty Hall de Jedá, um local de recepções de casamentos da alta sociedade próximo ao mar Vermelho. A lista de convidados para aquela noite incluía o ministro das Relações Exteriores saudita, o príncipe Saud al-Faisal. Matérias em jornais sauditas contemporâneos relatavam que os doadores, inclusive Bakr, contribuíram com cerca de 5 milhões de dólares à causa bósnia, canalizados através de instituições de caridade islâmicas internacionais. Osama ficou mexido com as mesmas imagens na televisão, naquela primavera, mas sua reação foi de tipo diferente — do Sudão, ele despachou um time de veteranos afegãos para se unir à guerra contra os católicos croatas atacantes. "Dádivas de caridade", escreveu mais tarde Osama, enfaticamente, "são fracas [...] a Bósnia precisa de homens [e] armas."[3]

Ele parecia cada vez mais orgulhoso de suas ambições marciais, especialmente em comparação com o trabalho de política exterior mais suave, autorizado pelo regime, realizado por seus irmãos. Um empregado dos Bin Laden que ajudara Osama durante o período anti-soviético no Afeganistão lembra-se de tê-lo encontrado no local da construção do aeroporto de Port Sudan, onde o empregado supervisionava os acampamentos de trabalho dos Bin Laden. Osama pareceu decepcionado com ele, como lembrou o empregado. "Aqui estou eu lutando uma guerra", disse Osama, "e você está construindo um aeroporto."[4]

Teria sido natural para Osama visitar o local do aeroporto — ele era, afinal, detentor de ações do Saudi Bin Laden Group, que estava executando o contrato —, mas permanece obscuro se ele participou naquele projeto de muitos milhões de dólares de alguma forma mais próxima, ou se lucrou com ele. Em algum momento entre o final de 1991 e meados de 1992, Osama resolveu mudar-se permanentemente, com suas quatro mulheres e um crescente número de filhos, para a capital do Sudão, Cartum, que fica cerca de 1.130 quilômetros a sudoeste de Port Sudan. Ele organizou diversos novos negócios na cidade, com nomes tais como Ladin Internacional Company e Al-Hijra Construction; a última se referia à famosa passagem do profeta Maomé para o exílio, de Meca para Medina. Tratava-se de um auto-referência presunçosa, mas que falava da idéia cada vez mais clara que Osama fazia de si mesmo como justo e perseguido, uma auto-imagem tirada em parte da experiência de seus antigos mentores — seu exilado professor de ginástica na escola preparatória, que o doutrinou, além do itinerante organizador palestino Abdullah Azzam. Nessa ocasião, Osama pode ter importado equipamento de construção que tinha anteriormente armazenado no Paquistão. Seus projetos iniciais no Sudão incluíram algumas construções de estradas, de acordo com Al-Fadl, especialmente uma estrada de cerca de 140 quilômetros no sudoeste do país, perto da fronteira com a Etiópia.[5]

Diversas fontes — embora não Al-Fadl — também mencionaram o envolvimento de Osama com o projeto do aeroporto em Port Sudan. Richard

Clarke, o supervisor de contraterrorismo do governo Clinton, identificou "um novo aeroporto" como um dos primeiros projetos de Bin Laden no Sudão, que Clarke disse ter sido empreendido como um "projeto conjunto" com o líder islamita Al-Turabi. (Hassan al-Turabi estava rapidamente se tornando o último de uma sucessão de intelectuais religiosos mais velhos que foram mentores de Osama, interesseiros, que lhe inflavam o ego e ao mesmo tempo estendiam a mão para sua carteira.) Dizem que a mulher de Al-Turabi teria dito que Osama "construiu o aeroporto de Port Sudan". Omar bin Laden, no entanto, jurou em um depoimento que, "pelo que eu saiba, Osama não teve qualquer papel na execução do projeto de construção do aeroporto de Port Sudan". Omar além disso negou que as principais firmas da família Bin Laden tivessem participado de projetos de construção conjunta de qualquer tipo com Osama "ou com qualquer outra companhia controlada por Osama" enquanto estava no Sudão durante os anos 1990.[6]

O aeroporto de Port Sudan estava praticamente terminado em junho de 1992. Naquele mês, o príncipe Mohamed bin Abdullah al-Saqeer, do Fundo de Desenvolvimento Saudita, liderou uma delegação oficial, formada inclusive por repórteres de jornais, para presenciar uma cerimônia de inauguração. Omar bin Laden, usando um turbante xadrez vermelho, com o rosto redondo exibindo um bigode caprichosamente aparado, subiu ao pódio. Ele recitou estatísticas a respeito do tamanho e das instalações do aeroporto. "Este projeto foi executado por vontade de Deus e de acordo com as exigências e especificações internacionais", disse Omar. "Estamos felizes por participar dessa comemoração para inaugurar o grande edifício cultural e pedimos a Deus que abençoe este projeto e todos que participaram dele."[7]

Um relato publicado no jornal *Al Quds Al Arabi*, sediado em Londres, quase uma década mais tarde contou que Osama era um "convidado de honra" nessa cerimônia e que ele estava sentado na primeira fila. Omar bin Laden negou isso, escrevendo em uma declaração sob juramento: "Que eu me lembre, Osama não estava presente". Omar produziu matérias contemporâneas ao evento, publicadas em jornais sauditas, que não faziam qualquer menção à presença de Osama. "Não vi nem me encontrei com Osama naquela viagem ou, na verdade, em nenhuma outra viagem que fiz ao Sudão."[8]

Bakr bin Laden encontrou-se com Osama em Cartum em 1992. Ele viajara até lá "acompanhado de outros membros da família", de acordo com um procurador dos Bin Laden, "para pedir a Osama que voltasse ao seu país, se reconciliasse com o governo saudita e abandonasse o caminho da oposição política e do exílio do país e da família, que ele parecia ter adotado". De acordo com Bakr, esse foi seu último encontro com Osama. Outros membros e emissários da família aparentemente continuaram a visitar Osama e a apelar para que ele voltasse para a sua terra. Houve "quase nove" missões desse tipo, na contagem estranhamente expressa por Osama, e elas pareceram ter continuado até pelo menos 1994. O meio-irmão de Osama, Tareq, por exemplo, lembrou ter visitado Cartum no "final de 1992 ou início de 1993". Seu objetivo, lembrou ele, tinha sido "convencer Osama a abandonar suas críticas ao governo saudita e voltar para a Arábia Saudita". Foi uma visita curta; Osama disse que "estava feliz no Sudão e não queria voltar para a Arábia Saudita, já que seu propósito era construir seus negócios no Sudão". Tareq acreditou que Osama estava envolvido em negócios legítimos, disse ele mais tarde a um tribunal norte-americano. Durante sua visita, Tareq "não viu nem ouviu nada que sugerisse que [Osama] estava envolvido em atividades terroristas ou violentas de qualquer tipo. Nem ele expressou qualquer hostilidade para com os Estados Unidos".[9]

Essas missões a Cartum começaram quando "ficou claro para nós que tinha a mão dele, de um jeito ou de outro, nessas coisas, como operações terroristas no Egito e na Líbia", de acordo com Ahmed Badeeb, na época chefe do *staff* do diretor da inteligência saudita, príncipe Turki. "O rei ordenou que Osama bin Laden fosse chamado ao reino. Pediram-lhe que voltasse para discutir algumas das coisas que precisavam ser discutidas, e outras que estavam prejudicando o reino, mas ele se recusou a vir. Foram enviadas a eles algumas mensagens, e sua família foi contatada; ele continuou se recusando a voltar."[10]

O rei Fahd mandou que Bakr fosse ver Osama e o convencesse a voltar para algumas consultas, de acordo com duas pessoas que discutiram o assunto com Bakr. Mas Bakr não teve sucesso. Ele achou Osama obstinado e arrogante. Por sua própria conta, Osama enfatizou que não culpava nenhum de seus parentes pelos pedidos — ele os considerava vítimas da pressão do rei Fahd e acreditava que a dependência de sua família com relação aos contratos de construção dos Al-Saud a tornara vulnerável a uma espécie de extorsão por parte do governo saudita. "Desculpei-me delicadamente com minha família", disse Osama, "porque sei que eles estão sendo coagidos a virem falar comigo. Esse regime quer criar problemas entre mim e minha família para adotar algumas medidas contra eles."[11]

Algumas pessoas na família Bin Laden e em torno dela perguntaram-se se Bakr seria realmente um páreo à altura de Osama. Ele podia ser visto como uma presença menos que imponente; uma pessoa que o conheceu bem disse que parecia o menininho no pátio de recreio que muitas vezes é o último a ser escolhido para os jogos. À medida que os problemas da família de Osama se acumulavam, durante 1992 e início de 1993, até mesmo alguns que respeitavam e admiravam Bakr começaram a imaginar como Salem teria lidado com as coisas de modo diferente. Salem fora um turbilhão vigoroso — ele era palpável, insistente e difícil de parar. Se estivesse vivo para se encarregar das missões iniciais em Cartum, talvez Osama tivesse voltado ao reino dentro de um saco de estopa, jogado na cabine de um jato particular com uma pilha da bagagem de grife de Salem. Mas ele não estava mais ali; Osama parecia explorar esse vácuo.

Além disso, parecia deleitar-se com a atenção que acompanhava os pedidos de sua família. "No Sudão ele estava fora de contato", lembrou seu amigo Jamal Khashoggi, que o visitou várias vezes. Guarda-costas, ajudantes, empregados e combatentes voluntários o rodeavam enquanto ele se movimentava por Cartum; a nacionalidade e a ocupação de seus seguidores eram variadas, mas todos dependiam de seu dinheiro e patrocínio. Osama transitava entre escritórios confortáveis na King Leopard Street e um complexo arborizado casa-escritório na opulenta Riyadh City. Freqüentava corridas de cavalos e conservava seus próprios animais em suas fazendas. Seu mais grandioso projeto comercial envolvia uma enorme extensão de terra cultivável no sudoeste, dada a ele pelo governo sudanês, na qual trabalhadores sazonais sudaneses a seu serviço colhiam óleo e sementes de girassol; Osama exibia suas flores maiores com o orgulho de um jardineiro apaixonado. Estava jogando dinheiro a rodo nos novos e questionáveis negócios sudaneses, mas, em 1992 e no início de 1993, tinha dinheiro suficiente para circular — o bastante para gastar 480 mil dólares na compra e reforma de um avião usado, trazido dos Estados Unidos, e o suficiente para fazer frente a uma folha de pagamentos de centenas de *jihadis* árabes vindos do Paquistão via aérea, além das muitas centenas de operários sudaneses na fazenda de girassóis. Osama parecia acreditar, durante esse período, que podia ter tudo no Sudão — mulheres, crianças, negócios, horticultura, criação de cavalos, lazer, devoção piedosa e *jihad*, tudo isso animado pela deferência e reputação pública devidas a um legítimo xeique. Parece que ainda não percebera que o empreendimento dele, em especial o apoio à violência contra governos amigos ou dependentes dos Al-Saud, poderia ser difícil de conciliar com os interesses da família em Jedá. Talvez estivesse desatento em relação às fissuras que se abriam à sua volta. Quando Jamal Khashoggi lhe fez uma visita, Osama chegou a falar extensamente do desejo de organizar uma iniciativa de investimento que atraísse homens de negócios sauditas proeminentes ao Sudão, para fortalecer esse importante novo país de inclinação islamita.

"Osama, você não percebe que as pessoas têm medo de se associar a você?", perguntou Khashoggi. Osama não respondeu. Ele apenas sorriu, lembrou Khashoggi, "como se estivesse feliz por ser tão importante".[12]

Em 26 de fevereiro de 1993, em Nova York, um carro-bomba explodiu em uma garagem do World Trade Center, matando seis pessoas e ferindo pouco mais de mil. Investigadores logo identificaram um fugitivo — Ramzi Yousef, um paquistanês criado no Kuwait, educado no País de Gales e treinado em acampamentos no Afeganistão — como líder da conspiração. Embora Osama bin Laden não fosse identificado como o patrocinador direto de Yousef, nem na época nem mais tarde, na cobertura mais ampla da mídia da *jihad* transnacional que se seguiu ao primeiro ataque ao World Trade Center alguns jornalistas e comentadores observaram a presença de Osama no Sudão e descreveram seus propalados donativos financeiros a combatentes voluntários multinacionais. Para a família real saudita essa atenção transformou Osama, pela primeira vez, de um discreto problema doméstico em um constrangimento público.[13]

Menos de três meses depois das bombas em Nova York, em 3 de maio de 1993, em Riad, Mohammed Al-Masari, um professor de física, e Saad Al-Faqih, médico, anunciaram a formação do Comitê de Defesa dos Direitos Legítimos, uma organização que buscava reformar o sistema político saudita. Al-Masari e Al-Faqih eram islamitas; a Irmandade Muçulmana, em particular, tinha influenciado Al-Faqih, que vinha de uma bem conhecida família saudita de médicos que atendiam a realeza. Al-Masari, por sua parte, mostrara uma facilidade pouco comum como porta-voz e organizador da mídia em uma época em que antenas parabólicas e aparelhos de fax piratas proliferavam nas residências sauditas. Os dois homens estiveram envolvidos na organização de abaixo-assinados políticos e na distribuição de discursos subversivos depois da Guerra do Golfo. Após dois anos de organização, disse Al-Faqih mais tarde: "Tudo parecia estar pronto; pregadores carismáticos, milhares de seguidores entusiasmados e um público religioso. O que faltava era uma organização eficaz para canalizar essa energia e apresentar um desafio sério ao regime". Eles se prepararam cuidadosamente para o lançamento formal de seu comitê. Al-Masari encontrou-se com diplomatas na embaixada dos Estados Unidos e solicitou o apoio deles. A BBC, a Voz da América e outras mídias globais cobriram a abertura oficial da organização.[14]

O rei Fahd reagiu energicamente. Talvez achasse que tinha deixado essas correntes de dissidência fluir durante muito tempo. Em 12 de maio, o Conselho da Alta 'Ulema, o corpo supremo de estudiosos religiosos, denunciou os reformadores surgidos do nada, pronunciando oficial e enfaticamente que eles tinham violado a lei islâmica. A polícia prendeu Al-Masari, Al-Faqih e outros agitadores conhecidos. Seguiu-se um ataque mais amplo aos dissidentes islamitas.

Osama agora passou a ser alvo; não ficou inteiramente claro por quê. Sabe-se que ele assinou todos os documentos importantes associados ao grupo dissidente liderado por Al-Faqih, que apresentava uma ameaça muito mais visível ao regime saudita. É possível que Osama tenha divulgado pronunciamentos gravados em fita ou outros materiais subversivos denunciando os Al-Saud durante esse período, e que o Ministério do Interior os tenha descoberto. "Estávamos lá, trabalhando secretamente", vangloriou-se uma vez Khalid al-Fawwaz, que mais tarde serviu como porta-voz de Osama em Londres.[15] É igualmente possível, no entanto, que o governo saudita tenha simplesmente resolvido incluir o caso de Osama em um movimento mais amplo de coação, dado que ele agora adquirira um perfil internacional no Sudão e que os esforços anteriores do governo para contê-lo, através de Bakr e outros canais familiares, tinham falhado.

Em 16 de junho de 1993, em Jedá, Bakr deu início aos procedimentos jurídicos dentro da família Bin Laden para expulsar Osama como acionista na

Mohamed Bin Laden Company e no Saudi Bin Laden Group. Em uma declaração juramentada, mais tarde, Bakr deu a entender que a família adotou essa iniciativa, mas é provável que pressão do governo saudita fosse um motivo substancial. Bakr agiu, segundo explicou, "porque as críticas cada vez mais insistentes de Osama ao governo saudita eram prejudiciais à reputação das companhias no reino e nos demais locais do Oriente Médio, e porque Osama se recusara a acatar a exigência do governo saudita de voltar ao reino".[16]

"Em nome de Alá, Muitíssimo Misericordioso, Muitíssimo Compassivo", começava o texto da resolução estabelecendo "a saída de um acionista". O documento sugere que a família negociou com Osama antes de ir adiante. Osama, por exemplo, constituiu um "procurador legal" em Jedá, Muhamad Salem al-Yaf'ei, para representá-lo. Além disso, transferiu especificamente todos os direitos de que fora despojado para Ghalib bin Laden, o irmão bilateral mais novo de Bakr e Salem. Foi Ghalib quem visitou Peshawar, Paquistão, durante o Ramadã em 1989, em uma época em que Osama lutava na batalha por Jalalabad. Há provas de que Ghalib manteve um interesse em instituições financeiras islâmicas na época em que concordou em aceitar os direitos retirados de Osama. No final de 1993, Ghalib transferiu 1 milhão de dólares para uma nova conta de investimentos no Al-Taqwa Bank, nas Bahamas, um banco *offshore* fundado em 1988 com o respaldo da Irmandade Muçulmana Egípcia. O Al-Taqwa financiava o Hamas, em Israel, e outros grupos radicais influenciados pela Irmandade na Argélia e na Tunísia, de acordo com uma declaração escrita do Departamento de Tesouro dos Estados Unidos. Não se sabe que envolvimentos Bakr bin Laden tinha com o Al-Taqwa, mas tinha poderes de assinatura sobre a conta de Ghalib, que permaneceu ativa até pelo menos o final da década de 1990, de acordo com documentos bancários registrados em um tribunal dos Estados Unidos. Ghalib mais tarde tentou retirar seu investimento do Al-Taqwa e entrou com um processo contra o banco. Por intermédio de advogados da família, Ghalib disse que nunca dera apoio financeiro ou de qualquer outro tipo para o terrorismo.[17]

A resolução sobre sua condição de acionista, em junho de 1993, iniciou um processo que durou até o final do ano, conduzindo à prescrição final do patrimônio de Osama. Seu objetivo, de acordo com um procurador da família, era "negar a Osama o acesso a quaisquer fundos derivados de sua participação nas companhias pertencentes à família". Bakr e outros acionistas da família "eram firmemente contra qualquer apoio financeiro, direto ou indireto, por parte das companhias da família". Tareq bin Laden, diretor da principal firma de construção da Mohamed Bin Laden Company, achava que as "críticas pronunciadas por Osama contra o governo saudita estavam prejudicando a reputação das companhias no Oriente Médio". Houve, além disso, durante essa época, consultas entre a família e o Ministério do Comércio saudita. Esse movimento aparentemente levou outras delegações da família a fazer visitas a Cartum para apelar a Osama que reconsiderasse sua posição. A mãe dele estava entre os que foram enviados. Pelo menos um dos irmãos mais novos se encontrou com ele, segundo Jamal Khashoggi, que estava presente no Sudão durante essa visita em particular. (Foi uma conversa de "irmão para irmão", disse Khashoggi, que ficou de fora.) O visitante de maior prestígio de todos durante esse período foi Abdullah bin Awadh bin Laden, o lendário irmão do pai de Osama, que tinha então quase oitenta anos. Bakr podia ser o chefe da família Bin Laden com relação a todas as questões práticas e financeiras, mas Abdullah, o mais velho dos homens mais velhos, permanecia seu líder espiritual e moral. O fato de que um homem da idade dele fosse à acidentada Cartum para fazer apelos a Osama era um sinal da seriedade da situação. Osama fincou pé. "Com a graça de Deus", como ele descreveu mais tarde, "esse regime não conseguiu satisfazer seu desejo. Eu me recusei a voltar."[18]

Os parentes advertiram-no de "que, se eu não voltasse, eles iriam congelar meu patrimônio, despojar-me de minha cidadania, de meu passaporte e da minha identidade saudita, e distorcer minha imagem na mídia saudita e estrangeira. Eles acham que um muçulmano pode barganhar com sua religião. Eu disse a eles: 'Façam o que quiserem'".[19]

As participações de Osama na Mohamed Bin Laden Company e no Saudi Bin Laden Group foram vendidas em uma transação projetada de modo a que Osama não pudesse tirar lucro, mas de modo a proteger os direitos de seus herdeiros, segundo a lei islâmica. O valor total dos interesses foi estabelecido em cerca de 9,9 milhões de dólares — uma soma espantosamente modesta, mas que era difícil de avaliar como indicadora do valor de mercado das companhias dos Bin Laden, porque poucos dos pressupostos subjacentes usados para estabelecer os preços estavam disponíveis. Em números redondos, no entanto, o preço de venda sugeria uma avaliação total de cerca de 500 milhões de dólares para as duas principais companhias dos Bin Laden combinadas. Depois de consultas ao governo saudita, os fundos gerados pela venda das participações de Osama foram colocados em um tipo de custódia especial e, com o tempo, congelados sob supervisão judicial. De acordo com Abdulaziz al-Gasim — um advogado saudita que foi preso durante os anos 1990 por seu ativismo islâmico —, um juiz saudita sentenciou que o governo poderia "tomar esse dinheiro, confiscá-lo", mas não deveria permitir que ele fosse distribuído entre "os outros parentes". Segundo a lei islâmica, disse Al-Gasim, o dinheiro deveria ser protegido para a possibilidade de reconciliação de Osama com o reino, ou, depois de sua morte, para seus herdeiros. Diversos aspectos da destituição de Osama como acionista permanecem obscuros, no entanto. Por exemplo, não ficou claro se Ghalib pagou as ações de Osama em dinheiro, e, se pagou, onde ele levantou o dinheiro. Existe na Arábia Saudita um banco que manteve os 9,9 milhões de dólares em custódia desde que a compra foi efetuada? Como é que os tribunais sauditas exercem controle sobre uma conta dessas, se ela existe? Se a venda não envolveu um pagamento em espécie, mas sob a forma de algum tipo de crédito, como foi isso organizado e quem se manteve a par da apuração desde então? A família Bin Laden prestou poucos esclarecimentos a respeito desses detalhes. De qualquer modo, Osama foi cortado de todos os pagamentos de dividendos e empréstimos, de acordo com Bakr bin Laden. "Osama não recebeu um tostão" de qualquer das companhias dos Bin Laden "desde, no máximo, junho de 1993", escreveu Bakr em um depoimento juramentado, mais tarde. Além disso, "não autorizei, e de fato proibi qualquer pessoa" que agisse em nome de qualquer das firmas dos Bin Laden de "fazer qualquer pagamento, fazer qualquer negócio, ou de qualquer outro meio, propiciar qualquer apoio, direta ou indiretamente, a Osama ou a qualquer de suas companhias desde junho de 1993".[20]

Em fevereiro de 1994 — pela primeira vez — a família Bin Laden publicamente repudiou Osama em uma declaração à imprensa. Bakr autorizou um curto comunicado, que foi publicado em um jornal saudita sob a manchete "Bakr bin Laden: Todos os membros da família condenam o comportamento de Osama bin Laden". A matéria se referia a "informes jornalísticos" sobre Osama, e então apresentava duas sentenças de Bakr "para esclarecer a posição de sua família em relação a ele". Bakr anunciou:

> Eu e todos os membros da família, cujo número vai a mais de cinqüenta pessoas, expressamos nossa forte condenação e denúncia quanto à totalidade do comportamento de Osama, comportamento que não aceitamos nem aprovamos. Como o referido Osama tem residido fora do reino da Arábia Saudita há mais de dois anos, apesar das nossas tentativas de convencê-lo a voltar ao caminho correto, nós, por essa razão, o consideramos único responsável por suas declarações, ações e comportamentos — se é que realmente emanam dele.[21]

Era uma formulação cuidadosa, focalizada na conduta de Osama, não em seu caráter, e expressando um vestígio de dúvida a respeito da confiabilidade das informações da mídia a seu respeito. Dois meses mais tarde, em abril, uma declaração igualmente concisa do Ministério do Interior anunciou que Osama bin Laden fora formalmente despojado de sua cidadania saudita. O comunicado citava o artigo 29 da "regulamentação de cidadania saudita"; declarava que Osama se recusara a obedecer a instruções e que seus atos "contradizem o interesse nacional do reino". Um congelamento por parte do governo saudita dos rendimentos também começaram a valer naquele mês. De acordo com advogados do Saudi Bin Laden Group, Osama "nunca teve acesso a esses fundos", embora eles não tivessem sido postos "em custódia fora do controle [dele]" até 1994, cerca de nove meses depois de ter começado o processo de venda dos ativos.[22]

Osama não se manifestou formalmente em nenhuma dessas ocasiões. Em vez disso, no verão de 1994 ele começou a se comportar, no que dizia respeito à família real saudita, como um homem que já não tinha nada a perder.

NO INÍCIO DE 1994 OSAMA já despachara secretamente grupos de combatentes da *jihad*, contrabandistas de armas e organizadores para a Somália, o Quênia, o Iêmen, a Bósnia, o Egito, a Líbia e o Tadjiquistão, entre outros lugares, de acordo com cartas e testemunhos de seus seguidores e aliados. Alguns desses combatentes chegaram ao destino e descobriram que as condições locais não estavam maduras para a guerra. Outros, como os exilados egípcios reunidos em torno de Ayman al-Zawahiri, organizaram conspirações violentas e ambiciosas, como uma tentativa de assassinar o presidente egípcio

Hosni Mubarak — a conspiração prosseguiu em 1995, quando Mubarak estava visitando a Etiópia, mas falhou.

A Al Qaeda persistiu como organização formal durante todos esses anos; em Cartum, comitês gerais lutavam com as minutas de uma constituição verborrágica. Sua missão era semear a *jihad* nas terras muçulmanas consideradas sob ocupação ou governadas por apóstatas. Mesmo assim, era um grupo mais caracterizado pela diversidade que pela disciplina. Isso em parte se devia ao fato de que o próprio Osama permanecia inseguro a respeito de como iria definir e organizar sua participação pessoal na *jihad* internacional — com sua perda da cidadania e da condição de acionista dos negócios da família, ele estava em um renovado estado de vicissitude. Seus dons de previsão e análise política sempre foram limitados; agora entrava em um período de levantamento e busca. Mesmo assim, tomou uma decisão explícita, direta, durante o verão de 1994: abertamente uniu-se ao movimento de oposição à família real saudita.

Seu principal auxiliar nesse projeto era Khalid al-Fawwaz, que na época tinha trinta e poucos anos. Ele nascera no Kuwait e estudara engenharia na Universidade Rei Fahd, na Arábia Saudita; falava bem o inglês. Mudara-se para Nairóbi, onde comerciava automóveis e estava em contato com outros adeptos da Al Qaeda no país, para planejar um violento ataque a alvos ocidentais. No início de 1994 Al-Fawwaz foi preso; depois resolveu fugir para o Quênia com a família. Mais tarde foi para Londres.[23]

Al-Faqih e Al-Masari, os ativistas sauditas presos na primavera anterior, depois de tornarem público seu Comitê para a Defesa dos Direitos Legítimos também fugiram para Londres, com a ajuda de subversivos islamitas. Osama inicialmente duvidara da credibilidade do grupo de reformas de Al-Faqih: "No início achamos que isso podia ser uma trama do regime para diminuir nosso movimento, mas quando nos demos conta de que esses eram nossos irmãos, eles foram presos", explicou Al-Fawwaz mais tarde.[24] Agora estavam todos unidos no exílio em Londres, protegidos pelas leis de asilo britânicas, que estavam entre as mais liberais da Europa. Trabalhando em casas em ruínas no norte de Londres, Al-Faqih e Al-Masari relançaram seu grupo de oposição, que representava o primeiro sério desafio político ao governo Al-Saud na Arábia desde o período Nasser. Al-Fawwaz repartia espaço de trabalho com eles. Osama, no entanto, nunca quis aderir formalmente ao grupo. Ele desejava ter uma organização própria.

O Comitê de Conselho e Reforma debutou em julho de 1994, em Londres. Era o meio de o próprio Osama participar da política saudita como um dissidente exilado e panfletista. Era pouco mais que uma sala bolorenta com um aparelho de fax, mas se descrevia como "organização superabrangente que tem como objetivo aplicar os ensinamentos de Deus a todos os aspectos da vida". Tinha quatro finalidades: erradicar todas as formas de governo não-islâmicas; atingir a justiça islâmica; reformar o sistema político saudita e "purificá-lo da corrupção e da injustiça"; e reviver o sistema tradicional islâmico, pelo qual os cidadãos tinham o direito, orientados por sábios religiosos, de fazer acusações contra funcionários do governo.[25]

O comitê de Osama nasceu em um período de prelúdio tecnológico, nas vésperas da explosão da World Wide Web. Na época, os aparelhos de fax ofereciam o meio mais fácil de envio de documentos através de fronteiras governamentais sem o risco de censura. No outono de 1994, Al-Faqih, Al-Masari e Al-Fawwaz inundavam diversas listas de telefones de toda Arábia Saudita, do Golfo e dos agentes noticiosos de mídias internacionais por comunicados via fax de seus grupos aliados.

Em Cartum, finalmente liberado de quaisquer restrições familiares ou fidelidades nacionais, Osama sentou-se a inúmeras mesas no final de 1994 e início de 1995 para escrever longos ensaios, quase um por semana. Ele os mandava para Al-Fawwaz, que então os remetia por fax para o maior número de pessoas possível. Alguns deles eram do tamanho de artigos de editores de opinião; outros chegavam a milhares de palavras, carregados de citações religiosas. O tema de Osama não era tanto o islã quanto a Arábia Saudita. Seu tom, quando falava a respeito do reino, o país que seu pai e sua família tinham feito tanto por construir e legitimar, era muitas vezes violento, impetuoso, mesquinho, sarcástico ou colérico e sem reservas. Em 12 de setembro de 1994: "A Arábia Saudita torna pública sua guerra contra o islã e seus estudiosos". Uma semana mais tarde: "Não atribua inferioridade a sua religião". Em 15 de outubro, referindo-se ao conselho supremo do governo saudita para assuntos islâmicos: "Conselho Supremo para Danos". Em 9 de março de 1995: "A Arábia Saudita continua a guerra com o islã e seus estudiosos". Em 11 de julho: "O príncipe Sultan e as comissões de vôo".[26]

Ele denunciou nominalmente o rei Fahd e seus irmãos bilaterais, os chamados Sudayri, que agora eram o grupo dominante na família real — Nayef, no Ministério do Interior, Sultan, no Ministério da Defesa, e Salman, o governador de Riad. Osama não usava sutileza ao escrever sobre eles. Nayef, com quem se encontrara de maneira regular e com quem colaborara durante a guerra afegã nos anos 1980, tinha uma "história duvidosa" e era "cheio de malícia em relação ao islã e ódio por seus advogados e autoridades religiosas". Esses príncipes eram indignos de seu papel como guardiões do berço do islã:

> Como pode qualquer pessoa inteligente, que sabe dos fatos, acreditar que esses parentes — que corrompem a terra e declaram guerra a Alá e a Seu Profeta — pudessem ser levados a servir o islã e os muçulmanos?[27]

O príncipe Salman, escreveu ele mais tarde, "tem um passado duvidoso no qual ele enganava o islã e travava guerra contra seu próprio povo". O príncipe Sultan era um dos "impostores" que exploravam contratos para receber comissões e ajudavam a jogar a economia saudita por terra. E sobre toda essa perfídia, ganância e incompetência presidia o rei Fahd, que impedira as leis de Deus, alinhara-se com os infiéis e se mostrara "hostil ao islã e aos muçulmanos".[28]

Para leitores sauditas, esses ataques explícitos a Fahd e seus irmãos bilaterais tinham um corolário evidente — Osama não falava nada sobre o príncipe herdeiro da Arábia Saudita, Abdullah, que muitos sauditas acreditavam estar afastado dos Sudayri, e que gozava de uma reputação de relativa piedade e retidão financeira. Era possível imaginar que, em 1995, essa pressão vinda de ativistas islamitas no exterior e de sábios religiosos na prisão, no país, pudesse criar um golpe discreto entre os Al-Saud, favorecendo Abdullah, semelhante ao que trouxera Faisal ao trono cerca de três décadas antes. Osama parecia estar desenvolvendo essa perspectiva em seus artigos. Em um panfleto, ele explicitamente enumerou os últimos anos do reinado de Faisal como uma exceção à sua crítica ao governo da família real. Da Suíça, Yeslam bin Laden predisse que restaurariam o poder de Osama dentro da família Bin Laden e que Bakr iria desaparecer assim que Abdullah subisse ao trono, de acordo com Carmen bin Laden.[29] Osama provavelmente fantasiou que os islamitas podiam obrigar Fahd a sair, e que Abdullah então iria recebê-lo de volta no país em termos que ele pudesse aceitar. Quem preveria o futuro? Estava nas mãos de Deus.

A EXPERIÊNCIA DE OSAMA como homem de negócios no Sudão foi parecida com a de seu meio-irmão Khalil em Los Angeles, com a America in Motion. Seus esquemas grandiosos não tiveram sucesso. Seus mentores se aproveitaram dele. Os empregados apropriaram-se indevidamente de milhares de dólares, dinheiro que ele já não podia se dar ao luxo de perder — Jamal al-Fadl, por exemplo, tomou 110 mil dólares de Osama em uma série de transações manipuladas em terras e *commodities*. Osama reorganizara suas operações bancárias pessoais no Al-Shamal Bank, em Cartum, mas suas contas aos poucos secaram. No passado, sua fortuna pessoal o provera de um amortecedor financeiro, mas grande parte do dinheiro que ele gastou na *jihad* veio de doadores particulares, organizações de caridade ou canais governamentais semi-oficiais. Agora seu acesso aos dividendos e empréstimos da família haviam sido retirados, e, ao mesmo tempo, como inimigo do Estado saudita, o levantamento de fundos de caridade se tornou mais complicado. Desde 1994 ou 1995 "tivemos uma crise na Al Qaeda", lembrou L'Hossaine Kherchtou, um de seus adeptos. "O próprio Osama bin Laden nos disse que tinha perdido todo o seu dinheiro e reduziu o salário do seu pessoal." Ele foi obrigado a demitir até 2 mil trabalhadores em sua fazenda de girassóis durante 1995. Foi um declínio econômico extraordinariamente rápido — Osama tinha detonado sua parte da herança, seus dividendos e os fundos de caridade em apenas quatro ou cinco anos, um total de talvez 15 milhões de dólares ou mais. Em seus artigos, denunciou a família real da Arábia Saudita por corrupção e conduta financeira ilegal, mas ele tinha gerenciado seus próprios fundos com toda a prudência de uma celebridade de Hollywood encantada consigo mesma.[30]

Osama traiu seu desespero em um fax que divulgou em 12 de fevereiro de 1995 intitulado "Príncipe Salman e oferendas de caridade durante o Ramadã". Difamava o governo real em um estilo bombástico típico, denunciando-os em particular pelas novas regras que determinavam que as contribuições anuais do *zakat*, ou de caridade, fossem canalizadas apenas através de organizações de caridade oficialmente aprovadas, supervisionadas pelo príncipe Salman. "A história geral pregressa do regime saudita de gerenciamento de doações tem sido extremamente ruim", escreveu Osama. "Foram necessárias doações populares para os *mujaheddin* afegãos como forma de pressioná-los para aceitar as políticas ocidentais, em particular as norte-americanas." À medida que continuava, no entanto, Osama tornava claro que seu artigo tinha menos a intenção de ser uma crítica que uma solicitação. Ele estava preocupado com seu próprio acesso constante à caridade saudita, da qual dependera durante tanto tempo:

> Nós, no Comitê de Conselho e Reforma, alertamos todos os filantropos e doadores de caridade sobre os perigos de submeter quaisquer fundos ou esmolas a essas instituições, corpos e associações prejudiciais, que os usam para travar guerra contra Alá e Seu Profeta. Nós os conclamamos para que submetam os recursos diretamente àqueles que os merecem, domesticamente ou no exterior. Eles podem também doar fundos a pessoas religiosas ou protetoras, que possam garantir que aqueles que legalmente os merecem irão recebê-los sem que antes tenham sido adulterados pelo clã saudita [...] Existem agências sérias que repassarão os recursos àqueles que os merecem, como associações de caridade em Qatar, no Kuwait, na Jordânia, no Iêmen, no Sudão e outros países. Para ter a certeza de que os fundos sejam transferidos para as contas dessas associações, alertamos sobre a importância de fazer a transferência fora do Golfo — longe do rastreamento por espiões do regime.[31]

Seus problemas no escritório se misturavam aos problemas em casa. Uma de suas esposas, conhecida como Om Ali, ou "Mãe de Ali", viajava constantemente entre a Arábia Saudita e o Sudão; ela cansou de Cartum. Pediu o divórcio a Osama porque "não podia continuar a viver de um jeito austero e na adversidade", de acordo com Nasir al-Bahri, que mais tarde serviu como guarda-costas de Osama.

O filho mais velho de Osama, Abdullah, um adolescente, também ficava aborrecido por ter cortados os privilégios de que gozava um Bin Laden em boa situação. Ele vira o suficiente do estilo de vida de seus primos em Jedá — os carros elegantes, as motocicletas Harley, o surfe nos fins de semana no mar Vermelho — para saber o que estava perdendo. Pediu ao pai permissão para voltar ao reino e conseguir um emprego nos negócios da família. Já estava noivo de uma de suas parentas, "porque meu pai apóia o casamento cedo", como explicou depois, e em 1995 pressionou o pai para voltar à Arábia Saudita:

> Ele me pedia para ser paciente e esperar, todas as vezes. Em uma ocasião, fui ao quarto dele, quando estávamos no Sudão, para acordá-lo a fim de rezar, e ele me disse sem preâmbulos: "Abdullah, você pode ir para a Arábia Saudita, se quiser". Comecei a chorar de alegria, sem dizer uma palavra. Meu pai sorriu calmamente e não disse nada. No dia seguinte, liguei para meus tios em Jedá, e eles ajudaram a apressar a minha chegada lá [...] Eu queria ser independente e construir minha própria vida, de acordo com os meus desejos.

A deserção do primogênito doeu em Osama, de acordo com Al-Bahri. Depois disso, ele "evitava mencionar o nome de Abdullah [...] porque tinha sido magoado por ele".[32]

A mãe de Osama ainda o visitava, mas agora as autoridades sauditas a monitoravam para garantir que ela não levasse dinheiro sub-repticiamente. Osama, ao que consta, continuava a manter contato com alguns integrantes da ala religiosa da família — seu cunhado Jamal Khalifa disse mais tarde que ele permanecera em contato. Eles haviam ficado rapidamente amigos no início da década de 1980, e agora Khalifa viu-se com problemas por causa de alegações de que ele apoiava violentos grupos islâmicos inspirados na Al Qaeda, nas Filipinas. Talvez outro cunhado também participasse das campanhas de Osama a partir do Sudão. Mesmo assim, para os irmãos mais velhos em Jedá, que lideravam os Bin Laden e administravam os relacionamentos da família com a realeza saudita, Osama agora era claramente um anátema. A corte do rei Fahd advertiu os irmãos mais velhos, de acordo com uma pessoa que trabalhava com eles na época, em Jedá; o governo saudita tornou claro que os Bin Laden iriam pagar caro se socorressem Osama. Nada atraía a atenção da família como a perspectiva de perder a sua fortuna. Para garantir que não haveria dúvidas quanto à fidelidade deles, a família resolveu, durante esse período, doar todos os seus fundos *zakat* diretamente às organizações de caridade do rei, de acordo com a pessoa que trabalhava com eles em Jedá.[33]

Osama provavelmente percebia a mudança na atitude da família. Em 1995, uma de suas meias-irmãs morreu de câncer; foi a primeira das filhas de Mohamed bin Laden a morrer. Sua morte deixou o número de filhos sobreviventes em 52. Do Sudão, Osama telefonou a Omar bin Laden para expressar suas condolências. "A conversa só durou um minuto, já que eu a abreviei de propósito", disse Omar mais tarde.[34]

Sem dinheiro, divorciado de uma de suas esposas, abandonado pelo filho mais velho, afastado da família — uma sugestão de Rei Lear na natureza selvagem começou a penetrar o exílio de Osama. Ele disse a um visitante saudita: "Estou cansado. Sinto falta de morar em Medina. Só Deus sabe como estou nostálgico". Estava tão desanimado durante 1995 que cogitou a possibilidade de se mudar para Londres. Lá ele se uniria a seus colegas no estilo próprio de oposição saudita em um exílio mais tradicional, mais político, que inevitavelmente reduziria sua margem de participação em termos de violência. É fácil imaginar o apelo de Londres: coletivas ocasionais à imprensa, com o comparecimento da mídia internacional; longas tardes à escrivaninha redigindo poesia e implacáveis artigos políticos em nome de uma nova Arábia Saudita; visitas de seu filho Abdullah e outros membros da família; uma chance de viver por princípios, mas também em meio ao conforto almejado pelas pessoas de meia-idade.[35]

Esta se revelou uma fantasia passageira. A Arábia Saudita pressionou a Grã-Bretanha para fazer alguma coisa a respeito de Al-Faqih e Al-Masari, e o governo realmente iniciou um processo de deportação contra o último. É possível que teria sido politicamente impossível para Osama receber asilo na época em que ele pensou nessa possibilidade.

Em Cartum, Osama permaneceu rodeado de outras esposas, filhos, empregados e seguidores, e seu calendário de negócios e reuniões conspiratórias atenuavam o isolamento. Mesmo assim, agora havia uma característica de auto-reforço na narrativa que Osama construía em torno de seu exílio. Quanto mais pressão ele encontrava, mais prontamente comparava suas condições às do profeta Maomé, que fora levado por oponentes políticos a Medina, onde travou uma guerra justa e acabou voltando para sua terra. "A emigração está relacionada à *jihad*, e a *jihad* vai continuar até o Dia do Julgamento", escreveu Osama enquanto estava no Sudão. Não era o tipo de formulação que pudesse atrair uma esposa inquieta ou um adolescente com lembranças dos melhores restaurantes de Jedá. Mesmo assim, não há dúvida de que Osama acreditava exatamente naquilo que escrevia.

Além do mais, a riqueza e visibilidade de seus inimigos — o rei Fahd e os patronos dele, os norte-americanos, só serviam para enfatizar para ele a justeza duradoura de sua causa. Parece que chegou até a encarar algumas das missões empreendidas por seus parentes como uma forma de alcançar os Estados Unidos, o país sobre o qual Osama concentrava cada vez mais sua ira, especialmente depois que Washington exerceu pressão sobre o governo do Sudão para expulsá-lo de Cartum. Primeiro ele tinha visto os membros de sua família como agentes dos Al-Saud, indefesos, manipulados. Agora passou a ver seu exílio como um torneio de vontade e fé entre ele e o governo do mais poderoso país na Terra. Cada interação desse torneio apenas enfatizava para ele o significado de sua luta e de sua liderança. "Eu digo que os norte-americanos estão barganhando conosco em silêncio", explicaria Osama no final de 1996. "Os Estados Unidos e alguns de seus agentes na região barganharam conosco discretamente mais de dez vezes, eu lhes digo: [eles falam] cale a boca, e nós lhes devolveremos seu passaporte e seus bens, devolveremos sua carteira de identidade, mas cale a boca. Essas pessoas acham que se vive neste mundo por seu próprio interesse, mas esqueceram que nossa existência não tem significado se não lutarmos para agradar a Deus."[36]

30

FUNDOS DE INVESTIMENTOS

DURANTE SUA LONGA CARREIRA como diplomata norte-americano, Philip Griffin se tornou especialista no mundo árabe e adquiriu experiência particular na região do Golfo Pérsico — ele serviu no Kuwait, em Abu Dhabi e duas vezes em Dhahran, a principal cidade da região produtora de petróleo na Arábia Saudita. É um homem suave, com olhos azuis e uma cabeça coberta de cabelos que se tornam grisalhos; os anos na diplomacia e sua longa exposição à reticente Arábia deixaram-no com modos impecáveis e um hábito de falar em períodos cuidadosos, deliberados, completamente articulados. Em 1989, Griffin chegou a Jedá como cônsul-geral, o funcionário de posto mais alto no Departamento de Estado em Hejaz e encarregado da ligação com o embaixador dos Estados Unidos em Riad.

No princípio de seu circuito diplomático Griffin conheceu Henry Sarkissian, da família de empresários Sarkissian, cristãos armênios que tinham migrado para o Líbano e mais tarde tornaram-se importantes parceiros dos Bin Laden na Arábia Saudita. Sarkissian apresentou Griffin a Bakr bin Laden, uma conexão que levou a periódicas conversas discretas entre Bakr, Griffin e Chas Freeman, na época embaixador dos Estados Unidos na Arábia Saudita. Os dois diplomatas norte-americanos usaram Bakr como caixa de ressonância a respeito dos acontecimentos que se passavam na corte do rei Fahd, e a respeito das opiniões particulares do rei em relação às questões então correntes. Acharam Bakr muito cuidadoso durante essas conversas, que em geral se davam em seu escritório em Jedá; Bakr estava longe de ser um fofoqueiro natural, e mais ou menos protegia o rei, mas ocasionalmente passava adiante um boato ou alguma impressão útil.[1]

Durante o verão de 1992 o período de Griffin no posto estava para terminar, e ele divulgou que planejava se aposentar do serviço diplomático; na época estava com sessenta anos. Por intermédio de Sarkissian, Bakr pediu para vê-lo. Não mencionou Osama, embora a essa altura os problemas com o meio-irmão já tivessem começado a se insinuar. Bakr disse que, embora os Bin Laden houvessem gozado de conexões comerciais com os Estados Unidos ao longo de anos, eles nunca tiveram ninguém — nenhum irmão ou outro representante — para supervisionar seus investimentos espalhados nesse país, ou para desenvolver novos investimentos. Depois desse encontro, através de Sarkissian, Bakr perguntou se Griffin estaria interessado em abrir um escritório para o Saudi Bin Laden Group em Washington, escritório que seria em parte sustentado pela *joint venture* de Sarkissian com os Bin Laden, e em parte pelo próprio Saudi Bin Laden Group. A consulta feita por Bakr não era específica a respeito dos regulamentos ou objetivos do escritório, mas, em discussões de acompanhamento, Sarkissian mencionou que, além de manter ligações com sócios existentes, como a General Electric, e ir atrás de novos desenvolvimentos comerciais nos Estados Unidos, eles desejariam ter alguém na capital que lhes pudesse dar acesso ao governo norte-americano, caso fosse necessário.

"Bem, isso é mais fácil dizer que fazer", respondeu Griffin. "Deixem-me pensar a esse respeito."[2]

Ele voltou para sua casa nos subúrbios de Washington, mas manteve-se em contato com Bakr enquanto prosseguia com o processo formal de aposentadoria no Departamento de Estado. No início de 1993 os Bin Laden explicaram que queriam ir adiante com o plano e Griffin resolveu embarcar. Os Bin Laden concordaram em permitir que ele abrisse um escritório perto de casa, em Maryland, para não ter de enfrentar uma cansativa viagem diária para o centro de Washington. Griffin encontrou um edifício de escritórios especializado em fornecer pacotes de serviços, como atender telefonemas e instalações para conferências, para firmas muito pequenas. Em 16 de junho de 1993, na mesma semana em que os irmãos Bin Laden estavam no meio do processo judicial, ainda particular, para destituir Osama como acionista, Griffin, como "agente residente", incorporou uma companhia em Maryland como o novo posto avançado norte-americano do Saudi Bin Laden Group. A firma foi inicialmente chamada de "Cromwell Corporation", mas depois se tornou formalmente o SBG (USA), Inc.[3] Griffin mudou-se para um escritório em 51 Monroe Street, no centro de Rockville, Maryland, perto da Rockville

Pike, uma atravancada avenida de seis pistas orlada de centros comerciais, lojas de artigos eletrônicos e restaurantes vividamente iluminados, pertencentes a grandes cadeias. Talvez não fosse o posto avançado de mármore, em Washington, com as tinturas imperiais que Bakr teria inicialmente imaginado, mas pelo menos era uma cabeça-de-ponte operada por um diplomata norte-americano experimentado, em um país que estava assumindo um papel cada vez mais complicado na vida da família.

Para o escritório de Griffin Bakr designou seu meio-irmão Hassan, que fora nomeado para supervisionar desenvolvimentos comerciais internacionais sob o novo regime administrativo de Bakr. Essa parte parecia bastante bem definida, mas os trabalhos internos das companhias dos Bin Laden permaneciam peculiares. Uma vez, quando um executivo não-saudita se queixou a Henry Sarkissian que estava intrigado a respeito de o que exatamente o Saudi Bin Laden Group queria que ele fizesse, Sarkissian gracejou: "Você nunca vai saber", como se quisesse dizer que imprecisão e mistério eram características permanentes na cultura corporativa. Sob direção de Bakr, e em comparação com o reinado de Salem, havia um novo verniz de organogramas corporativos, no entanto, e o próprio Bakr tomou muitas de suas mais importantes decisões não em salas de conselhos, mas enquanto estava sentado em seus *majlis*, depois do almoço em Jedá, como um xeique árabe, ou enquanto voava de um lugar para outro em seu jato particular. A cultura corporativa que ele supervisionava permanecia extremamente dependente do chefe, em geral secreta, compartimentada e às vezes confusa, em especial para pessoas de fora que entravam como executivas ou sócias.[4]

Durante meados dos anos 1990, Bakr assinou diversos contratos lucrativos em sociedade com a General Electric para desenvolver centrais elétricas na Arábia Saudita, e chegou a dar uma festa comemorativa no reino para o famoso diretor-presidente da GE, Jack Welch — mas nenhum desses trabalhos ligados aos Estados Unidos foi direcionado para o novo escritório nos Estados Unidos, nem coordenado por ele. Além disso, na época em que Griffin instalou o negócio, elementos da família foram investidos em diversas sociedades de imóveis comerciais nos Estados Unidos — aqueles desenvolvidos por Daniel Corporation, do Alabama, cujo dinheiro do projeto foi canalizado por Yeslam bin Laden; os comprados pelo irmão bilateral de Yeslam, Khalil, através da America in Motion; e outro conjunto de projetos supervisionados pelos

Sarkissian a partir de um escritório em Nova Jersey. Esses últimos desenvolvimentos incluíam propriedades comerciais na área de Dallas; algumas dessas parcerias foram batizadas com referência a lugares icônicos ou eventos do período da Revolução Norte-Americana, como Concord ou Bunker Hill. Nenhum deles foi subordinado diretamente ao novo escritório norte-americano aberto por Griffin, tampouco. No máximo, Griffin seria subordinado a parceiros da família em propriedades imóveis. Listados como diretores do SBG (USA) nos registros oficiais corporativos estavam Kourken Sarkissian, no Canadá, que ajudou a supervisionar alguns dos investimentos da família na América do Norte, e Robert McBride, de Spicewood, Texas, que trabalhava em uma linha semelhante.[5]

A rede comercial e consultiva dos Bin Laden nos Estados Unidos incluía também outro posto avançado, na pessoa de Fuad Rihani, um empresário originário da Jordânia que dirigira uma companhia européia fornecedora de equipamento de iluminação para as duas santas mesquitas em Meca e Medina. Rihani era cristão, ativo nos círculos da Igreja protestante naquele país. Na época em que o SBG (USA) foi aberto perto de Washington, Rihani tornou-se conselheiro sênior, respeitado pelos Bin Laden; acabou comprando uma casa na Carolina do Norte, exibia o título de "diretor de pesquisa e desenvolvimento" do Saudi Bin Laden Group e integrava o conselho de uma firma de consultoria em Washington, a Middle East Policy Council, à qual os Bin Laden faziam doações. Seu último presidente foi Chas Freeman, o ex-embaixador dos Estados Unidos em Riad.[6]

Essas contribuições e conexões ofereciam aos Bin Laden um modo de se distinguirem de Osama, de aprofundarem seus contatos com as elites norte-americanas e britânicas — para construir, sutil mas inequivocamente, uma base alternativa para avaliar o posicionamento da família em relação ao Ocidente. Quanto mais problemas Osama causava, mais Bakr parecia buscar meios de compensar com doações e investimentos.

TODAS AS COMPANHIAS DOS BIN LADEN, fosse na Arábia Saudita ou no exterior, operavam como entidades particulares, de modo que a família não era legalmente obrigada a revelar sua teia de investimentos globais para agências reguladoras de mercados de ações ou investidores públicos, ou até mesmo seus próprios executivos. Havia uma natureza aleatória e extravagante em alguns dos investimentos da família. Um irmão podia ir em férias para a Europa Oriental, encontrar um empresário local, investir em uma agência de viagens e depois abandoná-la, até que a própria existência da companhia era esquecida. Firmas da família vendiam roupas esporte no Covent Garden de Londres e em shopping centers no Cairo e em Beirute ("camisetas sem mangas, shorts, jeans, roupas de brim [...]"); produziam programas de televisão e comerciais em um laboratório fotográfico em Jedá; publicavam livros infantis em Londres; e licenciavam propriedade intelectual em Dubai. As linhas entre os *hobbies* de membros da família e negócios sérios não eram sempre fáceis de discernir. Companhias *offshore* abriam, ficavam inativas e depois permaneciam intocadas durante anos, pagando honorários a advogados e contadores que renovavam o registro delas, mas fazendo pouco mais que isso. No início da década de 1990, havia tantas companhias pequenas e afiliadas espalhadas pelo mundo que, em um determinado momento, mais ou menos na época em que Griffin abriu o escritório em Rockville, executivos das diversas sedes contrataram uma firma norte-americana só para inventariar os investimentos da família, de acordo com uma pessoa que conheceu o estudo realizado.[7]

O centro dos investimentos internacionais mais significativos da família durante esse período não era Washington, mas Londres. À medida que o controle de Bakr se sedimentou na família, ele bolou um arranjo com Yeslam para transformar a Russell Wood & Company — corretora na Bolsa de Valores de Londres que sofrera uma pane geral nos computadores e outros problemas depois da compra inicial, em 1987 — de uma firma de corretagem que se baseava em clientes de fora em uma empresa de gerenciamento de portfólio mais discreta, que pudesse coordenar os investimentos da família Bin Laden em mercados globais. Como essa transformação foi arranjada financeiramente, não se sabe muito bem — por exemplo, a companhia matriz da Russell Wood nas Ilhas Cayman permanecia a Falken Limited, instituição de propriedade de Yeslam e seus irmãos bilaterais, mas a empresa fizera empréstimos com diversas outras companhias *offshore* no Panamá, nas Ilhas Virgens Britânicas e nas Antilhas Holandesas. As mudanças no gerenciamento evoluíram durante certo número de anos, de acordo com registros da companhia arquivados nas agências reguladoras em Londres. Em 1991, os auditores britânicos da Russell Wood ainda lutavam para entender os registros de 1987, o período da quebra. "Não conseguimos formar uma opinião", relataram os auditores "se a) os extratos financeiros fornecem uma visão verdadeira e justa do estado de negócios da Companhia [...] ou b) os extratos financeiros foram preparados corretamente sob todos os aspectos [...]". Por fim, a Securities and Futures Authority britânica exigiu que os Bin Laden injetassem cerca de 4 milhões de libras esterlinas na corretagem, para cobrir perdas anteriores, de acordo com registros reguladores.[8]

Akbar Moawalla, original da Tanzânia, gerenciava o escritório em Londres. Ele morava em uma grande casa em estilo tudor na suburbana Woking, ao sul da cidade, e se deslocava para o escritório em Berkeley Square, no distrito central de Mayfair, perto da embaixada da Arábia Saudita. Alguns colegas achavam Moawalla especialmente reservado, mesmo para os padrões de uma companhia que valorizava a discrição. Ele tinha uma longa história com a família e parecia saber tanto quanto qualquer outro sobre suas finanças. Moawalla algumas vezes respondia a uma pergunta de negócios aparentemente rotineira de um dos executivos da empresa dizendo incisivamente: "Você não tem necessidade de saber". Não parecia ser o arquiteto da estratégia de investimentos da família, no entanto; ao contrário, era um administrador confiável e eficiente. À medida que o escritório de Londres se acalmou, depois das crises do final dos anos 1980, John Pilley, um experimentado executivo financeiro britânico, uniu-se a Moawalla.[9]

Sob a direção de Bakr, os dois se reportavam ao meio-irmão deste, Shafiq, encarregado de questões financeiras internacionais — uma indicação planejada para complementar o papel de Hassan na supervisão de desenvolvimentos comerciais internacionais. Shafiq passava muito tempo na Europa, onde ainda morava exclusivamente em quartos de hotel, como o Noga Hilton, em Genebra. Sua educação no colégio interno de supervisão quacre, no Líbano, e a educação universitária nos Estados Unidos levaram-no, aos quarenta anos, a adotar um estilo de vida sobretudo ocidental, de reuniões de negócios e vida noturna exuberante, um modo de vida que contrastava marcadamente com a de seu meio-irmão Osama — particularmente porque os dois eram filhos únicos de Mohamed por parte de mãe, e aparentemente tinham nascido no mesmo mês de janeiro de 1958. Shafiq continuava um personagem peculiar; o cabelo às vezes crescia em longos tufos e seus quartos de hotel, de acordo com um visitante, podiam ser tão bagunçados como o de um adolescente. Recebera um diploma de bachalerado em administração de empresas da Universidade de São Francisco, em 1981, e era um dos poucos irmãos Bin Laden que se podia manter sozinho na linguagem técnica das finanças e dos investimentos, reino algumas vezes misterioso de opções de compra e venda, opções de garantias, pedidos de cobertura e data de aquisição. Aos poucos, de acordo com um parceiro de negócios, Bakr presidia um comitê de investimentos formado por cinco irmãos Bin Laden, e Shafiq tornou-se o diretor principal desse comitê.[10]

Durante anos os Bin Laden investiram nas obscuras margens de lucros dos Estados Unidos — um centro comercial isolado, um complexo de apartamentos, ou títulos de primeira linha amplamente avaliados. Em meados da década de 1990, pela primeira vez a família começou a fazer investimentos mais diversificados e sofisticados, especialmente em firmas que tinham conexões com as elites políticas em Washington e Londres.

O Carlyle Group operava a partir de escritórios majestosos no número 1001 da Pennsylvania Avenue, entre a Casa Branca e o Capitólio. Era uma firma privada de fundos de investimentos em que os sócios levantavam dinheiro de investidores ricos, institucionais e de outros patrimônios. Os sócios ganhavam dinheiro — quantias consideráveis — cobrando taxas de gerenciamento dos investidores e orquestrando negócios lucrativos. A força motora no Carlyle era um jovem advogado viciado em trabalho chamado David Rubenstein, que servira, quando bem jovem, como conselheiro de políticas domésticas ao presidente Jimmy Carter. Com Stephen Norris, um especialista em fusões, Rubenstein formou a Carlyle em 1987; eles tiraram o nome do elegante Carlyle Hotel em Nova York. Em 1993 o portfólio de investimentos da firma tinha crescido para cerca de 2 bilhões de dólares.[11]

Rubenstein atraíra Frank Carlucci, secretário de Defesa no primeiro governo Bush, para servir de vice-diretor; suas conexões com os empreiteiros do Pentágono atraíram a Carlyle para a arena da defesa. O sucesso de Carlucci impressionou Rubenstein quanto às vantagens de atrair políticos proeminentes, bem relacionados, como sócios da firma — a reputação e fama deles ajudavam a atrair investidores, e suas ligações internas levavam a negócios lucrativos. Depois da derrota de Bush por Bill Clinton, em 1992, Rubenstein e Norris visitaram a Casa Branca para se encontrar com o sociável secretário de Estado James Baker. Com os democratas de volta ao poder, Baker estava pronto para ganhar dinheiro. Resolvera ser contratado como consultor de uma companhia elétrica emergente em Houston, chamada Enron Corporation. E concordou em ser sócio da Carlyle.[12]

Baker gozava de excelente reputação entre as elites árabes no Oriente Médio, especialmente na região do Golfo Pérsico, em grande parte por causa de seu desempenho na Guerra do Golfo. Com outros sócios e promotores da Carlyle, ele viajara pelo Oriente Médio para levantar fundos de investimentos de investidores árabes ricos. Seu papel mais importante — assim como o papel de promotores célebres, como o presidente George H. W. Bush e o ex-primeiro-ministro britânico John Major — era atrair as figuras mais ricas na Arábia para jantares e seminários privados, a fim de que eles ficassem impressionados com os antecedentes lucrativos e as perspectivas excepcionais da Carlyle. A tática funcionou: entre 1994 e 1996 a firma levantou 1,3 bilhão de dólares para um fundo de investimento chamado Carlyle Partners II. Os investidores incluíam George Soros, o imensamente rico negociante de moedas, que entrou com 100 milhões de dólares; e fundos de pensão, como a California Public Employees' Retirement System, que investiu 80 milhões de dólares.[13]

A família Bin Laden ouvira falar do método de vendas da Carlyle em 1995, através de seu escritório em Londres. A família concordou em investir pelo menos 2 milhões de dólares. Jim Baker "os conhecia muito bem" e era o "político favorito" da família, disse Charles Schwartz, o advogado de Houston que representava os interesses da família Bin Laden no Texas. Shafiq bin Laden, embora parceiro improvável de jantar ou de caça para o ex-secretário de Estado, foi nomeado por Bakr para comparecer às conferências da Carlyle e se manter em dia com os investimentos da família. Foi essa designação que o acabou levando a Washington, DC, no mesmo dia em que seu meio-irmão atacou a cidade.[14]

Shafiq, além disso, supervisionava os investimentos da família na United Press International, o venerável serviço telegráfico norte-americano, com um consórcio de investidores sauditas que incluía os Bin Laden e a família Alireza, que fizera um arremate, em um leilão de falência em 1992, de 4 milhões de dólares. A disseminação de antenas parabólicas nos tetos das residências sauditas durante o início da década de 1990 e o surgimento de emissoras populares na língua árabe, como a Al-Jazeera, que eram hostis ou indiferentes à classe dominante, levaram o governo saudita a encorajar o desenvolvimento de alternativas da propriedade de sauditas, como Al-Arabiya e Middle East Broadcasting. A idéia da compra da UPI parecia ser que a coleta de notícias da agência poderia sustentar a Middle East Broadcasting, embora nunca tivesse ficado claro para alguns executivos da UPI se famílias como a Bin Laden tinham feito esse investimento por vontade própria ou como parceiros silenciosos do governo saudita. Ahmed Badeeb, ex-chefe do *staff* do príncipe Turki, o chefe da inteligência saudita, acabou presidindo o conselho. Badeeb se aposentara e agora operava companhias internacionais de Paris e do Líbano. Arnaud de Borchgrave, que serviu durante um tempo como editor da UPI, lutou com ele contra os perpétuos problemas financeiros da companhia. Em determinado momento, como Borchgrave lembrou, Badeeb mandou-lhe uma mensagem ressentida: "Não gosto das suas críticas ao meu procedimento nos negócios. Quero que você saiba que ganhei mais de 500 milhões de dólares em mais de 31 anos de serviço no governo".[15]

Nas reuniões trimestrais do conselho, Shafiq ficava calado. Para Borchgrave ele parecia "claramente um homem que nunca fizera nada na vida — um mimado". Os sauditas no conselho lutavam uns com os outros e tentavam adiar a falência; acabaram vendendo tudo para interesses comerciais controlados pela controversa seita sul-coreana do reverendo Sun Yung Moon.[16]

NA ÉPOCA EM QUE OSAMA começou a publicar seus primeiros fax atacando a relação de dependência do rei Fahd com os Estados Unidos, diversos de seus meios-irmãos e irmãs continuaram a passar longos períodos no Estados Unidos. Khalil bin Laden agora passava o verão com sua mulher, Isabel, e os filhos em Desert Bear, perto de Orlando. Eles transformaram a propriedade, pelo menos inicialmente, em um local consideravelmente mais tranqüilo do que fora antes, no apogeu, como local de férias principesco de Salem. Khalil ficava sentado ao lado da piscina à noite, olhando os salgueiros e o lago, e fumava tabaco em um enroscado narguilé árabe. Ele convidava os vizinhos para churrascos em comemoração ao Quatro de Julho, e ocasionalmente soltava fogos de artifício para marcar sua comemoração da independência norte-americana. A algazarra de crianças com sotaque norte-americano, filhos de

Khalil e Isabel, além das sobrinhas e sobrinhos em visita, vindos da Arábia Saudita ou que freqüentavam escolas preparatórias nos Estados Unidos, ocasionalmente atravessava o complexo. Vinha também Rajia, meia-irmã de Khalil, de Los Angeles, onde morava durante longos períodos. Ela era piloto e motorista especialmente rápida de carros — tão rápida que integrantes do círculo de Khalil brincavam que tinham medo de andar como passageiros com Rajia ao volante.[17]

Aquele que tinha a vida mais integrada nos Estados Unidos era Abdullah bin Laden, o segundo dos caçulas dos filhos de Mohamed. Alguns de seus amigos brincavam que ele era um estudante vitalício, e havia alguma verdade literal nessa avaliação. Abdullah freqüentara a faculdade em San Diego, estudara direito na Arábia Saudita, fizera cursos de negócios e finanças e depois candidatara-se à Harvard Law School — não para se matricular em seu rigoroso e estafante programa, que produzia profissionais qualificados para passar no exame da Ordem dos Advogados norte-americana, mas para ganhar primeiro um grau de mestrado e depois doutorado no estudo acadêmico das leis ou das teorias legais. Essa trilha na Harvard Law School atraiu inúmeros estudantes internacionais. Abdullah bin Laden acabaria permanecendo na Harvard Law por cerca de oito anos, não exatamente um recorde para a escola, mas também não muito longe disso, disseram seus professores. Sua matrícula foi contínua, no entanto. Ele mantinha um pequeno escritório em Cambridge, Massachusetts, onde trabalhava nas teses e em diversos dos projetos da família — no início dos anos 1990, duas de suas meias-irmãs passaram um tempo em Boston, e seu meio-irmão menor, Mohamed, cuja mãe estava grávida quando Mohamed bin Laden morreu, em 1967, também morava na cidade; entre outros empreendimentos, ele investiu em condomínios ao longo do Boston Habor. Entre esses irmãos e diversas sobrinhas e sobrinhos, Abdullah se viu de vez em quando agindo como se fosse o guardião dos Bin Laden na Nova Inglaterra. Durante todos aqueles anos, ele manteve um apartamento perto da Beacon Street, no qual morava sozinho. Em meados dos anos 1990, estava com vinte e tantos anos. Era um homem de altura média, esbelto, com os traços do nariz e os malares proeminentes do pai. Do mesmo modo que diversos de seus meios-irmãos, exalava retidão a ponto da timidez patológica, mas podia também projetar um ar de dignidade majestosa e conseguia ser uma companhia afável e inteligente. Dirigia um

Range Rover e tinha predileção por um restaurante italiano, Papa Razzi, perto de seu apartamento.[18]

Abdullah ficou amigo de outros estudantes dos países árabes e islâmicos em Harvard e ocasionalmente os convidava para jantar na casa dele; impressionava-os cozinhando alguns dos pratos, o que eles sabiam ser um *hobby* pouco comum para um homem saudita, em especial um homem rico. Não tinha empregadas ou servidores aparentes durante essas noites, e servia seus quitutes de legumes do Oriente Médio em pratos de plástico. Era tão reservado e polido que se tornou alvo natural de implicâncias. Um de seus atormentadores mais audaciosos era Lama Abu-Oden, uma jovem jordaniana com um estilo consideravelmente mais exuberante que o de Abdullah. Ela francamente o admirava e gostava dele, mas "eu implicava um bocado com ele por ser conservador — fazia-o rir e corar, rir e corar", lembrou ela. "Tentava empurrá-lo até seu limite." As elites em sua Jordânia natal se orgulhavam de sua sofisticação relativamente secular, e ela gostava de altercar a respeito de "como o país dele era conservador, como os sauditas parecem ser socialmente conservadores. Eu dizia: 'Por trás de cada saudita simples há um viciado em uísque'. Só para fazê-lo rir". Lama gostava particularmente de brincar com Abdullah sobre como ele era bem-apessoado e querido, sem no entanto nunca ter namorada. De fato, Abdullah desviava dos amigos que tentavam apresentá-lo a mulheres, descrevendo a si próprio como uma pessoa que não estava interessada no namoro ao estilo ocidental.

"Abdullah, se você for gay, pode me dizer", implicava Lama. Ele só ria ainda mais e depois voltava a seus modos reservados.[19]

Em meados dos anos 1990, muitos de seus colegas árabes em Harvard — mais que os colegas norte-americanos — passaram a se dar conta da atividade dissidente de Osama, e em especial de seu desafio aberto ao governo saudita. Se Lama estivesse com um humor especialmente agressivo, ela começava a elogiar Osama na frente de Abdullah e de outros estudantes. "Pelo menos há alguém com coragem naquela família", dizia ela. "Vocês todos só querem ganhar dinheiro — pelo menos há alguém que disse 'Não'!"

A resposta de Abdullah era sucinta, lembrou Lama: "Cale a boca", ele falou.[20]

O orientador acadêmico dele era Frank E. Vogel, que fizera sua própria pesquisa universitária na Arábia Saudita visitando tribunais islâmicos e analisando os procedimentos em termos de doutrinas legais e religiosas. Vogel criou um interesse acadêmico apreciável sobre o sistema saudita e achou que Abdullah se preocupava com questões relacionadas a sua própria pesquisa. Em maio de 1992 Abdullah completou uma dissertação de mestrado de 101 páginas sob a supervisão de Vogel intitulada "As práticas bancárias ocidentais e a lei *sharia* na Arábia Saudita". Seu trabalho explorava o conflito entre as práticas de pagamento de juros no sistema financeiro ocidental e a proibição de lucros decretada por muitas autoridades judiciais islâmicas, e como essas doutrinas tinham evoluído ao longo da história e do texto religioso. Ele lutava para encontrar soluções, uma síntese que permitisse que as práticas bancárias modernas, assim como a lei islâmica, prosperassem na Arábia Saudita. "Pode muito bem acontecer", escreveu ele, "de, quando uma sociedade como um todo opera em plena conformidade com o código *sharia* e há um sistema econômico islâmico, ser factível a proibição dos lucros".[21]

Para obter o grau de doutor, Abdullah embarcou em uma elaboração muito mais detalhada dos mesmos temas — sua tese acabaria chegando às 327 páginas, levando o título muito pouco charmoso de "Negociabilidade de instrumentos financeiros em mercados financeiros contemporâneos: uma análise legal islâmica". Aqui Abdullah batalha para saber como determinados instrumentos no mercado global — como títulos e contratos de participação nos lucros — poderiam se conciliar com um sistema financeiro islâmico. Era uma tese lúcida e rica em notas de rodapé, embora um tanto hermética, e, quando finalmente terminou de ser escrita, marcou pelo menos duas etapas importantes na história secular da família Bin Laden — Abdullah se tornou o primeiro doutor acadêmico (com sua meia-irmã Randa, a primeira médica da família), além de ser o primeiro Bin Laden com um diploma de Harvard. Intelectualmente, Abdullah lutou para conciliar os dois mundos, árabe e ocidental, nos quais os Bin Laden viviam e trabalhavam. Vogel respeitava "a seriedade acadêmica" da tese de doutorado de Abdullah, "ele realmente se dedicou à pesquisa difícil, com um texto bastante árduo ou obscuro". Quanto ao assunto, e o que ele indicava a respeito dos Bin Laden ou Abdullah, na opinião de Vogel: "Para um saudita trabalhar em um tema relacionado à lei islâmica não dá para dizer muito sobre se ele está preocupado com a religião". No reino, simplesmente não há outra maneira de abordar a economia, ele acreditava.[22]

A oportunidade de levantamento de recursos representada pela presença de um jovem Bin Laden em Harvard não foi perdida para os professores da faculdade de direito. Por volta de 1993 — o mesmo ano em que Philip Griffin abriu o escritório perto de Washington —, os Bin Laden entraram em discussões com o decano da Harvard Law School. "Eles estavam interessados no estudo do islã em muitos lugares", lembrou Vogel. As discussões eram "extraordinariamente comedidas". Abdullah indicara em Harvard que Bakr estava interessado em fazer uma doação de 1 milhão de dólares para a universidade a fim de apoiar o estudo do design islâmico, um dos interesses pessoais de Bakr, e mais 1 milhão de dólares adicional para sustentar bolsas e estipêndios para estudantes visitantes dos países da Liga Árabe que quisessem seguir os passos de Abdullah e estudar na Harvard Law. Vogel e o decano da faculdade de direito viajaram à Arábia Saudita; foram recebidos por Bakr na sede do Saudi Bin Laden Group, onde admiraram a exibição de modelos do trabalho da família nas mesquitas santas em Meca e Medina. Vogel explicou à família: "Um dos objetivos do nosso programa é construir elos com o Oriente Médio". É claro que não houve discussões sobre Osama; ele era pouco conhecido fora do mundo árabe.[23]

Durante o mesmo período, o filho mais velho de Salem bin Laden, Salman, matriculou-se como aluno de graduação na Universidade Tufts, nas imediações de Boston. Abdullah ajudou a controlar o rapaz, que às vezes lutava para administrar seu dinheiro e suas amizades. Um de seus professores, Andrew Hess, achou que Salman sofrera psicologicamente com a morte repentina de Salem, no Texas, em 1988. Salman saíra a seu pai, sob alguns aspectos, tocava violão e falava inglês fluente com um sotaque de inflexão britânica. Mas passou por altos e baixos na Tufts. Ele fizera conexões pessoais com Hess, que antes de ser professor trabalhara durante muitos anos na Arábia Saudita, na indústria de petróleo. Salman então apresentou Hess a seu tio de Harvard, Abdullah.[24]

Eles se encontraram várias vezes para jantar em outro dos restaurantes favoritos de Abdullah em Cambridge. Chamava-se Helmand, em homenagem a uma província no Sul do Afeganistão. Era administrado por uma gregária família afegã exilada — os Karzai.

Durante jantares no Helmand, Hess mencionou a Abdullah que ele tinha problemas para levantar dinheiro para sustentar alguns de seus programas acadêmicos. Os Bin Laden estavam mais interessados em apoiar estudos islâmicos, Abdullah lhe disse. Hess falou que, se tivesse financiamento suficiente, poderia trazer conferencistas e oradores do mundo islâmico para abordar questões econômicas e políticas que se ajustassem ao currículo da Tufts. Abdullah disse que ia ver o que podia fazer.

Mais tarde, enviou à Tufts um cheque de 350 mil dólares.[25]

31

A ESCRIVANINHA DE TRÓIA

UM CARRO-BOMBA levando cerca de 115 quilos de explosivos estourou em Riad no dia 13 de novembro de 1995. Foi o pior ataque terrorista no reino desde os já quase esquecidos dias da guerra por procuração com o Iêmen, durante os anos 1960. O alvo dessa vez não foram os sauditas, no entanto. Sete pessoas morreram, inclusive norte-americanos, e 34 outras foram feridas. Os atacantes, logo decapitados, eram ex-*jihadis* afegãos; um deles disse em uma confissão pela televisão que eles tinham se inspirado nos textos de Osama bin Laden. Do ponto de vista da família Bin Laden, era difícil julgar qual era a possibilidade mais desencorajadora — a de que a confissão do terrorista fosse autêntica, ou que ele tivesse sido encorajado pelos interrogadores sauditas para implicar Osama publicamente, com o objetivo de desacreditá-lo. Em um sentido direto, os Bin Laden também estavam na extremidade atacada. O prédio alvejado era uma instalação de treinamento norte-americana para a Guarda Nacional Saudita. Um dos principais contratados para a instalação, especialista em treinamento militar, era a Vinnel Corporation, uma firma discreta que fora descrita por um antigo membro do conselho como associada à Agência Central de Inteligência, CIA. Diversos dos cônjuges dos contratados da Vinnel estavam entre os feridos. Na época, a firma pertencia ao Carlyle Group — embora não através do mesmo fundo em que os Bin Laden tinham acabado de investir. O aspecto mais amplo era o mesmo: a família estava agora oficialmente em guerra consigo mesma, embora essa guerra fosse embrionária e, sob muitos aspectos, não declarada.[1]

Bakr não disse nada em público, além dos enunciados à imprensa que escrevera previamente, mas em particular tentou tornar claro para os norte-americanos e europeus que reconhecia seu estarrecimento com o radicalismo cada vez mais violento de Osama. Por volta do Natal de 1995, poucas semanas depois do ataque em Riad, Bakr viajou com diversos velhos amigos de Salem, norte-americanos e britânicos, com todas as despesas pagas. A filha mais velha de Salem, Sara, estava se casando com um rapaz de uma proeminente família de comerciantes de Jedá, proprietária de uma lucrativa revendedora de automóveis. Bakr promoveu uma reunião para alguns dos pilotos e músicos que tinham conhecido Salem nos dias gloriosos.[2]

Os contrastes que agora se acumulavam dentro da família, mesmo em sua sede em Jedá, eram surpreendentes. O imóvel de Bakr no mar Vermelho ficava alguns quilômetros ao sul de um dos grandes projetos imobiliários da família, o Salhia Lotus Beach Resort. O condomínio foi batizado em homenagem a Saheha bin Laden, o meio-irmão de Bakr que viajara amplamente pela Europa e pelos Estados Unidos. O *resort* abriu como um clube de praia privado, com duzentos chalés e estúdios mobiliados, localizados na North Obhur Beach de Jedá. Seguranças cuidadosamente examinavam os nomes dos sauditas e convidados estrangeiros autorizados antes de permitir-lhes a entrada para dentro dos muros do *resort*. Uma vez lá dentro, o motivo de tal segurança rígida se tornava evidente: havia mulheres de biquíni estendidas ao lado de homens vestidos de Speedo; sauditas de calção misturados com estrangeiros de ambos os sexos; e cristãos libaneses espadanavam na piscina com cruzes e crucifixos pendurados ao pescoço. Era como se os Bin Laden tivessem construído, e estivessem operando para lucro, uma Arábia Saudita alternativa em um canto rico do subúrbio norte de Jedá.[3]

Longe do clube de praia, na recepção do casamento de Sara, Bakr era o mais tradicional possível; os gêneros estavam devidamente segregados e havia uma ênfase em suco de frutas. Bakr convidou alguns de seus convidados estrangeiros para subirem a bordo de seu grande barco com casco de aço e partiu pelo mar Vermelho, onde ele parou, jogou a âncora e promoveu uma tarde de natação em torno do barco. A alegria reinou durante vários dias de comemoração; Anita Pizza, a pianista, e Gerald Auerbach, o piloto norte-americano que voara tanto com Mohamed quanto com Salem, e que agora estava com seus setenta anos, foram convencidos a cantar alguns dos números preferidos de Salem. Auerbach soltou a voz em "On Tob of Old Smokey", lembrando os velhos tempos.[4]

A ABERTURA ABAFADA DA GUERRA de Osama com a Arábia Saudita coincidiu com o final do reino de Fahd — pelo menos, o final de sua capacidade de governar ativamente. Em 29 de novembro de 1995 Fahd sofreu um derrame violento. Talvez o bombardeio de Riad e seus efeitos tenham feito sua pressão arterial subir, ou talvez fosse apenas a idade, a genética ou sua obesidade não tratada. Ele quase morreu, mas os médicos, durante tanto tempo beneficiários de seu patrocínio e de sua generosidade, trabalharam para salvá-lo. Ao fazer isso, inauguraram um drama com tinturas elisabetanas de rivalidade e manobras de sucessão dentro da família real saudita.

Sussurrava-se mais do que se testemunhava a intriga, supunha-se mais do que se observava, mas o declínio de Fahd era bastante evidente. Desde que permanecesse tecnicamente vivo ele seria rei, mesmo que não conseguisse mais que balançar a cabeça silenciosamente em sua cadeira de rodas. Os Al-Saud não conheciam precedentes de incapacitar um monarca doente, e, afinal, o príncipe herdeiro poderia governar em seu lugar. Mas essa decisão implicava mais que a ordem constitucional. Desde que Fahd permanecesse no trono, seus irmãos bilaterais — Sultan, na Defesa, Nayef e Ahmed, no Interior, e Salman, governador de Riad — poderiam permanecer incontestes em seus feudos ministeriais lucrativos, livres para supervisionar seus próprios contratos e presidir suas próprias máquinas de clientelismo. Além do mais, o filho favorito de Fahd, Abdulaziz, poderia continuar enriquecendo e àqueles que estavam à sua volta. (Em 1993, companhias controladas pela família Ibrahim, tios maternos de Abdulaziz, eram donos de imóveis nos Estados Unidos avaliados em mais de 1,2 bilhão de dólares, incluindo os hotéis Ritz-Carlton em Nova York, Washington, Houston e Aspen; um rancho de 9 mil hectares no Colorado; o complexo Marina del Rey em Los Angeles; e uma comunidade planejada de férias perto da Disney World.) Se Fahd morresse, o príncipe herdeiro Abdullah tomaria o trono — pão-duro, provinciano, isolado, teimoso, pouco confiável Abdullah, como o grupo Fahd tendia a vê-lo. No "fundo do coração", disse Wyche Fowler, que serviu como embaixador dos Estados Unidos na Arábia Saudita na época em que esta narrativa se desenrolava, os irmãos bilaterais de Fahd "não estavam entusiasmados com o fato de que Abdullah fosse seu próximo rei".[5]

Abdullah permaneceu, como um diplomata britânico o descrevera várias décadas antes, "abrupto, impulsivo, mas popular".[6] Tinha pouca instrução formal, mas seu contato constante com o recrutamento de tribos, na Guarda Nacional, afinara seu ouvido para a opinião pública — ou, pelo menos, a opinião dos soldados, homens das principais tribos. À época do derrame de Fahd, parece que Abdullah percebeu, de um modo que nem o filho de Fahd, nem seus irmãos bilaterais e cunhados perceberam, que o reino simplesmente não podia continuara à deriva, sem dar importância aos excessos da família real, como fizera durante tanto tempo. O preço do petróleo caiu constantemente durante os anos 1990, acabando por alcançar baixas recordes, caso se levasse em conta a inflação. A renda *per capita* na Arábia Saudita, que disparara durante o período inicial da súbita elevação dos preços do petróleo, também declinara dramaticamente — em parte porque a população saudita nativa cresceu em taxas alarmantes. No entanto, os sauditas continuavam mal equipados para as áreas de trabalho modernas, e as universidades do reino permaneciam dominadas por currículos religiosos. Já aos setenta anos, morando em seus próprios palácios grandiosos ou em suas fazendas no deserto, Abdullah não era nenhum reformador incendiário, mas no mínimo queria controlar os excessos mais visíveis e o auto-enriquecimento dos príncipes mais velhos. Ele tentou, depois do derrame de Fahd, abrir ou cancelar alguns dos contratos mais chocantes, como a transação Al-Yamamah supervisionada pelo príncipe Sultan, mas achou que seu impulso anticorrupção seria difícil. Entre outras coisas, de acordo com Fowler, o grupo Fahd algumas vezes fugia de seus editais sobre contratação, canalizando seus negócios através do intocável jovem Abdulaziz — afinal, ele ainda era o filho favorito do rei. Então, além disso, Abdullah enfrentou os membros de sua própria família interessados em oportunidades de negócios. Alguns de seus próprios filhos estavam entrando para o comércio e um deles era amigo de escola de Abdulaziz. Abdullah podia ter instintos sólidos a respeito das necessidades da Arábia Saudita, mas ele partilhava do poder, não tinha laços de sangue fortes como aliados, e não possuía uma visão transformadora. Reforma política e econômica no reino, ficou logo claro, seria na melhor das hipóteses um projeto evolucionário, no qual a velocidade talvez quase não fosse perceptível ao olho humano — nada parecido com o que Osama bin Laden e seus aliados dissidentes em Londres aparentemente esperavam que Abdullah defendesse.

À medida que Osama descambava para a violência, em 1996, sua família passou a fortalecer suas próprias ligações com os Estados Unidos e a proteger suas apostas. Os Al-Saud, por outro lado, permitiram que sua aliança com Washington se deteriorasse. Uma antipatia partilhada pelo comunismo já não mais ligava a Arábia Saudita à América do Norte. O surgimento de potente ideologia islâmica transnacional e a violência *jihadi*, parte dela sustentada por arrecadação de fundos sauditas, apresentavam uma nova divisão. Havia, além disso, outros fatores especiais. A incapacitação repentina de Fahd era uma delas — ele fora de longe o rei mais pró-Estados Unidos da história saudita. Na embaixada saudita em Washington, Bandar bin Sultan, embaixador há muito tempo, não conseguiu estabelecer um relacionamento bem-sucedido com Clinton; eles tinham personalidades semelhantes e pareciam se irritar um com o outro. Bandar desviou-se para a irrelevância diplomática, e sua embaixada, cheia de burocratas sauditas dos ministérios Religioso e da Educação que não falavam muito o inglês, tornou-se um impedimento à comunicação do dia-a-dia entre os dois governos. Em um tempo espantosamente curto, o relacionamento confiante, aventuroso e informal que tinha prevalecido entre Washington e Riad durante a Guerra Fria e a Guerra do Golfo chegou ao fim. Em seu lugar surgiu um compromisso confuso, mutuamente ressentido, no qual os principais líderes dos dois países raramente se falavam, enquanto os funcionários de nível médio e de gabinete encolerizavam-se uns com os outros por causa de ofensas presumidas e falta de cooperação.

No início de 1996, alarmada pelo apoio de Osama a ataques violentos contra alvos norte-americanos e árabes, a CIA formou uma nova unidade para rastreá-lo. Michael Scheuer, líder dessa unidade, como uma de suas primeiras tarefas submeteu uma solicitação ao governo saudita para obter informações básicas sobre Osama bin Laden — relatórios médicos, certidão de nascimento, se existisse, e cópias da licença de residência e passaporte que o governo alegava ter previamente confiscado de Osama. Scheuer nunca obteve uma palavra de resposta. Logo concluiu que o governo saudita deveria ser considerado "hostil" aos Estados Unidos sobre a questão Osama e sua milícia islamita. Essa era a mesma terminologia usada pela CIA para descrever os serviços de inteligência de Cuba e do Irã. "Eles se recusaram a fazer qualquer coisa para nos ajudar, ou até a nos fornecer as mínimas informações", disse Scheuer mais tarde. Ele e outros funcionários da CIA, além disso, acharam que era possível Osama ter recrutado simpatizantes ou seguidores no interior dos serviços sauditas de inteligência ou segurança. Do mesmo modo, os próprios serviços sauditas, na análise de Scheuer, queriam, desde o início da violência inspirada em Bin Laden, proteger-se de investigações norte-americanas sobre as colaborações privadas da Arábia Saudita com Osama no passado, desde a guerra afegã anti-soviética. "Bin Laden sabe tanto a respeito de com quem os sauditas lidaram durante a guerra afegã, como sobre o funcionamento dos mecanismos de transferência de dinheiro", concluiu Scheuer. "Eles estavam protegendo a família real, estavam protegendo os esqueletos no armário da guerra afegã." Scheuer, além disso, acreditava, como o auxiliar contraterrorismo de Clinton, Richard Clarke, que o governo saudita autorizara algumas das aventuras de Osama no Sul do Iêmen — elas não eram as operações patifes de *jihad* descritas mais tarde pelo príncipe Turki. Essa história, também, devia ser protegida das indagações norte-americanas, na análise de Scheuer.[7]

Scheuer não quis compartilhar as informações delicadas da CIA com os sauditas, com medo de que fossem vazar para Osama. Da parte deles, alguns sauditas tinham a mesma opinião a respeito da CIA. Quando passavam informações que consideravam delicadas, muitas vezes acabavam por lê-las nos jornais norte-americanos, ou ouviam-nas na CNN.

O príncipe Nayef, ministro do Interior, apresentou talvez o maior obstáculo à confiança e à cooperação depois do derrame de Fahd. Nayef era especialmente hostil em relação à CIA. Durante os anos 1970, a agência dera a ele de presente uma nova escrivaninha para o seu escritório. Depois, Nayef descobriu um dispositivo de escuta na escrivaninha. E ele tinha ótima memória.[8]

32

A ESTÉTICA DA DEVOÇÃO

OS CIDADÃOS DA ARÁBIA SAUDITA constituem uma porcentagem mínima da população islâmica mundial — menos de 2% em meados dos anos 1990. A influência do reino no pensamento islâmico, no entanto, se tornou dominante. A riqueza do petróleo e suas aquisições missionárias — mesquitas construídas em países muçulmanos mais pobres, imãs assalariados da escola *wahhabi* para supervisionar essas mesquitas, panfletos e livros-textos para instruir os jovens — explicam parte de seu alcance. Contudo, o número de muçulmanos tocados individualmente por esse proselitismo em expansão permaneceu relativamente pequeno. Muito mais importante que a experiência vivida do islã pelos seus fiéis era o Hajj anual. Quando o rei Abdulaziz fundou a Arábia Saudita, no início do século XX, uma movimentada estação Hajj teria 50 mil peregrinos em visita ao reino. Na idade do jato, do *boom* do petróleo e do crescimento das populações muçulmanas de classe média na Ásia e em todos os outros lugares, isso significava que, no final da década de 1990, o número comum anual era de cerca de 2 milhões. Os peregrinos chegavam todos na mesma época do ano, e todos iam aos mesmos lugares, Medina e Meca, mais ou menos simultaneamente. Eles iam, além disso, com uma percepção espiritual intensificada, se não nostálgica e quase arrebatada. Nessa viagem grandemente planejada, e mesmo assim ricamente emocional, milhões de muçulmanos descobriram e apreciaram uma Arábia Saudita moderna, comparando-a com suas férias em Disney World e West Los Angeles. Mas nem por isso era menos verdadeira ou potente, em qualquer caso, por ser incompleta.

Os peregrinos do Hajj que eram bem instruídos, globalmente conscientes, vindos de países muçulmanos mais pobres, como o Egito ou a Índia, algumas vezes se ressentiam em relação à Arábia Saudita por dois motivos: seu novo-riquismo berrante, desperdiçado, e sua ortodoxia religiosa intolerante. Deparar pela primeira vez com a modernidade de concreto protendido e a ganância por grifes, tudo integrado com insistentes doutrinas teológicas, podia ser inquietante. Talvez o peregrino chegasse à Arábia Saudita aspirando a uma pureza interior; o que ele encontrava ali podia estar poluído de banalidade.

"Pela janela, tive meu primeiro relance de Medina — ônibus estacionados em fileiras que iam até o horizonte", lembrou o antropólogo marroquino Abdellah Hammoudi, que chegou para o Hajj no final dos anos 1990. Ele foi até o centro da cidade, onde deparou com as "reformas espetaculares" do rei Fahd na Mesquita do Profeta, realizada pelos Bin Laden. Os refletores e ornamentos brilhantes de latão o assombraram: "Lá estava em sua imensidão, com minaretes feito candelabros gigantescos arremetendo contra o céu. Pareciam, durante alguns instantes, flutuar no firmamento". E, no entanto, quando Hammoudi caminhou pelas ruas dos arredores, em bairros refeitos pelo impulso de modernização saudita, nada viu da rica arquitetura ou da história religiosa de Medina, só "vitrines e exibição de artigos de consumo":

> Tapetes, bonés, lençóis, turbantes, sandálias, cintos, relógios, bússolas, rádios, conjuntos de chá, aparelhos de café, camisas, vestidos, cobertores, sapatos, televisões, videocassetes, computadores, calculadoras, perfumes, incenso, plantas aromáticas [...] elevadores, ar-condicionado, restaurantes, cafeterias, vendedores de sorvete, tudo ao estilo norte-americano: auto-serviço, pratos e xícaras de papelão, garfos e facas de plástico, menus e preços exibidos em quadros iluminados a neon [...] a "modernidade" devastava tudo.[1]

Dentro da mesquita, acotovelando-se em multidões para um vislumbre do túmulo do profeta Maomé, que jazia em uma câmara sem adornos, Hammoudi observou a onipresente polícia religiosa saudita, que patrulhava Medina com cassetetes para bater nos devotos que ficassem muito tempo perto da tumba ou demonstrassem emoção excessiva — sinais de *shirk*, ou adoração proibida de ídolos. Em outras partes da cidade esses policiais patrulhavam cemitérios, campos de batalha históricos e santuários xiitas para evitar orações não autorizadas ou outras exibições de fervor por parte do dissidente ou do nostálgico. Durante séculos, sob governos dinásticos anteriores, culminando com os otomanos, Medina tinha tolerado e até cultivado a diversidade global na crença e na prática do islã: na Arábia Saudita, concluiu Hammoudi, o credo dominante foi propagado com toda a sutileza de um trator:

> Eles reduziram o Alcorão e o exemplo do Profeta ao plano de um livro de receitas e transferiram sua implementação para as milícias [...] Isso na verdade é uma forma moderna de totalitarismo, muito mais próxima ao morto sistema soviético que da constituição de Medina ou da informalidade beduína. Um método impiedoso, gerenciado por tecnocratas, com meios sofisticados de comunicação e espionagem, técnicas de intimidação diária e força de propaganda com o poder de reciclar tradições e pressões sociais para seu próprio benefício. Em Medina, como em todos os outros lugares, só nos serviram sua versão exclusiva da cidade santa. A versão deles, e nenhuma outra.[2]

Versão de quem, exatamente? O sistema teológico pertencia ao estabelecimento saudita semi-independente, subsidiado pela família real. Os estudiosos islâmicos sauditas controlavam grande parte — mas não tudo — da regulamentação religiosa em torno do Hajj. (Caso se deixasse por conta deles, por exemplo, os sunitas ardorosamente sectários da Arábia Saudita provavelmente proibiriam por completo o comparecimento de xiitas, mas a família real, desejando evitar uma confrontação global, arranjou um acordo sob o qual os xiitas poderiam ir se aceitassem determinadas cotas e limites.) O rei Fahd moldou o ambiente físico do Hajj. A ambição arquitetônica das duas cidades santas reformadas — maiores, melhores, mais brilhantes, rodeadas de torres de condomínios e shopping centers, e fiscalizadas por câmeras de segurança — refletia o mesmo espírito que Fahd empregara durante o início dos anos 1980 para a restauração de seu Boeing 747. Entre outras coisas, sua idéia de planejamento urbano parecia expressar um "desejo deliberado de apagar o passado", como disse Hammoudi. Isso em parte era outra tendência de seu estabelecimento religioso, que tendia a encarar todas as escolas de arte islâmica e a arquitetura, entre a morte do Profeta e a chegada deles em Hejaz nos anos 1920, ilegítimas. Havia também, por parte da família real saudita, um desinteresse mais geral quanto à preservação histórica e à arqueologia. A sensibilidade do planejamento que evoluiu durante os projetos de Meca e Medina, no final da década de 1980 e meados da de 1990 — que evocava a Disney, shoppings centers norte-americanos e a cadeia Ritz-Carlton — teve origem com Fahd, mas também surgiu de uma participação substancial dos Bin Laden, e em especial de Bakr, que cuidava da conta de Fahd em Riad e assumiu um interesse pessoal muito próximo no trabalho da cidade santa. Entre outras compulsões, esses projetos de reforma se tornaram, em 1995, a única principal fonte de receita da Mohamed Bin Laden Company: o gasto total de Fahd em Meca e Medina durante esse período foi estimado em 25 bilhões de dólares. Isso pode ter sido um exagero com o propósito de impressionar o público muçulmano, mas o trabalho de empreitada — inteiramente manipulado em uma fonte única, sem base em concorrência, pelos Bin Laden — certamente chegou a muitos bilhões de dólares.[3]

Antes do derrame, quando o rei Fahd visitou as construções em Meca e Medina, Bakr conduziu-o pelo local ao volante de um carrinho de golfe branco, uma forma de transporte que reforçava ainda mais a visão derivada da Flórida que eles pareciam compartilhar. Na Universidade de Miami, durante o início da década de 1970, Bakr tinha estudado arquitetura básica em um *campus* cheio de caixas de concreto brancas de meados do século, em um estado cuja vanguarda do espetacular destino turístico construído para multidões internacionais era o Epcot Center da Disney — um local, como a Meca reformada, que se apregoara como o microcosmo de diversidade global, iluminado por refletores e neon. Era também a América do Norte, especialmente a úmida Flórida, que transmitia às elites sauditas a aparente correlação entre o progresso nacional e a disseminação do ar-condicionado, uma necessidade imprescindível que Fahd e Bin Laden levaram a Meca e Medina, a custos consideráveis.

Os projetos de reforma começaram em 1985 e seguiram em duas fases consecutivas — Medina primeiro, depois Meca. Em Medina, as necessidades eram maiores. Apesar de todos os esforços feitos pelos estudiosos *wahhabi* para desencorajar a veneração da Mesquita do Profeta e outros locais históricos, era simplesmente impossível convencer os muçulmanos praticantes a abandonar a viagem à cidade do célebre exílio do Profeta. Os ritos espirituais do Hajj são inteiramente centrados em Meca, mas a maior parte dos peregrinos, já tendo gasto tempo e dinheiro a fim de viajar até a Arábia Saudita, para começar, sentiam-se compelidos a incluir Medina como viagem secundária. O problema era que a área de devoção na Mesquita do Profeta tinha cerca de um décimo do tamanho da Grande Mesquita em Meca, e, com o aumento do número de peregrinos durante os anos 1980, o contingente humano em Medina parecia insustentável. Fahd adotou um plano de expansão que tornaria viável a presença em Medina e ao mesmo tempo em Meca, embora ainda não se declarasse isso. O trabalho de desapropriação urbana necessário para aumentar a área de cobertura da mesquita foi completado em 1988; nessa ocasião, com a morte de Salem e a nova gestão de Bakr, inteiramente encarregado da tarefa, a reforma do santuário propriamente dito começou.[4]

Apesar de toda sua modernidade e escala, e apesar da desconsideração pela diversidade arquitetônica herdada, o trabalho dos Bin Laden em Medina realmente produziu algumas inovações muito bonitas e impressionantes, como um conjunto de domos retráteis e coberturas parecidas com guarda-chuvas. O polimento modernizado da mesquita, a iluminação e os minaretes elevados, no céu claro do deserto, contra a silhueta dos morros nus, podiam produzir efeitos visuais espetaculares, especialmente à noite; podia tirar o fôlego até de céticos, como Hammoudi. Essas eram realizações de que os Bin Laden podiam realmente se orgulhar; a verdade, no entanto, era que a maior parte do trabalho mais importante e impressionante deles era invisível. Os Bin Laden não eram mestres da arquitetura; eram mestres de infra-estrutura.

Ao longo de séculos, a Mesquita do Profeta, como um ícone no deserto, nunca tivera ar-condicionado. Os Bin Laden, no entanto, fizeram uma parceria, durante os anos 1980, com a York International Corporation, de York, Pensilvânia, a líder mundial em fabricação e instalação do que agora é conhecido como "resfriadores de alta capacidade", sistemas industriais para refrigerar edifícios muito grandes. Os aparelhos de York refrigeravam o Capitólio dos Estados Unidos, o Pentágono, as Torres Gêmeas do World Trade Center, em Nova York, e o Kremlin. Os sistemas em geral funcionavam reduzindo a água a uma temperatura de cerca de 4 °C; depois levavam essa água por todo o prédio-alvo; essa era a única maneira prática de distribuir o frio por espaços tão grandes. Máquinas grandes e mecanicamente complexas inicialmente esfriavam a água e depois jogavam o calor dela no ar quando ela voltava do prédio. York produzia esses sistemas de refrigeração em uma fábrica de 140 mil metros quadrados em Grantley, Pensilvânia. Os refrigeradores encomendados para Medina pelos Bin Laden apresentavam diversos desafios incomuns. As temperaturas no deserto e o tamanho imenso do projeto significavam que a York teria de fabricar um bom número de máquinas mais potentes, mais tarde apelidadas de Titã. Além do mais, como só muçulmanos podiam entrar no centro da cidade de Medina, havia a questão de como os refrigeradores poderiam ser adequadamente mantidos se, ocasionalmente, exigissem a atenção de algum engenheiro ou técnico não-muçulmano. Para atender a esse problema, os Bin Laden resolveram instalar a usina principal fora da zona para apenas muçulmanos, a mais de quatro quilômetros de distância da Mesquita do Profeta; eles cavaram um túnel largo, grande o bastante para a passagem de um SUV, entre a usina e a Mesquita, pelo qual passavam as linhas tronco dos canos de refrigeração e outras instalações. Depois que a usina foi terminada, em 1993, ela dera ao departamento de marketing na sede da York alguma coisa de que se vangloriar: o projeto de ar-condicionado em Medina passara a ser o maior projeto de aquecimento ou de ar-condicionado desse tipo na história do mundo.[5]

Anwar Hassan, um gerente da York que trabalhara no projeto, era originário do Sudão. Em suas viagens a Jedá ou Medina, os Bin Laden o convidavam para recepções, ou para um jantar de quebra de jejum, *iftar*, durante o Ramadã. Eles projetavam "um grande sentimento de orgulho" a respeito de seu trabalho nas cidades santas. Hassan partilhava da opinião deles de que o Hajj poderia e deveria ser modernizado. Ele achava que era um engano romantizar o passado. Lembrava-se de histórias que ouvira quando criança de um de seus tios-avós no Sudão, que contava como, nos dias anteriores a Abdulaziz e o nascimento da Arábia Saudita, se cem sudaneses com aparência africana comparecessem ao Hajj, apenas sessenta ou setenta conseguiam voltar — os demais eram vítimas de ladrões nas estradas, doença ou coisa pior. Até durante os anos 1960, quando outro dos tios de Hassan empreendeu a peregrinação, "ele voltou consternado com o péssimo nível de higiene. As pessoas matavam carneiros na rua". No início dos anos 1990, Hassan podia subir em uma escada rolante para se misturar às multidões perto da tumba do Profeta, e, quando tocava a testa no chão durante a oração, dava para sentir um toque de ar fresco na parte de trás do pescoço. "Foi uma transformação fabulosa", achava ele. "Você tem de reconhecer que eles fizeram isso pelo conforto. Foi uma grande coisa que fizeram."[6]

Os QUE EMITIAM OPINIÃO CONTRÁRIA, a tinham por sua própria conta e risco.

Sami Angawi amarrou seu cabelo, que escasseava e se tornava grisalho, em um rabo-de-cavalo atrás da cabeça e envolveu-se em mantos *hejazi* ondulantes, não no padronizado uniforme branco nacional saudita. Ele parecia um hippie saudita. Tornou-se adepto do sufismo, uma escola do islã que enfatizava a diversidade da experiência espiritual individual. Ele nascera em Meca, em uma tradicional família de *mutawwafs*, ou "guias de peregrinos", uma antiga vocação em declínio na era dos pacotes do Hajj, de *tours* avião-hotel e da nacionalização saudita (nos anos 1990, um ministro administrava a maior parte dos aspectos das peregrinações). Na Universidade do Texas, Angawi estudara arquitetura e planejamento urbano; ele escreveu uma dissertação de mestrado sobre uma possível reforma de Meca que enfatizaria a preservação histórica, as zonas de pedestres e a conservação ambiental.

Em 1975 Angawi voltou à Arábia Saudita para formar e supervisionar um Centro de Pesquisas do Hajj, na Universidade Rei Abdulaziz, em Jedá. Seu objetivo, aprovado pelo governo saudita, era "preservar o ambiente natural como fora criado por Deus e o ambiente islâmico nas duas cidades santas". A interpretação desse princípio era complicada, em bases sauditas, já que, se Angawi defendesse a conservação histórica *per se*, ele entraria em conflito com a oposição da classe dominante religiosa em relação a falsos monumentos. Mesmo assim, ele achava que podia haver um jeito de ir adiante. Angawi e sua equipe fizeram levantamentos em Jacarta, Karachi, Cairo e outros lugares, tentando documentar as experiências e os desejos dos peregrinos muçulmanos em toda a sua heterodoxia. Ele incorporou a pesquisa na evolução dos planos para Meca e Medina. Segundo seu ponto de vista, influenciado pelo planejamento urbano europeu ambientalmente consciente, automóveis e ônibus seriam excluídos do centro das duas cidades — os veículos estacionariam no perímetro e os peregrinos caminhariam a pé para as áreas de devoção, rezando não apenas nas mesquitas, mas também em parques e em *souks* tradicionais, reformados.[7]

Claro que essa não era a imagem do futuro de Meca e Medina que o rei Fahd ou os Bin Laden tinham em mente quando começaram a empreender suas reformas maciças. Angawi não era radical — ele tentou trabalhar com o sistema saudita e ganhava lucrativamente a vida como arquiteto, o suficiente para planejar e construir uma estonteante casa tradicional *hejazi* em um bairro rico de Jedá. Mesmo assim, ele tinha empenhado grande parte de sua vida profissional à idéia de que Meca e Medina não precisavam sucumbir ao mesmo espraiamento sem alma que estava engolfando uma em cada duas cidades na Arábia Saudita. Tentou sugerir a compra de trens rápidos da Westinghouse que pudessem levar depressa grande número de peregrinos entre Meca e Medina. Ele produziu um filme acerca da piora dos problemas de tráfego nas cidades santas.

Angawi acentuou, com prudência, que ele não duvidava "nem por um segundo" da boas intenções do rei Fahd, mas discutia as suposições básicas dos projetos gerenciados pelos Bin Laden. "Mantemos os estrangeiros de fora, mas permitimos tudo o mais em que se possa pensar — shopping centers, Kentucky Fried Chicken, McDonald's, anúncios em neon", disse ele mais tarde. "As companhias que planejam, constroem, compram a terra — você só tem uma companhia [os Bin Laden]. Não tenho nada contra eles. Mas essa abordagem está errada. É um fantástico conflito de interesses. A solução é trator e dinamite. Bota abaixo, constrói, derrama mármore por cima e decora com coisas que pareçam islâmicas [...] Se você quiser acomodar mais gente rezando, isso é uma coisa. Se você quer acomodar mais carros, isso é outra. Acabamos com arranha-céus e prédios."[8]

Em 1989, por causa dessa dissidência, Angawi sucumbira de tal modo à pressão do governo saudita que renunciou a seu centro do Hajj. Nesse momento, a reforma de Medina era uma causa perdida — a nova mesquita e sua infra-estrutura de apoio já estavam sendo construídas, e a York International tinha sua encomenda para resfriadores em grande escala. Em Meca, no entanto, onde os planos para a reforma ainda não estavam inteiramente comprometidos, Angawi viu uma oportunidade para tentar preservar pelo menos o valor histórico dos monumentos e locais antigos. Ele e os intelectuais *hejazi* ao seu redor, em Jedá, que se uniram à sua silenciosa ansiedade, encontraram uma conexão, muitas vezes por intermédio da história de suas famílias, com a arquitetura pré-saudita em Meca. Sob alguns aspectos, o círculo de Angawi em Jedá — advogados, arquitetos, escritores, executivos — constituía uma nova geração de intelectuais sauditas de visão global que fora influenciada por viagens e por alguma instrução recebida de movimentos de preservação em outros lugares do mundo árabe, e também na Europa. Eles sabiam que, na Arábia Saudita dominada pelos *wahhabi*, a defesa da preservação histórica era uma perigosa posição política e teológica, mas se sentiam defendidos também pela respeitabilidade global de sua causa. Então eles reagiram — não o suficiente para acabar na prisão, mas o bastante, como foi o caso, para aborrecer os Bin Laden.

O trabalho de reforma em Meca durante os anos 1990 teve um caráter diferente da reforma da Mesquita do Profeta em Medina. Em Medina, um único prédio tinha de ser aumentado e atualizado. Em Meca, as prioridades tinham menos a ver com a Grande Mesquita propriamente dita do que com os locais em torno, visitados durante os rituais do Hajj. Todos os anos, por exemplo, os peregrinos se reuniam em acampamentos de tendas na planície de Arafat, a cerca de quinze quilômetros da cidade de Meca; em determinado momento, conhecido como o Dia da Permanência, eles se levantavam juntos em uma impressionante assembléia no deserto, rogando a Deus. Esse imenso ajuntamento era seguido de um apedrejamento simbólico em massa do Demônio, que realizavam jogando pedras em determinadas colunas a vários quilômetros de Arafat. Esperava-se, além disso, que cada peregrino comprasse e sacrificasse um carneiro, ou outro animal, como oferenda a Deus. Os desafios logísticos e sanitários apresentados pela ocupação de um acampamento aberto no deserto por 2 milhões de pessoas, seguido de apedrejamento em grupos e abate de animais, podem ser prontamente imaginados. Hajj depois de Hajj, uma debandada de animais, incêndio, queda de ponte ou outro infortúnio qualquer representavam centenas de vidas de peregrinos. Mesmo na ausência dessas calamidades, o calor de um Hajj no verão, no Arafat, podia ser excessivo para muitos peregrinos mais idosos. E havia também o trânsito: "O maior engarrafamento de trânsito que já vi", lembrou Mark Caudill, um peregrino norte-americano. Demorei horas só para andar alguns quilômetros em torno de Arafat, e, até depois do dia dos rituais ter terminado, "os sons e cheiros de caminhões a diesel, com o motor funcionando durante a noite inteira, eram acompanhados pelos gritos ocasionais de sirenes, a polícia de tráfego saudita que berrava recriminações em megafones e o murmúrio agitado de mais de 2 milhões de almas".[9]

O rei Fahd, tendo os Bin Laden como seu instrumento, tentou aliviar esse sofrimento induzido pelo trânsito. Sua metodologia, no entanto, era típica dos métodos de desenvolvimento de transportes populares nos Estados Unidos: novas estradas, outros estacionamentos, mais túneis e pontes. A Mohamed

Bin Laden Company construiu estacionamentos em Arafat e outros lugares durante meados dos anos 1990, em um total de milhões de metros quadrados. Acima da planície de Arafat, para esfriar os fiéis durante o Dia da Permanência, eles instalaram um sistema de canos altos que borrifavam finos jatos de água em cima da cabeça dos peregrinos. Escavaram novas estradas e viadutos de conexão, instalaram passadiços para pedestres, instalaram bebedouros e 14.200 banheiros públicos. Construíram um matadouro moderno que podia acomodar 500 mil bodes e carneiros, e outro que podia dar conta de 10 mil camelos e gado — essas instalações davam apoio a um novo sistema de comprovante de despesa administrado pelo governo para o ritual de sacrifício, pelo qual os peregrinos podiam comprar um tíquete que garantia que um funcionário saudita efetuaria o sacrifício para ele de uma maneira higiênica. Tudo isso era apoiado por um novo sistema de segurança dentro e em torno de Meca, planejado para garantir que a revolta de 1979, na Grande Mesquita, nunca mais se repetisse — numerosas câmaras de vigilância foram instaladas, junto com centros de comandos, sistemas de alarme e comunicação de apoio. Disso também os Bin Laden estavam encarregados.[10]

Sami Angawi deu consultoria para o governador de Meca depois de sua renúncia ao centro de Hajj. Ele tentou rastrear a herança arqueológica da cidade. Houve uma época, como sabia, antes do reino saudita, em que os peregrinos se desviavam em visitas a várias centenas de locais históricos e míticos, do mesmo modo como os visitantes de Jerusalém e seus arredores ainda fazem. Um local semimítico que foi durante muito tempo discutido na tradição de Meca era a casa original do Profeta, onde ele morou durante sua época como homem de negócios, antes de receber a revelação divina. Por volta de 1991, quando os Bin Laden começaram a transferir seu trabalho de reforma de Medina para Meca, Angawi soube, por um preservacionista do lugar, que fora descoberto um local que poderia ser a casa do Profeta. Parecia estar no lugar correto. Uma antiga parede da estrutura tinha sido exposta pelo trabalho de terraplenagem inicial feito durante a reforma de Meca.

"Um dos anciãos da cidade me disse que esse local poderia ser destruído", lembrou Angawi. "Então eu entrei na jogada e tentei usar todas as conexões e toda a autoridade de que dispunha." Ele encontrou um professor da Escola de Estudos Orientais e Africanos em Londres para dar consultoria em seu trabalho arqueológico preliminar no local. Começou a cavar e a inventariar cuidadosamente o que encontrava. Empreendeu uma pesquisa histórica para explorar as provas que pudessem confirmar ou refutar a descoberta.[11]

À medida que trabalhava, a questão passou a ser: seria possível conciliar a imagem de Meca de Angawi com a de Fahd e dos Bin Laden. Angawi e seus aliados reconheceram que as reformas facilitaram a experiência dos peregrinos em visita. Meca e Medina poderiam agora "acomodar mais gente, e os acomodaria mais confortavelmente", disse um profissional de Jedá, alinhado com Angawi. "Mas isso era feito à custa de outras coisas."

"Foi aí que eles usaram os Bin Laden", lembrou o aliado de Angawi. "Na Mesquita Sagrada de Meca havia colunas com inscrições de mil anos gravadas. E eles diziam: 'Uma coluna de mármore não ficaria bem aqui?'. E os Bin Laden respondiam: 'Claro, podemos dar a você uma coluna de mármore polido'. Eles não preservaram o que punham abaixo para expô-lo em um museu, fizeram tudo sem qualquer controle ou supervisão [...] Temos todas essas elegantes lâmpadas de latão, mas nenhuma contabilidade da herança."[12]

É claro que os Bin Laden eram consideravelmente mais influentes que os preservacionistas. Quarenta dias depois de ter iniciado o trabalho no suposto local da casa do Profeta, Anwagi ganhou a atenção do governo saudita: funcionários mandaram que ele parasse o que estava fazendo e esvaziasse o local.

Angawi entrou em contato com os Bin Laden, inclusive Bakr. Será que eles não poderiam encontrar algum jeito de trabalhar em torno dessa área particular da casa do Profeta durante seus projetos de reforma? Ou será que poderiam ao menos seguir em passos graduais, de modo que ele pudesse terminar algumas de suas escavações e documentação? Não, disseram-lhe. Ou Angawi saía da escavação, ou poderia ele mesmo acabar sendo atropelado por um trator, disseram-lhe. "Temos ordens."[13]

A essa altura Angawi começou a perder parte de seu equilíbrio. "Trouxe meus filhos ao local", e desafiou os Bin Laden a ligarem o motor dos tratores. "Eles acompanharam isso durante umas duas semanas", lembrou. "Eu estava realmente ficando louco. Eu estava com uma idéia fixa."[14]

Aos poucos, os dois campos se rearranjaram em um acordo parcial. Afinal, isso não era *jihad*; era uma luta em torno de princípios e de ideologia entre dois campos ricos e privilegiados da elite saudita, uma luta na qual os líderes dos dois lados traziam lembranças de protestos barulhentos mas pacíficos em seus *campi* universitários norte-americanos durante a época do Vietnã, no exterior. Afinal, permitiram que Angawi passasse algum tempo fazendo um inventário mais completo de seu local de escavação — mas depois teve ordem de ficar longe do lugar durante três meses. Os Bin Laden entraram e fizeram sua terraplenagem.

No final, os Bin Laden instalaram uma reluzente instalação de banheiro público em cima da ruína que Angawi acreditava ter sido a casa do Profeta. Às vezes parecia que havia alguma coisa a respeito de um Bin Laden que fazia com que fosse difícil ser sutil.

EM 1996, BAKR PUBLICOU um livro para comemorar o trabalho da família em Meca e Medina durante os oito anos anteriores. Foi intitulado *História da grande expansão*, e a intenção era a de que fosse um tipo de livro de arte para os clientes dos Bin Laden e para a família real. Bakr dedicou o livro, claro, ao rei Fahd. Nos tons floreados e obsequiosos do árabe palaciano, ele resumiu a história da aliança entre os Bin Laden e os Al-Saud, desde a época de Mohamed bin Laden até o presente:

> Foi uma clara confiança que seu pai, o fundador dessa grande nação construída sobre os estimados princípios de amor, nobreza e pureza, deu a nosso pai, que se sentiu imensamente honrado por ela durante toda a sua vida [...] Nosso pai seguiu o caminho de todos os mortais, e nossos irmãos seguiram as pegadas de seu grande pai. Éramos jovens e crescemos em mãos gloriosas e exímias. Vós, meu senhor, conferistes a nós uma grande insígnia de honra, porque fomos honrados com a tarefa de levar adiante seus dois mais magníficos projetos da Mesquita Sagrada em Meca e a Mesquita do Profeta em Medina [...] Possa o Guardião das duas Mesquitas Sagradas, por favor, aceitar essa dedicatória, oferecida com afeição e invocação vindas do coração, profunda amizade e fidelidade.[15]

Agora no exílio, Osama bin Laden gozou de um luxo negado a Bakr: ele não sentia mais necessidade de bajular a família real, estava também livre de censores do governo, podia escrever o que quisesse. Em 16 de abril de 1996, por volta da mesma época em que Bakr publicou seu livro de autopromoção, Osama enviou um fax para ser divulgado a partir de Londres, intitulado

"O regime saudita e as repetidas tragédias dos peregrinos". Era a estação do Hajj, e como se tornara típico de seus artigos, Osama manipulava em proveito próprio as manchetes recentes — um incêndio maciço de tendas matou ou feriu um grande número de peregrinos.

Ele apontava suas farpas para a família real saudita. Jamais se referiu ao fato amplamente conhecido de que sua própria família era responsável pelo projeto e implementação das reformas em Meca que deveriam manter os peregrinos em maior segurança e conforto. Mais que qualquer outro artigo isolado que se saiba ter sido escrito por Osama, esse parecia carregar um subtexto claro de ressentimento, raiva e desaprovação dirigidos aos Bin Laden, em particular aos irmãos mais velhos encarregados das reformas em Meca e Medina. Como eles tinham acabado de expulsá-lo das empresas da família, em obediência a Fahd, a raiva de Osama talvez não fosse surpreendente, e era indicativa, como sempre, de que ele ainda não conseguia se expressar diretamente sobre a questão de sua família. Nem todas as críticas nesse artigo implicavam os irmãos — por exemplo, ele argumentava que o orçamento do governo saudita para Meca e Medina tinha sido inadequado, e que a realeza deveria estar gastando *mais* dinheiro nas reformas, argumento que os irmãos de Osama poderiam ter apreciado, se não tivesse vindo dele. Outros aspectos de sua crítica, no entanto, pareciam expressar a ambição de Osama, não apenas de depor o governo saudita, mas de assumir o comando da família Bin Laden, talvez em parceria com um novo e melhorado regime de Riad:

> Tornou-se muito normal, para os peregrinos à Casa de Deus, serem expostos a desastres e tragédias que resultam em centenas de mortes e ferimentos todos os anos [...] Se examinarmos os motivos para esses desastres, descobrimos que eles incluem: a estreiteza das instalações que leva à colisão e ao pisoteio nas multidões [...] negligência nos procedimentos de segurança, reação insatisfatória diante dos incidentes, ou abandono dos peregrinos, não sendo tomadas as necessárias precauções de segurança.

Ele se voltava para a questão de quem tinha a responsabilidade nesse modelo de negligência evitável. Como sempre, a culpa era da família real. Mas dificilmente se poderia deixar de reconhecer que ele quisesse, ao mesmo tempo, criticar Bakr e os outros irmãos na liderança da família:

> O preparo, a manutenção e o equipamento das instalações necessárias de uma maneira suficiente e no nível apropriado para as necessidades dos peregrinos deveriam ser da responsabilidade dos governantes do país, que tinham recursos maciços e gigantescos orçamentos com que trabalhar. As instalações que construíram e os serviços que propiciaram até então não testemunhavam isso. Experiências e incidentes já haviam provado que instalações e serviços não estavam no nível desejado e suficiente.[16]

Se somente eu estivesse no comando. Durante quanto tempo teria ele abrigado esse pensamento por trás de um verniz de passividade? Desde a infância, quando ele resmungava a respeito de suas ambições no interior da família nas férias de verão com seus primos, na Síria? Desde a sua volta do Afeganistão, quando sua reversão à vida de empreiteiro executivo júnior, subordinado a seus irmãos mais velhos, tinha se mostrado tão frustrante? Será que a liderança da família era uma possibilidade na qual ele pensara apenas ocasionalmente, uma ruminação que apenas refletia sua crescente admiração por si próprio como executivo de negócios e líder da *jihad*? Ou seria mais profundo e permanente? Ninguém pode dizer com qualquer grau de confiança, porque Osama nunca declarou isso, pelo menos não em público. Talvez ele próprio não soubesse.

33

UM TELEFONE, UM MUNDO

"SE VOCÊ ACREDITA EM DEUS", declarou em 1996 um executivo da companhia de telefone por satélite Iridium, "Iridium é Deus se manifestando através de nós."[1]

No final do século XX, de todos os desenvolvimentos da tecnologia e da cultura agregados sob o rótulo sem graça de globalização, nenhum pareceu inspirar paixão maior — ou maior insolência — que o familiar telefone. Mais de cem anos depois de sua invenção, o telefone ainda brilha em termos de potencial — maior mobilidade, mais conectividade, maior rapidez e inovação. Entre outras coisas, já não estaria mais pregado a paredes e ao chão; seria portável e cego às fronteiras nacionais. Essa mobilidade espelharia — e estimularia — uma era de mercado global e uma sociedade que prometia, de modo paradoxal, maior transitoriedade e ao mesmo tempo maior participação.

Em 1990, em particular nos Estados Unidos, havia competição de perspectivas — e competição de planos de negócios — para descrever como a portabilidade do telefone deveria ser considerada na forma mais prática e lucrativa. Havia aqueles que acreditavam que torres de celulares ligados globalmente, erguidas na superfície da Terra, poderiam oferecer o caminho mais eficiente. E havia a Iridium, batizada em homenagem a um elemento raro, de número atômico 77, o número dos satélites em órbitas baixas que os fundadores da companhia acreditavam ser necessário lançar no espaço para fornecer conexões telefônicas pelo mundo todo, de tal modo que o possuidor de um Iridium pudesse usar seu telefone em qualquer lugar do planeta, a qualquer momento, para ligar para qualquer número.

Em 1945, o escritor iniciante de ficção científica Arthur C. Clarke, na época um oficial em eletrônica na Real Força Aérea Britânica, publicou um artigo curto chamado "Retransmissões Extraterrestres" em uma revista que tinha o prematuro título *Mundo Sem Fio*. Clarke imaginou uma série de satélites tripulados que mandassem imagens de televisão para a Terra. Foi dele o primeiro esboço de comunicação global integrada, possível graças a máquinas em órbita. O lançamento do satélite soviético *Sputnik*, em 1957, a subseqüente corrida espacial entre os Estados Unidos e a União Soviética, e o crescimento, pelo mundo todo, da indústria da televisão, cumpriram em grande parte a previsão de Clarke. No entanto, a indústria de satélites comerciais, obscurecida pela Guerra Fria, permaneceu amplamente no âmbito do governo e da defesa, e sua economia de mercado inicial favoreceu a televisão, não a telefonia.[2]

Entre as companhias que experimentavam lucro com telefones portáteis estava a Motorola Corporation, que fabricava diversos rádios móveis que podiam ser conectados a sistemas telefônicos de linha fixa. Esses dispositivos eram anunciados para uso em navios ao mar, ou por empresas que realizavam serviços em locais remotos, como as que trabalhavam ao longo de oleodutos distantes que cruzavam os ermos desertos da Arábia Saudita.

A vida peripatética de Salem bin Laden e seu gosto por aparelhinhos introduziu a família na telefonia global antes que os consumidores norte-americanos imaginassem suas possibilidades. Ele usava a Motorola e outros dispositivos de rádio enquanto voava ou viajava no solo — não apenas em seus negócios entre continentes e viagens de lazer, mas também para acampar e caçar nos desertos sauditas. Ele assumiu a posição de agente da Motorola ao edificar sua própria companhia telefônica, durante os anos 1970 e 1980. Os vastos espaços do reino, sua infra-estrutura deficiente e o seu excesso de dinheiro sugeriam a Arábia Saudita como um mercado natural para telefones portáteis que pudessem funcionar em locais remotos.

Por volta de 1987, enquanto fazia uma experiência no deserto do Arizona, os engenheiros da Motorola conceberam a idéia que viria a se tornar a Iridium — uma rede de satélites que girassem em órbitas de altitudes mais baixas que a maior parte dos outros e que pudessem assumir o papel normalmente desempenhado na telefonia por sistemas de chaveamento e roteamento terrestres. Em 1991 a Motorola desenvolveu o esboço de um plano comercial que custou mais de 5 bilhões de dólares para ser efetuado. A corporação acabou separando a Iridium como firma subsidiária, mas a Motorola planejou e construiu os satélites que ela viria a usar, sob um contrato de preço fixo valendo cerca de 3,5 bilhões de dólares. Era um projeto grandioso, cheio de riscos e incertezas.[3]

Os executivos da Motorola abordaram as principais companhias telefônicas na Europa e na Ásia à procura de investidores. Os fundadores da Iridium estavam tão convencidos da genialidade de sua idéia que, quando deram uma conferência inicial na Suíça, correu a lenda de que cobraram dos participantes 1 milhão de dólares ou mais só para que ouvissem o plano comercial — um preço que manteve muitas companhias afastadas, lembra F. Thomas Tuttle, que mais tarde serviu com consultor geral da Iridium. Afinal, como o interesse na especulação não fora tão avassalador como ela inicialmente esperara, a Motorola teve de "descer um ou dois níveis" e formar parcerias com companhias telefônicas secundárias, contou Tuttle. A idéia da Iridium era recrutar um determinado número de investidores *gateway* espalhados pelo mundo todo; cada um assumiria a responsabilidade de gerenciar o serviço global da companhia em uma região específica, como o Oriente Médio. Como a Motorola tivera relacionamentos comerciais anteriores com os Bin Laden, eles eram o alvo natural para a abordagem de vendas da Iridium.[4]

Bakr estava interessado. Ele formou uma firma *offshore*, a Trinford Investments S.A., que mais tarde foi descrita em pedidos de regulamentação norte-americanos como afiliada ao Saudi Bin Laden Group. A Trinford então comprou uma participação *gateway* da Iridium para a maior parte do mundo árabe e da Ásia Central, com o direito de escolher dois entre seis diretores. Em 1993, essa companhia, chamada Iridium Middle East Corporation, levantou 40 milhões de dólares em espécie para entrar no consórcio matriz, de acordo com um segundo ex-executivo da Iridium envolvido. No ano seguinte, a Iridium Middle East pagou outra parcela de 40 milhões de dólares. Os Bin Laden reduziram sua exposição revendendo parte de seus investimentos para outros financiadores sauditas, inclusive membros da família real, de acordo com o ex-executivo da Iridium. No mundo inteiro, a Iridium levantou cerca de 3,46 bilhões de dólares de parceiros em *gateway* como os Bin Laden.[5]

Cheia de otimismo e dinheiro, a companhia abriu sua sede em Washington, DC, na 1575 I Street, NW, e Bakr bin Laden designou seu meio-irmão Hassan para administrar o investimento, como parte de seu portfólio internacional. (Hassan já estava encarregado do escritório norte-americano do Saudi Bin

Laden Group em Maryland, e além disso viajava regularmente ao Texas, a trabalho, onde ajudava a supervisionar a renovação de aviões da Força Aérea Saudita em uma instalação norte-americana.) A Iridium Middle East abriu um pequeno escritório no bairro de Georgetown, em Washington. Dois ou três jovens árabes com formação em economia trabalhavam ali, mantendo-se em contato com a sede da Iridium, à medida que os satélites eram construídos e lançados e que os planos para o mercado consumidor se desenvolviam. Hassan entrou para o conselho de diretores da Iridium e voava para os Estados Unidos a fim de comparecer às reuniões trimestrais do conselho.[6]

Hassan era um homem afável, bem barbeado, com trinta e tantos ou quarenta e poucos anos, que parecia viver à noite. Convidava alguns dos executivos da Iridium para juntarem-se a ele em reuniões informais, tarde da noite, abastecidas a Johnny Walker e muito tabaco. Alguns desses executivos tinham trabalhado muito tempo na Arábia Saudita e estavam acostumados a reconhecer duplas personalidades entre suas contrapartes sauditas — bebedores sociais no Ocidente, rígidos abstêmios em casa. Hassan era diferente: ele parecia participar de festas no mundo todo, estivesse em Jedá, Washington ou Beirute. Depois de 1996, lembrou um dos ex-executivos, a questão do meio-irmão de Hassan, Osama, ocasionalmente surgia nas reuniões noturnas. Hassan praticamente cuspia veneno. Osama "foi excomungado", dizia ele, como se lembra um dos participantes. Isso era mais ou menos tudo o que Hassan tinha a dizer sobre o assunto. Ele não falava muito sobre islã ou fontes de ressentimento no mundo islâmico. Não seria normal um saudita expressar abertamente suas opiniões religiosas a um estrangeiro. De qualquer modo, como se revelou, Hassan estava mais interessado em carros antigos e rock-and-roll.[7]

HASSAN BIN LADEN era um dos principais acionistas da Hard Rock Cafe Middle East, Inc., a franqueadora oficial do Hard Rock Cafe para grande parte do mundo árabe, Grécia, Chipre e Turquia. Mais que telefonia por satélite ou imóveis comerciais, os restaurantes com temática musical de Hard Rock pareciam estar alinhados à personalidade dele. Hassan passara grande parte de sua juventude em Beirute; falava a gíria libanesa urbana local e parecia conhecer todas as máquinas de fliperama na cidade. Encontrou sua primeira mulher, Layla, no Líbano. Eles moravam em quartos de hotel e Hassan colecionava carros — Ferrari, Cadillac, um Chrysler New Yorker antigo, Rolls-Royce e Mercedes. Entrara jovem para o negócio de importação-exportação, mas parecia adorar mais futebol, música, cassinos e vida noturna. Era torcedor fiel do time de futebol de Jedá, Al-Ittihad (rival do time que Osama apoiara quando adolescente), e fã tão dedicado da cantora pop egípcia Umm Kulsum que voava para o Cairo nos fins de semana só para ir a seus concertos. Quando estourou a guerra civil no Líbano, durante os anos 1970, Hassan mudou sua base para Jedá, mas voltou a Beirute assim que a cidade renasceu, em meados dos 1990. Era um período de grande nostalgia entre as pessoas naturais de Beirute, preparava-se uma volta à normalidade cosmopolita, de modo que até um evento como a grandiosa inauguração de uma franquia local do Hard Rock Cafe parecia especial.[8]

Fogos de artifício, em vez de projéteis, explodiam brilhantes acima da Beirute Corniche, ao longo do Mediterrâneo, na noite de abertura em dezembro de 1996. Os Gypsy Kings, uma banda de flamenco pop da França, presidia o palco principal do restaurante. Hassan reservou uma área especial de cadeiras para membros da família Bin Laden — cerca de doze voaram para a ocasião, inclusive diversos meios-irmãos de Hassan, como Shafiq e Tareq. Era o tipo de noite para a qual Salem havia vivido — era fácil imaginá-lo apoderando-se do palco e cantando com sua voz desafinada com a sessão rítmica dos Gypsy Kings.

Uma parafernália musical envolvia as paredes do restaurante: uma camisa vermelha com pedras de vidro que tinha sido usada por Michael Jackson; uma camisa de seda bordada que pertencera a Elvis Presley; uma camisa de crepe-da-china usada por John Lennon; uma Fender Stratocaster 1958 usada pelos The Cars; outra Stratocaster assinada por Eric Clapton; a superfície de jogo de uma máquina de fliperama dos Rolling Stones, assinada pelos integrantes da banda; um teclado Oberheim usado e assinado por Billy Joel. Mais impressionante que tudo era uma folha de papel pautado no qual John Lennon, usando uma caneta esferográfica preta, tinha escrito a letra de sua canção "Imagine".[9]

Uma noite, final de 1996: um dos filhos de Mohamed mora no exílio, buscando uma utopia na revolução islâmica, enquanto vários outros lançam um restaurante e um bar em uma capital árabe promovendo a concretização de letras de rock utópicas. Talvez mais extraordinário que a competição entre os conteúdos de seus sonhos fosse o palco que eles compartilhavam: um mundo no qual a *jihad* e a música popular ocidental carregada de emoção falavam simultaneamente aos jovens e a platéias globais sobrepostas.

O PLANO COMERCIAL DA IRIDIUM se baseava em uma previsão expansiva do futuro mundo sem fio. Entre os investidores *gateway* da companhia estavam empresas telefônicas que já possuíam cerca de 14 milhões de fregueses de telefones sem fio, para os quais os novos aparelhos poderiam ser comercializados. Em seu pedido de regulamentação, a Iridium calculava que o "mercado profissional viajante" do mundo — com o que ela queria dizer funcionários com telefones sem fio que saíam das áreas de serviço de seus telefones locais pelo menos quatro vezes por ano — cresceria para algo em torno de 42 milhões de pessoas em 2002. Essa previsão, mesmo que bem próxima, sugeria que contratar os cerca de 500 mil clientes de que a Iridium precisava para equilibrar as finanças não seria algo muito difícil. Mesmo assim, havia desafios evidentes. O mais óbvio era o preço: os aparelhos iniciais da Iridium custariam cerca de 3 mil dólares cada um, e as chamadas internacionais teriam um preço que podia chegar a sete dólares por minuto. Mesmo naquela era pré-celular, na qual os consumidores não sabiam que tipo de preços esperar para o serviço de telefones portáteis, esses números pareciam altos.[10]

O romantismo do plano da Iridium, no entanto, algumas vezes parecia calar os céticos. Como para enfatizar o caráter pioneiro da iniciativa, a companhia voltou-se para a China, para o lançamento de satélites no espaço; e, no início de 1997, a Long March Rockets, batizada em homenagem aos eventos que rodeavam o nascimento do comunismo chinês, decolava para o céu a cada poucos meses, erguendo as máquinas da Iridium, decididamente capitalista, em sua posição. Al Gore, o vice-presidente futurista da América do Norte, convidou executivos da Iridium para comparecer ao Jardim das Rosas, na Casa Branca, a fim de comemorar a idéia deles. Gore fez uma ligação cerimonial para um bisneto do inventor do telefone no século XIX, Alexander Graham Bell. Sistemas de satélites como o da Iridium "completam a cobertura telefônica na superfície da Terra que Alexander Graham Bell começara há mais de um século", disse Gore quando sua ligação foi completada. "Seu bisavô estaria muito orgulhoso."[11]

A Iridium queimou seus recursos financeiros em uma velocidade de tirar o fôlego, à medida que o tempo corria rumo ao lançamento do serviço. Seu maior desafio era ganhar a tempo licenças do governo para vender e operar seus telefones dentro das fronteiras de mais de 150 países diferentes. A companhia escolhera Washington como sede, em parte para facilitar esse esforço de licenciamento pelas embaixadas na capital, parte em busca de apoio diplomático do governo dos Estados Unidos. A responsabilidade final pela obtenção das licenças caiu para cada operador *gateway* da Iridium, no entanto. A Iridium Middle East teve de garantir a permissão de mais de vinte governos no mundo árabe e na Ásia Central — muitos desses governos possuíam burocracias corruptas, tortuosas, ou mal funcionavam. Advogados na sede da Iridium faziam o julgamento final a respeito de quando a "permissão" de um país em particular tinha realmente sido obtida. As formas de permissão aceitáveis variavam enormemente — alguns governos simplesmente publicavam um anúncio ministerial, enquanto outros negociavam um acordo legal mais nos moldes da tradição. "Obtive uma licença da Mongólia em um guardanapo de papel", lembra um executivo da Iridium. Em alguns casos, conta Tuttle, o consultor geral, "o que tínhamos era basicamente a seguinte declaração do país: 'É só dizer o que vocês estão fazendo. Não precisamos aprovação'".[12]

A campanha se mostrou lenta, em especial no Oriente Médio. Hassan bin Laden e outros executivos *gateway* ficaram sob pressão intensa para garantir permissões em suas áreas de operação. Em julho de 1997, cerca de um ano antes de o serviço supostamente entrar em operação, a Iridium tinha garantido a licença para operar em apenas um país na região da Iridium Middle East, de acordo com pedidos de regulamentação. Esse país era o Afeganistão.[13]

Três ex-executivos da Iridium envolvidos no esforço de licenciamento, incluindo Tuttle, disseram que não conseguiam se lembrar de como foi garantida a licença do Afeganistão, quando ela foi recebida e que forma teve ou que autoridade afegã a outorgou. Em julho de 1997, os talibãs, uma milícia radical islâmica, controlavam o governo do país. Na mesma época, no entanto, uma facção rival dominava a embaixada do país em Washington; é possível que a permissão inicial tenha sido obtida lá. De acordo com um dos advogados dos Bin Laden, a Iridium nunca obteve uma licença final nem recebeu propostas individuais vindas do Afeganistão.

Os talibãs já tinham se tornado famosos por sua repressão à educação das mulheres e pelas promulgações bizarras das leis islâmicas. Naquele verão de 1997, além disso, eles enfrentavam críticas por causa de declarações radicais, apoiando a violência, que emanavam de um convidado estrangeiro que o líder caolho dos talibãs, mulá Omar, resolvera acolher: Osama bin Laden. Não há evidências de que Osama tenha desempenhado qualquer papel no detalhamento da licença inicial para o Afeganistão. O advogado dos Bin Laden, Timothy J. Finn, mais tarde escreveu que a família acredita que a licença inicial tenha sido obtida pela Iridium antes de os Bin Laden entrarem em cena. "De qualquer modo, Hassan não teve nenhum envolvimento com isso e não sabe como aconteceu", escreveu Finn. "Na verdade, Hassan não acredita ter havido qualquer envolvimento significativo em nenhum momento com o Afeganistão, que não podia ser considerado um grande mercado para este serviço de alto custo. Desnecessário dizer que ele nunca falou com Osama sobre qualquer aspecto desse assunto."

É provável que Osama pelo menos soubesse do investimento de sua família na Iridium. Ele poderia ter-lhes oferecido um testemunho apoiando a aposta no investimento; Osama começava pessoalmente a conhecer os poderes de um telefone global via satélite.

"As mães é que sofrem mais", comentou a mãe de Osama mais tarde, mas isso não foi porque seu filho não telefonou para casa do exílio político. "Costumava ligar regularmente", mesmo do Afeganistão. "Ele me falava do bem-estar dele e de sua família — conversa de mãe para filho."[14]

A fidelidade de Osama com sua mãe se tornara o maior desafio técnico depois de sua partida do Sudão, em maio de 1996. O país tinha uma rede telefônica trôpega, mas que funcionava, para o Afeganistão, onde as comunicações eram consideravelmente menos confiáveis. Osama concebeu seu exílio como um eco das jornadas do profeta Maomé no século VII; ao mesmo tempo, ele se tornara um cliente-modelo para uma companhia do século XXI, como a Iridium.

Osama não fora para o Afeganistão voluntariamente. O governo do Sudão buscara uma quantidade módica de legitimidade internacional; os Estados Unidos deixaram muito claro que o Sudão não iria conseguir isso enquanto Osama bin Laden morasse e operasse abertamente em Cartum. O antigo mentor de Osama, Hassan al-Turabi, disse-lhe que ele teria de sair, e então uniu a traição, junto com outras pessoas do governo sudanês, à falta do pagamento de suas dívidas com Osama e tomou seus negócios a preço de banana. Osama "vendeu tudo", lembrou seu guarda-costas Nasir Al-Bahri, "a um preço muito barato porque não tinha outra opção".[15]

Sob pressão financeira, sem uma das esposas e o filho mais velho, que haviam ambos voltado para a Arábia Saudita, Osama voou com os outros membros de sua família para Jalalabad, no Afeganistão, em um jato alugado. Ele deixou para trás uma confortável vida urbana de xeique, com escritórios com ar-condicionado, fazendas de cavalos, negócios e reuniões de *jihad*. Na paisagem consideravelmente mais desconectada e violenta do leste do Afeganistão, tentou transformar a necessidade em virtude, muitas vezes pregando para seus filhos a respeito dos benefícios, na formação do caráter, de um estilo de vida austero, como a suportada pelo Profeta e seus companheiros. Mesmo assim, ficava claro, desde as primeiras semanas depois de sua chegada ao Afeganistão, que ele não gostava dessas condições rudes e que sentia algum nível de pressão psicológica. Enfurecia-se com intensidade renovada contra aqueles que o haviam obrigado a suportar uma volta ao Afeganistão. Cada vez mais, em particular, ele concentrava sua raiva contra o governo dos Estados Unidos.

Enquanto estava em Cartum, em seus artigos políticos Osama dirigira suas provocações e sacarmos contra Riad. Os fracassos e as espoliações da família real eram sua obsessão literária dominante, mas ele nunca declarou guerra formalmente ao governo saudita. Sua expulsão do Sudão parece tê-lo convencido de uma vez por todas, no entanto, de que se podia entender melhor os Al-Saud como meros fantoches de Washington. De qualquer modo, logo depois de ter chegado ao Afeganistão, Osama compôs uma incoerente declaração de guerra contra os Estados Unidos, o primeiro documento por ele publicado, que formal e abertamente endossava uma violenta campanha contra o Ocidente.

As passagens mais impressionantes do documento eram estrofes de poesia, sobretudo uma passagem autobiográfica que sugeria a raiva e a rebeldia que cresciam dentro dele. Nesses versos Osama escolheu palavras e imagens associadas a insanidade e perda de controle. Fez uma referência quase explícita aos membros da família que o abandonaram e aos que ele desafiava em nome do islã. Descrevia seus sentimentos ardentes a respeito da "perda" da mesquita Al-Quds em Jerusalém, que ele nunca visitara, pelo que se saiba, mas que associava a seu pai em outros comentários públicos; talvez essa passagem seja mais bem lida como inteiramente política, porém a possível leitura complementar de uma referência paternal inconsciente é no mínimo notável, em especial, já que o verso é rapidamente seguido de referências à morte, sua mãe e a santidade dela. Acima de tudo, o auto-retrato de Osama em versos sugeria um homem em conflito com os novos limites de sua experiência pessoal — mas, ao mesmo tempo que esses sentimentos podem ser atormentadores, escrevia ele, conservava a fé de que poderiam ser por fim limpos pela violência justa:

Estou disposto a sacrificar a mim e à riqueza por cavaleiros que nunca me desapontaram.
Cavaleiros que jamais estão cansados ou são detidos pela morte, mesmo que o moinho da guerra gire.
No coração da batalha, eles não se importam, e curam a insanidade do inimigo com sua coragem "insana"...

Rejeitei todos os críticos que escolheram o caminho errado;
Rejeitei aqueles que curtem lareiras em clubes, discutindo eternamente;
Rejeitei aqueles que, apesar de estarem perdidos, acham que estão no caminho certo;
Respeito aqueles que foram adiante, sem pedir ou sem se incomodar com as dificuldades;
Que nunca se afastam de sua meta, apesar de todas as dificuldades do caminho;
Cujo sangue é óleo para a chama que guia na escuridão do caos;
Ainda sinto a dor da perda de Al-Quds em minhas entranhas;
Essa perda é como um fogo queimando em meus intestinos...
A morte é a verdade e o destino supremo, e a vida vai terminar de qualquer modo. Se eu não lutar contra você, então minha mãe deve estar insana...

Os muros da opressão e da humilhação não podem ser demolidos, a não ser sob uma chuva de balas.
O homem livre não rende a liderança a infiéis e pecadores.
Sem derramamento de sangue, nenhuma degradação ou marca poderá ser retirada da testa...[16]

Parte da agitação de Osama pode ter sido causada pela insegurança de sua situação imediatamente depois de sua chegada com a família perto de Jalalabad naquele verão de 1996. O Afeganistão Oriental estava, na época, sob um descontrole violento, e os antigos contatos afegãos de Osama se encontravam confusos com a tomada do poder pelos talibãs. Com fama de riqueza e pouca proteção política, ele teve sorte, durante essas semanas iniciais, em não se ter tornado mais uma vítima colateral da guerra civil afegã, sempre em transformação.

No final do ano, no entanto, sua situação melhorara consideravelmente. Bin Laden conseguiu uma apresentação ao mulá Omar, com quem estabeleceu cordiais relações. Omar ofereceu-lhe hospitalidade na pobre mas inteiramente pacífica cidade de Kandahar, no Sul do Afeganistão. Osama se mudou para lá com uma boa parcela de sua grande família — pelo menos onze filhos, a essa altura, três esposas e uma ninhada de filhas que nenhum de seus ajudantes poderia ou tentou contar.

Mesmo depois que seu mundo se acalmou, ele permaneceu preocupado com os Estados Unidos. Colecionava e lia um sortimento estranho de livros a respeito da América do Norte, de acordo com Al-Bahri, que mais tarde se reuniu a ele como guarda-costas. Entre esses livros estavam relatos das discussões do ex-secretário de Estado norte-americano Henry Kissinger sobre o confisco de campos petrolíferos sauditas durante a guerra árabe-israelense de 1973; o livro de um comandante militar norte-americano sobre o uso de disposição rápida de forças; e outro de origem indeterminada, que descrevia um suposto plano do ex-presidente dos Estados Unidos, Franklin Roosevelt, para controlar o mundo.[17] Os comentários públicos de Osama durante esse período tornavam claro que, como muitos sauditas, ele endossava antigas arengas anti-semitas, como os *Protocolos dos sábios de Sião*, um texto forjado a respeito de supostas conspirações globais judaicas, uma das fontes "históricas" preferidas de Adolph Hitler. Na parca biblioteca de Osama, esses tratados jaziam entremeados a tradicionais textos alcorânicos, artigos enviados por fax de religiosos islâmicos radicais da Arábia Saudita e várias reportagens da mídia ocidental. Sentado de pernas cruzadas em tapetes de lã, compartilhando refeições de pão e iogurte enquanto a eletricidade piscava, a linha entre história e fantasia seria difícil de discernir, mesmo que Osama estivesse interessado em localizá-la.

Osama e seus colegas perguntaram, como depois lembrou Al-Bahri: "O que são os Estados Unidos?". Se eles tiveram sucesso na *jihad* contra os russos no Afeganistão e na Tchetchênia, e contra os sérvios na Bósnia, então "os Estados Unidos não serão algo novo". Eles ouviram relatos orais de veteranos que voltavam depois de participar em combates contra tropas norte-americanas na Somália. Ouviram falar das confissões de bombardeiros que atacaram alvos norte-americanos na Arábia Saudita. Os Estados Unidos, concluíram, "tornou-se um alvo para todo mundo".[18]

A ampla equação político-militar que eles perceberam era tristemente familiar, em particular em sua visão fundamentalista do judaísmo como a principal origem da conspiração global do Mal: judeus e cristãos, ou "sionistas" e "cruzados", tinham como objetivo destruir o islã e confiscar suas terras. Essa guerra fora descrita e prevista no Alcorão, que conclamava todos os seguidores de Alá a resistir em seu nome, acelerar a vitória suprema do islã e a chegada do Dia do Julgamento. A posse de petróleo era objeto dessa luta porque Deus pusera vastas reservas na Arábia Saudita para fortalecer aqueles que residiam na terra natal do islã; temendo isso, judeus e cruzados tinham conspirado para se apropriar do petróleo, aproveitando-se da fraqueza e da infidelidade dos governantes árabes locais. Sob essa luz, a manipulação norte-americana na Arábia Saudita constituía o pior crime praticado por infiéis em mais de mil anos de luta, escreveu Osama em sua declaração de agosto de 1996. Ele se incluía entre as vítimas:

> A última e maior das agressões sofridas pelos muçulmanos desde a morte do Profeta é a ocupação da terra dos dois Lugares Sagrados. Por ordem dos Estados Unidos da América, eles também prenderam um grande número de estudiosos na terra dos dois Locais Sagrados [...] Eu mesmo e meu grupo sofremos parte dessa injustiça. Fomos perseguidos no Paquistão, no Sudão e no Afeganistão [...][19]

Em casa com a família, fora de seus escritórios ou escrevendo fax, Osama permanecia, sob vários aspectos, o mesmo pai de meia-idade puritano, peculiar, em que se transformara no Sudão: era um admoestador insistente a respeito das exigências de orações e de autoconfiança, mas também podia ser afável, indulgente e brincalhão, em especial em excursões ao deserto. Recusava-se a deixar que os filhos pusessem gelo na água alegando que isso os iria amolecer, e proibiu por exemplo o uso de Tabasco como parte de seu implacável boicote a produtos norte-americanos. No entanto, organizava relaxantes jogos de voleibol, aventuras a cavalo, expedições de tiro e piqueniques em família. Guarda-costas armados constantemente misturavam-se a ele e suas esposas; não havia dúvida quanto à importância de Osama agora, sobretudo em contraste com a pobreza e o isolamento do Afeganistão governado pelos talibãs. Mesmo assim, permanecia algo de distante, difuso e inescrutável a respeito de Osama. Ele tinha um aperto de mão flácido; cumprimentá-lo era "como apertar a mão de um peixe", lembrou Peter Jouvenal, um jornalista inglês. Uma de suas ex-esposas lembrou que, depois de sua volta ao Afeganistão, havia períodos em que "não queria que ninguém falasse com ele", e que "costumava sentar-se e pensar durante um longo tempo e ir dormir muito tarde".[20]

Como muitos de seus meios-irmãos, Osama preferia estar cercado pela família e pelos seguidores; gostava de ir de lugar em lugar; e ansiava por conexões com o mundo mais amplo. Continuava a se valer de seu escritório em Londres. Lá, seu colega Al-Fawwaz se mantinha em contato com ele em Kandahar dirigindo até uma pequena loja com telefonia internacional e fax ao norte de Londres, chamada The Grapevine, onde podia trocar mensagens escritas com seu chefe.[21] No entanto, os aparelhos de fax estavam se tornando uma tecnologia relativamente frustrante e em declínio.

Osama compreendeu a crescente influência das redes globais de televisão por satélite. Ele as viu como um mecanismo fundamental para comercialização e levantamento de fundos. A perda da herança pessoal, dos dividendos da família, do seu patrimônio comercial e da poupança no Sudão significou que, ao voltar para o Afeganistão, ele precisava de um perfil forte na mídia, principalmente para atrair doadores e voluntários. Essa tinha sido sua estratégia essencial durante a guerra anti-soviética no Afeganistão; agora, por meio da rede global de televisão, ele poderia atualizá-la e aumentá-la falando para platéias no mundo inteiro, recurso antes não disponível. O talibã fóbico com relação à tecnologia em geral considerava a mídia um instrumento do diabo; mas aquilo não era apenas fundamental para a concepção de Osama quanto a suas operações de *jihad*, era algo que ele adorava consumir; durante seus longos dias no exílio, parece ter evoluído para uma espécie de viciado em notícias globais.

Osama concedeu uma série de entrevistas dentro do Afeganistão durante 1997 e 1998; deu uma entrevista inicial e significativa à CNN, outra, um ano depois, à ABC, e também se pôs à disposição de diversos repórteres da imprensa escrita em língua árabe, cujo trabalho respeitava. Logo viu o poder da Al-Jazeera, uma radiodifusora por satélite independente, de língua árabe, e no final de 1998 apresentou-se para uma entrevista importante, que permitiu que ele falasse para audiências sauditas e árabes mais direta e completamente do que jamais falara antes. Deu atenção ao visual da encenação: os livros que apareciam atrás dele; o rifle de assalto que segurava; as balas sinalizadoras que voaram no céu como fogos de artifício quando chegou para a entrevista.

No início de 1998, depois de um período de separação, Bin Laden reuniu-se com a facção egípcia da Al-Jihad, liderada por Ayman Al-Zawahiri; eles anunciaram sua nova coalizão, a "Frente Internacional Islâmica para *Jihad* Contra Cruzados e Judeus", em uma conferência à imprensa à qual compareceram câmeras de televisão e jornalistas da imprensa escrita. Bin Laden e Al-Zawahiri sentaram-se a uma mesa envolvida em uma bandeira — pareciam um par de executivos de marketing duvidoso, em uma pequena firma farmacêutica islâmica, anunciando o início de uma nova linha de produtos. As imagens reportavam-se aos vídeos autoproduzidos de Osama durante o final de seu período no Afeganistão.

Rahimullah Yusufzai, um jornalista paquistanês que estava presente, perguntou a Osama a respeito da decisão de sua família de deserdá-lo.

"O sangue é mais espesso que água", respondeu ele ironicamente.

"Você ainda é bilionário?", perguntou Yusufzai. Osama estava claramente curtindo o jogo de palavras; já se sentia à vontade com a mídia. Pousou a mão no peito. "Meu coração é rico e generoso", disse ele.[22]

Os aparelhos de fax podiam distribuir seus artigos; a televisão por satélite podia transmitir sua presença e seus discursos; mas Osama precisava de um telefone para suas operações mais privadas.

Em 1º de novembro de 1996, exatamente quando garantia seu santuário com os talibãs, Osama comprou, através de seu escritório em Londres, um telefone por satélite Inmarsat Mini-M, um dispositivo mais ou menos do tamanho de um *laptop*. O preço no varejo era de cerca de 15 mil dólares. Além disso, seu escritório comprou diversos milhares de minutos pré-pagos. A Inmarsat começara como um consórcio do governo, porém, mais recentemente, fora privatizada. Seus Mini-M tinham batido a Iridium no mercado, mas, ao contrário da Iridium, o alvo da Inmarsat não era o consumidor em geral. Seus telefones eram destinados sobretudo a locais de trabalho remotos. A Al Qaeda pode não ser uma companhia convencional em seu conjunto de mercado, mas sua geografia — sede no remoto Afeganistão, escritórios regionais na África e no mundo árabe — se encaixava no nicho da Mini-M.[23]

Os registros de chamadas do telefone de Osama sugerem que ele era uma espécie de tagarela. Os números que ele e seus ajudantes discaram entre o final de 1996 e o outono de 1998 transmitem a imagem de Osama em contato com publicitários espalhados, auxiliares financeiros, líderes de células terrorista, e, de repente, se lembrava que devia dar um alô para a mãe. Ele ligava com maior freqüência para seus contatos na Grã-Bretanha — 260 vezes, para 27 números diferentes. Ele ou seus auxiliares fizeram mais de duzentas chamadas para o Iêmen, 131 para o Sudão, 106 para o Irã, 67 para o Azerbaijão, 59 para o Paquistão, 57 para a Arábia Saudita, treze para um navio no oceano Índico e seis para os Estados Unidos.[24]

A partir do início de 1997, o governo norte-americano entrou na escuta. Um funcionário da CIA na Europa descobriu, em janeiro ou fevereiro, que sistemas de escuta operados pela National Security Agency (a principal agência norte-americana para interceptação de comunicações) captavam as ligações da Inmarsat vindas do Afeganistão. O telefone, ao ser investigado, parecia pertencer a Osama bin Laden, que a essa altura era um alvo formalmente nomeado da coleção de inteligência da CIA. Um funcionário de informações na estação da CIA que rastreava Bin Laden da Virgínia traçou diagramas de ligação mostrando os números dos telefones para os quais Osama ligava, e, em alguns casos, os números que esses telefones chamavam. Mas, de acordo com Michael Scheuer, que na época chefiava a unidade de rastreamento de Bin Laden, a CIA não conseguiu convencer a NSA a entregar transcrições regulares dos chamados dos satélites interceptados. Frustrado, Scheuer conseguiu dispor seu próprio equipamento de interceptação na região, mas seu sistema só conseguia pegar um lado das conversas de Bin Laden — o lado vindo do Afeganistão, como lembrou Scheuer. Mesmo assim, até com essa limitação, no decorrer de 1997 e no início de 1998 as chamadas do telefone por satélite de Bin Laden geraram para a CIA o primeiro mapa global realmente confiável do alcance da Al Qaeda.[25]

Bin Laden parecia usar vagos termos codificados durante algumas de suas conversas, mas os analistas não conseguiam entender seu significado. No final, pelo que se sabe (as transcrições parciais das chamadas nunca foram reveladas ao público), as informações gravadas de seu telefone não foram precisas o suficiente para salvar a vida das pessoas vitimadas pelo primeiro espetacular ataque terrorista de Osama.

Durante anos, desde a época que passara no Sudão, Bin Laden vinha acalentando um plano de bombardear as embaixadas norte-americanas na África Oriental. Em 7 de agosto de 1998, depois de uma última rodada de conversas telefônicas com sedes afegãs, duas das células clandestinas da Al Qaeda na África atacaram. Caminhões-bomba suicidas tentaram chocar-se contra as embaixadas norte-americanas em Nairóbi, Quênia e Dar es Salaam, na Tanzânia. Eles explodiram próximo aos prédios; mataram mais de 225 pessoas e feriram muitos milhares.

Osama usara seu telefone por satélite para cruzar o Oceano Índico e atingir alvos norte-americanos por controle remoto. Era uma inovação no terrorismo global, derivada de seus instintos e da experiência como um Bin Laden: enquanto os meios-irmãos investiam em telefonia por satélite, em Washington, Osama empregava a mesma tecnologia para atacar as embaixadas de Washington no estrangeiro. Não foi a última vez que usou tecnologias de mobilidade global conhecidas de sua família como meios de brilhante inovação tática.

Naquele mesmo mês de agosto, em nome de uma organização de frente ainda desconhecida, Bin Laden enviou uma declaração de responsabilidade por fax, através da loja no norte de Londres, The Grapevine: "Os dias vindouros são suficientes para que os Estados Unidos, se Deus quiser, vejam o destino negro, igual ao que se abateu sobre a União Soviética", escreveu ele. "Golpes cairão sobre os Estados Unidos, um depois do outro, de todos os lugares, e novos grupos islâmicos vão emergir um após o outro [...]".[26]

O PRESIDENTE BILL CLINTON disparou mísseis guiados sobre Osama várias semanas depois do ataque na África. As provas fornecidas pelo telefone por satélite monitorado de Osama, combinadas com as confissões de militantes da Al Qaeda presos, não deixavam dúvidas a respeito da responsabilidade de Bin Laden sobre os bombardeios. A inteligência usada para alvejá-lo se mostrou falha, no entanto, e os mísseis não conseguiram encontrá-lo. Osama se deu conta de que seu telefone por satélite podia ser empregado para rastreá-lo como alvo; desligou-o e jamais o usou outra vez.

O ataque de retaliação com os mísseis imediatamente enalteceu o perfil global de Osama. Ele agora era oficialmente considerado digno da atenção militar do líder político mais poderoso do planeta. Naquele agosto, conferências televisionadas da imprensa em Washington, organizadas por funcionários do governo Clinton e generais responsáveis pelo ataque com mísseis, apresentaram o nome de Bin Laden a audiências de massa que nunca tinham ouvido falar dele. Muçulmanos fizeram comícios no Paquistão para louvar a liderança de Osama; seu rosto barbado apareceu em pôsteres e camisetas.

Em meio ao lançamento da marca global de Osama, a própria Iridium estava a semanas de inaugurar seu serviço telefônico. "De repente nos demos todos conta de que tínhamos uma dessas pessoas a bordo", lembrou o consultor geral Tuttle, referindo-se aos Bin Laden. Os executivos da Iridium apressadamente tentaram pesquisar a família Bin Laden. Fizeram perguntas sobre Osama a Hassan, de um "modo dignificado e cheio de tato". Este lhes assegurou que Osama tinha sido cortado da família. Os executivos da Iridium resolveram publicar uma declaração formal; eles não queriam chamar a atenção para si mesmos em um momento tão crucial, com um investimento de 5 bilhões de dólares em jogo. Quando os repórteres ligaram, um porta-voz disse apenas que Osama tinha sido afastado de sua família e dos negócios.[27]

Os executivos da Iridium logo tiveram outros problemas com que se preocupar. Quando os telefones da firma entraram em venda, ficou claro que a Iridium não estava destinada a mudar o mundo, mas a ser registrada como uma das mais espetaculares falências na história empresarial recente.

A companhia tinha julgado mal a questão do preço. Ainda por cima, fora tão lenta em levar seus serviços ao mercado — mais de uma década se passara entre a concepção e o lançamento —, que o serviço de telefonia celular e a World Wide Web começaram a ultrapassar a idéia inicial. A Iridium persuadira apenas 55 mil pessoas e firmas a comprarem aparelhos e a assinarem seu serviço, cerca de um décimo do número exigido. A Motorola acabou dando baixa de perdas totalizando mais de 2,5 bilhões de dólares.[28] A Iridium pediu falência em 1999. Seus investidores *gateway*, os Bin Laden entre eles, perderam todo o dinheiro que haviam empatado.

Logo os satélites da companhia corriam o risco de cair do céu e queimar na atmosfera terrestre. Para evitar isso, o Pentágono assinou um contrato para pagar 3 milhões de dólares por mês para o serviço telefônico da Iridium, de modo a ajudar a manter o sistema em operação. Um porta-voz do Pentágono explicou que uma rede de telefonia global oferecia algumas vantagens militares exclusivas. "A Iridium propicia serviços a algumas regiões do mundo que são muito carentes de serviços", disse o porta-voz. Para as Forças Armadas norte-americanas, o alcance e a segurança da rede "têm algumas implicações operacionais", acrescentou ele.[29]

Eles estavam aprendendo, mas não com rapidez suficiente. Osama bin Laden agora se anunciava como inimigo formal dos Estados Unidos. O governo norte-americano sabia muito pouco a respeito dele ou de sua família, no entanto, e parte das informações que possuía — circuladas nos níveis mais elevados — estava errada. A investigação sobre os Bin Laden, no entanto, estava se mostrando uma tarefa desanimadora e complicada, até mesmo para a CIA.

34

ADVOGADOS, ARMAS E DINHEIRO

DANIEL COLEMAN, um agente do Federal Bureau of Investigation, foi designado para a unidade Bin Laden da CIA em março de 1996. A CIA e o FBI tentavam promover a cooperação; como tinha experiência anterior em investigações de inteligência, Coleman parecia um emissário natural. Era um homem grande, de fala simples, que morara a maior parte de sua vida em Nova York ou Nova Jersey. A unidade Bin Laden estava na época instalada em um prédio comercial suburbano, em Northern Virginia. Assim que Coleman se instalou no local, mergulhou na leitura do que era chamado, na CIA, de "arquivo 201", um tipo de história de caso. O Bin Laden 201 já contava com trinta volumes, embora alguns deles incluíssem cópias e repetições. Como observou Coleman, era interessante que não houvesse um único relatório escrito a respeito do envolvimento de Bin Laden na guerra anti-soviética no Afeganistão durante os anos 1980, conflito no qual a CIA desempenhara papel tão preponderante.[1]

Funcionários da CIA tinham coletado informações sobre Osama no escritório da agência em Cartum; esses arquivos, acumulados principalmente entre 1993 e 1995, continham informações detalhadas a respeito das contas bancárias de Bin Laden no Sudão e em Dubai, seus empreendimentos sudaneses, fazendas, inventários de equipamentos. Dois informantes que haviam trabalhado para Bin Laden e se ofereceram para ajudar os Estados Unidos acrescentaram muito a esse retrato, a partir do verão de 1996. Um dos desertores, Jamal al-Fadl, descreveu a existência e a história da Al Qaeda — era a primeira vez que alguém no governo dos Estados Unidos ouvia esse nome.

As quantias de dinheiro que a CIA descobriu nas contas bancárias de Osama não eram muito grandes, mas pelo menos eles sabiam onde estava localizada parte dos recursos de que ele dispunha. A suposição era a de que

Osama escondera somas maiores em outros bancos, possivelmente na Europa, que ainda não haviam sido identificados. Os analistas da CIA partiram do pressuposto de que Osama bin Laden era muito rico em conseqüência da herança pessoal que recebera. E, no entanto, até 1996, ninguém no governo dos Estados Unidos tentara investigar em profundidade questões básicas a respeito da suposta riqueza de Osama: Quanto efetivamente ele recebia em espécie de seu pai? Quanto ganhava das empresas dos Bin Laden? Será que a família de fato o expulsara dos negócios? Se ele ainda recebia auxílio da Arábia Saudita, de onde vinha esse apoio? Quanto de dinheiro em espécie ele possuía?[2]

Anthony Lake, conselheiro de segurança do presidente Clinton durante o seu primeiro mandato, insistira na criação, no interior da CIA, de uma unidade especial para rastreamento de Bin Laden; Lake estava preocupado com a ameaça de financiamento terrorista transnacional. A unidade chamava-se inicialmente CTC-TFL, sigla para Centro Contraterrorista – Ligações Financeiras Terroristas.[3] O chefe da unidade, quando Daniel Coleman chegou, era Michael Scheuer, analista de inteligência rude e agressivo da CIA que seguira a guerra secreta no Afeganistão durante os anos 1980.

Scheuer era cético a respeito do valor da investigação sobre financiamento terrorista quando comparada a outras linhas de investigação ou ação secreta; aos poucos concluiu que seguir as trilhas de dinheiro não poderia revelar muito a respeito das intenções e dos planos de ataques violentos de Osama. Mesmo assim, na segunda metade de 1996, Scheuer e Coleman resolveram investigar quantos membros da família Bin Laden havia nos Estados Unidos, o que eles faziam e como viam Osama. Por meio de entrevistas formais, calcularam, poderiam aprender alguma coisa de útil a respeito dos recursos e motivações de Osama. Por lei, a CIA não podia coletar informações dentro dos Estados Unidos sob diversas circunstâncias; essa missão cabia originalmente ao FBI, e assim Coleman encarregou-se da tarefa de recolher as entrevistas dos Bin Laden.[4]

Coleman e outro agente do escritório de campo do FBI em Washington foram visitar Philip Griffin, o ex-diplomata do Departamento de Estado que agora gerenciava o escritório dos Bin Laden em Maryland. Coleman achou que a sessão não foi particularmente frutífera: "Só ouvimos uma aula sobre como a família Bin Laden é santa", lembrou ele. Coleman voltou a Rockville uma segunda vez e perguntou a Griffin se seria possível conseguir uma reunião com Bakr bin Laden, já que ele era o chefe da família e quem mais saberia sobre a história e as finanças de Osama. Griffin disse que Bakr raramente ia aos Estados Unidos, se é que ia, e sugeriu que seria melhor o FBI focalizar esse pedido em outros irmãos, como Hassan ou Shafiq, que tinham papéis importantes na companhia e passavam mais tempo no Ocidente.[5]

Ao saber do interesse do FBI pela família, Bakr envolveu-se diretamente e organizou discussões em Jedá sobre como responder. Por fim, Bakr disse a Griffin que ele não deveria servir como representante da família nesses encontros com o FBI. Bakr entrou em contato com James Baker, ex-secretário de Estado, e mobilizou a consultoria da firma de advogados de Baker, a Baker & Botts. O filho de Jim Baker, advogado altamente considerado, dirigia o escritório da firma em Washington. Além disso, Bakr consultou e contratou a influente firma de advogados de Wall Street, Sullivan & Cromwell, cujos clientes incluíam a Microsoft Corporation e o banco de investimentos Goldman Sachs & Co.

Em 17 de abril de 1997, Daniel Coleman chegou ao escritório de Washington da Sullivan & Cromwell para uma entrevista com Shafiq e Hassan bin Laden. Reuniram-se em uma sala de conferências. Enquanto Coleman conduzia o interrogatório, outro agente fazia anotações. Depois de muitos anos de experiência com entrevistas para o FBI, Coleman concluíra que a melhor abordagem em uma situação como aquela era ser o mais informal possível — nada de estenógrafa datilografando uma transcrição da conversa, nada de bloco na mesa com um roteiro escrito de perguntas. Sabia que os Bin Laden iam ficar na defensiva e ansiosos, e queria que eles relaxassem. Preferia desenvolver uma "conversa adequada", em que tivesse tempo de aprender "sobre o que o cara estava interessado em falar", e depois tentar, gradualmente, ampliar a confiança mútua.[6]

O principal advogado dos irmãos Bin Laden era Richard J. Urowsky, formado na Yale Law School e sócio sênior da Sullivan & Cromwell, especializado em litígios. Além de Urowsky, dois outros advogados da Sullivan estavam presentes. A entrevista durou cerca de duas horas e cobriu pelo menos uma dúzia de assuntos — as dimensões e a história da família Bin Laden, o relacionamento de Osama com seus meios-irmãos, o número de membros da família que se encontravam nos Estados Unidos, as questões de herança.

O ambiente era suave, mas não confrontador. Shafiq e Hassan respondiam sem muitas palavras. Sobre a questão da riqueza de Osama, disseram aos agentes do FBI que dotação, salários e legados de Osama chegavam a milhões de dólares, mas não a centenas de milhões; não ficou claro, no entanto, quão específicos os irmãos foram a respeito de números durante essa entrevista inicial.

Coleman achou que Urowksy conduzira a reunião como se seus clientes fossem suspeitos criminais, o que não eram. Ele tentou explicar que a intenção não era haver uma sessão de confronto, mas julgou que Urowsky o interrompera e impedira que ele estabelecesse o tipo de ligação que valorizava com entrevistados desse tipo.

Depois da entrevista de Washington, Abdullah bin Laden, o meio-irmão de Osama matriculado como estudante de pós-graduação em direito comercial na Universidade Harvard, recebeu uma ligação de outro agente do FBI que queria uma entrevista. Os Bin Laden espalhados pelos Estados Unidos também receberam solicitações de entrevistas por parte de agentes dos escritórios de campo locais do FBI; essas abordagens não eram coordenadas à de Coleman. Na verdade, diferentes escritórios de campo do FBI competiam entre si para entrevistar os parentes residentes nos Estados Unidos, agora que Osama era objeto de interesse.

Urowsky telefonou a Coleman para relatar a última solicitação, e eles marcaram uma reunião com Abdullah bin Laden no escritório de Boston da Sullivan & Cromwell. Dois agentes juntaram-se a Coleman. Urowsky estava presente mais uma vez, e "foi simplesmente horrível", segundo a avaliação de Coleman. Em determinado momento Urowsky acusou Coleman de distorcer o que Shafiq e Hassan bin Laden tinham dito durante a entrevista em Washington; Coleman teve de se segurar para não pular por cima da mesa de conferências e esganar Urowsky. "Caras como ele acham que podem falar com todo mundo do jeito que falam no tribunal", lembra Coleman. "Não, comigo não [...] Ele não passa de um babaca arrogante." Coleman "sabia muito bem" que os meios-irmãos não tinham mais nada a ver com Osama. "Eu estava tentando descobrir quem estava na família [...] Só precisava que alguém me dissesse quem era quem. Só isso." Mas ele achou impossível superar o obstáculo levantado pelos advogados dos Bin Laden.[7]

Depois dessas entrevistas iniciais, de acordo com Scheuer, os advogados dos Bin Laden entraram em contato com o FBI "no nível sênior" e declararam:

"Vocês não podem falar assim com os Bin Laden". Uma razão citada, lembra Scheuer, era que o governo da Arábia Saudita concedera passaporte diplomático a alguns dos membros da família Bin Laden, o que significava que eles não poderiam ser submetidos a procedimentos legais norte-americanos de qualquer tipo — gozavam de privilégios extensos, estipulados pela doutrina da imunidade diplomática, que oferece proteção recíproca a diplomatas que servem em missões autorizadas. O número de pessoas da família Bin Laden às quais foram dados passaportes diplomáticos não está claro — Coleman lembra que apenas alguns membros da família tinham esses passaportes, enquanto a maior parte usava documentos comuns. De qualquer modo, como recorda Scheuer, o objetivo da mensagem do diretor Louis Freeh, do FBI, do modo como fora passada a ele, era claríssima: "Vamos parar com essa merda". Scheuer argumentou em resposta: "Bom, ouçam, esses caras são parentes — é uma família grande, é muito dinheiro, e temos a suspeita de que alguns desses caras apóiam Osama". Mas, de fato, disseram-lhe: "Não, não precisamos desse tipo de problema".[8]

A frustração de Scheuer foi se acumulando de forma constante. Ele via Osama bin Laden emergir como um perigoso adversário dos Estados Unidos e de seus aliados, especialmente o Egito, e achava que seus supervisores na CIA e na Casa Branca não estavam dispostos a correr riscos para abalar suas ambições cada vez mais violentas. Seus supervisores, de outro lado, viam Scheuer como um analista de carreira, reconhecidamente trabalhador e dedicado, mas ao qual faltava experiência e maturidade para gerenciar operações de campo arriscadas — e que tinha uma personalidade tão combativa que minava seu próprio trabalho, perturbando muitas das pessoas a quem servia.

Scheuer propôs diversas coletas de informações e planos de ação secretos tendo como alvo o dinheiro e os negócios de Osama; todos foram rejeitados ou abortados. Em uma operação, a unidade de Scheuer tentou recrutar um agente na Suíça que podia obter os códigos criptográficos para penetrar eletronicamente nos bancos de Genebra e Zurique, a fim de procurar as supostas contas de Osama. Tanto a Divisão Européia da CIA como o Departamento do Tesouro objetaram, este último alegando que uma operação bem-sucedida poderia solapar a confiança no sistema bancário global. Scheuer também propôs uma intervenção para roubar quantias relativamente pequenas de dinheiro identificado nas contas de Osama no Sudão e em

Dubai, mas outra vez o Tesouro objetou, de acordo com Scheuer. "Eles disseram: 'É, é dinheiro do mal, não é bom para Bin Laden ter dinheiro, mas, se os europeus descobrem que temos essa capacidade, eles não vão gostar, e haverá repercussões no sistema econômico'."[9]

Scheuer então tentou colocar sob mira os bancos nos quais Bin Laden sabidamente fazia negócios. Descobriu, no entanto, que essas instituições algumas vezes operavam o dinheiro através de Nova York, e então o Tesouro argumentou que elas não poderiam ser visadas. Finalmente, depois que Bin Laden se mudou para o Afeganistão, lembra Scheuer, sua unidade propôs: "Está bom, vamos fazer do modo antigo: vamos incendiar os canalhas". Ele propôs usar autoridade de ação secreta para destruir por incêndio intencional um dos bancos sudaneses em que Osama ainda mantinha dinheiro. A CIA, no entanto, não podia garantir que não houvesse cidadãos norte-americanos com contas no banco, de modo que o plano também foi abandonado. Scheuer fez uma proposta de incendiar ou sabotar todo o equipamento da grande fazenda de Osama próxima à fronteira da Etiópia. Essa também foi rejeitada, lembra ele. No final, depois de quase quatro anos de "esforços de recrutamento ineptos, e às vezes perigosos, e de estabelecimento de esconderijos", como ele contou mais tarde, nada tinha a mostrar. Osama ainda tinha seu dinheiro — e a CIA ainda não sabia quanto ele tinha.[10]

O BOMBARDEIO DA EMBAIXADA na África tornou claro que Osama era mais que um radical rico, autor de artigos e poemas ameaçadores, que fornecia subvenção financeira ocasional a aliados *jihadis* violentos no Egito e na Ásia Central. Ele agora construíra uma organização que respondia à sua liderança direta, tinha declarado guerra aos Estados Unidos e podia levar a efeito sofisticados ataques através dos oceanos. O conhecimento de Osama sobre os Estados Unidos era fragmentário e distorcido; mas assim também era o conhecimento dos Estados Unidos sobre ele. Na atmosfera mais urgente que se seguiu aos bombardeios na África, os Estados Unidos revitalizaram suas tentativas de reunir informações sobre a biografia de Osama, suas finanças e seu relacionamento com a extensa família Bin Laden.

Naquele verão de 1998, o embaixador dos Estados Unidos na Arábia Saudita era Wyche Fowler Jr., ex-senador democrata pela Geórgia. Ele trabalhara próximo a John Brennan, na época chefe do escritório da CIA na Arábia Saudita, agente veterano de costeletas prateadas e maneiras de diplomata. Na época dos ataques na África, Bin Laden há vários anos era tema de um verdadeiro tráfego de telegramas para dentro e para fora da embaixada em Riad. Parte disso integrava relatórios de rotina — traduções de entrevistas de Osama na televisão por satélite ou na imprensa de língua árabe. Ocasionalmente, Fowler ou Brennan discutiam o caso Bin Laden com os príncipes mais velhos da família real, mas essas em geral eram conversas nas quais os sauditas enfatizavam seu completo repúdio a um homem cuja cidadania, afinal, eles haviam cassado.[11]

Cerca de seis semanas depois do ataque na África, Fowler e Brennan tentaram fazer uma reunião com Bakr bin Laden na Arábia Saudita, e ele concordou. Bakr chegou para a discussão sem seus advogados. Parecia ansioso para tranqüilizar o governo norte-americano, declarando que Osama não gozava de qualquer favor em sua família. Bakr disse que os Bin Laden nada tinham a ver com Osama, que ele fora expulso há anos, e que eles estavam muito constrangidos e pesarosos com sua recente violência.

Os norte-americanos contaram a Bakr que Osama tinha agora sido formalmente acusado de crimes pelas leis dos Estados Unidos. Como conseqüência, os Estados Unidos tentariam prendê-lo no Afeganistão. Para isso, explicaram, queriam a ajuda da família Bin Laden. Entre outras coisas, precisavam saber mais a respeito da história financeira e dos recursos atuais de Osama.

"O presidente Clinton me falou para pedir sua ajuda", disse Fowler enfaticamente.

Bakr assegurou que sua família iria cooperar. Ele remeteu os agentes norte-americanos a seu meio-irmão Yahya, que agora atuava como chefe de operações dos principais negócios dos Bin Laden. Bakr explicou que, em questões financeiras, o escritório da família em Londres possuía os registros mais importantes, em especial aqueles que diziam respeito a contas e investimentos internacionais. Shafiq bin Laden, que supervisionava o escritório inglês, poderia ajudar a responder qualquer pergunta que o governo norte-americano pudesse formular.[12]

A visão de Bakr sobre Osama, como explicou durante essa reunião e em conversas subseqüentes com agentes norte-americanos, era de que seu meio-irmão em essência adotara um curso de ações irresponsavelmente indiferente às suas conseqüências. O extremismo de Osama surpreendera Bakr em alguns aspectos, contou, porque, quando rapaz, Osama sempre parecera relativamente estudioso e reflexivo, e era sem dúvida muito tímido. Quando Osama era mais moço, segundo Bakr, nunca expressara convicções políticas realmente fortes, mesmo quando estava ativo no Afeganistão.

Os agentes norte-americanos, na Arábia Saudita, que visitaram por vezes os Bin Laden, podiam ver que os irmãos mais velhos agrupados em torno de Bakr eram relativamente conservadores em termos culturais. Nas recepções que davam em casas particulares em Jedá, por exemplo, os Bin Laden não serviam álcool aos visitantes ocidentais, ao contrário de algumas outras famílias de sauditas comerciantes, e se atinham com rigor aos horários islâmicos de oração. E, no entanto, na opinião de Bakr, do modo como ele apresentou aos agentes norte-americanos que encontrou, havia uma fronteira marcada entre a ortodoxia religiosa em sua família e o radicalismo violento agora adotado por Osama. Por que este cruzara essa linha, isso permanecia um mistério. Havia teorias entre a família Bin Laden: alguns falavam a respeito do impacto da participação de Osama na violência da guerra afegã; ou sobre a influência de radicais egípcios que tinham seduzido Osama ao longo dos anos. Mas não podia haver certezas ou explicações exatas.

Permanece obscura a cooperação que os Bin Laden realmente forneceram ao FBI e à CIA durante os meses que se seguiram ao encontro inicial com Fowler e Brennan, no final do verão de 1998. Um antigo agente sênior norte-americano envolvido no caso descreveu múltiplos "depoimentos" prestados por representantes dos Bin Laden, em Londres e Genebra, ao FBI, à CIA ou a ambos. Se isso aconteceu, nenhuma dessas informações alcançou o escritório de contraterrorismo na Casa Branca, ou foram mencionadas nas investigações públicas, como as efetuadas pela Comissão 11/9. Relatos de outros ex-agentes sugerem que a cooperação privada dos Bin Laden pode ter sido limitada. Esses agentes disseram que, ao mesmo tempo que queria cooperar, Bakr também procurava proteger a fortuna e os investimentos da família. Depois dos bombardeios na África, ele e seus advogados norte-americanos e britânicos passaram a se preocupar cada vez mais com um cenário no qual a família Bin Laden pudesse ser formalmente acusada pelos Estados Unidos de ajudar Osama. Eles poderiam ser ameaçados com sanções econômicas, penhora de patrimônio, confisco ou processos civis impetrados por vítimas dos ataques de Osama. Durante o final de 1998 e em 1999, a família e seus procuradores procederam, às vezes, com extrema cautela em seus intercâmbios com os agentes do governo norte-americano. Na embaixada dos Estados Unidos, o principal objetivo de Fowler era tentar identificar as contas correntes bancárias de Osama e descobrir se qualquer quantia ainda chegava a ele, proveniente da Arábia Saudita ou de algum outro lugar; nessa tarefa, Fowler achou que recebera cooperação particularmente acentuada dos príncipes mais velhos do governo saudita.[13]

Os Bin Laden e seus advogados temiam, segundo Brennan, que, embora fornecessem assistência não-oficial e confidencial a investigadores norte-americanos, "pudessem se expor, e, pelo ódio ao nome Bin Laden, as pessoas no governo dos Estados Unidos se aproveitassem de sua cooperação para congelar seu patrimônio". Considerando esses riscos, como disse Brennan, "por que se tornar vulnerável?".[14]

Na unidade Bin Laden da CIA, Michael Scheuer cada vez mais percebia esse cuidado e a aceitação dele por parte dos Estados Unidos como uma forma de apaziguamento. Scheuer detectou "uma clara relutância até em fazer as perguntas" que pudessem deixar os Bin Laden ou o governo saudita em situação desconfortável. Em parte, achava Scheuer, essa reticência refletia a habilidade de Bakr em manusear Fowler, Brennan e outros agentes na embaixada dos Estados Unidos em Riad. "Bakr era muito bom", disse Scheuer mais tarde. "Ele costumava chegar junto ao embaixador ou ao cônsul-geral em Jedá, por ocasião do Quatro de Julho, ou em outro feriado norte-americano, e dizer: 'Que sujeitos maravilhosos vocês são — adoramos estar nos Estados Unidos, adoramos investir lá e nos afastamos da ovelha negra'. Muito, muito bom trabalho de relações públicas por parte de Bakr e seus irmãos".[15]

"De nossa parte nunca houve relutância em fazer perguntas aos sauditas", declarou Brennan mais tarde, respondendo às críticas de Scheuer. O embaixador Wyche Fowler acrescentou: "No momento em que Bakr bin Laden concordou com meu pedido de cooperação da família, eles propiciaram ao Departamento do Tesouro e ao FBI acesso a seus livros, registros de família — e o contrato com os militares norte-americanos em sua base na Arábia Saudita não estava terminado. Além disso, nunca ouvi uma queixa de nosso governo a respeito de sua falta de cooperação".[16]

Entre as preocupações particulares de Scheuer, disse ele depois, estavam informes continuados de que o escritório dos Bin Laden no Cairo, dirigido pelo meio-irmão de Osama, Khaled, fornecia vistos de trabalho e viagem a islamitas egípcios que quisessem viajar ao Afeganistão. Outros agentes da CIA consideravam os temores de Scheuer plausíveis, mas sem provas. Suas preocupações mais amplamente compartilhadas a respeito da família Bin Laden envolviam Jamal Khalifa, cunhado de Osama e seu ex-camarada na guerra afegã, que tinha sido julgado, e absolvido, em um tribunal jordaniano por apoiar atividade terrorista. Em meados dos anos 1990, por intermédio de sua mulher Sheikha, meia-irmã de Osama, Khalifa usou a agência de viagens da Mohamed Bin Laden Company para obter um visto para os Estados Unidos e para outros auxílios em viagens da família. Outra preocupação era o contínuo contato telefônico de Osama com sua mãe e meios-irmãos em Jedá. Agentes da CIA, além disso, tentaram rastrear os movimentos da prole do próprio Osama — a mulher e os filhos que tinham voltado para a Arábia Saudita, outro filho que, pelo que souberam, estava morando em Karachi e outros membros da família que sabidamente viajavam de um lado para outro no reino e no Paquistão. A CIA pressionou informalmente os sauditas para obter informações a respeito de todas essas questões, mas pouco ficou sabendo.[17]

Havia tantas fontes de frustração mútua na ligação entre os dois governos que era difícil separar uma origem de irritação da outra. No entanto, para aqueles da comunidade de inteligência dos Estados Unidos que estavam encarregados de investigar o problema específico de Osama bin Laden e seu dinheiro, o caso do ex-auxiliar financeiro perneta de Osama era uma causa especial de contrariedade. Al-Ghazi Madani al-Tayyib se mantivera informado a respeito de parte do dinheiro da Al Qaeda e dos negócios de Osama durante o período que este passara no Sudão. Exausto e desmoralizado pelo exílio na Grã-Bretanha, Al-Tayyib se entregara às autoridades sauditas. Era provável que ele tivesse um amplo conhecimento das contas pessoais de Osama e, talvez ainda mais importante, de seu acesso a obras de caridade religiosas e arrecadadores individuais de recursos que fossem seus simpatizantes. Uma sucessão de agentes norte-americanos seniores da CIA e de outras agências pediram ao príncipe herdeiro Abdullah, ao príncipe Nayef e a outros funcionários sauditas a oportunidade de conhecer e questionar Al-Tayyib diretamente. Os sauditas recusaram com freqüência.[18]

O embaixador e o chefe do escritório da CIA, além disso, pressionaram o governo saudita para restringir os vôos feitos entre o reino e o Afeganistão, pela companhia aérea controlada pelos talibãs, Afghan Ariana, que no final dos anos 1990 parecia operar como serviço de entrega aérea, transportando armas, dinheiro e voluntários para Osama. Nessa questão eles acabaram por obter uma tardia cooperação maior.[19]

A LIGAÇÃO ENTRE AS ORGANIZAÇÕES de caridade sauditas, as redes islamitas radicais e membros da família Bin Laden era de avaliação especialmente difícil para os investigadores norte-americanos. Por volta de 1996, por exemplo, Scheuer e Coleman interessaram-se por um grupo de proselitismo, a Assembléia Mundial da Juventude Muçulmana, que tinha uma filial norte-americana em instalações modestas em Falls Church, Virgínia, a poucos quilômetros do escritório da unidade secreta de rastreamento de Bin Laden da CIA. O presidente da filial nos Estados Unidos estava listado em documentos de incorporação pública como Abdullah Awadh bin Laden. Foi preciso algum tempo para que os investigadores descobrissem como Abdullah entrava na árvore genealógica da família Bin Laden, já que havia outros Abdullah proeminentes na família, como o de Harvard e o venerado patriarca da família, irmão de Mohamed bin Laden. Afinal, os investigadores norte-americanos souberam que esse Abdullah em especial, que dirigia a filial da Assembléia Mundial, era filho de um dos meios-irmãos — possivelmente filho de uma das meias-irmãs. Osama, então, era um dos muitos tios de Abdullah.[20]

A Assembléia Mundial da Juventude Muçulmana tinha sede em Riad e se anunciava como o maior grupo jovem muçulmano do mundo, dedicado a espalhar idéias, valores e textos sagrados islâmicos; operava mais de cinqüenta escritórios regionais e locais nos cinco continentes. Abdullah bin Laden incorporara a filial norte-americana em 1992. Em um discurso que fez em Riad, em 1997, ele descreveu seu trabalho: oferecia subsídios financeiros a muçulmanos norte-americanos carentes que quisessem fazer o Hajj; dirigia acampamentos de verão com uma semana de duração para jovens muçulmanos no Texas, Nova York, Flórida, Califórnia, Ohio e no estado de Washington; buscava visitar escolas, universidades e prisões. Seu objetivo, segundo o relato de um jornalista sobre seu discurso, era combater "a distorção deliberada do islã" por "determinadas agências de informação e mídia", que procuravam "fazer com que as pessoas odiassem o islã e lhe atribuíssem o rótulo de terrorismo, explorando determinados incidentes, como a explosão no World Trade Center em Nova York em 1993". Abdullah bin Laden estava especialmente orgulhoso de seu projeto de "boa palavra" para ajudar os muçulmanos norte-americanos convertidos a absorver os valores islâmicos e permanecer no caminho espiritual correto. Ele disse que criara kits de material de proselitismo — um kit prateado, um kit dourado e um kit de diamante. Todos os kits continham traduções do Alcorão e um livro de Sayed Abdullah al-Mawdudi, radical islamita do início do século XX que foi um dos fundadores intelectuais da Irmandade Muçulmana.[21]

O material distribuído pela Assembléia Mundial da Juventude Muçulmana não promovia explicitamente a *jihad* violenta, no estilo dos artigos publicados por Osama, mas certamente continha a espécie de panfleto anti-semita odioso, bastante típico das publicações das organizações influenciadas pela Irmandade Muçulmana. Em um livro em língua árabe intitulado *Uma útil enciclopédia de religiões e seitas contemporâneas*, os autores da Assembléia Mundial enumeravam motivos para os muçulmanos odiarem os judeus, usando uma linguagem que ecoava os panfletos do Terceiro Reich que promoviam o extermínio:

> Os judeus são inimigos dos fiéis, de Deus e dos anjos; os judeus são inimigos da humanidade; eles criam a imoralidade neste mundo; os judeus são enganadores, dizem uma coisa, mas querem dizer exatamente o contrário; quem estava por trás da crise biológica que parecia uma lavagem cerebral? Um judeu. Quem estava por trás da desintegração dos valores e da vida em família? Um judeu [...] Toda tragédia que se abate sobre os muçulmanos é causada pelos judeus.[22]

Como parte de suas investigações sobre a presença dos Bin Laden nos Estados Unidos, Daniel Coleman, do FBI, visitou Abdullah em seu escritório em Northern Virginia, acompanhado por dois agentes do escritório de campo de Washington. Ele achou o rapaz "muito amistoso"; pareceu-lhe "ser uma pessoa interessante com quem se conversar". Logo depois da chegada de Coleman, no entanto, Abdullah apresentou-lhe um passaporte diplomático saudita. A Assembléia Mundial se descrevia como uma organização não governamental, mas a embaixada saudita fornecia passaportes diplomáticos a seus representantes, como Coleman mais tarde confirmou, depois de solicitar registros no Departamento de Estado. Abdullah estava listado como adido da embaixada saudita e tinha sido formalmente autorizado a ingressar nos Estados Unidos como diplomata saudita. Coleman sabia que essa proteção legal era impermeável, e deixou Abdullah em paz.[23]

Além de seu proselitismo, como ficou claro mais tarde, Abdullah bin Laden investira 500 mil dólares em veículos comerciais norte-americanos controlados por um cidadão egípcio, Soliman Biheiri, que operava uma série de firmas de investimentos adeptas dos princípios islâmicos. Abdullah foi acompanhado, nesses investimentos, por duas das meias-irmãs de Osama, Nour e Iman. Essas mulheres estavam entre diversos dos meios-irmãos mais religiosos de Osama que faziam investimentos em bancos islâmicos ou firmas de investimentos com escritórios espalhados pelo mundo todo, inclusive em paraísos bancários secretos, de acordo com relatórios em tribunais e reportagens da mídia.[24]

Uma dessas entidades era o Al-Taqwa Bank, que "funcionou muito tempo como consultor financeiro para a Al Qaeda", de acordo com um depoimento juramentado, arquivado mais tarde em um tribunal norte-americano por um investigador do governo dos Estados Unidos. O presidente do banco e um auxiliar envolvido em operações forneceram "serviços de investimentos indiretos" para a Al Qaeda, que incluíam "investimento de fundos para Bin Laden e entrega de dinheiro em espécie quando solicitado". Assim como a Assembléia Mundial da Juventude Muçulmana, o Al-Taqwa tinha ligações históricas com a Irmandade Muçulmana. Suas entidades bancárias e de investimentos operavam em escritórios na Suíça, em Liechtenstein, na Itália e nas Bahamas. Em 1999, de acordo com números de relatórios publicados, o FBI obteve uma lista de cerca de setecentos investidores no Al-Taqwa. Entre eles estavam duas meias-irmãs de Osama, Iman e Huda. A última havia uma vez participado, como uma divertida integrante da roda européia de Salem bin Laden, mas, depois da morte de Salem, ela se tornou religiosa. Outro investidor do Al-Taqwa era Ghalib bin Laden, irmão bilateral de Bakr, que visitara Osama em Peshawar em 1989 e fora escolhido para receber as participações de Osama nas companhias da família, quando este foi obrigado a vendê-las em 1994. Seu depósito inicial de 1 milhão de dólares na conta de investimentos do Al-Taqwa nas Bahamas cresceu para quase 2,5 milhões de dólares em 1997; nesse momento, perdas causadas pelo banco e cobradas da conta de Ghalib fizeram com que ele procurasse obter a devolução de seu dinheiro. Quando o banco se recusou a satisfazê-lo, Ghalib entrou com um processo judicial, em 1999, "pedindo a falência do banco", como contaram mais tarde os advogados do Saudi Bin Laden Group. O governo dos Estados Unidos mais tarde apontou o Al-Taqwa como entidade terrorista. Um advogado dos Bin Laden escreveu mais tarde: "Qualquer sugestão de que a família [Bin Laden] ou suas companhias estejam, de qualquer modo, alinhadas com, ou apoiando atividades terroristas de Osama, está inteiramente contrária aos fatos".[25]

Uma entidade *offshore* controlada pelo Saudi Bin Laden Group investiu 3 milhões de dólares, no final de 1997, na Global Diamond Resources, Inc., companhia de mineração sediada na Califórnia que possuía minas de diamantes na África do Sul. Por intermédio de um executivo da família Bin Laden, executivos da Global Diamond conheceram Yasin al-Qadi, empresário saudita de Jedá que era um contemporâneo abastado dos filhos Bin Laden. Em 1998, Al-Qadi também investiu e se tornou um dos maiores acionistas da companhia de mineração. Mais tarde ele foi apontado, pelo Departamento do Tesouro dos Estados Unidos, como financiador terrorista, uma acusação que Al-Qadi rejeitou como sendo mentirosa e injusta. Blessed Relief, organização de caridade da qual Al-Qadi fora co-fundador, e que operara na Bósnia, no Sudão, no Paquistão e outros países entre 1992 e 1997, foi descrita em uma citação do Tesouro como "fachada" para Bin Laden, e teria sido usada para passar-lhe dinheiro vindo de sauditas ricos. Al-Qadi também negou essas acusações. Disse que conhecera Osama em reuniões religiosas na Arábia Saudita, durante os anos 1980, mas que essas reuniões eram informais e inconseqüentes, e negou com veemência propiciar qualquer apoio à Al Qaeda ou qualquer outro terrorista em qualquer ocasião.[26]

Essas ligações financeiras *offshore*, embora longe de oferecer provas de que alguns membros da família Bin Laden tivessem encontrado meios de discretamente repassar recursos para Osama depois de ele ter sido obrigado a vender suas ações da família, oferecem evidências intrigantes — migalhas de evidências que certamente exigiram outras investigações, mais rigorosas, do que aquelas que o governo norte-americano conseguira empreender, pelo menos na opinião de Michael Scheuer, o principal analista da CIA. No final da década de 1990, Scheuer chegara à conclusão, como escreveu, de que havia "todos os motivos para acreditar que membros da extensa família Bin Laden haviam arrumado formas para que ele recebesse sua parte dos lucros da família".[27]

O relacionamento de Osama com suas meias-irmãs era uma questão especialmente nebulosa e frustrante. O embaixador norte-americano ou o chefe do escritório da CIA em Riad podiam conseguir encontrar-se com os irmãos mais velhos, como Bakr ou Yahya, e talvez conseguissem deles uma cooperação limitada, mas, dadas a sistemática segregação das mulheres na Arábia Saudita e as limitações impostas aos investigadores norte-americanos no reino, era impossível explorar em qualquer profundidade finanças, atitudes, investimentos e viagens das meias-irmãs de Osama. Observações feitas por membros da família, como Carmen bin Laden, sugerem que Osama tinha relações mais tranqüilas com algumas de suas meias-irmãs do que com muitos de seus meios-irmãos. Dominic Simpson, que serviu como agente da inteligência britânica encarregada das questões na Arábia Saudita durante meados e final da década de 1990, lembrou "muitas conversas a respeito de membros indefinidos da família Bin Laden" que "ainda alegam ter contato com ele", relatos que levantam a possibilidade de "o dinheiro ser canalizado de algum modo". A preocupação nas agências de informação, na época, lembra Simpson, se focalizava "especialmente em algumas das irmãs — duas de suas irmãs". De sua parte, Simpson não via evidências convincentes de que membros da família Bin Laden, inclusive essas irmãs, estivessem "secreta ou discretamente financiando" Osama "de qualquer maneira", ou que se deixassem "usar como canais para outros financiadores [...] Mas podia muito bem acontecer que alguns membros da família tivessem contatos ocasionais, por motivos puramente pessoais. E, mais uma vez, algumas das irmãs foram citadas".[28]

A análise de Simpson era que Osama "sempre se deu melhor com suas irmãs que com seus irmãos", em parte por causa do status relativamente fraco da mãe de Osama dentro da família. "Alguns dos irmãos o desdenhavam, e as irmãs sentiam pena dele e passavam a mão pela cabeça do pobre pequeno Osama [...] As mulheres freqüentemente gostam da oportunidade de atuar como mães de um homem, e acho que talvez fosse assim que elas respondessem a ele, com carinho [...] Tenho certeza, porém, de que não havia apoio institucionalizado a ele.' Investigadores norte-americanos da Comissão 11/9, que mais tarde revisaram as provas disponíveis à inteligência dos Estados Unidos, chegaram a uma conclusão um tanto mais cautelosa: depois do bombardeio das embaixadas na África, escreveram eles, a família Bin Laden "de um modo geral se afastou" de Osama. Mas esses investigadores também não ofereceram as provas de apoio financeiro culpável para Osama.[29]

A comunidade de inteligência dos Estados Unidos simplesmente não sabia muita coisa a respeito da família Bin Laden, e um aspecto importante daquilo que alegavam saber estava errado: mesmo depois de 1998, as avaliações que a CIA fez de Osama e suas potencialidades se apoiavam em suposições equivocadas a respeito da escala e da história da fortuna dos Bin Laden.

EM 17 DE NOVEMBRO DE 1998, a CIA fez circular dentro do governo dos Estados Unidos um relatório da inteligência afirmando que Osama tinha herdado 300 milhões de dólares depois da morte do pai. Essa estimativa não derivava de provas concretas, alertava o relatório; possivelmente se originara de rumores que circulavam pela comunidade empresarial saudita. O FBI soubera pela entrevista com Shafiq e Hassan bin Laden que a receita e a herança de Osama tinham sido consideravelmente menores. Mesmo assim, em seus relatórios de inteligência, a CIA considerou o número de 300 milhões de dólares uma "estimativa razoável", em meados dos anos 1990, baseada em sua avaliação das atividades empresariais de Osama no Sudão e segundo a estimativa das quantias que ele poderia ter herdado de Mohamed bin Laden. Analistas achavam que Osama só poderia ter formado a Al Qaeda com tamanha rapidez se tivesse acesso a uma grande fortuna pessoal. Outras agências de informações dos Estados Unidos fizeram circular avaliações semelhantes entre os encarregados das decisões do governo Clinton depois dos ataques na África. Um relatório que a Defense Intelligence Agency distribuiu sem comentários, em outubro de 1998, alegava que Osama tinha uma fortuna de 150 milhões de dólares, com 35 milhões de dólares investidos no Sudão.[30]

Richard Clarke, o czar antiterrorismo de Clinton na Casa Branca, expressou um descontentamento crônico com os relatórios de informação sobre as finanças de Osama. No outono de 1998 ele reorganizou o trabalho do Conselho Nacional de Segurança sobre a Al Qaeda. Chamou um jovem auxiliar, William Wechsler, que estudara questões de financiamento ilícito e crime organizado, embora a Al Qaeda nunca tivesse feito parte de suas atenções. Clarke disse a Wechsler para instalar um novo grupo de trabalho interagências dedicado unicamente à questão do dinheiro da Al Qaeda. Os especialistas em terrorismo do governo tinham negligenciado o assunto, segundo Clarke, e agora estavam ocupados demais com outras questões, como tentar encontrar Bin Laden no Afeganistão e localizar outras células violentas no mundo todo.

Clarke e Wechsler chamaram sua nova força-tarefa de "UBL Finance Sub-Group"; ela iria se reportar ao grupo antiterrorismo mais amplo que Clarke dirigia. Eles recrutaram Richard Newcomb, que coordenava um escritório no Departamento do Tesouro encarregado de identificar e congelar a fortuna de grupos terroristas e traficantes de drogas. Além disso, trouxeram um analista da unidade Bin Laden de Scheuer; um analista de outra unidade da CIA especializado em finanças globais no mercado negro, chamada Illicit Transactions Group; um representante da Defense Intelligence Agency; e outros do FBI, do Departamento de Estado e da National Security Agency.

Wechsler leu os arquivos de inteligência existentes, em especial aqueles que se referiam à herança de Osama, e começou a fazer perguntas. Na condição de auxiliar recém-nomeado da Casa Branca, relativamente jovem, ele podia escapar impune ao fazer algumas indagações básicas, até ingênuas, como: de onde viera na verdade a informação a respeito dos 300 milhões de dólares de Osama; que esforços tinham sido feitos para verificá-la com documentação confiável da família Bin Laden ou do governo saudita, e assim por diante. As respostas que recebeu da CIA eram sentimentais. O FBI parecia ter poucos dados concretos, ou, se os tinha, seus representantes não eram capazes ou não estavam dispostos a compartilhá-los com a Casa Branca.

"Isso é uma loucura", disse Wechsler a Clarke, como este último se lembra. "O FBI acha que devemos deixar isso com eles, mas não conseguem me dizer nada que eu não possa ler nos jornais. A CIA nos deu uma montoeira de dados a respeito de tudo que encontraram sobre o assunto e acha que isso resolve a questão. Não há qualquer avaliação formal, nenhum conhecimento do quadro todo com relação ao lugar de onde o dinheiro está vindo [...] A impressão geral que tiro disso é que é tudo uma perda de tempo, porque, continuam eles a dizer, não é preciso muito dinheiro para explodir alguma coisa, e Osama recebeu tudo de que precisa do papai."[31]

Foi Richard Newcomb, o diretor do Departamento do Tesouro para Controle de Ativos Estrangeiros — que anteriormente desenvolvera sanções contra países que apoiavam o terrorismo e contra grupos criminosos complexos, como o cartel de tráfico de cocaína de Cali, na Colômbia —, quem primeiro fez, durante reunião de subgrupo, uma pergunta fundamental: "Qual é a teoria do caso sobre o qual estamos trabalhando aqui?". É o de uma pessoa rica — Osama —, que gasta seu próprio dinheiro? Se for isso, a decorrência é: eles deveriam procurar o grande pote de dinheiro de Osama e tomá-lo dele. E, no entanto, à medida que examinavam os relatórios do governo, viam que não havia provas de uma fortuna unitária, mas referências contínuas a relacionamentos de Osama com organizações de caridade islâmicas, doadores e redes de proselitismo — uma teia complexa, internacional, de arrecadação de fundos religiosa e política. Além disso, eles se confrontaram com o fato de que sabiam muito pouco a respeito do estado verdadeiro dos investimentos de Osama no Sudão. (Na época, o fato de ele ter sido despojado de parte de sua fortuna quando saiu do país era desconhecido do governo dos Estados Unidos.) Acima de tudo, os analistas no grupo de Wechsler deram-se conta de que precisavam de uma cooperação maior por parte da Arábia Saudita.

O problema de pedir auxílio aos sauditas em questões de financiamento de terroristas era que as perguntas em geral se agrupavam em uma agenda governo-a-governo mais ampla, em que eles tinham de lutar por prioridade com outras questões — perseguição ao terrorismo, política regional, conflito palestino, petróleo. O grupo de Wechsler resolveu propor uma missão especial ao reino, unicamente dedicada à investigação do dinheiro da Al Qaeda e do terrorismo. O vice-presidente Al Gore concordou em entrar em contato com o príncipe herdeiro Abdullah — sua contraparte, no protocolo diplomático — para pleitear a cooperação.[32]

Abdullah concordou em organizar uma reunião da polícia contraterrorista saudita e funcionários dos bancos. Newcomb liderou uma delegação interagências a Riad, no início de 1999. Viajaram em uma companhia aérea comercial. No grupo norte-americano, além de Newcomb e Wechsler, estavam representantes do Estado, da CIA e do Tesouro. Eles se encontraram com suas contrapartes no Ministério do Interior, em uma sala de conferências tipicamente ornamentada e sob forte ar-condicionado. Os sauditas levaram agentes seniores de seus serviços domésticos de segurança, os *mubahith*, e especialistas da Autoridade Monetária da Arábia Saudita, o banco central do reino.

Os norte-americanos desdobraram uma lista variada de itens de agenda. Algumas de suas questões envolviam sugestões para novas leis ou regulamentações bancárias que pudessem melhorar a capacidade da Arábia Saudita de detectar e impedir transações ilícitas. Outros itens da agenda diziam respeito a campanhas internacionais para isolar os talibãs, especialmente acabando com os vôos da Afghan Ariana. Finalmente, havia o assunto delicado de Osama bin Laden, o dinheiro dele e seu relacionamento com a família.

Newcomb apresentou uma solicitação formal para encontrar-se com membros da família Bin Laden. Os delegados do Ministério do Interior sauditas mostraram-se assustados. Eles eram o equivalente saudita dos investigadores mais graduados do FBI, mas um encontro daqueles não era algo que pudessem prometer, como disseram — parecia estar acima de seu nível hierárquico. Os funcionários sauditas acentuaram que os Bin Laden eram uma família respeitada, cumpridora da lei. Eles tinham proscrito Osama, do mesmo modo que o governo saudita. Por que os norte-americanos precisavam encontrar-se com eles?

Os sauditas sabiam, é claro, que o departamento de Newcomb no Tesouro estava encarregado de identificar e administrar as sanções norte-americanas sobre governos e grupos estrangeiros envolvidos em terrorismo e outros crimes. Isso poderia explicar parte de seu instinto protetor. Ali estava o cenário que os Bin Laden e seus advogados temiam: cooperação voluntária com investigadores dos Estados Unidos que pudesse levar a um ataque legal à fortuna dos Bin Laden.

Os sauditas disseram a Newcomb e a seus colegas que eles teriam de coordenar a solicitação com Wyche Fowler, o embaixador dos Estados Unidos. Eles fizeram isso, mas os membros da delegação ficaram com a sensação de que Fowler não estava feliz com a intrusão deles em uma área com a qual andara lidando. Mesmo assim, Fowler pressionou os sauditas e os Bin Laden a cooperarem com o Tesouro.

Newcomb e seus colegas disseram a suas contrapartes sauditas que queriam informações específicas a respeito do tamanho e da disposição da herança de Osama. Na reunião, os sauditas forneceram um esboço das vendas forçadas das participações de Osama nas companhias dos Bin Laden em 1994 e os relativamente modestos 9,9 milhões de dólares em dinheiro apurado que foram congelados em contas sauditas. Alguns dos delegados norte-americanos ficaram espantados com o fato de que a quantia fosse muito menor que aquela que os relatórios da inteligência dos Estados Unidos os autorizava a avaliar. De qualquer modo, o dinheiro estava fora do sistema bancário saudita e não se encontrava acessível para Osama, afirmava o lado saudita.

Havia documentos disponíveis que pudessem descrever isso tudo? Não, responderam os sauditas. Como vocês têm tanta certeza, então, perguntaram os norte-americanos, de que tudo havia sido feito da maneira adequada? É a família Bin Laden, responderam os sauditas — é claro que temos certeza.

Os norte-americanos manifestaram sua preocupação com o fato de que Osama continuasse a telefonar para a mãe em Jedá. Será que isso sugeria relações continuadas com sua família? "Você não pode jamais pedir a uma mãe árabe que não fale com seu filho", respondeu um dos funcionários sauditas.[33]

Enquanto escutava, um norte-americano presente na sala viu-se pensando: bem, então eles não estão verdadeiramente separados, não é? E também: Nós insistiríamos para que uma mãe parasse de falar com o filho se o filho fosse um fugitivo acusado de assassinato em massa.

A CONFUSÃO PERSISTIU na Casa Branca e na CIA a respeito dos fatos básicos da fortuna e da herança de Osama até a primavera de 2000. Em março daquele ano, o escritório de Richard Newcomb telefonou para Richard Urowsky, sócio da Sullivan & Cromwell, e solicitou uma reunião com os membros da família Bin Laden para discutir questões financeiras. Urowsky, Abdullah bin Laden e Shafiq bin Laden voaram a Washington para se encontrar com Newcomb no Departamento do Tesouro.

Newcomb explicou que ele e seus colegas estavam lutando para avaliar os relatórios que diziam que Osama herdara 300 milhões de dólares. O Tesouro e a Casa Branca queriam saber se isso era exato, e, caso não fosse, quanto e quando Osama recebera. Eles queriam saber a natureza de sua receita no passado e no presente.[34]

Os dois Bin Laden responderam às perguntas de Newcomb. Algumas semanas mais tarde, a Sullivan & Cromwell remeteu uma carta formal do Saudi Bin Laden Group ao Tesouro para confirmar por escrito o que Abdullah e Shafiq tinham transmitido. Esse documento propiciou — cerca de um ano e meio depois dos bombardeios das embaixadas na África — um inventário específico da família Bin Laden quanto à herança e à receita de Osama. Ao longo de sua vida, Osama recebera um total de cerca de 27 milhões de dólares, não ao mesmo tempo, revelava a carta. Ele recebera dividendos e salários regulares, começando no início da década de 1970 e terminando no início da de 1990. Essa receita era em média um pouco mais de 1 milhão de dólares por ano.[35]

Mesmo depois dessas revelações oficiais, analistas dentro do governo norte-americano permaneceram incertos a respeito de diversas questões. Disseram a Daniel Coleman, do FBI, por exemplo, durante suas entrevistas com os meios-irmãos de Osama, que houvera uma grande distribuição de talvez 8 milhões de dólares depois da morte de Salem, quando Bakr reorganizou as finanças e os negócios da família. Os filhos de Mohamed bin Laden tiveram a opção de receber sua parte em espécie ou reinvesti-la. O que, exatamente, tinha Osama feito? A resposta parecia nebulosa — ele recebera uma quantidade substancial em espécie, de acordo com os relatos da família Bin Laden, mas também se mantivera como acionista, em boa posição nas duas das principais firmas da família. Havia diversas questões semelhantes que pareciam confusas; talvez fossem meros detalhes, mas permanecia um sentimento continuado, entre alguns dos investigadores norte-americanos, de que eles jamais conseguiam enxergar a imagem com nitidez.[36]

O mito da herança de Osama de 300 milhões de dólares finalmente se esvaíra — pelo menos isso era certo. Ele tinha gozado de uma robusta conta bancária, mas nunca estivera entre os extremamente ricos e, a essa altura, depois de anos de exílio, ele claramente não financiava suas operações terroristas com a herança.

Alguns agentes do departamento de contraterrorismo da Casa Branca ficaram enfurecidos com o fato de que, ao que tudo indicava, a CIA jamais reconhecera que informações tão enganosas a respeito de uma questão importante tivessem circulado pelos mais altos níveis do governo durante tanto tempo. Em vez de admitir o erro, os relatórios da CIA agora adotavam a linha de que o assunto inteiro constituía um mistério desconcertante: "No momento não temos informações para determinar quanto da fortuna pessoal de Bin Laden ele usou ou continua a usar para financiar sua organização", declarava um relatório de informações que circulou em abril de 2001. "Não conseguimos estimar com exatidão o valor de seus ativos e de seu patrimônio líquido; e não sabemos o nível de apoio financeiro que ele recebe de sua família e de outros doadores simpatizantes de sua causa."[37]

O relatório do FBI não foi melhor, se é que existiu. Vários anos mais tarde, investigadores da Comissão 11/9 bipartidária examinaram todos os arquivos confidenciais sobre o assunto da fortuna de Bin Laden e financiamento terrorista, tanto da CIA quanto do FBI. Eles acharam que o relatório da CIA sobre o dinheiro de Bin Laden fora maravilhosamente escrito, impresso com elegância e distribuído de maneira eficiente pela burocracia da segurança nacional — mas que tinha sido elaborado a partir de fontes frágeis, mal apuradas, que se revelaram errôneas. Os arquivos brutos do FBI, em comparação, continham dados acurados e específicos, mas estavam espalhados frouxamente pelos escritórios de campo e eram mal analisados. Faltava ao órgão de investigação cultura e capacidade para juntar as informações, sintetizá-las por escrito e distribuí-las de modo que pudessem ajudar na tomada de decisões.[38] Além disso, o FBI nunca realizara vigilância física significativa dos Bin Laden nos Estados Unidos, nem fizera uma revisão sistemática de seus negócios e finanças.[39] Durante os anos 1990, qualquer cidadão norte-americano ou estrangeiro poderia ter entrado no Tribunal Superior do Município de Los Angeles, solicitado, de graça, arquivos dos pedidos de divórcio da família Bin Laden e lido os ricos detalhes a respeito de dividendos anuais, lucros, empréstimos e questões empresariais — informações que teriam refutado o relatório da CIA sobre a herança de 300 milhões de dólares de Osama. Mesmo assim, era provável que essas informações publicamente acessíveis nunca houvessem sido examinadas, e sem dúvida nunca se refletiram em relatórios de inteligência dirigidos àqueles encarregados das decisões no governo Clinton, quando eles tentaram conhecer a ameaça que Bin Laden representava para as vidas e os interesses norte-americanos.

O fracasso em desenterrar a verdade a respeito das finanças de Osama "obstruiu a capacidade do governo norte-americano de integrar potencial ação secreta ou ruptura econômica" em suas tentativas para deter Bin Laden antes que ele pudesse atacar outra vez — concluíram mais tarde investigadores norte-americanos. O custo de ataques terroristas particulares era baixo — talvez 10 mil dólares pelo ataque na África e várias centenas de milhares de dólares para a conspiração mais desafiadora do 11 de Setembro. Mesmo assim, a pressão financeira sobre Bin Laden, à medida que ele fazia planos para o 11 de Setembro, foi muito maior do que esses números poderiam sugerir.[40]

Para se manter nas boas graças dos talibãs, por exemplo, Osama teve de levantar cerca de 20 milhões de dólares por ano para acampamentos de treinamento, armas, salários e subsídios para as famílias dos voluntários. Operações fora do Afeganistão custaram aproximadamente 10 milhões de dólares a mais, como concluíram depois os investigadores norte-americanos, quando tiveram o benefício de um arquivo muito mais rico dos documentos e testemunhos da Al Qaeda. Alguns desses orçamentos se sobrepunham a empreendimentos e projetos de construção em que Osama se envolvia para agradar ao mulá Omar: um novo palácio para o líder talibã fora de Kandahar, em 1999, uma nova mesquita na cidade e, mais tarde, um novo mercado coberto no centro da cidade.[41] Os recursos vinham de organizações de caridade simpatizantes e de indivíduos que levantavam contribuições com indivíduos ricos no Golfo Pérsico; alguns desses doadores poderiam saber para onde o dinheiro deles ia, mas outros não. Em 2000 Osama dirigia uma organização islamita internacional sem fins lucrativos, cuja arrecadação de fundos e ciclos de gastos pareciam semelhantes a outras organizações de caridade globais, e cujo uso crescente da internet era especialmente inovador. Ele se restabelecera na posição que gozara durante o início da década de 1980, na primeira vez em que chegou ao Afeganistão, esposando a caridade islâmica, e aprendeu a usar a mídia, o calendário religioso e seu próprio carisma para arrecadar milhões, ano após ano. Então, como mais tarde, quando Osama precisava de dinheiro, ele parecia saber como encontrá-lo.

35

Ilha Bin Laden

No final da década de 1990 era comum, no interior da cultura corporativa Bin Laden, referir-se respeitosamente a cada um dos filhos de Mohamed bin Laden pelo honorífico "xeique". Seu uso era semelhante ao de "general" ou "coronel" entre os militares norte-americanos — um prefixo de rotina. Um dia, enquanto Bakr bin Laden recebia um relatório completo de itens de administração, seu porta-voz se referiu a seus meios-irmãos mais jovens dessa maneira, como, por exemplo, "xeique Shafiq ligou de Londres com uma pergunta", ou "xeique Hassan está vindo do Líbano amanhã". Uma pessoa que estava presente lembrou-se de que Bakr esperou uma pausa adequada e depois comentou ironicamente: "Só existe um xeique nesta família".[1]

Osama podia desejar que fosse diferente, mas Bakr tinha razão. Quando o nome Bin Laden se tornou globalmente infame — ou comemorado, dependendo do público —, Bakr tinha se livrado de grande parte da tensão e do constrangimento que acompanhara sua transição inesperada para a liderança da família depois da morte de Salem. Ele era muito trabalhador e ainda não se sentia de todo confortável em sua posição, mas agora, com cinqüenta e poucos anos, como presidente de um império diversificado de negócios, não poderia haver dúvida quanto a seu sucesso. O Saudi Bin Laden Group e a Mohamed Bin Laden Company, juntas, empregavam muitos milhares de pessoas. Eles tinham expandido seu alcance geográfico: os contratos internacionais de construção, no final da década, incluíam o Aeroporto Internacional do Cairo, o Aeroporto Internacional de Kuala Lumpur e o Grand Hyatt Hotel, em Amã. Eles tinham se tornado atores substanciais em novos campos, como a indústria médica; o United Medical Group, fundado pelo Saudi Bin Laden Group, em 1990, progredia para se tornar uma companhia global com 120 milhões de dólares de receita anual, mais de 2 mil empregados e escritórios em Londres, Austrália e pelo Oriente Médio. Bakr e os irmãos mais próximos a ele, especialmente Yahya, tinham produzido esse crescimento apesar de uma série de episódios política e empresarialmente arriscados depois da morte de Salem: a excomunhão de Osama, a queda no preço do petróleo, o derrame do rei Fahd e as tentativas do príncipe herdeiro de exercer maior controle sobre o sistema de contratação no reino. Qualquer um desses desafios poderia ter feito com que eles retrocedessem, mas Bakr contornara a todos, e, em parte pela sua estratégia de modernização e diversificação dos negócios, ele emergira com maior riqueza e independência financeira do que Salem ou seu pai haviam tido.[2]

Ele se divorciara duas vezes, mas seus filhos moravam sob seu teto. Contratara guardiões e tutores, e, se os meninos estivessem talvez mais interessados nos últimos jogos da Sony PlayStation que nos tediosos versículos do Alcorão do pai, a diferença de geração entre eles parecia ter a dimensão normal. Bakr enviou seu talentoso filho mais velho, Nawaf, detentor de um passaporte norte-americano, para os Estados Unidos a fim de estudar. Na tradição árabe, cultivou o garoto para assumir o papel de liderança na geração seguinte.

Quando Bakr estava em casa em Jedá, seu mundo girava em torno de seu palácio perto do mar Vermelho, um parque com uma casa principal, uma casa de hóspedes, construções que serviam de escritório para o pessoal executivo, e seus *majlis*, onde ele recebia altos funcionários e visitantes à tarde e à noite. Bakr comparecia a banquetes e recepções oferecidas pelos Al-Saud, mas essas noitadas muitas vezes tinham mais a ver com estar a serviço de seus clientes reais do que com a busca de prazer. Ele mantinha uma paixão por aviões e construíra sua frota particular de jatos; ao viajar, movia-se na bolha privilegiada e luxuosa da aviação privada — uma subcultura de salas de espera exclusivas, limusines e servidores de luvas brancas, muito diverso do ambiente de rodoviária da aviação comercial. Bakr encomendou a um estaleiro sueco-egípcio a construção de um iate de 470 metros com heliporto no convés, mas o projeto caminhava lentamente, de modo que, enquanto isso, ia de um lado para outro, através do mar Vermelho, entre Jedá e o *resort* egípcio Sharm El Sheikh, em um de seus muitos iates menores. Uma vez fora da Arábia Saudita, seu estilo de vida era ativo, embora contido. A idéia que fazia de sair à noite era comer com os olhos os jatos no Dubai Air Show, ou ir ao Ice Capades, em Paris. Podia ser generoso, especialmente para causas de caridade ou educacionais com as quais tivesse ligações pessoais ou de família, mas em geral preferia agir com discrição, ainda mais depois que Osama declarou guerra aos Estados Unidos.

Um atestado do temperamento de Bakr era o fato de que seus empregados raramente o deixavam descontente. Ele em geral era um patrão razoável — respeitoso e correto. Era difícil encontrar ex-sócios comerciais ou executivos que se sentissem destratados por qualquer um dos Bin Laden, embora, inevitavelmente, houvesse alguns. Os salários pagos pelas companhias dos Bin Laden não eram extravagantes, mas estavam de acordo com os padrões internacionais, e, quando se levavam em conta os subsídios para moradia e a aversão saudita a impostos, um engenheiro ou contador dos Bin Laden podia se dar bastante bem. À medida que as companhias dos Bin Laden se modernizavam, elas passaram a adotar os ornamentos típicos das multinacionais, ou pelo menos aqueles típicos no mundo árabe: os empregados eram classificados segundo diversas categorias, dependendo de seu posto, e recebiam distintivos coloridos — vermelhos, amarelos ou azuis. Havia férias regulares, licenças para ir ao país de origem e, no Saudi Bin Laden Group, até uma política oficial de indenização por afastamento para empregados expatriados: pagamento de metade de um mês por ano de serviço para os que permanecessem menos de cinco anos, e um mês de salário a cada ano de serviço depois de cinco anos.[3]

Aqueles que ficavam mais tempo e desenvolviam ligações pessoais com a família podiam esperar recompensas excepcionais. Um paquistanês da equipe doméstica de Bakr em Jedá estava com ele há tanto tempo que corriam rumores de que já possuía um patrimônio líquido de pelo menos vários milhões de dólares. O motorista de Bakr em Londres, um polonês apelidado "Martin", pusera seus filhos em boas escolas britânicas com o dinheiro da venda de carros usados de luxo que lhe tinham sido dados por diversos Bin Laden ao longo dos anos. Na meia-idade, Bakr se tornara um tipo obcecado por saúde, e Martin acabou encontrando um *personal trainer* e massagista polonês que o acompanhava em suas viagens, o exercitava e mantinha seus músculos relaxados. Talvez o caso mais notável de fortuna acidental no séqüito de Bakr tenha sido o de Nur Bayoun, o agente de viagens libanês que servira como guardião informal a alguns dos meninos Bin Laden durante o início dos anos 1960. Depois que a guerra civil estourou no Líbano, Bayoun foi convidado a ir para Jedá. Ganhou uma franquia da loja de jóias de luxo Bulgari na Arábia Saudita; o fascínio de possuir um negócio desses no reino pode ser de pronto imaginado, e Bayoun ficou excepcionalmente rico. Por fim, ele casou-se com uma jovem que parecia ter a metade de sua idade, e que viajava em férias com a família Bin Laden, exibindo o que parecia corresponder a 2 ou 3 milhões de dólares em jóias da Bulgari.[4]

Afora Osama, a principal fonte de preocupações no mundo de Bakr parecia ser seu relacionamento com os Al-Saud. Toda a confiança e o *aplomb* que construíra ao longo dos anos, desde a morte de Salem, poderiam desaparecer no instante em que um príncipe entrasse na sala. Nos confins de seus próprios *majlis*, ele era o xeique dos xeiques, mas nas cortes reais de Riad, continuava apenas um superbem-sucedido iemenita vulnerável aos caprichos dos Al-Saud cônscios de sua genealogia; jamais poderia se casar no mesmo nível que eles ou esperar sua plena aceitação. Bakr corria para abrir a porta com deferência até para um membro de menor importância da realeza. Parecia se preocupar cronicamente com as disposições dos principais Al-Saud sobre os quais se baseavam seus negócios — o príncipe herdeiro Abdullah, é claro, mas também o príncipe Salman, o governador de Riad, e Abdulaziz bin Fahd, o filho do rei incapacitado. Abdulaziz construíra para si mesmo um palácio em um terreno enorme ao longo do mar Vermelho, em Jedá, que fazia com que o palácio de Bakr parecesse pequeno. Os Bin Laden zelavam cuidadosamente pelo filho do rei.

Bakr se mantinha atualizado com as notícias e tinha alguns interesses políticos contemporâneos; por exemplo, estava mais interessado em questões ambientais, como a saúde do mar Vermelho, do que muitos árabes. Manifestava-se com amigos e colegas a respeito dos poderes invisíveis dos judeus no governo norte-americano e na mídia. Mas aqueles que ouviam esses discursos os consideravam banais, dificilmente controversos.

Bakr se transformara em uma espécie de Babbitt de Hejaz por volta da virada do século, personificação e promotor otimista da tendência principal na Arábia Saudita. A questão era quanto iria durar essa ordem da tendência principal em um mundo que perdera o comunismo, mas ganhara Osama. No fundo dos dilemas da Arábia Saudita — envolvendo identidade nacional, política exterior e defesa — estava a parceria do país com os Estados Unidos, forjada no despontar da Guerra Fria e raramente questionada depois disso. Na época das declarações de guerra de Osama, as elites sauditas já buscavam uma nova direção — que acomodasse a parceria norte-americana (ainda essencial para defender o petróleo do reino contra os predadores), mas que também acentuasse o orgulho saudita, o espaço para manobra e, é claro, o poder da família real.

Em abril de 2000 o príncipe Khaled al-Faisal, governador da província de Asir, perto da fronteira com o Iêmen, publicou um poema no jornal *Al-Medina* de Jedá. Filho do antigo rei, Khaled era pintor, falcoeiro e escritor, considerado um dos mais progressistas e eficazes governadores entre os Al-Saud. Ele viajava, contava com o príncipe Charles da Grã-Bretanha como seu amigo pessoal e parecia refletir a ala modernizadora e com visão internacional da opinião real saudita. Seu ponto de vista a respeito das campanhas norte-americanas e européias pelos direitos humanos e a democracia, no entanto, era menos acomodatício. Khaled intitulou seu poema "Direitos humanos":

Aceitem ou não,
Temos apenas os direitos do nosso islã.

Mesmo que não declarem,
Sabemos que o objetivo deles é espalhar o vício entre nós.
Por que temos de aceitar as mentiras deles
E por eles abandonarmos nossas tradições?[5]

Dois meses depois de publicar essas linhas Khaled estava ao lado do príncipe Charles, acolhendo uma fila de cumprimentos em uma recepção na Whitehall, Londres, a sede do governo britânico. A ocasião era o lançamento formal da *Painting and Patronage*, uma exposição conjunta de arte de 26 pinturas a óleo de Khaled e 35 aquarelas do príncipe Charles. O trabalho do príncipe Khaled descrevia os ensolarados contrastes entre as montanhas nuas de Asir e seus verdejantes vales irrigados; as do príncipe Charles incluíam cenas de Balmoral, Escócia, e também algumas poucas de Asir, pintadas durante suas periódicas visitas particulares ao reino.[6]

Bakr bin Laden chegou à abertura de gala, esperou na fila de cumprimentos e abordou os dois príncipes; Khaled apresentou-o a Charles.

"Este é o senhor Bin Laden."

Charles arqueou as sobrancelhas. "Não *o* Bin Laden?"

"Não, não, é o irmão dele", apressou-se Khaled em explicar.

O Príncipe de Gales virou-se para Bakr e apertou-lhe a mão. "O que seu irmão anda fazendo atualmente?", perguntou ele.[7]

A resposta de Bakr não foi registrada. Ele aparentemente não se ofendeu, e logo se envolveu com Charles em uma relação cordial. Bakr chegou até a entrar para a lista real de cartões de Natal; todo dezembro recebia calorosos cumprimentos de festas, em geral acompanhados de uma fotografia dos jovens príncipes Harry e William.

O príncipe Charles adotou seriamente seu papel de emissário informal à Arábia Saudita. Desenvolvera um interesse profundo e pessoal pelo mundo islâmico. Havia algo na suspeita saudita em relação ao consumismo ocidental e à cultura da mídia que parecia agradar ao tradicionalismo de Charles. Ele procurou promover uma Grã-Bretanha mais enfaticamente multi-religiosa; gostaria, se viesse a ser rei, de ser chamado de Defensor das *Fés*. Em 1993 Charles tinha patenteado essas inclinações, tornando-se formalmente patrono do Centro de Estudos Islâmicos em Oxford. Ao anunciar essa prioridade, fez um discurso antecipador baseado na premissa de que "os maus entendimentos entre o islã e o Ocidente [...] podem estar aumentando". Com um sentido de previsão, argumentou em prol de aceitação e do respeito mútuos com referência às tradições pacíficas do islã. Mais interessante foi sua identificação pessoal com as fontes do ressentimento muçulmano na era da globalização:

> Alguns de nós podem pensar que os adereços materiais da sociedade ocidental que exportamos para o mundo islâmico — televisão, fast-food e bugigangas eletrônicas de nossas vidas diárias — são uma influência modernizadora, evidentemente boa. Mas caímos na armadilha da terrível arrogância se confundirmos "modernidade" em outros países com eles se tornarem mais parecidos a nós. O fato é que nossa forma de materialismo pode ser ofensiva para muçulmanos devotos — e eu não quero dizer apenas os extremistas entre eles [...] As civilizações ocidentais se tornaram cada vez mais aquisitivas e exploradoras, em

desafio às nossas responsabilidades ambientais. O sentido crucial de unidade e zelo do caráter sacramental e espiritual tão vital do mundo ao nosso redor é certamente algo importante que podemos reaprender com o islã.[8]

Em fevereiro de 2001, Charles e Khaled levaram a *Paintings and Patronage* para o Al-Faisaliah Center, em Riad, um complexo de vidro com lojas, torre de escritórios e hotel de luxo construído pelo Saudi Bin Laden Group. Em um banquete comemorativo, Charles sentou-se ao lado do príncipe herdeiro Abdullah, e Bakr bin Laden sentou-se a uma mesa nas imediações. A imprensa saudita promoveu devidamente as obras em exposição e honrou o distinto convidado real — não havia, é claro, o risco de surgirem críticos de arte independentes nos jornais que pudessem irritar qualquer dos pintores régios.

Também estava presente naquela noite no Al-Faisaliah sir Mark Moody-Stuart, presidente do Committee of Managing Directors da Royal Dutch/Shell Group of Companies, a gigante internacional do petróleo, co-patrocinadora da exposição em Riad, junto com BAE Systems, fornecedor militar britânico. As contribuições financeiras para a noite de gala poderiam não refletir a ligação "sacramental e espiritual tão vital" entre o islã e o Ocidente que Charles enfatizara anteriormente. Mas, ao contrário de seu amigo Khaled, claro, Charles era apenas um príncipe de fachada, um embaixador informal a serviço do governo de Sua Majestade, cuja tarefa preferida consistia em cuidar das preocupações mais materiais dos trabalhadores nas fábricas e dos donos de automóveis britânicos.[9]

Os cartões de Natal enviados pelo príncipe Charles representavam para Bakr mais uma fonte de tranqüilização à medida que as violentas ambições de Osama se tornavam visíveis. Bakr e seus irmãos buscavam ativamente outros contatos como esses nos Estados Unidos e na Europa depois do bombardeio das embaixadas na África. Philip Griffin, de seu escritório em Maryland, telefonou para seus antigos contatos no Departamento de Estado, mas suas conexões operavam em um plano mais baixo daquele a que os Bin Laden estavam acostumados. O Carlyle Group, no qual os Bin Laden já tinham feito investimentos, ofereceu um caminho mais influente: George H. W. Bush, o ex-presidente norte-americano, viajou à Arábia Saudita em novembro de 1998, três meses depois do ataque na África, e outra vez em 2000, para falar em eventos do Carlyle destinados a arrecadar dinheiro de investidores sauditas. Ele conheceu os Bin Laden e escreveu-lhes graciosos bilhetes de agradecimento pela hospitalidade.[10]

O ex-presidente Jimmy Carter, procurando levantar dinheiro para o Carter Center, que promovia os direitos humanos e a erradicação de doenças no mundo todo, encontrou-se com um grupo de dez irmãos Bin Laden durante uma campanha de arrecadação de fundos na Arábia Saudita, no início de 2000. Os Bin Laden asseguraram a Carter que não tinham nada a ver com Osama; o ex-presidente, por sua vez, incentivou-os a apoiar seus esforços no combate à pobreza e ao sofrimento no Terceiro Mundo. Talvez os Bin Laden tenham se dado conta de que, no final de um governo de dois mandatos de Clinton, com uma provável vitória à presidência do vice Al Gore, seria útil ampliar seus contatos políticos além da malha pesadamente republicana, centrada no Texas, oferecida pelo Carlyle Group. De qualquer modo, Bakr voou a Nova York em setembro de 2000, na véspera da eleição presidencial dos Estados Unidos, e tomou café-da-manhã com Carter. Era um esforço muito raro da parte dele — era apenas a segunda viagem que fazia aos Estados Unidos desde que saíra da Universidade de Miami, em 1973. Bakr prometeu uma doação de 1 milhão de dólares para o Carter Center, a ser paga durante vários anos; a doação inicial era de 200 mil dólares. Os recursos sustentariam a campanha de Carter para controlar e prevenir a oncocercose, a cegueira dos rios.[11]

DENTRO DOS PRÓPRIOS ESTADOS UNIDOS, depois de 1998, o que os Bin Laden mais procuraram fazer foi não chamar a atenção, mas nem isso se mostrou sempre ser fácil. As crianças Bin Laden continuavam a freqüentar escolas particulares, faculdades e universidades nos Estados Unidos. Os filhos de Khalil bin Laden estavam entre eles. Embora há muito tempo tivesse abandonado a America in Motion, Khalil ainda visitava Desert Bear, a propriedade fora de Orlando. A mãe brasileira de sua mulher muitas vezes ficava ali hospedada, do mesmo modo que a irmã de sua mulher, Regina Frisaura, e suas quatro filhas. Regina morara em Jedá em meados dos anos 1990, mas se divorciara de seu marido norte-americano, Franklin Frisaura, e voltara para Orlando. Era uma mulher profundamente perturbada, e seu comportamento cada vez mais ameaçava atrair o interesse da polícia em uma época em que a família Bin Laden não precisava dessa atenção.

Em 11 de junho de 1999, Michele Smith, agente policial da Flórida, chegou à residência de Frisaura, onde deparou com os efeitos de uma briga violenta. A filha de quinze anos de Regina, Vanessa, disse à agente que sua mãe dera-lhe socos, jogara a moldura de um quadro em cima dela, tinha lhe atirado três vezes uma prancha de skate e a agarrado pelo cabelo. Vanessa declarou que, "desde que conseguia se lembrar, era maltratada física e mentalmente por sua mãe", de acordo com o registro policial de Michele. Duas outras filhas se juntaram a Vanessa para contar os "numerosos atos de violência" durante os anos anteriores.[12]

Esse encontro com a polícia mergulhou o posto avançado de Orlando da extensa família Bin Laden no mundo debilitante dos tribunais de família norte-americanos, com suas lutas por custódia, relatórios de assistentes sociais e audiências legais. Um relatório arquivado em julho de 1999 por uma assistente social do município citava uma das meninas Frisaura dizendo que Regina usava drogas, inclusive crack, "que a mãe desaparecia durante vários dias quando elas moravam na Arábia Saudita e que o pai uma vez a encontrara em uma casa de crack". Isso era apenas o começo, como se mostrou mais tarde, de uma perturbadora série de relatórios arquivados no tribunal de Orange County, Flórida, depois de 1999, que descreviam o comportamento abusivo da cunhada de Khalil bin Laden em relação a suas próprias filhas. Khalil aparecia de vez em quando nas audiências do tribunal de Orlando, chamado para avaliar os interesses das filhas de Regina. Foi uma provação triste e prolongada; Regina algumas vezes desaparecia à noite e deixava as filhas sozinhas, de acordo com relatórios arquivados no tribunal. Grande parte da violência parecia estar relacionada ao abuso do crack, que continuou durante a primavera de 2001, de acordo com um estudo doméstico arquivado pelo Departamento de Crianças e Famílias.[13]

Drogas causadoras de vício arruinavam vidas em Jedá do mesmo modo que em Orlando, e não era de surpreender que uma família tão grande como a Bin Laden fosse afetada. O momento e a geografia desse caso em particular eram inoportunos, mas os Bin Laden tiveram sorte: não houve publicidade.

No início de 2001, a maior mudança ocorrida na família Bin Laden foi o surgimento de uma grande terceira geração. Os filhos mais velhos dos 54 filhos e filhas de Mohamed chegavam aos vinte anos, e uma legião de adolescentes vinha logo atrás deles. Os números eram estonteantes: bem mais de cem descendentes diretos de Mohamed, além do ramo colateral descendente dos muitos filhos de seu irmão Abdullah bin Laden, mais dúzias de pessoas incorporadas à família pelo casamento. Os filhos de Mohamed ainda tentavam se reunir como uma família, especialmente no verão. Diversos deles se encontravam todo ano em um *resort* cercado à beira-mar no Egito, chamado Marina, um arquipélago formado por terras recuperadas ao longo de um litoral coberto de palmeiras no Mediterrâneo. Os Bin Laden tinham ajudado a construir o *resort* e reivindicaram uma ilha para eles — Ilha Bin Laden, como a chamava o pessoal do lugar —, onde a família construíra um anel de casas de férias de pedra, uma ao lado da outra. Era uma versão egípcia da vila Oaktree da família na Flórida que Salem tinha imaginado. Em sua ilha na Marina, os Bin Laden se estendiam na praia em toda a sua diversidade — as mulheres que se cobriam e as que não se cobriam; os homens que tinham barba e rezavam ostensivamente e os que ligavam seus fones de ouvido e corriam ao som de música contemporânea.[14]

As mulheres Bin Laden, na época, eram tão impressionantes em sua diversidade quanto os homens; a diferença era que eram muito mais bem escondidas dos olhos alheios. Entre as filhas de Mohamed, Randa ainda era a figura mais impressionante, pelo menos para os amigos norte-americanos e europeus da família. Ela se aposentara da prática médica e criava sua família em Jedá. Bakr ocasionalmente se aproveitava de sua vida pouco convencional e do conforto em relação aos Estados Unidos convidando-a para jantar quando recebia dignitários norte-americanos em visita, como o cônsul-geral dos Estados Unidos em Jedá. Em um verão, Randa e o marido insistiram para que seu filho adolescente pegasse um emprego de férias em uma loja da Pizza Hut em Jedá, a fim de que conhecesse um pouco da vida comum. No partido ocidentalizado da família, além dela, havia Saleha, ainda casada com seu designer italiano e morando na Riviera; e Najiah, que passava grande parte de seu tempo em Los Angeles, onde tivera aulas de pilotagem no Aeroporto de Santa Monica. O fato de que mulheres árabes tão pouco convencionais compartilhassem da afiliação à família — e ocasionalmente de uma praia de verão — com irmãs muito mais tradicionais, envolvidas em suas *abayas* pretas, talvez não fosse mais impressionante que a coincidência de Osama e Shafiq terem nascido no mesmo mês e criado mundos tão diferentes. Na verdade, sem Osama, no ano de 2001 os Bin Laden poderiam não parecer mais notáveis que milhares de outras famílias miscigenadas muçulmanas em uma era de integração cultural.

Como *hadhramis*, eles vinham de uma longa linhagem de viajantes globais confiantes. Como filhos de Mohamed, herdaram uma centelha de gênio criativo. Como sauditas, aprenderam a conciliar contradições. Essas qualidades os descrevia e recomendava; infelizmente, também descreviam e recomendavam Osama.

A "OPERAÇÃO DOS AVIÕES", como era então chamada entre aqueles poucos que se encontravam em torno de Osama autorizados a saber dela, fora aparentemente concebida como um evento de mídia.[15]

Sua origem não é inteiramente conhecida; a única narrativa completa disponível foi relatada, sob interrogatório nos Estados Unidos, por Khalid Sheikh Mohammed. Ele era um paquistanês criado no Kuwait, educado na Carolina do Norte, e radicalizou na fronteira afegã durante a guerra antisoviética dos anos 1980. Não era especialmente íntimo de Osama naqueles anos, mas era tio de Ramzi Yousef, que liderara o primeiro ataque ao World Trade Center. Pelo relato de Khalid Sheikh Mohammed, ele e Yousef pensaram pela primeira vez em usar aviões de carreira seqüestrados como armas quando estavam exilados nas Filipinas, durante o início da década de 1990. Seu sobrinho foi então preso no Paquistão por uma equipe que incluía agentes do FBI e funcionários da CIA. Em algum momento depois disso, Mohammed se encontrou com Osama para discutir uma idéia que pudesse provocar uma resposta espetacular.

A discussão inicial se desenrolou como uma reunião de lançamento de um meteórico filme de suspense de Hollywood. Mohammed propôs seqüestrar doze aviões nos Estados Unidos. Pilotos suicidas voariam, nove deles contra alvos importantes no Leste e na Costa Oeste — Pentágono, Casa Branca, Capitólio, World Trade Center, a sede da CIA, a sede do FBI, usinas nucleares de eletricidade e arranha-céus na Califórnia e no estado de

Washington. O décimo avião, levando o próprio Khalid Sheikh Mohammed, pousaria em um aeroporto norte-americano. Ele então mataria todos os passageiros homens a bordo, alertaria a mídia e faria um discurso denunciando a política externa norte-americana. O tom era "teatro, um espetáculo de destruição", escreveram mais tarde investigadores norte-americanos, mas seria um teatro no qual Khalid Sheikh Mohammed, e não Osama bin Laden, teria "o papel auto-atribuído de superterrorista".[16]

Bin Laden escutou Mohammed, mas não ficou entusiasmado. Talvez porque, como Mohammed contou mais tarde, Osama viu o primeiro rascunho do plano como algo um pouco ambicioso demais, não prático o suficiente para justificar uma aprovação. Essa era certamente uma reação plausível, e consistente com a história da cautela e do cuidado de Osama no planejamento de operações violentas. Além disso, talvez Osama preferisse uma abordagem diferente na distribuição dos papéis de astro principal.

No final de 1998 ou início de 1999, Osama chamou Mohammed de volta, e eles se encontraram no complexo Al-Matar, fora de Kandahar. Dessa vez discutiram uma versão mais modesta do plano, com orçamento e elenco de apoio mais controláveis, e que não envolvesse conferências com a imprensa presididas por Khalid Sheikh Mohammed. Osama disse que forneceria o dinheiro necessário.[17]

NO CASAMENTO DO SEGUNDO FILHO de Osama, Mohamed, que teve lugar em janeiro de 2001, havia mais de quinhentos convidados barbados sentados de pernas cruzadas em campo aberto, fora de Kandahar, enfileirados como se fossem rezar. Estavam de frente para o noivo e para o pai do noivo, que se sentavam de pernas cruzadas à frente deles, em tapetes. A noiva era a filha de catorze anos de um ex-policial egípcio, Mohamed Atef, conselheiro militar mais próximo de Osama — ela não estava à vista, é claro; este era um assunto só para homens. O noivo parecia ter dezenove anos. Tinha um bigode indistinto, imaturo. Usava mantos brancos e turbante saudita branco. Mohamed Osama bin Laden tinha uma semelhança impressionante com o pai, tendo herdado suas feições finas e narinas alargadas. Aparecera antes, com Osama, em eventos da mídia; trazia um rifle de assalto e falava apaixonadamente a respeito de seu compromisso com a *jihad*, embora parecesse tão jovem e frágil que o efeito se tornasse um tanto cômico, como algo saído de uma aventura de desenho animado das manhãs de sábado. Agora, por ocasião de seu casamento, quando Mohamed olhava para as câmaras de vídeo de mão, seu sorriso parecia desajeitado e sem confiança. Do mesmo modo estava o sorriso de seu pai, sentado ao lado de Mohamed; apesar de aparecer em vídeos autoproduzidos durante muitos anos, Osama ainda era propenso a timidez quando as câmaras rodavam.[18]

Depois que o filho de Osama, Abdullah, tinha resolvido abandonar o pai para adotar uma vida normal de adolescente saudita em Jedá, Mohamed assumira o papel de fiel filho mais velho no exílio, de modo que seu casamento era uma ocasião singularmente importante. Havia outros adolescentes da prole afegã de Osama — o líder da Al Qaeda fizera mais do que muitos de seus meios-irmãos para contribuir com o crescimento da terceira geração da família. Só os filhos chegavam a cerca de doze. Além de Mohamed, o seguinte, Saad, tinha sido criado para uma futura liderança. Três outros meninos mais novos — Khalid, Hamzah e Ladin — logo viriam a aparecer em vídeos de propaganda de combates em guerra, posando como meninos-soldados africanos do Sri Lanka.

Osama parecia encarar o casamento de Mohamed como uma oportunidade de criar um cartão-postal em vídeo que pudesse ser desfrutado por parentes impossibilitados de comparecer, e, ao mesmo tempo, como oportunidade de contribuir com um novo material de propaganda para o público de televisão árabe. Seus auxiliares ligaram para o chefe do escritório da Al-Jazeera no Paquistão, Ahmad Zaidan, e o convidaram para vir a Kandahar. Quando ele chegou, prometeram-lhe uma cópia do vídeo do casamento para que ele pudesse arranjar para sua emissão por satélite. A equipe de Osama filmou a cerimônia com suas próprias câmeras, discretamente enfiando-as por baixo dos mantos para não ofender convidados talibãs fóbicos a fotografia.

Osama estava com um humor expansivo. Três meses antes, bombardeiros suicidas da Al Qaeda no Iêmen tinham pilotado um esquife carregado de explosivos contra o casco do *USS Cole*, um destróier norte-americano com mísseis guiados; quando os dois atacantes explodiram, mataram dezessete marinheiros e feriram mais de trinta.

"Vou lhe dizer uma coisa", disse Osama a Zaidan depois, como este se lembrou mais tarde. "Acabamos com o *Cole* e queríamos que os Estados Unidos reagissem. E se reagissem, iriam invadir o Afeganistão, e é isso o que queremos [...] Então vamos começar uma guerra santa contra os norte-americanos, exatamente como os soviéticos."[19]

No entanto, ele não estava preocupado apenas com conversas de administração. A mãe de Osama viera de avião de Jedá e trouxera com ela pelo menos dois dos meios-irmãos mais novos de Osama, com os quais ele compartilhara sua residência suburbana depois do novo casamento da mãe. (O serviço de inteligência saudita, que fora informado de sua decisão de viajar ao Afeganistão, ainda achava que não podia interferir com o desejo de uma mãe ver o filho, mesmo depois do ataque ao *Cole*.) Osama, como lembrou Zaidan, sentiu-se mal pelo fato de que sua posição entre os "mais procurados" do FBI tivesse obrigado sua mãe a usar um avião comercial e uma rota indireta. "Sinto-me muito culpado", disse Osama, como declarou Zaidan. "Se não houvesse embargo sobre os talibãs, eu poderia trazer um avião especial para ir daqui à Arábia Saudita." Ele se criticou: "Não sou tão bom para a minha mãe".[20]

A cerimônia do casamento propriamente dita não demorou — talvez uma hora, pela estimativa de Zaidan, seguida de um banquete e sobremesa do deserto, de frutas. Osama foi contra fazer um discurso em honra do filho, e, em vez disso, resolveu recitar um poema que escrevera a respeito da operação *USS Cole*. Levantou-se à frente das pessoas reunidas e começou a recitar:

Um destróier: até o corajoso teme seu poder.
Inspira horror no porto e no mar aberto
Navega sobre as ondas [...]

Sua apresentação não foi especialmente boa, no entanto. Ele tropeçou. A multidão gritou "*Allah Akhbar!*" para encorajá-lo. Ele continuou, mas depois chamou Zaidan de lado.

"Não acho que minha elocução tenha sido boa", confessou. Zaidan deduziu que Osama "preocupava-se muito com as relações públicas — ele tinha muita preocupação sobre como ia aparecer na TV".

Osama resolveu tentar uma segunda vez. Voltou para o lado de fora, as câmaras rodaram, e ele recitou o poema outra vez:

... Ladeada por arrogância, presunção e falso poder.
Para sua perdição move-se lentamente...

Voltou para dentro e olhou os vídeos, revisando seu desempenho. "Não, não, o primeiro estava melhor", concluiu.[21]

PARTE QUATRO

LEGADOS

setembro de 2001 a setembro de 2007

36

O NOME

EM 13 DE SETEMBRO DE 2001, Jason Blum, ex-policial que se transferira para o setor da segurança privada, recebeu uma chamada telefônica da Airworks Inc., corretor de Nova Jersey para operações de frete de avião. A companhia estava organizando um *charter* a fim de levar membros da família Bin Laden para fora dos Estados Unidos, disseram seus representantes. Dados os eventos das 48 horas anteriores, a Airworks resolvera contratar um segurança para proteger a tripulação do avião — piloto, co-piloto e diversos comissários de bordo. Blum, entretanto, não teria permissão para carregar uma arma a bordo; teria de se basear em sua habilidade e em seu treinamento nas artes marciais.[1]

Blum perguntou o que os membros da família Bin Laden estavam levando. Armas? Dinheiro em espécie? Teriam permissão do Federal Bureau of Investigation para sair do país? Essas questões seriam resolvidas, garantiu-lhe o representante da companhia de fretamento. Blum aceitou a tarefa. Mais tarde disseram-lhe que chegasse ao terminal da viação privada no Aeroporto Internacional de Los Angeles às sete da manhã de 19 de setembro.

Quando chegou o dia, Blum vestiu terno e gravata e dirigiu seu carro para o aeroporto. Diversos agentes do FBI o esperavam; apalparam-no, examinaram sua bagagem de mão e depois o acompanharam a bordo de um Boeing 727. O avião pertencia à Ryan International, uma companhia de *charters* com base no Meio-Oeste. Antes, o time dos Baltimore Orioles, e, mais recentemente, o time de basquete Chicago Bulls tinham usado exatamente o mesmo avião para viajar entre jogos. A cabine era grande o suficiente para 180 lugares, se estivesse configurado como avião comercial, mas, para acomodar os times esportivos, ela fora configurada em estilo mais luxuoso. Havia cerca de 30 confortáveis cadeiras de couro azul e um bar de bebidas alcoólicas semicircular, junto ao qual os passageiros podiam ficar de pé e conversar.

Assim que Blum entrou, ele viu que só havia duas pessoas a bordo, duas mulheres. Uma se apresentou como agente do FBI. A outra, uma mulher de quarenta e alguns anos, vestida no estilo elegante, mas profissional, de empresária norte-americana, era Najiah bin Laden.

Todos os agentes do FBI se retiraram, as portas do avião fecharam e Blum sentou-se para conversar com Najiah. Ela estava "visivelmente perturbada" e "tremia", como lembrou Blum. Descreveu a experiência nova de ter sido apalpada por uma mulher, agente do FBI, antes de entrar a bordo; ele disse que acabara de passar pelo mesmo procedimento, e os dois riram.[2]

Najiah disse que há anos morava em Los Angeles, no bairro de Westwood, e que adorava o sul da Califórnia. Ela montava a cavalo, jogava pólo, tinha aulas de vôo e, segundo disse, não queria voltar para a Arábia Saudita. Falou sobre "como tudo aquilo era horrível, e como era péssimo para o nome da família", recorda Blum.

Poucos dias depois dos ataques em Nova York e Washington, continuou Najiah, ela fora a uma grande loja de departamentos em West Los Angeles para comprar algumas roupas. A pessoa do caixa olhou para o cartão de crédito dela e fez comentários depreciativos — conta Blum a respeito do relato que ela lhe fez. Depois, ela começou a temer por sua vida. Agentes do FBI visitaram-na em casa no dia 17 de setembro; ela contou-lhes como estava profundamente consternada pelos ataques suicidas, por que "a violência não é o estilo do islã".[3]

Najiah disse a Blum que não falava com Osama há trinta anos. Não podia acreditar que um membro de sua família tivesse feito isso.

Talvez ficasse provado que outras pessoas eram responsáveis, disse-lhe Blum. Ele mencionou como, depois do ataque terrorista em Oklahoma City, em 1995, grande parte da especulação estava centrada nos terroristas muçulmanos, quando, na verdade, tratava-se de uma conspiração terrorista local.

Não, respondeu Najiah, isso é obra de Osama.

Ela segurava um exemplar do Alcorão. Enquanto o avião acelerava na pista e erguia-se no ar, ela abriu o livro e começou a ler.[4]

EM ALGUM LUGAR SOBRE O ARIZONA, Blum entrou na cabine do piloto para falar com ele, um homem de quarenta e muitos ou cinqüenta e poucos anos. O co-piloto era uma mulher que lhe disse ter anteriormente voado para a Southwest Airlines. O capitão perguntou a Blum quem era ele, para quem trabalhava e por que estava no vôo.

Blum explicou que antes era policial, mas que agora trabalhava como segurança para proteger a tripulação da aeronave.

Por que eu preciso de segurança?, perguntou o piloto. Eles simplesmente iam buscar alguns estudantes de faculdade na Flórida, alguns outros garotos de faculdade em Washington, e iam levá-los para Boston. Depois perguntou: "Você tem uma lista dos passageiros?".

Blum fez uma pausa. Ele tinha, mas estava cheia de nomes Bin Laden — evidentemente ninguém contara nada ao capitão. No entanto, achou que era má idéia mentir para o piloto, em especial enquanto estavam no ar, de modo que lhe entregou o papel.

"O cara ficou branco", lembra Blum, "absolutamente branco feito um fantasma." Ele estava visivelmente exasperado quando entregou a lista para a co-piloto. Passaram a lista uns para os outros. Depois começaram a fumar um cigarro atrás do outro. Blum pegou seu Marlboro e uniu-se a eles.

O piloto e a co-piloto entraram em contato com a companhia de *charters* e emitiram uma série de queixas cheias de xingamentos. As pessoas da tripulação disseram a Blum que não tinham a intenção de ofender, mas estavam um pouco preocupadas quanto à sua capacidade de controlar as coisas sozinhos uma vez que os demais Bin Laden subissem a bordo — caso alguma coisa desse errado.

"Vocês têm uma mulher com mais de quarenta anos no meio do avião", falou Blum. Não havia nada com que se preocupar.

Agora os comissários de bordo também entendiam quem estava na lista de passageiros. "Eles começaram a ficar em polvorosa", lembra Blum. Os comissários andavam de um lado para outro na cabine do piloto.

Finalmente pousaram em Orlando. Era o final da tarde, horário da Costa Leste. A tripulação resolvera o que iria exigir: como estavam preocupados com sua segurança, e também achavam que tinham sido enganados, eles não passariam de Orlando, a não ser que cada um recebesse um adicional de 10 mil dólares.

Blum ficou sabendo que um canal de TV fazia uma reportagem de que um vôo relacionado ao 11 de Setembro — a reportagem era superficial, a respeito da natureza da relação — estava se preparando para decolar de Orlando. Legal, pensou Blum. Começou a ficar preocupado. Podia aparecer algum maluco com um rifle para atirar contra eles na pista, ou talvez tentassem abatê-los depois da decolagem.

Voltou ao 727 para monitorar quem estava e o que acontecia a bordo. O plano de vôo deles estava agora em suspenso indefinidamente por causa das exigências da tripulação. Três agentes do FBI patrulhavam a pista e o terminal.

Blum falou pelo celular com um gerente da Ryan Air. Quanto mais tempo ficarmos na pista de decolagem, argumentou ele, mais nos tornamos alvo.

Blum viu um homem alto, talvez com dois metros de altura, e bonitão. Ele tinha um bigode fino. Parecia demais com Osama bin Laden, pensou Blum, a não ser pelo fato de usar óculos escuros de grife e um terno Bijan de 5 mil dólares.

Khalil bin Laden apresentou-se e se desculpou com Blum; disse que lamentava o fato de Blum estar ali.

Najiah saiu e perguntou a Khalil qual era a causa de todo aquele atraso. Blum explicou: a tripulação do vôo não tinha sido informada da identidade de vocês. Um problema, continuou ele, é que estão aterrorizados de voar com vocês. O outro é que querem mais dinheiro.

Dê a eles o que quiserem, disse Khalil exasperado. "Vamos sair logo daqui."[5]

NA NOITE DE 13 DE SETEMBRO, no mesmo dia em que Jason Blum foi contatado pela primeira vez a respeito do vôo Bin Laden, o príncipe Bandar bin Sultan, embaixador em Washington, encontrou-se como o presidente George W. Bush na Casa Branca. Eles fumaram charutos no Truman Balcony, com vista para a South Lawn. O número de mortos ainda não fora calculado — certamente eram milhares. A imagem televisionada dos ataques e suas conseqüências — os indefesos funcionários de escritórios pulando para a morte das torres gêmeas; as faces riscadas de lágrimas, cobertas de poeira, dos feridos; os fragmentos de papel e escombros; os boletins de notícias improvisados, cobertos com fotos dos desaparecidos — ainda pulsava pelo país com o estrépito de uma corrente. Era difícil prever o que os eventos significariam, em última análise, para a aliança Estados Unidos-governo saudita, mas era claro que haveria uma reconsideração dos dois lados.

Bandar insistiu mais tarde em que não preocupou Bush naquela noite com os planos que estava elaborando na embaixada saudita para a retirada da família Bin Laden, além das muitas dezenas de membros da família real saudita e seus séqüitos que se espalhavam por todos os Estados Unidos. (Um grupo da realeza chegara ao país antes do 11 de Setembro para comprar cavalos puros-sangues em Kentucky; outro estava de férias na Califórnia e em Las Vegas.) De acordo com Bandar, ele ligara diretamente para o FBI a fim de obter permissão para os vôos fretados que organizara e para garantir que os cidadãos sauditas fossem adequadamente protegidos contra ataques de vingadores. "Essas pessoas estavam espalhadas pelos Estados Unidos inteiros, de mau humor, naquela hora, de modo que estávamos preocupados com o fato de que, se alguém se exaltasse, poderia machucá-los", declarou Bandar mais tarde. Ele não disse para quem telefonou no FBI, mas tinha excelente relacionamento com o diretor, Louis Freeh. Depois de arranjar as coisas com o FBI, Bandar ligou para Richard Clarke, o diretor de contraterrorismo da Casa Branca, que lhe disse: "Para mim não há problema, se não for problema para o FBI".[6]

Cerca de três ou quatro dias depois do 11 de Setembro, Bandar ligou também para Fred Dutton, advogado de Washington que servira como conselheiro jurídico e político para a família real saudita durante muitos anos. Bandar explicou que, por acaso, alguns dos meios-irmãos de Osama estavam nos Estados Unidos e queriam contratar um assessor jurídico. "Fale com eles e veja se você pode ajudar em alguma coisa", disse Bandar. Dutton no início mostrou relutância, mas concordou.[7]

Dutton era um decano grisalho do tribunal de justiça de Washington, agora com cerca de setenta anos, um homem muito cônscio de sua reputação e que falava com rigor e cuidado. Ele foi até o Four Seasons Hotel, na orla de Georgetown, e subiu de elevador para uma suíte de dois quartos. Lá foi apresentado a Shafiq bin Laden e Abdullah bin Laden, o bacharel pela Harvard Law. Os dois irmãos estavam vestidos com ternos formais. Sentaramse todos para conversar na sala de estar da suíte.

Shafiq bin Laden estava na conferência dos investidores da Carlyle Group, no Ritz-Carlton Hotel, em Washington, perto do Dupont Circle, quando o vôo 77 da American Airlines se espatifou contra o Pentágono, do outro lado do rio Potomac. Abdullah bin Laden estava comprando um *latte* na Starbucks em Cambridge, Massachusetts, quando as notícias sobre o ataque apareceram na televisão. Ele então foi a Washington, encontrar-se com seu meio-irmão, para ajudar com os esforços no sentido de transportar sua família e avaliar o meio de lidar com as questões jurídicas.

Os irmãos pediram a Dutton conselhos sobre "o que fazer, como lidar com o que era evidentemente uma situação muito embaraçosa, complicada, para o resto da família Bin Laden", como lembrou o advogado. Disseram que estavam afastados de Osama, não o viam há muito tempo, e achavam que ele era "uma maçã estragada", como relatou Dutton mais tarde.[8]

Os irmãos não propuseram contratar o próprio Dutton, mas pediram-lhe que recomendasse os nomes de alguns advogados dispostos a aceitar os Bin Laden como clientes. Queriam um escritório de advocacia que fornecesse conselhos em geral, mas que também os pudesse ajudar em questões legais específicas que surgissem para a família nos Estados Unidos, na esteira dos ataques suicidas. Processos legais impetrados em nome das vítimas eram uma possibilidade evidente. O governo dos Estados Unidos certamente renovaria suas investigações sobre as finanças da família e outras questões correlatas. Dutton sabia que a família Bin Laden trabalhara antes com a Sullivan & Cromwell, mas os irmãos não disseram se tinham também entrado em contato com a Sullivan — cuja sede em Nova York ficava perto do World Trade Center —, nem em que resultara a consulta, caso a tivessem feito.

Dutton lembra que "tentara jogar água fria neles", dizendo que não achava que, naquela hora, a representação jurídica pudesse ajudar de qualquer modo a família Bin Laden. Era cedo demais, e os sentimentos ainda estavam em carne viva. Mas concordou em estudar a questão.

Durante os dias seguintes, Dutton ligou para alguns advogados de prestígio que conhecia em Washington a fim de sondá-los. Ele não ia pôr pessoas que não conhecia bem sob os refletores, fazendo visitas de surpresa. Concluiu, das conversas que teve, que "simplesmente não é a hora adequada e não pode ser feito".[9]

Ligou de volta para os Bin Laden e disse-lhes isso; falou que acreditaram não haver vantagem em sequer ter algumas reuniões exploratórias. Sugeriu que eles recuassem e "deixassem aparecer algum espaço para respirar". Além disso, aconselhou-os a evitar trabalhar com qualquer advogado que estivesse disposto a aceitá-los naquele ambiente — esses advogados estariam a fim de se mostrar e acabariam não ajudando a família. A proposta como um todo, segundo o julgamento de Dutton, era "impraticável".[10]

Shafiq e Abdullah também se encontraram em Washington, durante aqueles dias iniciais depois do 11 de Setembro, com Chas Freeman, o ex-embaixador norte-americano na Arábia Saudita que estreitara relações com Bakr. Depois de sair do governo, Freeman se tornara presidente da Middle East Policy Council, em Washington, instituição para a qual os Bin Laden haviam dado contribuições financeiras durante anos; além disso, negociara transações comerciais na Arábia Saudita e em muitos outros lugares no estrangeiro. Os irmãos disseram a Freeman que estavam recebendo uma enxurrada de ameaças terríveis. Eles acharam o FBI "solícito e gentil", e tinham tentado, eles mesmos, ser úteis, respondendo às perguntas do birô a respeito da história da família e da situação de Osama dentro dela. Mas, dadas as circunstâncias nos Estados Unidos, aqueles Bin Laden que ainda estavam no país achavam que agora se encontravam essencialmente sob a proteção do birô.[11]

Conversaram com Freeman a respeito do problema de relações públicas da família. Depois de Osama ter declarado guerra aos Estados Unidos, os Bin Laden contrataram um ex-repórter do *The Wall Street Journal*, Timothy Metz, que abrira sua própria firma de relações públicas em Nova York, mas Metz era sobretudo uma porta de entrada para a mídia norte-americana; ele transmitia a investigação de repórteres e distribuía recortes de jornal a respeito dos Bin Laden publicados na imprensa do país. Freeman aconselhou Shafiq e Abdullah a contratarem alguém com experiência específica em comunicações em épocas de crise. Achava que as firmas de advocacia não eram os conselheiros ideais em uma situação desse tipo; elas tinham uma orientação diferente. Os irmãos Bin Laden disseram que iriam considerar a idéia de Freeman. Como muita gente durante aqueles dias de setembro, eles pareciam estar em uma espécie de estado de choque.[12]

QUANDO O PRIMEIRO AVIÃO ATINGIU o World Trade Center, Yeslam bin Laden estava no carro, a caminho do aeroporto de Genebra, com um amigo. O telefone celular tocou; um outro amigo, um banqueiro investidor norte-americano em Nova York, contou as notícias para ele. De início Yeslam achou que era um acidente, que um avião de algum modo tinha errado sua aproximação. O amigo ligou outra vez depois de alguns minutos para contar o segundo ataque. Yeslam disse mais tarde que foi aí que ele percebeu que não se tratava de um acidente, mas, mesmo assim, ainda não lhe ocorrera que seu meio-irmão pudesse estar envolvido. Parecia "sofisticado demais" para ser obra de Osama, disse ele depois. Ele "nunca achou", nem por "um segundo", que Osama "pudesse estar sozinho por trás desse assunto".[13]

Yeslam dirigiu-se para um hotel em Genebra onde sua mãe e seu irmão Ibrahim estavam hospedados para uma visita. Eles assistiram às notícias e ouviram Osama ser citado como suspeito de arquitetar o ataque. A mãe de Yeslam sentiu-se mal com a tensão. Tiveram de chamar um médico.

Na manhã seguinte a polícia federal suíça telefonou. Eles pediram que Yeslam comparecesse para uma entrevista. Antes, quando ele era candidato à cidadania suíça, os investigadores o entrevistaram a respeito da história da família e de seu relacionamento com Osama. Agora queriam repassar as mesmas questões em maior profundidade. A sessão durou várias horas, de acordo com Yeslam. Naquele mesmo dia ele resolveu publicar uma declaração por escrito, de Genebra:

"Estou chocado por esse ataque terrorista criminoso que matou pessoas inocentes ontem", dizia. "Gostaria de expressar meus mais profundos sentimentos de pesar. Toda vida é sagrada, e eu condeno toda morte e todo ataque contra a liberdade e os valores humanos. Meus pensamentos e minha profunda comiseração estão com as vítimas, suas famílias e o povo norte-americano."[14]

Foi a primeira e mais efusiva expressão de condolências divulgada por qualquer membro da família Bin Laden depois do 11 de Setembro. Além disso, ela colocava a responsabilidade pelos ataques em um contexto generalizado — "toda vida [...] todo ataque contra a liberdade e os valores humanos" — e não fazia referências especiais a Osama.

Yeslam voou a Cannes, na França, para encontrar-se com Bakr e outro irmão Bin Laden no primeiro fim de semana depois dos ataques. Eles discutiram "a possibilidade de levar todo mundo de volta à Arábia Saudita", para se reorganizarem.[15]

A reação de Bakr aos ataques parecia estar impregnada de cautela. Ele não emitiu qualquer declaração em nome da família, nem deu qualquer entrevista à mídia, ou fez outros comentários públicos durante uma semana inteira. Naquele momento o escritório de Bakr divulgou uma breve declaração escrita em nome da família Bin Laden, assinada por seu tio Abdullah, o irmão idoso de Mohamed. A declaração expressava "a forte denúncia e condenação desse triste evento, que resultara na morte de muitos homens, mulheres e crianças inocentes, e que contradiz a fé islâmica".

Em particular, Bakr foi mais direto. Sabry Ghoneim, o assessor de comunicações da família no Egito, lembra que ele lhe dissera: "Isso é um ato criminoso. Se os Estados Unidos quiserem vingança, é direito deles, porque é esse o preço pelas pessoas que morreram". Essa não era uma linguagem pouco comum de Bakr em relação à Al Qaeda, quando não havia estranhos escutando. Uma vez, depois de um bombardeio inspirado pela Al Qaeda, ele telefonou a amigos britânicos, de seu jato particular, para condenar os "malditos árabes" e seu terrorismo destrutivo. Mas nunca usou de linguagem tão forte em público.[16]

Ao contrário, a tardia declaração autorizada por Bakr seguia o que se tornara a política do governo saudita. Nos dias iniciais e nas semanas que se seguiram ao 11 de Setembro, príncipes e porta-vozes sauditas condenaram a terrível violência daquele dia, expressaram solidariedade com as vítimas e disseram que os ataques contradiziam as doutrinas do islã. Mas as declarações sauditas em geral não faziam referências específicas a Osama, Al Qaeda ou a nacionalidade de dezenove dos seqüestradores do 11 de Setembro. De fato, já em dezembro de 2002, o príncipe Nayef, o ministro do Interior, que tinha uma história tão longa com Osama e com os Bin Laden, ainda se recusava de todo a reconhecer que os seqüestradores dos aviões eram sauditas; ele sugeriu que o 11 de Setembro fora uma conspiração sionista tramada para desacreditar os muçulmanos. Os comentários de Nayef chocaram muitos norte-americanos. Claro, a opinião dele a respeito do 11 de Setembro — e suas crenças com relação a sionistas e judeus — era bastante banal no reino. Só que os norte-americanos haviam tido poucas ocasiões de ouvir essas opiniões antes, e certamente não em um momento transformador de choque e pesar nacionais. As palavras de Nayef circularam pelos ambientes políticos e da mídia norte-americanos como um gás tóxico liberado de uma caverna há muito enterrada.

É claro que houve alguns sauditas que comemoraram os ataques do 11 de Setembro. Saad al-Faqih, o dissidente exilado, alegou que as mensagens ricocheteavam em telefones celulares por todo o reino, declarando: "Parabéns", ou "Nossas preces a Bin Laden"; e que carneiros e camelos foram abatidos para banquetes comemorativos. A credibilidade de Al-Faqih é questionável — ele não estava no reino —, mas outros que se encontravam na Arábia Saudita reconheceram que a comemoração era no mínimo um elemento da reação popular inicial. Essa alegria misturada ao medo de retaliação contra árabes e muçulmanos, e a confusão sobre como uma conspiração tão ambiciosa pudera ser levada a cabo por um bando impreciso de indivíduos com base no Afeganistão — os ataques eram tão inverossímeis que foram amplamente considerados uma prova empírica do envolvimento sionista. No centro da reação jazia a sensação de ressentimento relativa aos Estados Unidos e Israel, acalentada por muitos árabes, embora a maior parte deles nunca tenha tido qualquer contato significativo com qualquer um dos dois países. A mídia e os governos árabes cultivavam esse discurso, em parte porque ele desviava a cólera dos fracassos locais. O 11 de Setembro amplificou todas essas percepções, pelo menos temporariamente.

Bassim Alim, um advogado de Jedá que era parente por casamento da família Bin Laden, resumiu a posição saudita típica: "Mesmo que eu não tolere o que Osama fez, não vou chorar pelos corações partidos das mães norte-americanas, filhas norte-americanas e pais norte-americanos [...] O que ele fez talvez seja errado, mas é a justiça de Deus, a maneira de Deus nos ajudar. Algumas vezes um criminoso mata outro criminoso — é o jeito de Deus fazer sua própria justiça". Depois dos ataques em Nova York e Washington, disse Alim, ele comparecera a "muitos eventos sociais e reuniões" em Jedá, com "pessoas de níveis diferentes de vida e camadas diferentes da sociedade, fossem eles liberais extremos ou religiosos extremos, e você podia perceber essa semelhança: 'Osama destruiu nossa imagem [...] Mas, sabe, afinal, os norte-americanos merecem'".[17]

KHALIL BIN LADEN ESTAVA DE FÉRIAS em Desert Bear, fora de Orlando, na manhã de 11 de setembro; ele e alguns membros de sua família tinham assistido aos ataques nas notícias da televisão. Um agente do FBI telefonou para Khalil em sua propriedade, no dia 12 de setembro; ele disse que o escritório local do FBI tinha recebido relatórios, aparentemente de vizinhos, em Desert Bear, de que havia "muita atividade" na propriedade. Khalil negou que qualquer coisa de diferente houvesse acontecido em sua casa. Falou que sua preocupação principal era com a "segurança da família", e então perguntou ao agente se o FBI sabia de ameaças específicas contra eles. O agente disse a Khalil que ligasse para o Departamento de Polícia de Orange County caso ele ou sua família se sentissem ameaçados.[18]

Khalil ligou para o agente do FBI três dias mais tarde e perguntou se seria possível que ele e sua família voassem por avião comercial para Washington, DC, a fim de pegarem a conexão de um vôo para a terra deles que estava sendo organizado pela embaixada saudita. Agentes do FBI foram até Desert Bear para conversar a respeito; o avião fretado foi orientado para passar por Orlando.

Em 19 de setembro, enquanto o avião que levava Najiah e Jason Blum voava em direção a Orlando, vindo de Los Angeles, agentes do FBI acompanhavam Khalil e sua família para o Aeroporto Internacional de Orlando. O grupo incluía a mulher de Khalil, Isabel, e o filho deles, Sultan. Os agentes do FBI entrevistaram os passageiros que embarcavam e examinaram sua bagagem.

Khalil caminhou pela pista de decolagem. Ali ele conheceu Blum e tomou conhecimento da revolta da tripulação do avião fretado.

Enquanto esperavam, Khalil mencionou que ele e sua família tinham começado a receber ameaças de morte em Desert Bear. Carros passavam muito devagar pela propriedade, examinando-os.[19]

Blum gastou a bateria de seu celular falando com Bob Bernstein, o executivo da Ryan Air encarregado do vôo fretado, enquanto tentavam resolver as exigências da tripulação de receber dinheiro extra. Blum e Bernstein brincaram ao telefone que não passavam de dois judeus tentando tirar a família de Bin Laden do país. Afinal, resolveram a questão do dinheiro, essencialmente cedendo às exigências da tripulação, de acordo com Blum.[20]

O piloto e a co-piloto subiram de volta a bordo, os Bin Laden tomaram seus assentos, e eles decolaram para o Aeroporto Internacional Dulles, em

Washington. No terminal de aviação privada encontraram-se com Shafiq e seu executivo financeiro sediado em Londres, Akber Moawalla, que o acompanhara aos Estados Unidos para participarem da reunião do Carlyle Group no dia 11 de setembro.

Também Omar Awahd bin Laden embarcou no avião em Washington. Aparentemente, em alguma época, ele compartilhara o endereço com Abdullah bin Laden, que dirigia o escritório local da Assembléia Mundial da Juventude Muçulmana. (O escritório já estivera anteriormente sujeito a investigações do FBI, que tinham sido abortadas, em parte por causa da questão da imunidade diplomática.) Pelo que se sabia, de todos os passageiros no vôo Bin Laden, Omar era o único que poderia ter tido alguma conexão com a pregação e organização islamita. Mesmo assim, estranhamente Omar foi um dos poucos passageiros no vôo fretado a não ser entrevistado pelo FBI.[21]

À medida que o número de membros da família Bin Laden no vôo do 727 inchava a cada parada sucessiva, crescia na cabine a atmosfera de lutuosa reunião de família, como lembra Blum. Alguns dos Bin Laden a bordo não se viam há muito tempo e se saudaram com animação. Outros estavam chorando e visivelmente perturbados. Alguns ficaram de pé ao lado do bar, bebendo chá ou refrigerante. Ao que parecia, quase todo mundo fumava nervosamente, e a sala dos passageiros se encheu de espessas nuvens de fumaça azulada.[22]

À medida que o avião rumava para seu vôo final no espaço aéreo norte-americano, havia um sentimento de que os Bin Laden agora poderiam estar deixando os Estados Unidos para trás definitivamente, ou pelo menos por um tempo muito longo. Najiah e Khalil falaram a Blum que talvez tivessem de mudar de nome, caso algum dia voltassem.

Em Boston, um número de estudantes de faculdade da terceira geração da família entrou a bordo. Um era Nawaf, o filho mais velho de Bakr. O filho de Salem, Salman, aluno na Universidade Tufts, era outro. Ao todo, cerca de uma dúzia de Bin Laden mais jovens reuniram-se ao avião em Boston, e muitos deles pareciam norte-americanos. Um dos estudantes homens mencionou que estava começando seu segundo ano na faculdade e tinha finalmente conseguido obter um cartão de identidade falso, de modo que conseguia entrar em clubes e bares com os amigos — isso não seria de grande serventia na Arábia Saudita, disse ele pesarosamente a Blum.[23]

O FBI fez uma última passagem pelo avião no Logan International Airport em Boston, examinando bagagens e falando com os passageiros. O piloto e a co-piloto originais desembarcaram, e uma nova tripulação assumiu. Blum deveria sair do avião em Boston, também, mas Najiah e Khalil pediram-lhe que ficasse até Paris, e ele concordou. Finalmente eles decolaram e saíram do espaço aéreo norte-americano. Por causa da autonomia limitada do vôo do 727, eles teriam de reabastecer na Nova Escócia, e outra vez na Islândia, antes de alcançarem a França. Mas os Estados Unidos, por fim, tinham ficado para trás.

Os Bin Laden mais moços conversaram e fumaram com Blum e um segundo segurança que se juntara a eles em Boston, Ric Pascetta, que do mesmo modo que Blum era especialista em artes marciais; além deles, juntaram-se ao grupo mais dois agentes de segurança privada que tinham vindo a bordo. Os rapazes Bin Laden perguntaram aos dois a respeito do trabalho da polícia; os estudantes disseram que estavam particularmente arrasados com o fato de tantos policiais e bombeiros terem morrido em Nova York tentando resgatar outras pessoas. "Eu estava explicando a eles que é isso o que fazemos", lembra Blum. "É como um defeito mental que temos — em vez de fugir, vamos atrás."[24]

Também em Boston, Sanaa bin Laden, uma das meias-irmãs de Osama que passava grande parte de seu tempo na Nova Inglaterra, tinha se unido ao vôo. Ela trabalhara com exposições culturais para crianças em Boston. Tinha cerca de quarenta anos e era uma das mães Bin Laden de meia-idade no avião. Blum observou que as mulheres mais velhas tendiam a se vestir de modo mais conservador — geralmente com lenços na cabeça ou alguma coisa parecida. Ainda mais impressionante, à medida que se aproximavam de Paris, todas as mulheres Bin Laden, jovens ou velhas, vestidas em roupas ocidentais de grife ou não, prepararam-se para se cobrir com *abayas* pretas compridas. Blum ficou sabendo que em Paris eles seriam transferidos para um avião do governo saudita para a última etapa da viagem para casa. Quando pisassem naquele avião saudita, elas efetivamente estariam reentrando no reino; algumas das mulheres esperaram o máximo que puderam, enquanto cruzavam o Atlântico, para se transformar adequadamente.

UM BIN LADEN FICOU PARA TRÁS; Abdullah, o aluno durante longos anos na Harvard Law que morava em Boston. Tinha 35 anos e passara a maior parte de sua vida adulta nos Estados Unidos. Ele mantinha alguma fé na complacência e na tolerância da sociedade norte-americana. Depois dos ataques, ele disse a suas sobrinhas e seus sobrinhos mais novos que foram arrancados da faculdade em Boston: "Acreditem-me, se alguma sociedade for compreender o caso de vocês, for diferenciar entre o bem e o mal, é esta". Mais tarde declarou a um repórter: "Estou aqui, um membro de minha família é acusado, e eu ainda sou tratado como um ser humano". Nas semanas que se seguiram ao vôo de partida, Abdullah viajou entre Boston, Nova York, Washington e Londres, buscando uma estratégia de relações públicas que pudesse salvar alguma parte do prestígio que tinham nos Estados Unidos e na Europa.[25]

Abdullah entrou em contato com Steven Goldstein, um estrategista de comunicações em Nova York, que por acaso era judeu. Eles se encontraram em um café na cidade de Nova York. Os Bin Laden não tinham qualquer contato anterior com a firma dele. Abdullah disse que a família procurava um modo de tornar público o fato de que já tinham anteriormente renunciado a Osama, lembrou Goldstein.[26]

Falou que não sabia onde seu meio-irmão estava escondido. Goldstein perguntou se Osama sempre fora "louco". Abdullah respondeu que, embora Osama jamais tivesse gostado dos Estados Unidos, alguma coisa em meados dos anos 1990 o fizera perder o controle.

Abdullah afirmou que considerava a herança judaica de Goldstein "um acréscimo". Perguntou, além disso, de acordo com Goldstein: "Você conhece algum advogado judeu?". Goldstein encrespou-se e tentou manter a compostura. Abdullah parecia não perceber a possibilidade de que sua preferência por uma representação legal judaica fosse ofensiva. Na melhor das hipóteses, a abordagem de Abdullah fora ingênua — uma tentativa insensível de associar os Bin Laden à diversidade dos valores norte-americanos. Talvez ele abrigasse pensamentos menos atraentes — que os judeus estavam sempre dispostos a aceitar um contrato pelo preço certo, ou que pudessem usar a influência de seus supostos poderes ocultos na América do Norte para ajudar a família. De qualquer modo, Goldstein não aceitou a proposta de Abdullah.[27]

No Afeganistão, Osama bin Laden teve duas longas e meditativas conversas com visitantes simpatizantes seus durante dois meses depois do ataque do 11 de Setembro. As duas conversas foram gravadas, embora nenhuma tenha ido ao ar imediatamente.

As transcrições completas sugerem que, do mesmo modo que seus adversários nos Estados Unidos, Osama passara muitas horas depois dos ataques grudado à televisão, assistindo a uma reportagem após a outra, comentário após comentário. Osama parecia em particular vulnerável às impressões de contrariedade a respeito da linguagem e da posição do presidente Bush. Além disso, encontrava-se aparentemente impregnado de sentimentos defensivos quanto à acusação, repetida tantas vezes durante as irradiações das notícias norte-americanas e algumas das árabes, de que não importavam quais os méritos dos ressentimentos políticos da Al Qaeda, Osama tinha se desacreditado ao tomar a vida de tantos inocentes.

Em 20 de outubro de 2001, ele sentou-se com o cidadão espanhol, nascido na Síria, Taysir Allouni, repórter da Al-Jazeera. Na discussão da primeira parte da entrevista Osama saiu-se do modo conhecido, mergulhando em um de seus temas prediletos: os Estados Unidos eram um tigre de papel; sua economia e sistema político desabariam perante uma *jihad* determinada, como acontecera com a União Soviética. Recitou uma série de cálculos baseados nos números citados sobre as perdas do mercado de ações de Wall Street depois do 11 de Setembro. Parecia que estivera recentemente sentado em frente da televisão ou de seu computador, enquanto rabiscava furiosamente estimativas numéricas:

> De acordo com sua própria admissão, a parcela das perdas no mercado de Wall Street alcançaram 16%. Dizem que esse número é um recorde [...] A quantia bruta comercializada naquele mercado alcança 4 trilhões de dólares. Então, se multiplicarmos 16% por 4 trilhões [...] chegamos a 640 bilhões de dólares em perdas com ações, com a graça de Deus, uma quantia equivalente ao orçamento do Sudão durante 640 anos [...] A receita diária da nação norte-americana é de 20 bilhões de dólares. Na primeira semana eles não trabalharam de todo, como resultado do choque psicológico [...] Então, se você multiplicar 20 bilhões por uma semana, chega a 140 bilhões de dólares [...] Se somarmos isso aos 640 bilhões, chegamos a quanto? Aproximadamente 800 bilhões de dólares [...][28]

E ia ele mudando bruscamente da contabilidade para a retórica poética típica de uma digressão. Aí a entrevista deu uma guinada surpreendente.

"E a morte de civis inocentes?", perguntou Allouni.

"É muito estranho que norte-americanos e outra pessoas instruídas falem da morte de civis inocentes", respondeu Osama.

"Quero dizer", continuou, "quem disse que as nossas crianças e os nossos civis não são inocentes, e que o derramamento do sangue deles é permissível. Sempre que matamos os civis deles, o mundo inteiro vem gritar conosco, do Oriente ao Ocidente, e os Estados Unidos começam a exercer pressão sobre seus aliados e fantoches [...] Há um forte instinto nos seres humanos para se inclinarem na direção do poderoso, sem saber, de modo que quando falam a nosso respeito, eles sabem que nós não vamos responder [...]"

"Então você diz que é olho por olho? Eles matam nossos inocentes, então matamos os deles?"

"É, então matamos os inocentes deles — isso é válido tanto do ponto de vista religioso como lógico. Mas algumas das pessoas que falam desse assunto, discutem-no de um ponto de vista religioso [...] Elas dizem que a morte de inocentes é errada e inválida, e, como prova, dizem que o Profeta proibiu a morte de crianças e mulheres, e que isso é verdade [...]"

"É exatamente disso que eu estou falando!", interrompeu Allouni. "É exatamente disso que estou falando!"

"[...] Mas essa proibição de matar crianças e inocentes não está gravada em pedra, e há outros escritos que sustentam isso."

Agora Osama embarcava em uma justificativa diferente, que parecia contradizer seu próprio argumento — ele se defendeu dizendo que não tinha tido, na realidade, a intenção de matar pessoas que deveriam ser classificadas como inocentes. "[Nós] não planejamos matar crianças", disse ele, "mas, em vez disso, atacamos o maior centro de poder militar no mundo, o Pentágono, que abriga mais de 64 mil trabalhadores, uma base militar que tem uma grande concentração de exército e informações."

"E o World Trade Center?"

"Quanto ao World Trade Center, os que foram atacados, que morreram lá, faziam parte de um poder financeiro. Aquilo não era uma escola de crianças! Nem era uma residência. E o consenso geral é que a maior parte das pessoas que estavam nas torres era formada por homens que davam respaldo à maior força financeira no mundo [...] E aqueles indivíduos deveriam se pôr diante de Deus, repensar e refazer seus cálculos."

Imediatamente, no entanto, Osama voltou ao seu primeiro argumento; mesmo que eles *fossem* inocentes, o ataque se justificava com bases na retribuição: "Tratamos os outros como eles nos tratam. Daqueles que matam nossas mulheres e nossos inocentes, nós matamos suas mulheres e seus inocentes, até que eles parem de fazer isso". Essas eram declarações de um homem que aparentemente não esperava ser criticado ou questionado sobre o tema.

Um pouco mais tarde, Osama avaliou o uso da malvista palavra "cruzado" para descrever a reação dos Estados Unidos ao 11 de Setembro: "Então Bush declarou em suas próprias palavras: 'Ataque cruzado'. O estranho a esse respeito é que ele tirou a palavra da nossa boca [...] Pessoas dão desculpas por ele e dizem que ele não quis dizer que essa guerra é uma Cruzada, mesmo que ele próprio tenha dito que é! Então hoje a palavra está dividida em duas partes, como disse Bush: ou você está conosco, ou está com o terrorismo. Ou você está com a Cruzada, ou você está com o islã. A imagem que hoje Bush faz é dele mesmo na linha de frente, gritando e carregando sua grande cruz".[29]

Havia algo de impressionante e autêntico nessa troca de idéias toda — talvez fosse a ausência dos automistificadores de Osama, e a ausência, também, da linguagem arcaica, a justificação ou referência alcorânica a mapas antigos. Ele era um consumidor de mídia bem informado e atualizado, e um analista político amador defendendo a violência que patrocinava por meio de argumentos diretos, como se estivesse aparecendo em debate na mesquita ou em um programa de atualidades na televisão.

E, no entanto, à medida que a troca de idéias com Allouni continuava, Osama falava exatamente com a fluidez no linguajar de um venerador religioso — com o aparente estalido de um botão, ele conseguia encontrar a voz com que contava sonhos, falava em enigmas alcorânicos ou expressava sua convicção de que ele e seus seguidores estavam envolvidos em uma guerra predeterminada que continuaria até o clímax do tempo secular — uma guerra que não era um meio para uma finalidade política, mas, ao contrário, uma expressão da vontade de Deus, e, como tal, não poderia oferecer paz aos inimigos de Sua verdadeira religião.

"Qual a sua opinião", perguntou-lhe Allouni, "a respeito do que está sendo dito em relação às suas analogias e o 'Conflito entre Civilizações?'. Seu uso constante e a repetição da palavra 'cruzada' e 'cruzado' mostram que você sustenta o termo 'Conflito entre Civilizações'."

"Eu digo que não há dúvida quanto a isso", respondeu Osama. "Esse [conflito de civilizações] é uma questão muito clara, provada pelo Alcorão [...] Os judeus e os Estados Unidos surgiram com um conto de fadas que transmitem aos muçulmanos, e que infelizmente foi seguido pelos governantes locais e uma multidão de pessoas que estão próximas a eles, usando a 'paz no mundo' como desculpa. Isso é um conto de fadas totalmente desprovido de fundamento!"

"Paz?"

"A paz que eles impingem aos muçulmanos para prepará-los e aprontá-los para serem massacrados [...] Qualquer um que diga existir paz permanente entre nós e os judeus não acreditou naquilo que foi enviado por intermédio de Maomé; a batalha é entre nós e os inimigos do islã, e ela continuará até a Hora."[30]

Várias semanas depois dessa entrevista, um estudioso religioso saudita, Ali al-Ghandi, chegou ao Afeganistão para uma excursão. Perto de Kandahar, foi-lhe concedida uma audiência com Osama. A transcrição de sua conversa informal está salpicada de passagens risíveis, especialmente quando Al-Ghandi tenta desajeitadamente adular Osama: "Não queremos tomar muito de seu tempo [...] Todo mundo elogia o que você fez, a grande ação que você empreendeu [...] Centenas de pessoas duvidavam de você, e apenas poucos o seguiriam até que esse enorme evento aconteceu. Agora centenas de pessoas estão vindo juntar-se a você".

Osama explicou como a operação dos aviões tinha excedido suas expectativas e referiu-se à sua própria formação em engenharia civil e demolições: "Calculamos que os andares a serem atingidos seriam três ou quatro. Eu era o mais otimista de todos [...] pela minha experiência nesse campo. Eu achava que o incêndio provocado pela gasolina no avião iria derreter a estrutura de aço do edifício e fazer desabar a área em que o avião batesse, e todos os andares acima deles, apenas isso. Era só isso que esperávamos". Osama disse que ficou contente e surpreso quando os dois edifícios desabaram.

"Meu Deus", disse Al-Ghandi, obsequiosamente, "é um grande trabalho."[31]

A REPENTINA POPULARIDADE DE OSAMA entre os sauditas comuns redobrou a complexidade da posição da família Bin Laden: teriam eles trazido vergonha e descrédito ao reino, ou tinham acalentado um novo herói popular árabe? Não era necessária qualificação profissional em relações públicas para ver os contornos do dilema à medida que os Bin Laden procuravam uma estratégia jurídica e de comunicação. Para agradar ao público norte-americano, os Bin Laden teriam de buscar perdão e condenar Osama. Para agradar ao público no mundo árabe, onde estavam predominantemente os interesses financeiros da família, um posicionamento destes pareceria covarde.

Talvez não fosse realista esperar que Abdullah, em Boston, com sua personalidade acanhada e sua posição bem subalterna na família, administrasse essas questões sozinho.

Abdullah encontrou-se com Andrew Hess para jantar em uma noite, no outono, no Helmand Restaurant administrado pela família Karzai, cujo próprio rebento exilado logo seria reconduzido ao poder em seu país natal, deslocando dali a influência de Osama. Hess era o professor da Universidade Tufts, cujo programa os Bin Laden apoiaram durante a década de 1990. Depois de muitos anos passados na Arábia Saudita, Hess começava a achar que havia "uma determinada posição adotada pelos árabes em casos de tragédia", e que Abdullah bin Laden, durante o jantar, agora exalava essa atitude, que Hess via como um tipo de fatalismo sobrecarregado: o que se pode fazer?

"Ele considerava isso uma enorme tragédia para a família", lembra Hess. Abdullah esforçou-se para convencê-lo de que os Bin Laden eram "imensamente hostis" ao que Osama fizera, e que eles "não tinham absolutamente interesse algum em apoiar qualquer coisa que ele estivesse fazendo [...] que ele não recebia dinheiro nenhum da corporação". Abdullah mais de uma vez tocou nesse tema.[32]

Em dezembro, depois de voar para Londres, Abdullah concordou em encontrar-se com Charlotte Edwardes, uma jornalista britânica do *Telegraph*. Bakr tinha atribuído a Abdullah alguma esfera de ação para humanizar sua seção da família durante contatos ocasionais com a mídia. Edwardes achou Abdullah uma figura simpática — um "estrangeiro alto, esbelto, vestido em um sobretudo preto de corte caro" que se preocupava com suas muitas alergias e caminhava sombriamente pelas ruas de Mayfair, sem dar atenção aos que faziam compras de Natal. Abdullah mal conseguia falar de Osama; ele se referia a seu meio-irmão como "Sr. O".[33]

Ele falou com Charlotte Edwardes a respeito de sua nova vida nos Estados Unidos e na Grã-Bretanha. Usava dinheiro em espécie sempre que podia, para evitar aquele momento constrangedor, quando um funcionário olhava fixo para as letras em relevo de seu cartão de crédito. Em casa, em Boston, parara de fazer *jogging* na rua e abrira mão da pilotagem privada. Voar, segundo disse, "não tem comparação. Quando estou lá em cima, no avião, sinto-me livre", e nenhum dos eventos de tragédia com aviões na história de sua família diminuíra sua paixão. No entanto, ele compreendeu que "seria um insulto eu agora pilotar um avião nos Estados Unidos".

Durante uma das diversas reuniões, Abdullah sentou-se com Charlotte Edwardes no Four Seasons Hotel, em Knightsbridge. Abdullah pagou sua água Evian (era Ramadã, e ele estava jejuando durante o dia) tirando o dinheiro de um maço de notas de cinqüenta libras. Ao se prepararem para ir jantar, Abdullah perguntou ao garçom do hotel se seria possível reservar uma mesa no Nobu, na época o restaurante mais procurado em Londres.

"Desculpe, não, a não ser que o senhor seja um nome famoso", disse-lhe o garçom.

Por um momento, pensou Charlotte Edwardes, Abdullah bin Laden "se permitiu a sombra de um sorriso".[34]

37

Relações públicas

Richard Newcomb, o advogado que chefiava o Departamento de Controle de Ativos Estrangeiros do Departamento de Tesouro norte-americano, liderou uma delegação à Arábia Saudita em dezembro de 2001 para falar com empresários do reino a respeito do financiamento do terrorismo. O objetivo da delegação — embora seus membros não tenham se explicitado tão cruamente assim durante as reuniões — era dar uma sacudidela nas atitudes dos sauditas ricos em relação a suas doações para obras de caridade e outros negócios financeiros no mundo islâmico. Newcomb e seus colegas do Departamento de Estado e outras agências esperavam conseguir isso enumerando para o público de empresários sauditas as penalidades a que indivíduos e firmas poderiam estar sujeitos sob a legislação norte-americana se entregassem dinheiro às pessoas erradas. O governo Bush tinha estabelecido a suspensão do financiamento a terroristas como prioridade depois do 11 de Setembro, e o Tesouro já indicara várias dezenas de indivíduos, obras de caridade e empresas como financiadores do terrorismo, o que significava que seus ativos mantidos pelos Estados Unidos poderiam ser congelados. Newcomb e seus colegas marcaram reuniões de debates com a Câmara de Comércio de Jedá e outros empresários em Riad e Jedá. A equipe do Tesouro, além disso, pediu uma reunião privada com a família Bin Laden, e, para sua surpresa, ficaram sabendo que Bakr bin Laden compareceria ao encontro.[1]

A reunião teve lugar nos elegantes escritórios do Saudi Bin Laden Group. Shafiq e Abdullah, que tinham conhecido Newcomb no Departamento do Tesouro antes do 11 de Setembro, para delinearem a história da herança dos Bin Laden, uniram-se a Bakr no escritório deste. Desta vez, em lugar dos ternos que usaram no Anexo do Tesouro, em Washington, os dois irmãos apareceram com mantos e turbantes tradicionais. Ninguém do Tesouro conhecera Bakr antes; eles ficaram impressionados com sua estatura relativamente modesta, pelo menos em comparação com Osama.

Bakr pediu desculpas aos norte-americanos pelos ataques do 11 de Setembro. Disse que Osama não era mais considerado parte da família Bin Laden, e que já fora afastado há anos. Acrescentou que não tinha a menor idéia de onde Osama estava escondido e ofereceu a cooperação da família e da firma.

Newcomb e seus colegas passaram pela apresentação a respeito das leis norte-americanas sobre o financiamento do terrorismo. Tentaram falar em um tom diplomático, desprovido de ameaças. Não entraram em detalhes com Bakr a respeito de questões específicas da família ou da herança Bin Laden; o escritório de Newcomb acreditava que a carta enviada ao Tesouro pela Sullivan & Cromwell, em 2000, tinha tratado adequadamente dessas questões.

Os irmãos Bin Laden foram cordiais. Shafiq sugeriu a um membro da delegação que ele viesse outra vez, quando não estivesse tão ocupado, para irem juntos pescar no mar Vermelho. De forma mais séria, um dos irmãos mencionou que seu cartão da American Express fora bloqueado depois do 11 de Setembro — ele supunha que isso era por causa de seu nome de família. Queria voltar aos Estados Unidos, mas não poderia fazê-lo sem um cartão American Express válido. Um dos agentes norte-americanos brincou que essa era uma publicidade bastante boa para a companhia do cartão de crédito.

De volta a Washington, nas primeiras semanas de 2002, os agentes do Tesouro discutiram a questão do cartão de crédito na Casa Branca, onde diversos grupos de trabalho interagências se reuniam uma ou duas vezes por semana para revisar as operações globais de contraterrorismo. Os talibãs agora tinham caído; as operações contra a Al Qaeda se estendiam por dezenas de países; e foram tomadas discretas providências para a invasão do Iraque. Nesse meio-tempo, além disso, o governo Bush focava-se intensivamente sobre as questões de financiamento do terrorismo, e seus grupos interagências sobre terrorismo revisavam em detalhes muitos arquivos de casos. Depois da missão na Arábia Saudita, surgiu uma questão sensível: estaria o governo Bush preparado, pelo menos provisoriamente, para liberar as contas bancárias e os cartões de crédito da família Bin Laden, a fim de que membros da família residentes na Arábia Saudita e na Europa pudessem viajar mais livremente?[2]

Investigadores do governo dos Estados Unidos tinham aprendido muito a respeito da família Bin Laden durante os vários meses depois do 11 de Setembro, em especial sobre a história de seus negócios nos Estados Unidos. O Federal Bureau of Investigation tinha realizado grande parte desse trabalho depois dos ataques em Washington e Nova York. Dennis Lormel, agente formado em investigação de crimes financeiros, fora nomeado, no dia 13 de setembro, para chefiar uma equipe na sede do FBI destinada a concentrar-se nos aspectos financeiros da conspiração do 11 de Setembro, e, em termos mais gerais, a rastrear o dinheiro da Al Qaeda. Os 56 escritórios de campo do FBI espalhados pelos Estados Unidos também faziam investigações sobre a família Bin Laden, alguns em cooperação com o grupo de Lormel, outros com bases *ad hoc*. Na própria noite do 11 de Setembro, por exemplo, agentes do escritório de campo de Boston apareceram no condomínio em que Abdullah e seu meio-irmão Mohamed tinham apartamentos; os agentes do FBI começaram um período que iria levar semanas para lá e para cá na região de Boston. Entrevistaram vizinhos, investigaram boates e bares onde se dizia que os Bin Laden mais jovens apareciam ocasionalmente, e cavaram provas a respeito do dinheiro da família. Investigações semelhantes, nenhuma delas anunciada ao público, também eram realizadas em Nova York, Washington, Los Angeles, Flórida, Texas e muitos outros lugares. Durante o outono, os agentes do FBI reuniram enormes pilhas de arquivos e relatórios de entrevistas a respeito dos Bin Laden, embora, como sempre, o birô lutasse para reunir todos os dados e apresentá-los de um modo que os elaboradores de políticas fora dos Estados Unidos.[3]

Depois do 11 de Setembro, agentes do FBI e investigadores do então recém-criado Departamento de Segurança da Pátria passaram longas horas com alguns dos principais sócios comerciais norte-americanos dos Bin Laden, esmiuçando transações comerciais antigas que envolviam Salem, Khalil, Yeslam e outros irmãos em atividade nos Estados Unidos. Os agentes examinaram onde e quando o dinheiro fluíra nessas transações. Além disso, pegaram diários de vôo com pilotos da família e entrevistaram exaustivamente alguns pilotos a respeito da história de viagens da família Bin Laden, desde os anos 1970. O FBI ficou sabendo, por exemplo, do vôo a Peshawar, Paquistão, feito por Gerald Auerbach e Ghalib bin Laden no início de 1989.[4]

Essas investigações equivaliam a coleções de informações; não havia júris de instrução convocados para examinar acusações de crimes. Parte do trabalho caiu, inevitavelmente, na zona morta entre a área de operações do FBI e a da Agência Central de Inteligência. Charles Tickle, que gerenciara investimentos imobiliários comerciais em Richmond, Virgínia, e em outros lugares como representante de Yeslam bin Laden ligou para a mesa telefônica da CIA por sua própria conta depois dos ataques. Ele declarou à telefonista: "Tivemos transações comerciais com a família Bin Laden". Fizeram-lhe algumas perguntas e mais tarde ligaram de volta para dizer: "Ok, está tudo bem".[5]

Toda essa escavação em solo norte-americano não resultou em provas de cumplicidade por parte da família Bin Laden na violência terrorista. Dale Watson, o chefe de contraterrorismo no FBI no outono de 2001, concluiu que a família Bin Laden "não pôde nos ajudar e não constitui ameaça", como disse mais tarde. Dennis Lormel e sua equipe de investigação sobre financiamento terrorista chegou a uma avaliação semelhante, embora achasse que ainda era difícil chegar a uma conclusão clara em algumas áreas das atividades da família.[6]

Como era novo no assunto, Lormel levou algum tempo para destrinchar e ir além dos enganosos relatórios de inteligência dos Estados Unidos que herdara, originados na CIA, e que descreviam a suposta fortuna pessoal de Osama. Lormel e sua equipe alegaram que simplesmente não podiam aceitar sem maiores análises o relatório da família Bin Laden, entregue por meio da Sullivan & Cromwell, a respeito do montante e do cronograma dos pagamentos de herança e dividendos a Osama — o relatório podia muito bem estar correto, e o FBI não tinha qualquer motivo especial para duvidar dele. Mas uma carta de um advogado da família dificilmente contava como prova definitiva em uma questão tão importante quanto a fortuna de Osama. Onde estavam os documentos originais? Onde estavam as provas que pudessem se sustentar em um tribunal?

Outra área que parecia exigir maiores investigações era a das operações bancárias e investimentos na Suíça e *offshore* supervisionadas por Yeslam bin Laden e outros sócios da família e assessores locais. Depois dos ataques do 11 de Setembro, agentes suíços e franceses iniciaram suas próprias investigações quanto às contas bancárias dos Bin Laden e investimentos na Suíça e outros locais. Em 27 de março de 2002, a polícia suíça deu uma batida em nove escritórios e companhias ligadas a Yeslam bin Laden, inclusive sua firma principal, a Saudi Investment Company, em Genebra. Apreenderam caixas e relatórios, mas acabaram por não registrar acusações contra ele.[7]

Apesar dessas questões pendentes, os investigadores de contraterrorismo do FBI acharam, no início de 2002, que não havia motivos para manter o bloqueio contínuo dos cartões de crédito da família Bin Laden, além das contas correntes nos Estados Unidos. A decisão final, de acordo com uma pessoa envolvida nas discussões, foi cuidadosamente examinada por grupos interagências dirigidos pelo Conselho Nacional de Segurança e aprovada em nível muito alto.[8] Uma decisão dessas quase certamente teria exigido o endosso pessoal do presidente Bush, embora não se saiba que papel — se é que houve algum — Bush realmente desempenhou na decisão. Parece claro que uma decisão específica foi tomada na Casa Branca em algum momento, no início de 2002: a não ser que surgissem novas provas, o governo dos Estados Unidos não faria sanções à família Bin Laden sob qualquer forma por causa de sua história com Osama.

Um analista do FBI resumiu a avaliação do birô quanto às provas em um e-mail jovial escrito em setembro de 2003: havia "milhões" de Bin Laden "por aí" e "99,999999% deles não são da variedade do mal".[9]

O ESCRUTÍNIO DOS BIN LADEN pelo FBI teve pelo menos uma virtude, do ponto de vista da família: foi feito quase inteiramente em particular. Muito mais dolorosos eram os repúdios à família por parte das universidades e corporações norte-americanas que os haviam cortejado no passado. No clima emocional que permeou o outono de 2001, algumas dessas instituições acharam que não tinham outra escolha senão concluir ou suspender suas transações com os Bin Laden. Nenhuma declarou explicitamente que a família ainda estava ajudando Osama, mas essa era uma possibilidade que se podia deduzir a partir da decisão de cortar os liames.

A Universidade Harvard, que aceitara 2 milhões de dólares em donativo de Bakr bin Laden, recebeu diversos telefonemas de pessoas "muito emotivas", que "diziam que aquele era dinheiro de assassinato e que devíamos dá-lo para as vítimas", lembra Peri Bearman, do programa de Estudos Jurídicos Islâmicos. Harvard logo resolveu suspender suas bolsas Bin Laden.[10]

A Universidade de Miami, a *alma mater* de Bakr, também se afastou dele. Antes do 11 de Setembro, os arrecadadores de fundos na universidade entraram em contato com os Bin Laden, procurando obter recursos de seu antigo aluno rico por meio de lisonjas. Bakr dera indícios de que estava disposto a financiar um projeto de pesquisa sobre os recifes de coral no mar Vermelho, que estavam sendo agredidos pela poluição, sedimentos e pesca descontrolada. John C. McManus, professor da Universidade de Miami especializado em manejo de recifes de coral, obteve um visto saudita e planejava partir para o reino a fim de se encontrar com Bakr e outros no dia 24 de setembro de 2001. A viagem foi cancelada, e o projeto, abandonado. McManus lembra que a decisão foi mútua: "A família não prosseguiu com o projeto, nós também não". Bakr, no entanto, acreditava que a universidade tinha se afastado por causa do 11 de Setembro, e sentiu-se ofendido pelo episódio, de acordo com uma pessoa que falou com ele a esse respeito.[11]

A Cadbury-Schweppes, a fábrica de chocolates britânica, anunciou que estava se desligando de uma subsidiária dos Bin Laden. Companhias que vendiam equipamentos de telecomunicação por intermédio da empresa dos Bin Laden também fizeram anúncios semelhantes. Alguns poucos sócios corporativos mais eminentes continuaram a negociar com eles, contudo. Um porta-voz da General Electric disse que tinha confiança de que o Saudi Bin Laden Group "está inteiramente afastado de Osama bin Laden". Chas Freeman, o ex-embaixador norte-americano que agora desenvolvia projetos comerciais no reino saudita, disse que "Bin Laden" continuava a ser "um nome muito honrado", e sugeriu incisivamente que as companhias norte-americanas que "tinham tido relacionamento muito longo e lucrativo" com a família "agora procuravam abrigo nas relações públicas".[12]

Mesmo depois que seus cartões da American Express foram restituídos, os Bin Laden relutavam em viajar aos Estados Unidos. Nenhum dos irmãos mais velhos em torno de Bakr estava disposto a ir. O ambiente parecia muito instável, ameaçador. Saleha, meia-irmã de Bakr, de vez em quando viajava para visitar o marido italiano, mas era com freqüência detida em aeroportos dos Estados Unidos durante duas horas ou mais, o que ela começou a achar cada vez mais deprimente. "Não sei se vamos conseguir manter as coisas assim, porque simplesmente não podemos viajar desse modo", disse ela a Gail Freeman.

Na Europa parecia mais fácil navegar, já que os Bin Laden muitas vezes transitavam pela bolha protetora da aviação privada, de modo que não tinham de se preocupar com alarmados companheiros de viagem em um avião comercial. Mesmo assim, tiveram problemas. Policiais da Scotland Yard embarcaram em um jato particular de Bakr no Aeroporto de Luton e interrogaram-no antes de deixá-lo seguir caminho. Um homem deu um soco na cara de Hassan bin Laden na rua, fora do Inter-Continental Hotel, em Londres, em agosto de 2002. Na Alemanha ou na Áustria, um delegado de polícia local cercou um hotel em que Bakr estava de férias, aparentemente porque estava a ponto de ver seu nome inscrito nos livros de história por prender o fugitivo mais procurado do mundo.[13]

Yasser bin Laden era um meio-irmão mais novo de Bakr que morava em Jedá e jogava *squash* com um círculo de amigos de língua inglesa na cidade. Além disso, pertencia a um clube local de motocicletas Harley-Davidson. Todos os verões, ele e seus amigos sauditas rugiam sobre suas Harleys em viagens pelas estradas de uma ponta a outra do país. Depois do 11 de Setembro, eles foram viajar pela Europa de moto. Os outros motociclistas sauditas no clube brincavam implacavelmente com Yasser, dizendo que o passaporte dele só lhes iria causar problemas cada vez que atravessassem alguma fronteira. E tinham razão: quando Yasser apresentou seus documentos de viagem à imigração na entrada do túnel que corre por baixo do canal da Mancha, vindo da França, o funcionário britânico mandou que encostasse, examinou seu porta-bagagem e mandou que o resto da turma, que já havia sido liberada, voltasse. Levou horas passando os nomes deles por todos os bancos de dados de terroristas importantes.

Os membros do clube de Harleys resolveram atravessar de moto a Síria e o Líbano na próxima viagem que fizessem. Quando chegaram ao posto da fronteira saudita-síria, todos começaram a brincar com Yasser queixando-se dos problemas que iriam agora suportar, criados pelos funcionários da fronteira síria.

Um guarda sírio deu uma olhada nos passaportes deles e depois saiu para dirigir-se aos motociclistas: "Onde está o xeique? Onde está o xeique?", perguntou o guarda.

Eles apontaram Yasser, mas o interesse da polícia revelou ser de um tipo diferente daquilo a que eles tinham se acostumado: quando Yasser bin

Laden passou rugindo em sua Harley, os guardas sírios se perfilaram e bateram continência. Para eles, Osama tinha transformado todos os Bin Laden em heróis.[14]

"QUANDO O 20/20 VOLTAR, *um nome de família de que se orgulhar — até o 11 de Setembro. Mas, e se seu sobrenome for Bin Laden agora?*"[15]

Barbara Walters viajou à Arábia Saudita no início de 2002, a fim de produzir uma ambiciosa reportagem para o programa noturno de notícias da rede de televisão ABC, o *20/20*. Ao organizar a viagem, Barbara Walters e seus produtores trabalharam junto com Bandar bin Sultan, o embaixador saudita em Washington, e Adel al-Jubeir, na época assessor político e de mídia na corte do príncipe herdeiro Abdullah. Barbara Walters disse aos dois que gostaria muito de entrevistar um membro da família Bin Laden para a reportagem. O programa ofereceria uma oportunidade para a família se humanizar ante um grande público de televisão norte-americano e para enfatizar o afastamento que mantinham de Osama. Isso, por sua vez, poderia amenizar algumas das feridas nas relações Estados Unidos-Arábia Saudita, que se tinham tornado cada vez mais restritas pelas atitudes mutuamente hostis dos públicos dos dois países. Os funcionários sauditas com quem Barbara Walters falou concordaram que o programa poderia ser útil. Adel al-Jubeir, em particular, recrutou o apoio do príncipe herdeiro Abdullah e encontrou-se com Bakr bin Laden e dois membros da família em um esforço de convencê-los a cooperar. Mas o príncipe herdeiro Abdullah tornou claro que não daria ordens para que os Bin Laden aparecessem em uma televisão norte-americana; a escolha era deles. Bakr se mostrou relutante, apesar das repetidas súplicas de Al-Jubeir e outros funcionários sauditas.[16]

Os Bin Laden, àquela altura, tinham se tornado um produto de consumo no mercado da mídia. De acordo com Khaled al-Maenna, editor do *Arab News* em Jedá e interlocutor freqüente da mídia estrangeira, uma agência de mídia norte-americana (ele não quis identificá-la) telefonou para lhe oferecer uma comissão de 50 mil dólares se ele conseguisse que um membro da família Bin Laden aparecesse diante das câmeras. Como estrategista de mídia, Al-Maenna concordou que os Bin Laden poderiam ajudar a Arábia Saudita se um membro da família confiante, que falasse inglês, aparecesse na televisão, se desculpasse e tentasse torná-los acessíveis ao público norte-americano. Ainda assim, a hostilidade e as atitudes presunçosas da mídia norte-americana o ofenderam e a muitos outros sauditas.[17] Orgulho, ressentimento e medo predominavam depois do 11 de Setembro tanto nos Estados Unidos como na Arábia Saudita. Os Bin Laden — com tanto a perder e, na opinião evidente de Bakr, tão pouco a ganhar da publicidade na mídia — mantiveram coletivamente suas cabeças baixas.

Mark Bridges, o principal advogado de Bakr em Londres, que também servia como procurador pessoal da rainha da Inglaterra, reforçou esse sentimento. Seu conselho foi de que simplesmente não havia qualquer motivo para que os Bin Laden falassem em público ou fizessem revelações desnecessárias.[18]

Bridges talvez não tenha tido condição de conceber, no entanto, a força da natureza que era Barbara Walters. À medida que viajava pela Arábia Saudita no início de 2002, realizando diversas entrevistas com membros da família real e com as famílias dos seqüestradores de avião do 11 de Setembro em Asir, ela ia ficando cada vez mais frustrada. Tentara fazer uma entrevista com o príncipe herdeiro Abdullah, o homem mais poderoso do reino; isso não se materializou. Sem um Bin Laden diante da câmera, declarou aos sauditas que eram seus assistentes, a viagem dela seria um fracasso — e as implicações disso, claro, é que ela ficaria muito zangada. Sentindo-se um fiasco em termos de relações públicas, Bandar e Al-Jubeir conceberam um estratagema ousado para ajudar Barbara Walters. Por acaso, Bandar devia aos Bin Laden uma grande quantia de dinheiro por trabalhos que eles tinham feito em seu palácio em Jedá. Os Bin Laden tinham cobrado o pagamento. Bandar propôs convidar Abdullah bin Laden, o rapaz formado em Harvard, para ir a sua casa, supostamente a fim de fazer uma reunião com contadores reunidos para controlar a conta final do palácio. Barbara Walters chegaria — e Abdullah não teria outra escolha senão se submeter à entrevista.[19]

A emboscada deu certo. Barbara Walters entrou na reunião de negócios e, enquanto Bandar andava de um lado para o outro, Abdullah concordou com relutância em responder a algumas perguntas. Em seu programa, Barbara Walters não aborreceu os telespectadores com a história de como a entrevista se realizara, mas fez um comentário no ar, durante a introdução: "Quando nos sentamos juntos, ele estava tão nervoso — e quem poderia culpá-lo?".

“Quão difícil tem sido tudo isso para a sua família?”, perguntou Barbara Walters a Abdullah em seu tom típico de empatia.

“Atravessamos uma época muito dura, foi difícil. Mas — e nós também nos sentimos vítimas, seja lá o que venha a nos acontecer, não é — nossa tragédia não é tão grande, ou não nos sentimos tão mal quanto aquelas vítimas, as famílias e as vítimas em Nova York. Nossa tragédia, comparada à tragédia deles — não há comparação, e nós verdadeiramente sentimos por eles.”

“Você tem qualquer idéia do que tornou Osama bin Laden o homem que ele é?”

“Gostaria de poder responder a essa pergunta.”[20]

38

Marcas

Jack Kayajanian era advogado de família em Costa Mesa, Califórnia, ao sul de Los Angeles. Era um homem gregário, que passava parte de seu tempo livre na pista de corrida de Del Mar, onde se interessava por cavalos puros-sangues e ficava de olho nos azarões. Membro ativo na comunidade armênia nos Estados Unidos, no conservador Orange County, considerava-se um norte-americano ardorosamente patriótico. Então, quando amigos armênios telefonaram naquele verão de 2002 para dizer que sua filha Christine tinha problemas de custódia com o ex-marido — que por acaso era integrante da família Bin Laden —, Kayajanian aceitou a causa com algum entusiasmo.[1]

Depois de seu divórcio, em 1993, Ibrahim bin Laden e Christine Hartunian tinham se entendido durante oito anos, sem dificuldades notáveis. Cooperavam na criação da única filha, Sibba. Ela morava com a mãe e ia à escola em Southern California, mas também passava verões e feriados de Ramadã com Ibrahim em Jedá, ou na propriedade deste em Stone Canyon, Bel Air. O surgimento de Osama bin Laden durante o final dos anos 1990 criou uma certa tensão dentro da família, porque Ibrahim começou a pensar que ele poderia não estar em segurança nos Estados Unidos. "Passei a me sentir desconfortável em Los Angeles no verão de 2001", disse mais tarde, "como resultado de comentários que faziam a mim até antes do 11 de Setembro."[2]

Quando os Bin Laden foram transportados para Jedá, Ibrahim levou Sibba consigo; eles estavam de férias em Genebra quando aconteceram os atentados. Sibba achou o ambiente em Jedá um tanto enervante, de acordo com Kayajanian: ela contou a parentes seus que alguns dos jovens, no complexo de casas dos Bin Laden, abertamente comemoraram os ataques do 11 de Setembro. Naquele outono, Ibrahim matriculou a filha na British International School, em Jedá. Christine Hartunian, que se tornara uma artista empenhada e morava agora em uma comunidade fechada, em West Los Angeles, no início não fez objeções, mas era contra a idéia de que Sibba fixasse residência indefinidamente na Arábia Saudita. Christine tinha dificuldades financeiras; dispunha de pouco dinheiro em suas contas bancárias e se fiava em empréstimos feitos por seus pais. Christine foi a Jedá para visitar Sibba, no complexo de casas dos Bin Laden.[3]

No verão de 2002, a menina apareceu com alguns problemas de saúde; não representavam ameaça à vida, mas exigiam cuidado de um especialista. Os médicos da Arábia Saudita recomendaram que procurassem especialistas em Southern California, e Christine levou Sibba para Los Angeles. Ibrahim, no entanto, queria que Sibba voltasse para morar com ele e sua nova esposa na Arábia Saudita; argumentava que a menina podia ter o tratamento de que precisava no reino e que estaria melhor freqüentando a escola ali, e morando entre os Bin Laden. Os pais de Sibba não conseguiam chegar a um acordo a respeito de com quem ela iria morar, como era exigido pela sentença do divórcio, e Christine acreditava estar prestes a perder a custódia de sua única filha para um sistema saudita em que gozava de poucos direitos legais. De início, tentou se defender sozinha nos processos jurídicos, mas, por volta de agosto de 2002, a família dela chamou Jack Kayajanian para assumir o caso.

Kayajanian examinou os velhos documentos do divórcio, foi ao Tribunal Superior de Los Angeles, onde a sentença original fora arquivada, e conseguiu obter uma licença que pelo menos retardava a partida de Sibba para Jedá. Ibrahim contratou uma firma de advocacia em Santa Monica especializada em divórcios; o sócio principal, no caso, era uma mulher, que também tinha duas outras associadas. Essas advogadas soterraram Kayajanian em requerimentos e documentos — novos pedidos pareciam chegar durante as 24 horas do dia. O advogado resolveu se concentrar na questão médica, argumentando que Sibba só poderia ter o tratamento de que precisava nos Estados Unidos.[4]

Ibrahim recusou-se a viajar aos Estados Unidos para uma audiência. Como conseqüência do 11 de Setembro, temia por "minha própria segurança", pela reação contra as pessoas de ascendência árabe naquele país [...] O medo é real e justificado, dada a notoriedade de nosso sobrenome. Sei que nosso sobrenome desencadeia reações muito fortes em muitos indivíduos".

O juiz Roy L. Paul concordou em permitir que Ibrahim prestasse testemunho por teleconferência, de um estúdio em Dubai, nos Emirados Árabes Unidos, para que ele não tivesse de viajar até Los Angeles.[5]

Em 4 de outubro de 2002, Kayajanian e os advogados de Ibrahim chegaram ao tribunal em Los Angeles acompanhados de segurança especial. O tribunal era conhecido como "o banco", e ali eram por vezes julgados os casos ostensivos envolvendo celebridades de Hollywood. Ibrahim se apresentou em um monitor de vídeo.[6]

O juiz Paul ordenou que o testemunho de Ibrahim fosse confidencial, para proteger Sibba de possível violência por parte de vingadores. Os registros públicos do tribunal, mesmo assim, tornam claro o que aconteceu na audiência: ao final do dia, Kayajanian tinha ganho a questão crucial da custódia. O juiz determinou que Sibba freqüentasse a escola em Southern California e recebesse tratamento médico nos Estados Unidos. Ordenou que Ibrahim bin Laden aplicasse 4 milhões de dólares em uma carta de fiança, como garantia de que devolveria a filha à mãe dela depois das férias de verão e dos feriados religiosos. Durante quase uma década, o acordo de custódia de Sibba com a família Bin Laden na Arábia Saudita se baseara em confiança mútua. Isso tinha acabado, dos dois lados.[7]

IBRAHIM E CHRISTINE tinham lá suas dificuldades, mas seus problemas não vieram a público, e a questão da custódia de Sibba perdeu importância em comparação com o divórcio épico entre Yeslam e Carmen bin Laden. O processo começou no tribunal suíço no início dos anos 1990, mas, assim como muitos empreendimentos dos Bin Laden, logo saltou as fronteiras internacionais. Carmen processou Yeslam em Los Angeles (sem sucesso) para provar que a casa de Ibrahim em Bel Air deveria ser considerada parte do patrimônio conjugal dela, porque fora posta no nome de Yeslam. Além disso, alegou que o marido vendera sem sua autorização jóias originalmente compradas em Beverly Hills e que lhe pertenciam. Requerimentos, petições e declarações juramentadas se empilharam em dois continentes, mas os anos se passaram sem qualquer solução. O choque do 11 de Setembro pareceu apenas incitá-los ainda mais. Depois dos ataques terroristas, Carmen escolheu o que muitos sauditas considerariam como a opção nuclear: ela escreveu um livro.

Dentro do reino imediatamente se tornou um best-seller internacional. Seu tom era muitas vezes respeitoso em relação aos Bin Laden, e até mesmo em relação a Yeslam, mas Carmen sugeria que a família provavelmente continuara a apoiar Osama até muito tempo depois da data por eles declarada como a do afastamento. Além disso, Carmen de propósito adiantou essa opinião em inúmeras entrevistas que concedeu à televisão e aos jornais, durante as turnês de lançamento do livro na Europa e nos Estados Unidos. Ademais, era franca a respeito da condição de segunda classe das mulheres na sociedade saudita e criticava o sistema islâmico da lei de família, que dava poderes aos homens em conflitos de custódia e divórcio. As descrições que fazia em seu livro das vidas privilegiadas, mas sufocantes, das mulheres sauditas — relatos retirados dos anos que passara como esposa e mãe no complexo de casas dos Bin Laden em Jedá, durante os anos 1970 e início dos 1980 — eram especialmente poderosas.

O sucesso do livro exacerbou as tensões entre seu marido Yeslam, em Genebra, e os irmãos Bin Laden mais velhos, que se agrupavam em torno de Bakr em Jedá. Carmen podia não ser a mulher mais submissa do mundo, mas Bakr e os irmãos à sua volta tendiam a culpar Yeslam pela decisão que Carmen tomara de ir a público. Supostamente, o dinheiro era um motivo na decisão de escrever o livro: Por que Yeslam não tinha feito um acerto que a satisfizesse? Por que tinha deixado o divórcio se arrastar por tanto tempo? Como Yeslam se permitira ficar afastado de suas próprias filhas — que tipo de pai admitiria isso?[8] Houvera muitos divórcios entre os Bin Laden, mas nenhum com a duração dickensiana ou o perfil de humilhação pública deste caso.

Tanto Yeslam como Carmen eram profissionais empreendedores; no rastro do 11 de Setembro, competiram não apenas no litígio do divórcio, mas pelo controle da marca Bin Laden. Por conta das turnês de lançamento do livro, Carmen se tornou a Bin Laden mais famosa do mundo, depois de Osama. Yeslam parecia determinado a alcançá-la.

Carmen, por seu lado, tinha uma aliada nessa competição — sua filha mais velha, Wafah, que a seguira sob os holofotes depois de 2003. Wafah era aluna de pós-graduação na Universidade de Columbia, na época dos ataques do 11 de Setembro; morava em um *loft* alugado por 6 mil dólares, no West Village da cidade de Nova York. Era uma mulher impressionantemente bonita, de vinte e poucos anos, que aspirava a uma carreira de cantora popular.

Para promover seu primeiro disco, ela compareceu a uma entrevista com Barbara Walters. Wafah parecia estar em busca do equivalente em marketing a um golpe de jiu-jitsu, no qual um dos lutadores usa o impulso do adversário como arma contra ele — no caso de Wafah, ela atraiu a notoriedade de Osama em proveito de sua própria carreira na música pop. Posou para fotos provocantes em uma revisa masculina norte-americana, GQ. Mudou o sobrenome para Daufour, nome de solteira da mãe, mas não se furtou do status de uma Bin Laden; isso trouxe a mídia à sua porta. E, no entanto, declarou: "Sinto que todo mundo está me condenando e me rejeitando. Vamos, onde está o espírito norte-americano? Aceitem-me. Quero ser abraçada, porque meus valores são exatamente iguais aos de vocês". Ela não falava árabe e não tinha passaporte saudita. Talvez seus sentimentos de isolamento fossem genuínos, mas havia também um toque de atitude rock-and-roll em suas queixas ela era uma rebelde ingênua, sem uma cultura específica. A venda de seus CDs foi modesta.[9]

Com relação a um aspecto, Yeslam correu para o mercado antes da mulher e das filhas: em fevereiro de 2001 pediu o registro da marca "Bin Laden" sob lei suíça, por intermédio da Falcon Sporting Goods, uma de suas empresas. Yeslam planejara desenvolver uma linha de etiquetas Bin Laden para roupas, óculos e talvez jóias, bicicletas, mochilas e malas. Depois do ataque do 11 de Setembro, o advogado suíço de Yeslam, Juerg Brand, confirmou seus planos de seguir adiante com a linha de roupas Bin Laden, inicialmente no mundo árabe. "O nome é um dos mais famosos no mundo", disse Brand. Quando lhe perguntaram se ele também tinha a intenção de vender jeans nos Estados Unidos, Brand completou uma sentença infeliz com outra: "Não podemos dar um salto imediato por cima do oceano", declarou.[10]

Os jeans Bin Laden podiam parecer rebeldes para os adolescentes árabes, mas Yeslam e seus sócios não contaram com a reação na Suíça e nos Estados Unidos. O Instituto Federal de Propriedade Intelectual da Suíça anunciou que iria revogar a marca registrada Bin Laden porque violava "padrões morais institucionalizados". Yeslam então disse que seus planos tinham sido mal interpretados. Ele reconhecia que vender a linha de roupas Bin Laden seria uma "falta de sensibilidade". No entanto, afirmou mais tarde: "Eu não sou apenas um Bin Laden. Sou Yeslam bin Laden. Tenho minha própria identidade". Osama, para ele, era apenas "um nome em um jornal".[11]

Yeslam abriu uma butique de luxo em uma praça de pedestres na parte antiga de Genebra, na qual vendia bolsas caras, echarpes de seda, perfumes e relógios feitos à mão cujos mostradores tinham gravado um mapa do reino da Arábia Saudita; os relógios custavam mais de 20 mil dólares. Ele se fixou em uma nova marca: "Yeslam". Gastou horas misturando os perfumes que traziam seu nome; destilou aromas de jasmim e frutas em um perfume que chamou de "Passion".

A escritora britânica Marianne MacDonald visitou-o em Genebra e o achou um homem "tímido, discreto, vestido com uma jaqueta Hermès e com jeans Dior cobrindo as pernas magras". Yeslam pareceu-lhe sensível; ele falou abertamente a respeito das ansiedades que o incomodavam desde a infância.[12]

Teria Osama arruinado a vida dele? Yeslam apertou as mãos. "O que tinha de acontecer, aconteceu", disse a Marianne MacDonald. "Não há nada que eu possa fazer. Se você diz 'olhe só o que me aconteceu', eu só iria entrar em depressão. Se posso fazer alguma coisa de que gosto, criar perfumes e relógios e daí por diante, então estou fazendo uma coisa que é boa para mim."

Ele achava que sua marca Yeslam poderia competir com sucesso por fatias de mercado com Hermès e Chanel, as casas parisienses da moda. Era um objetivo ambicioso, reconhecia: "Mas estou oferecendo qualidade melhor, e espero que isso apareça".[13]

39

E DAÍ?

A VIÚVA INGLESA DE SALEM, Caroline, depois da morte do marido, expressou o desejo de continuar fazendo parte da família Bin Laden. Não era pouco comum na Arábia viúvas casarem-se com um irmão do primeiro marido. Quando Sama, a filha de Caroline, tinha cerca de oito anos de idade, Bakr abordou seu meio-irmão Khaled, no Egito, a respeito de tomar Caroline como esposa. "Ela ainda é jovem", disse Bakr sobre Caroline, de acordo com o ajudante de Khaled, Sabry Ghoneim. "Ela quer morar no Egito. Se ela se casar com algum estrangeiro, perdemos nossa filha, Sama. Precisamos que alguém da família se case com ela e seja bom para ela. Sabemos que você é próximo dela porque você era próximo de Salem, e você será bom para Sama." Com as fazendas de cavalos, paixão por puros-sangues, arte, poesia e seu apartamento no Cairo, uma cidade cosmopolita, Khaled administrava uma residência muito mais adequada a Caroline que qualquer outra disponível em Jedá. Khaled concordou em casar-se com ela.[1]

Em 18 de novembro de 2005, Caroline Carey chegou com seu marido Khaled à Fazenda El Zahraa, na região do deserto, nos arredores do Cairo, para o anual Show Internacional de Cavalos Árabes. Ela usava brincos de pérolas brancas, uma blusa branca e calça bege, e trazia um suéter enrolado na cintura. Tinha penetrantes olhos azuis e uma mandíbula forte. Para a filha Sama, agora uma animada adolescente com interesse em diplomacia, ela era "Mum"; algumas pessoas da família descreveram Sama como herdeira das qualidades mais atraentes do pai. Ela também foi à competição de cavalos; Khaled bin Laden concorreu com alguns de seus exemplares árabes.[2]

Na comitiva estava também o filho de Khaled com uma mulher anterior, Salem. Ele freqüentara um colégio interno na Virgínia e agora trabalhava em uma das companhias da família. Também cria seus próprios cavalos árabes e treina para entrar nas competições de tiro nas Olimpíadas, como atirador saudita. Usava uma camisa de gola rulê Prada preta, jeans Giorgio Armani justos, botas pretas e óculos escuros espelhados. O protetor de tela de seu celular Nokia prateado era o logotipo da Armani.

Uma canção tocava no alto-falante: "Barbie Girl". Salem sentou-se na tribuna principal, observando os garanhões cabriolarem e trotarem no rinque abaixo. Fumava tabaco fresco em um cachimbo, hábito que adquirira no Golfo.

Salem ruminava uma pergunta: será que Osama mudara a vida dos Bin Laden? "O que podemos fazer?", respondeu Salem. "Ele é um de nós, tem nosso nome. Podemos lidar com isso [...] Afeta a todos nós. Mas somos uma família grande, podemos absorver a questão." O assunto passou como uma brisa.

Khaled circulou entre os espectadores, treinadores e jóqueis que participavam da competição. Com seus cinqüenta anos, estava bem conservado. Usava jeans clássicos, uma camisa azul, tênis cor de mostarda e uma gravata em amarelo, azul e vermelho. Seu cabelo, com uma calva incipiente, estava cortado curto.

"Meu pai vê cavalos como uma obra de arte", disse Salem. "Ele pinta, também. Pinta cavalos."

Khaled concordou em conversar por alguns minutos, "mas apenas sobre cavalos".

Os Bin Laden tinham adquirido uma mesa embaixo de uma tenda perto do rinque de competição. Khaled sentou-se, amável mas reticente.

Como muitos de seus irmãos, Khaled fora piloto amador, mas desistiu do *hobby* depois de ficar sem combustível, um dia, acima de Luxor. Ele gosta de caçar e freqüenta o Clube de Tiro Colonial no Cairo. Possuía uma criação de cavalos no Egito desde 1982, e agora mantém cerca de cinqüenta cavalos árabes. Os *pedigrees* desses animais chegam até as grandes manadas beduínas na Península Arábica pré-colonial; eles foram trazidos para o Egito por conquistadores otomanos de séculos anteriores. Os cavalos não correm, são criados para apresentações; as competições envolvem aparência e manobras de apresentação. Khaled escolhe garanhões e éguas para criação em seu próprio haras egípcio, Rabab Stud. Lá, além disso, cultiva plantas de cactos, palmeiras de tâmaras e mangueiras do deserto. Suas cocheiras foram projetadas em estilos antigos árabes e mouriscos. Na casa principal há uma fotografia de seu pai, Mohamed bin Laden, além de retratos de dois reis sauditas, Fahd e Faisal. Khaled diz que vem refinando sua paixão por cavalos árabes há mais de um quarto de século.

"Fazemos a seleção a partir da cocheira e vemos qual é o melhor", esclareceu. Até perguntas anódinas a respeito de cavalos parecem angustiá-lo, no entanto. Esforçando-se por ser educado, admitiu que seu favorito se chama Afrad, ou "Alegria".

Em um panfleto publicado por ele, e que oferece aos visitantes, Khaled foi mais expansivo sobre sua paixão: "Estou tentando criar uma sinfonia com o cavalo", disse. "É como uma composição em que você retira elementos de várias fontes para formar uma obra de arte viva que tem de ser harmoniosa". A história da Arábia gira em torno desses animais. "Você tem de ver um cavalo árabe se movimentando com orgulho e elegância", adverte. "Ele tem de bufar e trombetear com a cauda planando e voando por cima do solo, com o vento. Aí você está vendo o que deve ver."

Os cavalos de Khaled fizeram bonito na competição naquele dia — um primeiro, dois segundos e um terceiro lugares.

Diversas mulheres britânicas de meia-idade se aproximaram de sua mesa, embaixo da tenda, para oferecer seus cumprimentos. "*Mabruk!*", exclamou uma delas. Inclinou-se para beijá-lo nas duas faces. Khaled retribuiu os beijos.

Ele olhou superficialmente. "Então, eu sei beijar como um europeu", brincou.[3]

O EGITO SE TORNOU UM LOCAL de recuperação e um santuário para os Bin Laden depois do 11 de Setembro. Havia o haras de Khaled e suas outras propriedades no Cairo e arredores, além de outras residências urbanas e imóveis de propriedade de outros meios-irmãos e meias-irmãs de Bakr. Havia a Ilha Bin Laden e a propriedade individual de Bakr no balneário de Sharm El Sheikh, no mar Vermelho. Do mesmo modo que Beirute, o Egito oferecia uma trégua para a umidade puritana de Jedá, mas sem as complicações representadas por atravessar fronteiras ou usar cartões de crédito na Europa ou nos Estados Unidos. Era um país animado e hospitaleiro — um lugar em que tanto as alas religiosas quanto os adeptos do Hard Rock Cafe da família podiam relaxar.

Além disso, oferecia as distrações do trabalho. A subsidiária dos Bin Laden no Egito empregava cerca de mil pessoas e assinou diversos contratos para trabalhos em aeroportos no Cairo e em Sharm El Sheikh depois de 2002; os contratos eram parcialmente sustentados pelo Banco Mundial, que oferecera um endosso visível à legitimidade da continuação dos negócios familiares. A violência de Osama forçou um ajuste: o governo egípcio achou que, se os cartazes de obra espalhados em torno de dois dos mais importantes aeroportos internacionais anunciassem o nome "Bin Laden", isso poderia confundir e preocupar os turistas estrangeiros, de modo que a subsidiária local mudou o nome para Al-Murasim.[4]

No final de 2005 estava claro que não só os Bin Laden sobreviveriam a Osama, mas poderiam até prosperar como nunca. A família real saudita ficou com eles e garantiu seu prestígio continuado como os mais importantes empreiteiros de construção em Meca e Medina. O rei Fahd morreu no verão de 2005, mas Bakr já cultivara suas ligações com o sucessor, Abdullah; os Bin Laden se reuniram apressadamente em Riad naquele verão para jurar fidelidade ao novo rei. Em vez da aurora de um novo período de incertezas para os Bin Laden, a ascensão de Abdullah prometia uma nova oportunidade. Eles, os Bin Laden, não sofreram qualquer retaliação política na Arábia Saudita. Como família grande, com seu quinhão de ovelhas negras, os Al-Saud apoiaram-nos por princípio, mas Abdullah, além disso, enviou uma mensagem subliminar ao mundo islâmico — a família real saudita pode não tolerar Osama, mas não buscaria vingança contra ele ou contra sua família, como acontecera algumas vezes com as famílias de dissidentes nos países árabes. Como sempre, os Al-Saud precisavam da experiência dos Bin Laden. À medida que a guerra no Iraque se deteriorava, o preço do petróleo disparou acima de setenta dólares o barril, e houve um aumento da construção civil no reino e na vizinha Dubai. Novos arranha-céus de apartamentos e escritórios, centros comerciais, rodovias, mesquitas e aeroportos foram anunciados, uns após os outros — até uma companhia de construção sem experiência e com má organização poderia prosperar nesse ambiente, parecido com o dos anos 1970 e sua chuva indiscriminada de dinheiro. Os Bin Laden estavam especialmente bem posicionados para lucrar.

O impulso para modernizar e internacionalizar as companhias da família, supervisionadas por Bakr e Yahya, tinha sido amplamente bem-sucedido. Os irmãos engenheiros poderiam não ser tão charmosos ou divertidos quanto Salem, mas, depois de muitos anos de trabalho árduo, eles colocaram os Bin Laden em situação de desfrutar de sua riqueza continuada e segura, e de passar a fortuna da família com sucesso, intacta, às gerações vindouras. Em seu apogeu, Salem parafraseara o rei Faisal: "Meu pai cavalgava um camelo. Eu estou voando em jatos. Meus filhos voarão nos meus jatos. Meus netos voltarão a cavalgar um camelo". Bakr e Yahya não haviam anulado essa previsão, mas certamente reduziram sua probabilidade com a ajuda notável das forças geopolíticas que fazem com que o preço do petróleo suba e desça.[5]

Yahya bin Laden dissera, no final de 2005, que esperava que o número de empregados nas firmas dos Bin Laden subisse de cerca de 35 mil para 75 mil durante a década seguinte, se a riqueza do petróleo continuasse a se derramar sobre a região do Golfo. Esperava diversificar ainda mais as companhias da família para que os contratos de construção do tipo tradicional acabassem gerando apenas cerca de um quarto da receita dos Bin Laden. Ele citou um ditado árabe: a primeira geração ganha o dinheiro, a segunda tenta preservá-lo e a terceira o dissipa. A família poderia evitar esse destino, segundo acreditava. Seus próprios filhos, os de Bakr e de outros irmãos tinham adquirido educação excelente nas melhores universidades do Ocidente, e alguns estavam comprometidos com o futuro do negócio. Meios-irmãos mais novos, como Mohamed, que ainda não tinha cinqüenta anos, se mostravam executivos capazes e modernos. Mas esses Bin Laden mais novos não iriam gastar semanas sentados em *majlis*, em Riad, esperando que um príncipe mal-humorado assinasse um contrato, como Salem e Bakr tinham feito paciente e obsequiosamente durante tantos anos. Era imperioso modernizar a companhia e depois esperar que alguma coisa semelhante acontecesse com os sauditas responsáveis pelas decisões.[6]

As chances de isso acontecer não pareciam especialmente promissoras. Como fora verdade desde os anos 1950, quanto mais dinheiro de petróleo fluía para dentro dos cofres sauditas, menos urgente parecia qualquer necessidade de mudança. Em um solilóquio inusitadamente franco, Bandar bin Sultan descreveu a suposição dos Al-Saud:

> O jeito como respondo às acusações de corrupção é esse: durante os últimos trinta anos implementamos um programa de desenvolvimento que valia aproximadamente [...] cerca de 400 bilhões de dólares. Está bom? Agora, olhe o país como um todo, onde ele estava e onde está agora. Tenho certeza de que, depois que o examinar, você não teria feito tudo isso por menos de, digamos, 350 bilhões. Se você me disser que a construção desse país inteiro, gastando 350 bilhões de dóla-

> res, de 400 bilhões, que usamos mal ou [nos] corrompemos com 50 bilhões, eu lhe direi: "É. Mas eu topo isso a qualquer momento". Há tantos países no Terceiro Mundo que têm petróleo e ainda estão trinta anos atrás. Porém, mais importante, mais importante — "Ora, quem é você para me dizer isso?". O que estou tentando lhe dizer é: e daí?[7]

Não muito tempo depois, alegando preocupações com a segurança nacional, o governo britânico abandonou uma investigação de cunho criminal quanto à venda de equipamento de defesa para a Arábia Saudita durante os anos 1980 e 1990. De acordo com um jornal britânico, como parte dos arranjos financeiros exigidos pelos sauditas para consumarem essa transação com as armas, centenas de milhões de dólares fluíram para contas bancárias controladas por Bandar bin Sultan.[8]

E daí? Ao contrário de Bandar, os Bin Laden não tinham coragem de lhe fazer essa pergunta em voz alta, e, no entanto, quanto mais tempo se passava depois do 11 de Setembro, menos significativos pareciam os ataques para o futuro da família. Os processos abertos nos Estados Unidos pelas famílias das vítimas, consolidados sob o título *In Re: Terrorists Attacks On September 11, 2001*, citavam o Saudi Bin Laden Group e quatro irmãos Bin Laden — Bakr, Omar, Tareq e Yeslam — como réus. Um dos processos alegava que, "sob o controle de Bakr bin Laden", o Saudi Bin Laden Group tinha "fornecido substancial apoio material e assistência à Al Qaeda". Os Bin Laden contrataram a Jones Day, uma grande firma norte-americana de advogados, cujos escritórios em Washington ocupavam um edifício refinado em frente ao Capitólio, para tratar da defesa da família. As contas jurídicas pagas pelos Bin Laden nesse processo e em questões correlatas rapidamente excederam 10 milhões de dólares, de acordo com o que Bakr contou ao governo saudita, mas foi dinheiro bem gasto: no início de 2005, o juiz regional norte-americano Richard Casey, de Nova York, liberou os Bin Laden, individualmente, da condição de réus, com base na jurisprudência. Ele permitiu alguma investigação posterior para saber se o Saudi Bin Laden Group teria sido significativamente ativo nos Estados Unidos para justificar sua inclusão no processo jurídico, mas, no mínimo dos mínimos, se passariam vários anos antes de o processo considerar os méritos do histórico da companhia com Osama, se é que chegasse a considerar.[9]

A propriedade de Desert Bear foi posta à venda por volta de 2004, por cerca de 4 milhões de dólares, mais de vinte anos depois de Salem tê-la comprado e começado a aterrissar seus helicópteros no gramado. Como a propriedade pertencia a uma corporação liberiana registrada na Flórida, o comprador não poderia adquirir a terra ou a casa diretamente, mas teria de comprar ações ao portador da companhia liberiana e depois tentar provar seu título de propriedade para o registro de imóveis da Flórida, de acordo com diversas pessoas que indagaram a respeito da possibilidade de legalização da propriedade. Foi dito aos compradores em potencial que eles teriam de desembolsar dinheiro em espécie no exterior para adquirir o controle da corporação liberiana; os Bin Laden não queriam entrar nos Estados Unidos para fechar a transação. Os compradores que persistiram depois de todas essas negociações planejavam lotear a propriedade e construir casas luxuosas.[10] Era um final triste para a notável história do imóvel, que começou com uma patente de Jell-O no início do século XX e terminou, de fato, com os ataques do 11 de Setembro.

À medida que a pressão sobre a família diminuía, Bakr prosperava. Ele tomou como terceira esposa uma mulher muito mais nova — ainda estava no final da adolescência quando se casou, por volta de 2004. Bakr agora introduzia mais tempo de lazer em seu cronograma: tirava férias em uma ilha particular nas Maldivas; visitava um *resort* em Bali; enturmava-se com outros empresários sauditas ricos, donos de iates, em Beirute; comparecia a shows aéreos em Dubai e fofocava durante horas com colegas a respeito dos últimos modelos de jatos particulares. Seus filhos adotaram a paixão da família por máquinas rápidas; no final de 2006, Abdulaziz bin Bakr venceu a competição National Superstock Bike de motocicletas nos Emirados Árabes Unidos.[11] A essa altura, a confiança de Bakr parecia refletir a da Arábia Saudita: o atormentador do reino, Saddam Hussein, estava a caminho das galés; Osama estava foragido, e os ataques da Al Qaeda dentro da Arábia Saudita, embora às vezes enervantes, chegavam a ser pouco mais que um aborrecimento; os preços do petróleo estavam altíssimos; as políticas sauditas e os planos para a sucessão permaneciam estáveis; e os norte-americanos certamente cuidariam de futuras ameaças vindas do Irã. O que se devia temer?

EM MECA, coração do islã e fonte da fortuna dos Bin Laden, a York International Corporation of Pennsylvania instalou, durante 2005, um complexo de unidades de ar-condicionado industrial, ou resfriamento de água, no topo de uma colina vulcânica chamada Jabal Al-Qala, ou "Castelo da Montanha". As unidades constituíam o maior projeto industrial de ar-condicionado empreendido pela York desde que prestara serviços à Mesquita do Profeta em Medina em parceria com os Bin Laden. Desta vez, não era um santuário religioso que seria refrigerado no deserto, mas um projeto de sete torres de apartamentos e hotel com vista sobre a Grande Mesquita de Meca. De acordo com um executivo da York, depois de pronto, o projeto do condomínio de Meca ultrapassaria a Mesquita do Profeta como o maior ar-condicionado do mundo.[12]

Durante o último *boom* do petróleo, todo empresário do Golfo com lucros em propriedades imobiliárias ou um bônus corporativo para gastar parecia cobiçar um condomínio com vista sobre Meca; em 2005, a corrida por imóveis na cidade santa rivalizava com a que ocorre na febril South Beach de Miami. Os Bin Laden inicialmente acharam que não iam se incomodar com o tempo e a despesa necessários para vender apartamentos individuais no "Castelo da Montanha", de modo que venderam uma torre inteira a investidores do Kuwait. Quando souberam da disparada nos preços do varejo que as unidades no prédio atingiam, os Bin Laden "ficaram furiosos", disse Anwar Hassan, da York International. Os executivos da família resolveram que, no futuro, "venderiam os apartamentos no varejo eles mesmos", para maximizar os lucros.[13]

Junto com a família Faqih — outro grupo saudita de empresários com uma ovelha negra que morava no exílio —, os Bin Laden planejaram um projeto ainda mais ambicioso para uma torre de apartamentos na Omar Mountain, com vista sobre Meca, cuja construção exigia que explodissem o topo da montanha vulcânica. Esse projeto compreendia a edificação de quatro torres, cada uma com cerca de trinta andares, contendo cem elevadores e um total de mais de 4.600 unidades de apartamentos. Haveria um hotel cinco estrelas, um centro comercial e um estacionamento para 2 mil carros.[14] A evolução comercial lucrativa que se espraiava pelos lugares mais santificados do islã tinha alcançado sua apoteose, e os Bin Laden eram sócios dos mais ambiciosos projetos.

Eles eram também sócios da planejada Cidade Econômica Rei Abdullah, anunciada no final de 2005, quando o preço do petróleo superou os cinqüenta dólares o barril. O novo rei requisitara terras não aproveitadas ao longo do mar Vermelho, ao norte de Jedá, e anunciara uma cidade planejada para rivalizar com Dubai. Abdullah disse que o projeto custaria cerca de 27 bilhões de dólares. Ele planejara um Millennium Seaport para rivalizar com os maiores portos comerciais do mundo; ligações por trem de alta velocidade e por ar ao resto do reino; um distrito industrial petroquímico e outras fábricas; um *resort* à beira-mar para atrair turistas, completo, com o primeiro campo de golfe com dezoito buracos do reino; uma ilha financeira encimada por duas torres de escritórios chegando a sessenta ou mais andares; uma área de educação, cheia de universidades modernas; e, é claro, mais condomínios. O projeto, disse um dos executivos dos Bin Laden, "poderia fazer ou quebrar a economia local". Para as companhias dos Bin Laden, só o trabalho de construção seria "absolutamente enorme em abrangência".[15]

"Para as Estradas à Frente" era o cabeçalho de uma publicidade autopromocional adquirida pelo Saudi Bin Laden Group no *The Washington Post* no final de 2005. "A construção pode estar no centro do que fazemos. Mas nossos interesses também se estendem aos mundos da mídia, varejo, projetos industriais e telecomunicações. Tudo isso faz parte da nossa visão para que a Arábia Saudita permaneça um centro regional moderno e dinâmico no século XXI."[16]

Parecia não haver aspecto da segunda onda de modernização na Arábia Saudita com o qual os Bin Laden não lucrassem consideravelmente. Mesmo o por vezes instável ambiente de segurança no reino oferecia oportunidade. Em maio de 2003, as células da Al Qaeda na Arábia Saudita lançaram uma série de ataques, na maior parte inócuos, contra o Ministério do Interior, complexos norte-americanos de residências nas zonas de petróleo e contra o consulado dos Estados Unidos em Jedá. O filho de Osama bin Laden, Saad, em exílio no Irã, foi acusado de participar da organização dos ataques. As forças de segurança sauditas, ajudadas por tecnologia de vigilância adquirida nos Estados Unidos, lançaram severas sanções contra suspeitos simpatizantes da Al Qaeda. Centenas de islamitas foram presos e interrogados. A violência logo cessou. Em abril de 2006, o governo saudita anunciou um projeto de tramitação rápida para a construção de nove prisões novas no reino, no intervalo de doze meses. O contrato de construção foi concedido ao Saudi Bin Laden Group; foi avaliado em 1,6 bilhão de dólares.[17]

40

No exílio

Os escritórios da Fame Advertising ficam no segundo andar de um conjunto de lojas no centro de Jedá, na rua Palestine. O ponto comercial, além disso, abriga uma Starbucks, um Java Lounge, um Vertigo Music Café e uma Body Master, uma academia de ginástica e massagem. Dentro da suíte da Fame Advertising o ambiente sugere uma companhia emergente do Vale do Silício. Há um bar de sucos com banquetas altas de bar, nas paredes está pendurada uma grande fotografia em preto-e-branco de bondes em uma sinuosa rua de São Francisco. Pinturas impressionistas de cenas de cafés europeus adornam outras salas. A mobília é de cromo, couro preto e cerejeira; os computadores exibem as etiquetas da International Business Machines.[1]

Este é o reino do filho mais velho de Osama bin Laden, Abdullah, que deu início à construção da Fame como saída para suas ambições empresariais depois de voltar à Arábia Saudita, após a separação do pai, que ficou no Sudão. Até o final de 2005 a Fame desfrutou de uma associação com o Saudi Bin Laden Group, e tinha cerca de quinze empregados. Ao contrário de muitas companhias sauditas, a firma não adotava a segregação de gênero em seus escritórios. Ela produzira um website estiloso, a www.fame-adv.com. Entre seus clientes estavam grandes grupos comerciais com base em Jedá, como o Jufallis, e companhias ocidentais como a Philips, a fabricante de produtos eletrônicos.

O proprietário, agora com trinta e alguns anos, muitas vezes usava calças jeans e um boné de beisebol. Na primavera de 2002, ele deixou aturdidos os diplomatas das imediações do consulado norte-americano ao aparecer nesses trajes em um tipo de comemoração ao Quatro de Julho, dia da independência dos Estados Unidos (organizada um pouco mais cedo no ano porque o tempo em Jedá em julho é insuportável). Abdullah tirava férias na Europa e, quando estava em Jedá, tornou-se freqüentador assíduo do clube de praia relativamente autônomo pertencente aos Bin Laden, às margens do mar Vermelho.

Para promover os serviços da Fame, Abdullah criou prospectos de marketing sob a forma de pequenos cartões coloridos que podiam ser entregues a clientes potenciais. Esse material parecia se inspirar em alguns dos métodos anteriormente empregados por seu pai quando construiu a Al Qaeda. O cartão intitulado "Manejo de Identidade Corporativa", por exemplo, exibia, "Na FAME ADVERTISING acreditamos que o desenvolvimento de uma identidade corporativa de sucesso é essencial para qualquer projeto ou negócio. Nossa criação de identidades corporativas é baseada em pesquisas extensas [...] com métodos inovadores que sempre dão certo". No verso do cartão havia um slogan de uma palavra: "Forte". Um segundo prospecto foi intitulado "Manejo de Eventos". Alardeava: "FAME ADVERTISING eventos é original, planejada meticulosamente e executada com eficiência". O slogan no verso era "Diferente". Se Abdullah estava consciente do modo como citava a metodologia de seu pai, pelo menos ele não levou o paralelo longe demais: exibição de balões coloridos, em lugar de explosões simultâneas de carros-bomba, era um motivo típico dos eventos da Fame, de acordo com as fotografias expostas no website.[2]

À medida que o exílio de Osama bin Laden se prolongava depois do 11 de Setembro, sua própria extensa família, produto de pelo menos cinco casamentos ao longo de duas décadas, espalhou-se e foi levada pelas circunstâncias de modo muito semelhante ao que ocorrera com a própria geração de Osama depois da morte de Mohamed bin Laden. Em 2002, Osama era pai de pelo menos 23 filhos. A grande maioria deles, exceto Abdullah e mais alguns, morava com ele no Afeganistão durante o processo do 11 de Setembro. À medida que o atentado se aproximava, no entanto, parece que Osama julgou que suportaria a fase seguinte do seu desterro sem a companhia da maior parte de suas esposas vigentes. No verão de 2001, alguns dos filhos mais velhos de Osama conseguiram com que pelo menos uma de suas esposas e os filhos dela encontrassem abrigo nas tribos ao longo da fronteira com o Afeganistão; mais tarde entregaram-na ao governo do Paquistão, e, depois de vários meses, essa esposa aparentemente voltou à sua Arábia Saudita natal com alguns de seus filhos. Duas das mulheres anteriores de Osama já haviam voltado ao reino. Em dezembro de 2001, a esposa mais recente, uma iemenita muito jovem, também voltara para sua terra natal.[3]

Os filhos de Osama se dividiram em dois campos — os que ficaram para lutar com ele e os que voltaram para a Arábia Saudita, onde poderiam gozar de alguns dos benefícios de membros da família Bin Laden. Sa'ad, Hamzah, Sayf, Mohamed, Khalid e Ladin estavam entre os filhos que ficaram com Osama e se dedicaram à sua causa do exílio individual (e ambíguo) no Irã. Os que voltaram para a Arábia Saudita, além de Abdullah, incluíam Ali e Omar; o último resolveu sair do Afeganistão em 2000, aos dezenove anos.[4]

Ao chegar a Jedá, Omar descobriu que tinha ficado para trás em comparação com seus pares na família Bin Laden. "Osama não deu instrução aos seus filhos em escolas convencionais", explicou Jamal Khalifa, cunhado de Osama que veio a conhecer Omar depois que este voltara ao reino. No Afeganistão, ele insistia em que eles só "decorassem o Alcorão [...] Então, o Omar dava muita pena. Via a diferença entre ele e outros na família".[5] Mesmo assim, estabeleceu-se como comerciante de sucata em Jedá. Casou-se com uma mulher saudita, desenvolveu um físico musculoso, envergava calças jeans e aparava a barba em um elegante cavanhaque.

No outono de 2006, enquanto cavalgava perto das pirâmides no Egito, Omar, agora com cerca de 25 anos, conheceu Jane Felix-Browne, uma mulher de 51 anos, já avó, moradora de Cheshire, na Inglaterra, que tinha um físico muito bem conservado, de acordo com o relato de um jornal britânico, graças às 80 mil libras esterlinas que gastara ao longo de anos em cirurgias plásticas. Omar e Jane apaixonaram-se, pelo que ela conta, e logo se casaram. Ela já fora casada cinco vezes e se convertera ao islã; o romance entre os dois teve de superar algumas das tensões que surgiram por causa da notoriedade do pai de Omar. "Ele desconfia de todo mundo", disse Jane Felix-Browne. "Constantemente observa as pessoas que acha que podem estar seguindo-o. Não sem motivos, tem medo de câmeras [...] Mas quando estamos juntos, ele esquece da vida." Jane disse que Omar tinha "se afastado do pai porque ele não achava direito lutar ou pertencer a um exército", e no entanto "sente falta do pai". Quando a notícia do casamento começou a gerar manchetes sensacionalistas na Grã-Bretanha, Omar publicou uma declaração em um jornal saudita defendendo a união. Explicava que sua primeira mulher concordara que ele ampliasse a família — "poligamia não é estranha à nossa sociedade árabe e islâmica" — e chamava a atenção para o fato de que o profeta Maomé tinha se casado com sua esposa Khadjia "quando ele tinha vinte anos, e ela, quarenta". Parecia haver alguma confusão a respeito dessa questão entre suas duas esposas; Felix-Browne em seguida anunciou o divórcio deles. Ela disse que ela e Omar temiam pela vida deles.[6]

EM 14 DE DEZEMBRO DE 2001, Osama bin Laden escreveu e assinou sua última vontade em testamento. Em Tora Bora, por volta dessa época, ele sofrera pesado bombardeio aéreo por forças lideradas por norte-americanos e agora se preparava para morrer. Abriu o testamento com uma invocação religiosa e depois escreveu: "Alá nos ordenou que, quando a morte se aproximasse de qualquer um de nós, fizéssemos um legado aos pais e parentes mais próximos e aos muçulmanos como um todo [...] Alá é testemunha de que o amor à *jihad* e à morte pela causa de Alá dominou a minha vida, e os versos da espada permearam cada célula de meu coração. 'E lute contra os pagãos todos juntos do mesmo modo como eles lutam contra vocês todos juntos.' Quantas vezes acordei recitando para mim mesmo esses versos santos!".

O tom que adotou, refletindo os contratempos militares e políticos que sua organização sofrera ao longo do outono de 2001, era inteiramente desanimado:

> Se cada muçulmano se perguntar por que nosso país chegou a esse estado de humilhação e derrota, a resposta evidente é: porque correu loucamente para os confortos da vida e descartou o Livro de Alá, embora ele seja o único que tem a cura [...] Os judeus e cristãos tentaram-nos com os confortos da vida e seus prazeres baratos, e nos invadiram com seus valores materialistas antes de nos invadirem com seus exércitos, enquanto ficamos como mulheres, sem fazer nada porque o amor à morte pela causa de Alá desertou dos corações [...] A principal causa da provação do nosso país é seu medo de morrer na causa de Alá [...] Hoje a nação deixou de nos apoiar.[7]

Às suas esposas, Osama escreveu: "Vocês foram, depois de Alá [...] o melhor apoio e a melhor ajuda, desde o primeiro dia em que vocês souberam que a estrada era cheia de espinhos e minas [...] Vocês renunciaram aos prazeres mundanos comigo — renunciem ainda mais depois de mim. Não pensem em se casar outra vez, vocês só têm de cuidar de seus filhos, fazer sacrifícios e rezar por eles".

Aos filhos, escreveu: "Perdoem-me porque lhes dei apenas um pouco do meu tempo desde que respondi ao chamado da *jihad*. Eu assumi as preocupações dos muçulmanos e as preocupações de suas dificuldades, amarguras, traições e perfídias. Não fosse pela deslealdade, a situação não estaria como está agora, e o resultado não seria este".

Aconselhava explicitamente aos filhos a não trabalharem com a Al Qaeda. Lembrou a história de um líder muçulmano, Omar bin al-Khattab, que proibiu os filhos de se tornarem califas, dizendo-lhes: "Se é bom, tivemos o nosso quinhão; se é ruim, então basta [...]".[8]

Durante os anos que passou no Sudão, à medida que a família se afastava dele, os textos de Osama passaram algumas vezes a ter um toque de cólera e frustração. Mas nunca um documento atribuído a ele transmitira tanto desespero e exaustão. Aparentemente supôs que os militares norte-americanos logo cairiam vítimas de uma revolta popular por parte dos afegãos comuns, como ocorrera com o exército soviético depois da invasão de 1979; ao contrário, seus aliados entre os talibãs tinham desabado à medida que os Estados Unidos e seus aliados irrompiam a cada cidade importante do Afeganistão, e diversos de seus compatriotas, em quem confiara na Al Qaeda, foram mortos ou capturados. Se Osama se imaginara como o líder triunfante de uma vanguarda de guerrilha, ele agora se confrontava com a perspectiva humilhante da retirada — e com a séria possibilidade de que seria morto ou preso.

O inverno passou, no entanto, e nenhum desses temores se materializou. Em junho de 2002 Osama permanecia em segurança e estabelecera uma rede de proteção pessoal estável o suficiente para permitir que voltasse cautelosamente ao anúncio da *jihad* e à produção de vídeos. Seu trabalho inicial naquela primavera ainda expressava um grau incomum de autocomplacência; um website *jihadi* publicou uma troca de palavras poéticas com seu filho Hamzah, evocando as condições e as causas de seu exílio compartilhado.

"Ó, pai!", escreveu Hamzah. "Onde está a fuga e quando teremos uma pátria? Ó, pai! Vejo esferas de perigo para onde olho. Como nosso lar desapareceu sem deixar traços? [...] Por que nos cumularam de bombas como chuva, sem piedade de uma criança? [...] Diga-me, pai, alguma coisa útil sobre o que vejo."

"Ó, meu filho!", respondeu Osama. "Basta dizer que estou cheio de pesar e de lamentos. O que posso dizer se estamos vivendo em um mundo de preguiça e descontentamento? [...] Perdoe-me, meu filho, mas só posso ver uma trilha muito íngreme à frente. Passou-se uma década de vida errante e de viagens, e aqui estamos na nossa tragédia. Foi-se a segurança, mas o perigo permanece. É um mundo de crimes, no qual crianças são abatidas como vacas. Durante quanto tempo faltarão homens verdadeiros?"[9]

NÃO DURANTE MUITO TEMPO, POR ACASO. À medida que os meses se passavam, e ele ainda permanecia livre, a coragem e a confiança de Osama voltaram. As circunstâncias particulares de sua vida como fugitivo são desconhecidas, mas o registro público de suas declarações escritas e gravações no exílio durante esse tempo — no todo, mais de uma dúzia — tornam clara a trajetória geral da experiência de Osama: um período inicial de vertiginosa comemoração imediatamente depois dos ataques em Nova York e Washington, seguido de uma rápida descida ao desespero, depois uma recuperação gradual e um renovado sentido de propósito, produzindo uma volta à ambição e à arrogância do passado. As declarações de Osama tornam claro, também, que em 2003, pelo menos, ele desfrutava de acesso regular a televisões por satélite e internet.

O planejamento da invasão do Iraque liderada pelos Estados Unidos, mais que qualquer outro acontecimento, pareceu atrair Osama de volta a ele mesmo; a julgar pelo que disse e escreveu, a guerra chegou como algum tipo de elixir espiritual e político, exatamente quando ele mais precisava. A preparação para o combate no início de 2003 incentivou uma explosão de textos longos e ambiciosos, artigos que remetiam ao prolífico período de panfletagem no Sudão. Depois de um período de quietude e angústia, de repente Osama parecia ter muito a dizer.

"Eu me alegro pelo fato de que os Estados Unidos estejam envolvidos no atoleiro do Tigre e do Eufrates", escreveu ele em outubro de 2003. "Bush achou que o Iraque e seu petróleo seriam uma presa fácil, e agora lá está ele, empacado em um terrível dilema, pela graça de Deus Todo-Poderoso. Lá estão os Estados Unidos hoje, gritando a plenos pulmões enquanto se desmancham diante do mundo todo."[10]

Osama via a guerra no Iraque como "uma oportunidade rara e essencialmente valiosa, em todos os sentidos da palavra, de mobilizar o potencial de *ummah* e liberá-lo". Ele incentivava jovens voluntários a "saírem para os campos de batalha no Iraque a fim de cortar a cabeça da infidelidade do mundo".[11] Muitos atenderam ao seu chamado, especialmente na Arábia Saudita.

Osama não fazia segredo quanto ao seu desdém em relação a Saddam Hussein, mas isso, é claro, não poderia justificar a ocupação norte-americana, disse ele: "É verdade que Saddam é um ladrão e um apóstata, mas a solução não vai ser encontrada trocando o governo do Iraque das mãos de um ladrão local para as de um outro, estrangeiro". Quando os Estados Unidos anunciaram aumentos nas recompensas em dinheiro pela sua captura ou morte, Osama retaliou anunciando seu próprio esquema de recompensas, em unidades de ouro, pelo assassinato de Paul Bremer, chefe da Autoridade Provisional de Coalizão no Iraque, além de outros norte-americanos.[12]

Ele parecia gostar particularmente da retórica de transformação no Oriente Médio enunciada por Bush e seu gabinete. As formulações que faziam a respeito de um "novo" mundo árabe, ancorado em uma constituição secular, democrática, no Iraque, "mostra que a luta é uma luta ideológica e religiosa, e que o embate é um embate de civilizações", escreveu em maio de 2004. "Eles pretendem destruir a identidade islâmica em todo o mundo."[13]

Osama ridicularizava seus adversários ocidentais pelo fato de o confundirem como um fanático pré-moderno, um solitário barbado em uma caverna longínqua; via a si próprio, ao contrário, como um mestre de tecnologia e mudanças globais. De fato, depois de 2001, encorajado pela adoção que os Bin Laden promoveram da tecnologia digital, a Al Qaeda — agora uma organização, um movimento e uma marca registrada com franquias — rapidamente se adaptou à perda do santuário físico no Afeganistão, fazendo uso mais intenso da internet para treinamento, comunicação tática e pregação. Quando oficiais norte-americanos sugeriram que alguns dos vídeos produzidos por Osama poderiam conter códigos secretos para disparar ataques terroristas de células em latência, Bin Laden reagiu a esses temores com desdém. "Os norte-americanos fizeram alegações ridículas", disse ele. "Disseram que há mensagens escondidas, destinadas a terroristas, nas declarações de Bin Laden. É como se estivéssemos vivendo em uma época de pombos-correios, sem a existência de telefones, sem viajantes, sem a internet, sem correio regular, sem fax, sem e-mail. Isso é tudo uma farsa; palavras que subestimam a inteligência das pessoas."[14]

Um de seus artigos mais notáveis, publicado enquanto a invasão do Iraque estava a caminho, apresentava uma lista de queixas — numeradas e subnumeradas em categorias — que descreviam a magnitude de sua oposição aos Estados Unidos, às suas políticas externas e a seus valores nacionais. O artigo sugeria que Osama andara estudando revistas de notícias norte-americanas durante as suas longas horas de exílio e que ficara frustrado pelas análises características que lera a respeito de suas motivações. "Alguns autores norte-americanos publicaram artigos com o título 'Sobre que bases estamos lutando?' [...] Aqui nós queremos traçar a verdade." Apresentava duas questões essenciais: "Por que estamos lutando e nos opomos a vocês?" e "Para que os estamos chamando e o que queremos de vocês?".[15]

A resposta à primeira questão, escrevia ele, "é muito simples: 1) Porque vocês nos atacaram e continuam nos atacando". Enumerava os locais em que percebera esses ataques: Palestina, Somália, Tchetchênia, Caxemira, Líbano. "Vocês roubam nossas riquezas e nosso petróleo a preços pífios pela sua influência internacional e suas ameaças militares. Esse saque é de fato o maior roubo jamais testemunhado pela humanidade na história do mundo."

Quanto à segunda questão, seus objetivos de guerra essenciais: "A primeira coisa para que os estamos chamando é o islã". Os norte-americanos deveriam se converter ao "selo de todas as religiões anteriores" de modo a serem resgatados de um profundo estado de devassidão:

> Nós os chamamos para ser um povo de boas maneiras, princípios, honra e pureza; para rejeitar os atos imorais de fornicação, homossexualismo, intoxicantes, jogos de azar e usura [...] Vocês são uma nação que permite atos de imoralidade e consideram esses atos pilares da liberdade pessoal [...] Quem consegue esquecer os atos imorais do presidente Clinton, cometidos no escritório oficial, no Salão Oval? Depois disso vocês nem sequer o fizeram prestar contas; além de ter "cometido um erro", continuou sem punição [...] Vocês são uma nação que exploram as mulheres como produtos de consumo ou ferramentas de publicidade, atraindo consumidores para comprá-las [...] Vocês então discursam bombasticamente dizendo que apóiam a liberação das mulheres.[16]

Quanto mais tempo Osama passava como fugitivo, sem nada para fazer, mais horas ele ficava diante da televisão por satélite ou estudando websites em busca de notícias do mundo exterior, mais parecia internalizar e sintetizar, de um modo característico, diversas linhas de queixas antiamericanas, tivessem elas se originado na esquerda européia, na direita cristã ou no movimento antiglobalização. Ele valorizava o efeito retórico acima da consistência do argumento. Seus versos podiam ser elaborados e arcaicos, mas de tempos em tempos conseguia fabricar uma sentença memorável. Ao descrever seu desafio inquebrantável em nome do islã, escreveu: "O nadador no mar não tem medo da chuva".[17] Quando não era elegante, pelo menos era claro: "A liberdade e a democracia pelas quais vocês clamam é para vocês mesmos e apenas para a raça branca", ele escreveu. "Quanto ao resto do mundo, vocês impõem sobre ele suas políticas e governos monstruosos e destrutivos, que vocês chamam de 'amigos dos Estados Unidos'."[18]

Muitas vezes misturava essas críticas tingidas de secularidade aos Estados Unidos com os credos milenares e anti-semitas que há muito estavam no centro de sua visão de mundo. Em seus artigos e gravações, assim como muitos árabes, Osama pressupunha o poder e a implacabilidade das conspirações sionistas e judaicas.

"Os Estados Unidos não começaram tirando o meu dinheiro e não me ofenderam pessoalmente, de modo algum", concedia ele, "mas levantaram acusações contra mim, como reação a nosso incitamento contra os judeus e os norte-americanos [...] O governo levará o povo norte-americano e o Ocidente em geral a uma vida sufocante, a um inferno insuportável, por ter ligações muito fortes e estar sob o *lobby* da folha de pagamento sionista." Ele descreveu os judeus em termos desumanizadores, "os idiotas da era", que, ao serem confrontados pela íntegra juventude palestina, "tornaram-se asnos selvagens, agitados, fugindo de um leão".[19]

Rejeitou as fronteiras de muitas nações-Estado como linhas ilegítimas traçadas por colonialistas pagãos. No entanto, mantinha uma identificação emocional com o país de sua juventude em particular — não mais como um "saudita", palavra que fazia honra à detestada família Al-Saud, mas como um "*hejazi*", um filho da terra de Meca e Medina. "Sinto muita saudade do meu país e estou há muito tempo ausente dele; isso, contudo, é fácil de suportar porque é pela causa de Deus", escreveu no final de 2004. "O amor por Hejaz é profundo no meu coração, mas seus governantes são lobos."[20]

A essa altura ele abjurou quase toda sua anterior simpatia pelo príncipe herdeiro Abdullah, prestes a ser rei, embora tivesse sugerido que Abdullah era uma vítima, até certo ponto, de chantagem norte-americana. Muitos haviam acreditado, escreveu Osama, "que quando o príncipe Abdullah [...] assumisse o governo do país, ele o salvaria da lama da desobediência religiosa, administrativa e financeira, e da corrupção da mídia [...] E que o salvaria da subserviência em relação aos Estados Unidos. Mas embora o povo estivesse esperando que o bem viesse dele, ele lhe trouxe o mal".[21]

À medida que os meses se passavam e ele ainda continuava livre, e à proporção que a Al Qaeda se revitalizava e apoiava os ataques gigantescos em Londres e outros lugares, Osama passou a expressar um orgulho franco a respeito do que conseguira desde 2001. Há muito ele se considerava não o general de um exército islâmico, ou o auto-ungido governador de um califado, mas a vanguarda de uma resistência política islâmica muito mais ampla e aberta, na qual seu próprio bando de operadores violentos desempenharia apenas um papel galvanizador. Os ataques do 11 de Setembro, concluía agora, tinham servido para "demonstrar a enorme hostilidade que os cruzados sentem a nosso respeito", e haviam "revelado o lobo norte-americano em sua verdadeira feiúra".[22]

Para o futuro, ele prometia uma estratégia de guerrilha paciente, de longo prazo, no Iraque, no Afeganistão e em outros lugares, pontuada por "incursões" ocasionais, ou terrorismo, em território ocidental: "O equilíbrio do terror está igualado". Ele queria "sublinhar a importância de arrastar as forças inimigas para um combate prolongado, exaustivo, corpo-a-corpo, aproveitando ao máximo posições camufladas de defesa [...] Além disso, enfatizava a importância de operações de martírio que infligiam danos sem precedentes aos Estados Unidos e Israel, graças ao Deus Todo-Poderoso". Mantinha um interesse considerável por armas nucleares e outras armas de destruição em massa, às quais uma vez se referira como "ganhadoras de guerras".[23]

Em janeiro de 2006, aparentemente mais uma vez provocado pela presença de Bush na televisão por satélite, Osama publicou uma declaração, em uma fita de áudio, que viria a ser seu último comunicado durante um período prolongado.

"Eu não tinha a intenção de falar com vocês a respeito dessa questão", começava ele. "Entretanto, o que me impele a falar são as repetidas falácias de seu presidente Bush, no comentário a respeito das pesquisas de opinião nos Estados Unidos — que indicaram que a avassaladora maioria de vocês quer a retirada das forças do Iraque. Ele se manifestou contra esse desejo e disse que a retirada das tropas poderia enviar uma mensagem errônea ao inimigo. Bush declarou: é melhor lutar contra eles no solo deles que eles lutarem contra nós em nosso solo." Essa retórica, embora destinada sobretudo a públicos políticos domésticos nos Estados Unidos, claramente enfureceu Osama:

> A realidade atesta que a guerra contra os Estados Unidos e seus aliados não permaneceu confinada ao Iraque, como ele alega. Na realidade, o Iraque se tornou um ponto de atração e recrutamento de recursos qualificados. Por outro lado, os *mujaheddin*, louvado seja Deus, diversas vezes conseguiram romper todas as medidas de segurança adotadas pelas nações injustas da coalizão. A prova disso são os bombardeios que vocês têm visto nos mais importantes países da Europa pertencentes a essa coalizão agressiva.

Osama então enviou uma advertência:

> Quanto à demora em efetuar operações semelhantes nos Estados Unidos, isso não se deve ao fracasso em romper suas medidas de segurança. Há operações em preparação, e vocês as verão em seu próprio solo, uma vez que elas estejam terminadas, se Deus quiser.

Quanto a ele mesmo, declarou: "Juro morrer na condição de homem livre".[24]

Depois disso, caiu em um longo silêncio. No sexto aniversário do 11 de Setembro, restabelecendo as operações de mídia da Al Qaeda, a Al-Sahab, ou "As Nuvens", entregou uma nova fita de vídeo na qual Osama envergava um formal manto dourado e lia um artigo político para uma única câmera fixa. As imagens estavam fora de foco, mas seus olhos pareciam um pouco inchados — nada surpreendente para um homem agora com quase cinqüenta anos, vivendo sob condições que presumivelmente acarretavam alguma tensão. Os aspectos mais impressionantes de sua aparência refletiam a vaidade cheia de segurança da meia-idade: desde o vídeo anterior, ele aparara a longa barba em forma arredondada e tingira as madeixas grisalhas de preto.

Seu discurso mais uma vez sintetizava disparatadas e não particularmente religiosas críticas antiamericanas. Conseguiu elogiar Noam Chomsky, o lingüista e intelectual ardentemente de esquerda, e Michael Sheuer, ex-analista da CIA cuja vida profissional fora antes dedicada a matá-lo, porque os dois homens denunciaram em livros então recentemente publicados as tendências imperialistas, influenciadas pelos negócios, da política externa norte-americana. Osama parecia claramente se esconder no Paquistão ou perto desse país, ou, ainda, em algum outro lugar no qual tivesse à mão livros em inglês, já que parecia estar usando o tempo considerável que tinha ao seu dispor para ler em inglês, melhorando o treinamento lingüístico que antes adquirira com instrutores irlandeses e britânicos na Escola-Modelo Al-Thaghr. Também parecia, como antes, assistir e ler muitas notícias em língua inglesa. A mídia ocidental o irritava: ela às vezes era pior "que a condição da mídia nos regimes ditatoriais, que marcha na caravana do único líder", opinião que também o colocava na companhia de muitos esquerdistas ocidentais.

No entanto, quando Osama assistia à televisão norte-americana ou britânica, isolado em seu esconderijo, agora via um espelho lisonjeiro — a mídia podia distorcer sua imagem, mas ela também o descrevia como uma das figuras políticas mais penetrantes e poderosas na Terra. Por meio dos eventos do 11 de Setembro e seu rastro progressivo, ele agora se considerava autor de uma façanha singular, um instrumento de Alá. Os Estados Unidos podiam ser "o maior poder econômico" e "o maior Estado a influenciar as políticas mundiais". Mesmo assim, ao recrutar dezenove jovens para voarem como pilotos suicidas e guarda-costas, Osama tinha alcançado o improvável: ele "mudara a direção da bússola".[25]

Este foi Osama em seu posterior exílio: um homem que, embora relativamente jovem, continuamente viveu perto da morte e que se preocupou, ao considerar o pouco tempo que ainda poderia ter, em como poderia ser lembrado. Seus discursos políticos e a oratória religiosa eram de um tipo familiar, mas agora suas linhas também pareciam destinadas a projetar, ou pelo menos influenciar, os temas da sua própria reputação póstuma. A Osama falta um passaporte válido. Ele falou com sotaque saudita, mas tinha sido despido — e tinha se despojado — da convencional identidade saudita, e estava quase certo de viver, pelo menos por algum tempo, em uma área do oeste do Paquistão em que não havia governo legalizado. Nesta condição desnacionalizada, ele escolheu uma vestimenta e adereços para aparecer na fita de vídeo que sugeriram três vertentes sobrepostas da idéia que faz de si mesmo: as roupas formais de um estudioso religioso; o rifle de um moderno *jihadi* guerreiro; e o tradicional punhal de suas origens *hadhramis*.

Um século antes, a administração inglesa colonial tinha tentado compreender a diáspora *hadhrami* a partir da qual a família Bin Laden e o seu filho desobediente mais tarde surgiram; nos dados dos censos, as móveis e independentes redes *hadhramis* desconcertaram ou surpreenderam porque se espalharam pelo território, muitas vezes indiferentes aos postos fronteiriços do mapa imperial. Osama construiu a sua vida como fugitivo político após o 11 de Setembro em um território com apenas esta característica — uma montanhosa paisagem lunar habitada pelos tribalmente organizados *pashtuns*, que nem os exércitos britânicos coloniais, nem seus sucessores paquistaneses e norte-americanos poderiam penetrar ou submeter. A história de exílios similares no território dos *pashtuns* sugere que talvez ele pudesse estar diante de uma possível traição por parte de um dos seus hospedeiros. Entretanto, a cada vez que enviou uma fita de áudio ou um videotape à Al-Jazeera ou à CNN, Osama novamente enfatizou, como um pirata berbere com formação em marketing, a impunidade de que ainda gozava, bem como a sua contínua capacidade de planejar e inspirar violência em massa, explorando os canais e o *ethos* da integração global.

AGRADECIMENTOS

UM GRANDE NÚMERO de colaboradores, amigos e desconhecidos generosos possibilitou a pesquisa para a elaboração deste livro. Sou grato, em primeiro lugar e sobretudo, às muitas pessoas que concordaram em participar de entrevistas e retomadas de entrevistas.

Na Arábia Saudita, devo agradecimentos especiais a Faiza Ambah, Hatem Mohamed e Adel Toraifi. O Centro Faisaliyah de Pesquisas e Estudos Islâmicos generosamente recebeu-me como pesquisador sem ônus durante o início de 2005; obrigado ao dr. Yahya Mahmoud Ibn Juniad, Syed Jameel e Awadh al-Badi. O príncipe Turki al-Faisal gentilmente providenciou meu acesso ao centro. Paul Dresch e Engseng Ho inspiraram-me com suas observações sobre a história da diáspora *hadhrami* e sua relação com o império todo. Fahd al-Semmari e a Fundação Rei Abdulaziz propiciaram acesso valioso a arquivos de jornais e a especialistas em pesquisa. Erin L. Eddy, em Jedá, foi excepcionalmente prestimoso.

No Iêmen, o governador de Hadhramawt, Abdelqader Ali al-Hilal, mostrou-se anfitrião gentil e inestimável. Devo agradecimentos também a Alawi bin Sumait, Ali Mandanij, Megan Goodfellow e Thomas Krajeski pelo apoio à minha pesquisa naquele local.

Além de Robin Shulman e Julie Tate, quatro pesquisadores em tempo parcial deram contribuições importantes durante o período de três anos deste projeto. Na Alemanha, a persistência de Petra Krischok com os arquivos do Ministério das Relações Exteriores desencavou registros preciosos. Em Londres, Gita Daneshjoo reentrevistou fontes no estrangeiro e forneceu novas pesquisas cuidadosas. Nos Estados Unidos, Keach Hagey pacientemente desenvolveu e conduziu entrevistas para o capítulo 36. Mohamed Elmenshawy ofereceu traduções elegantes e adquiriu materiais preciosos durante suas viagens ao Egito.

Agradeço também a Sunlen Miller, Sami Sockol, Emily Eckland, Alexandra Coll, Emma Coll, Cynthia Zeiss e Victoria Green por suas pesquisas e a destreza na organização.

Bruce Hoffman, Kim Cragin, Daniel Byman, Martha Crenshaw, Rohan Gunaratna, Nadia Oweidat, Sara Daly, Heather Gregg e Anna Kasupski, do "Early Al Qaeda History Working Group", da Rand Corporation, do qual eu era participante *ad hoc*, forneceram apoio generoso e conhecimento inspirador. O trabalho de Anna Kasupski sobre questões financeiras mostrou-se especialmente valioso. Em outro âmbito das pesquisas, Dan Benjamin e Steven Simon fizeram com que discursos sérios se tornassem especialmente prazerosos.

Como refletem as notas das fontes, o jornalismo e o conhecimento de Peter Bergen foram um recurso fundamental para este trabalho; seus muitos escritos e sua história oral, *The Osama Bin Laden I Know*, propiciam uma base para qualquer trabalho convincente sobre o desenvolvimento da Al Qaeda e a biografia de Osama. Sou mais grato ainda por sua generosa amizade. O trabalho brilhante do meu colega na *The New Yorker*, Lawrence Wright, *The Looming Tower*, foi outra fonte fundamental, como o será para muitos outros escritores. Peter e Larry gentilmente leram o rascunho de um documento e forneceram correções e observações úteis.

Michael Dobbs transformou minha pesquisa, ao me orientar pelos Arquivos Nacionais II, em College Park. A excelente equipe profissional dos Arquivos fez com que minhas semanas fossem altamente produtivas.

Glenn Frankel gastou tempo para a leitura de um rascunho inicial e forneceu comentários e correções criteriosas. Outros ex-colegas do *The Washington Post* — Phil Bennett, David Hoffman, Len Downie, Bob Kaiser e Anthony Shadid — ajudaram a me empurrar para adiante. A David Finkel, meus agradecimentos, afeição e admiração absolutos.

David Remnick, Jeff Frank, Dorothy Wickenden, Pam McCarthy, Jeffrey Goldberg, Jane Mayer, Alexander Dryer, Annie Lowrey, Virginia Cannon, Raffi Khatchadourian, Nandi Rodrigo, Scott Staton, Tim Farrington, Allison Hoffman, Mike Peed e Lila Byock fizeram com que meu trabalho na *The New Yorker* se tornasse um privilégio gratificante.

Jim Fallows, Ted Halstead, Steve Clemons, Anne-Marie Slaughter, Bernard Schwartz, Sherle Schwenninger, Ray Boshara, Simone Frank, Rachel White,

Maya MacGuinness, Len Nichols, Michael Dannenberg, David Gray e Troy Schneide estão entre aqueles que me acolheram e inspiraram na New America Foundation.

Tenho a sorte de ser publicado pela extraordinária Ann Godoff. Agradeço também a Tracy Locke, Liza Darnton, Lindsay Whalen e Hal Fessenden, na Penguin Press. Simon Winder, na Penguin UK, foi excepcionalmente útil. Melanie Jackson tem sido minha agente literária há mais de duas décadas; não consigo imaginar minha vida profissional sem ela.

Uma das recompensas desta pesquisa foi a oportunidade de refletir a respeito da gramática universal de famílias; nisso, desfrutei do apoio e dos ensinamentos de todos os Coll, e, acima de tudo, de Susan.

NOTAS

A narrativa deste livro é baseada em mais de 150 entrevistas, feitas na Arábia Saudita, no Iêmen, nos Estados Unidos, na Grã-Bretanha, na Suíça, na Alemanha, em Israel, no Egito, no Líbano e em sete outros países. É também extraída de arquivos do governo e particulares na Arábia Saudita, nos Estados Unidos, na Grã-Bretanha, na Alemanha e em Israel, incluindo correspondência original e documentos de concorrências públicas que descrevem o trabalho de Mohamed bin Laden em Jerusalém nos anos 1950 e 1960. A correspondência de Jedá, do Departamento de Estado e do Ministério das Relações Exteriores britânico, dos anos 1940 até fins de 1960, foi particularmente valiosa para esclarecer alguns dos mitos e generalidades da vida pessoal e profissional de Mohamed e descrever em detalhe o mundo em que seus filhos cresceram. Para períodos mais recentes, além de se basear nas entrevistas, a narrativa se apóia extensamente em registros legislativos e de tribunais, particularmente processos judiciais civis nos Estados Unidos e ações corporativas na Grã-Bretanha e nos Estados Unidos. De maneira importante e variada foram também utilizados trabalhos anteriormente publicados por jornalistas e historiadores, como descrevem as notas abaixo.

Muitas das entrevistas para este livro foram feitas oficialmente, e nesse caso as notas trazem a data e a identidade do entrevistado, além de fornecer o máximo possível de informações. As entrevistas de Robin Shulman estão identificadas nas notas por (RS). Keach Hagey conduziu diversas entrevistas para o capítulo 36, as quais estão identificadas por (KH). Eu mesmo conduzi todas as demais, suplementadas por novas entrevistas para checagem dos fatos feitas por Julie Tate.

Em resposta a numerosos pedidos para entrevistas ao longo de um período de três anos, membros da família Bin Laden proporcionaram apenas uma cooperação muito limitada; além dos que estão no Iêmen, membros mais graduados da família estabelecidos em Jedá não concederam entrevistas extensas ou sólidas. Ao explicar essa decisão, a família e seus representantes citaram o desejo de privacidade e também a preocupação a respeito de processos legais, impetrados nos Estados Unidos por vítimas dos ataques do 11 de Setembro. Mesmo assim, depois que o manuscrito estava substancialmente rascunhado, Julie Tate e eu tentamos, através de correspondência escrita, checar fatos a respeito dos Bin Laden vivos, junto a representantes da família. Por intermédio de seus advogados, a maior parte das questões submetidas não obteve resposta, embora a família tenha propiciado informações úteis, mesmo que limitadas.

Prólogo. "Todos nós adoramos o mesmo Deus"

1. Entrevista com Lynn Peghiny, 7 de fevereiro de 2006. A descrição da propriedade vem da visita do autor e de entrevistas com o proprietário anterior, vizinhos e dois membros da sociedade histórica de Winter Garden.

2. Os Ibrahim, a influência deles na corte de Fahd e seus investimentos em Orlando: Jeffrey L. Rabin e William C. Rempel, "Saudis Secretly Bought Stake in Marina Leases", *Los Angeles Times*, 12 de novembro de 1989. Também Michael Field, "Financial Times Survey: Saudi Arabia", p. VI, 22 de abril de 1985.

3. Entrevista com Peghiny, op. cit. Um porta-voz de Brooke Shields disse que ela não se lembrava desse projeto.

4. Todas as citações da entrevista com Peghiny, op. cit.

5. Theodor Seuss Geisel, mais conhecido sobre o nome de Dr. Seuss. Escritor e cartunista norte-americano, foi o criador do personagem Grinch, que está sempre disposto a arruinar os feriados.

6. Citações de uma entrevista com George Harrington, 23 de fevereiro de 2006. Também de entrevistas com Thomas Dietrich, 12 de abril de 2006; Peter Blum, 5 de maio de 2006; e Bengt Johansson, 3 de outubro de 2006; todos eles estavam envolvidos na preparação para a viagem ao Paquistão.

7. Entrevista com Harrington, op. cit.

8. Entrevista com Peghiny, op. cit. A pasta continha pelo menos 250 mil dólares: entrevista com Harrington, ibidem.

9. Entrevista com Harrington, op. cit.

10. Entrevista com Johansson, op. cit.

11. Todas as citações das entrevistas com Harrington e Johansson, op. cit.

12. "É isso aí": entrevista com Harrington, op. cit.

13. "Por alguma razão": ibidem. "Ele costumava visitar": entrevista com Mohamed Ashmawi, 26 de novembro de 2005 (RS).

14. Para as datas e quantias das contribuições sauditas para os Contra, veja Brinkley e Engelberg (orgs.), *Report of the Congressional Committees Investigating the Iran-Contra Affair*, pp. 49-57. Também Bob Woodward, *Veil*, pp. 352-353 e 401. "Eu não estava nem aí": Simpson, *The Prince*, pp. 118-119. Que McFarlane disse que a ajuda garantiria a reeleição de Reagan: *The Prince*, pp. 113-114. McFarlane mais tarde enfatizou, em um testemunho para o Congresso, que os sauditas tinham oferecido essas contribuições financeiras, alegação que Bandar contesta.

15. Lista de convidados e Piscopo: Elizabeth Kastor e Donnie Radcliffe, "Fahd's Night: Fanfare Fit For a King", *The Washington Post*, 12 de fevereiro de 1985. Também Ronald Reagan Presidential Library, White House Photo Collection, provas de contato C27237-C27257.

16. Ibidem. Que Fahd decorara os quartos do menino no palácio no mesmo estilo: de uma entrevista com dois ex-sócios comerciais dos Bin Laden que trabalharam nos projetos do palácio.

17. O relatório da inteligência francesa foi publicado pelo programa investigativo da Public Broadcasting System, *Frontline*, e está disponível em seu website. O relatório contém boa variedade de material sobre a família Bin Laden; alguns são exatos, outros nem tanto. "não tinha idéia de onde ficava a Nicarágua": entrevista com Dietrich, op. cit. Advogado que lembrou de foto de Salem com Reagan: entrevistas com Charles Schwartz, 12 de maio de 2005 e 20 de setembro de 2006.

18. Comentários feitos por Reagan e Fahd, 11 de fevereiro de 1985, Gabinete do Secretário de Imprensa, Ronald Reagan Presidential Library, Box 189. A possibilidade intrigante é que Salem tenha passado o vídeo que fez sobre as obras de caridade de Osama para Reagan, na Casa Branca, ou talvez na embaixada saudita em Washington, como parte das preparações para a reunião de cúpula de Fahd. Nada desse material tinha aparecido em investigações anteriores sobre a época de Bin Laden no Afeganistão, ou a história que levou aos ataques do 11 de Setembro, mas uma grande quantidade de arquivos de segurança nacional relevantes do governo Reagan permanecem confidenciais. A linguagem espantosamente específica nos comentários de Reagan ao receber Fahd — "auxílio saudita aos refugiados [...] não passou desapercebido aqui, Vossa Majestade" — é sugestiva, mas inconclusiva. Agentes da CIA afirmaram repetidamente que nenhum agente da CIA jamais fez contato direto com Osama durante a campanha secreta no Afeganistão dos anos 1980, nem depois disso, e ainda não apareceu nenhuma prova para contradizer essa afirmativa.

19. "criar um problema": entrevista de Osama para a CNN, março de 1977, em Lawrence (org.), *Messages to the World*, p. 55.

1. No exílio

1. Visita do autor a Gharn Bashireih, 18 de março de 2007. Quarenta aldeias, não passava de 10 mil pessoas: *Alyom* (Aden), 23 de janeiro de 2002, de reportagens sobre Rakiyah feitas pelo jornalista Alawi Abdullah bin Sumait. Os números que dá são recentes; ele cita uma população que vive em toda a garganta como algo em torno de 7.800, em 2002. Um teto de 10 mil é uma aproximação sustentada pela ausência de qualquer evidência de cidades de população densa e por avaliações de população britânicas anteriores nas regiões vizinhas.

2. Entrevistas com doze membros da família Bin Laden, principalmente por intermédio do seu porta-voz, Syed bin Laden, em Gharn Bashireih, 18 de março de 2007. O relato deles sobre a vida de Awadh, sua briga por causa do boi emprestado e a migração para Doan é corroborado pela pesquisa feita por dois jornalistas *hadhramis*, Alawi bin Sumait e Awadh Saleh Kashmimi. Este último fez entrevistas separadas para o autor com membros e representantes da família Bin Laden em Hadhramawt. O autor é grato ao governador de Hadhramawt, Abdelqader Ali al-Hilal, pelo convite para visitar a região e por suas apresentações à família Bin Laden que ainda morava em Rakiyah.

3. Entrevista com Syed bin Laden, ibidem.

4. Entrevistas com membros da família Bin Laden em Gharn Bashireih, ibidem. Aqueles que ainda permanecem na aldeia da família são descencentes do ramo de Ahmed. De acordo com eles, o ramo Mansour da família emigrara há anos para Jizan, na província de Asir, na Arábia Saudita. O ramo Zaid migrou para outras cidades no Iêmen, inclusive para a capital, Sanaa.

5. A ameaça de morte é da entrevista de Kashmimi, op. cit. Os Bin Laden entrevistados pelo autor em Gharn Bashireih insinuaram que houve essa ameaça, mas não disseram isso explicitamente.

6. "mundo interior e paralelo [...] no mapa": Mackintosh-Smith, *Yemen*, pp. 172-173. Suaíli e malaio: W. H. Ingrams, *Report on the Social, Economic e Political Condition of the Hadramaut*, p. 12.

7. "uma figura afável [...] colegas de Doan": Doreen Ingrams, *A Time In Arabia*, p. 13.

8. "Casos de assassinato [...] entalhe no esterno": *Report on the Social...*, de Ingrams op. cit., p. 97.

9. Ba Surra citou 20 mil em uma reunião com o viajante holandês Van der Meulen. *A Time In Arabia*, op. cit., pp. 38-39.

10. Entrevistas de Kashmimi, op. cit. Entrevistas com os Bin Laden de Gharn Bashireih, op. cit. A linhagem masculina da família Bin Laden em Rabat parece ter sido interrompida entre a emigração dos meninos para a Arábia Saudita e a volta de Abdullah, no final dos anos 1950 ou início dos 1960. Entretanto, suas irmãs supostamente se casaram e mantiveram ligações na cidade; como é comum em pesquisas na Arábia, foi difícil saber qualquer coisa a respeito delas. É possível que a mulher de Awadh tivesse vivido tempo suficiente para se reencontrar com os filhos, quando eles se tornaram saudáveis o suficiente para voltar a Doan depois da Segunda Guerra Mundial, mas os Bin Laden em Gharn Bashireih foram enfáticos em afirmar que a mãe morrera em Doan e não desfrutara de uma vida especialmente longa.

11. Curta vida de Omar, três irmãs: entrevistas de Kashmimi, ibidem. Ano de nascimento de Mohamed: entre outros, Wright, *The Looming Tower*, p. 118, menciona 1908; podem ter sido dois ou três anos mais tarde, se as lembranças registradas de seu irmão menor e dos habitantes de Rabat estiverem corretas. Por outro lado, uma pessoa bem informada próxima à família citou 1904 como o ano de nascimento de Mohamed e sugeriu que ele chegou à Arábia Saudita sete anos antes do que em geral se declara. Qualquer data da vida de Mohamed antes de 1931, quando fundou a sua companhia, tem de ser aceita como uma estimativa.

12. Entrevistas de Kashmimi, op. cit., sugerem que Awadh pode ter feito o Hajj antes de morrer, mas isso parece duvidoso e provavelmente se insinuou na história oral para honrar a memória dele. O fato de que tenha morrido jovem, provavelmente antes de seus filhos chegaram à adolescência, vem tanto das entrevistas de Kashimimi como das feitas em Gharn Bashireih.

13. Carta do pai para uma viagem a Cingapura: citado em Talib, "Hadhramis Networking: Salvage of the Homeland". O "rosto largo" de Iasin: Stark, *The Gates of Arabia*, pp. 126-27.

14. A versão na qual o patrão joga as chaves vem de entrevistas com duas pessoas próximas à família, que pediram para não ser identificadas. A versão na qual a barra de ferro atinge Mohamed acidentalmente vem de entrevistas feitas em Gharn Bashireih, op. cit.

15. Esse relato é das mesmas duas pessoas que contaram a versão das chaves serem arremessadas pelo patrão da loja, em entrevistas feitas em Gharn Bashireih..

16. Hossein Kazemzadeh, um escritor persa que fez a peregrinação do Hajj em 1910-1911, é a fonte dessa estimativa da população. Peters, *The Hajj*, p. 286.

17. "retinha uma umidade [...] e suor": *Yemen*, op. cit., p. 202. "Os jornais [...] nos bolsos": De Gaury, *Arabia Phoenix*, p. 121. "As mercadorias [...] presas de casa em casa": Peters, op. cit., p. 287. Kazemzadeh também registra a estimativa de esterco do prefeito.

18. "miscelânea [...] reúne": Peters, op. cit., p. 288. "Você vê pessoas ricas [...] dos arbustos": ibidem, p. 275.

19. Ibidem, p. 303.

20. Ibidem, p. 288.

21. Ibidem, p. 106.

22. Coberta de sacos: entrevista com Nadim Bou Fakhreddine, 26 de abril de 2006 (RS). "Um negócio bem pequeno": entrevista com Hassan Mahowil Mahmoud al-Aesa, 10 de agosto de 2005. "Frutas saídas de um burro": FO 371/170190, T. E. Bromley, Damasco a Londres, 9 de dezembro de 1963. Que sua companhia foi fundada em 1931: publicidade do Saudi Bin Laden Group, *The Washington Post*, 14 de outubro de 2005.

23. Entrevista com Al-Aesa, op. cit.

24. "Ele sabia como [...] anos estudando": Entrevista com Gerald Auerbach, 10 de março de 2005. Entrevista com Al-Aesa, op. cit.

25. Entrevista com Al-Aesa, op. cit.. Seu relato desses anos é corroborado pelo historiador de Jedá Sami Saleh Nawar, diretor da Casa Naseef, que entrevistou outros ex-colegas de Mohamed bin Laden desse período.

2. A GARAGEM REAL

1. Mais de 52 batalhas: Al-Rasheed, *A History of Saudi Arabia*, pp. 4-5. De Gaury, in *Arabia Phoenix*, faz um relato maravilhoso sobre o jeito beduíno de combater, pp. 48-52. Perfume para as visitas: Al-Saleh, "Travels to Arabia During the Reign of King Abdulaziz". "três coisas [...] e oração": *Arabia Phoenix*, op. cit., p. 66. "Não sou [...] isso é tudo que tenho": DOS 59/7209, Jedá para Washington, 29 de abril de 1948.

2. "como um pai [...] seu sentimento": FO 141/1094, 14 de janeiro de 1946. "Louvado seja [...] no meu território": ibidem. "Minha honra": DOS 59/7212, Dhahran para Washington, 14 de junho de 1946. "Você bebe [...] seus colegas?": Van der Muelen, *The Wells of Ibn Saud*, p. 15.

3. O que Abdulaziz contou a Philby: Howarth, *The Desert King*, p. 127. "O Estado saudita [...] e inimigos": *A History of Saudi Arabia*, op. cit. pp. 9 e 80.

4. Um diplomata norte-americano em Jedá calculou, em um telegrama datado de 3 de abril de 1950, que havia "não mais de 2 mil escravos" no reino, e que Abdulaziz possuía "uns duzentos". Um segundo diplomata norte-americano, em 2 de outubro de 1951, citou um cálculo "confiável" de 50 mil escravos na Arábia Saudita. Esses números pareciam propiciar uma delimitação muito grosseira da população; a dificuldade inerente a essas estimativas se devia à posição ambígua de muitos escravos nas residências sauditas, nas quais alguns desfrutavam de status considerável e não podiam ser distinguidos dos servidores livres.

5. Citado em *The House of Saud*, Algeria Productions, 2004.

6. "Aqui estamos nós [...] Sejamos modernos!": "Travels to Arabia...", op. cit. Negociações com estudiosos islâmicos a respeito de botões dos rádios: *Arabia Phoenix*, op. cit., pp. 96-97. Garagem real com 250 automóveis em 1927: Holden e Johns, *The House of Saud*, p. 106.

7. Posto e serviço de Philby: "Travels to Arabia..." op. cit. "corpulenta e barbuda [...] fora de compasso", Howarth, *The Desert King*, pp. 100-101. Babuínos: ibidem, p. 179.

8. Contrato do Philby: *A History of Saudi Arabia*, op. cit., p. 92. O contrato SOCAL: Lippman, *Inside the Mirage*, p. 16.

9. Entrevista por telefone com Tim Barger, 7 de março de 2006. Barger registrou algumas das lembranças de seu pai para um projeto particular de história oral; mais tarde, ele trabalhou em Jedá, onde travou conhecimento com Salem bin Laden. American Report, 1935: DOS 59, "The Bin Laden Construction Empire", Jedá para Washington, 25 de setembro de 1967.

10. Citado em Abdulrahman Alangari, "*Mataqat Qasr Alhokm*: The Development of the 20th Century".

11. Materiais de resquícios do palácio, que abriga a Fundação Rei Abdulaziz, mostram que a construção começou em 1934 e terminou em 1939. O historiador saudita Madawi al-Rasheed escreve que o palácio foi iniciado em 1936, "com o primeiro cheque pago pela companhia de petróleo", e foi terminado em 1937. *A History of Saudi Arabia*, p. 93.

12. "teve uma visão [...] da realeza": entrevista com Mohamed Ashmawi, 26 de novembro de 2005 (RS). "Muitas encomendas reais": "Mohamed bin Awad Binladen: From a Building Laborer to the Owner of the Biggest Construction Company in the Middle East", revista *Transport & Communications*, agosto de 2002. O perfil nessa revista, que parece se aproveitar de informações fornecidas pela família Bin Laden, enumera os palácios Atiaqua, Naseriyah, Mather, o das visitas, o do governo, o Al-Hamra e os Edifícios Mansour como alguns dos projetos de Mohamed em Riad, embora não tenham sido fornecidas datas. "sempre disponível [...] trazia cem": entrevista com Fahd al-Semmari, diretor de pesquisa na Fundação Rei Abdulaziz, em Riad, 9 de fevereiro de 2005. Ele é, além disso, a fonte a respeito do que se diz do empresarial Yemenis.

13. Os números 38 milhões de dólares e 13 milhões de dólares vêm do DOS 59/7207, Murray para Acheson, 27 de janeiro de 1945. Esse é o memorando freqüentemente citado, apresentando a estratégia norte-americana na Arábia Saudita para décadas futuras; o memorando de 22 de dezembro de 1944 citado aqui, "Um governo saudita forte [...] campos de aviação militares", é do 59/7211 e provavelmente tratava-se uma minuta anterior feita por Murray.

14. Bronson, *Thicker Than Oil*, p. 14.

15. DOS 59/7209, Jedá para Washington, 27 de dezembro de 1948.

16. Números de exportação: *The House of Saud*, pp. 125 e 151. Descrição e história de Al-Khozam: visita do autor em 20 de fevereiro de 2005.

17. Stegner em *Inside the Mirage*, p. 30. "fenomenal explosão da construção civil [...] desesperadamente": DOS 59/7210, Jedá para Secretário de Estado, 26 de março de 1949.

18. Entrevista com Hassan Mahowil Mahmoud al-Aesa, 10 de agosto de 2005.

19. A biografia de Bin Mahfouz é do www.binmahfouz.info, o website oficial da família, e da visita do autor à Khraikher, 17 de março de 2007. O acordo dos nomes entre Bin Laden e Bin

Mahfouz vem de uma entrevista com uma pessoa próxima à família Bin Laden. Documentos submetidos a um tribunal norte-americano pelos Bin Laden em um processo civil mostram que Aysha nasceu durante o ano islâmico de 1362, que corresponde quase exatamente ao ano de 1943 no calendário gregoriano. O ano islâmico do nascimento de Salem não é conhecido. Um amigo de longa data e empregado de Salem, Bengt Johansson, disse que no passaporte de Salem figurava que ele nascera em 1946, mas que o próprio Salem dissera que provavelmente nascera em 1944 ou 1945.

20. Entrevista com Al-Aesa, op. cit.

21. Dívidas entre 20 e 40 milhões de dólares é de uma conversa entre um diplomata norte-americano e Sayyid Hussain al-Attas, um banqueiro *hadhrami* em Jedá: DOS 59/7211, 16 de agosto de 1949. A cozinha de 250 mil dólares e a viagem de 600 mil dólares a Paris: 59/7212, 30 de julho de 1949, citando uma conversa com um executivo da Bechtel Corporation. "projetos de construção [...] enorme família do rei": FO 371/82638, "Annual Review for 1949".

3. Parceiros silenciosos

1. Biografia de Suleiman: Al-Rasheed, *A History of Saudi Arabia*, p. 88. "homenzinho frágil [...] dos profetas": Holden e Johns, *The House of Saud*, p. 107. "não sabia o que era [...] o dinheiro e o uísque": Van der Meulen, *The Wells of Ibn Saud*, pp. 189-190.

2. "tido como um parceiro silencioso": DOS 59, "The Bin Laden Construction Empire", Jedá para Washington, 25 de setembro de 1967. O palácio de Suleiman ao custo de 3 milhões de dólares: DOS 59/5467, Jedá para Washington, 12 de abril de 1953. Bahareth como secretário de Suleiman: DOS 59/5471, Jedá para Washington, 4 de outubro de 1953.

3. "uma considerável [...] indevida": DOS 59/7207, Jedá para Washington, 29 de dezembro de 1949. "facilitasse o suborno [...] enquanto o rei estivesse vivo": DOS 59/7211, Jedá para Washington, 6 de setembro de 1946, citando o ministro britânico em Jedá.

4. Negócio do transporte de peregrinos: Long, *The Kingdom of Saudi Arabia*, p. 100. Hotel em Al-Dammam com cinema e bar: DOS 59/5468, Jedá para Washington, 18 de dezembro de 1950. "uma das pessoas físicas [...] contratos polpudos com o governo": DOS 59/7214, Jedá para Washington, 14 de agosto de 1946. Impediu o projeto da água: DOS 59/7209, Jedá para Washington, 16 de agosto de 1946. "bebendo cada vez mais": DOS 59/7210, Jedá para Washington, 12 de julho de 1949.

5. Exigência do rei por presentes de casamento, tesouro vazio: FO 371/82664, Jedá para Londres, 12 de janeiro de 1950. "não ficou particularmente [...] com a chegada de Salha": FO 370/82639, Jedá para Londres, 3 de janeiro de 1950.

6. DOS 59/5469, Jedá para Washington, 7 de julho de 1951. O orçamento anunciado naquele verão previa 21 milhões de rials para o Ministério da Saúde e cerca de 109 milhões de rials em "palácios, príncipes, Riad".

7. Dragar o jardim de Faisal: DOS 59/5471, "Memorando de conversa", 25 de outubro de 1951. "as dores de cabeça [...] as vantagens": DOS 59/57/D/298/7, "Memorando de conversa", 14 de junho de 1950.

8. Mudança do rei para Taif: DOS 59/5469, Jedá para Washington, 26 de julho de 1951.

9. "tempo todo juntos": entrevista com Ahmed Fathalla, 23 de abril de 2006 (RS). Trabalho de Bin Laden no projeto de água para Meca: DOS 59/5467, Jedá para Washington, 17 de abril de 1951, e FO 371/82657, Jedá para Londres, "Jeddah Monthly Economic Reports", julho e agosto de 1950.

10. Ordem real: Annual Record, KAA Foundation, 24 de maio de 1950. "fazer as marcações e os nivelamentos para a nova residência": DOS 59/5472. Carta de encaminhamento e memorando da Bechtel International Corp. para DOS, 17 de janeiro de 1951. Bechtel relatou que houvera uma promessa de que Bin Laden logo devolveria o maquinário.

11. "Vários membros [...] sua instalação": DOS 59/5467, Jedá para Washington, 20 de fevereiro de 1951.

12. Traduzido em DOS 59/6119, Jedá para Washington, 7 de julho de 1952.

13. Traduzido em DOS 59/5468, artigo datado de 3 de janeiro de 1951.

14. Desvio de Salha: DOS 59/5471, "Memorando de conversa", 4 de abril de 1952. O executivo da Bechtel, sr. English, é citado: "não há a menor dúvida em sua cabeça" de que Salha tenha roubado os 400 mil dólares, o equivalente a cerca de 3 milhões de dólares a valores de 2008.

15. "estar interessado [...] obras de construção do governo": FO 371/104859, Jedá para Londres, Jeddah Economic Report, novembro de 1952 a janeiro de 1953. Os 100 mil dólares de Bahareth: DOS 59/5471, Jedá para Washington, 4 de outubro de 1953.

16. Ordem real 15/12/5607, datada de 22 de junho de 1951. KAA Foundation.

17. Philby escreve ao rei: DOS 59/5472, Jedá para Washington, 12 de janeiro de 1950. "uma notável relutância [...] o choque da notícia": FO 371/82657, "Jeddah Monthly Economic Reports", março e abril de 1950. Seguro: DOS 59/5472, Jedá para Washington, 27 de maio de 1950.

18. Chá: DOS 59/5467, Jedá para Washington, 21 de dezembro de 1950 e 20 de janeiro de 1951.

19. Composição do solo: DOS 59/5472, levantamento feito por W. J. Chalkley, da Bechtel, 6 de fevereiro de 1951. "ao final de uma longa seqüência de infortúnios": DOS 59/5468, Jedá para Washington, 24 de novembro de 1952.

20. Oitocentos automóveis: DOS 59/5467, Jedá para Washington, 6 de maio de 1952. "Cuidando com alegria [...] ainda que um pouco mal orientado": DOS 59/5472, Jedá para Washington, 7 de janeiro de 1953.

21. Encomenda de asfalto: DOS 59/5472, Jedá para Washington, 7 de janeiro de 1953.. "cerca de meio milhão [...] mau humor": FO 371/104859, Jeddah Economic Report, fevereiro a abril de 1953. "Uma vez que [...] empresa estrangeira no país": FO 371/104859, Jedá a Londres, 7 de janeiro de 1953.

22. "ficaram assustados [...] realizar o trabalho": FO 371/104859, Jedá a Londres, 7 de janeiro de 1953.. "a tarefa impossível [...] vinha o pagamento": ibidem, Jeddah Economic Report, agosto a outubro de 1953.

23. Relatórios de acionistas submetidos pela família em uma série consolidada de processos civis surgidos dos eventos de 11 de setembro de 2001, *In Re: Terrorist Attacks on September*

11, 2001, 03 MDL 1570, dá o ano de nascimento, usando o calendário islâmico, de cada um dos filhos sobreviventes de Mohamed, com exceção de Osama e também do filho de Mohamed, Ali, nenhum dos quais era acionista durante o período descrito nos relatórios. O número de filhos e filhas nascidos antes do final de 1953 é tirado desses arquivos; o número de esposas que tiveram esses filhos foi calculado a partir de entrevistas confidenciais com membros da família e associados nos negócios dos Bin Laden; estes descreveram quais irmãos, em alguns casos, tinham nascido da mesma mãe. O fato de que a mãe de Yeslam, Khalil, Ibrahim e Fowziyah é de origem iraniana foi também confirmado por Bin Laden, *Inside the Kingdom*, p. 17. A data de nascimento de Yeslam vem das petições de divórcio suíças traduzidas e arquivadas em *Carmen Binladin* vs. *Yeslam e Ibrahim Binladin*, Los Angeles County Superior Court, BC212648.

24. Afrodisíacos e obrigar seus filhos a ficarem de pé: *The House of Saud*, p. 159. Holden e Johns fornecem um relato completo do assassinato de Ousman, pp. 170-171.

25. A cena da morte e o enterro do rei: FO 371/104868, Jedá a Londres, 24 de novembro de 1953.

26. "um assunto particular e secreto [...] começar por ele mesmo" e o pedido de empréstimo: DOS 59/5469, Jedá para Washington, 10 de novembro de 1953. A cena foi registrada pelo encarregado de negócios norte-americano.

4. A GLÓRIA DO SEU REINADO

1. Pagamento de 20 milhões mensais: a receita do petróleo durante 1954 foi de 234,8 milhões de dólares, Holden e Johns, *The House of Saud*, p. 180. "caos administrativo [...] falta de dinheiro": FO 371/104867, Jedá para Londres, 11 de outubro de 1953.

2. "Mohamed and Abdullah, Sons of Awadh Bin Laden": Ger FM 366, WI 416-80.04-427/59, Jedá para Bonn, 8 de setembro de 1959. "organização amorfa [...] planos ambiciosos": FO 371/104867, op. cit.

3. "as despesas reais [...] trataram de lucrar": DOS 59/4944, Jedá para Washington, "Economic e Financial Review: Arábia Saudita 1954", 7 de abril de 1955.

4. A companhia elétrica e seus problemas: DOS 59/5472, Jedá para Washington, 12 de junho de 1954. Burns e Roe, "teve papel fundamental": DOS 59/4945, Jedá para Washington, 8 de janeiro de 1955.

5. Decreto real: decreto n. 21/1/138/2265, *Umm al-Qura*, Annual Record, KAA Foundation. Estimativa da Alemanha Ocidental de 200 milhões de dólares: Ger FO 146/97-649/55, Jedá para Bonn, 23 de dezembro de 1955. Projetos de Bin Laden por volta de 1955: FO 371/114885, Jedá para Londres, 6 de abril de 1955. Depósito de gipsita: DOS 59/4945, Jedá para Washington, 5 de julho de 1955. Agente de Bin Laden em Nova York: relatório Burns e Roe, anexo, ibidem.

6. Vôo a Mukalla: tradução DOS de um artigo em *Al-Bilad Al-Saudiah*, n. 2110, 25 de março de 1956, 59/5371. Compra de Abdullah: DOS 59 "The Bin Ladin Construction Empire", Jedá para Washington, 25 de setembro de 1967. "Mohamed era muito mais ambicioso [...] queria mais": entrevista com Khalid Ameri, 17 de março de 2007.

7. Volta de Abdullah para a pátria: entrevista com os membros do conselho em Rabat e com Khalid Ameri, 17 de março de 2007. Escola de Bin Mahfouz: entrevista com o diretor, 17 de março de 2007. Projeto de água de Mohamed em Rakiyah: entrevista com membros da família Bin Laden na aldeia ancestral de Gharn Bashireih, 18 de março de 2007.

8. Packard conversíveis: entrevista com Nadim Fakhreddine, 26 de abril de 2006 (RS). "são conhecidos como [...] boa reputação", Ger FM 145/560, Jedá para Bonn, 19 de setembro de 1957. "a empresa mais rica [...] ordens oficiais": 277/200/WI-416-84-04.461/58, Jedá para Bonn, 2 de julho de 1958.

9. "Eles são [...] sem minha cabeça": entrevista com Fakhreddine, op. cit. "Ele nos ensinou [...] nossa educação": *Dateline* NBC, irradiado em 10 de julho de 2004. Discussão sobre Buraimi: DOS 59/5371, Beirute para Washington, 1º de março de 1956. Os norte-americanos esperavam que Bin Laden interviesse junto ao rei Saud para evitar que se concedesse um contrato de construção para uma firma comunista polonesa, mas Fuad Zahed, o engenheiro-chefe de Bin Laden, disse que Bin Laden não se envolveria porque "a política de descontentamento dos Estados Unidos recomeçaria com a discussão Buraimi e o movimento de envio dos tanques", como foi apresentado por um relatório por telegrama sobre o assunto. Na verdade, os Estados Unidos tomaram decisivamente o lado da Arábia Saudita contra a Grã-Bretanha nessa briga de fronteiras, de acordo com Bronson, *Thicker Than Oil*, p. 62. Tampouco ficou claro, pelos documentos examinados, de que "envio de tanques" Bin Laden estava se queixando.

10. FO 371/114872, Jedá para Londres, 6 de janeiro de 1955. De Gaury, *Arabia Phoenix*, pp. 86-92. *The House of Saud*, op. cit., pp. 174-183. Filhos de Saud: DOS 59/2643, Jedá para Washington, 16 de dezembro de 1964.

11. Visita à Aramco e citações: DOS 59/7208, "Crown Prince Saud's Official Visit to America" — visita oficial do príncipe herdeiro saudita à América do Norte; notas sobre o período de segunda-feira, 13 de janeiro de 1947, até quarta-feira, 22 de janeiro de 1947.

12. Palácio de 200 milhões de dólares: FO 371/132661, minuta feita por J. M. Heath, 7 de janeiro de 1958. "centenas de lâmpadas [...] alaranjadas": Van der Meulen, *The Wells of Ibn Saud*, pp. 234-235.

13. Charlatões europeus: *The House of Saud*, op. cit., p. 178. Dois terços nômades, menos de uma em dez na escola: Vassiliev, *The History of Saudi Arabia*, pp. 421 e 433, estatísticas de cerca de 1956 e 1954, respectivamente.

14. A conduta instável de Saud: FO 371/132661, minuta de 1º de dezembro de 1958. Golpe: Bligh, "Interplay Between...", Mackey, *The Saudis*, p. 297. Conspiração para assassinar Nasser: *The House of Saud*, op. cit., p. 196.

15. *The House of Saud*, pp. 191-194. "Bem-vindo, rei Saud!": no filme *The House of Saud*, Algeria Productions, 2004. *Thicker Than Oil*, op. cit. pp. 69-75.

16. FO 371. Carta em resposta ao engenheiro britânico perguntando a respeito da National Electricity Co., 6 de junho de 1958.

17. Alireza, "The Late King Faisal". De Gaury, op. cit., p. 86 ff. Field, *The Merchants*, p. 40. "um indivíduo inacreditavelmente paciente [...] do próprio tempo": Algosaibi, *Arabian Essays*. "estava ansioso [...] para a frente devagar": DOS 59/4945, Jedá para Washington, 5 de março de 1959.

18. Entrevista com Khaled Batarfi, 19 de fevereiro de 2005. O tio de Batarfi trabalhou com Bin Laden em Meca, e ele cita aquilo de que seu tio lembrava.

19. Entrevista com Fakhreddine, op. cit. Estratégia de Bin Laden de casar-se com as filhas de líderes do deserto e de prefeitos de cidades foi descrita em entrevistas com diversas pessoas que trabalharam com ele na época.

20. Surata 2, versículo 231.

21. Entrevistas com diversas pessoas próximas à família Bin Laden. A família Al-Ghanem forneceu um relato do casamento, e este foi descrito como pobre e relativamente secular no jornal do Kuwait *Al-Qabas*, 14 de novembro de 2001. Para outros relatos semelhantes, veja também Randal, *Osama*, p. 55; Scheuer, *Through Our Enemies Eyes*, pp. 80-81; e Wright, *The Looming Tower*, p. 72.

22. *In Re: Terrorist Attacks on September 11, 2001*, 03 MDL 1570. Entrevistas com pessoas próximas à família, inclusive Carmen bin Laden, em 6 de agosto de 2004, estabelecem que quatro esposas diferentes deram à luz crianças listadas nos arquivos do tribunal como nascidas no ano islâmico de 1377. Wright, *The Looming Tower*, cita a declaração de 1991 de Osama, afirmando ao jornal *Al-Umma Al-Islamiyya* que ele nascera no mês de Ragab. A data de nascimento de Shafiq está no relatório anual de 2000 dos Symphony Advisers Ltd., Companies House records, Londres.

23. De acordo com registros em tribunais, os quatro filhos nascidos durante o ano islâmico de1377, além de Osama, foram Ibrahim, Shafiq, Khalil e Haider. As duas filhas foram Mariam e Fowziyah. Entretanto, testemunhos em depoimentos escritos por Ibrahim e Khalil em outros processos civis nos Estados Unidos confirmam que eles tinham a mesma mãe; assim, pode-se conceber que eles tenham nascido, os dois, em 1377, mas também é possível que os registros no tribunal, submetidos pelos Bin Laden, sejam inexatos, pelo menos a esse respeito.

24. Cerca de 500 milhões de dólares: *The House of Saud*, op. cit., p. 199. Nenhum imposto de peregrinos: DOS 59/4944, Jedá para Washington, 4 de dezembro de 1958. Estrutura da dívida, idéia de Faisal: DOS 59/4946, Dhahran para Washington, 4 de fevereiro de 1959.

25. Entrevista por telefone com Mike Ameen, 1° de março de 2006. Ameen trabalhou no escritório político da Aramco durante esse período e conheceu Mohamed bin Laden.

26. DOS 59/4945, Dhahran para Washington, 27 de maio de 1959, e "Memorando da conversa com Sam Logan", 23 de junho de 1959. Todas as citações são desse memorando.

27. As negociações foram descritas em uma série de telegramas do Departamento de Estado de Jedá para Washington entre junho e novembro de 1958. Quando os agentes comerciais norte-americanos examinaram as queixas dos irmãos Roma, na Itália, disseram-lhes que Finmeccanica, a companhia de construção à qual os irmãos alegavam serem afiliados, os considerava "financeira e comercialmente pouco confiáveis".

28. "Aramco [...] trabalhadores": DOS 59, Jedá para Washington, 2 de outubro de 1958.

29. "boas para o país [...] bons e velhos tempos": DOS 59/4944, "Economic Summary, Third Quarter of 1959", Jedá para Washington, 15 de dezembro de 1959.

5. Por Jerusalém

1. Peters, *The Hajj*, pp. 3-40. Aslan, *No God But God*, pp. 3-18. Caudill, "Twilight in the Hejaz" (manuscrito em versão preliminar), pp. 21-23.

2. *The Hajj*, pp. 40-55. "figuras de árvores [...] anjos": ibidem, p. 48.

3. "pediu um pedaço de pano": ibidem.

4. "os cães de Hejaz": Caudill (manuscrito em versão preliminar), op. cit., p. 24. "É preciso imaginar [...] barulhento": A observação é de um homem que Peters descreve como um possível espião judeu de Napoleão disfarçado de peregrino em viagem, que atendia pelo nome de Ali Bey al-Abbasi. *The Hajj*, op. cit., p. 198.

5. *The Hajj*, p. 359, citando Eldon Rutter, um inglês convertido ao islã que visitou Medina em 1925.

6. Abbas, *Story of the Great Expansion*, pp. 100-101 e 260-261.

7. A história oficial, ibidem, cita 30 milhões de rials para a construção e 40 milhões de rials para pagamentos de domínios eminentes. DOS 59/5467, Jedá para Washington, 12 de de 1953, cita 1,35 milhão de dólares para custos de construção só em Medina. Outras estimativas de diplomatas, citando documentos de orçamento do governo e outras fontes, são semelhantes em escala até 1955.

8. "estilo arquitetônico moderno" e estatísticas das reformas: *Story of the Great Expansion*, op. cit., p. 278. "uma impressionante [...] obra de arte": DOS 59/2810, Jedá para Washington, 24 de junho de 1961.

9. *Umm al-Qura*, 23 de outubro de 1955, KAA Foundation.

10. Ibidem.

11. "gosto por filmes [...] ponto de vista do *wahhabi*": DOS 59/4946, Jedá para Washington, 29 de março de 1958. "demoníacos [...] da corrupção e da destruição": publicado em *Al-Yamamah*, 30 de março de 1958.

12. De 50 mil para 400 mil fiéis e 130 milhões de dólares: DOS 59/4947, Jedá para Washington, 24 de julho de 1956, tradução do discurso de boas-vindas ao rei Saud em Meca. "mesmo esta quantia": Ger FM 145, Jedá para Bonn, 2 de outubro de 1956.

13. Demolição de Medina e retirada dos escombros: *Story of the Great Expansion*, op. cit., pp. 276-277. Relato de Osama: Bergen, *The Osama Bin Laden I Know*, p. 2, citando sua entrevista com a Al-Jazeera em 1999. A descrição que Bin Laden faz de seu pai como licitante para o projeto de Jerusalém, em particular, é detalhada e inteiramente exata, como mostram documentos para a reforma. Estatísticas da demolição de Meca: *Story of the Great Expansion*, p. 264.

14. Peters, *Jerusalem*, pp. 1-406, é rico em relatos dos viajantes e participantes da história da cidade.

15. A iniciativa de Hussein e a data do anúncio de Nasser são de uma reportagem egípcia de 1981 que examinava a história das reformas do local, uma coleção de documentos fornecidos pelas autoridades *waqfs* a respeito do projeto de reformas dos anos 1950 e 1960. Nessa seção inteira, o autor agradece à excepcional pesquisa feita por Robin Shulman, em Jerusalém, que coletou os documentos e conduziu as entrevistas relacionadas. Os documentos foram tradu-

zidos em Washinton por Mohamed Elmenshawy; daqui para diante nos referiremos a eles nas notas como "Jer Docs".

16. "Em primeiro lugar [...] comunidade islâmica": Jer Docs, MBL para o Comitê, 8 de julho de 1958, escrita em papel de carta com o cabeçalho "Escritório de Mohamed Awahd Bin Laden, 51-S". Para dar um preço menor que o da licitação egípcia, Bin Laden cortou sua proposta em 8 mil dinares na última rodada. O juiz supremo disse em sua decisão que, além do preço, o Comitê tinha sido influenciado pela disposição de Bin Laden em trabalhar sem determinadas condições dispostas pelo licitante egípcio.

17. Jer Docs, Carta MH-8-32-169, 19 de julho de 1958.

18. Jer Docs, Carta 1390, 8 de março de 1959.

19. "Aprendemos [...] um pouquinho de árabe", detalhes da importação e de gorjetas: entrevista com Nadir Shtaye, 31 de outubro de 2005 e 6 de novembro de 2005 (RS). Outros muçulmanos palestinos que estavam em Jerusalém na época confirmam a presença de operários cristãos no local de trabalho. Fotografia do final dos anos 1950: *Story of the Great Expansion*, op. cit. O livro data a foto de 1959, mas a legenda sugere que ela possa ter sido tirada em 1964. Fotos do piloto norte-americano: fornecidas por Terri Daley, filha do piloto. A cúpula de alumínio e as vigas que Bin Laden instalou no Domo do Rochedo se mostrariam mal vedadas e pouco confiáveis; retiradas anos depois, engenheiros e arquitetos que mais tarde supervisionaram o trabalho disseram que a culpa disso estava no comitê de supervisão do projeto, que ficara deslumbrado, na época da licitação original, pela promessa de um alumínio "moderno", a respeito do qual eles sabiam muito pouco. Um relatório da UNESCO, escrito em 1979 por especialistas europeus, documenta os problemas em detalhe.

20. Tradução para o inglês: "Discurso na ocasião da inaguração do Domo do Rochedo restaurado", 18 de abril de 1994, que inclui trechos do discurso anterior, de 1964. Acesso em www.kinghussein.gov.jo/94_april18.html.

21. Texto reimpresso em *Palestine*, 8 de agosto de 1964, p. 5.

22. Todas as citações, ibidem.

23. Esse relato da casa vem principalmente de uma entrevista com o proprietário e uma turnê pela residência (RS). Outros residentes da região que conheceram Bin Laden na época confirmaram que ele ficava na casa quando estava na cidade. Dois conhecidos disseram que ele se casou com uma palestina; um achou que a esposa era de Gaza, outro, que era de Jenin. Esses relatos específicos não puderam ser confirmados, mas concordam com as lembranças de outros conhecidos e sócios comerciais da família de que Bin Laden tivera pelo menos uma esposa palestina. Entrevistas feitas para o autor pelo jornalista israelense Samuel Sockol confirmam que a casa pertencia a Bin Laden e que ele não era um simples locatário. Sockol entrevistou Yehuda Semberg, um oficial aposentado da Marinha israelense que morara há 25 anos na casa, e também Aharon Shakarji, ex-funcionário da administração de terras de Israel.

6. A REAÇÃO

1. "Esse show é esplêndido [...] para os turcos": Mack, *A Prince of Our Disorder*, p. 151.

2. "o único meio [...] prevalecerão": DOS 59/7214, texto de cabograma, 3 de outubro de 1946. "forte apelo emocional": DOS 59/3100, Jedá para Washington, 28 de setembro de 1960.

3. "com Bin Laden de graça": DOS 59/3100, Jedá para Washington, 5 de abril de 1961.

4. "para exibir [...] outros projetos": ibidem, Jedá para Washington, 25 de novembro de 1961. "conexões extremamente boas [...] ramo da construção civil": ibidem, Jedá para Washington, 28 de novembro de 1961. "abrir a porteira [...] devidos bolsos": ibidem, Jedá para Washington, 20 de outubro de 1960. "Temos boas evidências [...] estritamente comerciais": FO 371/170324, minutas para a FO, 20 de fevereiro de 1963. "o rei Saud [...] Bin Laden": ibidem, memorando de ligação telefônica, 8 de fevereiro de 1963.

5. "Passei [...] Bin Laden": FO 371/170324, Damasco para Londres, 20 de fevereiro de 1963.

6. "Bin Laden agora [...] na Arábia Saudita": ibidem. "o apoio saudita [...] participação nele": FO 371/170190, Conselho do Comércio para Jedá 2 de dezembro de 1963.

7. "sob severas reprimendas": Ger FO 350/217/63, Jedá para Bonn, 3 de abril de 1963.

8. "Lemos [...] obras de asfaltamento": *Al-Nadwa*, 15 de novembro de 1961, traduzido em DOS 59/3100, Jedá para Washington, 25 de novembro de 1961.

9. Todas as citações, ibidem.

10. "Um obstáculo após o outro": DOS 59/3567, Jedá para Washington, 9 de maio de 1963. "o problema não era [...] precisava ser feito": ibidem, Jedá para Washington, 11 de junho de 1963.

11. "tinha a obrigação de [...] se esquivado": DOS 59/2810, Jedá para Washington, 1º de agosto de 1962.

12. "propostas abaixo do custo": Ger FO 277/564-2912/56, Jedá para Bonn, 28 de julho de 1956.

13. *Saudi Weekly*, 24 de julho de 1961, descreve a visita da equipe de TV suíça e fornece fotografias do local da construção perto de Taif. O recorte está incluído em DOS 59/2810, Jedá para Washington, 14 de agosto de 1961.

14. Que Faisal e Bin Laden discutiram: entrevista com Khaled Batarfi, 19 de fevereiro de 2005. "a questão era [...] realizando a obra": entrevista com Hermann Eilts, 29 de março de 2006.

15. Relatório da CIA: Bronson, *Thicker Than Oil*, p. 83. Que Mohamed bin Laden tinha escravos, libertou-os e foi indenizado: entrevista com Carmen bin Laden, 6 de agosto de 2004. Comício e slogan "Somos seus irmãos!": DOS 59/4033-4, Jedá para Washington, 25 de abril de 1963.

16. "Ele é diabólico [...] amigo mais íntimo": DOS 59/4033-4, Jedá para Washington, 18 de fevereiro de 1963. Faisal perguntou enfaticamente à delegação norte-americana: "O que vão vocês, nossos amigos, fazer a esse respeito? [...] Nós seguimos seu conselho e cumprimos a nossa promessa de 'cruzar os braços' [...] Durante quanto tempo vocês acham que podemos continuar assim [...] Durante quanto tempo eu posso encarar o meu povo com esse tipo de placidez e inatividade?"

17. "cuidaria pessoalmente [...] intervenção real": DOS 59/3567, Dhahran para Washington, 10 de setembro de 1963.

18. Ibidem.

7. Um homem moderno

1. Empilhadeira: DOS 59/2810, Dhahran para Washington, 5 de dezembro de 1962. A Aramco pagou 3,5 milhões de dólares: Holden e Johns, *The House of Saud*, p. 218.

2. Fortuna de Saud no exílio: DOS 59/2472, Jedá para Washington, 7 de maio de 1967.

3. "não vem ao caso [...] fosse quem fosse": entrevista com Turki al-Faisal, 2 de agosto de 2002. "envolveu um número surpreendentemente pequeno [...] quando necessário": DOS 59/2642, "A estrutura do poder na Arábia Saudita", Jedá para Washington, 23 de março de 1965.

4. Al-Rasheed, *A History of Saudi Arabia*, pp. 121-122. *The House of Saud*, op. cit., pp. 257-258.

5. "inaugurou formalmente [...] considerável ostentação": DOS 59/2642, Jedá para Washington, 31 de agosto de 1965.

6. Entrevistas com diversos amigos, empregados e sócios comerciais dos Bin Laden no Líbano e no Egito, inclusive uma entrevista com Nadim Bou Fakhreddine, ex-diretor da Upper Metn Secondary School, 26 de abril de 2006 (RS).

7. Da entrevista de Yeslam para o *Evening Standard* de Londres, 26 de maio de 2006.

8. "queria que alguém [...] mimados": entrevista com Fakhreddine, op. cit.

9. "Quase todos nós [...] trancafiava alguém": *Evening Standard*, op. cit.

10. Da entrevista de Abdullah publicada no jornal *Alayam*, de Bahrein, 21 de dezembro de 2001.

11. Aparência e papel de Ali: de diversas entrevistas com amigos e empregados da família, inclusive uma entrevista com um empregado que conheceu Ali em Taif, com Mohamed, em diversas ocasiões durante esse período.

12. Não há muita certeza se Salem freqüentou Millfield antes ou depois de freqüentar Copford Glebe. Diversos colegas de classe em Copford disseram em entrevistas que ele freqüentara Millfield antes, e por pouco tempo, mas um ex-sócio nos negócios achava ser possível que ele tivesse ido para Millfield depois. Está claro, no entanto, que Salem esteve em Copford por um período prolongado desde o início até meados da década de 1960.

13. "uma espécie incrível de pastiche [...] gente maluca": entrevista com Rupert Armitage, 19 de setembro de 2006. O retrato da vida de Salem em Copford nessa seção vem de Armitage e de entrevistas com mais dois colegas de classe que pediram para não ser identificados.

8. Vento cruzado

1. Entrevistas com Gerald Auerbach, 10 de março de 2005 e 7 de abril de 2005. Outros pilotos que conheceram Bin Laden fornecem relatos semelhantes.

2. "Era um tédio completo": *Times-Picayune*, 13 de outubro de 2001. Diários de vôos e fotografias do período de 1965 até 1967 examinadas pelo autor documentam as viagens internacionais de Bin Laden durante esse período, principalmente para Jerusalém, Beirute e Emirados Árabes Unidos.

3. "Ele era a lei [...] julgamento": ibidem.

4. Kilo 170 é de entrevistas com Auerbach, op. cit., que voava para lá regularmente.

5. O trabalho de Bin Laden na Trucial Coast Road, de Sharjah a Ras Al-Khayma, está documentado em telegramas diplomáticos britânicos e norte-americanos durante 1966 e 1967. O número de 6,7 milhões de dólares é de DOS 59/761, Jedá para Washington, 19 de setembro de 1966.

6. Entrevistas com Auerbach, op. cit. O número de 120 milhões de dólares e o relato de que ele prometeu não aceitar mais trabalhos em rodovias são de DOS 59/761, Jedá para Washington, 24 de maio de 1966. Os telegramas falam de Bin Laden: "O velho mestre saudita da construção de rodovias".

7. O Projeto de Construção Militar de 100 milhões de dólares: DOS 59/2643, Jedá para Washington, 2 de junho de 1965. Vendas militares britânicas, disposição de mísseis e radares: "At a glance — Saudi Arabia/November 1967", na época um relatório classificado como secreto, em Burdett, *Records of Saudi Arabia, 1966-1971*, vol. 2: 1967, parte I.

8. Seqüência de ataques e "terroristas e sabotadores infiltrados": relatório britânico de 12 de janeiro de 1967, em Burdett, op. cit.

9. Compra do Hawker-Siddeley: entrevistas com Auerbach, op. cit. História do complexo em Kilo 7: Bin Laden, *Inside the Kingdom*, p. 36.

10. Heacock: entrevista com uma filha do piloto. "Eu o levei [...] leitos de rios secos": entrevistas com Auerbach, op. cit.

11. Todas as citações nessa seção são de entrevistas com Auerbach, op. cit. O autor não conseguiu localizar nenhum parente vivo de Harrington. Auerbach voou para o local da queda com uma equipe de pilotos e outras pessoas em 4 de setembro de 1967, no dia seguinte ao do acidente. Mike Ameen, que na época trabalhava no departamento político da Aramco, declarou que ouvira dizer que Bin Laden tinha a intenção de se casar outra vez em Asir por ocasião de sua morte. Identificado pelo relógio: entrevista com Nadim Bou Fakhreddine, 26 de abril de 2006 (RS).

9. Os guardiões

1. Entrevista com Nadim Bou Fakhreddine, 26 de abril de 2006 (RS). Para um relato completo dos rituais de enterro e luto em Hejaz, veja Yamani, *Cradle of Islam*, pp. 102-110.

2. Entrevista com Rupert Armitage, 19 de setembro de 2006, além de um segundo amigo que visitara Salem no apartamento. Armitage lembrou que Salem pouco se importava em sentar-se nu na companhia de seus amigos homens, e tinha o costume memorável de exibir seu pênis ereto, que havia apelidado de "Sortudo".

3. Vôo de transformação de Salem: entrevista com Gerald Auerbach, 7 de abril de 2005. Que Salem não conhecia todos os seus meios-irmãos e que vira alguns irmãos e irmãs pela primeira vez: entrevistas com Mohamed Ashmawi, 26 de novembro de 2005 (RS), e Robert Freeman, 27 de abril de 2006.

4. DOS 59, Jedá para Washington, 7 de setembro de 1967.

5. Ibidem.

6. Ibidem.

7. Princípio corânico a respeito de herdeiros homens e mulheres: Surata 4, versículo 11. Lei islâmica da herança: entrevista com um advogado saudita que trabalhou para a família Bin Laden. Veja também Almidhar, "International Succession Laws".

8. Entrevista com Adel Toraifi, 9 de fevereiro de 2005.

9. Que os meninos receberam 2,27%: declaração de Barbara L. Irshay, 21 de janeiro de 1993, *Christine Hartunian vs. Ibrahim Binladin*, Los Angeles County Superior Court, BD058156. Os cinco herdeiros que não eram filhos vieram das listas dos acionistas submetidas pela família em *In Re: Terrorist Attacks on September 11, 2001*, 03 MDL 1570. A Comissão 11/9 data os primeiros dividendos em dinheiro de Osama bin Laden em 1973, seis anos depois da morte de Mohamed. Essa era a época em que a maior parte dos meninos atingia a idade adulta, e a receita com petróleo no reino começou a disparar por causa do embargo árabe. Salem na época estava administrando sua própria companhia e ganhando influência na firma do pai. Fica claro que um sistema regular de dividendos anuais para todos os filhos de Mohamed evoluiu em algum momento durante esse período; a data estabelecida pela Comissão 11/9 vem das apresentações feitas ao Departamento do Tesouro dos Estados Unidos por representantes da família antes dos ataques do 11 de Setembro.

10. Entrevista com Michael Pochna, 31 de agosto, 2006. Entrevista com Gerald Auerbach, 10 de março de 2005.

11. "De agora em diante eu serei o pai de vocês": de Yeslam bin Laden, citado por *The Australian*, 17 de dezembro de 2001.

12. Decreto real: DOS 59, Jedá para Washington, 25 de setembro de 1967. "era constituída [...] assumir o controle": entrevista com Turki al-Faisal, 2 de agosto de 2002.

13. "a situação legal": DOS 59, Jedá para Washington, 22 de setembro de 1967. "de maneira [...] grupo em funcionamento: ibidem, Jedá para Washington, 25 de setembro de 1967.

14. Entrevista com Bassim Alim, 21 de fevereiro de 2005. Alim é neto de Mohamed Bahareth. Bahareth morreu em 2004.

15. "Ele queria [...] controle do grupo": entrevista com Frances Hunnewell, 9 de agosto de 2006.

16. Entrevistas com diversos amigos e empregados de Salem que pediram para não ser identificados.

17. O avião em exibição: entrevista com Peter Blum, que mais tarde serviu como assistente pessoal de Salem, 5 de março de 2006. A viagem de Salem a Dubai é de diários de vôo examinados pelo autor.

18. Entrevista com Auerbach, op. cit.

19. Que Ali escreveu uma carta ao rei Faisal: entrevista com uma pessoa próxima à família Bin Laden, que pediu para não ser identificada. Também, a respeito da luta com Ali: entrevistas com Carmen bin Laden, 6 de agosto de 2004, e Fakhreddine, op. cit.

20. Aparência de Sheikha e idiomas: entrevista com Auerbach, op. cit. A data do casamento deles é incerta, mas ele ocorreu antes de maio de 1973.

21. DOS 59/553, Jedá para Washington, 30 de agosto de 1969; 3 de setembro de 1969; 10 de setembro de 1969; 5 de novembro de 1970; 19 de março de 1971; 27 de março de 1972; e 7 de abril de 1972.

22. Empréstimo saudita, termos da transação, Ali nos Estados Unidos: ibidem, 5 de novembro de 1970.

23. "um arranjo de propriedade difícil [...] majoritariamente estrangeira": ibidem, 27 de março de 1972. "intranqüilidade [...] Mohamed Bin Laden Organization": ibidem, 5 de novembro de 1970. A correspondência, além disso, cita que Anwar Ali teria enfatizado a necessidade de o governo saudita completar os projetos de defesa e infra-estrutura em Asir, nos quais a companhia de Bin Laden estivera trabalhando.

24. Entrevista com Hermann Eilts, 29 de março de 2006.

25. A publicidade para "Tarik Mohammed Bin Ladin Organization For General Civil Contracting and Crushing" apareceu em um levantamento feito pelo *Financial Times* sobre a Arábia Saudita, publicado em 28 de dezembro de 1970. Foi arquivado em FO 8/1742. Diversos empregados e sócios comerciais datam a fundação da Bin Laden Brothers no início dos anos 1970; uma entrada no banco de dados da Graham & Whiteside Ltd. Business data a fundação em 1972.

26. "O que me surpreendeu [...] falasse com a outra": entrevista com Carmen bin Laden, op. cit.

27. Entrevistas com Hunnewell, Pochna e Armitage, op. cit., além de com outros empregados de Bin Laden que pediram para não ser identificados.

28. "gostavam do que chamávamos [...] Jagger": entrevista com Joe Ashkar, 22 de abril de 2006 (RS).

29. "Eles usavam [...] qualquer coisa por qualquer pessoa": entrevista por telefone com Shirley Cottam Bowman, 18 de abril de 2006 (RS).

30. Ibidem.

31. Bergen, *The Osama Bin Laden I Know*, p. 12.

32. "Eles se vestiam [...] celofane": Citado no *Melbourne Herald Sun*, 25 de setembro de 2001.

10. O JOVEM OSAMA

1. "se deitava aos pés dela [...] nem conseguia dormir": entrevista com Khaled Batarfi, 19 de fevereiro de 2005.

2. "um menino tímido [...] vizinhos e professores": transcrição de uma entrevista fornecida por Khaled Batarfi ao autor. Trechos dessa entrevista apareceram, em diversas publicações, com o nome de Batarfi. Que seus parentes sírios se lembravam de sua timidez: entrevista publicada no jornal *Al-Qabas* do Kuwait, 14 de novembro de 2001. Também, "Bin Laden, World's Most Wanted Man, Was a Quiet, Shy Child", Agence France Presse, 15 de novembro de 2001.

3. "Se não tivesse havido reforma agrária [...] nada": em *Al-Qabas*, op. cit.. "Eu adorava aquele lugar [...] morar nela": ibidem.

4. "Ele considerava o pai [...] dava ordens": Bergen, *The Osama Bin Laden I Know*, p. 17.

5. Texto da entrevista de Batarfi, op. cit.

6. "Ele era quieto [...] estudava bastante": entrevista com Emile Sawaya, 22 de abril de 2006 (RS).

7. Todas as citações, ibidem.

8. "Ele nos levava [...] de caratê": entrevista com David Ensor, CNN, irradiada em 19 de março de 2002.

9. "foi afetado [...] muito solitário": Agence France Presse, op. cit. "Ela era tudo [...] próximo do pai": entrevista com Batarfi, op. cit.

10. O autor visitou duas vezes Al-Thaghr, uma delas na companhia do colega de colégio de Osama, que descreveu em detalhes a disposição da escola durante os anos 1960 e início dos 1970. As descrições do colega foram corroboradas pelos relatos de Fyfield-Shayler e Seamus O'Brien, dois professores durante o período.

11. Financiamento saudita: DOS 59/906, Jedá para Washington, 17 de novembro de 1966, referente a relatórios sobre o orçamento nacional saudita, em que cita um item separado de 2,9 milhões de rials para "subsídio" a Al-Thaghr. Aparecimento de Mohamed na escola, para encontrar arrecadadores de fundos: entrevista com Brian Fyfield-Shayler, 23 de fevereiro de 2007 (RS).

12. Discussões de Kamal Adham a respeito da escola com autoridades britânicas são descritas em DOS 59/2813, Jedá para Washington, 7 de novembro de 1962. O uniforme da escola é de fotografias e das lembranças de diversos ex-alunos.

13. Esses detalhes e muitos dos que se seguem foram tirados de uma série de entrevistas com o colega de Osama que entrou para o grupo de estudos islâmicos depois das aulas e que pediu para não ser identificado. O autor conduziu muitas discussões e entrevistas com esse colega ao longo de dois anos e é muito grato pelas suas contribuições. A autenticidade de suas lembranças, na opinião do autor, está acima de qualquer dúvida razoável.

14. "eu estava tentando [...] cometer erros": Fyfield-Shayler citado em *Meeting Osama Bin Laden*, WGBH, 2004. "excepcionalmente educado [...] maioria dos alunos": *The Osama Bin Laden I Know*, pp. 8-9. "um sujeito legal [...] as mais profundas": entrevista com Seamus O'Brien, 28 de novembro de 2005. "mediano": de uma entrevista com Ahmed Badeeb feita pela Orbit Television no início de 2002; uma fita da entrevista foi fornecida por Badeeb ao autor, que a fez traduzir por uma firma particular, The Language Doctors, Inc., em Washington, DC. A partir de seu início duvidoso como professor de biologia em Al-Thaghr, Badeeb se tornou chefe do *staff* do diretor da inteligência saudita, Turki al-Faisal, posição que o levou a um contato regular com Osama durante a guerra no Afeganistão.

15. A influência da Irmandade na Arábia Saudita: entrevistas com diversos analistas sauditas que pediram para não ser identificados, e o consultor do governo saudita Khalil A. Khalil, 10 de fevereiro e 2005. Ceticismo de Faisal: DOS 59/4944, Jedá para Washington, 5 de maio de 1959, relata sobre uma reunião da Irmandade Muçulmana em Meca e observa: "O rei Saud vê favoravelmente a Irmandade, mas o príncipe herdeiro Faisal, não". Um despacho no dia seguinte sobre o mesmo assunto relatou que Saud "possivelmente contribui para seus cofres" e que "membros da Irmandade têm permissão para viajar livremente dentro e para fora da Arábia Saudita".

16. Veja a nota 13. Todas as citações aqui e as seguintes vêm do mesmo colega.

17. "filiou-se a uma comissão religiosa": Badeeb, Orbit Television, 2002, op. cit. "era um dos membros mais importantes [...] essa filosofia": entrevista com Batarfi, op. cit. "começou como um 'Irmão Muçulmano'": entrevista com Jamal Khashoggi, 2 de fevereiro de 2002.

18. "é uma associação [...] do movimento": entrevista com Khashoggi, op. cit. Categorias de membros e preferência por adultos: um relatório de pesquisa sobre a Irmandade fornecida ao autor por um colaborador do governo norte-americano que pediu para não ser identificado.

19. "uma agenda [...] mais político": entrevista com Batarfi, op. cit. "fizeram mau uso [...] dissimulação": citado em *House of Saud*, *Frontline*, 2005.

20. FO 8/2122, 30 de junho de 1973, Departmental Series, Middle East Department.

21. Entrevista com Batarfi, op. cit.; visita do autor à casa, na companhia de Batarfi.

22. Todas as citações de entrevistas com Batarfi, op. cit.

23. Ibidem.

24. Ibidem. Também, Batarfi como citado no *The Sunday Mirror*, 21 de abril de 2002. Detalhes a respeito de *Fury* e seus personagens de www.brokenwheelranch.com, texto examinado e datilografado em 2 de março de 2007.

25. "ia visitar seus irmãos Bin Laden": entrevista com Batarfi, op. cit. "vários": entrevista com Fyfield-Shayler, op. cit.

26. A viagem ao Afeganistão é de diários de vôo e uma entrevista com o piloto Gerald Auerbach, 7 de abril de 2005.

11. Império da conspiração

1. "gangue impudente" e "profanar": DOS 59/2472, Jedá para Washington, 24 de fevereiro de 1969. O telegrama relata: "Faisal disse: 'Jerusalém clama por salvação' [...] Ele pediu a *jihad* para libertar os lugares santos". Que Osama identificou como sua campanha: entrevista com Khaled Batarfi, 19 de fevereiro de 2005. A mãe de Bin Laden também relatou que Osama freqüentemente falava a respeito da causa palestina quando era rapaz.

2. Rotina de Faisal: Algosaibi, "Arabian Essays"; Alireza, "The Late King Faisal..."; Sheean, *Faisal*; Gros, *Feisal of Arabia*; Holden e Johns, *The House of Saud*, pp. 202-203.

3. Biografia, viagens, compras de Iffat: DOS 59/2643, Dhahran para Washington, 17 de agosto de 1966, "Informações biográficas sobre a esposa do rei Faisal". Também, *The House of Saud*, op. cit., p. 203.

4. "as causas básicas [...] expressão política": DOS 59/2472, Memorando de Pesquisa, Diretor de Informações e Pesquisa, 21 de agosto de 1969.

5. Lippman, *Inside the Mirage*, p. 221.

6. FO 8/2109, memorando preparado pelo administrador do Banco da Inglaterra em 1973 para uma visita à Arábia Saudita.

7. "chegou a pôr [...] terroristas palestinos": citado em *The House of Saud*, op. cit., p. 359. "conspiração dupla": *Inside the Mirage*, op. cit., p. 221.

8. Produto Interno Bruto: *The House of Saud*, op. cit., p. 390. Pico de 102 bilhões de dólares: *Inside the Mirage*, op. cit., p. 160. Safeway: Carmen bin Laden, *Inside the Kingdom*, pp. 94-95. "Nunca vi tantos guindastes": *The House of Saud*, Algeria Productions, 2004. "você ia viajar [...] um pouco doidas": ibidem.

9. Citado em Bradley, *Saudi Arabia Exposed*, p. 215.

10. Musaid: entrevistas com dois de seus ex-professores em Berkeley. Prisão com LSD: *The House of Saud*, op. cit., p. 379.

11. DOS 59/2584, Jedá para Washington, 26 de setembro de 1973, "Príncipe Fahd, o rei e os influentes"; Jedáa para Washington, 18 de abril de 1973. Miss Arábia: Jedá para Washington, 5 de novembro de 1970.

12. Entrevista com um ex-diplomata graduado em Riad que falou sob a condição de não ser identificado. Fahd tinha "um ótimo senso de humor, adorava piadas", disse ele, "e era um homem muito comodista e pouco disciplinado, que nunca se mantinha no assunto. Ele tinha o mau hábito de ficar continuamente divagando nas reuniões".

13. DOS 59/2585, Jedá para Washington, 29 de agosto de 1972, "Discussão com o príncipe Fahd".

14. DOS 59/2472, Jedá para Washington, 12 de junho de 1968, "Esboço biográfico do príncipe herdeiro Khalid".

12. O FILHO EM ASCENSÃO

1. "Acabei de soltar um pum [...] uma criança": entrevista com Mohamed Ashmawi, 26 de novembro de 2005 (RS).

2. Entrevista com um amigo e antigo empregado de Salem que falou sob a condição de não ser identificado.

3. Todas as citações são de Heckmann, *Hai fressen kein Deutschen*, traduzido para o autor por Petra Krischok.

4. Ibidem.

5. Ibidem.

6. Esse relato sobre os acampamentos de inverno de Fahd é tirado principalmente do depoimento de três ex-empregados de Salem que compareceram ou trabalharam nos acampamentos. Duas dessas pessoas falaram com a condição de não serem identificadas. A terceira foi Bengt Johansson, entrevistado em 3 de outubro de 2006.

7. A anedota a respeito do que Salem disse a Fahd e todas as citações são da entrevista gravada com a pessoa citada na nota 2 deste capítulo.

8. A data da compra do MU-2 é de entrevistas com Johansson, op. cit., e Gerald Auerbach, 7 de abril de 2005. "Você é maluco[...] matando": entrevista com Jack Hinson, 10 de maio de 2005.

9. "A pergunta era [...] fazer o trabalho": entrevista com Rupert Armitage, 19 de setembro de 2006.

10. "Já fomos pagos": entrevista com Johansson, op. cit.

11. Ibidem.

12. A descrição dos trajetos de dinheiro é de registros de vôos e de entrevistas com Auerbach, op. cit.; David Grey, 21 de fevereiro de 2006; e entrevistas com dois outros empregados do Departamento de Aviação que falaram com a condição de não ser identificados.

13. Entrevista com Ashmawi, op. cit.

14. Entrevista com Terry Bennett, dezembro de 2005 (RS).

15. "Não se preocupe [...] ligação imediata": entrevista com Gail Freeman, 27 de abril de 2006. Circunstâncias nada confortáveis: entrevista com Auerbach, op. cit. Casa de três andares: entrevista com Sabry Ghoneim, 14 de novembro de 2005 (RS). O relacionamento entre eles: entrevistas com diversos amigos e empregados de Salem, inclusive com Johansson, que disse: "Não tinha nada de sexual, mas emocional, talvez. Ela tinha uma influência muito grande sobre ele e estava lhe causando muita dor de cabeça, também". Peter Blum, que mais tarde foi assistente pessoal de Salem, acrescentou em uma entrevista: "Ela era uma das pessoas mais importantes para Salem [...] como pai e filha".

16. "Ele a instigou a isso": entrevista com Ghoneim, op. cit.

17. Esqueletos da Arábia Saudita: entrevista com Ashmawi, op. cit.

18. Entrevistas com o piloto Hinson, op. cit., e Grey, op. cit. "Ele defendia muito as irmãs", Gail Freeman disse em uma entrevista, op. cit.

19. Entrevista com Ghoneim, op. cit.

20. Entrevista com Auerbach, Hinson e Grey, op. cit.

21. "puxando os manetes [...] motores de novo": entrevista com Wayne Fagan, 10 de maio de 2005.

22. "Quando vi [...] mas meu irmão é": Entrevista com Anwar Khan, 6 de maio de 2006 (RS). Caroline era a passageira e prometeu converter-se ao islã: entrevista com uma pessoa próxima à família que pediu para não ser identificada.

23. "As pessoas estavam sempre [...] vou assinar o cheque!": entrevista com Armitage, op. cit.

24. "sensação de velocidade [...] à beira do limite": entrevista com Don Sowell, 2 de junho de 2005. "uma aproximação perfeita": entrevista com Khan, op. cit.

25. "Seria o fim": entrevista com Robert Freeman, 27 de abril de 2006.

26. Piper, acidente em Medina: entrevistas com pilotos de Bin Laden. "Comecei a falar para Deus [...] um pouquinho de motor": entrevista com Johansson, op. cit.

27. Inventário dos aviões: entrevistas com diversos pilotos que trabalharam na Bin Laden Aviation ou para Bin Mahfouz. "Salem acreditava": entrevista com um amigo libanês que falou com a condição de não ser identificado.

28. Entrevista com Johansson, op. cit.

29. "Por toda parte [...] como uma família, juntos": entrevista com Armitage, op. cit.

30. "bastante subservientes [...] como o rei": entrevista com Hinson, op. cit. "Ninguém fazia [...] essas palavras": entrevista com Grey, op. cit. Que só Salem controlava os salários, os subsídios e as alocações é confirmado por outro empregado que pediu para não ser identificado.

31. Relatório Aramco: entrevista por telefone com Mike Ameen, que ficara com uma cópia do relatório, 1º de março de 2006. "Ele era perfeito": entrevista com Frances Hunnewell, 9 de agosto de 2006.

32. Datas e locais do nascimento de Sara e Salman: "Inscrição para Nomeação como Administrador", de Ian Munro, 4 de abril de 1991, arquivos do inventário de Salem bin Laden, Bexar County, Texas, 91-PC-1012.

33. Biografia de Munro: entrevista com um ex-sócio comercial de Bin Laden e entrevista com Charles Schwartz, 12 de maio e 2005. Companhias de Londres, datas de formação, endereço: arquivos com a Companies House, Londres.

34. Que Salem não viu Offley Chase antes de comprá-la: entrevista com o ex-parceiro de negócios, op. cit. A propriedade e o vilarejo: visita do autor, entrevista com muitos outros visitantes.

13. Descobrindo a América

1. Entrevista com Don Sowell, 2 de junho de 2005. Visita do autor a Panama City, Sowell Aviation, Bay Point.

2. Ibidem. O tempo que Salem passou em Panama City foi também descrito por muitos outros parceiros e pilotos que o visitaram e a Randa durante esse período, mas os relatos detalhados são principalmente de Sowell.

3. Ibidem.

4. Ibidem. Jack Pizza recusou-se a ser entrevistado. Anita Pizza falou afetuosamente a respeito de Randa bin Laden e de outros membros da família durante diversas conversas curtas ao telefone, mas acabou recusando uma entrevista.

5. "nem muito borbulhante, nem muito choca": entrevistas com dois ex-empregados de Salem e Khalid bin Mahfouz que pediram para não serem identificados além desse dado. "mandou que eu saísse [...] voamos de volta": entrevista com Sowell, ibidem.

6. Festa do Oscar: entrevista com Jack Hinson, 10 de maio de 2005, e entrevista com Dave Whitney, 20 de fevereiro de 2006. Oktoberfest: entrevista com Thomas Dietrich, 12 de abril de 2006. Casamento da filha de Sadat: entrevista com Rupert Armitage, 19 de setembro de 2006.

7. Cadillacs blindados: entrevista com Robert e Gail Freeman, 27 de abril de 2006. Lincolns, molho Tabasco, Mello Yello, aviões de brinquedo: entrevista com Sowell, op. cit. Cactos e outras plantas: *Binladen BSB Landscaping* vs. *M. V. Nedlloyd*, 82CIV1037. O caso produziu uma significativa sentença do tribunal federal envolvendo responsabilidade por danos nas remessas marítimas; até 1998, esse era o envolvimento mais notável da família Bin Laden com o sistema jurídico federal dos Estados Unidos.

8. Todas as citações, entrevista com Sowell, op. cit. Custo de reposição de 50 mil dólares: entrevista com Freeman, op. cit.

9. Experiência e aparência de Bath: entrevistas com sete antigos conhecidos ou parceiros de negócios. Os arquivos do litígio fornecem, além disso, um rico retrato de sua vida durante esses anos, especialmente *Sandra C. Bath* vs. *James R. Bath*, Harris County Court, 85-046927, seu sucessor, 89-07180, e os diversos processos entre Bath e White depositados em Harris County, Texas, e no tribunal federal de Houston. "Muito divertido": citado no *The Wall Street Journal*, 28 de setembro de 1999, citando uma entrevista de 1990 com o *Houston Post*. Os melhores relatos publicados sobre o período dele nos negócios e na política no Texas são Unger, *House of Bush, House of Saud*; Phillips, *American Dynasty*; e Beaty e Gwynne, *The Outlaw Bank*.

10. Venda do Fokker: entrevista com Gerald Auerbach, 7 de abril de 2005. "Ele falava": entrevista com Armitage, op. cit. "adorava esse tipo de coisa": entrevista com Charles Schwartz, 12 de maio de 2005. Bath recusou diversos pedidos de uma entrevista.

11. Acordo de fideicomisso, MBO Investments, Inc.: website do secretário de Estado do Texas, texto examinado e datilografado em 9 de setembro de 2005. Linha de crédito rotativa: transcrição da entrevista de White para o programa da Canadian Broadcasting Corporation, *The Fifth Estate*. White confirmou para o autor a exatidão das transcrições e suas afirmativas. White alega possuir um grande arquivo de documentos confidenciais a respeito das atividades comerciais de Bath, inclusive depoimentos juramentados fornecidos por Bath no processo civil deles, mas recusou-se a disponibilizar esses documentos. No entanto, alguns trechos do depoimento juramentado de Bath estão em arquivos públicos no tribunal.

12. Transcrição de White, op. cit. A história da Skyway Aircraft Leasing, Ltd. está descrita em documentos e declarações juramentadas arquivados por White e Bath em diversos processos judiciais, mas esses documentos não esclarecem inteiramente quais sauditas eram donos da companhia. White sugeriu que Salem bin Laden pode ter tido participação na Skyway. Uma reportagem no *The Wall Street Journal*, 28 de setembro de 1999, diz que Khalid bin Mahfouz era dono da Skyway. Sua afirmativa era baseada parcialmente em um documento jurídico confidencial originalmente citado pelo *Houston Chronicle* em uma reportagem publicada. Unger, *House of Bush*, p. 34, também relata que Bin Mahfouz era dono da Skyway; Unger entrevistou Bath, embora não esteja claro se Bath foi a fonte de seu relato.

13. Binco Investments: secretário de Estado do Texas, op. cit. O Houston Gulf Airport nunca gerou lucros significativos: entrevista com Schwartz, op. cit.

14. Saudi Bank of Paris: entrada Salem bin Laden, *Who's Who in Saudi Arabia*, edições de 1976-1977 e 1978-1979, sendo que as duas identificam Salem como "membro fundador" do banco. Main Bank: Unger, *House of Bush*, p. 34.

15. Entrevista com Sheryl Johnson, ex-advogado de Sandra Bath, 8 de setembro de 2005. Entrevista com um piloto que viajou com Bath durante esse período e que pediu para não ser identificado.

16. Timothy J. Finn, um procurador dos Bin Laden, disse que Ghalib se formara em engenharia civil na Universidade da Califórnia, em Berkeley, mas um porta-voz da universidade não conseguiu localizar os registros de sua freqüência. No entanto, diversas pessoas próximas à família lembram que Ghalib estudou em Berkeley. Registros da USF: entrevistas por telefone com Gary McDonald, 15 e 16 de março de 2006. Registros da USC: comunicação por e-mail de James Grant, 1º de março de 2006.

17. Época de Yeslam na Europa, seus ataques de ansiedade: declarações juramentadas e petições dos processos de divórcio, Cantão de Genebra, traduzidos e arquivados em *Carmen Bin Ladin* vs. *Yeslam e Ibrahim Bin Ladin*, Los Angeles County Superior Court, BC212648. "Carmen estava [...] ambições para ele": entrevista por telefone com Mary Martha Barkley, 27 de agosto de 2004.

18. Arquivos judiciais, ibidem. Pontiac Firebird: Bin Laden, *Inside the Kingdom*, p. 47. Khalif: entrevista com Barkley, ibidem.

19. Caesars Palace: entrevista com Carmen bin Laden, 6 de agosto de 2004. Cena do vinte-e-um: entrevista com Gerald Auerbach, op. cit.

20. "A não ser o pecado [...] puni-lo": da declaração de Osama bin Laden em 16 de dezembro de 2004, como foi traduzido em Lawrence (org.), *Messages to the World*, p. 262.

21. "Ninguém conseguia [...] incutidos neles": entrevista com Carmen bin Laden, op. cit.

22. Khalil e álcool: entrevista com um empresário que pediu para não ser identificado. Mahrouz: entrevista com outro sócio comercial que também pediu para não ser identificado; "muito festeiro": entrevista com Armitage, op. cit. Carmen bin Laden lembrou que a esposa francesa de Mahrouz também se tornou muito religiosa. Ela tinha uma filha de um casamento anterior, disse Carmen, para a qual Mahrouz arranjou um casamento com um homem saudita, quando a menina era bem jovem.

23. Theroux, *Sandstorms*, p. 72.

24. Ibrahim bin Laden casou-se com Christine Hartunian, norte-americana. Quando jovem, Khaled casou-se com uma dinamarquesa. Além desses exemplos, Khalil casou-se com uma brasileira, Isabel Bayma.

25. "Era uma tarefa [...] sempre tocando" e "problemas da família": entrevista com Gail Freeman, op. cit. "Você tem uma esposa [...] sempre diplomático": entrevista com Peter Blum, 5 de maio de 2006.

26. Citação de Hunnewell retirada de Surtees, *Pa Bell*, p. 237. Diversos pilotos entrevistados pelo autor também descreveram esse incidente, que passou a fazer parte da doutrinação que os novos pilotos recebiam.

27. "Ele sempre dizia [...] não se casaria com ele": entrevista com Jack Hinson, 10 de maio de 2005.

28. Todas as citações, entrevista com Gail Freeman, op. cit.

29. "Não quero [...] sozinha": entrevista com Sowell, op. cit.

30. "Ela caiu! Ela caiu!": entrevista com Freeman, op. cit. "Por cima do meu cadáver [...] essa possibilidade": entrevista com Sowell, op. cit.

31. Todas as citações: entrevistas com Freeman e Sowell, op. cit.

14. O FERVOR DO CONVERTIDO

1. Transcrição da entrevista com Khaled Batarfi, publicada em *Al-Madinah*, no final de 2001, traduzida e fornecida ao autor por Batarfi.

2. Entrevista com um amigo de Salem bin Laden que pediu para não ser identificado.

3. "perfeitamente integrado": Bin Laden, *Inside the Kingdom*, p. 70. Carros, fins de semana no deserto: entrevista com Khaled Batarfi, 19 de fevereiro de 2005. Jamal Khalifa, amigo de Osama, em Bergen, *The Osama Bin Laden I Know*, p. 17, lembrou Osama como "um motorista muito bom; nós dois corremos, principalmente nós dois, de modo que isso nos fez muito próximos". "*hobby* favorito": transcrição da entrevista de dezembro de 1998 de Bin Laden para a Al-Jazeera, em Lawrence (org.), *Messages to the World*, p. 71. Botas amarelas e relógio do exército suíço: Walid Al-Khatib, entrevista no *The Sunday Times* (Londres), 6 de janeiro de 2002.

4. "Lembro-me dele [...] maldita assinatura": entrevista com Rupert Armitage, 19 de setembro de 2006. "apenas mais um irmão menor": entrevista com Bengt Johansson, 3 de outubro de 2006.

5. A "interação" começou em 1973: biografia fornecida por Bin Laden e seus auxiliares à *Nida'ul Islam*, uma revista sediada na Austrália que publicou uma entrevista com Bin Laden

no final de 1996, em *Messages to the World*, op. cit., p. 31. "Como é sabido [...] empreender a *jihad*": transcrição de 1998 da Al-Jazeera, em *Messages to the World*, op. cit., p. 91.

6. Transcrição de entrevista com Nasir al-Bahri, *Al-Quds Al-Arabi*, 20 de março de 2005, tradução FBIS.

7. "uma figura menor": *Inside the Kingdom*, op. cit., p. 70. "Mais literal": *The Osama Bin Laden I Know*, p. 21. Shorts para o futebol: entrevista com Batarfi, op. cit. "Ele sempre [...] sobre religião": entrevista publicada no *Al-Qabas* (Kuwait), 14 de novembro de 2001, traduzida para o autor por Hatem Y. Mohammed.

8. "Todo muçulmano [...] pelos norte-americanos": transcrição da Al-Jazeera de 1998, em *Messages to the World*, op. cit., p. 87. "incapazes [...] décadas passadas": declaração de 4 de janeiro de 2004, ibidem, p. 229.

9. Ibidem, p. 126.

10. Al-Din, *Bin Laden*, pp. 79-82.

11. Entrevista com Batarfi, op. cit. *Al-Qabas*, entrevistas com parentes sírios, op. cit.

12. Entrevista com Batarfi, op. cit. Bergen, *The Osama Bin Laden I Know*, p. 16. Também, entrevista com Khashoggi, op. cit.; *The Osama Bin Laden I Know*, p. 21; *Inside the Kingdom*, op. cit., pp. 70-71.

13. Fotografia da turma: Um colega de turma de Osama mostrou uma fotografia da turma de escola ao autor. Jamal Khalifa, que conheceu Osama no ano em que ele se formou no ensino médio, e que viria a se casar com uma de suas meias-irmãs, disse que a crença deles mandava que não tirassem "fotografia nenhuma. É por isso que não tenho nenhuma fotografia com Osama. Eu fui fotografado no segundo grau, mas quando me tornei religiosos, joguei tudo fora". Citado em *The Osama Bin Laden I Know*, op. cit.

14. "não era [...] o suficente": ibidem.

15. "Ele falava [...] caça e tiro": entrevista com Batarfi, op. cit. "simplesmente amedrontados [...] intimidados": *Inside the Kingdom*, op. cit., p. 87.

16. Entrevista com Batarfi, op. cit. Al-Khatib, *The Sunday Times*, op. cit.

17. Todas as citações, entrevista com Batarfi, op. cit. Também, Coll, "Young Osama", *The New Yorker*, 12 de dezembro de 2005. Wright, *The Looming Tower*, conta que o segundo filho de Osama, Abdul Rahman, nasceu com hidrocefalia e buscou tratamento na Grã-Bretanha, pp. 80-81.

18. *The Sunday Times*, op. cit.

19. Terra para universidade doada por Suleiman, base de sua fundação: DOS 59/2643, Jedá para Washington, 31 de agosto de 1965, e DOS 59/2471, Jedá para Washington, 6 de novembro de 1967. Contribuições de Mohamed bin Laden: entrevista por telefone com Brian Fyfield-Shayler, 23 de fevereiro de 2007 (RS).

20. A entrevista foi publicada em 1991 em *Al-Umma Al-Islamiyya* e é citada em Wright, *The Looming Tower*, p. 78. "Lembro-me, com orgulho, de que eu era o único membro da família que conseguiu combinar trabalho com um desempenho excelente na escola", disse Bin Laden. "Resolvi abandonar a escola para alcançar os meus objetivos e sonhos. Fiquei surpreso com a grande oposição à idéia, principalmente por parte da minha mãe, que chorou e me implorou

para mudar de idéia. No final, não havia saída. Eu não pude resistir às lágrimas da minha mãe. Tive de voltar e terminar a minha educação." O resumo de 1996 foi publicado em conexão com sua entrevista com *Nida'ul Islam*, op. cit.

21. Projeto de trabalho em Meca: Abbas, *Story of the Great Expansion*, pp. 262-263. "Ele gostava [...] problemas": *The Sunday Times*, op. cit.

15. Conectado

1. Entrevista com Francis Hunnewell, 9 de agosto de 2006. Entrevista com Michael Pochna, 31 de agosto de 2006.

2. Entrevista com Hunnewell, op. cit.

3. Todas as citações, entrevista com Pochna, op. cit.

4. "Você está me vendo?": entrevista com Dave Whitney, 20 de fevereiro de 2006. "Randa! [...] acreditar nisso?": entrevista com Thomas Dietrich, 12 de abril de 2006. Também, entrevista com Peter Blum, 5 de maio de 2006; entrevista com George Harrington, 23 de fevereiro de 2006.

5. Todas as citações, entrevista com Dietrich, op. cit.

6. Boate em Roma, filho de Lord Carrington: entrevista com Rupert Armitage, 19 de setembro de 2006. Também, entrevista com Hunnewell e Pochna, op. cit.

7. Todas as citações, entrevista com Hunnewell, op. cit.

8. "Deve ter havido [...] para amanhã": entrevista com Armitage, op. cit.

9. Todas as citações: ibidem.

10. "Encontraram coisas [...] embalagem": entrevista com Hunnewell, op. cit.

11. "apenas mais alguns [...] pilotos": entrevista com Pochna, op. cit.

12. Ibidem.

13. O contrato inicial de 6,7 bilhões de dólares, comissão de Fahd, estimativa de consultor europeu: Surtees, *Pa Bell*, pp. 218-238; Holden e Johns, *The House of Saud*, p. 412. Diários de vôo de Salem examinados pelo autor.

14. "era um dos contratos" e cena com Walter Light: entrevista com Pochna, op. cit.

15. O tamanho do contrato da Bell Canada é difícil de determinar com exatidão. Pochna e Hunnewell, e documentos do litígio entre eles, sugerem que lhes deviam 21 milhões de dólares pela comissão de 1,5% durante os cinco primeiros anos, o que poria o valor do contrato na vizinhança de 1,5 bilhão de dólares. O valor total anunciado do contrato, incluindo todas as vendas de equipamento, era mais de 3 bilhões de dólares. Havia, além disso, 400 milhões de dólares em contratos de construção: Surtees, *Pa Bell*, p. 231; que valores tenham ido principalmente para os negócios dos Bin Laden: entrevistas com Pochna e Hunnewell, op. cit. Comissão de 500 milhões de dólares para Mohammed bin Fahd: *The House of Saud*, op. cit., p. 414.

16. Origens de Juhaiman em Sajir: Al-Rasheed, *A History of Saudi Arabia*, p. 145; *The House of Saud*, op. cit., pp. 514-515.

17. *The House of Saud*, op. cit., pp. 515-526.

18. "Regras de Lealdade e Obediência": ibidem. "beberrões [...] dinheiro do Estado": Vassiliev, *A History of Saudi Arabia*, pp. 395-396; Teitelbaum, *Holier Than Thou*, pp. 20-21. Citado também em Coll, *Ghost Wars*, p. 28.

19. Diários de vôo examinados pelo autor.

20. Mahdi pressagiado em um sonho: *The House of Saud*, op. cit., p. 520.

21. "estava fora de si [...] desvairado": Carmen bin Laden, *Inside the Kingdom*, pp. 123-125. "Todos diziam [...] o aço que havia": entrevista com um empregado de Bin Laden, que pediu para não ser identificado.

22. Acesso a veículos de Bin Laden: *Inside the Kingdom*, op. cit., p. 123. "Onde está Bin Laden? [...] britadeira em tudo": entrevista com o empregado de Bin Laden, op. cit.

23. "Abriram todos aqueles [...] pelos buracos": entrevista por telefone com Tim Barger, 7 de março de 2006. "estávamos escorregando": entrevista com o empregado de Bin Laden, op. cit.

24. Arquivos iniciais da Binladin International, Inc. no Panamá, datas, diretores, nomes das corporações sucessoras: documentos coletados e fornecidos ao autor por Douglas Farah e a Nine/Eleven Finding Answers Foundation (NEFA). Em outros documentos jurídicos, os Bin Laden reconheceram ter transferido rapidamente dinheiro *offshore* em agosto de 1990, depois da invasão do Kuwait por Saddam Hussein. Veja o capítulo 27.

25. Entrevista com o empregado, op. cit. Ele não se lembrava da identidade do segundo irmão. Wright, *The Looming Tower*, p. 94, relata que Osama estava com Mahrouz, citando uma entrevista com Jamal Khalifa. *Inside the Kingdom*, pp. 123-124, descreve a prisão de Mahrouz, mas não menciona um segundo irmão; conta que Mahrouz tinha uma pistola no carro.

26. Entrevista com o empregado, op. cit.

27. Lawrence (org.), *Messages to the World*, p. 266.

28. Osama teria também podido tomar emprestado ou obter somas maiores para fazer aquisições, como o apartamento que comprou para sua extensa família. O prédio do apartamento: entrevista com Khaled Batarfi, 19 de fevereiro de 2005. De acordo com Nasir al-Bahri, mais tarde guarda-costas de Osama, duas das esposas com quem Osama se casou antes de se mudar para o Afeganistão tinham recebido diplomas de doutorado em direito islâmico ou em árabe. Osama parece ter se casado com uma dessas esposas, vindas da família Al-Sharif, durante os anos 1980.

29. "especialmente eficiente [...] problemas": Randal, *Osama*, p. 64, onde Al-Khatib também descreve o trabalho de demolição e a interação de Osama com europeus e norte-americanos.

30. "Eu sabia que aquilo significava [...] não gostava mais dele": Al-Khatib, entrevista no *The Sunday Times* (Londres), 6 de janeiro de 2002.

16. O PARQUE DE DIVERSÕES

1. *Showman* norte-americano.

2. Cirurgião cardiovascular: entrevista com Gail e Robert Freeman, 27 de abril de 2006. Câmera Polaroid: entrevista com Jack Hinson, 10 de maio de 2005. Fotos mostradas à realeza: entrevista com Mohamed Ashmawi, 26 de novembro de 2005 (RS).

3. Arquivos e diretores da Saudin Inc.: documentos fornecidos para o autor por Douglas Farah e pela Nine/Eleven Finding Answers Foundation (NEFA). "caso venha [...] Arábia Saudita": Robert Freeman, "The Saudi Connection" (manuscrito não publicado).

4. "estava tendo alguns problemas de fluxo de caixa": entrevista por telefone com Aaron Dowd, 13 de fevereiro de 2006. Preço da propriedade, termos da venda: Freeman, "The Saudi Connection", ibidem. Livro de flores, quem recebeu as primeiras casas: entrevista com Gail e Robert Freeman, op. cit.

5. Brincadeira do vinho: entrevista com Anwar Khan, 6 de maio de 2006 (RS).

6. História de Winter Garden e de Desert Bear: entrevista por telefone com Rod Reeves, ex-diretor do Winter Garden Heritage Museum, 7 de fevereiro de 2006; entrevista com Julie Butler, diretora do Heritage Museum, 6 de fevereiro de 2006. Também história de Desert Bear, a compra por McCarthy e a reforma: entrevista por telefone com Miller McCarthy, 10 de fevereiro de 2006.

7. O que Salem disse a McCarthy: entrevista por telefone com McCarthy, ibidem. "o príncipe [...] da Arábia Saudita": "The Saudi Connection", op. cit.

8. Entrevista por telefone com McCarthy, ibidem. Data da transação: registros de propriedade em Orange County. Estes mostram o preço de compra como 1,61 milhão de dólares. A lembrança de McCarthy de um preço mais alto pode incluir outras terras contíguas. A escritura para 17920 West Colonial, o endereço do imóvel principal, foi passada em nome de Desert Bear Limited, "uma corporação liberiana", de acordo com os registros de Orange County. Que a Price Waterhouse organizou a companhia: entrevista com Robert Freeman, op. cit.

9. Entrevistas com quatro vizinhos de longa data que pediram para não ser identificados. "eles gostavam [...] abertamente": entrevista por telefone com McCarthy, ibidem.

10. "Venham [...] na fila também?": entrevista com Pat Deegan, 8 de setembro de 2005.

11. Ibidem. Diversos outros amigos e empregados dos Bin Laden descreveram o acidente de Ghalib, mas Deegan, que voava em ultraleves em Desert Bear e visitou Ghalib no hospital depois do incidente, forneceu o relato mais detalhado.

12. Entrevista com Gail e Robert Freeman, op. cit.

13. Todas as citações: "The Saudi Connection", op. cit.

14. "estava à procura de barganhas": entrevista com Freeman, op. cit.

15. Todas as citações são da entrevista com Gail Freeman, op. cit.

16. "Éramos os seus brinquedos" e "Bob, você [...] humor": entrevista com Freeman, op. cit.

17. Todas as citações, ibidem.

18. "um homem [...] através dele": entrevista com um antigo empregado de Bin Mahfouz que pediu para não ser identificado. Perguntados a respeito do perfil de Bin Mahfouz e de suas atividades comerciais descritas neste capítulo, advogados de Mahfouz disseram que ele em geral não comentava seus relacionamentos pessoais de família ou de negócios, e que também não o faria nesse caso.

19. "muito feliz [...] preocupam com isso": entrevista com um segundo ex-empregado de Bin Mahfouz que pediu para não ser identificado.

20. Nas compras na Hammerman Brothers, "aquilo causou um burburinho e tanto no showroom": "The Saudi Connection", op. cit. Advogados de Bin Mahfouz disseram que ele não tinha comentários a fazer.

21. "A Casa Grande": transcrição da entrevista de White para a Canadian Broadcasting Corporation; White atestou a exatidão da transcrição em uma entrevista por telefone. "Por que essas pessoas [...] tomar chá": entrevista com dois ex-empregados de Bin Mahfouz que pediram para não ser identificados.

22. Connolly e os irmãos Hunt no avião, queixa de Khalid, perdas com prata: entrevista com os dois ex-empregados citados nas notas 17 e 18 deste capítulo. Khalid gerir estratégias de comércio: "Whose Rules?", *The Banker*, 1° de novembro de 1990. Baker Botts: transcrição White, ibidem. Advogados de Bin Mahfouz disseram que ele não faria qualquer comentário.

23. Numerário e depósitos de 1985: *The Banker*, ibidem. Dólares da Aramco e vôos a Bagdá: entrevista com David Grey, 21 de fevereiro de 2006. Ajuda ao Iraque de 25, 7 bilhões de dólares: Al-Rasheed, *A History of Saudi Arabia*, p. 157. Transferência de armas dos Estados Unidos: Clarke, *Against All Enemies*, p. 42. Advogados de Bin Mahfouz disseram que ele não faria comentários. Salem bin Mahfouz, fundador do National Commercial Bank e pai de Khalid, morreu em 1994. No final de 2002, de acordo com os advogados de Khalid, a família Bin Mahfouz se desfez dos seus últimos interesses no banco, que permanece uma das maiores instituições financeiras na Arábia Saudita.

24. Investimentos de 5 milhões: "The Saudi Connection", op. cit. "Projeto Debra": entrevista por telefone com Andy Pugh, Metro West, 13 de fevereiro de 2006. Maleta com 100 mil dólares, 30 mil dólares em gorjetas: Peterson citado em "Arabian Adventure", *Pittsburgh Post-Gazette*, 18 de março de 2003.

25. Disse a McCarthy ter 220 milhões de dólares em dívidas: entrevista por telefone com McCarthy, op. cit. Desistência da compra de iate: entrevista com Thomas Dietrich, 12 de abril de 2006. De acordo com os registros em Orange County, Flórida, a hipoteca foi retirada do Sun Bank em 4 de junho de 1984 e paga em 15 de agosto de 1988.

26. Pedido para lavar de 5 a 10 milhões de dólares: entrevista com Robert Freeman, op. cit.

17. A serviço do rei

1. Entrevista com um auxiliar de Salem que pediu para não ser identificado.

2. Clarke, *Against All Enemies*, p. 39.

3. Coll, *Ghost Wars*, p. 65, para o ano fiscal de 1981 do governo dos Estados Unidos. A breve análise dos posicionamentos dos governos saudita e norte-americano em relação à guerra, aqui e em outros lugares neste capítulo, é tirada da pesquisa para *Ghost Wars*, capítulos 1 a 5.

4. Al-Rasheed, *A History of Saudi Arabia*, p. 155.

5. A empresa tinha um fundo *zakat*: entrevista com Carmen bin Laden, 29 de setembro de 2004. Também, pesquisadora Anna Kasupski, da Rand Corporation, examinando material a respeito da história inicial do Services Office em Peshawar, localizou um documento de 1985 descrevendo doações feitas por uma fundação da família Bin Laden. "Rand: Early History of Al Qaeda Working Group, 2006".

6. Veteranos da Força Aérea paquistanesa, Mohammed Daoud: entrevista com David Grey, 21 de fevereiro de 2006. Karachi em novembro de 1980: diários de vôo examinados pelo autor. Primeira viagem de Osama em 1980: entrevista com Jamal Khashoggi, 2 de fevereiro de 2002. Não ficou claro em que época do ano ele viajou.

7. Fotografia da turma: cópia do autor. "nada tinha de extremista [...] uma pessoa muito educada": entrevista de Badeeb para a Orbit Television em 2001, fornecida ao autor por Badeeb, traduzida pela The Language Doctors, Inc.

8. "Não podemos [...] quanto receberam" e o uso das viagens para o Hajj para cultivar contatos independentes: entrevista com Ahmed Badeeb, 1° de fevereiro de 2002.

9. "não estava confiando [...] verdadeiros *mujaheddin*": entrevista com Badeeb, ibidem. Rabbani e Sayyaf, ficou um mês: Al-Din, *Bin Laden*, p. 47.

10. "O arranjo [...] de assistência": entrevista com Khashoggi, op. cit. "membros do governo": entrevista com Khalil A. Khalil, 10 de fevereiro de 2005. Badeeb usava órgãos humanitários como disfarce, audiências de Osama com Nayef e Ahmed: entrevista com Badeeb, e entrevista de Badeeb para a Orbit Television, op. cit.

11. "uma figura [...] gostavam dele": entrevista com Bassim Alim, 21 de fevereiro de 2005.

12. "no programa de treinamento [...] um mais novo": entrevista com Khashoggi, 17 de março de 2006. "que os afegãos [...] calcular": entrevista com Badeeb, op. cit. Cofre para as doações de jóias a Osama: entrevista com o auxiliar de Salem, que pediu para não ser identificado.

13. Lawrence (org.), *Messages to the World*, p. 110.

14. "Um jovem [...] próprios pés" e perda de mais de 15 milhões de dólares: entrevista com Sabry Ghoneim, 14 de novembro de 2005 (RS).

15. Dívidas de Azzam: entrevista com a mulher de Azzam feita por Mohammed al-Shafey, *Al-Sharq Al-Aswat*, 30 de abril de 2006. "uma reunião de dinheiro [...] Azzam": *Al-Quds Al-Arabi*, 4 de abril de 2005.

16. Entrevista com Khalil, op. cit.

17. *Al-Quds Al-Arabi*, 20 de março de 2005.

18. Que Azzam chegou no final de 1981: Jamal Ismail em Bergen, *The Osama Bin Laden I Know*, p. 26. Financiamento saudita de 35 milhões de dólares: Piscatori, "Islamic Values and National Interest", em *Islam and Foreign Policy*, p. 47.

19. Papel de Badeeb no acampamento Sada: entrevista com Badeeb, op. cit. Que foi aberto em 1984: Hutaifa Azzam em *The Osama Bin Laden I Know*, op. cit., p. 28. "Eles assistiam [...] conquistasse Cabul": "The Story of the Arab Afghans", sem assinatura, *Al-Sharq Al-Awsat*, 12 de dezembro de 2004.

20. Citado em Bergen e Cruickshank, "How the Idea of Al Qaeda Was Conceived", 2006.

21. Entre 200 e 300 mil dólares: Anna Kasupski, "Rand: Early History of Al Qaeda Working Group, 2006". Engenheiro de construção da empresa dos Bin Laden: Abdullah Anas, em *The Osama Bin Laden I Know*, op. cit., p. 29, identifica esse engenheiro como Abdullah Saadi e diz que ele estava lá "para dirigir os buldôzers. Osama o pegou emprestado da companhia". Azzam na casa de Bin Laden em Meca; "Toda a família [...] buscar os hóspedes" citado em *The Osama Bin Laden I Know*, ibidem, p. 31. O documento de 1985: veja a nota 5 deste capítulo.

22. "Quando o xeique começou [...] no mesmo barco": *Messages to the World*, op. cit., p. 77. "Quanto a repelir [...] combatê-lo": ibidem, p. 202.

23. Ibidem, p. 239, da declaração de Bin Laden de 29 de outubro de 2004.

24. "Sorte daquele [...] no Paraíso": "Early Al Qaeda Working Group", op. cit. Quatro primeiros comitês: Gunaratna, "Al Qaeda: Its Organizational Strengths and Weaknesses with a Special Focus on the Pre-1996 Phase", 2006.

25. Veja o Prólogo.

26. Surata 4, versículo 127.

27. "um movimento em massa [...] compassivo e paciente": entrevista com Khashoggi, 17 de março de 2006. "a *jihad* financeira [...] não os possuem": *Messages to the World*, op. cit., p. 203.

28. Entrevista com Bengt Johansson, 3 de outubro de 2006.

29. Apartamento de Ibrahim em Mayfair: entrevista com Wayne Fagan, ex-advogado geral da Dee Howard Company, 10 de maio de 2005. Que ele comprou um Gulfstream e um DC-8: entrevista com um empregado de Bin Laden envolvido na transação. Sobre Ibrahim e Fahd, veja também o Prólogo.

30. "Ele e eu [...] um favor a Salem": entrevista com Dee Howard, 16 de março de 2005.

31. "Vossa Majestade [...] fazer outro": entrevista com Howard, ibidem.

32. "Algumas pessoas [...] saía impune": entrevista com um empregado de Bin Laden que estava presente. Árduas negociações: entrevista com o empregado de Bin Laden. Howard e Fagan recusaram-se a comentar a respeito das exigências específicas de Ibrahim. Diversas notícias publicadas em jornais estipulam o valor final do contrato em 92 milhões de dólares, embora Howard tivesse lembrado que seu lance inicial estava próximo a 70 milhões, e que o preço subiu por causa de mudanças e encomendas adicionais.

33. A Cleveland Clinic e a sala cirúrgica: entrevista com Howard, Fagan, e o empregado de Bin Laden, op. cit. A Raytheon forneceu o sistema de defesa contra mísseis termoguiados: testemunho de Dee Howard de 1993 em *Ian Munro* vs. *The Dee Howard Co.*, Bexar County, Texas, 91-CI-00928.

34. Dinheiro enviado por transferência bancária, remessas individuais de mais de 10 milhões de dólares: testemunho de Wayne Fagan em *Ian Munro* vs. *The Dee Howard Co.*, ibidem. "tinha muito interesse": entrevista com Howard, op. cit.

18. Distúrbio de ansiedade

1. Reuniões de tênis, Yeslam e seus irmãos: entrevista com Carmen bin Laden, 6 de agosto de 2004, e entrevista com Terry Bennett, dezembro de 2005 (RS). Álcool e carne: Bin Laden, *Inside the Kingdom*, p. 99.

2. Carros de Yeslam: "Comprovação da declaração de direitos" para Carmen bin Laden, 8 de setembro de 2000, Tribunal de Primeira Instância da República e Cantão de Genebra, caso n. 19750/94-11, traduzido do original em francês e arquivado em *Carmen Binladin* vs. *Yeslam and Ibrahim Binladin*, Los Angeles County Superior Court, BC212648. Rolls-Royce de

Ibrahim: *Ibrahim Bin Ladin* vs. *Paul Andrew Richey*, Los Angeles County Superior Court, WEC114264. Dano cerebral fatal, incidente de Fórmula 1: *Inside the Kingdom*, op. cit., p. 154.

3. Entrevista com Carmen bin Laden, op. cit.; *Inside the Kingdom*, op. cit., pp. 109 e 115.

4. Contribuições e compensações a Yeslam em 1976 e 1978: "Declaração de defesa e pleitos do réu", Tribunal de Primeira Instância, Genebra, traduzido e arquivado em Los Angeles C212648, op. cit.

5. Genthod, propriedade e preço de compra: "Declaração de defesa", ibidem. Inventário das jóias: "Petição de auxílio declaratório", 28 de junho de 1999, Los Angeles C212648, op. cit. "Admito" e caixa de dinheiro em espécie: *Inside the Kingdom*, op. cit., p. 150.

6. Em seu "Pedido de divórcio" em Genebra, os advogados de Yeslam o descrevem como "um homem muito emotivo, com tendência à ansiedade". A declaração do próprio Yeslam no caso se refere a ele ter caído "doente" e buscado "tratamento médico", mas não especifica sua doença. A referência particular a "ataques de pânico" vem dos arquivos de Carmen no caso.

7. "se escondia pela casa" [...] em sua mania": "Respostas aos parágrafos numerados de Yeslam", Tribunal de Primeira Instância, Genebra, traduzido e arquivado em Los Angeles C212648, op. cit. Veja também *Inside the Kingdom*, pp. 124 e 129.

8. "A esposa dele parecia [...] contra uma árvore": "Pedido de divórcio", "Quanto ao fato", Tribunal de Primeira Instância, Genebra, traduzido e arquivado em Los Angeles C212648, op. cit. "tudo o que estava [...] seus negócios": "Respostas aos parágrafos numerados de Yeslam", ibidem. Seis semanas em Los Angeles, melhora: "Declaração de Yeslam Mohammed Binladin", 22 de novembro de 1999, ibidem.

9. "descartar a idéia [...] ganhar dinheiro": de "Saudi Investment Company (SICO): An Emerging Financial Service Center", por volta de 1983, arquivado em *In Re: Terrorist Attacks on September 11, 2001*, United States District Court, Southern District of New York, 03 MDL 1570.

10. Falken possuía a Saudi Investment Company: "Memorando de resposta em apoio à moção do réu Yeslam Binladin", *In Re: Terrorist Attacks*, ibidem. Obras de construção no Sudão: em uma declaração juramentada submetida em *In Re: Terrorist Attacks*, Omar bin Laden descreveu a formação "na ilha Jersey, nas Ilhas do Canal, no final dos anos 1980" de uma companhia chamada "Binladen Overseas (Pvt. Ltd.)", que "ganhou um contrato para a construção do aeroporto de Port Sudan no Sudão". Saudi Investment Company Panama Corporation: arquivo do Panamá fornecido ao autor por Douglas Farah e Nine/Eleven Finding Answers Foundation (NEFA). Os papéis de incorporação estão datados de 28 de outubro de 1983. Mohamed Binladin Organization Incorporated, no Panamá: documentos Farah e NEFA, ibidem. A companhia arquivou papéis de incorporação em 21 de março de 1984.

11. "centenas de conferências de marketing [...] nossos clientes": de "Saudi Investment [...] Emerging Financial Service Center", op. cit. Compras de ações e volume de negócios no final de 1983, ibidem.

12. Ibidem.

13. A firma DL&J apresentou Yeslam a Tickle: entrevista por telefone com Charles Tickle, 16 de fevereiro de 2006. Saudi Investors, Incorporated, formada no Panamá: documentos NEFA, op. cit., e um prospecto da Saudi Investors arquivado em *In Re: Terrorist Attacks*, op. cit. "Mohamed Binladin Family" e Richmond, detalhes de projetos em Houston: prospectos Saudi

Investors, ibidem. "um conceito exclusivo" e "poder de compra": "Saudi Investment [...] Emerging Financial Service Center", op. cit.

14. "sempre muito profissional [...] preocupado menos": entrevista com Tickle, op. cit.

15. "era agora, de fato [...] os príncipes": *Inside the Kingdom*, op. cit., pp. 111-112. "desentendimentos": entrevista com Yeslam publicada na revista *V.S.B.*, Genebra, dezembro de 2005, traduzido e arquivado em *In Re: Terrorist Attacks*, op. cit.

16. Majid: *Inside the Kingdom*, op. cit., p. 113; *Mishal*: ibidem, p. 187.

17. Preço de compra do prédio na parte antiga de Genebra, incluindo as reformas: "Declaração de defesa e pleitos do réu", Tribunal de Primeira Instância, Genebra, traduzido e arquivado em Los Angeles C212648, op. cit. Carta de 11 de março: arquivado em *Christine Binladin* vs. *Ibrahim Binladin*, Los Angeles County Superior Court, BD058156.

18. "ele passou por [...] intolerante e dogmático": "Declaração de defesa e pleitos do réu", Tribunal de Primeira Instância, Genebra, traduzido e arquivado em Los Angeles C212648, op. cit. "estava levando [...] da esposa": "Pedido de divórcio", "Quanto ao fato", ibidem.

19. "Eles queriam [...] investir globalmente": entrevista por telefone com Auguste George James Sauter, 15 de julho de 2005.

20. Moawalla, Falken Limited, data do sistema de computador: arquivos regulatórios da Russell Wood (Holdings) Limited e Russell Wood Limited, Companies House, Londres, 1987-1989.

21. Todas as citações do "Pedido de divórcio" e da "Declaração de defesa e pleitos do réu", Tribunal de Primeira Instância, Genebra, traduzidos e arquivados em Los Angeles C212648, op. cit.

22. "queimou todos os discos rígidos": entrevista com Sauter, op. cit. Ele disse que os Bin Laden acabaram processando alguns dos corretores de ações envolvidos na recuperação dos fundos perdidos dos clientes; registros judiciais britânicos desse tipo são fechados ao público e não foi possível localizar arquivos que confirmem essa lembrança. "um colapso no controle das contas": relatório anual da Russell Wood, Companies House, Londres, 1988.

19. O TRITURADOR

1. "Gerente de Projetos de Campo", parte do conselho diretor: *Who's Who In Saudi Arabia*, edição 1983-1984. "que conseguia [...] gerenciava": entrevista com Mohamed Ashmawi, 26 de novembro de 2005 (RS).

2. "Onde Salem [...] voltado ao processo": entrevista com Frances Hunnewell, 9 de agosto de 2006. "uma pessoa muito [...]" e "Sim, Salem": entrevista com Michael Pochna, 31 de agosto de 2006.

3. Motoneta Vespa, Miami-Dade, "Que tipo de [...] muito gostosas": entrevista com uma pessoa que testemunhou a conversa e que pediu para não ser identificada. Bakr não quis fazer comentários.

4. Estudantes internacionais: *Ibis*, livro do ano da Universidade de Miami, edição de 1973. Alunos judeus, estimativa de usuários de maconha, "Três coisas [...] e maconha": *Ibis*, edição de 1972.

5. "Nunca conversávamos [...] algum dinheiro": entrevista por telefone com Joaquin Avino, 14 de fevereiro de 2006. "cultura [...] universidade": entrevista por telefone com John Hall, 8 de março de 2006. Camisas de seda e Cadillac Seville: entrevista por telefone com Jorge Rodriguez, 8 de março de 2006.

6. Casa suburbana, vizinhos: o Miami South Suburban Directory de Polk, um catálogo de telefones, lista Bakr e Haifa em sua edição de 1973 em 9435 SW 79th Avenue. O Cross-Index Directory de 1973 de Bresser lista esse endereço como "Binladen Bakery", um aparente erro de tipografia. A casa ainda está lá. Omar está listado no Polk em 1974 na 9143 SW 77th Avenue, apartamento B701; aparentemente esse edifício foi demolido. Yahya também estava listado naquela área em 1972, em um endereço perto da Miami-Dade, mas o autor não conseguiu localizar qualquer pessoa que se lembrasse dele naquela época. Origens da família de Haifa: entrevistas com duas pessoas próximas à família que pediram para não ser identificadas. "De jeito nenhum": entrevista com Rodriguez, op. cit.

7. "alegre e liberal [...] trajes de banho": Bin Laden, *Inside the Kingdom*, pp. 80-81. "Ele é [...] não são nessarárias": entrevista com um sócio dos Bin Laden que pediu para não ser identificado.

8. O sócio, não o mesmo citado na nota anterior, pediu para não ser identificado. Bakr acompanhou Osama: entrevista com um funcionário saudita graduado que pediu para não ser identificado. Bakr não quis fazer comentários.

9. Detalhes da reforma: Abbas, *Story of the Great Expansion*, pp. 3-9. "Muitas vezes [...] conta ilimitada": ibidem, no prefácio assinado por Bakr bin Laden.

10. "uma espécie de realinhamento [...] fosse embora": entrevista com um ex-alto funcionário norte-americano que pediu para não ser identificado. "Salem me disse [...] toda a família": entrevista com um sócio comercial que pediu para não ser identificado.

11. Carta de Azzam: "Rand: Early History of Al Qaeda Working Group, 2006".

20. O MERCADO DE ARMAS

1. Entrevista com Thomas Dietrich, 12 de abril de 2006. Um segundo indivíduo, sócio comercial de Salem, confirmou separadamente que Osama enviara mensagens a Salem pedindo mísseis, e que Salem foi adiante com a transação por intermédio dos contatos de Dietrich.

2. "um aumento [...] administrativo": citado em Gunaratna, "Al Qaeda: Its Organizational Strengths e Weaknesses", 2006. Batalha de Jawr: "The Story of The Arab Afghans", sem assinatura, *Al-Sharq Al-Awsat*, 12 de dezembro de 2004.

3. *Messages to the World*, op. cit., p. 150.

4. Todas as citações da entrevista com Deitrich, op. cit.

5. Para um relato detalhado desse período da guerra, veja Coll, *Ghost Wars*, pp. 125-167.

6. Reuniões de Pillsbury e conclusões: entrevista com Michael Pillsbury, 2 de maio de 2006. Em suas memórias, *From the Shadows*, p. 349, o ex-diretor da CIA, Robert Gates, referindo-se aos voluntários árabes na guerra afegã, escreveu que a CIA "examinara modos de aumentar a participação deles, talvez sob a forma de algum tipo de 'brigada internacional', mas não deu

em nada". Nenhum documento atual do governo dos Estados Unidos descrevendo essa resenha foi liberado ou publicado sob qualquer forma.

7. Abordagens de Salem ao Pentágono: entrevistas com o sócio comercial citado na nota 1 deste capítulo. "O problema [...] mísseis antiaéreos": entrevista com Dietrich, op. cit.

8. Ibidem. Um porta-voz da Heckler & Koch reconheceu que a firma teve um departamento no Oriente Médio, especializado na intermediação de venda de armas, mas negou qualquer comentário sobre as transações relatadas neste livro.

9. Todas as citações nesta passagem são da entrevista com Dietrich, op. cit.

10. Simpson, *The Prince*, pp. 146-149.

11. Badeeb reconheceu ter adquirido mísseis SA-7: entrevista com Badeeb, 1º de fevereiro de 2002. Os dois indivíduos que conheciam as provas a respeito das transações com a África do Sul não são a mesma fonte citada anteriormente nestas notas. Um deles, Michael Elsner, advogado representando as vítimas dos ataques do 11 de Setembro, disse ter entrevistado um indivíduo que funcionou como tradutor em uma reunião em Peshawar, no Pearl Continental Hotel, à qual compareceram dois oficiais militares sul-africanos, assim como também Osama e Sayyaf; eles discutiram armas, compras e treinamento, segundo esse relato. O segundo indivíduo, que pediu para não ser identificado, disse que compareceu a reuniões separadas em Jedá, nas quais Salem negociou com fornecedores sul-africanos a aquisição de armas, que seriam enviadas para Osama no Paquistão.

12. "os norte-americanos [...] na Palestina": Lawrence (org.), *Messages to the World*, p. 115. "Pelo amor de Deus [...] assunto aqui": jornalista palestino Jamal Ismail em Bergen, *The Osama Bin Laden I Know*, p. 60.

13. Essa cronologia e o número de seguidores na Toca do Leão durante 1986 foram tiradas de "Rand: Early History of Al Qaeda Working Group, 2006", e Gunaratna, op. cit.

14. Gunaratna, op. cit.

15. *Messages to the World*, op. cit., p. 48.

16. "muito profissional": entrevista com Badeeb, op. cit. Contratos com a inteligência paquistanesa: entrevista com ex-funcionário norte-americano envolvido. Voluntários em Medina: "Early Al Qaeda Working Group", op. cit. Vistos no Cairo: entrevista com Michael Scheuer, ex-chefe da unidade Bin Laden na CIA, 5 de julho de 2005. Também *Al-Ahram* (Egito), 1º de janeiro de 2001. Projetos de construção em Peshawar como obras de caridade de companhias dos Bin Laden: *Al-Ahram*, ibidem.

17. Bearden: citado em *Frontline, Hunting Bin Laden*, 2001. "mais prático": Harmony AFGP-2002-600094.

18. "A história conta [...] Rússia": Lawrence (org.) *Messages to the World*, op. cit., p. 147. "É uma tentativa [...] acordo tácito": ibidem, pp. 87-88.

19. Unidades de logística da CIA forneceram cimento e provisões: entrevista com Peter Tomsen, ex-enviado especial dos Estados Unidos aos rebeldes do Afeganistão, 12 de setembro de 2006. Haqqani era "unilateral": entrevista com um ex-funcionário norte-americano envolvido, op. cit. "xeique [...] os soviéticos": *Messages to the World*, op. cit., p. 151. Da parte deles, os agentes da CIA registraram freqüentes relatos de voluntários árabes que se mostraram cada

vez mais ativos ao longo da fronteira, mas nunca estiveram interessados o suficiente para enumerar os nomes ou rastrear os carregamentos de armas para eles. O foco maior deles era reunir informações a respeito das táticas de ataque Spetsnaz, que talvez pudessem um dia se mostrar úteis em uma guerra na Europa.

20. Obras de caridade citadas no *Al-Jihad* de dezembro de 1986: "Early Al Qaeda Working Group", op. cit. "tímido [...] declarações vigorosas": Turki muitas vezes falou publicamente a respeito de seus encontros com Osama no Paquistão durante esse período, mas sua citação vem de uma entrevista do tipo perguntas-e-respostas em *Der Spiegel*, 8 de março de 2004, tradução FBIS.

21. "figura interessante": *Der Spiegel*, ibidem. "Abdullah Azzam [...] sexto lugar": carta de Turki ao autor, 22 de abril de 2005.

22. "É uma grande [...] Arábia Saudita": citado em Bergen, *The Osama Bin Laden I Know*, p. 61, a partir de um artigo atribuído a Al-Suri e publicado em 2004.

23. Entrevista de Badeeb para a Orbit Television, final de 2001, fita fornecida ao autor por Badeeb e traduzida por The Language Doctors, Inc.

21. Caixa dois

1. Armas, carro, avião, investimentos de Bath: acordo de partilha de bens, *Sandra C. Bath* vs. *James R. Bath*, Harris County Court, 89-07180. Em uma declaração juramentada de 29 de setembro de 1989, Bath afirmou que era "o presidente e único diretor da Skyways, uma companhia totalmente pertencente a estrangeiros". Recusou-se a identificar os donos da Skyways; artigos publicados na mídia identificaram Khalid bin Mahfouz ou a família dele como os investidores que controlavam a companhia. Procuradores de Bin Mahfouz recusaram-se a fazer comentários.

2. Como Bath conheceu Mary Ellen Lewis: entrevista com Sheryl Johnson, 8 de setembro de 2005. Cadillac, dinheiro: Quarta Petição Retificada de Sandra Bath, *Bath* vs. *Bath*, ibidem. Em uma declaração juramentada de 5 de setembro de 1991, Bath reconheceu "meu caso com Mary Ellen Lewis", e que financiara a companhia que ela operava. Em um arquivo judicial daquele caso, os procuradores de Bath escreveram que este "concordara em assumir a paternidade biológica" da filha de Lewis. As cartas comparando o casamento deles a *Dallas*: testemunho em um depoimento de Sandra Bath, ibidem. Como Sandra ficou sabendo a respeito da criança: entrevista com Johnson, op. cit. Alegações e negações de drogas: Segunda Resposta Retificada de Bath, ibidem. "Fez ameaças [...] me matar": declaração juramentada de Bath em 20 de abril de 1990, ibidem.

3. "disse que [...] Arábia Saudita": petições White, *Charles W. White* vs. *NCNB Texas National Bank*, Harris County Court, 90-053147. White não mencionou Osama nem o Afeganistão nesse primeiro de seus relatos conhecidos das supostas declarações por Bath a respeito das atividades da CIA. Comentários extensos para descrever as supostas operações aéreas de Bath: transcrição sem data da entrevista de White para a Canadian Broadcasting Corporation, por volta de 2006; White confirmou a exatidão da transcrição e reafirmou seus comentários em uma entrevista por telefone com o autor.

4. "'paranóia' [...] contra ele": petição Bath, *James R. Bath* vs. *Charles W. White*, Harris County Court, 86-42551. "'Fantasia' [...] agência de informações": *Time*, 28 de outubro de 1991. "Há todo tipo [...] participação civil": Unger, *House of Bush, House of Saud*, p. 34. Posto em Houston: Coll, *Ghost Wars*, p. 314.

5. Entrevista com Sheryl Johnson, op. cit., e com um segundo indivíduo que trabalhou com Bath em questões de aviação durante essa época.

6. McDonald voou de Jedá a Riad a bordo de um dos jatos particulares de Salem em 1° de março de 1983, de acordo com diários de vôo examinados pelo autor. A entrada no diário, completa, diz: "Salem, Pizza, congressista Larry McDonald, Georgia, mais dois, mais dinheiro — Freeman". Jack e Anita Pizza e Robert e Gail Freeman eram passageiros freqüentes nos aviões de Salem; eram amigos e sócios comerciais. "Mais dois" refere-se a dois passageiros não identificados que provavelmente estavam viajando com McDonald. As origens do dinheiro mencionado e o objetivo da viagem de McDonald são desconhecidos. Vinson and Elkins representaram Salem: entrevista com Charles Schwartz, 12 de maio de 2005.

7. Certificado de Depósito, contato com a polícia de Houston: petição de White em *Charles W. White* vs. *NCNB Texas National Bank*, op. cit. Afastamento de Randa: entrevista com Gail Freeman, 27 de abril de 2006.

8. "Temos muitos [...] no além": citado em Bergen, *The Osama Bin Laden I Know*, pp. 51-52.

9. "Rand: Early History of Al Qaeda Working Group, 2006". Também, Bergen e Cruickshank, "How the Idea of Al Qaeda Was Conceived", 2006. Primeiro relato publicado que se conhece: Kim Cragin, "Early Al Qaeda Working Group".

10. "Do jeito como [...] daquele partido": entrevista com Jamal Khashoggi, 2 de fevereiro de 2002.

11. *The Osama Bin Laden I Know*, op. cit., pp. 58-59.

12. *Meeting Osama Bin Laden*, Brook Lapping Productions, 2004.

13. Entrevista por Mohammed al-Shafey, *Al-Sharq Al-Awsat*, 30 de abril de 2006.

14. "foi abordado [...] outros países": declaração por e-mail dos procuradores de Bin Mahfouz em Kendall Freeman, Londres, enviado ao autor em agosto de 2007. Na época da contribuição, a Al Qaeda ainda não tinha sido formada. A declaração acrescentou: "Para evitar qualquer dúvida, o xeique Khalid bin Mahfouz nunca fez qualquer doação para a Al Qaeda ou para qualquer outra organização terrorista". "com a intenção [...] governo dos Estados Unidos": segunda declaração por e-mail do procurador de Bin Mahfouz, Laurence Harris, sócio administrativo, Kendall Freeman, Londres, enviado ao autor em agosto de 2007.

15. "Acho que Osama": *The Osama Bin Laden I Know*, p. 48.

22. A PROPOSTA

1. "meninas normais [...] ele o faria": entrevista com Bengt Johansson, 3 de outubro de 2006. Outros amigos, empregados e sócios que descreveram as namoradas de Salem e a proposta de casamento em entrevistas oficiais incluíam Mohamed Ashmawi, Sabry Ghoneim, Thomas Dietrich, Anwar Khan, e Robert e Gail Freeman.

2. Todas as citações, inclusive a notação do "s", de uma entrevista com Lynn Peghiny, 7 de fevereiro de 2006.

3. Família Carey: entrevista com uma pessoa próxima da família, além de informações biográficas tiradas de um website da família, www.careyroots.com, texto examinado e datilografado em 9 de maio de 2007.

4. Entrevista com Peghiny, op. cit.

5. Ibidem.

6. Todas as citações, ibidem.

7. Entrevista com Gerald Auerbach, 7 de abril de 2005.

8. Todas as citações de entrevista com Peghiny, op. cit.

9. Sheikha e Rafah em aniversários: Bin Laden, *Inside the Kingdom*, p. 104. Mona, Huda e Randa na Europa: diários de vôo e entrevistas com diversas pessoas, passageiros nessas viagens, inclusive Thomas Dietrich, 12 de abril de 2006.

10. "idiota da aldeia": *Inside the Kingdom*, p. 88. Los Angeles: registros de propriedade em Los Angeles County. Sua direção rápida: entrevistas com dois amigos de Najiah que pediram para não ser identificados.

11. Entrevistas com Robert e Gail Freeman, 27 de abril de 2006.

12. Todas as citações, ibidem.

13. "Você foi paga para sorrir!": entrevista com Johansson, op. cit. "Reclamavam [...] que diriam": entrevista com Dietrich, op. cit.

14. Peter Theroux, *Sandstorms*, p. 114.

15. Centro comercial, mineração, filmes de caubói: entrevista com Wayne Fagan, 10 de maio de 2005. Apartamento em Londres com Muhammad Ali: entrevista com Don Sowell, 2 de junho de 2005.

16. Todas as citações de entrevista com Johansson, op. cit.

17. Entrevista com Jack Hinson, 10 de maio de 2005.

18. Entrevista com Dietrich, op. cit., e com o assistente alemão de Salem, Peter Blum, 5 de maio de 2006.

19. Todas as citações de entrevista com Mohamed Ashmawi, 26 de novembro de 2005 (RS).

20. Seu humor: entrevista com Ashmawi, ibidem, além de com muitos outros empregados, sócios e amigos. O episódio em Dubai: entrevista com duas pessoas que estavam presentes.

21. Todas as citações de entrevista com Fagan, op. cit.

23. Campo de Sonhos Kitty Hawk

1. Todas as citações vêm de uma entrevista com uma pessoa a par das conversas, que pediu para não ser identificada.

2. Descrição do casamento e dos convidados, entrevistas com oito pessoas que compareceram, além de fotografias do evento.

3. Entrevista com Bengt Johansson, 3 de outubro de 2006. Contas na Suíça: entrevista com um amigo de Salem que pediu para não ser identificado.

4. Entrevista com a pessoa citada, ibidem, e com um segundo sócio comercial de Salem que pediu para não ser identificado.

5. Diários de vôo examinados pelo autor.

6. Todas as citações de uma entrevista com Lynn Peghiny, 7 de fevereiro de 2006.

7. Ibidem.

8. Entrevista com Gerald Auerbach, 9 de abril de 2005.

9. Todas as citações de uma entrevista com Jack Hinson, 10 de maio de 2005.

10. História de Kitty Hawk: entrevista com Earl Mayfield, 9 de abril de 2005.

11. Todas as citações de entrevista com Hinson, op. cit.

12. A seqüência de eventos antes do vôo: entrevista com Hinson e Mayfield, op. cit., e uma terceira pessoa presente. Os olhos de Salem lacrimejavam: entrevista com Thomas Dietrich, 12 de abril de 2006. Além de Dietrich, duas outras pessoas que eram especialmente próximas a Salem disseram que a visão turvada por causa das lágrimas, com o vento, foi o motivo mais provável do que aconteceu em Kitty Hawk. Não há evidências que sustentem teorias alternativas, ou de suicídio ou de evento incapacitante de saúde, como infarto ou derrame. Velocidade do vento: relatório escrito de 29 de maio de 1988 pelo oficial de polícia de Schertz, Lori Harris, que chegou em Kitty Hawk em um carro de patrulha da polícia às 15h34. Entrevista com Lori Harris, 16 de março de 2005.

13. Trajetória do vôo de Salem: entrevistas com Hinson, Mayfield e a terceira pessoa, op. cit. Uma quarta pessoa que viu os videoteipes descreveu a mesma seqüência. O autor não conseguiu localizar uma cópia do vídeo, mas, das diversas pessoas que o viram, todas descreveram a mesma seqüência.

14. Notas do relatório da ambulância fornecidas ao autor pelo chefe de polícia de Schertz, Steve Starr, examinadas e datilografadas em 8 de abril de 2005. O relatório da ambulância e o relatório policial de Harris contêm testemunhos de como Salem foi retirado do ultraleve por aqueles que chegaram ao local primeiro e a aplicação da RCP.

24. Escritor-diretor-produtor

1. "avião Mickey Mouse": entrevista com Mohamed Ashmawi, 26 de novembro de 2005 (RS). Intensidade especial: entrevista com um sócio comercial que pediu para não ser identificado. "tragédia familiar": entrevista com o programa *20/20* da ABC, 29 de março de 2002. Barbara Walters perguntou a Abdullah o que ele se lembrava de Osama no funeral. "Não me lembro de coisas porque era uma tragédia familiar", respondeu ele.

2. Entrevistas com dois amigos de Salem que pegaram o avião em Genebra.

3. Entrevista com um dos amigos que estava presente.

4. "Você não [...] agora": entrevista com o amigo, que pediu para não ser identificado.

5. Entrevistas com duas pessoas presentes. Para os rituais de enterro *hejazi* e *wahhabi*, Yamani, *Cradle of Islam*, pp. 102-120. Bin Mahfouz recusou-se a fazer comentários.

6. Enterrado com uma criança: entrevistas com duas pessoas presentes. Em uma tentativa de verificação dos fatos para o relato e as interpretações neste livro, o autor submeteu à principal firma de advogados norte-americanas dos Bin Laden, Jones Day, dezenas de pergunta específicas e sumários de fatos para comentários, correções ou esclarecimentos. Fora diversas questões concernentes ao relacionamento entre a família e Osama, depois de ele se radicalizar, Jones Day respondeu a apenas uma dessas perguntas, envolvendo esse relato do sepultamento de uma menina com Salem. A carta apresentava uma análise sobre a propriedade de tais práticas de sepultamento sob a lei islâmica e anexou um artigo de um jornal de humanidades publicado em Helsinque em 1964, que descrevia a existência dessa prática em uma vila na Jordânia. O advogado da Jones Day que escreveu a carta, Timothy J. Finn, declarou que "não conseguimos confirmar se uma coisa desse tipo tinha acontecido" no caso de Salem, mas depois continuou: "Disseram-nos que o costume islâmico permite o sepultamento conjunto de um bebê ou criança pequena que tenha morrido ao mesmo tempo que um adulto, mas que isso é feito [...] cavando uma fenda aos pés da sepultura adulta, na qual a criança é depositada [...] tanto como um expressão de solidariedade comunitária como, simplesmente, uma conveniência, já que a tradição islâmica exige sepultamento imediato, dentro de 24 horas da morte, sem gravações, ou gravações muito simples na sepultura. Descobrimos, além disso, na tradição islâmica, uma pouco conhecida base teológica para essa prática ocasional, no sentido de que os anjos da morte não tratarão o adulto com dureza na presença de uma criança".

7. Osama estava presente: Abdullah bin Laden, ao *20/20*, op. cit., e entrevista com uma segunda pessoa próxima à família, que pediu para não ser identificada. "como um pai [...] entristeceu muito o Osama": transcrição de entrevista com Khaled Batarfi, fornecida ao autor por Batarfi.

8. Ghalib preocupado com uma conspiração: entrevista com Gerald Auerbach, 11 de maio de 2005. "Causa da morte: acidente", Bexar County, Instituto Médico-Legal, relatório 759-88. "tinha sido um grande evento": entrevista com Jamal Khashoggi, 17 de março de 2006.

9. Local e data do nascimento de Sama: "Requerimento para Nomeação de Administrador", processo validado, Bexar County, 91-PC-1012.

10. Bergen e Cruickshank, "How the Idea of Al Qaeda Was Conceived", citando uma entrevista com Osama Rushdi, militante egípcio que na época morava em Peshawar.

11. "Abdullah Azzam queria [...] seria bem-vindo": entrevista com Jamal Khashoggi, 2 de fevereiro de 2002. "De muitos lugares [...] fronteiras ou muros": em Lawrence (org.), *Messages to the World*, p. 96.

12. De entrevista transcrita publicada pelo *Al-Sharq Al-Awsat*, 30 de abril de 2006.

13. Todas as citações, inclusive aquelas atribuídas a Al-Banjshiri, vêm de Al-Surayhi. Bergen, *The Osama Bin Laden I Know*, p. 83.

14. As notas foram confiscadas por autoridades bósnias durante uma batida, em 2002, em uma instituição de caridade islâmica. Conjuntos de documentos não confidenciais foram liberados depois, sob o título, retirado dos originais, "*Tareekh Osama*", ou "História de Osama". As citações aqui são de uma reunião em 11 de agosto de 1988.

15. Ibidem. A segunda reunião começou em 20 de agosto.

16. *Messages to the World*, op. cit., pp. 119-120.

17. Entrevista com um ex-sócio comercial e também com Peter Blum, que trabalhava ocasionalmente com Ghalib e sua família, 5 de maio de 2006.

18. Diários de vôo examinados pelo autor.

19. "precisando de algum dinheiro": entrevista com Gerald Auerbach, 11 de maio de 2005. "Eles quase foram [...] cercas": entrevista com Bengt Johansson, 3 de outubro de 2006. "de que o dinheiro [...] campos de refugiados:" comunicação por e-mail de Timothy J. Finn, 24 de novembro de 2007.

20. Para um relato do ataque a Jalalabad, veja Coll, *Ghost Wars*, pp. 190-195. Equipamento de visão noturna: "Lion's Breeding Grounds of the Arab Partisans in Afghanistan", 1991, "Rand: Early History of Al Qaeda Working Group, 2006". Cerca de uma centena: Bergen e Cruickshank, op. cit.

21. Todas as citações de entrevista com Jamal Khashoggi, 2 de fevereiro de 2002.

22. "Naquele ponto [...] agentes árabes": *Messages to the World*, op. cit., p. 77. O primeiro plano de assassinato em que se soube que Bin Laden esteve envolvido foi um atentado contra a vida do exilado rei do Afeganistão em 1991.

23. Badeeb, Orbit Television, final de 2001, fita da entrevista fornecida ao autor por Badeeb, traduzida pela The Language Doctors, Inc. Badeeb disse, com todas as letras, "Sugeri a [Osama] e aos outros que voltassem para a Arábia Saudita, uma vez que a tarefa que vieram realizar no Afeganistão já estava terminada. De fato, [Osama] realmente voltou ao reino. Começamos, além disso, a diminuir a presença de indivíduos nas fronteiras Paquistão–Afeganistão, que estavam envolvidas em assistência. Não tínhamos listas dos nomes dos indivíduos que vieram para o Afeganistão. Acreditamos que essas pessoas vieram e ofereceram seus serviços como um dever religioso, e portanto não tínhamos quaisquer dúvidas em relação a elas".

24. Computadores Apple: entrevista com Daniel Coleman, 31 de agosto de 2005. Coleman é um ex-agente do FBI que trabalhou nas investigações sobre Bin Laden e Al Qaeda durante cerca de dez anos, começando em 1995.

25. "a Arábia Saudita é [...] possa Deus recompensá-los": Harmony AFGP-2002-60246. Diversos investigadores do governo disseram em entrevistas que acreditavam que os documentos da "Cadeia de Ouro" eram confiáveis e autênticos. "irmãos Bin Laden": "Oferta de Comprobatórios do Governo [...]", em *United States of America* vs. *Enaam Arnout*, Tribunal Regional dos Estados Unidos, Northern District of Illinois, 02-CR—892. "não passava de uma lista [...] apoiadores iniciais da Al Qaeda": a opinião de Casey sobre questões de jurisprudência, *In Re: Terrorist Attacks on September 11, 2001*, United States District Court, Southern District of New York, 03 MDL 1570, 18 de janeiro de 2005. "Nunca fiz [...] qualquer tipo de terrorismo": declaração juramentada de Bakr bin Laden, *In Re: Terrorist Attacks*, jurada em Dubai, Emirados Árabes Unidos, 25 de janeiro de 2006.

26. "diversas vezes [...] ao mais velho": entrevista com Jamal Khashoggi, 17 de março de 2006, op. cit.

27. Todas as citações, ibidem.

25. Somas irregulares

1. O perfil de Bakr aqui é retirado de entrevistas com quinze sócios comerciais, empregados, membros da família, funcionários do governo e pilotos que o conheceram ou trabalharam diretamente com ele.

2. "Sua vida toda [...] do irmão": entrevista com Sabry Ghoneim, empregado durante muito tempo de Bin Laden no Cairo, 14 de novembro de 2005 (RS).

3. Todas as citações da entrevista com Yahia El Agaty, 19 de novembro de 2005 (RS).

4. A porcentagem de 2,27% está listada em "Schedule of Assets and Debts", de Ibrahim bin Laden, como citado em "Declaration of Barbara L. Irshay", 21 de janeiro de 1993, em *Christine Binladin* vs. *Ibrahim Binladin*, Los Angeles County, BD058156. Eu supus que essa era a porcentagem de propriedade de todos os filhos homens e que as filhas mulheres têm a metade, como está prescrito na lei islâmica.

5. "ações que herdara": trecho de testemunho no depoimento de Ibrahim bin Laden, ibidem. "cada beneficiário [...] câmara de compensação": "Declaration of Linda Pergament Swift", 25 de maio de 1993, ibidem.

6. Al-Shammary (org.), *Top 1000 Saudi Companies*, 1990. O diretor citou o National Commercial Bank como o oitavo maior empreendimento comercial do reino, com cerca de 1,3 bilhão de dólares de receita anual.

7. Entrevista com um sócio comercial dos Bin Laden que pediu para não ser identificado.

8. O que a família contou ao FBI: entrevista com Daniel Coleman, 31 de agosto de 2005. Coleman é um agente aposentado do FBI que conduziu a entrevista a respeito dessas questões financeiras. A reorganização, a declaração juramentada de Bakr, a avaliação das ações de Osama por volta de 1993: documento submetido pelos réus Bin Laden em *In Re: Terrorist Attacks on September 11, 2001*, United States District Court, Southern District of New York, 03 MDL 1570. Que ele era proprietário de cerca de 2% de cada firma: as posses de Osama na MBC foram projetadas a partir do testemunho, no depoimento, de Ibrahim, op. cit. As posses no SBG de "aproximadamente 2%" foram reveladas por procuradores da companhia em "Resposta do réu Saudi Binladin Group [...] às objeções do autor [...] Datada de 26 de julho de 2007", p. 4, *In Re: Terrorist Attacks*.

9. Todas as citações da entrevista com Sabry Ghoneim, 14 de novembro de 2005 (RS).

10. "a quantia recebida [...] 20 milhões de dólares": Associated Press, 29 de outubro de 2001. Declarações de rendimentos de Yeslam: documentos da Nine/Eleven Finding Answers Foundation (NEFA), fornecidos ao autor por Douglas Farah. Investigações e descobertas da Comissão 11/9: "Monograph on Terrorist Financing", National Commission on Terrorist Attacks Upon the United States, relatório da equipe da Comissão por John Roth, Douglas Greenburg e Serena Wille, agosto de 2004. Ele continuou sócio: documentos dos Bin Laden submetidos em *In Re: Terrorist Attacks*, ibidem.

11. Documentos *In Re: Terrorist Attacks*, ibidem. Esses arquivos judiciais pelos réus Bin Laden afirmam que Osama era sócio tanto da MBC quanto do SBG depois da reorganização, mas não descrevem o volume da participação de Osama no SBG.

12. Falta de testamento, beneficiários: Bexar County, Texas, caso de validade referente a Salem bin Laden, 91-PC-1012.

13. "Instruções emitidas por tribunais *sharia*, Registro n. 123, Submissão n. 398", Abdul Moshen bin Abdullah al-Khayyal, presidente dos tribunais de Jedá, traduzido e arquivado em *Ian Munro* vs. *The Dee Howard Company*, Bexar County, Texas, 91-CI-00928.

14. Acordo com Dietrich: entrevista com Thomas Dietrich, 12 de abril de 2006. Acordo com a Bell Canada: entrevista com Michael Pochna, 31 de agosto de 2006. Shopping center: entrevista com Wayne Fagan, 10 de maio de 2005.

15. *Ian Munro* vs. *The Dee Howard Company*, op. cit. Entrevista com Charles Schwartz, que representava o espólio de Salem, 12 de maio de 2005. Também entrevista com Keith Kaiser, que representava Howard, 21 de fevereiro de 2006.

16. "Posição financeira [...] questões financeiras": carta de "Bakr M. Bin Laden to Ian Munro", 25 de julho de 1993, arquivada em *Ian Munro* vs. *The Dee Howard Company*, ibidem.

17. Acordo com o NCB: entrevista com Bengt Johansson, 3 de outubro de 2006, e uma segunda pessoa que pediu para não ser identificada. "Ele nem sempre [...] dívidas": entrevista com Ghoneim, op. cit.

26. America in Motion

1. Freqüentou a USC, não se formou: comunicação por e-mail, James Grant, USC, 1º de março de 2006. O interesse principal de Khalil foi engenharia mecânica, e ele assistiu às aulas entre o outono de 1975 e o outono de 1980, antes de sair sem obter o diploma. Perfil dos trajes, carros, hábitos, concorrência e jogos de cartas: entrevistas com três indivíduos que passaram bastante tempo com ele e que pediram para não ser identificados, além de entrevistas com diversos vizinhos que o conheceram menos bem. Aspectos da personalidade dele estão também disponíveis por meio de documentos e testemunhos em depoimentos em mais de uma dúzia de processos civis nos quais ele ou suas companhias estavam envolvidos; veja citações específicas abaixo.

2. Isabel: entrevistas e documentos judiciais, ibidem. Jonesboro Drive: registros de propriedades de Los Angeles County, examinados e datilografados em 28 de junho de 2005. Reforma de 600 mil dólares: *Khalil Binladin and Isabel Binladin* vs. *American Builders Association et al.*, Tribunal Superior do Condado de Los Angeles, C663911.

3. Em meados de 2007, Cappello era diretor administrativo da Cappello Capital Corporation, firma internacional de investimento.

4. "Se eu não souber [...] digo não": entrevista com um indivíduo que trabalhou com ele. Interesses em negócios: entrevistas citadas na nota 1 deste capítulo.

5. Kabeltan Corporation, prédio em Carrollton, Dividend Drive: Dallas County, Texas, registros de propriedade, examinados e datilografados em 16 de fevereiro de 2006; visita do autor às propriedades. Cappello está citado como presidente da Kabeltan nos registros de Dallas County de 30 de dezembro de 1983. Empréstimo a Kenny Rogers pelo cavalo: entrevistas com dois indivíduos conhecedores da transação, que pediram para não ser identificados. As lem-

branças dessas pessoas diferiram ligeiramente em relação à quantia do empréstimo, mas elas descreveram o negócio e a margem de lucro em termos muito semelhantes. Um representante de Kenny Rogers não respondeu ao pedido de comentário.

6. Entrevistas com três indivíduos, op. cit. Em uma declaração por escrito, arquivada em *America in Motion Corporation and Khalil Binladin* vs. *Ron R. Goldie et al.*, Los Angeles County Superior Court, WEC13994, Khalil identificou Mark Love como empregado desde 1985. BIN Corporation está identificada nos registros de propriedade em Dallas County como um "sucessor por fusão" da Kabeltan Corporation.

7. Processos de impostos: *Dallas County* vs. *Kabeltan Corp.*, Dallas County, Texas, 92-32136. O documento 99-1789705 do registro de propriedade em Los Angeles County descreve um penhor de impostos contra Kabeltan, datado de 1986, envolvendo um endividamento de pouco mais de 172 mil dólares. Veja também 98-1432057, 97-1237072, 96-1849398 e 97-154966, que descrevem processos de impostos pelo Los Angeles County e o estado da Califórnia contra Kabeltan e BIN Corporation. Processos injuriosos: *Khalil Binladin and Isabel Bin Laden* vs. *American Builders*, op. cit., e reclamações cruzadas.

8. Entrevistas com três indivíduos, op. cit. Frisaura disse que Khalil bin Laden era um homem de negócios honrado, mas que não faria outros comentários adicionais.

9. História da disputa pelo arrendamento: *America in Motion Corp.* vs. *Magnum Aircraft International*, Los Angeles County Superior Court, NWC043648. "firma pequena [...] jato de 225 mil dólares": declaração de Darius Keaton, ibidem, 9 de março de 1989. Sem julgamento ou acordo: comunicação por e-mail de Kevin S. Marks, procurador de Clint Eastwood, 7 de setembro de 2007.

10. "Contador diplomado no Paquistão": "Declaração Conjunta Proposta" do caso, Ron R. Goldie, *America in Motion and Khalil Binladin* vs. *Ron R. Goldie*, op. cit. Também, declaração de Ali-Khan do caso, testemunho no depoimento e declarações de Khalil, ibidem.

11. "metade indivisa [...] Massachusetts": declaração proposta por Goldie, ibidem. História de Resun: website da companhia, texto examinado e datilografado em 5 de junho de 2007. A companhia não respondeu a uma solicitação de comentário.

12. "Desconto": trecho de testemunho em depoimento de Khalil bin Laden, ibidem. "kick back": carta de Ali-Khan a Khalil bin Laden, 28 de fevereiro de 1989, ibidem. Dívida com o Banque Indosuez maior que 3 milhões de dólares: carta de Ali-Khan a Khalil bin Laden, 31 de maio de 1989, "Relatório da situação". Inadimplência: em trechos de testemunho do depoimento, Mark Love reconhece ter recebido um aviso de inadimplência do Banque Indosuez, embora ele descreva isso como "apenas uma questão técnica em nome do banco".

13. "Empréstimo": carta de Ali-Khan a Bin Laden, 26 de maio de 1989, "Re: Seu fax [...]", ibidem. "minha garantia pessoal": carta de Ali-Khan a Bin Laden, 31 de maio de 1989, "Relatório da situação". "Favor fornecer [...] uma cópia por fax": carta de Bin Laden a Ali-Khan, 23 de maio de 1989, "Re: Seu fax [...]". "Os fax [...] garantir pessoalmente": carta de Khalil bin Laden a Ali-Khan, dia do mês ilegível, junho de 1989. Todos de arquivos judiciais, ibidem.

14. "os 130 mil dólares [...] modo fraudulento": declaração de Khalil bin Laden, 13 de julho de 1992, ibidem. Em 22 de setembro de 1989: relatório preliminar de investigação do

Departamento de Polícia de Los Angeles, ibidem. "se isso poderia [...] esse formulário": trecho do testemunho do depoimento de Khalil bin Laden, ibidem.

15. *The People of the State of California* vs. *Mussarat Ali Khan*, "Queixa de desfalque criminoso para mandado de prisão". "possível ladrão internacional [...] em Paris": "Declaração de desacordo de fiança", arquivado em *America in Motion Corporation and Khalil Binladin* vs. *Ron R. Goldie et al.*, op. cit.

16. Declaração de Geoffrey Morson, ibidem.

17. Declaração de Khalil bin Laden, ibidem.

18. "poderiam ou não sair [...] dar dinheiro": respostas de Elizabeth Borges a interrogatórios, *Isabel Binladin* vs. *Elizabeth Borges*, Los Angeles County Superior Court, SC003124.

19. Todas as citações de respostas de Elizabeth Borges a interrogatórios, ibidem.

20. "caluniosas [...] vistos da Arábia Saudita": queixa de Bin Laden, 5 de setembro de 1990, ibidem.

21. Todas as citações, ibidem.

22. Todas as citações de respostas de Borges à queixa, ibidem.

23. Entrevista com um indivíduo conhecedor da transação que pediu para não ser identificado.

27. As contas na Suíça

1. A reunião de 6 de agosto foi descrita de modo parecido, com ligeiras variações, em diversos relatos publicados. Schwarzkopf ajoelhou-se para revisar fotos: Freeman citado em *The House of Saud*, Algeria Productions, 2004. Veja também Bronson, *Thicker Than Oil*, pp. 194-195; Clarke, *Against All Enemies*, pp. 57-59. Lippman, *Inside the Mirage*, pp. 300-301.

2. "Você não acha [...] concordo com você": Freeman, ibidem. "Está bem": Lippman, ibidem.

3. "para aumentar [...] dos muçulmanos": Lawrence (org.), *Messages to the World*, pp. 198-199.

4. Fundação da família, contas anteriores em um banco suíço: entrevistas com funcionários internacionais de bancos que pediram para não ser identificados. Os documentos da conta do Swiss Bank Corporation foram submetidos como provas documentais pelos advogados dos Bin Laden em *In Re: Terrorist Attacks on September 11, 2001*, United States District Court, Southern District of New York, 03 MDL 157. "As contas secundárias [...] Saddam Hussein": declaração juramentada de Omar bin Laden, 25 de janeiro de 2006, *In Re: Terrorist Attacks*.

5. Todas as citações de documentos de contas, datas, transferências financeiras submetidos por procuradores dos Bin Laden em *In Re: Terrorist Attacks*, ibidem.

6. "Foi proibida [...] sua economia": *Messages to the World*, op. cit., p. 167.

7. Entrevista com Khaled Batarfi, 19 de fevereiro de 2005.

8. Islamitas no Iêmen do Sul: entrevista com Dominic Simpson, ex-agente da inteligência britânica que serviu tanto na Arábia Saudita como no Iêmen, 17 de maio de 2002. "realmente teve [...] financiou tudo": "Interview with Shaykh Al-Fadli On Aden-Abyan Islamic Army [...]", *Al-Quds Al-Arabi*, 8 de novembro de 2001, tradução FBIS. Veja também "Yemen's Enduring Challenges [...]", *TerrorismMonitor*, The Jamestown Foundation, vol. II, n. 7, 8 de abril de 2004, entrevista com ex-funcionário do Tesouro dos Estados Unidos Jonathan Winer.

9. "ao que consta [...] de estilo comunista": *Against All Enemies*, op. cit., p. 59. "veio a mim com uma proposta [...] não era uma idéia aceitável": citado em *Meeting Osama Bin Laden*, Brook Lapping Productions, 2004.

10. Badeeb: entrevista para a Orbit Television, fita fornecida por Badeeb ao autor, traduzida pela The Language Doctors, Inc. Batida na fazenda de Bin Laden: Sharaf Al-Din, *Bin Laden [...] the Arab Afghans*, pp. 52-53.

11. Coll, *Ghost Wars*, p. 222. Identidade do príncipe: Osama diz que era o "vice-ministro", que na época da reunião teria sido Abdul-Rahman; mas, por ocasião da declaração de Osama, o vice-ministro era Khalid bin Sultan.

12. *Messages to the World*, op. cit., p. 257.

13. "Essa pessoa tímida [...] tinha mudado": citado em *Meeting Osama Bin Laden*, op. cit.

14. Declaração juramentada de Omar bin Laden, *In Re: Terrorist Attacks*, op. cit. Todas as citações dos militares norte-americanos são de documentos submetidos pelos procuradores de Bin Laden em *In Re: Terrorist Attacks*.

15. Al-Rasheed, *A History of Saudi Arabia*, p. 168.

16. Ibidem, p. 167. Também, Fandy, *Saudi Arabia and the Politics of Dissent*, pp. 48-52.

17. "Ele se desculpou [...] meios pacíficos": entrevista com Abdulaziz al-Gasim, 8 de fevereiro de 2005.

18. Entrevista com Jamal Khashoggi, 17 de março de 2006. Todas as citações de Khashoggi, "To Be Strong By Spreading Fear", *Al Watan Al Arabi*, 5 de abril de 2005.

19. 1º de maio: *Messages to the World*, op. cit., p. 33. Saiu voluntariamente: declaração juramentada de Bakr bin Laden, *In Re: Terrorist Attacks*, 25 de janeiro de 2006. Aluguéis no Sudão, fazenda ao norte de Cartum, 250 mil dólares, advogado egípcio: testemunho de Jamal al-Fadl, *United States of America* vs. *Usama Bin Laden et al.*, United States District Court, Southern District of New York, s 98 Cr. 539, 6 de fevereiro de 2001. "passou algum tempo [...] atividades de mídia e econômicas": entrevista com Khalil A. Khalil, 10 de fevereiro de 2005.

20. *Messages to the World*, pp. 49-50.

21. Todas as citações de declaração juramentada de Yves Bruderlein, *In Re: Terrorist Attacks*, 24 de janeiro de 2006, e "Minutes of A Witness Statement", Departamento de Promotoria Pública Federal Suíça, Berna, 9 de outubro de 2001, submetido como prova documental no mesmo processo.

22. Declaração juramentada de Bakr bin Laden, op. cit.

23. Transferência de 28 de outubro: documentos da conta, op. cit., *In Re: Terrorist Attacks*. O dinheiro inicialmente foi para a custódia de Haider: entrevista com dois indivíduos conhecedores da transação, que pediram para não ser identificados. Último uso conhecido de bancos ocidentais: Michael Scheuer, escrevendo como "Anônimo", ex-chefe da unidade da CIA que rastreava as finanças de Osama durante o final dos anos 1990, escreve em *Through Our Enemies Eyes*, p. 35: "Minha própria pesquisa pré-11 de Setembro não encontrou dado algum que mostrasse que qualquer dinheiro ligado diretamente a Bin Laden tivesse sido localizado, bloqueado ou confiscado no sistema ocidental [bancário e financeiro]".

28. Um rolls-royce na chuva

1. Todas as citações desde o início do capítulo até "adequado" são da "Declaração de Christine Binladin", 18 de fevereiro de 1992, arquivado em *Christine Binladin* vs. *Ibrahim Binladin*, BD058156, Los Angeles County Superior Court.

2. Ibrahim com Dodi Fayed: entrevista com Jack Kayajanian, 25 de agosto de 2005; Kayajanian representou Christine depois do litígio de seu divórcio, retomado em 2002. Nunca fez uma declaração de renda: O "Informe do Julgamento" de Christine, *Binladin* vs. *Binladin*, op. cit. "uma moça muito [...]": entrevista por telefone com Michael Balaban, 15 de junho de 2005. Denim and Diamonds: decoração descrita na *Time*, 15 de março de 1993.

3. Entrevista com Balaban, ibidem. O representante de McCartney não respondeu ao pedido de comentário.

4. "No final [...] vai pagar" e comentários de Ibrahim a respeito do trabalho: entrevista com um empregado dos Bin Laden que pediu para não ser identificado.

5. Uma cópia não assinada do acordo foi arquivada em *Binladin* vs. *Binladin*, op. cit.

6. Extrato do testemunho no depoimento de Christine, ibidem.

7. Consagrado sob a lei islâmica: "Sentença final de divórcio", 6 de julho de 1993, ibidem. "e vinho [...] visão inacreditável!": Freeman, "The Saudi Connection" (manuscrito não publicado).

8. Todas as citações nesta passagem são do extrato do testemunho no depoimento de Ibrahim, *Binladin* vs. *Binladin*, op. cit.

9. "Declaração de Christine Binladin", dezembro de 1992, ibidem.

10. "Vejo claramente [...] homem infeliz": "Declaração de Ibrahim Binladin", 22 de dezembro de 1992, ibidem.

11. Extrato do testemunho no depoimento de Christine, op. cit.

12. "Declaração de Ibrahim Binladin", op. cit.

13. "Ela só começou [...] de mim": "Declaração de Ibrahim Binladin", ibidem. "permanecera com [...] tempo suficiente": "Respostas ao Memorando", 21 de janeiro de 1993, ibidem.

29. A construção do exílio

1. Contrato em 1989: declaração juramentada de Omar bin Laden, 25 de janeiro de 2006, *In Re: Terrorist Attacks on September 11, 2001*, United States District Court, Southern District of New York, 03 MDL 1570. Preço do contrato, papel do Saudi Overseas Development Fund: *Okaz*, 25 de junho de 1992, traduzido e arquivado no mesmo caso pelos advogados dos Bin Laden.

2. Testemunho de Jamal al-Fadl, *United States of America* vs. *Usama Bin Laden et al.*, United States District Court, Southern District of New York, S 98 Cr. 539, 6 de fevereiro de 2001.

3. Arrecadador de fundos para a Bósnia: *Arab News*, 6 de julho de 1992. Equipe de Osama para a Bósnia: "Ex-'guarda-costas' de Bin Laden discute a '*jihad*' na Bósnia, Somália", entrevista com Nasir al-Bahri, *Al-Quds Al-Arabi*, 24 de março de 2005. "Dádivas de caridade [...]

armas": Harmony AFGP 2002-003214 — Declaração 18, "Tragédia da Bósnia e logro da Arábia Saudita", 11 de agosto de 1995.

4. Entrevista com um empregado dos Bin Laden que pediu para não ser identificado.

5. Testemunho de Al-Fadl, 6 de fevereiro de 2001, op. cit.

6. "um novo aeroporto [...] projeto conjunto": Clarke, *Against All Enemies*, p. 136. "construiu o aeroporto de Port Sudan": Bergen, *The Osama Bin Laden I Know*, pp. 122-123. "pelo que eu saiba [...] controlada por Osama": declaração juramentada de Omar bin Laden, op. cit.

7. "Esse projeto [...] participaram dele": *Okaz*, 25 de junho de 1992.

8. "Convidado de honra": "Primeira parte de uma série de reportagens sobre a vida de Bin Laden no Sudão", *Al-Quds Al-Arabi*, 24 de novembro de 2001. "Que eu me lembre [...] ao Sudão": declaração juramentada de Omar bin Laden, op. cit.

9. Bakr encontrou-se com Osama durante 1992: declaração juramentada de Bakr bin Laden, 25 de janeiro de 2006, *In Re: Terrorist Attacks*, op. cit. "acompanhado de [...] parecia ter adotado": carta de Timothy J. Finn ao autor, 31 de outubro de 2007. "quase nove": Lawrence (org.), *Messages to the World*, p. 55. "final de 1992 [...] Estados Unidos": declaração juramentada de Tareq bin Laden, 25 de janeiro de 2006, em *In Re: Terrorist Attacks*.

10. "ficou claro [...] continuou se recusando a voltar": entrevista de Badeeb para a Orbit Television por volta do final de 2001, fita fornecida ao autor por Badeeb, traduzida pela The Language Doctors, Inc.

11. Entrevistas com dois indivíduos que pediram para não ser identificados. "Desculpei-me [...] contra eles": *Messages to the World*, op. cit., p. 55.

12. "No Sudão ele estava [...] tão importante": entrevista com Jamal Khashoggi, 17 de março de 2006. Atividade de Osama no Sudão: testemunho de Al-Fadl, op. cit.; *The Osama Bin Laden I Know*, op. cit., diversos testemunhos, pp. 126-132.

13. Por exemplo: "Global Network Provides Money, Haven", por Steve Coll e Steve LeVine, *The Washington Post*, 3 de agosto de 1993. Tirado da visita de LeVine a Cartum, onde ele tentou sem sucesso uma entrevista com Bin Laden na propriedade dele, a matéria contou: "Hoje Bin Laden vive exilado em um bairro elegante de Cartum, Sudão, construindo estradas e aeroportos para o novo governo radical islâmico do Sudão, financiando uma generosa casa de hóspedes para veteranos árabes itinerantes do conflito afegão e às vezes fazendo palestras sobre o islã revolucionário, de acordo com empresários sudaneses, funcionários e diplomatas". O material também fez referência especial à antipatia do governo egípcio em relação a Bin Laden e aos radicais exilados abrigados no Sudão.

14. "Tudo parecia [...] ao regime": Fandy, *Saudi Arabia and the Politics of Dissent*, p. 119.

15. Ibidem, p. 181.

16. Declaração juramentada de Bakr bin Laden, op. cit.

17. Conta de invetimentos de Ghalib no Al-Taqwa Bank e todas as citações de documentos arquivados em *In Re: Terrorist Attacks*, op. cit. Visita de Ghalib em 1989: veja capítulo 24. Avaliação do Tesouro dos Estados Unidos: carta de George B. Wolfe, subconsultor jurídico do Tesouro, a Claude Nicati, Departamento da Promotoria Geral da Suíça, 4 de janeiro de 2002.

18. "negar a Osama [...] companhias da família": carta de Timothy J. Finn, op. cit. "críticas pronunciadas por Osama [...] Oriente Médio": declaração juramentada de Tareq bin Laden, op. cit. "irmão para irmão": entrevista com Khashoggi, op. cit. "Com a graça de Deus [...] voltar": *Messages to the World*, op. cit., p. 55.

19. *Messages to the World*, ibidem.

20. "tomar esse dinheiro [...] os outros parentes": entrevista com Abdulaziz al-Gasim, 8 de fevereiro de 2005. Al-Gasim disse que, em seu trabalho como advogado, ele vira "papéis judiciais, muito secretos, descrevendo isso tudo". Cerca de 9,9 milhões de dólares e todas as citações de Bakr: declaração juramentada de Bakr bin Laden, op. cit. Se, como indicam documentos judiciais, Osama possuía cerca de 2% de cada uma das principais companhias da família, e se o preço de 10 milhões de dólares de suas ações refletiam o valor real, isso significaria que o valor total de mercado das empresas dos Bin Laden em 1994 era de aproximadamente 500 milhões de dólares.

21. *Al Nadwah*, 20 de fevereiro de 1994, traduzido e arquivado pelos advogados dos Bin Laden, *In Re: Terrorist Attacks*, op. cit.

22. Pronunciamento do governo: *Riyadh Daily*, 7 de abril de 1994. "nunca teve acesso [...] controle [dele]": "Resposta do réu Saudi Binladin Group às objeções do reclamante [...] Datada de 26 de julho de 2007", *In Re: Terrorist Attacks*, op. cit.

23. Educação de Al-Fawwaz: *Al Majallah*, 14 de março de 1999. Prisão, movimentos: Declarações finais do promotor, *United States of America* vs. *Usama Bin Laden et al.*, op. cit., 1° de maio de 2001.

24. *Saudi Arabia and the Politics of Dissent*, op. cit., p. 181.

25. Ibidem, p. 182.

26. O autor é grato a Bruce Hoffman, Kim Cragin, Nadia Oweidat, Sara Daly, Heather Gregg e Anna Kasupski, do "Grupo de Trabalho da História Inicial da Al Qaeda", pelo acesso a esses textos da coleção "Harmonia", muitos dos quais foram traduzidos durante o ano de 2006. "Supreme Council for Damage", Harmony AFGP 2002-00321 — Declaração 10, 15 de outubro de 1994.

27. "História duvidosa [...] muçulmanos": Harmony AFGP 2002-003214 —Declaração 10.

28. "tem um passado duvidoso [...] seu próprio povo": Harmony AFGP 2002-003214 — Declaração 13, "Prince Salman e Charity Offerings in Ramadan", 12 de fevereiro de 1995. "impostores": ibidem, Declaração 16, "Prince Sultan and Flight Commissions", 11 de julho de 1995. "hostil ao islã e aos muçulmanos": ibidem, Declaração 18, "Tragedy of Bosnia and Deceit of Saudi Arabia", 11 de agosto de 1995.

29. Declaração juramentada de Carmen bin Laden, 1° de fevereiro de 2006, *In Re: Terrorist Attacks*, op. cit.

30. Testemunho de Jamal al-Fadl, op. cit. "tivemos uma crise [...] do seu pessoal": citado em Bergen e Cruickshank, "How the Idea of Al Qaeda Was Conceived...", 2006.

31. Harmony, Declaração 13, op. cit., 12 de fevereiro de 1995.

32. "não podia continuar [...] na adversidade": *Al-Quds Al-Arabi*, 30 de março de 2005. "porque meu pai [...] meus desejos": *Al-Sharq Al-Awsat*, 21 de outubro de 2001. "evitava mencionar [...] magoado por ele": *Al-Quds Al-Arabi*, 30 de março de 2005.

33. Khalifa: *Al-Sharq Al-Awsat*, 4 de maio de 2002. O governo os avisou, doações a obras de caridade do rei: entrevista com um empregado dos Bin Laden em Jedá na época, que pediu para não ser identificado.

34. Declaração juramentada de Omar bin Laden, op. cit.

35. "Estou cansado [...] nostálgico": Hassan Al-Surayhi, *The Osama Bin Laden I Know*, op. cit., p. 126. O interesse de Osama por asilo na Grã-Bretanha foi revelado por Michael Howard, que era secretário do Interior durante meados dos anos 1990. *The Times* (Londres), 29 de setembro de 2005.

36. "A emigração [...] Dia do Julgamento", *Messages to the World*, op. cit., p. 19. "Eu digo [...] agradar a Deus": *Messages to the World*, p. 91.

30. Fundos de investimentos

1. Entrevista com Chas Freeman, 15 de junho de 2005, e com outros funcionários que pediram para não ser identificados.

2. Ibidem.

3. Artigos de incorporação arquivados pelos procuradores do Saudi Bin Laden Group em *In Re: Terrorist Attacks on September 11, 2001*, United States District Court, Southern District of New York, 03 MDL 1570.

4. Entrevistas com ex-empregados e empregados atuais e sócios de Bin Laden que pediram para não ser identificados.

5. Lucrativos contratos com a GE: *Arab News*, 18 de abril de 1996. *Saudi Gazette*, 19 de abril de 1996. Festa para Welch: Jane Mayer, *The New Yorker*, 12 de novembro de 2001. Escritório de Sarkissian em Nova Jersey, projetos na região de Dallas: entrevista com um indivíduo informado das sociedades, que pediu para não ser identificado. Diretores do SBG (USA): relatórios submetidos pelo Saudi Bin Laden Group, *In Re: Terrorist Attacks*, op. cit.

6. Origens de Rihani: entrevista com um colega que pediu para não ser identificado. Seu título, serviço no conselho no Middle East Policy Council, Freeman como presidente: www.mepc.org, texto examinado e datilografado em 29 de junho de 2007.

7. Um irmão podia abrir uma agência de viagens, uma firma norte-americana contratada para inventariar os interesses: entrevista com um indivíduo próximo ao Saudi Bin Laden Group que pediu para não ser identificado. "camisetas sem mangas [...] roupas de brim etc." e várias linhas de comércio: catálogo do Saudi Bin Laden Group, do website da empresa, examinado e impresso por Peter Bergen antes do 11 de Setembro de 2001. O autor é grato a Peter Bergen pelo acesso a esses documentos.

8. Empréstimos a companhias *offshore*: arquivos da Russell Wood Limited, Companies House, Londres, 1996. A firma tinha empréstimos incríveis com a Celta Finance SA (117.669 libras), Tropiville BV (2.048.498 libras), e Saudi Investment Company (Internacional) BVI (1.772.304 libras). "Não conseguimos [...] todos os aspectos [...]": arquivos da Russell Wood Limited, Companies House, Londres, 1991. O auditor foi Stoy Hayward. A Securities and Futures Authority exigiu: arquivos da Russell Wood (Holdings) Limited, Companies House, 1997.

9. Origem de Moawalla, Pilley: arquivos da Russell Wood Limited, Companies House, Londres, 1987-1997. "Você não tem necessidade de saber": entrevista com um ex-colega de Moawalla, que pediu para não ser identificado.

10. Aparência dos quartos dos hotéis: fotografias examinadas pelo autor, entrevistas com três conhecidos de Shafiq. Janeiro de 1958: arquivos da Symphony Advisers Ltd., Companies House, Londres, 2000. USF: entrevistas por telefone com Gary McDonald, 15 e 16 de março de 2006. Podia manter-se sozinho: entrevista com um colega que pediu para não ser identificado. Comitê de investimentos: entrevista com um segundo sócio que pediu para não ser identificado.

11. Briody, *The Iron Trangle*, pp. 1-89.

12. Ibidem, pp. 69-80.

13. Levantou 1,3 bilhão de dólares e California Public Employees: ibidem, p. 85; Soros: ibidem, p. 84.

14. Briody, ibidem, p. 145, cita Basil al-Rahim, um financiador iraquiano exilado, dizendo que ele trouxe os Bin Laden para o investimento na Carlyle. A observação desse relato foi confirmada por um indivíduo conhecedor do investimento, que pediu para não ser identificado. O investimento dos Bin Laden na Carlyle foi de cerca de 2 milhões de dólares na época em que foi vendido, no outono de 2001, mas os relatos de Briody sugerem que a família poderia ter feito e realizado investimentos maiores durante os anos 1990. "os conhecia muito bem [...] político favorito": entrevista telefônica com Charles Schwartz, 20 de setembro de 2006.

15. Compras sauditas, sustento da Middle East Broadcasting: entrevista com Tobin Beck, ex-editor da UPI, 12 de outubro de 2005. "Não gosto [...] serviço no governo": entrevista com Arnaud de Borchgrave, 10 de março de 2005.

16. "Claramente um homem": entrevista com Borchgrave, ibidem.

17. Entrevistas com dois membros da família e diversos vizinhos em Desert Bear que pediram para não ser identificados.

18. O retrato é feito a partir de entrevistas com diversos ex-colegas de classe e o orientador acadêmico de Abdullah. Range Rover: entrevista por telefone com Nada Abdelsater-Abusamra, janeiro de 2006 (RS). Perto de Beacon Street, Papa Razzi: entrevista por telefone com Lama Abu-Odeh, 15 de janeiro de 2006 (RS).

19. "eu implicava [...] pode me dizer": todas as citações de entrevista com Abu-Odeh, ibidem.

20. Ibidem.

21. "Pode muito bem [...] proibição dos lucros": Bin Laden, "Western Banking Practices...", p. 2.

22. "A seriedade acadêmica [...] religião": entrevista com Frank Vogel, dezembro de 2005 (RS).

23. "Eles estavam interessados [...] Oriente Médio": entrevista com Vogel, ibidem.

24. Entrevista com Andrew Hess, dezembro de 2005 (RS).

25. Ibidem.

31. Uma escrivaninha de Tróia

1. Carro-bomba: United States Senate Select Committee on Intelligence, relatório da equipe, 12 de setembro de 1996. Ex-membro do conselho Vinnell: Briody, *The Iron Triangle*, p. 67.

2. Natal de 1995, Bakr trouxe de avião convidados dos Estados Unidos: entrevista com Gerald Auerbach, 11 de maio de 2005.

3. Entrevistas com diversos convidados e membros que o visitaram desde os anos 1990. O autor visitou o clube como convidado, mais recentemente. Chalés e estúdios com 201 quartos de dormir: website do Saudi Bin Laden Group, páginas examinadas e impressas por Peter Bergen antes do 11 de Setembro de 2001.

4. Entrevista com Auerbach, op. cit.

5. Controle de propriedades imóveis da família de Ibrahim: *Los Angeles Business Journal*, 26 de julho de 1993, citando um comunicado à imprensa da Newfield Enterprises International, uma companhia controlada pela família. "fundo do coração [...] próximo rei": entrevista com Wyche Fowler, 1° de junho de 2005.

6. "Sua Alteza Real, Príncipe Abdullah [...]", em Burdett (org.), *Records of Saudi Arabia, 1966-1971*, vol. 2: 1967, parte I.

7. Solicitação da CIA, todas as citações de Scheuer: entrevista com Michael Scheuer, 5 de julho de 2005. Clarke sobre o Iêmen: Clarke, *Against All Enemies*, p. 59.

8. Entrevistas com quatro ex-oficiais norte-americanos que sabiam do incidente dos grampos e suas conseqüências. Robert Baer, ex-agente da CIA, em seu livro *Sleeping with the Devil*, aparentemente tentou revelar esse incidente publicamente pela primeira vez, mas o material foi reeditado pelos censores da CIA, aos quais ele fora obrigado a submeter o manuscrito por causa de seu serviço anterior no governo. Para mostrar aos leitores os locais de onde os censores retiraram material de seu texto original, Baer inseriu linhas pretas em seu livro publicado. Na página 18 ele escreveu: "Muitas vezes fiquei imaginando por que [Nayef] odiava tanto os Estados Unidos". Essa frase está seguida de cinco linhas reeeditadas. (Baer não foi aqui uma fonte de revelação, de modo que é possível que ele estivesse tentando provar um ponto de vista diferente.)

32. A estética da devoção

1. Hammoudi, *A Season in Meca*. "Pela janela [...] firmamento": pp. 74-75. "vitrines [...] quadros iluminados a neon": pp. 82-84. "a 'modernidade' devastava tudo": p. 111.

2. Ibidem, pp. 109-115.

3. "Desejo deliberado": ibidem, p. 114. Esse número de 25 bilhões de dólares é sistematicamente citado nos relatos da imprensa, ou seja, *Time*, 7 de outubro de 2001. Os próprios Bin Laden, em seu livro *Story of the Great Expansion*, referem-se a "mais de 50 bilhões de rials sauditas" em gastos totais, ou pelo menos 12 bilhões de dólares.

4. A Mesquita do Profeta ser cerca de um décimo do tamanho da Grande Mesquita: Abbas, *Story of the Great Expansion*, p. 371. Outros detalhes dos projetos e o seguimento deles são tirados desse relato oficial da companhia dos Bin Laden.

5. Entrevista com Anwar Hassan, York International Corporation, 13 de outubro de 2005, e material de informação escrito fornecido ao autor por Hassan e seus colegas.

6. Todas citações da entrevista com Hassan, ibidem.

7. Origem de Angawi e "preservar o ambiente [...] cidades santas": entrevista com Sami Angawi, 25 de abril de 2005.

8. Ibidem.

9. "O maior [...] almas": Caudill, "Twilight in the Hejaz" (manuscrito em versão preliminar), pp. 74-75.

10. *Story of the Great Expansion*, op. cit., pp. 51-64.

11. Entrevista com Angawi, op. cit.

12. "Foi aí [...] herança": entrevista com um profissional de Jedá que pediu para não ser identificado.

13. Entrevista com Angawi, op. cit.

14. Ibidem.

15. *Story of the Great Expansion*, op. cit., dedicatória por Bakr bin Laden.

16. Todas as citações de "The Saudi Regime e Repeated Tragedies of the Pilgrims", Harmony AFGP 2002-003214 — Declaração 19.

33. Um telefone, um mundo

1. *The Independent* (Londres), 18 de maio de 1998.

2. Whalen, "Communications Satellites: Making the Global Village Possible", www.hq.nasa.gov, texto examinado e datilografado em 17 de julho de 2006.

3. Por volta de 1987, cerca de 5 bilhões de dólares: *The New York Times*, 11 de abril de 2000. O contrato com preço fixo da Motorola de cerca de 3,5 bilhões de dólares: arquivos da Securities e Exchange Commission, Iridium LLC, S-4, 21 de julho de 1997.

4. Conferência suíça, "descer um ou dois níveis": entrevista por telefone com F. Thomas Tuttle, 19 de julho de 2006.

5. Trinford Investments: arquivo S-4, op. cit., 21 de julho de 1997. As duas contribuições de 40 milhões de dólares em dinheiro são descritas nesse documento e por Tuttle, ibidem, e um segundo ex-executivo da Iridium que pediu para não ser identificado. Levantou 3,46 milhões de dólares: S-4, ibidem. Se a quantia final de investimentos foi maior; foi suplementada por empréstimos em banco.

6. Iridium Middle East em Washington, Hassan em reuniões do conselho: entrevistas com quatro ex-executivos, três da Iridium, inclusive Tuttle, que sabiam da operação.

7. Sessões Johnny Walker, e "foi excomungado": entrevista com um ex-executivo da Iridium. Os hábitos noturnos de Hassan foram descritos em entrevistas por dois antigos colegas nos Estados Unidos e diversos de seus conhecidos em Beirute e Jedá.

8. Principal acionista da Hard Rock Cafe Middle East, Inc.: comunicação por e-mail do porta-voz da empresa, 23 de janeiro de 2006. Gíria, todos os fliperamas: entrevista com um colega em

Beirute que pediu para não ser identificado. Juventude em Beirute, Layla, morava em hotéis: entrevista por telefone com Layla Moussa, 24 de abril de 2006 (RS). Carros, Al-Ittihad, Umm Kulsum: entrevista com o colega de Beirute, op. cit., e um segundo conhecido de Beirute.

9. Noite de inauguração, lista da parafernália: entrevista com um colega que estava presente, detalhes no website do restaurante, texto examinado e datilografado por RS, abril de 2006; visita ao local por RS, abril de 2006.

10. Tamanho do mercado, 14 milhões de clientes de telefones sem fio: arquivo S-4, op. cit., 21 de julho de 1997. Telefones de 3 mil dólares, chamadas de até sete dólares por minuto: *The New York Times*, 11 de abril de 2000.

11. "completam a cobertura [...] muito orgulhoso": *The Washington Post*, 21 de agosto de 1999.

12. "Obtive uma licença na Mongólia": entrevista com um ex-executivo da Iridium que pediu para não ser identificado. "o que tínhamos": entrevista com Tuttle, op. cit.

13. Arquivo S-4, op. cit., 21 de julho de 1997.

14. Transcrição da entrevista de Khaled Batarfi com a mãe de Osama, fornecida ao autor por Batarfi.

15. "'Guarda-costas de Bin Laden detalha o tempo da Al Qaeda no Sudão, 'Mudança para o Afeganistão'", *Al-Quds Al-Arabi*, 28 de março de 2005, tradução FBIS.

16. Tradução do Public Broadcasting System, www.pbs.org/newshour/terrorism/international/fatwa_1996.html, texto examinado e datilografado em 10 de julho de 2007:

I am willing to sacrifice self and wealth for knights who never disappointed me.

Knights who are never fed up or deterred by death, even if the mill of war turns.

In the heat of battle they do not care, and cure the insanity of the enemy by their "insane" courage...

I rejected all the critics, who chose the wrong way;

I rejected those who enjoy fireplaces in clubs, discussing eternally;

I reject those who, despite being lost, think they are at the goal;

I respect those who carried on, not asking or bothering about the difficulties;

Never letting up from their goals, despite all hardships on the road;

Whose blood is oil for the flame guiding in the darkness of confusion;

I still feel the pain of the loss of Al-Quds in my internal organs;

That loss is like a burning fire in my intestines;...

Death is truth and ultimate destiny, and life will end anyway.

If I do not fight you, then my mother must be insane!...

The walls of oppression and humiliation cannot be demolished except in a rain of bullets.

The free man does not surrender leadership to infidels and sinners.

Without bloodshed, no degradation and branding can be removed from the forehead. .

17. "Ex-'guarda-costas' de Bin Laden discute os métodos de treinamento da Al Qaeda, 'Bibliotecas'", *Al-Quds Al-Arabi*, 26 de março de 2005, tradução FBIS.

18. "O que é [...] todo mundo": "entrevista do guarda-costas na primeira reunião com Bin Laden", *Al-Quds Al-Arabi*, 26 de março de 2005, tradução FBIS.

19. Bergen, *The Osama Bin Laden I Know*, p. 165.

20. "como apertar a mão de um peixe": ibidem, p. 181. "não queria [...] muito tarde": "Entrevista com a mulher de Bin Laden [...]", *Al-Majallah*, 10 de março de 2002, tradução FBIS.

21. Testemunho do inspetor detetive Noel Feeny, *United States of America* vs. *Usama Bin Laden et al.*, United States District Court, Southern District of New York, 98CR1023, 10 de março de 2001.

22. *The News* (Islamabad), 16 de junho de 1998. Original em inglês, transmissão FBIS.

23. Compra em 1º de novembro de 1996: estipulações do julgamento, *United States of America* vs. *Usama Bin Laden et al.*, op. cit., 27 de março de 2001. História Inmarsat, posição do mercado: entrevistas com dois ex-executivos da Iridium.

24. Gravação dos chamados: *The Sunday Times* (Londres), 24 de março de 2002, e *Newsweek*, 25 de fevereiro de 2002.

25. Entrevista com Michael Scheuer, 5 de julho de 2005.

26. Scheuer (como "Anônimo"), *Through Our Enemies Eyes*, pp. 22-23.

27. Entrevista com Tuttle, op. cit. Declarações à imprensa: *Daily News* (Nova York), 27 de agosto de 1998. *Interspace*, 9 de setembro de 1998.

28. Apenas 55 mil assinantes, baixa de perdas de mais de 2,5 bilhões de dólares: *The New York Times*, 11 de abril de 2000.

29. Transcrição do Departamento de Defesa, informações para as notícias, 8 de dezembro de 2000.

34. Advogados, armas e dinheiro

1. Entrevista com Daniel Coleman, 31 de agosto de 2005.

2. Que os arquivos do Sudão eram muito detalhados: entrevistas com dois funcionários norte-americanos que leram os arquivos mais tarde. Dois desertores em 1996, primeira apresentação do termo "Al Qaeda": entrevista com Coleman, ibidem.

3. National Commission on Terrorist Attacks Upon the United States (Comissão 11/9), "Monograph on Terrorist Financing", relatório da equipe da Comissão por John Roth, Douglas Greenburg e Serena Wille, agosto de 2004, p. 35.

4. Ceticismo de Scheuer a respeito das investigações do dinheiro: "Monograph on Terrorist Financing", ibiem, p. 36. Também, entrevista com Michael Scheuer, 5 de julho de 2005, e entrevista com Coleman, op. cit.

5. Entrevista com Coleman, op. cit. Griffin recusou-se a comentar.

6. "conversa adequada [...] interessado em falar": entrevista com Coleman, op. cit.

7. Todas as citações da entrevista com Coleman. Urowsky recusou-se a comentar.

8. "no nível sênior [...] tipo de problema": todas as citações da entrevista com Scheuer. Freeh recusou-se a comentar.

9. "Eles disseram [...] sistema econômico": ibidem,

10. "Está bom [...] esconderijos": ibidem.

11. Entrevistas com Wyche Fowler Jr., 1º de junho de 2005, e John Brennan, 13 de setembro de 2006.

12. Ibidem.

13. Investigadores da Comissão 11/9, depois de um exame cuidadoso dos relatórios norte-americanos confidenciais, relataram que nem a Casa Branca nem a comunidade da inteligência ficaram sabendo dos detalhes da herança de Osama até 1999 ou 2000. É possível, no entanto, que parte dessas informações tenha surgido mais cedo, pelo menos em uma forma sugerida — por exemplo, como parte das entrevistas iniciais de Dan Coleman com os meios-irmãos de Osama. Se foi assim, as informações jamais chegaram ao Conselho de Segurança Nacional.

14. Entrevista com Brennan, op. cit.

15. "uma clara relutância [...] seus irmãos": entrevista com Scheuer, op. cit.

16. Entrevistas com Fowler e Brennan, op. cit. Fowler também disse: "Vai-se lembrar que foi permitido a todos os membros da família Bin Laden nos Estados Unidos que voltassem à Arábia Saudita nos dias seguintes ao 11 de Setembro, porque o FBI e a Casa Branca os isentaram de quaisquer atividades terroristas, e por causa da cooperação completa da família Bin Laden nos três ou quatro anos anteriores ao 11/9".

17. Inventário dos interesses da CIA: entrevista com quatro ex-agentes norte-americanos conhecedores das investigações da CIA, inclusive Scheuer, op. cit. Khalifa usou o departamento de viagens da MBC: declaração juramentada de Eulalio Dela Pat, empregado da MBC, 1º de dezembro de 2005, em *In Re: Terrorist Attacks*.

18. "Monograph on Terrorist Financing", op. cit., p. 39.

19. Entrevistas com três ex-funcionários dos Estados Unidos envolvidos nas discussões.

20. Que Abdullah Awadh bin Laden da WAMY (Assembléia Mundial da Juventude Islâmica) é sobrinho de Osama: declaração juramentada de Omar M. bin Laden, *In Re: Terrorist Attacks on September 11, 2001*, United States District Court, Southern District of New York, 03 MDL 1570, 25 de janeiro de 2006. A mesma informação é citada também em "Supplemental Declaration In Support of Pre-Trial Detention", declaração juramentada do agente especial sênior do Bureau of Immigration and Customs Enforcement David Kane, arquivado em *United States of America* vs. *Soliman S. Biheiri*, 11 de setembro de 2003; Kane atribui a informação a uma entrevista com Biheiri, que disse que ele gerenciava os investimentos de Abdullah. Nenhum desses documentos identifica quais dos meios-irmãos (ou meias-irmãs) de Osama é o pai (ou mãe) de Abdullah, no entanto. Duas das meias-irmãs de Osama, Iman e Nur, são identificadas por Biheiri como investidoras nos mesmos projetos que Abdullah, de acordo com Kane.

21. Mais de cinqüenta escritórios, cinco continentes: declaração juramentada de Kane, ibidem. Relato de Abdullah de suas atividades, inclusive todas as citações, de "a distorção deliberada [...]" até "boa palavra" são do "Saudi Arabia: Paper on Efforts to Promote Islam in US", *Al-Sharq Al-Awsat*, 19 de outubro de 1997, tradução FBIS. As citações parecem ser a paráfrase, do jornalista, com relação aos comentários de Abdullah.

22. Declaração juramentada de Kane, op. cit.

23. Entrevista com Coleman, op. cit.

24. Declaração juramentada de Kane, op. cit. Também, notas de um interrogatório de Biheiri pelos agentes do Bureau of Immigration and Customs Enforcement em junho 2003, arquivado no tribunal federal de Alexandria: notas da transcrição feita pela repórter do *The Washington Post* Mary Beth Sheridan e generosamente cedida por ela ao autor.

25. "funcionou muito tempo": "Declaration in Support of Pre-Trial Detention", declaração juramentada de David Kane, *United States of America* vs. *Soliman S. Biheiri*, United States District Court, Eastern District of Virginia, 03-365-A, 14 de agosto de 2003. "serviços de investimentos indiretos [...] quando solicitado": carta de George B. Wolfe, representante no General Counsel, Departamento do Tesouro dos Estados Unidos a Claude Nicati, escritório do promotor geral suíço, 4 de janeiro de 2002. História do relato e do processo judicial de Ghalib: documentos submetidos em *In Re: Terrorist Attacks*, op. cit. "pedindo a falência do banco": "Defendant Saudi Binladin Group's Response to Plaintiffs", Objections [...] Datado de 26 de julho de 2007", ibidem.

26. Como entidade *offshore* controlada pelo Saudi Bin Laden Group: declaração de Johann DeVilliers, presidente da Global Diamond, *Mood* vs. *Global Diamond Resources*, United States District Court, Southern District of California, 99cv01565. DeVilliers referiu-se à entidade controladora como "The Bin Laden Group". Descreveu Al-Qadi como um "principal entre os investidores do Oriente Médio". Designação Al-Qadi: http://www.ustreas.gov/offices/enforcement/ofac/sdn/sdnlist.txt, texto examinado e datilografado em 16 de julho de 2007. "fachada": citação repetida no *Chicago Tribune*, 28 de outubro de 2001. Al-Qadi negou, conheceu Osama nos anos 1980: *Chicago Tribune*, ibidem; "Saudi Businessman on US List [...] Dismisses Charge", *Al-Sharq Al-Awsat*, 14 de outubro de 2001, tradução FBIS.

27. Scheuer, como "Anônimo", *Through Our Enemies Eyes*, p. 34.

28. "muitas conversas [...] foram citadas": entrevista com Dominic Simpson, 17 de maio de 2002.

29. "sempre se deu [...] a ele": ibidem. "de um modo geral": "Monograph on Terrorist Financing", op. cit., pp. 17-18.

30. Relatório da CIA de novembro 1998, "estimativa razoável": "Monograph on Terrorist Financing", op. cit., p. 20. Relatório da CIA: reeditado e liberado, Judicial Watch, Inc.

31. "Isso é uma loucura [...] do papai": Clarke, *Against All Enemies*, p. 191.

32. Entrevistas com ex-funcionários norte-americanos.

33. O relato da reunião na Arábia Saudita é de diversos ex-agentes norte-americanos. Veja também Clarke, op. cit., pp. 191-195, e "Monograph on Terrorist Financing", op. cit., que fornece relatos semelhantes.

34. Entrevistas com três agentes norte-americanos e ex-agentes familiarizados com as discussões.

35. Para detalhes sobre o que os Bin Laden finalmente revelaram ao Tesouro, veja também "Monograph on Terrorist Financing", op. cit., p. 20. Esse estudo, de resto admirável, ao tentar derrubar publicamente o mito dos 300 milhões de dólares, contém uma afirmativa duvidosa, referindo-se às vendas de ações a que Osama foi obrigado em 1994: "O congelamento saudita teve o efeito de destituir Bin Laden daquilo que de outro modo teria sido uma fortuna de 300 milhões de dólares". Isso é um exagero considerável: mesmo hoje, depois da inflação e do crescimento no império Bin Laden, a posse de algo entre 1% e 2% das empresas dos Bin Laden (como parece ter sido o patrimônio de Osama em 1994) quase com toda a certeza valeria muito menos.

36. Entrevista com Coleman, op. cit.

37. "Não conseguimos [...] sua causa": "Monograph on Terrorist Financing", op. cit., p. 18.

38. Entrevistas com dois indivíduos que revisaram os arquivos pré-11/9 sobre as finanças dos Bin Laden.

39. Entrevista com Coleman, op. cit., e um segundo ex-agente sênior do FBI.

40. "obstruiu [...] ruptura econômica": "Monograph on Terrorist Financing", op. cit., p. 6. África, 10 mil dólares, 11 de Setembro, cerca de 400 mil dólares: ibidem, pp. 27-28.

41. Estimativas do orçamento da Al Qaeda, final dos anos 1990: ibidem, pp. 18 e 28. Palácio de Omar, mesquita, centro comercial: visita do autor a Kandahar, 2002. Mesmo esses números do orçamento da Al Qaeda são, na melhor das hipóteses, aproximações, pouco mais que conjecturas. Como admitiram os autores da Monografia, que sistematicamente revisaram as informações norte-americanas nessa área: "Havia muita coisa que o governo dos Estados Unidos não sabia (e ainda não sabe) a respeito dos recursos de Bin Laden e como a Al Qaeda levanta, transporta e gasta seu dinheiro".

35. Ilha Bin Laden

1. "Só há um xeique nesta família": entrevista com um indivíduo próximo à família Bin Laden, que pediu para não ser identificado. O retrato de Bakr que se segue foi tirado principalmente de entrevistas com essa pessoa e mais três outras, que pediram para não ser identificadas, que interagiram com Bakr durante esse período.

2. Cairo, Kuala Lumpur, Amman Grand Hyatt: páginas da website do Saudi Bin Laden Group impressas por Peter Bergen no verão de 2001 e cedidas ao autor. United Medical Group: www.umgco.com, texto examinado e datilografado em 20 de julho de 2006.

3. Política de distintivos, política de afastamento: documentos das políticas de emprego do Saudi Bin Laden Group arquivados em *Mood* vs. *Global Diamond Resources, et al.*, United States District Court, Southern District of California, 99cv01565.

4. Entrevistas com indivíduos próximos à família que pediram para não ser identificados.

5. Caudill, "Twilight in the Hejaz" (manuscrito em versão preliminar), pp. 138-139.

6. Agence France Presse, 18 de fevereiro de 2001; *Mail On Sunday* (Londres), 18 de fevereiro de 2001; *The Observer* (Londres), 18 de fevereiro de 2001; *The Press Association* (Londres), 17 de fevereiro de 2001.

7. Ibidem. O intercâmbio foi relatado do mesmo modo por múltiplos jornalistas britânicos, sendo que todos estavam em viagem na Arábia Saudita com o príncipe Charles na época, e todos deram como fonte uma pessoa que estava presente no evento.

8. Preferido o plural "Fés": *Daily Telegraph* (Londres), 11 de janeiro de 2005. "os maus entendimentos [...] com o islã:" "Islam e The West", Oxford Center for Islamic Studies, 27 de outubro de 1993.

9. *The Press Association*, 17 de fevereiro de 2001, op. cit.; www.shell-me.com, texto examinado e datilografado em 6 de setembro de 2006.

10. Entrevistas com três indivíduos cientes dos contatos com os Estados Unidos e Bush. Também Daniel Golden, James Bandler e Marcus Walker, *The Wall Street Journal*, 27 de setembro de 2001.

11. Reuniões com Carter, doações: comunicações por e-mail de Deanna Congileo, The Carter Center, 12 de outubro de 2005. Uma das únicas duas viagens aos Estados Unidos desde 1973: declaração juramentada de Bakr bin Laden, *In Re: Terrorist Attacks on September 11, 2001*, United States District Court, Southern District of New York, 03 MDL 1570, 25 de janeiro de 2006.

12. "desde que [...] atos de violência": relatório policial de Michele Smith arquivado em *Franklin Frisaura* vs. *Regina Frisaura*, Orange County, Florida, DR97-3754, texto examinado e datilografado em 24 de janeiro de 2006. Franklin Frisaura recusou-se a fazer comentários.

13. Todos os documentos e citações, ibidem.

14. Marina, Ilha Bin Laden: entrevistas com visitantes, inclusive Yahia El Agaty, 19 de novembro de 2005 (RS), e um segundo indivíduo que pediu para não ser identificado. Robin Shulman visitou e fotografou o *resort*.

15. *The 9/11 Commission Report*, p. 154.

16. "teatro [...] superterrorista": ibidem.

17. Ibidem, pp. 154-155.

18. Vídeo do casamento: *Meeting Osama Bin Laden*, Brook Lapping Productions, 2004. Mais de quinhentos convidados, a cena: Zaidan em Bergen, *The Osama Bin Laden I Know*, pp. 255-256.

19. Ibidem, p. 255.

20. Ibidem, p. 256.

21. Ibidem.

36. O NOME

1. Entrevista com Jason Blum e Ricardo Pascetta, 1º de julho de 2007 (KH). Entrevista com Ricardo Pascetta, 2 de junho de 2007 (KH).

2. Entrevista com Blum, ibidem.

3. "como tudo aquilo era horrível [...] visitaram-na": ibidem. "a violência [...] islã": documentos do FBI reeditados, liberados e publicados pela Judicial Watch, Inc., como resultado de seus

arquivos e processos FOIA (Lei da Liberdade de Informação), *Judicial Watch* vs. *Department of Homeland Security & Federal Bureau of Investigation*, United States District Court, District of Columbia, 04-1643 (RWR). O documento que descreve a entrevista com Najiah, e a cita, reedita o nome dela, mas o contexto deixa claro que é ela.

4. Entrevista com Blum, op. cit.

5. "O cara ficou branco [...] sair logo daqui": todas as citações de entrevistas com Blum, ibidem. As particularidades da revolta da tripulação foram também descritas por Pascetta, op. cit.

6. Os demais grupos de membros da realeza saudita: documentos da Judicial Watch, Inc., op. cit. Que Bandar não discutiu os vôos com Bush, e "Essas pessoas [...] problema para o FBI": Simpson, *The Prince*, pp. 314-316.

7. Entrevista com Fred Dutton, 24 de maio de 2005. Dutton morreu cerca de um mês depois dessa entrevista, no dia 25 de junho de 2005, aos 82 anos de idade.

8. "o que fazer [...] maçã estragada": entrevista com Dutton, ibidem.

9. Todas as citações, ibidem.

10. Ibidem.

11. A reunião, "solícito e gentil": entrevista com Chas Freeman, 15 de junho de 2005.

12. Ibidem.

13. Yeslam dera diversas entrevistas semelhantes descrevendo suas experiências e pensando sobre o 11 de Setembro e o período posterior. Veja, por exemplo, o programa *Dateline NBC*, de 9 de julho de 2004. As citações aqui são de uma entrevista tipo perguntas-e-respostas publicada na *VSB*, Genebra, dezembro de 2005, traduzida e arquivada em *In Re: Terrorist Attacks on September 11, 2001*, United States District Court, Southern District of New York, 03 MDL 1570.

14. "Meio-irmão de Bin Laden condena ataques nos Estados Unidos", Agence France Presse, 12 de setembro de 2001.

15. "a possibilidade [...] Arábia Saudita": *Dateline NBC*, op. cit.

16. "Forte denúncia [...] fé islâmica": *The Guardian* (Londres), 21 de setembro de 2001. "Isso é um ato criminoso [...] que morreram": entrevista com Sabry Ghoneim, 14 de novembro de 2005 (RS). "malditos árabes": o autor estava presente quando ocorreu essa conversa; a pessoa que recebeu o telefonema transmitiu-me depois de desligar.

17. "Mesmo que eu não tolere [...] merecem": entrevista com Bassim Alim, 21 de fevereiro de 2005.

18. "muita atividade [...] segurança da família": de documentos do FBI liberados pela Judicial Watch, Inc., op. cit.

19. Entrevista com Blum, op. cit.

20. Ibidem.

21. Reedições em documentos do FBI liberados pela Judicial Watch, Inc., que fazem com que fique difícil identificar o passageiro de Washington que não foi entrevistado. Havia, no entanto, apenas cinco passageiros de Washington; desses, dois eram Shafiq e Akber Mowalla, que

foram claramente entrevistados. Dois outros estavam em idade escolar. O quinto era Omar, que na época tinha 31 anos de idade.

22. Entrevistas com Blum e Pascetta, op. cit.

23. Ibidem.

24. Ibidem.

25. "Acreditem-me [...] ser humano": *The Boston Globe*, 7 de outubro de 2001.

26. *The Record* (Bergen County, NJ), 27 de setembro de 2001.

27. Todas as citações, ibidem.

28. Lawrence (org.), *Messages to the World*, pp. 111-112.

29. Ibidem, pp. 117-122.

30. Ibidem, pp. 124-125.

31. Hamud (org.), *Osama Bin Laden*, pp. 75-79.

32. "uma determinada posição [...] corporação": entrevista com Andrew Hess, dezembro de 2005 (RS).

33. *The Sunday Telegraph* (Londres), 16 de dezembro de 2001.

34. Todas as citações, ibidem.

37. Relações públicas

1. O relato da viagem da delegação e da conversa com Bakr bin Laden vem principalmente de entrevista com funcionários conhecedores do trabalho do Departamento do Tesouro durante esse período. Veja também "Testimony of R. Richard Newcomb, Director, Office of Foreign Assets Control, US Department of Treasury Before the House Financial Services Subcommittee on Oversights e Investigations", 16 de junho de 2004.

2. Entrevistas com dois ex-agentes norte-americanos envolvidos nas discussões que pediram para não ser identificados.

3. Escritório de campo de Boston sobre o 11 de Setembro: *Boston Herald*, 18 de setembro de 2001. Outras investigações do FBI: entrevistas com dois ex-agentes do FBI e com diversos ex-sócios e empregados dos Bin Laden que foram entrevistados pelo FBI ou por investigadores do Departamento de Segurança da Pátria depois do 11 de Setembro. Luta do FBI com a análise: arquivos do FBI não confidenciais obtidos pela Judicial Watch, Inc., mostram que grande parte das análises escritas do birô sobre a história e atividade permaneceu mal desenvolvida.

4. Entrevistas com ex-sócios e empregados dos Bin Laden, e com ex-agentes do FBI, ibidem. Veja capítulo 24, nota 19.

5. Entrevista por telefone com Charles Tickle, 16 de fevereiro de 2006.

6. "não pôde nos ajudar [...] ameaça": entrevista com Dale Watson, 27 de maio de 2005. Entrevista com Dennis Lormel, 25 de maio de 2005.

7. Entrevista com Lormel, ibidem.

8. Entrevista com um ex-agente norte-americano que pediu para não ser identificado.

9. E-mail não mais confidencial, obtido e liberado pela Judicial Watch, Inc.

10. "muito emotivas [...] as vítimas": entrevista com Peri Bearman, dezembro de 2005 (RS). Bolsas suspensas: comunicação por e-mail de Frank Vogel, Universidade Harvard.

11. "A família não": entrevista por telefone com John McManus, 13 de fevereiro de 2006. Reação de Bakr: entrevista com um indivíduo que falou com ele, e pediu para não ser identificado.

12. "está inteiramente afastado": *The Wall Street Journal*, 19 de setembro de 2001. "um nome muito honrado [...] relações públicas": Associated Press, 7 de outubro de 2001.

13. Irmãos mais velhos não voltaram: entrevistas com dois indivíduos próximos à família que pediram para não ser identificados. "Não sei [...] desse modo": entrevista com Gail Freeman, 27 de abril de 2006. Scotland Yard: entrevista com um indivíduo conhecedor do incidente que pediu para não ser identificado. Ataque em Londres: *The Express* (Londres) e *The Sun* (Londres) ,16 de agosto de 2002. Hotel alemão: entrevista com um segundo indivíduo conhecedor do incidente.

14. Entrevista com um membro do clube de motocicletas Harley, que pediu para não ser identificado.

15. Transcrição do programa *20/20*, 15 de março de 2002.

16. Entrevista com uma pessoa envolvida com o programa *20/20* que pediu para não ser identificada. Barbara Walters não respondeu ao pedido de comentários.

17. Entrevista com Khaled al-Maenna, 20 de fevereiro de 2005.

18. Entrevista com um indivíduo que trabalhava com Bridges, que pediu para não ser identificado.

19. Entrevista com uma pessoa envolvida no episódio, que pediu para não ser identificada. Barbara Walters não respondeu ao pedido de comentários.

20. Transcrição do programa, op. cit.

38. Marcas

1. Entrevista com Jack Kayajanian, 25 de agosto de 2005.

2. "Passei a me sentir [...] 11 de Setembro": "Declaração Suplementar" de Ibrahim bin Laden, 30 de setembro de 2002, arquivado em *Christine Binladin* vs. *Ibrahim Binladin*, Los Angeles County Superior Court, BD058156.

3. Entrevista com Kayajanian, op. cit. Condição financeira de Christine de sua "Declaração de Rendas e Despesas", arquivada em 18 de dezembro de 2002, ibidem.

4. Entrevista com Kayajanian, op. cit.

5. "minha própria segurança [...] muitos indivíduos": "Declaração Suplementar", 30 de setembro de 2002, op. cit.

6. Entrevista com Kayajanian, op. cit.

7. Grande parte do registro com relação à disputa pela custódia de Sibba, que irrompeu em 2002, permanece selada, mas a sentença de uma carta de fiança de 4 milhões de dólares faz parte do arquivo público judicial; é um dos aspectos da decisão judicial sobre a custódia emitida em 4 de outubro de 2002.

8. O posicionamento de Bakr e dos irmãos em torno dele: entrevista com dois indivíduos da família, um dos quais discutira a questão diretamente com Bakr; eles pediram para não ser identificados.

9. "Sinto [...] aos de vocês": Associated Press, 23 de dezembro de 2005.

10. "O nome [...] do oceano": *The Wall Street Journal*, 17 de janeiro de 2002.

11. "padrões morais institucionalizados": Associated Press, 18 de janeiro de 2002. "falta de sensibilidade": *Bloomberg News*, 22 de janeiro de 2002. "Eu não sou [...] em um jornal": *Time*, 8 de novembro de 2004.

12. Butique, relógios, mistura de perfumes: visita do autor em dezembro de 2006. "tímido, discreto [...] pernas magras": Marianne MacDonald, "O Brother, Where Art Thou (Irmão, onde estás)?", *Evening Standard* (Londres), 26 de maio de 2006.

13. Todas as citações de MacDonald, ibidem.

39. E DAÍ?

1. "Ela ainda [...] bom para Sama": entrevista com Sabry Ghoneim, 14 de novembro de 2005 (RS). Caroline casou-se outra vez oito anos depois da morte de Salem: entrevista com uma pessoa próxima à família que pediu para não ser identificada.

2. O autor é grato a Robin Shulman por sua dinâmica pesquisa de campo, que a levou à apresentação de cavalos, onde ela fez todas as observações refletidas nesta seção. Grande parte da linguagem descritiva também é dela.

3. Todas as citações nesta seção, ibidem. O folheto sobre Rabab Stud foi fornecido a Robin Shulman durante sua visita à propriedade de Khaled.

4. Entrevistas com o general Fathy Fathalla e Manfred Baier, Cairo Airport Company, 21 de novembro de 2005 (RS).

5. "Meu pai [...] um camelo": entrevista com Bengt Johansson, 3 de outubro de 2006.

6. Entrevista com um indivíduo que discutiu o assunto com Yahya, e que pediu para não ser identificado.

7. *House of Saud*, co-produzido por Martin Smith e Chris Durrance para *Frontline*, 2005.

8. "Os arquivos BAE", por David Leigh e Rob Evans, *The Guardian* (Londres), 7 de junho de 2007.

9. "Sob o controle [...] à Al Qaeda": "Primeira Queixa Retificada" (da seguradora), *In Re: Terrorist Attacks on September 11, 2001*, United States District Court, Southern District of New York, 03 MDL 1570. As contas judiciais foram de mais de 10 milhões de dólares: entrevista com um funcionário saudita que pediu para não ser identificado.

10. Entrevistas com três pessoas na região de Orlando que indagaram a respeito da propriedade.

11. Abdulaziz bin Bakr: *Gulf News*, 18 de novembro de 2006.

12. Entrevista com Anwar Hassan, 13 de outubro de 2005, e material escrito fornecido por Hassan.

13. "ficaram furiosos [...] eles mesmos": ibidem.

14. *Worldwide Projects, Inc.*, 1º de julho de 2003.

15. Planos para a Cidade Econômica: *Al-Bawaba* (Arábia Saudita), 21 de dezembro de 2005. "poderia fazer ou [...] enorme em abrangência": entrevista com um executivo dos Bin Laden que pediu para não ser identificado.

16. *The Washington Post*, 14 de outubro de 2005.

17. *Worldwide Projects, Inc.*, 1º de abril de 2006.

40. No exílio

1. Visita do autor, dezembro de 2005.

2. Citação de folheto dos materiais da Fame obtidas pelo autor. Empresa e estilo de vida de Abdullah: entrevista com quarto colegas e conhecidos em Jedá, que pediram para não ser identificados. Veja também "Bin Laden's Eldest Son Speaks...", *Al-Sharq Al-Awsat*, 21 de outubro de 2001.

3. Pelo menos 23 filhos: Associated Press, 4 de novembro de 2002. Fez arranjos para a partida de pelo menos uma esposa: "Bin Laden's Wife Interviewed...", *Al-Majallah*, 10 de março de 2002. Terra da esposa iemenita em dezembro: *Al-Quds Al-Arabi*, 29 de dezembro de 2001. A volta dela foi confirmada por diversos jornalistas iemenitas durante a visita do autor em 2007.

4. "Saudi Interior Minister on Bin Laden's Sons...", *Al-Sharq Al-Awsat*, 3 de julho de 2004.

5. "Osama não deu [...] outros na família": citado em Bergen, *The Osama Bin Laden I Know*, p. 384.

6. "Ele desconfia [...] sente falta do pai": *The Times* (Londres), 11 de julho de 2007. "poligamia não é [...] e ela, quarenta": *Express* (Londres), 16 de julho de 2007; *The Sun* (Londres), 20 de setembro de 2007.

7. Todas as citações de "Al-Majallah Obtains Bin Laden's Will...", *Al-Majallah*, 27 de outubro de 2002, tradução FBIS.

8. Todas as citações, ibidem.

9. Todas as citações de Bergen, op. cit., p. 371.

10. "Eu me alegro [...] do mundo todo": Lawrence (org.), *Messages to the World*, p. 208.

11. "uma oportunidade rara [...] infidelidade do mundo": "FBIS Report in Arabic", 6 de maio de 2004.

12. Esquema de recompensa: ibidem. "É verdade [...] estrangeiro": *Messages to the World*, op. cit., p. 255.

13. "mostra que [...] todo o mundo": "FBIS Report", op. cit.

14. "Os norte-americanos [...] inteligência das pessoas": *Messages to the World*, op. cit., pp. 126-127.

15. "Alguns autores [...] de vocês?": ibidem, pp. 161-162.

16. Todas as citações, ibidem, pp. 162-168.

17. "O nadador [...] chuva": BBC Monitoring, 19 de janeiro de 2006.

18. "A liberdade [...] Estados Unidos": *Messages to the World*, op. cit., p. 169.

19. "Os Estados Unidos [...] pagamento sionista": ibidem, p. 110. "os idiotas da era [...] de um leão": "Bin Laden Calls Saudi Initiative 'High Treason' [...]", *Al-Quds Al-Arabi*, 28 de março de 2002.

20. "Sinto muita saudade [...] são lobos": *Messages to the World*, op. cit., p. 248.

21. "que quando o príncipe [...] o mal": ibidem, pp. 254-255.

22. "revelado [...] feiúra": ibidem, p. 194.

23. "sublinhar a importância [...] Deus Todo-Poderoso": ibidem, p. 183. "ganhadoras de guerras": Scheuer (como "Anônimo"), *Through Our Enemies Eyes*, p. 66.

24. Todas as citações, BBC Monitoring, op. cit.

25. Todas as citações: transcrição da ABC News, abcnews.go.com/images/Politics/transcrit2.pdf.

Bibliografia

Livros

Abbas, Hamad. *Story of the Great Expansion*. Jedá: Saudi Bin Laden Group, 1996.

Al-Barrak, Homoud A. (org.). *Commercial and Industrial Directory for the States of the Gulf Cooperation Council*. Riad: Dar Al-Mathhar for Publishing and Advertising, 1988.

Al-Din, Nabil Sharaf. *Bin Laden: The Taliban, the Arab Afghans and the Fundamentalist Internationale*. Cairo: Maktabat Madbuli, 2002.

Al-Rasheed, Madawi. *A History of Saudi Arabia*. Cambridge: Cambridge University Press, 2002.

Al-Shammary, Mohammed Mufarah (org.). *Top 1000 Saudi Companies*. Al-Khobar: International Information and Trading Services, 1990.

Al-Zayyat, Montasser. *The Road to Al Qaeda: The Story of Bin Laden's Right-Hand Man*. Londres: Pluto Press, 2004.

Alfadl, Saleh S. (org.). *The National Industries Directory*. Jedá: Jeddah Chamber of Commerce and Industry, 1988.

Algosaibi, Ghazi A. *Arabian Essays*. Londres: Kegan Paul, 1982.

Alireza, Marianne. *At the Drop of a Veil: The True Story of an American Woman's Years in a Saudi Harem*. Costa Mesa: Blind Owl Press, 2002.

Amirahmadi, Hooshang e Nader Entessar (orgs.). *Reconstruction and Regional Diplomacy in the Persian Gulf*. Londres: Routledge, 1992.

Asad, Muhammad. *The Message of the Quran*. Bristol: The Book Foundation, 2003. 6 vols.

Aslan, Reza. *No God but God: The Origins, Evolution and Future of lslam*. NovaYork: Random House, 2005.

Badeeb, Saeed M. *The Saudi-Egyptian Conflict over North Yemen, 1962-1970*. Boulder: Westview Press, 1986.

Baer, Robert. *Sleeping with the Devil: How Washington Sold Our Soul for Saudi Crude*. Nova York: Crown Publishers, 2003.

Beaty, Jonathan e S. C. Gwynne. *The Outlaw Bank: A Wild Ride into the Secret Heart of BCCI*. Nova York: Random House, 1993.

Beling, Willard A. (org.). *King Faisal and the Modernisation of Saudi Arabia*. Boulder: Westview Press, 1980.

Benjamin, Daniel e Steven Simon. *The Age of Sacred Terror*. Nova York: Random House, 2002.

Bent, Theodore. *Southern Arabia*. Londres: Smith, Elder & Co., 1900.

Bergen, Peter L. *The Osama Bin Laden I Know: An Oral History of Al Qaeda's Leader*. Nova York: The Free Press, 2006.

_____. *Holy War, Inc.: Inside the Secret World of Osama Bin Laden*. Nova York: The Free Press, 2001.

Bidwell, R. L. e G. R. Smith (orgs.). *Arabian and Islamic Studies*. Londres: Longman Group Limited, 1983.

Bin Laden, Carmen. *Inside the Kingdom: My Life in Saudi Arabia*. Nova York: Warner Books, 2004.

Blandford, Linda. *Super-Wealth: The Secret Lives of the Oil Sheikhs*. Nova York: William Morrow, 1977.

Bradley, John R. *Saudi Arabia Exposed*. Nova York: Palgrave Macmillan, 2005.

Brinkley, Joel e Stephen Engelberg (orgs.). *Report of the Congressional Committees Investigating the Iran-Contra Affair, with the Minority View*. Nova York: Times Books, 1988.

Briody, Dan. *The Iron Triangle*. Nova York: John Wiley & Sons, 2003.

Bronson, Rachel. *Thicker Than Oil: America's Uneasy Partnership with Saudi Arabia*. Nova York: Oxford University Press, 2006.

Burckhardt, J. L. *Travels in Arabia*. Londres: Henry Colburn, 1829. Reimpresso por Frank Cass and Co. Ltd., 1968.

Burton, Sir Richard F. *Personal Narrative of a Pilgrimage to Al-Madinah and Meccah*. Toronto: Dover, 1893, 1964.

Carter, J. R. L. *Merchant Families of Saudi Arabia*. Londres: Scorpion Publications, 1984.

Caudill, Mark R. *Twilight in the Kingdom*. Westport: Praeger Security International, 2006.

Clarke, Richard A. *Against All Enemies*. Nova York: The Free Press, 2004. [*Contra todos os inimigos*. São Paulo: W11, 2004]

Coll, Steve. *Ghost Wars: The Secret History of the CIA, Afghanistan and Bin Laden, from the Soviet Invasion to September 10, 2001*. Nova York: Penguin Press, 2004.

Dawisha, Adeed (org.). *Islam in Foreign Policy*. Cambridge: Cambridge University Press, 1983.

DeGaury, Gerald. *Arabia Phoenix*. Londres: Kegan Paul, 1946, 2001.

Fandy, Mamoun. *Saudi Arabia and the Politics of Dissent*. Nova York: Palgrave Macmillan, 2001.

Field, Michael. *Inside the Arab World*. Londres: John Murray, 1994.

_____. *The Merchants: The Big Business Families of Saudi Arabia and the Gulf States*. Woodstock: Overlook Press, 1985.

_____. *A Hundred Million Dollars a Day*. Londres: Sidgwick and Jackson, 1975.

Finnie, Richard. *Bechtel in Arab Lands*. São Francisco: Bechtel Corporation, 1958.

Gauhar, Altaf (org.). *The Challenge of Islam*. Londres: Islamic Council of Europe, 1976.

Gerges, Fawaz A. *The Far Enemy: Why Jihad Went Global*. Cambridge: Cambridge University Press, 2005.

Glasse, Cyril. *The New Encyclopedia of Islam*. Nova York: AltaMira Press, 2002.

Gros, Marcel. *Feisal of Arabia*. Londres: EMGE-Sepix, 1981.

Hafiz, Faisal A. e Samir A. Murshid (orgs.). *Who's Who in Saudi Arabia 1983-1984*. Jedá: Tihama, 1984.

Haleem, M. A. S. Abdel. *The Qu'ran*. Oxford: Oxford University Press, 2004.

Hammoudi, Abdellah. *A Season in Mecca*. Trad. Pascale Ghazaleh. Nova York: Hill and Wang, 2006.

Hansen, Eric. *Motoring with Mohammed: Journeys to Yemen and the Red Sea*. Nova York: Vintage Books, 1992.

Heckman, Wolf. *Hai fressen keine Deutschen*. Munique: F. A. Herbig Verlagsbuchhandlung, 1982.

Holden, David e Richard Johns. *The House of Saud: The Rise and Rule of the Most Powerful Dynasty in the Arab World*. Nova York: Holt, Rinehart and Winston, 1981.

Hourani, Albert. *A History of the Arab Peoples*. Londres: Faber and Faber, 1992.

Howarth, David. *The Desert King: A Life of Ibn Saud*. Beirute: Librairie du Liban, 1964.

Ingrams, Doreen. *A Time in Arabia*. Londres: John Murray, 1970.

Izzard, Molly. *Freya Stark: A Biography*. Londres: Hodder & Stoughton, 1993.

_____. *The Gulf: Arabia's Western Approaches*. Londres: John Murray, 1979.

Kechichian, Joseph A. *Succession in Saudi Arabia*. Nova York: Palgrave Macmillan, 2001.

Kostiner, Joseph: *The Making of Saudi Arabia, 1916-1936: From Chieftaincy to Monarchical State*. Nova York: Oxford University Press, 1993.

Lacy, Robert. *The Kingdom: Arabia and The House of Saud*. Nova York: Avon, 1981.

Lawrence, Bruce (org.). *Messages to the World: The Statements of Osama Bin Laden*. Londres: Verso, 2005.

Lawrence, T. E. *Seven Pillars of Wisdom*. Nova York: Anchor Books, 1926, 1991.

Lippman, Thomas W. *Inside the Mirage: America's Fragile Partnership with Saudi Arabia*. Boulder: Westview Press, 2004.

Long, David E. *The Kingdom of Saudi Arabia*. Gainesville: University Press of Florica, 1997.

Mack, John E. *A Prince of Disorder*. Cambridge: Harvard University Press, 2002.

Mackey, Sandra. *The Saudis: Inside the Desert Kingdom*. Nova York: W. W. Norton, 1987, 2002.

Mackintosh-Smith, Tim. *Yemen: The Unknown Arabia*. Nova York: Overlook Press, 2000.

Mannan, Mohammed Abdul (org.). *Jeddah Commercial Directory*. Jedá: Arab Circle Corporation, 1991, 1993.

Nuseibeh, Said e Oleg Grabar. *The Dome of the Rock*. Londres: Thames and Hudson, s.d.

Peters, F. E. *The Hajj: The Muslim Pilgrimage to Mecca and The Holy Places*. Princeton: Princeton University Press, 1994.

_____. *Jerusalem*. Princeton: Princeton University Press, 1985.

Phillips, Kevin, *American Dynasty: Aristocracy, Fortune and the Politics of Deceit in the House of Bush*. Nova York: Penguin Books, 2004.

Pryce-Jones, David. *The Closed Circle: An Interpretaton of the Arabs*. Chicago: Ivan R. Dee, 2002.

Randal, Jonathan. *Osama: The Making of a Terrorist*. Nova York: Alfred A. Knopf, 2004.

Risen, James. *State of War: The Secret History of the CIA and the Bush Administration*. Nova York: The Free Press, 2006.

Rodengen, Jeffrey L. *The Legend of York International*. Fort Lauderdale: Write Stuff Syndicate, 1997.

Ruthven, Malise. *Fundamentalism: The Search for Meaning*. Oxford: Oxford University Press, 2004.

Sadat, Anwar. *Those I Have Known*. Londres: Jonathan Cape, 1985.

Sarhan, Samir M. *Who's Who in Saudi Arabia 1976-1977*. Jedá: Tihama, 1977.

Scheuer, Michael (como "Anônimo"). *Trough Our Enemies Eyes: Osama Bin Laden, Radical Islam and the Future of America*. Washington, DC: Brasseys, 2002.

Sheean, Vincent. *Faisal: The King and His Kingdom*. Tavistock, Inglaterra: University Press of Arabia, 1975.

Simpson, William. *The Prince*. Nova York: Regan Books, 2006.

Stark, Freya. *The Southern Gates of Arabia: A Journey in the Hadhramawt*. Londres: John Murray, 1936.

Stefoff, Rebecca. *Faisal*. Nova York: Chelsea House, 1989.

Surtees, Lawrence, *Pa Bell*. Toronto: Random House of Canada, 1992.

Suskind, Ron. *The One Percent Doctrine: Deep Inside America's Pursuit of Its Enemies Since 9/11*. Nova York: Simon & Schuster, 2006.

Teitelbaum, Joshua. *Holier Than Thou: Saudi Arabia's Islamic Opposition*. Washington, DC: Washington Institute for Near East Policy, 2000.

Theroux, Peter. *Sandstorms: Days and Nights in Arabia*. Nova York: W. W. Norton, 1990.

Thomas, Lowell. *With Lawrence in Arabia*. Londres: Prion, 2002.

Toaimi, Saleh (org.). *Saudi Arabia Trade Directory 1981*. Jedá: Council of Saudi Chambers of Commerce, 1981.

Trofimov, Yaroslav. *Faith at War: A Journey on the Frontlines of lslam, from Baghdad to Timbuktu*. Nova York: Henry Holt and Co., 2005.

Unger, Craig. *House of Bush, House of Saud: The Secret Relationship Between the World's Two Most Powerful Dynasties*. Nova York: Scribner, 2004. [*As famílias do petróleo: as relações secretas entre os clãs Bush e Saud*. Rio de Janeiro: Record, 2004]

Van der Meulen, D. *The Wells of Ibn Saud*. Nova York: Frederick A. Praeger, 1957.

_____. *Aden to the Hadhramawt: A Journey in South Arabia*. Londres: John Murray,1947.

_____. *Hadhramawt: Some of Its Mysteries Unveiled*. Leiden: E. J. Brill Ltd., 1932.

Vink, Steven. *Daniel van der Meulen in Arabia Felix*. Amsterdã: Royal Tropical Institute, 2003.

Waller, Martin (org.). *International Interior Design Review.* Londres: Andrew Martin International, 1998.

Woodward, Bob. *Veil: The Secret Wars of the ClA*. Nova York: Simon & Schuster, 1987.

Wright, Lawrence. *The Looming Tower: Al Qaeda and the Road to 9/11*. Nova York: Alfred A. Knopf, 2006.

Yamani, Mai. *Cradle of Islam: The Hejaz and the Quest for an Arabian Identity*. Londres: I. E. Tauris, 2004.

Young, Arthur N. *Saudi Arabia: The Making of a Financial Giant*. Nova York: New York University Press, 1983.

Documentos

Burdett, A. L .P. (org.). *Records of Saudi Arabia, 1966-1971*, vols. 1 e 2. Londres: Archive Editions, 2004.

Centro de Combate ao Terrorismo, Academia Militar dos Estados Unidos: documentos selecionados, relacionados à Al Qaeda, obtidos durante as operações militares norte-americanas em campos de combate no Afeganistão e em outros locais, traduzidos e arquivados no banco de dados Harmony do governo norte-americano, 2005-2006.

Ingrams, Doreen e Leila Ingrams (orgs.). *Records of Yemen, 1798-1960*, vols. 3-9. Londres: Archive Editions, 1993.

Ingrams, W. H. *A Report on the Social, Economic and Political Condition of the Hadhramawt*. Londres: Colonial Office, 1936.

Jarman, Robert L. (org.). *The Jeddah Diaries, 1919-1940*, vols. I-IV, documentos da missão diplomática em Jedá, coletados pelo governo britânico. Londres: Archive Editions, 1990.

Kornbluh, Peter (org.). *The Iran-Contra Affair: The Making of a Scandal, 1983-1988*, conjunto de documentos do Arquivo de Segurança Nacional, George Washington University.

Processos do Grupo de Trabalho História Inicial da Al Qaeda, 2006-2007, Rand Corporation; Bruce Hoffman e Kim Cragin, co-diretores; Daniel Byman, Martha Crenshaw, Peter Bergen, Lawrence Wright, Rohan Gunaratna, Nadia Oweidat, Sara Daly, Heather Gregg, Anna Kasupski, pesquisadores e apresentadores.

Registros do Departamento de Estado dos Estados Unidos, National Archives and Records Administration, College Park, Maryland.

Registros do Departamento Federal de Estrangeiros, República Federal da Alemanha, Berlim.

Registros do Ministério das Relações Exteriores (posteriormente Foreign and Commonwealth Office), National Archives, Kew, Richmond, Reino Unido.

"Relatório da Comissão 11/9: relatório final da Comissão Nacional para Ataques Terroristas aos Estados Unidos". Washington, DC: Government Printing Office, julho de 2004.

Ronald Reagan Presidential Library, National Archives and Records Administration, Simi Valley, Califórnia.

Roth, John e Douglas Greenburg e Serena Wille, "Monografia sobre financiamento a terrorismo", relatório da equipe para a Comissão Nacional para Ataques Terroristas aos Estados Unidos (Comissão 11/9).

Artigos de jornais e manuscritos

Alangari, Abdulrahman bin Mohammed. "Mantaqat Qasr Alhgokm: The Development of the 20th Century", *Anais da Conferência sobre o Reino da Arábia Saudita: 100 anos*, janeiro de 1999: 237-336.

Alireza, Marianne. "The Late King Faisal: His Life, Personality and Methods of Government", *Anais da Conferência sobre o Reino da Arábia Saudita: 100 anos*, janeiro de 1999: 201-236.

Al-Saleh, Fadia Saud. "Travels to Arabia During the Reign of King Abdul Aziz", *Anais da Conferência sobre o Reino da Arábia Saudita: 100 anos*, janeiro de 1999: 337-376.

Amidhar, Ali H. "International Succession Laws: Saudi Arabia", *Society of Trust and Estate Practitioners*, n. 6, setembro de 2004.

Armitage, H. St. J. B. "King Abdul Aziz and the English Connection: Captain William Shakespear and His Successors", *Anais da Conferência sobre o Reino da Arábia Saudita: 100 anos*, janeiro de 1999: 525-560.

Bergen, Peter e Paul Cruickshank. "How the Idea of Al Qaeda Was Conceived", Rand Corporation, 2006.

Binladen, Abdullah M. "Negotiability of Financial Instruments in Contemporary Financial Markets: An Islamic Legal Analysis" (tese de doutorado). Cambridge, MA: Universidade Harvard, 2000.

_____. "Western Banking Practices and Shari'a Law in Saudi Arabia" (dissertação de mestrado). Cambridge, MA: Universidade Harvard, 1992.

Bligh, Alexander. "The Interplay Between Opposition Activity and Recent Trends in the Arab World". *Arabian Peninsula: Zone of Ferment*, Stanford, CA: Hoover Press Publication 287, 1984: 65-79.

Caudill, Mark A. "Twilight in the Hejaz: Dispatches from Western Arabia" (manuscrito em versão preliminar).

Cordesman, Anthony H. e Nawaf Obad. "Al Qaeda in Saudi Arabia: Asymmetric Threats and Islamist Extremists". Center for Strategic and International Studies, versão preliminar de trabalho, 6 de janeiro de 2005.

Dyakov, Nikolay N. "Arabia at the Turn of a New Age: Documents From the Historical Archives of St. Petersburg". *Anais da Conferência sobre o Reino da Arábia Saudita: 100 anos*, janeiro de 1999: 99-127.

Freeman, Robert. "The Saudi Connection" (manuscrito não publicado).

Gause III, F. Gregory. "Be Careful What You Wish For: The Future of US-Saudi Relations", *World Policy Journal*, vol. 19, n. I, 1º de abril de 2002: 37-50.

_____. "Saudi Arabia over a Barrel", *Foreign Affairs*, maio-junho de 2000: 80 ff.

_____. "The Middle East at a Crossroads", *The Washington Quarterly*, vol. 20, n. 1, inverno de 1997: 143 ff.

_____. "Yemeni Unity: Past and Future", *The Middle East Journal*, vol. 42, n. 1, inverno de 1988: 33-47.

_____. "The Idea of Yemeni Unity", *Journal of Arab Affairs*, vol. 6, n. 1, primavera de 1987: 55-81.

_____. "British and American Policies in the Persian Gulf, 1968-1973", *Review of International Studies*, vol. 11, n. 4, outubro de 1985: 247-274.

Gunaratna, Rohan. "Al Qaeda: Its Organizational Strengths and Weaknesses with a Special Focus on the Pre-1996 Phase", Rand Corporation, 2006.

Ho, Engseng. "Empire Through Diasporic Eyes: A View from the Other Boat", *Comparative Studies in Society and History*, vol. 46, n. 2, abril de 2004: 210-246.Katz, Mark N. "U.S.-Yemen Relations and the War on Terror: A Portrait of Yemeni President Ali Abdullah Salih", *Terrorism Monitor*, The Jamestown Foundation, vol. II, n. 7, 8 de abril de 2004: 7-9.

Nash, Geoffrey P. "King Abdul Aziz Ibn Saud and Amin al-Rihani: Some Notes on Al-Rihani's Anglo-American Diplomacy", *Anais da Conferência sobre o Reino da Arábia Saudita: 100 anos*, janeiro de 1999: 377-400.

Novikov, Evgenii. "The Soviet Roots of Islamic Militancy in Yemen", *Terrorism Monitor*, The Jamestown Foundation, vol. II, n. 7, 8 de abril de 2004: 5-7.

Plate, W. "Geographical and Historical Remarks on the Province of Hadramawt".*Original Papers Read Before the Syro-Egyptian Society of London*, vol. 1, parte I, 1845.

Ulph, Stephen. "Shifting Sands: Al Qaeda and Tribal Gun-Running Along the Yemeni Frontier", *Terrorism Monitor*, The Jamestown Foundation, vol. II, n. 7, 8 de abril de 2004: 9-11.

Watkins, Eric. "Landscape of Shifting Alliances", *Terrorism Monitor*, The Jamestown Foundation, vol. II, n. 7, 8 de abril de 2004: 3-5.

Zdanowki, Jerzi. "King Adbulaziz in the Reports of the American Missionaries (1901-1921)", *Anais da Conferência sobre o Reino da Arábia Saudita: 100 anos*, janeiro de 1999: 129-144.

Documentos judiciais

Ali Khan Musarrat vs. *America in Motion Corp.*, Superior Court of California, Los Angeles County, C728912.

America in Motion Corp. vs. *Magnum Aircraft International*, Superior Court of California, Los Angeles County, NWS043648.

America in Motion Corp. vs. *Ron R. Goldie*, Superior Court of California, Los Angeles County, WEC13994.

America in Motion Corp. vs. *Steven McKim et al.*, Superior Court of California, Los Angeles County, C724395.

American Builder Association vs. *Khalil Binladin*, Superior Court of California, Los Angeles County, WEC120274.

Ashton vs. *Al Qaeda Islamic Army*, United States District Court, Southern District of New York, 02CIV6977.

Bank of Beverly Hills vs. *Swiss American Financial*, Superior Court of California, Los Angeles County, C685851.

Bank of California vs. *Alexander Cappello et al.*, Superior Court of California, Los Angeles County, C751115.

Barrera vs. *AI Qaeda Islamic Army*, United States District Court, Southern District of New York, 03CIV7036.

Binladen BSB Landscaping vs. *M. V. Norgloyd*, 82CIV1037; 79 F. 2d 1006, 1012 (2d CIR 1985).

Board of Managers of Flagship Wharf vs. *Sayeh*, Suffolk Superior Court, Commonwealth of Massachusetts, SUCV 1999-02657.

Burnett vs. *Al Baraka Inv.* & *Dev. Corp.*, United States District Court, Southern District of New York, 02CIV1616; 03CIV5738.

Burnett Cos. Consolidated vs. *Jim Bath*, Harris County Courts, Texas, 98-706743.

Carmen Bin Ladin vs. *Ibrahim Mohammed Bin Ladin*, Superior Court of California, Los Angeles County, BC212648.

Charles White vs. *Skyways Aircraft Leasing*, Harris County Courts, Texas, 90-53147.

Christine Binladin vs. *Ibrahim Binladin*, Superior Court of California, Los Angeles County, BD058156.

Christine Hartunian vs. *Prestige Homes, Inc.*, Superior Court of California, Los Angeles County, SC055776.

Dallas County vs. *Kabeltan Corp.*, Dallas County Courts, Texas, 92-32136.

Ducharme vs. *Hunnewell*, Supreme Judicial Court of Massachusetts, Norfolk, 411 Mass. 711; 585 N.E. 2d 321, 1992.

Federal Insurance vs. *Al Qaeda*, United States District Court, Southern District of New York, 03CIV6978.

Franklin Frisaura vs. *Regina Frisaura*, Orange County Courts, Florida, DR97-3754.

Frederic L. Nason vs. *Kabelton Corp.*, Superior Court of California, Los Angeles County, BC205378.

FSB Partner vs. *Khalil Binladin*, Superior Court of California, Los Angeles County, LC000160.

Houston Independent School District vs. *Salha Binladen*, Harris County Courts, Texas, 85-19835.

Ian Munro et al. vs. *The Dee Howard Co.*, Bexar County Courts, Texas, 91-CI-00928.

Ibrahim Bin Ladin, et al. vs. *Paul Andrew Richley*, Superior Court of California, Los Angeles County, WEC112956.

In Re: Estate of Salem Binladen, Deceased, Bexar County Courts, Texas, 91-PC-1012.

In Re: Franklin B. Frisaura, 97-9831, Chapter 7, United States Federal Court, Central District of Florida.

In Re: Terrorist Attacks on September 11, United States District Court, Southern District of New York, 03 MDL 1570.

Isabel Binladin vs. *Elizabeth Borges,* Superior Court of California, Los Angeles County, SC003124.

James R. Bath vs. *Charles W. (Bill) White,* Harris County Courts, Texas, 89-42551.

James R. Bath vs. *Kim Frumkin,* Harris County Courts, Texas, 99-36377.

John L. Laughlin et al. vs. *William E. King et al.*, Harris County Courts, Texas, 01-44577.

Judicial Watch vs. *Department of Homeland Security & Federal Bureau of Investigation,* 04-1643 (RWR), Washington, DC.

Justin Baldwin et al. vs. *Alexander Cappello et al.*, Superior Court of California, Los Angeles County, C658270.

Khalil Binladin and Isabel Binladin vs. *American Builder Association et al.*, Superior Court of California, Los Angeles County, C663911; SC002982.

Lansdowne Financial Services Ltd. vs. *Binladen Telecommunications Company Ltd.,* State of New York, 95 A.D. 2d 711; 463 N.Y.S. 2d 826; 1983.

Larson vs. *Macro International et al.*, United States District Court, Eastern District of Virginia (Newport News) 4:96-CV-0010l-JCC.

Mary Ellen Lewis vs. *James R. Bath,* Harris County Courts, Texas, 89-07180A.

Mouldi H. Sayeh vs. *Atlantic Bank and Trust Company,* Suffolk Superior Court, Commonwealth of Massachusetts, 98-2532.

Petronella and Yarborough vs. *Charles W. (Bill) White,* Harris County Courts, Texas, 99-724391.

Raida Binladin vs. *Morris Ziff,* Superior Court of California, Los Angeles County, C645771.

Resolution Trust Corp. vs. *Express Park, Inc.,* Harris County Courts, Texas, 91-63093.

Salvo vs. *Al Qaeda Islamic Army,* United States District Court, Southern District of New York, 03CIV5071.

Sandra C. *Bath* vs. *James R. Bath,* Harris County Courts, Texas, 89-07180.

Sparks Sandbach Kimberly vs. *Isabel Bayma,* Superior Court of California, Los Angeles County, WEC080333.

Tremsky vs. *Osama Bin Laden,* United States District Court, Southern District of New York, 02CIV7300.

United States of America vs. *Enaam Arnout,* United States District Court, Northern District of Illinois, 02-CR-892.

United States of America vs. *Oliver L. North,* United States District Court, District of Columbia, 88-0080-02.

United States of America vs. *Soliman* S. *Biheiri,* United States District Court, Eastern District of Virginia, Alexandria Division, 03-365-A.

United States of America vs. *Usama Bin Laden et al.*, United States District Court, Southern District of New York, S 98 Cr. 539 .

Vigilant Insurance vs. *Kingdom of Saudi Arabia*, United States District Court, Southern District of New York, 03CIV8591.

FILMES E PROGRAMAS DE TELEVISÃO

Abdulaziz, King Abdulaziz Foundation, 1999.

Death of a Principle, Panorama para BBC, 1996.

House of Saud, co-produzido por Martin Smith e Chris Durrance para *Frontline*, 2005.

Hunting Bin Laden, produzido e dirigido por Martin Smith para *Frontline*, 2001.

In the Footsteps of Osama Bin Laden, Peter Bergen e Christiane Amanpour para CNN, 2006

Meeting Osama Bin Laden, Brook Lapping Productions para WGBH Boston, 2004.

Sur les Traces de Ben Laden, Christophe Brule para M6, 2005.

The House of Saud, Algeria Productions, 2004.

Índice onomástico

Sobre o autor

Steve Coll é o mais recente ganhador do Prêmio Pulitzer, com o best-seller *Ghost Wars*. É presidente da New America Foundation, instituto apartidário de políticas públicas sediado em Washington, DC, e colaborador na *The New Yorker*. Anteriormente trabalhou por vinte anos no *The Washington Post*, período em que recebeu o Prêmio Pulitzer de jornalismo de opinião, em 1990, viajou amplamente como correspondente estrangeiro do jornal e foi seu editor administrativo entre 1998 e 2004. É também autor de outros cinco livros, entre eles *On the Grand Trunk Road* e *The Taking of Getty Oil*.

Este livro, composto na fonte Fairfield
e paginado por Monika Bruttel,
foi impresso em super snowbright 70g na Imprensa da Fé.
São Paulo, Brasil, no outono de 2008.